Das

# Erbrecht und die Grundeigenthumsvertheilung

## im Deutschen Reiche.

Von

**A. v. Miaskowski.**

2. Abtheilung.

# Schriften

des

# Vereins für Socialpolitik.

XXV.

## Das Erbrecht und die Grundeigenthumsvertheilung im Deutschen Reiche.

Von A. von Miaskowski.

Zweite Abtheilung.

Leipzig,
Verlag von Duncker & Humblot.
1884.

# Das Erbrecht

und die

# Grundeigenthumsvertheilung

## im Deutschen Reiche.

Ein socialwirthschaftlicher Beitrag

zur

**Kritik und Reform des deutschen Erbrechts.**

Von

**Dr. August von Miaskowski,**

o. Professor der Staatswissenschaften an der Universität Breslau.

Zweite Abtheilung.

**Das Familienfideicommiß, das landwirthschaftliche Erbgut und das Anerbenrecht.**

> Das Gegenwärtige muß aus dem Vergangenen entwickelt werden, wenn man ihm eine Dauer für die Zukunft versichern will.
>
> Freiherr von Stein.

Leipzig,

Verlag von Duncker & Humblot.

1884.

## Inhaltsverzeichniß.

# Einleitung.

In der ersten Abtheilung unserer Arbeit haben wir den Einfluß, den das gemeine Erbrecht auf die Socialwirthschaft und speziell auf die Vertheilung des landwirthschaftlich benutzten Grundeigenthums ausübt, festzustellen gesucht.

Dieser Einfluß ist freilich Jahrhunderte lang zurückgehalten worden durch eine Reihe von singulären Erbrechtsinstituten. Indem die letzteren immer mehr zurückgedrängt worden sind, ist der Einfluß des gemeinen Erbrechts erst in der Gegenwart so stark geworden, wie er es bisher in Deutschland noch niemals gewesen ist.

Zu diesen in den Hintergrund tretenden Sonderrechten gehören: das Erbrecht der Lehn= und Stammgüter, der gemeinrechtlichen Familienfideicommisse und das ältere bäuerliche Anerbenrecht.

Alle diese sonderrechtlichen Institute unterscheiden sich, soweit sie das Erbrecht berühren, von dem gemeinen Recht dadurch, daß sie in höherem Grade als dieses das dauernde Wohl der Familie gegenüber dem momentanen Interesse der einzelnen Familienglieder und die spezifische Natur des Grundbesitzes gegenüber den Bedürfnissen des beweglichen Kapitals zum Ausdruck bringen.

Gemäß dem Gesammtcharakter der Zeit, in der diese Sonderrechte entstanden sind, fanden sie ihre Anwendung nur auf die einzelnen Stände, in die die Gesellschaft des Mittelalters und des ancien régime zerfiel.

Bis auf wenige Ueberreste sind diese Gebilde der ständischen Ordnung von dem nivellirenden Geist der staatsbürgerlichen Gesellschaft beseitigt. Namentlich die Lehengüter sind größtentheils entweder in Allodial= oder in Fideicommißgüter umgewandelt worden. Und auch die Stammgüter sind im Verschwinden begriffen, weil sie schon seit langer Zeit keine Verjüngung und keinen Zuwachs mehr erfahren. Endlich schien das in die Gegenwart hineinragende bäuerliche Anerbenrecht noch bis vor Kurzem dem Einfluß des vordringenden gemeinen Rechts vollständig erliegen zu sollen.

Doch wunderbar! Im Augenblick, wo das von jeder bestimmten Wirthschafts= und Gesellschaftsordnung losgelöste, dem abstracten Individualismus huldigende gemeine Recht zur ausschließlichen Herrschaft gelangt zu sein scheint, beginnt sich ein kräftiges Streben geltend zu machen, um das Interesse der Familie, als der über den Einzelnen stehenden, sie umfassenden und beherrschenden Einheit, sowie die Anforderungen der Socialwirthschaft im Erbrecht wieder mehr zum Ausdruck zu bringen.

Zu diesem Zweck wird an die alten sonderrechtlichen Institute angeknüpft und der Versuch gemacht, sie im Sinne der auf dem Princip der Freiheit und Beweglichkeit ruhenden Ordnung des modernen wirthschaftlichen Lebens umzubilden.

Hierher gehören die neueren particulären Rechtsbildungen des Familienfideicommisses, der landwirthschaftlichen Erbgüter und des Anerbenrechts.

Indem die älteren entsprechenden Institute sich mit dem Grundsatz der Freiheit durchdringen, haben sie ihre frühere Starrheit und Unbeweglichkeit verloren, und indem ihre Anwendung nunmehr allen Ständen und allen Arten des landwirthschaftlich benutzten Grundbesitzes offen steht, haben sie ihren sonderrechtlichen Charakter aufgegeben.

Wenn wir uns in dieser zweiten Abtheilung unserer Arbeit mit den singulären Erbrechtsinstituten und ihrer modernen Umbildung beschäftigen, wird es unsere Aufgabe sein, zunächst die verschiedenen Stadien ihrer Rechtsbildung darzustellen und sodann der Darstellung eine Beurtheilung derselben vom socialwirthschaftlichen Standpunkt folgen zu lassen. Zu diesem Zweck werden wir von den Resultaten auszugehen haben, zu denen wir in der ersten Abtheilung unserer Arbeit gelangt sind.

Dieselben beziehen sich sowohl auf die vorhandene Vertheilung des deutschen Grundeigenthums als auf den Einfluß, welchen das gemeine Erbrecht auf dieselbe ausgeübt hat.

Was den ersteren Punkt betrifft, so erwies sich unsere Grundeigenthumsvertheilung im Deutschen Reich im Ganzen als eine gesunde, normale, sowohl den bestehenden natürlichen Voraussetzungen als auch den socialwirthschaftlichen Anforderungen entsprechende. Die hier und da im Südwesten sowohl wie im Nordosten vorkommenden Ausnahmen bestätigen nur die Regel. Zugleich aber läßt sich die Tendenz zu einem stärkeren Hervortreten der beiden Vertheilungsextreme — des Hervortretens von Latifundien und Zwerggütern — nicht verkennen.

Wir constatirten sodann, daß das gemeine und das demselben nachgebildete Erbrecht — indem es mit großer Regelmäßigkeit, nach Ablauf bestimmter, der mittleren Lebensdauer des Menschen entsprechender Perioden, jedes Landgut vor die doppelte Alternative stellt, an eine jüngere Generation der besitzenden Familie oder in fremde Hände überzugehen, und in beiden Fällen entweder in seinem bisherigen Bestande zu verbleiben oder seinen Umfang zu ändern — von dem allergrößten Einfluß auf die Vertheilung und Belastung des landwirthschaftlich benutzten Grundeigenthums ist.

Bei unserer Untersuchung gingen wir von folgender Auffassung des Erbrechts aus.

Dasselbe ist nur ein nothwendiges Complement des Privateigenthums und muß namentlich auf höherer Culturstufe als mit jenem untrennbar verbunden angesehen werden. In noch stärkerem Grade als das Eigenthum im engeren Sinne bringt es die sittlichen Beziehungen, die unter den Gliedern der Familie bestehen, und ebenso die Bedürfnisse und Forderungen des wirthschaftlichen Lebens zum Ausdruck. Bei Völkern auf höherer Culturstufe erscheint der Familienvater durch seine letztwillige Verfügung berufen, die Ordnung des Erbübergangs seines Vermögens zu bestimmen. Für den Fall, daß er dies nicht gethan hat, hat das

Intestaterbrecht in Anwendung zu kommen. Es hat sich aber der Gesetzgeber, wenigstens soweit sittlich gesunde Völker in Betracht kommen, bei Feststellung des Intestaterbrechts darauf zu beschränken, den präsumtiven Willen des Familienvaters zu declariren. Wie die letztwillige Verfügung des Familienvaters in der Regel die Stellung der einzelnen Glieder zum Ganzen der Familie am besten zum Ausdruck zu bringen wissen wird, so wird sie auch bemüht sein, die einen Bestandtheil des Nachlasses bildenden Landgüter ungetheilt in der Familie zu erhalten. Das Intestaterbrecht sollte sich in beiden Beziehungen den Intentionen eines bonus pater familias anschließen und dieselben möglichst genau nachzubilden suchen.

Hieraus ergab sich uns der Schluß, daß der Einfluß des Erbrechts auf socialwirthschaftlichem Gebiet ein wesentlich die bestehenden Verhältnisse conservirender sein soll. Denn zum Hebel für die Veränderung oder gar Umwälzung der bestehenden Besitzverhältnisse — deren Wünschbarkeit an vielen Orten wir hier nicht bestreiten wollen — eignet sich gewiß kein anderes sociales Institut weniger als das Erbrecht. Socialpolitische Experimente, welche man mit dem und durch das Erbrecht anstellen wollte, könnten nur dahin führen, diese Grundeinrichtung der bestehenden Ordnung zu discreditiren. Denn statt ein Fundament und zugleich ein Schutzdach für alle Parteien zu sein, würde das Erbrecht in solchem Fall zu einer Waffe degradirt, welche die eine Partei gegen die andere gebraucht. Von dem mit der Tendenz, die vorhandenen Vermögensungleichheiten zu nivelliren, ins Leben gerufenen Erbrecht der französischen Revolution und des Code, welches die gleiche Vertheilung des Nachlasses unter sämmtliche Kinder erzwingt, zur Forderung der Vertheilung des Nachlasses unter sämmtliche Staatsbürger, d. h. zur Expropriirung des Nachlasses durch den Staat oder zur Ersetzung des Familienerbrechts durch ein Staatserbrecht ist nur ein Schritt. Und diese Consequenz haben die extremen Socialisten ganz, diejenigen, welche den Socialismus salonfähig zu machen suchen, aber wenigstens zur Hälfte gezogen.

Für das gemeine, noch mehr aber für das französische Erbrecht suchten wir sodann nachzuweisen, daß es, indem es in einseitiger Weise nur die einzelnen Familienglieder ins Auge faßt und den sittlichen Gedanken, daß die Gleichheit des Bluts zur völligen Gleichheit am Gut führen müsse, in mechanischer Weise zum Ausdruck bringt, die der socialwirthschaftlichen Natur des Grundeigenthums schuldige Rücksichtnahme vollständig außer Augen läßt. Die Folge davon ist dann, daß dieses Erbrecht entweder zur künstlichen, d. h. unwirthschaftlichen Zerstückelung oder zur Ueberschuldung des Grundeigenthums führt. Auf beiden Wegen wird aber schließlich dem für unsere Zeit besonders gefährlichen Agglomerationsprozeß des Grundeigenthums vorgearbeitet.

Dieses Resultat unserer Untersuchung ist seitdem durch die mittlerweile von dem Verein für Socialpolitik veranlaßten Publicationen über die bäuerlichen Zustände Deutschlands, sowie durch die von dem preußischen Minister für Landwirthschaft, Domänen und Forsten veranstaltete Enquête fast ausnahmslos bestätigt worden [1]).

---

1) Bäuerliche Zustände in Deutschland. Berichte, veröffentlicht vom Verein für Socialpolitik, 3 Bde. Leipzig 1883; Verhandlungen des k. Landes-Oekonomie-Kollegiums v. 14.—17. Februar 1883, Berlin 1883.

Eine Differenz zwischen unserer Ansicht und der Ansicht einiger der genannten Berichterstatter (ich hebe hier namentlich den Präsidenten Petersen und den badischen Ministerialdirector Buchenberger hervor) stellt sich nur bei Beurtheilung der Wirkung des gemeinen und des demselben nachgebildeten sowie des französischen Erbrechts auf die Vertheilung des ländlichen Grundeigenthums heraus. Aber auch diese Differenz ist eine mehr scheinbare als reelle. Denn wenn die genannten Berichterstatter constatiren, daß diese Wirkungen unter bestimmten Voraussetzungen des Klimas, der Höhenlage, der Bodenbeschaffenheit, der Culturart, der Bevölkerungsdichtigkeit, der Nähe industrieller Etablissements oder städtischer Ansiedelungen günstige sind, so bestreite ich das nicht, füge aber hinzu, daß sie es nur einstweilen sind, indem das gemeine &c. Erbrecht auf die Dauer im Allgemeinen — mit Ausnahme von nur sehr kleinen Bezirken — zu unhaltbaren Zuständen führen muß. Daß solche unhaltbare Zustände bereits gegenwärtig in den ungünstiger gelegenen Gegenden eingetreten sind, wird übrigens auch von einem Theil meiner Gewährsmänner zugegeben.

Diesem Resultat nun sind die im weiteren Verlauf zu behandelnden sonderrechtlichen Institute entgegenzuarbeiten bestimmt. Entsprechen dieselben damit wirklich in allen Stücken dem vom socialwirthschaftlichen Standpunkte an das Erbrecht zu stellenden Anforderungen? Und wenn nicht, welche Veränderungen müssen mit denselben vorgenommen werden?

Der Beantwortung dieser Frage sind die folgenden Abschnitte unserer Arbeit gewidmet.

VII.

# Das Familienfideicommiß.

## 1. Entstehungs- und Entwickelungsgeschichte [1]).

Seit der Ausbildung des Städtewesens und der Entwickelung von Gewerbe und Handel, seit dem stärkeren Hervortreten des beweglichen Kapitals im Allgemeinen und des Geldkapitals im Besonderen, seit dem Untergang der alten auf Grundeigenthum basirten Gerichts- und Heeresverfassung, seit der Ausbildung der Landeshoheit und eines von dem Grundbesitz unabhängigen Unterthanenverbandes nach dem Muster des städtischen Bürgerthums verlor das ländliche Grundeigenthum seine ausschließliche oder doch dominirende Stellung im wirthschaftlichen, socialen und politischen Leben. Statt dessen wurde es fortan zur Basis eines bestimmten Standes, des Adels. Was demnach früher zur Zeit der gemeinen

---

1) K. F. Eichhorn, Deutsche Staats- und Rechtsgeschichte, 4. Aufl. Göttingen 1836. H. Zöpfl, Deutsche Rechtsgeschichte, 3. Aufl. Stuttgart 1858. F. Walter, Deutsche Rechtsgeschichte, 12. Aufl. Bonn 1857. Beseler, System des gemeinen deutschen Privatrechts, Bd. II, Berlin 1866, §§ 173 und 176. Bluntschli, Deutsches Privatrecht, 3. Aufl. besorgt von F. Dahn München 1864, § 68. v. Gerber, System des deutschen Privatrechts, 9. Aufl. Jena 1867, §§ 83, 84, 274, 275. Stobbe, Handbuch des deutschen Privatrechts, Berlin 1883, Bd. II §§ 138—140. v. Salza und Lichtenau, Die Lehre von Familien-, Stamm- und Geschlechts-Fideicommissen, Leipzig 1838. Zimmerle, Das deutsche Stammgutssystem nach seinem Ursprung und Verlauf, Tübingen 1857. H. Schulze, Das Recht der Erstgeburt in den deutschen Fürstenhäusern u. s. w., Leipzig 1851. Costa, Entwickelungsgeschichte des deutschen Familienfideicommisses, München 1864. O. Gierke, Das deutsche Genossenschaftsrecht, Bd. I, Berlin 1868, und derselbe, Die juristische Persönlichkeit, in Grünhuts Zeitschrift für das Privat- und öffentliche Recht der Gegenwart, V S. 557 ff W. Lewis, Das Recht des Familienfideicommisses, Berlin 1868, und derselbe, Die in den deutschen Staaten bestehenden gesetzlichen Bestimmungen über die Familienfideicommisse, in den Annalen des Deutschen Reichs, Jahrgang 1879 S. 456 ff. Neubauer, Zusammenstellungen des in Deutschland geltenden Rechts betreffend Stammgüter, Familienfideicommisse u. s. w., unter Benutzung amtlicher Materialien, Berlin 1880. Die Art. Familienfideicommiß von v. Salza in Weiskes Rechtslexikon, Erbrecht von Welcker in Rotteck-Welckers Staatswörterbuch, Erbgüter von K. Maurer in Bluntschli-Braters Staatswörterbuch und Familienfideicommiß von H. Brunner in v. Holtzendorffs Rechtslexikon. Aus neuester Zeit stammt S. Meyer, Beiträge zur Geschichte der fideicommissarischen Substitutionen, insbesondere der bürgerlichen Familienfideicommisse in Deutschland, Inaug. Diss. Bonn 1878, und dazu der Nachtrag in der Zeitschrift für deutsche Rechtsgeschichte XV S. 131—137.

Freiheit die Voraussetzung für die Vollberechtigung des Freien gewesen war, das wurde nunmehr, seitdem die Stände des hohen und niederen Adels, der Bürger und Bauern an die Stelle der früheren Gemein=Freien getreten waren, die wirthschaftliche Basis nur eines Standes. Namentlich die Familien des Herrenstandes waren in Zeiten, in denen die strenge Scheidung zwischen Privat= und öffentlichem Recht noch nicht durchgeführt war, in hohem Grade an der ungetheilten Erhaltung von Land und Leuten interessirt, da das Patrimonium zugleich die Voraussetzung der öffentlichen Gewalt war. Aber auch die Macht und das Ansehen des niederen Adels war noch immer durch das Grundeigenthum bedingt, während der bewegliche Besitz je länger um so mehr die Stellung des Bürgerthums bestimmte.

Als dann die aus den Städten auf das Land eindringende Geldwirthschaft und die durch das römische Recht beeinflußte Rechtsanschauung sich auch für das Grundeigenthum geltend zu machen anfing, da trat bei dem Adel — als dem einzigen oder wenigstens hauptsächlichen Vertreter ländlicher Interessen in der damaligen Zeit — ein bewußtes Widerstreben gegen das neue Recht hervor. Denn je mehr dieses auf den Besitzwechsel und die Theilung des Grundeigenthums, sowie auf die Belastung desselben mit Erbantheilen hindrängte, um so mehr mußte der Adel für die Erschütterung seiner Vermögensverhältnisse und damit auch seiner socialen und politischen Stellung fürchten. Und je höher seine Stellung war, desto mehr stand für ihn auf dem Spiel. Einen großen Widerstand gegen das Eindringen der dem Adel gefährlich werdenden Einflüsse äußerte das Lehnrecht durch seine streng geordnete, auf dem Wege letztwilliger Verfügung nur wenig modificirbare Erbfolge, durch den Ausschluß oder doch die Zurücksetzung der Frauen bei der Succession in Lehngüter, sowie die Bevorzugung des Erstgeborenen bei der Vererbung des Lehen, endlich durch das den Gesammtbelehnten und Agnaten zustehende Vorkaufs= und Retractsrecht im Fall von Veräußerungen und Verpfändungen des Lehns [2]). Fand eine Vereinigung von Lehen= und Allodialbesitz in einer Hand statt, so gab auch für die Behandlung des letzteren der Lehenbesitz nicht selten den Ausschlag [3]).

Und einem Theil der Allodialgüter gewährte das Stammgutssystem denselben Schutz. Für das Recht des Stammgutes bildete das Gewohnheitsrecht und die einzelnen Landesgesetze die Rechtsquelle. Danach waren Stammgüter solche Güter, die durch ein= oder mehrmalige Vererbung in der Familie in die Hand des gegenwärtigen Besitzers gelangt waren. Dieser besaß nur ein beschränktes Eigenthumsrecht an denselben, indem er sie nur vorbehältlich des Revocationsrechts der Söhne und des Retractsrechts der zur Veräußerungszeit lebenden Agnaten entgeltlich veräußern durfte. Auch wurden dieselben im Mannsstamm der Familie nach einer bestimmten Successionsordnung vererbt. Durch diese wurde nicht nur der Ausschluß der Töchter durch die männlichen Verwandten, sondern auch ein Ausschlußrecht der Söhne unter einander begründet. Die Wittwe, Töchter und nachgesetzten Söhne waren auf besondere Gegenstände des Nachlasses beschränkt oder erhielten Abfindungen. Indem das Stammgut

2) Costa l. c. S. 18. Roscher, Nationalökonomik des Ackerbaues, 10. Aufl. 1882, 90.

3) Schulze l. c. S. 9.

immer nur auf einen einzigen Erben, gewöhnlich den ältesten Sohn überging, wurde sowohl die Theilung, wie das Hinaustreten desselben aus der Familie verhindert. Die für die Stammgüter eigenthümliche Erbfolge ging neben der gemeinrechtlichen einher. Im Uebrigen durfte der Stammgutsinhaber sein Gut frei verschulden und auch — vorbehältlich des Revocations- und Retractsrechts der Söhne bezw. Agnaten — veräußern, nur nicht verschenken. Auch stand das Stammgut dem freien Zugriff der Erbschaftsgläubiger offen.

Indeß war nur ein Theil der dem Adel gehörigen Allodialgüter dem Stammgutssystem unterworfen.

Größere Verbreitung, namentlich auch in den Kreisen des niederen Adels, scheint dasselbe in der jetzigen preußischen Rheinprovinz, besonders im Jülich'schen und Kölnischen, im Herzogthum Westphalen, in Hannover, in Kurhessen, im Hamburgischen, Bremischen und in Sachsen gehabt zu haben.

Dem hohen Adel freilich fehlte es überall auch über diese Grenzen hinaus nicht an den nöthigen Schutzmitteln für seine Hausgüter.

Durch Familienverträge und Hausgesetze wußte er seine Güter, auch wo sie bisher dem objectiven Stammgüterrecht nicht unterworfen waren, mit Rechtsschranken zu umgeben, die dieselben sowohl vor dem Hinaustreten aus der Familie und vor der Ueberschuldung wie vor der Zersplitterung innerhalb der Familie schützten. Bereits im 13. Jahrhundert pflegten die Eigenthümer oder Miteigenthümer eines solchen Gutes anzuordnen, daß es niemals unter mehrere Besitzer getheilt werden solle. Und seit dem 14. Jahrhundert wurden letztwillige Verfügungen des Inhalts, daß Güter der hochadligen Häuser nur im Mannsstamm und zwar immer nur an einen in der Familie vererben sollten, üblich [4]). Im 16. Jahrhundert kamen dann auch Bestimmungen über die Unveräußerlichkeit solcher Güter auf.

Im niederen Adel dagegen suchte man dasselbe Ziel durch Privatdispositionen, Rechtsgeschäfte zu erreichen.

Freilich war die allgemeine Rechtsanschauung solchen Dispositionen lange nicht günstig und wollte höchstens gestatten, daß Vinculirungen des Grundbesitzes für eine bestimmte Anzahl von Generationen (meist vier Generationen) Geltung hätten. Noch im Jahre 1535 konnte Hans Paumgartner schreiben: „daß ein solches (nämlich die Errichtung eines Statuts, wonach Jemand sein Hab und Gut bei seinem männlichen Samen und Namen d. h. dem Mannsstamm beständig erhalten wollte) nit ein brauchlich ding sei" [5]).

Indeß gelang es doch im Lauf der Zeit auch dem niederen Adel und dem demselben gleichgestellten städtischen Patriziat ihr Ziel dadurch zu erreichen, daß sie im Anschluß an die alten Stammgüter und die Familiengüter des Herrenstandes das Rechtsinstitut des Familienfideicommisses ausbildeten. Während aber das Institut der Stammgüter in seiner ursprünglichen Gestalt die Erhaltung des Grundbesitzes in jeder freien Familie bewirkte, dient das neuere Familienfideicommiß nach dem Vorbilde der Familiengüter der hochadeligen Häuser nur der Erhaltung des Glanzes und Ansehens bestimmter ausgezeichneter Familien.

4) Stobbe, Handbuch des Deutschen Privatrechts II 138.
5) Stobbe, Handbuch II 138.

Die Jurisprudenz war lange Zeit in Verlegenheit darüber, wie sie diese Fideicommißstiftungen juristisch construiren sollte.

Anfangs werden dieselben für Gesetzgebungsacte erklärt. So hat namentlich Betsius in seinem Tractatus de statutis, pactis et consuetudinibus familiarum illustrium et nobilium (zuerst 1611, dann 1644 erschienen) die Stiftung von Familienfideicommissen auf das jus statuta condendi als auf ihre Quelle zurückgeführt. Und an Betsius schließen sich eine Reihe von anderen Juristen an, die gleich ihm das Familienfideicommiß als Ausfluß der Autonomie ansahen.

Diese Construction ist indeß nur für die Familiengüter des hohen Adels, die man damals wie auch noch später von den Familienfideicommissen nicht gehörig unterschied, begründet. Für diese letzteren lieferte merkwürdiger Weise das römische Recht selbst, gegen dessen Eindringen man sich schützen zu müssen glaubte, in der Folge die Formel zur rechtlichen Begründung dieses schützenden Instituts[6]).

Die italienischen Juristen des 16. Jahrhunderts haben dasselbe zuerst als fideicommissum familiae zu construiren versucht[7]). Auch bei den Franzosen und Spaniern kam diese Auffassung bald zur Geltung. In Deutschland brach derselben zuerst Ph. Knipschildt durch seine im Jahr 1626 zu Straßburg erschienene Doctordissertation und durch seinen im Jahre 1654 in Ulm gedruckten Tractatus de fideicommissis familiarum nobilium sive de bonis, quae pro familiarum nobilium conservatione constituuntur, Bahn. Die Fideicommißstiftung ist nach ihm ein Rechtsgeschäft, und die Quelle desselben: sola fideicommittentis seu instituentis voluntas. Zum Zweck der juristischen Formulirung dieses Instituts zieht er das römischrechtliche successive Vermächtniß mit seinem auf den fideicommittirten Gegenstand gerichteten Veräußerungsverbot und seiner von der gesetzlichen abweichenden Ordnung der Uebertragung desselben im Erbwege heran. Daß die Voraussetzung des römischrechtlichen Vermächtnisses — das Bestehen eines Universalsuccessors — im deutschen Recht nicht immer zutraf, hinderte ihn nicht an der analogen Anwendung des römischen Rechts auf das in der deutschen Praxis eingebürgerte Institut, für das er den Begriff des Fideicommisses im weiteren Sinne schuf. Das juristische Wesen dieses letzteren bestand demnach trotz seiner Anknüpfung an das römische Recht nicht mehr darin, daß einer Person oder einer Reihe von Personen mittelbar aus dem Vermögen des Erblassers durch letztwillige Verfügung und auf Kosten der Erbschaft ein Vermögensvortheil zugewendet werde, sondern in einer Anordnung, durch welche die Güter einer Familie zum Besten des Mannsstammes für ewige Zeiten in derselben erhalten bleiben sollten. Es wurde demnach die von dem späteren römischen Recht für die Wirksamkeit des Fideicommisses gezogene Schranke der vierten Generation nicht beachtet und das deutschrechtliche Familienfideicommiß in dieser Beziehung freier gestellt[8]). Endlich wurde die von den italienischen

6) Eichhorn, Deutsche Staats- und Rechtsgeschichte 440. Stobbe, Handbuch II 183.

7) v. Gerber, Deutsches Privatrecht 83.

8) Bei den Römern waren zwar noch zu Papinians und Modestins Zeiten, also in der ersten Hälfte des 3. Jahrhunderts n. Chr., fideicommissa perpetua rechtlich statthaft. Justinian hat dann aber in der Novelle 159 immerwährende Fideicommisse verboten und die Errichtung von Familienfideicommissen auf 4 Genera-

Juristen für die Lehnerbfolge begründete Auffassung einer successio ex pacto et providentia majorum auch auf das deutsche Fideicommiß übertragen, so daß schließlich von der Anwendung des römischen Rechts auf dasselbe nicht viel mehr übrig blieb als der Name [9]).

Abweichend von Knipschildt unternahm es dann J. H. Böhmer in seinen Exercitationes ad Pand. exercitatio XXXI B. LII lit. XIV den Nachweis zu führen, daß die vertragsmäßigen Fideicommisse ihren Ursprung im einheimischen Recht haben und mit den Grundsätzen des römischen Rechts in Widerspruch stehen. Dem Beispiele J. H. Böhmers folgten J. St. Pütter, A. F. H. Posse und J. J. Moser, indem sie ebenfalls die Familienfideicommisse aus den Grundsätzen des deutschen Privatrechts zu erklären suchten. Diesen Schriftstellern gebührt somit das Verdienst, das Familienfideicommiß als eigenes deutschrechtliches Institut aufgefaßt und seine Erklärung aus deutschrechtlicher Wurzel versucht zu haben.

Seitdem hat die Rechtswissenschaft diese Versuche fortgesetzt und den Formulirungsprozeß des Rechts für das Familienfideicommiß-Institut zu Ende geführt.

Nunmehr ist auch das Familienfideicommiß ein objectiv anerkanntes Rechtsinstitut, so daß es jener älteren Verlegenheitsaushilfe, welche die Familienfideicommisse des niederen Adels und Bürgerstandes mit den Familiengütern der hochadeligen Häuser zusammenwarf und ihre Errichtung auf einzelne Acte der Gesetzgebung zurückführte, ebensowenig bedarf wie der Ableitung dieses Instituts aus dem römischen Recht.

Parallel mit der objectiv-rechtlichen Formulirung des Familienfideicommisses geht die theilweise Umbildung desselben durch die neuere Gesetzgebung.

Der modernen staatsbürgerlichen Gesellschaft, die sich in der Gesetzgebung der französischen Revolution des Jahres 1789 und der folgenden Jahre eine entsprechende Rechtsordnung schuf, erschien das Familienfideicommiß in seiner historisch gewordenen Gestalt und mit seiner auf die Erhaltung des Ansehens und Glanzes bestimmter, bis dahin den privilegirten Ständen angehöriger Familien gerichteten Tendenz als ein ihre Architektonik störendes Institut. Sie suchte dasselbe deshalb zu beseitigen. Es geschah dies durch die Decrete des Nationalconvents vom 25. October und 14. November 1792, durch welche die fideicommissarischen Substitutionen als unvereinbar mit den Principien der Freiheit und Gleichheit und als nachtheilig für die Bodencultur und für die Gläubiger aufgehoben wurden. Diese Gesetze erscheinen nur als eine Consequenz des am 28. März 1790 von der Nationalversammlung gefaßten Beschlusses, durch welchen alle Rechtsunterschiede des Grundbesitzes und alle Unterschiede des Geschlechts und Alters bei Erbtheilungen aufgehoben worden waren. Der am 15. März 1803 promulgirte Code civil sanctionirte dann diesen durch die Gesetzgebung der Revolutionszeit begründeten Zustand, indem der Art. 896 desselben Substitutionen schlechthin verbot. Eine Ausnahme wurde durch die Art. 897, 1048 und 1049 nur bezüglich der portion disponible zu Gunsten

tionen beschränkt. Durch künstliche Interpretation der Juristen sowie durch ein derogatorisches Gewohnheitsrecht wurde die Geltung der Novelle 159 für Deutschland beseitigt. Lewis, Familienfideicommißrecht S. 237, 446.

9) v. Gerber, Deutsches Privatrecht 83. Stobbe, Handbuch II 138.

von Enkeln und Geschwisterkindern gestattet; doch muß die Substitution — im Sinne des von Mirabeau ausgesprochenen Grundsatzes: „Je crois que le citoyen peut être le maître de disposer d'une partie de sa fortune, pourvu qu'il ne dérange pas le principe d'égalité envers ses héritiers. Mon avis est donc qu'on ne puisse favoriser aucun de ses héritiers au préjudice de l'autre, soit en ligne directe, soit en ligne collatérale" — in einem solchen Falle zu Gunsten aller bereits geborenen und noch zu erwartenden Kinder des Beschwerten ohne Unterschied des Alters und Geschlechts erfolgen. Code civil Art. 1050.

Ferner wurde durch Decret vom 30. März 1806, Senatsbeschluß vom 14. August 1806, zwei kaiserliche Statuten vom 1. März 1808, Decrete vom 24. Juni, 28. October und 21. December 1808, vom 2. Februar, 17. Mai und 4. Juni 1809 und vom 3. März 1810 das Majorat für diejenigen Güter als statthaft erklärt, die der Kaiser (Napoleon I.) behufs Dotirung eines erblichen Titels als solche bezeichnete (Code civil Art. 896). Durch diese ausnahmsweise Zulassung von Majoraten hatte Napoleon I. im Sinn, auf den Trümmern der unter das gleiche Recht und das generelle Verbot der Errichtung von Substitutionen gebeugten alten Aristokratie einen neuen, auf fester wirthschaftlicher Basis ruhenden imperialistischen Adel zu begründen, wie sich das unzweideutig aus dem auf S. 119 der ersten Abtheilung dieser Arbeit mitgetheilten Briefe desselben an seinen Bruder Josef, damaligen König von Neapel, ergiebt. Diese Majorate von Napoleons Gnaden vererbten nach dem Recht der Erstgeburt und standen unter eigenem, von dem allgemeinen Civilrecht wesentlich verschiedenen Recht, das theils auf die im einzelnen Falle ertheilten kaiserlichen Lehnbriefe, theils auf kaiserliche Statuten als auf seine Quellen zurückzuführen war.

Unter der Restauration wurde das Recht, fideicommissarische Substitutionen zu errichten, noch erweitert durch die Gesetze vom 5. März 1819, 6. Februar 1824 und 17. Mai 1826.

Mit dem Julikönigthum trat dann aber wieder eine den Majoraten ungünstige Strömung zu Tage. Das Gesetz vom 12. Mai 1835 verbot die Errichtung neuer Majorate und das Gesetz vom 7. Mai 1849 beseitigte die ganze Napoleonische Majoratsgesetzgebung, so daß seitdem wieder die ursprünglichen Bestimmungen des Code civil in ihrer ganzen Strenge sich in Geltung befinden.

Diese französische Gesetzgebung, soweit sie sich auf die Beseitigung der Familienfideicommisse bezog, blieb nicht ohne Einfluß auf Deutschland, während die Napoleonische Majoratsgesetzgebung an Deutschland spurlos vorüberging.

Zunächst wurden hier die Familienfideicommisse in den Ländern auf dem linken Rheinufer in Folge der Decrete des Nationalconvents vom 25. October und 24. November 1792 sofort und unbedingt in freies Eigenthum umgewandelt. In den deutschen Rheinbundsstaaten erfolgte die Beseitigung der Familienfideicommisse entweder in Folge der Einführung des Code civil (Art. 896) oder in Folge des Erlasses von dahin zielenden Spezialgesetzen.

Der Code civil wurde eingeführt:

im Königreich Westphalen durch Constitution des Staates vom 15. November 1807;

im Fürstenthum Arenberg durch herzogliche Verordnung vom 28. Januar 1808;
im Großherzogthum Berg durch kaiserliches Decret vom 12. November 1809;
im Großherzogthum Baden durch Einführungsdecret vom 3. Februar und 22. December 1809 (in den literirten Zusatzparagraphen zum Art. 577 (ca—cv) war jedoch ein dem Familienfideicommiß ähnliches Institut unter der Bezeichnung des Stammgutssystems für Personen des Herren- und Ritterstandes beibehalten worden);
im Großherzogthum Frankfurt durch Verordnung vom 25. Juli 1810;
in den hanseatischen Departements durch organisches Decret vom 4. Juli 1811;
in Ostfriesland, einigen anderen Gegenden Norddeutschlands und in Holland durch Decret vom 24. Januar 1812 [10]).

Durch folgende Spezialverordnungen wurden die Familienfideicommisse aufgehoben:
in Württemberg durch Normalverordnung vom 22. April 1808, declarirte Verordnung vom 26. April 1812, sowie Normalresolution vom 19. Februar 1814;
in Bayern durch Edict, die Adelsverhältnisse betreffend, vom 28. Juli 1808.

Mit der Beseitigung der französischen Herrschaft in Deutschland wurden die Fideicommisse aber auch wieder allmählich in ihre alten Rechte eingesetzt.

Um solche Gesetzgebungsacte der einzelnen deutschen Staaten, wie sie in der Rheinbundszeit vorgekommen waren, wenigstens soweit der früher reichsunmittelbar gewesene Adel (Standesherren und Reichsritter) in Frage kam, in Zukunft auszuschließen, bestimmt dann die deutsche Bundesacte vom 8. Juni 1815, Art. 14, daß gemäß den Grundsätzen der ehemaligen deutschen Reichsverfassung den „im Jahr 1806 und seitdem mittelbar gewordenen ehemaligen Reichsständen und Reichsangehörigen die noch bestehenden Familienverträge aufrecht erhalten" werden sollen. Außerdem wird ihnen die Befugniß zugesichert, „über ihre Güter- und Familienverhältnisse verbindliche Verfügungen zu treffen, welche jedoch dem Souverän vorgelegt und bei den höchsten Landesstellen zur allgemeinen Kenntniß und Nachachtung gebracht werden müssen [11]). Alle bisher dagegen erlassenen Verordnungen sollen für künftige Fälle nicht weiter anwendbar sein" [12]).

Aber auch die einzelnen zum deutschen Bunde gehörig gewesenen Staaten haben jene aus der Napoleonischen Zeit stammenden Fideicommiß-Verbote für ihr Gebiet ausdrücklich aufgehoben.

---

10) C. S. Zachariä, Handbuch des französischen Zivilrechts, herausgegeben von Puchelt. 6. Aufl. Heidelberg 1875.

11) Nach dem österreichischen Hofdecret vom 19. September 1836 (Nr. 156 des J.G.S.) bedürfen übrigens Familienverträge der in Oesterreich wohnhaften vormals reichsunmittelbaren Familien über die Güter- und Familienverhältnisse, sie mögen nun vor oder nach der Bundesacte errichtet sein, der landesherrlichen Genehmigung.

12) Diesem Art. 14 der deutschen Bundesacte allein und nicht auch dem Landesrecht der einzelnen Staaten sind die autonomen Beliebungen des hohen Adels unterworfen, wie denn das bayerische Recht ausdrücklich die Grundsätze seines Fideicommißedicts auf die Familiengüter der hochadeligen Häuser für nichtanwendbar erklärt (Ed. über die F.F.C. vom 26. Mai 1818 § 102).

Es geschah dies:

in den ehemals zum Königreich Westphalen gehörig gewesenen Landestheilen der preußischen Monarchie durch königliche Verordnung vom 11. März 1818 nebst Declarationen vom 1. Juni 1820 und 9. Juni 1827;

in dem ehemaligen Großherzogthum Berg durch Gesetz vom 23. März 1828 und eine Anzahl sich an dieses Gesetz anschließende Cabinetsordres;

in der Rheinprovinz, soweit in derselben noch jetzt französisches Recht gilt oder deren Theile, soweit dieses nicht der Fall ist, doch mit dem französischen Kaiserreich verbunden waren, durch die königliche Cabinetsordre vom 25. Februar 1826, betreffend die Errichtung von Familienfideicommissen in der Rheinprovinz, sowie durch die Verordnung vom 21. Januar 1837, welche den Häuptern der rheinischen Adelsfamilien das von ihnen vor der Occupation besessene Recht, zum Besten ihrer Descendenten frei testiren zu dürfen, ohne durch Pflichttheile gebunden zu sein, restituirte;

in Oldenburg durch Verordnung vom 10. März 1814;

in Württemberg durch Adelsstatut von 1817, wodurch allen ehemals durch Fideicommisse vinculirten Gütern, welche bis 1817 im Besitz der betreffenden Familien geblieben waren, ihre Fideicommißeigenschaft restituirt wurde, und durch königliche Declaration vom 8. December 1821;

in Bayern durch das Edict über die Familienfideicommisse vom 26. Mai 1818, welches das Fideicommißinstitut zugleich einer durchgreifenden Neuregelung unterwarf;

in Hessen-Darmstadt, wo das französische Fideicommißverbot für einen Theil des jetzigen Großherzogthums erst durch das Gesetz vom 13. September 1858 aufgehoben wurde;

in Hannover durch die Verordnung vom 23. August 1814, die bürgerliche transitorische Gesetzgebung betreffend, §§ 104—106, ferner die Verordnung vom 14. April 1815, die bürgerliche transitorische Gesetzgebung im Fürstenthum Hildesheim betreffend, §§ 112—115, ferner die Verordnung vom 13. September 1815, die bürgerliche transitorische Gesetzgebung in dem Kreise Meppen betreffend, §§ 109—114, und endlich die Verordnung vom 13. April 1821 über Wiederherstellung der Fideicommisse in dem Fürstenthum Ostfriesland, in der niederen Grafschaft Lingen und in den vormals eichsfeldischen Landestheilen.

Nur im gegenwärtigen Reichslande Elsaß-Lothringen ist, trotz der Wiedervereinigung dieser Länder mit Deutschland, das Familienfideicommiß nicht wieder aufgelebt, und es besteht hier das Verbot der Errichtung von fideicommissarischen Substitutionen nach wie vor ungeschwächt in Kraft.

Während innerhalb der spezifisch deutschen Rechtsentwickelung des Familienfideicommisses die Anlehnung an die französische Gesetzgebung sich nur wie eine kurze und wenig folgenreiche Episode ausnimmt, hat man in den meisten deutschen Staaten bereits im vorigen Jahrhundert ein anderes Verfahren einzuschlagen begonnen und dies — nach Beseitigung des französischen Einflusses — in diesem Jahrhundert fortgesetzt.

Statt die bestehenden Familienfideicommisse aufzuheben und die Errichtung neuer zu verbieten, wie die französische Gesetzgebung gethan hatte, sucht man in Deutschland das gemeinrechtliche Familienfideicommiß durch die Particulargesetzgebung im Sinne einer Annäherung desselben an das allgemeine Recht umzubilden.

In diesem Sinne haben der Gesetzgebung dieses Jahrhunderts bereits das verbesserte und ergänzte Chur-Bayerische Landrecht, der sog. Codex Maximilianeus Bavaricus civilis von 1756, III cap. 10 §§ 1—25, und das Preußische Allgemeine Landrecht von 1794, Th. II Tit. 4 §§ 47—226, vorgearbeitet.

Freilich an dem Vorgehen der französischen Gesetzgebung gemessen, erscheint die deutsche Gesetzgebung — abgesehen von einigen wenigen Beispielen — außerordentlich maßvoll und zahm.

In Frankreich hatte man mit einem Schlage und meist ohne Entschädigung die bäuerlichen Grundlasten, die Gebundenheit des bäuerlichen Grundeigenthums und als Correlat dazu auch die bestehenden Lehen und Fideicommisse beseitigt. In den einzelnen deutschen Staaten dagegen — und allen voran in Preußen — hielt man für die Ablösung der meisten Grundlasten principiell an der Entschädigungspflicht fest und ließ den Lehen- und Fideicommißverband unangetastet. Auch die rechtliche Gebundenheit des bäuerlichen Grundbesitzes blieb in einer ganzen Reihe von deutschen Staaten des Nordwestens noch einige Zeit nach Befreiung des bäuerlichen Bodens von den aus dem Mittelalter stammenden Lasten bestehen. In Preußen und einigen anderen Staaten freilich wurde gleichzeitig mit der Befreiung des Bodens von den grundherrlichen Lasten auch die rechtliche Gebundenheit desselben beseitigt.

Was speziell das Familienfideicommiß betrifft, so waren die Redactoren des allgemeinen preußischen Landrechts demselben keineswegs günstig gesinnt, „weil es den Güterverkehr in gleicher Weise fessele, wie die Verwendung der Güter zur todten Hand, und weil die damit verbundenen Majorate, Minorate oder Primogenituren zu einer Anhäufung des Vermögens in der Hand eines Mitgliedes der Familie, das im Ueberfluß lebe, dagegen zur größten Unbilligkeit gegen alle übrigen Familienmitglieder führe, insbesondere aber auch, weil darin eine große Anomalie liege, daß es in der Gewalt eines Menschen stehen solle, über das Vermögen, welches er bei seinem Abscheiden zurücklassen müsse und worüber ihm der Tod jedes physische Vermögen zu disponiren benimmt, auf viele Jahrhunderte und Geschlechter hinaus Gesetze vorzuschreiben“ [13]). Gleichwohl hat das Allgemeine Landrecht Th. II Tit. 4 §§ 47—226 das Familienfideicommiß auch für die Zukunft anerkannt und dasselbe nur seiner größten Schroffheiten zu entkleiden gesucht.

Auch das auf die Schön-Stein'sche Initiative zurückzuführende Edict vom 9. October 1807 § 9 gestattete nur die Aufhebung der Lehen, Familienstiftungen und Familienfideicommisse durch Familienbeschlüsse, sowie die Vererbpachtung einzelner Theile von Lehens- und Familienfideicommißbesitzungen.

Dem Edict von 1807 schloß sich das Landesculturedict vom 14. September 1811 § 6 und die spätere preußische Gesetzgebung an, indem sie die Dispositionsbefugniß des Fideicommißeigenthümers erweiterte und insbesondere Aufnahme von Darlehen unter Verpfändung des Familienfideicommißgutes für bestimmte

13) Suarez, Amtliche Vorträge bei der Schlußrevision des allgemeinen Landrechts in v. Kamptz' Jahrbüchern für die preuß. Gesetzgebung u. s. w. Band 41 Heft 81 S. 169.

Fälle, sowie den Abverkauf einzelner Theile desselben gestattete und endlich die corporative Organisation der Familienfideicommißgüter besitzenden Familien durchführte.

Eine neue theilweise gesetzliche Regelung erhielt das Familienfideicommiß sodann in den dreißiger Jahren in Sachsen-Weimar durch Patent vom 22. Mai 1826 und durch Gesetz vom 22. April 1833, in Hannover durch Gesetz vom 13. April 1836, in Braunschweig durch Gesetz vom 28. März 1837.

Das wenn auch nicht an äußeren Erfolgen, so doch an mannigfachen Anregungen auf politischem, socialem und wirthschaftlichem Gebiet reiche Jahr 1848 brachte neben der Beseitigung mancher anderen rechtlichen Fessel des freien Verkehrs auch die Beseitigung der Familienfideicommisse zur Sprache.

Der von der Frankfurter Nationalversammlung niedergesetzte Ausschuß für Volkswirthschaft beantragte nämlich unter Anderem die Aufnahme folgender Bestimmung in die Grundrechte des deutschen Volkes:

„Aller Lehensverband und alle Fideicommisse sind aufgehoben. Das Nähere über die Art und Weise der Ausführung haben die Gesetzgebungen der Einzelstaaten anzuordnen."

Eine Minorität im Ausschuß dagegen beantragte zu sagen: „Die Familienfideicommisse aller Art, die Majorate, Minorate, Seniorate und andere dergleichen Abweichungen von der gemeinrechtlichen gleichen Erbfolge sind aufgehoben und treten bei dem nächsten Todes- oder Besitzveränderungsfall außer Kraft."

Der Majoritätsantrag wurde mit einem die Rechte der regierenden Häuser wahrenden Zusatze und mit der Modification, daß die Aufhebung durch die einzelnen Staaten zu geschehen habe, von der Nationalversammlung selbst am 21. December 1848 zum Beschluß erhoben.

Der § 38 des am 27. December 1848 publicirten Gesetzes über die Grundrechte lautete: „Die Familienfideicommisse sind aufzuheben. Die Art und Bedingung der Aufhebung bestimmt die Gesetzgebung der einzelnen Staaten. Ueber die Familienfideicommisse der einzelnen regierenden fürstlichen Häuser bleiben die Bestimmungen den Landesgesetzen vorbehalten." (Deutsche Reichsverfassung von 1849 § 170.)

Dem von der Nationalversammlung gegebenen Impulse zur Aufhebung der Familienfideicommisse folgten:

das für das Fürstenthum Reuß j. L. erlassene Staatsgrundgesetz vom 30. November 1849 und das revidirte Staatsgrundgesetz vom 14. April 1852, § 24;

die für das Fürstenthum Schwarzburg-Sondershausen erlassene Verfassung vom 12. December 1849, § 43;

das für das Fürstenthum Lippe-Detmold erlassene Gesetz vom 4. September 1849;

die für das Fürstenthum Anhalt-Bernburg erlassene Verfassung von 1850, § 49;

die preußische Verfassung vom 5. December 1848, Art. 38, und vom 31. Januar 1850, Art. 40;

das braunschweigische Gesetz vom 19. März 1850, § 1 u. 2;

das oldenburgische Staatsgrundgesetz vom 18. Februar 1849, dessen das Familienfideicommiß abolirende Bestimmung dann in das revidirte Staatsgrundgesetz vom 22. November 1852, § 213 übergegangen ist.

Allein auch dieser rein negative Zustand war, ebenso wie der durch die Napoleonische Gesetzgebung am Anfang des Jahrhunderts geschaffene, in den meisten Ländern nur von kurzer Dauer.

In Preußen wurde bereits mittels Gesetzes vom 5. Juni 1852 Art. 1 der Art. 40 der Verfassung vom 31. Januar 1850, soweit er die Stiftung von Familienfideicommissen untersagte, wieder aufgehoben, womit denn der durch das allgemeine Landrecht, sowie die späteren Spezialgesetze geschaffene Rechtszustand wieder hergestellt ward.

In Reuß j. L. wurde mittels Gesetzes vom 20. Juni 1856 das ältere Recht wieder hergestellt; ebenso wurde in Lippe-Detmold das die Familienfideicommisse beseitigende Gesetz von 1849 durch eine Verordnung vom 2. Mai 1854 aufgehoben und auch in Schwarzburg-Sondershausen die Errichtung von Familienfideicommissen wieder gestattet.

Endlich ist das Fideicommißverbot auch in Braunschweig durch das Gesetz vom 20. März 1858 wieder beseitigt worden. Dieses Gesetz ordnete zugleich die Rechtsverhältnisse der braunschweigischen Fideicommisse, hier Familienstammgüter genannt.

Nur in Oldenburg blieb das Familienfideicommiß definitiv beseitigt.

Reformirt wurde das Familienfideicommiß:

in Hessen-Darmstadt durch ein Gesetz vom 13. September 1858;

im Königreich Sachsen durch das Bürgerliche Gesetzbuch vom 2. Januar 1863 und

in Oesterreich durch das Patent vom 9. August 1854 und das Gesetz vom 13. Juni 1868.

Fassen wir das oben Dargestellte in wenige Worte zusammen, so finden wir, daß die Gesetzgebung vom 16. bis zur Mitte des 18. Jahrhunderts die Errichtung von Familienfideicommissen gestattete und begünstigte, worauf dann in Folge der Ideen des Aufklärungszeitalters und der Napoleonischen Gesetzgebung eine theilweise Reaction gegen diese dem Fideicommiß günstige Strömung eintrat. Seit dem Jahre 1815 ward die Errichtung von Fideicommissen aber wieder gestattet, und nach kurzer Unterbrechung am Schluß der vierziger Jahre zeigt sich in den fünfziger Jahren sogar eine sehr fideicommißfreundliche Strömung, und zwar in Deutschland sowohl wie in Oesterreich.

Der im allgemeinen dem Fideicommiß günstigen oder ungünstigen Strömung entspricht dann auch die Zahl der in der betreffenden Periode erfolgten Fideicommißerrichtungen.

Für das Gebiet des neuen Deutschen Reichs fehlen uns leider die zum Belege des Gesagten erforderlichen Zahlen. Für Oesterreich dagegen ist diese Lücke neuerdings ausgefüllt worden.

Eine in der Oesterreichischen statistischen Monatsschrift für 1883 (9. Jahrg. 10. Heft S. 2 u. 7) veröffentlichte Arbeit von Inama-Sterneggs über die Familienfideicommisse in Oesterreich theilt über unseren Gegenstand folgendes mit.

Hier stammen das Gräflich Thun'sche Familienfideicommiß in Steiermark, Kärnthen und Krain, das Fideicommiß des Freiherrn von Herberstein in Steiermark und das der Freiherrn von Mallowetz und von Kaprun in Böhmen bereits aus dem 16. Jahrhundert. Darauf folgte die Stiftung der Familienfideicommisse der Fürsten von Liechtenstein (1602 und 1604), der Bubna 1608, der Wurmbrand 1616, der Khevenhüller in Oberösterreich u. s. w.

Zur Zeit Kaiser Leopolds I. wurden allein in Niederösterreich 38 Pecuniar- und Grundfideicommisse angemeldet, von denen die meisten unter diesem Kaiser errichtet worden waren.

Unter Maria Theresia und Josef II. war die Strömung den Familienfideicommissen weniger freundlich. Ja Josef II. trug sich sogar mit der Absicht, die Fideicommisse aufzuheben, eine Absicht, die jedoch nicht zur Ausführung gelangte.

Mit dem Westgalizischen Gesetzbuch (1797) trat wieder eine dem Fideicommiß günstigere Auffassung ein, welche auch im Allgemeinen Bürgerlichen Gesetzbuch für die gesammten deutschen Erblande von 1811 zum Ausdruck kam und in der Folge, selbst unter dem constitutionellen System, keine namhafte Abschwächung mehr erfuhr.

In einzelnen Kronländern ist allerdings unter Napoleonischer Herrschaft eine gewaltige Störung in der Entwickelung des Fideicommisses eingetreten, doch war sie hier wie in den deutschen Ländern nur eine vorübergehende. So wurden durch das französische Decret d. d. Antwerpen, 30. September 1811, § 44, die Fideicommisse im Küstenlande und in Dalmatien aufgehoben; aber bereits das Hofdecret vom 8. August 1817 erklärte dieselben als wieder zu Recht bestehend.

Seitdem nimmt die Zahl der neu gegründeten Fideicommisse zu und wird zugleich der bereits bestehende Fideicommißverband über neue Güter ausgedehnt.

So sind beispielsweise allein in Böhmen unter Kaiser Franz II. 8, unter Kaiser Ferdinand 6 und unter Kaiser Franz Josef 8 neue Familienfideicommisse gestiftet worden.

Wenn uns — wie wir bereits oben anführten — für die zum Deutschen Reich gehörigen Staaten auch die nöthigen Daten über die Zeit, in der die Familienfideicommisse entstanden sind, fehlen, so ist doch sicher, daß in Preußen seit den fünfziger Jahren wieder eine stärkere Neigung zur Errichtung von Familienfideicommissen hervorgetreten ist. Es mag das zum Theil mit der Reorganisation des Herrenhauses — indem nach der Verordnung vom 12. October 1854 den Verbänden des alten und befestigten Grundbesitzes das Präsentationsrecht ertheilt wurde und außerdem den Verbänden der durch ausgebreiteten Familienbesitz ausgezeichneten Geschlechter dieses Recht vom König beigelegt werden konnte —, zum Theil mit der den Besitzern von Lehngütern gewährten Befugniß, dieselben in Fideicommißgüter umzuwandeln, zusammenhängen. Die Vermehrung der Familienfideicommisse ist gleichsam der Widerhall eines in der Sitzung des preußischen Herrenhauses vom 22. September 1849 geäußerten Wunsches: „Ich wünschte, sagte damals Stahl, daß die fideicommissarische Richtung in unserem Volke überhand nehmen möge, sie wäre das rechte Gegentheil gegen den Hang, dem Moment zu leben und den Moment auszubeuten“ [14]).

14) Stahl, Siebzehn parlamentarische Reden, Berlin 1862, S. 48.

## 2. Recht der Gegenwart.

Indem wir jetzt an eine vergleichende Darstellung des gegenwärtig in den einzelnen deutschen Staaten geltenden Fideicommißrechts gehen, sei hier nur noch bemerkt, daß diese Darstellung unsererseits bloß den Zweck verfolgt, einen festen Anhalt für die socialwirthschaftliche Analyse des Familienfideicommisses zu gewinnen. Es sind demnach diejenigen gemein- und particularrechtlichen Bestimmungen des Fideicommißrechts, welche nur juristisch-technische Bedeutung haben und keinerlei Anlaß zu socialwirthschaftlicher Beurtheilung geben, von uns entweder gar nicht oder doch nur soweit berücksichtigt worden, als der Zusammenhang mit den übrigen Bestimmungen und die Rücksicht auf das Verständniß des ganzen Rechtsinstituts es erheischen.

Auch sind in der nachfolgenden Darstellung nur die der Landesgesetzgebung unterstehenden Familienfideicommisse, nicht aber auch die Kron- und Hausfideicommisse der deutschen regierenden Familien, und ebenso wenig die Hausgüter der hochadeligen Familien berücksichtigt worden. Denn während die ersteren eigenen Normen unterliegen und ganz unabhängig von dem Urtheil über den Werth der Fideicommisse bestehen, werden die letzteren von dem § 14 der deutschen Bundesacte vom 8. Juni 1815 und nicht von der Landesgesetzgebung geregelt.

Hier sei nur kurz erwähnt, daß sich die Hausgüter der hochadeligen Häuser von den Familienfideicommissen hauptsächlich dadurch unterscheiden, daß das Eigenthum an den Familiengütern dem hochadeligen Hause als juristischer Person zusteht, und daß Verfügungen über die Substanz dieser Güter der Gesammtheit der Agnaten vorbehalten sind. Auch haben die Agnaten ein Stimmrecht in Hausangelegenheiten, sowie ein Anrecht am Hausgut, das sich nicht nur in einem selbständigen Warterecht, sondern auch in einem Recht auf den Genuß der Früchte des Hausguts (Apanage) äußert und durch die Verfassung näher bestimmt wird. Und selbst die Cognaten haben gewisse Ansprüche auf Abfindung und Aussteuer. Dem Haupt der Familie, welches dieselbe nach außen zu repräsentiren hat, stehen Besitz, Verwaltung und Benutzung des Hausgutes zu.

### A. Rechtsquellen.

Jedes einzelne Familienfideicommiß ist seiner Entstehung nach zurückzuführen auf einen ausdrücklichen Willensact des Stifters.

Dieser Act ist — da die Errichtung von Familiengütern der hochadeligen Häuser, welche sich als Ausflüsse der Autonomie charakterisiren, hier nicht in Betracht kommt — immer eine private Disposition, ein Rechtsgeschäft.

Die Privatdispositionen sind dem gemeinen Recht oder der Gesetzgebung der einzelnen Staaten unterworfen.

Beide, das gemeine Recht sowie die particularen Gesetzgebungen, enthalten zweierlei Arten von Bestimmungen.

Sie beschränken einestheils die Privatverfügungen ihrem Inhalt und ihrer Form nach durch absolute, prohibitive Normen, mit denen sich die Fideicommißstiftung in keinem Fall in Widerspruch setzen darf, und enthalten anderntheils sog. dispositives Recht, das nur insofern in Anwendung kommt, als die Stiftung den einen oder anderen Punct zu regeln unterlassen hat.

a. Das gemeine Recht regelt noch heutzutage das Familienfideicommiß — wobei nur hier und da geringe Modificationen wesentlich formaler Natur durch die Landesgesetzgebung angebracht sind — in folgenden Staaten: Württemberg, Mecklenburg-Schwerin, Mecklenburg-Strelitz, Sachsen-Gotha, Sachsen-Coburg, Schwarzburg-Rudolstadt, Schwarzburg-Sondershausen, Sachsen-Altenburg, Sachsen-Meiningen, Waldeck, Lippe-Detmold, sowie in folgenden zum Königreich Preußen gehörigen Landestheilen: Hessen-Nassau, Schleswig-Holstein, Lauenburg und Neuvorpommern mit Rügen.

b. In folgenden Staaten hat die Gesetzgebung das gemeine Recht entweder vollständig verdrängt oder doch wesentlich modificirt.

Preußen: a. für diejenigen Gebiete, in denen das A.L.R. gilt: Allgemeines Landrecht von 1794 II 4 § 47—226.

Edict vom 9. October 1807.

Declaration zum § 9 des Edicts vom 9. October 1807, vom 19. Februar 1812.

Gesetz vom 15. Februar 1840 über Familienschlüsse bei Familienfideicommissen, Familienstiftungen und Lehen, sowie das Gesetz vom selben Tage, betreffend Familienfideicommisse u. s. w. im Herzogthum Schlesien und in der Grafschaft Glatz.

Gesetz vom 5. März 1855, die Kompetenz der Gerichtsbehörden in Familienfideicommißsachen betreffend, und Ausführungsgesetz zum Gerichtsverfassungsgesetz vom 24. April 1878 § 49 Nr. 1 und 2.

Gesetz vom 3. März 1850 und vom 27. Juni 1860, welche den Abverkauf und den Austausch geringfügiger Parcellen von Fideicommißgrundstücken unter gewissen Bedingungen gestatten.

b. für das Gebiet des ehemaligen Königreichs Hannover:

Gesetz über Ablösbarkeit des Lehnverbandes u. s. w. und die Errichtung von Familienfideicommissen vom 13. April 1836.

Bayern: Edict über die Familienfideicommisse vom 26. Mai 1818 (Beilage VII zum Tit. V der Verfassungsurkunde von 1818).

Gesetz vom 11. September 1825, die Anwendung und Vollziehung einiger Bestimmungen über Familienfideicommisse betreffend.

Instruction zum § 14 der Beilage VII Tit. V der Verfassungsurkunde von 1818, vom 3. März 1857.

Sachsen: Bürgerliches Gesetzbuch für das Königreich Sachsen vom 2. Januar 1863 § 2527—2541 (unter dem Titel: Ueber die Familienanwartschaft).

Baden: Familienfideicommisse können nur in sehr beschränkter Weise für Enkel und Geschwisterkinder bestellt werden: Landrecht Satz 896, 1048—1074. Dagegen werden als zulässig erklärt: Stammgüter, die den Familienfideicommissen im gemeinrechtlichen Sinne sehr ähnlich sind: Landrecht Satz 577 ca—cv.

577 ch ist aufgehoben durch das Gesetz vom 31. Juli 1839, und an die Stelle der im Satz 577 cb gedachten Landtafel sind durch die Verordnung vom 10. November 1842 die Grundbücher getreten.

Hessen-Darmstadt: Gesetz, die Familienfideicommisse betreffend, vom 13. September 1858.

Sachsen-Weimar: Patent zur Entscheidung einiger Rechtsfragen vom 22. Mai 1826.

Gesetz vom 22. April 1833 über die bei Errichtung von Familienfideicommissen und ähnlichen Stiftungen zu beobachtende Form.

Braunschweig: Gesetz, die Aufhebung der Feudalrechte und die Errichtung von Familienstammgütern betreffend, vom 28. März 1837.

Gesetz, die Errichtung von Familienstammgütern betreffend, vom 20. Mai 1858.

Anhalt-Köthen: Verordnung wegen Errichtung und Aufhebung von Familienstiftungen und Fideicommissen vom 7. März 1832.

Gesetz, betreffend Familienschlüsse, vom 7. April 1870.

Oesterreich: Bürgerliches Gesetzbuch für die gesammten deutschen Erblande von 1811 §§ 618—645.

Hofcanzleidecret vom 13. Juli 1832.

Patent vom 9. August 1854.

Gesetz vom 13. Juni 1868, betreffend die Bewilligung zur Errichtung und zur Verschuldung von Familienfideicommissen.

c. Beseitigt sind die Familienfideicommisse durch die Gesetzgebung in

Oldenburg seit 1849, wo das Familienfideicommiß gleichzeitig mit dem Lehnsverbande und der Erbunterthänigkeit abgeschafft worden ist, und in

Elsaß-Lothringen durch die französische Gesetzgebung.

Auch im Bremischen Landgebiet kommen keine Familienfideicommisse vor.

Demnach ist das Familienfideicommiß nahezu in ganz Deutschland in praktischer Geltung: doch ist der von demselben vinculirte Theil des Bodens in den einzelnen Ländern ein sehr verschiedener.

## B. Wesen und Bezeichnung[15]).

Gemeinrechtlich besteht die Fideicommißeigenschaft eines Gutes darin, daß es, in Folge des Stiftungsactes, die Bestimmung erhalten hat, behufs Erhaltung des Glanzes und Ansehens eines bestimmten Geschlechts (splendor familiae), unveränderlich auf die Geschlechtsnachfolger des Constituenten oder eines Dritten bis zum Ausgang des Geschlechts und Namens oder bis zu einem vom Stifter festgesetzten Zeitpuncte überzugehen. Diese Idee findet ihren rechtlichen Ausdruck in dem Verbot der totalen und partiellen Veräußerung des Fideicommißguts unter Lebenden und auf den Todesfall, sowie der Verschuldung seiner Substanz. Die zur Nachfolge in das Familienfideicommiß berufenen Personen succediren

15) v. Gerber, System 84, 275. Beseler, System 176. Bluntschli, Deutsches P.R. 68. Lewis, F.F.C.R. 6, 7, 16, 19—22. Desselben F.C.Bestimmungen S. 467 bis 468, 495 ff. Stobbe, Handbuch II 139.

in dasselbe nach einer singulären Erbfolgeordnung, über die das Nähere weiter unten in einem besonderen Abschnitt zu erwähnen sein wird. Die Succession erfolgt ex pacto et providentia majorum, d. h. es leiten die Fideicommißbesitzer ihr Recht nicht unmittelbar von ihrem Vorgänger, sondern ex fundatione ab [16]).

Da der Fideicommißnachfolger in das Fideicommiß als Singular- und nicht als Universalerbe des letzten Eigenthümers succedirt [17]), so ist er berechtigt, die Allodialerbschaft seines Vorgängers auszuschlagen: in welchem Fall er nur für die auf dem Fideicommiß als solchem ruhenden Lasten (Substanz- und Früchteschulden), nicht aber auch für die persönlichen Schulden seines unmittelbaren Vorgängers haftet [18]).

In den einzelnen Particulargesetzgebungen werden die übrigen Grundsätze zum Theil bestätigt und näher entwickelt, zum Theil aber auch abgeändert. Was die Belege für die Bestätigung betrifft, so sind sie bereits oben in den einzelnen Noten beigebracht worden. Es erübrigt daher nur noch die Abänderungen zu verzeichnen.

Während die meisten Particulargesetzgebungen in Uebereinstimmung mit dem gemeinen Recht einem bestimmten Geschlecht im Fideicommißgut die Vermögensgrundlage für eine unbegrenzte Zeit zusichern, erklären einige Gesetze es für statthaft, daß das Fideicommiß von Anfang an nicht für alle Geschlechtsnachfolger in infinitum, sondern nur für eine bestimmte Zahl von Geschlechtsnachfolgern errichtet werde [19]), und gestattet das bayerische Gesetz die Nutzung des Fideicommisses durch mehrere Geschlechter nach einander, so daß nach dem Aussterben des einen Geschlechts ein anderes in die Nutzung des Fideicommisses tritt [20]).

Daß die Fideicommißgüter nicht veräußert werden dürfen und daß für die von dem Fideicommißbesitzer persönlich contrahirten Schulden außer seinem Allodialvermögen nur die von ihm während seiner Besitzzeit bezogenen Früchte zu haften haben, sprechen ausdrücklich aus die Gesetze Preußens, Oesterreichs, Hannovers, Badens und Bayerns [21]). Jedoch ist ausnahmsweise auch die Belastung des Fideicommißguts mit Schulden, sowie die Veräußerung desselben im ganzen oder in einzelnen Theilen gestattet. Hierüber ist das Nähere in einem besonderen Abschnitt über die Veräußerung und Verschuldung der Fideicommißgüter mitzutheilen. Die gemeinrechtliche Bezeichnung „Familienfideicommiß" ist auch in die Gesetzgebung Preußens, Oesterreichs, Anhalts, Sachsen-Weimars und des Königreichs Sachsen übergegangen, während die hannoversche Gesetzgebung von „immerwährenden Majoraten", die badische von „Stammgütern" und die braunschweigische von „Familienstammgütern" spricht.

---

16) v. Gerber, System 274, 275. Beseler, System 176. Stobbe, Handbuch II 139.

17) Ausdrücklich anerkannt im Bad. L.R. 577 cn. Bayr. Ed. 77. Braunschw. Ges. v. 1837 22. Braunschw. Ges. v. 1858 3.

18) Ausdrücklich anerkannt im Bayr. Ed. 82. Braunschw. Ges. v. 1837 22.

19) Bayr. Ed. 1. Preuß. Allg. L.R. II 4 § 23. Oesterr. B.G.B. 618.

20) Bayr. Ed. 80, 84.

21) Preuß. Allg. L.R. II 4 § 80. Oesterr. B.G.B. 632. Hann. Ges. 35. Bad. L.R. 577 ci. Bayr. Ed. 53.

### C. Zur Errichtung und zum Besitz berechtigte Personen[22]).

a) Wenn das Familienfideicommiß auch lange Zeit ausschließlich im Adel — und zwar zunächst im hohen, dann auch im niederen Adel — seine Anwendung fand, so räumt das gemeine Recht doch gegenwärtig einem jeden, der handlungsfähig ist, ohne Unterschied des Standes das Recht zur Errichtung von Familienfideicommissen ein, vorausgesetzt natürlich, daß dem Stifter die volle Dispositionsbefugniß über den durch Familienfideicommiß zu vinculirenden Gegenstand und die testamenti factio activa zusteht. Die der Errichtung eines Fideicommisses in einem bestimmten Gut entgegenstehenden Rechte dritter Personen: der Notherben und Pflichttheilsberechtigten, der Lehn-, Stamm- und Erbgutsanwärter, sowie des Lehnsherrn und Obereigenthümers, sofern letztere noch heute vorkommen, können jedoch nur durch Verzichte der Berechtigten beseitigt werden.

Ausdrückliche Bestätigung findet dieser gemeinrechtliche Grundsatz in der Gesetzgebung Preußens, Anhalts, Sachsen-Weimars, Hessen-Darmstadts, Bayerns, Sachsens und Hannovers[23]).

Nur in Baden sind zur Errichtung von Stammgütern lediglich „Personen des Herren- und Ritterstandes" berechtigt.

b) In denjenigen Staaten, wie z. B. in Baden, in denen die Errichtung von Fideicommissen nur Personen bestimmter Stände gestattet ist, wird auch das Recht zum Besitzantritt des Fideicommisses von der Zugehörigkeit zu denselben Ständen abhängig gemacht. Aber selbst in Bayern, wo für die Person des Stifters keinerlei Standesrequisit aufgestellt ist, dürfen Familienfideicommisse doch nur zu Gunsten von Personen oder Familien, die dem Erbadel angehören, errichtet werden; ja der Verlust der Standesqualität zieht selbst nach angetretenem Besitz des Familienfideicommisses den Verlust desselben nach sich. In diesen rückt dann der nächste berechtigte Anwärter ein; er ist jedoch verpflichtet, dem ausgeschiedenen Besitzer die Competenz zu gewähren[24]).

### D. Gegenstand.

Während die Theoretiker des gemeinen Rechts darüber einig sind, daß nur eine dauernd fruchtbringende, d. h. eine durch den Fruchtgenuß sich nicht aufzehrende Sache zum Gegenstand eines Familienfideicommisses gemacht werden kann, gehen sie in ihren Ansichten darüber, was zu den dauernd fruchtbringenden Sachen zu rechnen ist, auseinander. Gerber und Bluntschli[25]) rechnen dazu ganz allgemein Grundstücke und bewegliche Kapitalien, Stobbe die letzteren nur dann, wenn sie einen dauernden Genuß gewähren, Beseler dann, wenn sie in Grund und Boden radicirt sind und dadurch eine Gewähr für ihren dauernden Bestand erhalten, und Lewis nur dann, wenn sie verzinslich

---

22) Bluntschli, Deutsches Priv.R. 68, 127. Beseler, System 176, 112. Gerber, System 84. Lewis, F.C.R. 3—5. Stobbe, Handbuch II 139.

23) Preuß. Allg. L.R. II 4 § 47. Anhalt.-Köth. Ges. 1. Sachs.-Weim. Ges. 5. Hess.-Darmst. Ges. 1, 14. Bayr. Ed. 4, 19. Sächs. C.G.B. 24. Hannov. Ges. 33.

24) Bad. L.R. 577 cm. Bayr. Ed. 1, 78, 79.

25) v. Gerber, System 84. Bluntschli, Deutsches Priv.R. 68.

und zugleich sicher angelegt sind [26]). Demnach dürfen der letzteren Ansicht zufolge Mobilien, Kostbarkeiten, wie Juwelen, Gold- und Silbersachen, Bibliotheken u. s. w. in der Regel nicht den einzigen Gegenstand eines Familienfideicommisses bilden, wohl aber können sie einem Familienfideicommiß zugeschlagen werden [27]). Ja es reicht bereits die Pertinenzqualität der betreffenden Sachen hin — sei es, daß diese speziell für Fideicommißgegenstände festgestellt ist (Bayer. Ed. 8) oder daß sie den gesetzlichen Bestimmungen des allgemeinen bürgerlichen Rechts zu entnehmen ist —, um sie eo ipso vom Fideicommißnexus ergreifen zu lassen, wie denn nach der Ansicht Einiger nach gemeinem Recht auch ganze Vermögen zu einem Fideicommiß gewidmet werden dürfen [28]).

Die einzelnen Particularrechte enthalten zum Theil sehr detaillirte Bestimmungen darüber, was als Pertinenz eines Fideicommißguts anzusehen ist [29]).

Die von Gerber vertretene Auffassung findet ihre Bestätigung in Preußen, Hannover und Anhalt [30]), wo abgesehen von Grundstücken, auch Geldcapitalien allein Gegenstand eines Familienfideicommisses sein dürfen; die Ansicht Beselers dagegen findet sich in Sachsen-Weimar [31]) legalisirt, wo nur liegende Güter, „hypothekarisch versicherte Kapitalien, Erbzinsen und andere auf liegenden Gütern haftende Gefälle" zum Principalgegenstand eines Familienfideicommisses erklärt werden dürfen.

Noch enger als die obigen Gesetze umgrenzen die Gesetze anderer Staaten den Principalgegenstand des Familienfideicommisses, wenn sie als solchen nur Immobilien zulassen. So verlangt Hessen-Darmstadt [32]) „Grundeigenthum", Bayern „Grundvermögen", Baden „liegenschaftliches Vermögen", Braunschweig „mit Wohn- und Wirthschaftsgebäuden zur selbständigen Bewirthschaftung versehene Güter".

Ein bestimmter Werth des Fideicommißguts ist gemeinrechtlich nicht erforderlich, nur wird der Ertrag dieses Objects im Allgemeinen dem Zweck des Familienfideicommisses, der ja in der Erhaltung des Ansehens und Glanzes hervorragender Familien besteht, genügen müssen. Auf diesem Standpunct steht auch die Gesetzgebung in Mecklenburg, Sachsen und Sachsen-Weimar.

Von einer Anzahl anderer Landesgesetze wird dagegen für das Fideicommißobject ausdrücklich das Erforderniß eines bestimmten Werth- oder Ertrags-

---

26) Beseler, System 176. Stobbe, Handbuch II 139. Lewis, F.F.C.R. 5 und F.F.C.Bestimmungen S. 468.

27) Mit Grundfideicommissen sind vielfach auch Geldsummen (über diese sog. Pecuniärfideicommisse vgl. die unten für Oesterreich beigebrachten Daten), Familienkleinodien, Sammlungen u. s. w. verbunden. Neben der Erhaltung dieser wird in den Familienfideicommißstatuten häufig auch die Feier bestimmter Familienfeste, die Austheilung von Gaben an genau bezeichnete Anstalten und Personen oder im Allgemeinen an Arme und Hilfsbedürftige u. s. w. angeordnet.

28) Lewis, F.F.C.Bestimmungen S. 469, 470.

29) Bayr. Ed. 6, 8. Preuß. Allg. L.R. II 4 § 61. Braunschw. Ges. v. 1858 1. Anh.-Köth. Verordnung v. 1843 3. Hess.-Darmst. Ges. 3, 5.

30) Preuß. Allg. L.R. II 4 § 48, 59. Hannov. Ges. 39. Anh.-Köth. Verordnung von 1843 3.

31) Sachs.-Weim. Ges. v. 1833 6.

32) Hess.-Darmst. Ges. 1, 2. Bayr. Ed. 2. Bad. L.R. 577 cb. Braunschw. Ges. v. 1858 1.

minimums und von der badischen Gesetzgebung auch das eines Werthmaximums für das durch Familienfideicommisse zu vinculirende Grundeigenthum aufgestellt.

So verlangt das preußische Allgemeine Landrecht für „Grundstücke, mit welchen Ackerbau und Viehzucht verbunden ist“, einen nach Abzug aller etwaigen Zinsen und Abgaben irgend welcher Art übrig bleibenden Reinertrag von wenigstens 2500 Thalern. Der Reinertrag ist „nach landesüblichem Werthanschlag“ zu ermitteln. Dieser Minimalreinertrag darf ausnahmsweise in bestimmten, vom Gesetz vorgesehenen Fällen (zu Gunsten der Kinder des Fideicommißbesitzers, zur Ansammlung eines Capitals für künftige Unglücksfälle, zur Erweiterung und Verbesserung des Fideicommisses) bis zur Hälfte mit Prästationen belastet werden. Für das aus Geldcapital bestehende Familienfideicommiß wird ein Reinertrag von wenigstens 10 000 Thalern verlangt [33]). Auch das preußische Gesetz vom 28. März 1877 § 19 enthält noch die Minimalsätze des preußischen Allgemeinen Landrechts. Dagegen gestatten die preußischen Allodificationsgesetze vom 10. Juni 1856 § 1, vom 23. März 1857 § 1 und vom 23. Juli 1875 § 4, Lehngüter bereits dann in Familienfideicommisse umzuwandeln, wenn diese Güter mindestens einen Reinertrag von 6000 Mark gewähren, wovon dem Fideicommißbesitzer wenigstens 3000 Mark jährlich zu freier Verfügung bleiben müssen [34]).

Auch das hessen-darmstädtische Gesetz setzt zur Errichtung eines Familienfideicommisses ein schuldenfreies Grundeigenthum im Werth von wenigstens 75 000 Gulden voraus, das zudem weder Lehen noch Erbleihe sein darf. Das braunschweigische Gesetz von 1837 stellte für allodiale Rittergüter und andere Landgüter, die durch Fideicommisse vinculirt werden sollen, das Erforderniß eines nachhaltigen Reinertrags von wenigstens 1500 Thalern auf, welches Minimum dann durch das Gesetz vom 20. Mai 1858 auf 3000 Thaler erhöht wurde. Das bayerische Edict verlangt zur Errichtung eines Familienfideicommisses „ein Grundvermögen, von welchem an Grund- und Dominicalsteuer in simplo wenigstens 25 fl. zu entrichten sind“. Nach Roth (Bayer. Civilrecht II S. 554 Note 9) soll ein Steuersimplum von 25 fl. einem Jahresertrage von 1500—2000 fl. gleichkommen. Dieser Minimal-Grundwerth muß schulden- und lastenfrei sein; anderenfalls ist ein zur Bestreitung der Zinsen u. s. w. ausreichender Fonds mit dem Grundvermögen zu verbinden. Das badische Landrecht schreibt für die Stammgüter des Herrenstands vor, daß sie wenigstens einen Reinertrag von 15 000 fl., und für diejenigen des Ritterstandes, daß sie wenigstens einen Reinertrag von 4000 fl. aufzuweisen haben. Die hannoversche Gesetzgebung verlangt einen jährlichen Reinertrag von wenigstens 1200 Thalern: doch darf das Fideicommißgut zum Zweck der Sustentation von Nachgeborenen oder Töchtern, sowie der Ausweisung von Witthümern mit Schulden belastet werden, deren jährliche Zinsen jedoch nicht mehr als $1/3$ des Jahresertrags betragen dürfen, so daß dem jeweiligen Fideicommißbesitzer wenigstens 800 Thaler übrig bleiben müssen. Endlich verlangt das anhaltische Gesetz

33) Preuß. Allg. L.R. II 4 §§ 49—60.
34) Lewis, F.F.C.Bestimmungen S. 471, 472.

nur, daß das Familienfideicommißgut sich aus seinem Ertrag zu erhalten im Stande sein müsse[35]).

Ein von den Familienfideicommißgütern nicht zu überschreitendes Werthmaximum enthält nur das badische Landrecht, welches als solches für die Stammgüter des Ritterstands einen Reinertrag von 8000 und für die Stammgüter des Herrenstandes einen solchen von 30 000 fl. aufstellt.

Außerdem enthält das preußische Landrecht noch die Bestimmung, daß falls der Reinertrag der durch Familienfideicommiß zu vinculirenden Grundstücke die Summe von 10 000 Thalern übersteigt, zur Errichtung eines solchen Familienfideicommisses ausnahmsweise die landesherrliche Genehmigung erforderlich sei. Die preußischen Allodificationsgesetze vom 23. Juli 1875 § 4 und vom 28. März 1877 § 11 sehen von der Aufstellung eines Maximums vollständig ab[36]).

Bestimmungen über den wichtigen Punct, ob und wie weit bestehende Fideicommißstiftungen weitere Grundstücke in sich aufnehmen dürfen, enthält die neuere Gesetzgebung nicht, so daß angenommen werden muß, es stehe einer Ausdehnung des Fideicommißnexus nichts im Wege. Ob die obigen Maxima der badischen und preußischen Gesetzgebung nur für den Fall der Stiftung eines Familienfideicommisses oder auch für den Fall einer Erweiterung desselben Anwendung finden, erscheint zweifelhaft.

Eine diesbezügliche Bestimmung enthält unseres Wissens lediglich das über die Untheilbarkeit der Ritter-, Schrift-, Freisassen- und sonstigen Landgüter erlassene braunschweigische Gesetz vom 20. Mai 1858 (G. u. V. S. Nr. 28). Danach soll es den Eigenthümern solcher Güter zwar freistehen, durch eine einfach vor dem zuständigen Amts- oder Stadtgericht zu Protokoll gegebene oder demselben überreichte öffentlich beurkundete Erklärung solch einem Gut „die Eigenschaft der Untheilbarkeit beizulegen“, wogegen es zur Vergrößerung des für untheilbar erklärten Besitzcomplexes durch Einbeziehung von Bauerhöfen und sonstigen Grundstücken, welche vereint mit dem pertinenzpflichtigen Gute bewirthschaftet werden können, der landesherrlichen Genehmigung bedarf. Obgleich die sogenannten Pertinenzgüter, von denen das oben erwähnte Gesetz handelt, eigentlich nicht hierher gehören, weil ihnen die Unverschuldbarkeit und Unveräußerlichkeit der Familienfideicommißgüter fehlt (wohl aber sind sie untheilbar und werden nach einer singulären Successionsordnung immer nur an einen Erben vererbt), so haben wir doch die obige Bestimmung hier erwähnen zu müssen geglaubt, weil sie uns einen richtigen, auch auf das Familienfideicommiß anwendbaren Gedanken zu enthalten scheint.

## E. Art und Form der Errichtung[37]).

Die Errichtung eines Familienfideicommisses erfolgt nach gemeinem Recht immer durch eine ausdrückliche Willenserklärung des Stifters, durch ein Rechts-

35) Hess.-Darmst. Ges. 2. Braunschw. Ges. v. 1837 24 und von 1858 1. Bayr. Ed. 2, 5, 6. Bayr. Ges. v. 1825 1. Bad. L.R. 577 cd. Hannov. Ges. 30, 34, 35. Anh.-Köth. Verordnung v. 1843 3.

36) Bad. L.R. 577 cd. Preuß. Allg. L.R. II 4 § 56. Lewis, F.F.C.Bestimmungen S. 472.

37) v. Gerber, System 84. Bluntschli, Deutsches Priv.-R. 68. Lewis, F.F.C.R. 6. Lewis, F.F.C.Bestimmungen S. 474, 475. Stobbe, Handbuch II 139.

geschäft. Dieses kann wieder ein einseitiges oder vertragsmäßiges, eine Verfügung von Todeswegen oder unter Lebenden sein.

Die Beobachtung einer bestimmten Form ist nach gemeinem Recht nicht erforderlich; doch pflegt factisch gewöhnlich die schriftliche Form angewendet zu werden.

Einzelne Particularrechte lassen für die Errichtung entweder nur einseitige Willenserklärungen auf den Todesfall (Königreich Sachsen), andere wieder nur Familienverträge oder Familienschlüsse (Baden) oder letztwillige Verfügungen (Sachsen-Weimar) zu. Die meisten Particularrechte folgen jedoch dem gemeinen Recht: dahin gehören namentlich die Rechte Preußens, Bayerns, Hessen-Darmstadts, Braunschweigs, Anhalts und Oesterreichs [38]).

Zu den gemeinrechtlich zulässigen Formen der Errichtung kommt endlich in Bayern die Errichtung eines Familienfideicommißguts durch königliche Dotation hinzu.

Im Unterschiede vom gemeinen Recht verlangen alle Particularrechte mit Ausnahme des sächsischen die schriftliche Form der Errichtung; eine Anzahl von Particularrechten außerdem die gerichtliche Verlautbarung.

Mit Rücksicht auf die rechtliche Ausnahmestellung des Familienfideicommisses und auf die socialwirthschaftlichen Folgen desselben verlangen die meisten Particulargesetzgebungen außerdem zur Errichtung eines Familienfideicommisses die Genehmigung des Landesherrn oder doch die Bestätigung der Justizbehörden.

1) Die Genehmigung des Landesherrn ist erforderlich in Hessen-Darmstadt, Hannover, Sachsen-Weimar, Baden, Braunschweig, Bayern, Anhalt und in Preußen, im letzteren Staat jedoch nur für solche Familienfideicommisse, deren Gegenstand ein Immobile mit einem Reinertrag von mehr als 10 000 Thalern ist.

2) Die sächsische Gesetzgebung fordert die landesherrliche Genehmigung nur als Bedingung für die Unauflöslichkeit des Fideicommißverbands durch Beschluß der Anwärter. Das ohne solche Genehmigung begründete Familienfideicommiß darf, wenn es in die Hand des dritten Inhabers gelangt ist, durch die Betheiligten abgeändert und aufgehoben werden.

3) Die Bestätigung der Gerichtsbehörde genügt in Bayern, Altenburg und Gotha, desgleichen auch in Preußen für die fideicommissarische Vinculirung von Kapitalien überhaupt und von Grundstücken mit einem Reinertrag von nicht mehr als 10 000 Thalern.

4) In Oesterreich, wo die Errichtung eines Familienfideicommisses als Gesetzgebungsact aufgefaßt wird, muß dieselbe durch Reichsgesetz erfolgen [39]).

---

38) Sächs. C.G.B. 2507, 2527, 2529. Sachs.-Weim. Ges. v. 1833 1. Bad. L.R. 577 cc. Hannov. Ges. 36, 39. Bayr. Ed. 17, 18. Hess.-Darmst. Ges. 6. Braunschw. Ges. v. 1837 24. Braunschw. Ges. v. 1858 1. Anhalt. Ges. 5. Preuß. Allg. L.R. II 4 §§ 28, 62. Oesterr. B.G.B. 618.

39) Hess.-Darmst. Ges. 6. Hannov. Ges. 36. Sachs.-Weim. Ges. v. 1833 1. Bad. L.R. 577 cc. Braunschw. Ges. v. 1837 24. Braunschw. Ges. v. 1858 1. Anhalt. Ges. 7. Bayr. Ed. 22, 31. Altenb. P.O. P. 1 Cap. 37 § 20. Gothaer P.O. P. 1 Cap. 37 IV 6. Preuß. Allg. L.R. II 4 §§ 29, 63. Preuß. Ges. v. 3. März 1850 1, 3. Sächs. C.G.B. 2538. Oesterr. B.G.B. 627. Oesterr. Ges. v. 13. Juni 1868 1.

Nach dem Wesen der heutigen Grundbuch- und Hypothekengesetzgebung muß ganz allgemein auch dort, wo es von den betreffenden Gesetzen nicht ausdrücklich ausgesprochen worden ist, die Stiftungsurkunde entweder in besondere für die Familienfideicommisse geführte Bücher, oder, wo solche fehlen, in die Grund- und Hypothekenbücher eingetragen werden.

Die Eintragung der Stiftungsurkunde nebst einem genau specificirten Verzeichniß aller zur Stiftung gehörigen Gegenstände sowie einer Angabe aller auf dem Fideicommißgut ruhenden Schulden und Lasten in eine eigene Matrikel ist vorgeschrieben in Bayern und Baden, wobei in Bayern außerdem noch die Eintragung der Fideicommißqualität des betreffenden Guts in das Hypothekenbuch ausdrücklich verlangt wird[40]).

Die Eintragung in das Hypotheken- und Grundbuch fordern ferner ausdrücklich Preußen, Sachsen-Weimar, Sachsen, Hessen-Darmstadt, Hannover und Braunschweig[41]).

Durch die Eintragung ist im Allgemeinen nur die Wirksamkeit des Veräußerungsverbots Dritten gegenüber bedingt. In Baden jedoch gilt die Eintragung der Stammgutsqualität in das Grundbuch als Voraussetzung für die Entstehung des Familienfideicommisses.

Endlich muß die Convocation aller Interessenten durch die öffentlichen Blätter behufs Wahrnehmung ihrer Rechte vor definitiver Bestätigung und Intabulirung der Stiftung, desgleichen auch die Publication der perfect gewordenen Stiftung erfolgen in Bayern, Preußen, Braunschweig, Hessen-Darmstadt, Hannover u. s. w.

### F. Successionsart und Successionsordnung[42]).

Die Succession in den Fideicommißbesitz ist eine Singularsuccession. Dieselbe erfolgt, wie bereits oben erwähnt wurde, ex pacto et providentia majorum.

Im Einzelnen wird die Art und die Ordnung der Erbfolge durch den Inhalt der Stiftungsurkunde bestimmt.

Wo solche Anordnungen fehlen, gelten gemeinrechtlich folgende Bestimmungen.

Zur Succession sind berechtigt die Mitglieder der Familie, zu deren Gunsten das Familienfideicommiß errichtet worden ist.

Frauen und cognatische Verwandte sind, sofern der Stifter nicht ausdrücklich etwas anderes bestimmt, sondern schlechtweg das Fideicommiß zu Gunsten der Familie errichtet hat, gemeinrechtlich selbst nach dem Aussterben des Mannsstamms nicht successionsberechtigt. Denn unter der Familie kann nach dem

40) Bayr. Ed. 30. Bad. L.R. 577 cb.

41) Preuß. Allg. L.R. II 4 §§ 64—69; I 4 §§ 15, 19. Preuß. Grundbuchordnung v. 5. Mai 1872 74. Sachs.-Weim. Ges. v. 1833 7. Sachs.-Weim. Hyp.-Ges. v. 27. Mai 1839 292. Sächs. B.G.B. 2530—2534. Hess.-Darmst. Ges. v. 1853 7. Hannov. Ges. v. 1836 36. Braunschw. Ges. v. 1858 1. Mecklenburg-Schwerinsche ritterschaftl. Hypothekenordnung v. 18. October 1848, domaniale Hypothekenordnung v. 2. Januar 1854, revid. Hypothekenordnung für die klösterlichen Erbpachtstellen v. 8. Dec. 1852.

42) Beseler, System 176. v. Gerber, System 84, 275. Lewis, F.F.C.-Recht 6, 7, 16, 19—22. Lewis, F.F.C.Bestimmungen S. 467—468, 495—499.

präsumtiven Willen des Stifters nur die agnatische Familie verstanden werden; zu dieser gehören aber nach deutscher Auffassung allein die von Männern abstammenden männlichen Verwandten.

Einige Particulargesetzgebungen gestatten dem Stifter, auch Frauen zur Succession zu berufen; das badische, bayerische, hannoversche und österreichische Recht jedoch nur dann, wenn der Mannsstamm ausgestorben ist. Die übrigen Particularrechte geben dem Stifter des Familienfideicommisses hinsichtlich der Berufung der Frauen sogar volle Freiheit und treffen ihre Dispositionen nur für den Fall, daß eine solche ausdrückliche Berufung nicht stattgefunden hat. In diesem Fall werden die Frauen von der Succession überhaupt ausgeschlossen in Preußen und Hessen; dagegen läßt das braunschweigische Gesetz das Familienfideicommiß wenigstens nach dem Aussterben des Mannsstamms auf die weibliche Linie übergehen.

Das sächsische Civilgesetzbuch stellt die Frauen den Männern hinsichtlich der Succession in Fideicommisse sogar vollständig gleich[43]).

Ausgeschlossen von der Erbfolge sind die unehelichen Kinder nach gemeinem Recht und nach einigen Particularrechten — Bayern, Baden, Hessen-Darmstadt[44]). Von den legitimirten Kindern sind die durch nachfolgende Ehe legitimirten nach gemeinem Recht und nach den meisten Landesrechten successionsfähig. Den per rescriptum principis Legitimirten dagegen wird die Successionsfähigkeit meist nicht zuerkannt.

Desgleichen sind auch die Adoptivkinder nach gemeinem Recht und nach einigen Particulargesetzen — Baden, Sachsen, Preußen, Oesterreich, Bayern[45]) — von der Succession ausgeschlossen.

Eine bestimmte Successionsordnung ist weder durch das Wesen des Familienfideicommisses noch durch das gemeine Recht bedingt. Entscheidend ist hierfür durchaus der Wille des Stifters, welchem in dieser Hinsicht vom gemeinen Recht keine Schranke gesetzt ist. Ueblich pflegt allerdings auch gemeinrechtlich die Individualsuccession zu sein. Ist in der Stiftungsurkunde die Individualsuccession nicht vorgeschrieben, so soll nach einer Annahme die Individual-, nach einer anderen die Simultansuccession der mit dem Erblasser in gleichem Grade verwandten Personen, die jedoch nur einen Anspruch auf Theilung der Früchte haben, eintreten.

Eine reelle Theilung des Fideicommißgegenstandes ist als der Stiftungsidee widersprechend anzusehen. Nur ausnahmsweise ist eine solche nach dem badischen Landrecht zulässig.

Die Zulässigkeit der gleichzeitigen Succession mehrerer Erben in das Familienfideicommiß (Simultansuccession) wird ausdrücklich ausgesprochen von dem badischen Landrecht, dem sächsischen und österreichischen Bürgerlichen Gesetzbuch.

Die meisten Particularrechte hingegen lassen allein die Individualsuccession

43) Bad. L.R. 577 ck. Bayr. Ed. 90. Hannov. Ges. 29, 30, 31. Oesterr. B.G.B. 626. Preuß. Allg. L.R. II 4 § 189. Hess.-Darmst. Ges. 26. Braunschw. Ges. v. 1858 6. Sächs. C.G.B. 2527.

44) Bayr. Ed. 77. Bad. L.R. 577 ct. Hess.-Darmst. Ges. 26.

45) Bad. L.R. 577 ct. Sächs. C.G.B. 2527. Preuß. Allg. L.R. II 2 § 708. Oesterr. B.G.B. 183. Bayr. Ed. über den Adel vom 26. Mai 1818 2.

zu. So das preußische Landrecht bei den aus Landgütern bestehenden Fideicommissen, das hannoversche, bayerische, braunschweigische und hessische Recht[46]).

Von diesen Particularrechten haben einige auch die Beobachtung einer bestimmten Art der Individualsuccession dem Stifter zur Pflicht gemacht. So das bayerische, hannoversche und braunschweigische Recht die Primogeniturordnung[47]), während andere, wie das preußische Allgemeine Landrecht für Landgüter, umgekehrt nur die Wahl einer bestimmten Successionsordnung — das Seniorat — ausgeschlossen haben[48]).

Abgesehen von diesen Schranken hat der Stifter sonst die freie Wahl unter den benannten Formen der Individualsuccession: dem Seniorat, Majorat, der Primogenitur, dem Minorat, Juniorat und der Ultimogenitur; auch kann er eine ganz neue oder aus zwei verschiedenen Formen der Individualsuccession zusammengesetzte Successionsordnung vorschreiben.

Meist gilt heute die Primogeniturordnung, d. h. die Linealfolge, wonach die ältere der vom ersten Stifter ausgehenden Linien die jüngere, und in jener der Erstgeborene die Nachgeborenen ausschließt, oder das Majorat im eigentlichen Sinn, wonach unter den mit dem ersten Besitzer dem Grade nach (ohne Repräsentation und ohne Vorzug der Vollbürtigkeit) gleich nahen Verwandten das höhere Alter entscheidet. Das Seniorat, wobei einfach der Aelteste der Familie successionsberechtigt ist, pflegt gegenwärtig gar nicht, und das Minorat und Juniorat, ein Gegensatz zum Majorat oder zum Seniorat, nur höchst selten vorzukommen. Bisweilen werden auch verschiedene dieser Ordnungen mit einander combinirt, so daß z. B. für die erste Linie die Primogenitur, beim Uebergang auf eine andere aber das Majorat u. s. w. gilt.

Wenn innerhalb einer und derselben Familie für die verschiedenen Linien besondere Fideicommisse bestehen, so gilt für dieselben sowohl nach gemeinem Recht, wie nach einigen Particularrechten[49]), daß diese Fideicommisse nicht dauernd in einer Hand vereinigt sein dürfen. Die älteste Linie gelangt daher erst dann in den Besitz des für eine jüngere gestifteten Fideicommisses, wenn in den übrigen keine zur Succession berufene Nachkommen mehr vorhanden sind. Und selbst wenn dieser Fall eintritt, bleiben die Fideicommisse nur so lange in der Hand einer Person vereinigt, bis wieder zwei oder mehrere Linien entstehen. Diese Regel erklärt sich aus dem Zweck solcher Secundo-, Tertio- u. s. w. Genituren, welcher darin besteht, daß das Interesse auch der übrigen Kinder des Stifters und ihrer Nachkommen berücksichtigt und ihnen eine ebenso gesicherte Existenz geschaffen werden soll, wie sie für den ältesten Sohn und seine Nachkommen besteht.

Ein anderer Weg, die Interessen der Geschwister des Fideicommißbesitzers, dort wo für das Familienfideicommiß die Individualsuccession gilt, wahrzu-

---

46) Bad. L.R. 577 cl, cm. Sächs. G.B. 2527. Oesterr. B.G.B. 624. Preuß. Allg. L.R. II 4 § 142. Hannov. Ges. 31. Bayr. Ed. 87. Braunschw. Ges. v. 1858 6. Hess.-Darmst. Ges. 28.

47) Bayr. Ed. 87. Hannov. Ges. 31. Braunschw. Ges. 6.

48) Preuß. Allg. L.R. II 4 §§ 140—142.

49) Preuß. Allg. L.R. II 4 §§ 166—177. Bayr. Ed. 86. Braunschw. Ges. v. 1858 6. Oesterr. B.G.B. 625.

nehmen, besteht in der Aussetzung von Apanagen für dieselben. Vgl. den Abschnitt über die Pflichten des Fideicommißeigenthümers.

## G. Rechtliche Stellung des Fideicommißbesitzers.
### a. Rechte desselben.

Ueber den Umfang dieser Rechte entscheidet in erster Linie die Stiftungsurkunde. Wo diese keine oder keine ausreichenden Bestimmungen enthält, muß in den Ländern des gemeinen Rechts die Doctrin, in andern Ländern das Particularrecht die Lücke ausfüllen [50]).

Während nun die gemeinrechtliche Theorie in der Auffassung der rechtlichen Stellung des Fideicommißinhabers lange Zeit hindurch geschwankt hat, — indem die Einen den Fideicommißbesitzer als Nießbraucher und die Fideicommißanwärter oder selbst den Staat als Eigenthümer auffaßten, Andere dagegen der Familie und dem Fideicommißbesitzer ein Miteigenthum an dem Fideicommißgut zusprachen, und Dritte die Familie als Obereigenthümerin, den jeweiligen Besitzer aber als Nutzungseigenthümer ansahen, — dürfte gegenwärtig diejenige Auffassung als die herrschende gelten, welche den Fideicommißbesitzer selbst als wahren, jedoch in seinen Dispositionen durch dingliche Rechte der Anwärter vielfach beschränkten Eigenthümer ansieht. Diese Beschränkungen ergeben sich aus dem Zweck des Familienfideicommisses und beziehen sich auf die Unstatthaftigkeit sowohl der totalen als der partiellen Veräußerung des Fideicommißguts unter Lebenden sowie auf den Todesfall, der Verringerung und Verschlechterung der Substanz, der hypothekarischen Verschuldung des Fideicommißgegenstandes sowie überhaupt des Abschlusses solcher sich auf das Familienfideicommiß beziehender Verträge, die auch den Nachfolger binden sollen, und endlich der Aufhebung des Fideicommisses. Zuwiderhandlungen sind entweder von vorn herein nichtig oder doch nur für die Lebenszeit des Eigenthümers giltig.

Ueber einige Ausnahmen von diesen Beschränkungen vgl. den Abschnitt über die Nachstiftungen. Innerhalb der oben gezogenen Schranken sind die Befugnisse des Fideicommißinhabers [51]) folgende:

1) Er hat das Recht auf den Besitz, die Verwaltung, den Gebrauch und den Fruchtgenuß des Fideicommißgegenstandes salva rei substantia; bei Grundstücken insbesondere auch:

a. das Jagdrecht und die Fischereibefugniß,

b. den forstmäßigen Gebrauch der Waldungen,

c. das Recht, sich die in seinem Grundstücke befindlichen Mineralien — soweit sich der Staat kein Recht an denselben vorbehalten hat — anzueignen,

d. das Eigenthumsrecht an der Hälfte des gefundenen Schatzes [52]).

e. Auch steht dem Fideicommißeigenthümer das Recht zu, Pacht- und Miethverträge abzuschließen, ohne daß der Fideicommißnachfolger übrigens, soweit er nicht zugleich Allodialerbe des Fideicommißeigenthümers geworden oder dem Vertrage ausdrücklich beigetreten ist, an dieselben gebunden wäre. Ausnahmen von

50) v. Gerber, System 84. Beseler, System 176. Bluntschli, Deutsches Priv.R. 68. Lewis, F.F.C.Recht 13—15. Stobbe, Handbuch II 140.

51) Lewis, F.F.C.Recht 14. Lewis, F.F.C.Bestimmungen S. 481 ff.

52) Preuß. Allg. L.R. I 9 §§ 95, 96. Oesterr. B.G.B. 399. Anders das sächs. B.G.B. 2531, nach welchem der Schatz Zuwachs des Anwartschaftsvermögens ist.

dieser Regel sind enthalten im bayerischen und hessen-darmstädtischen Gesetze, welches den Nachfolger verpflichtet, Pachtverträge, die auf nicht mehr als 9 bezw. 12 Jahre abgeschlossen sind, anzuerkennen. Ja das österreichische Gesetzbuch bindet den Nachfolger sogar in Beziehung auf Erbpachtverträge, welche von dem Fideicommißeigenthümer nach Vernehmung sämmtlicher lebender Anwärter und des Fideicommißcurators sowie mit Genehmigung der zuständigen Gerichtsbehörde abgeschlossen worden sind [53]).

f. An der durch Alluvion, Avulsion, alvei mutatio, insula in flumine nata erweiterten Substanz des Fideicommisses, und ebenso an dem für die Ablösung von Grundlasten empfangenen Ablösungscapital gebührt dem jeweiligen Fideicommißinhaber nur die Nutznießung.

2) Hinsichtlich der Veränderungen, welche der Fideicommißinhaber mit der Substanz selbst vorzunehmen berechtigt ist, entscheidet der ausdrückliche Wille des Stifters. Zu präsumiren ist, daß er wohl die Wirthschafts-Methode, nicht aber den ganzen Charakter des Grundstückes und seiner Benutzung verändern darf. Bei allem, was er thut oder unterläßt, haftet er für omnis culpa [54]).

3) Außerdem übt der Fideicommißeigenthümer die mit diesem Eigenthum verbundenen Ehren und öffentlichen Rechte (Patronatsrecht, Recht auf Begräbnißplätze und Kirchenstühle, Landstandschaft u. s. w.) aus [55]).

Einige der neueren Landesgesetze, so z. B. das badische Landrecht, haben diese heute allgemein recipirte Auffassung des gemeinen Rechts über die rechtliche Stellung des Fideicommißbesitzers ausdrücklich sanctionirt. Die älteren Gesetze dagegen huldigen gewöhnlich der zur Zeit ihres Erlasses herrschend gewesenen Theorie, indem sie entweder dem Fideicommißbesitzer das Nutzungseigenthum, der gesammten Familie dagegen das Obereigenthum zusichern (preußisches Allgemeines Landrecht, österreichisches Bürgerliches Gesetzbuch) oder indem sie eine Art von Miteigenthum des Besitzers und der Anwärter an dem Fideicommißgut construiren (bayerisches Edict und hessen-darmstädtisches Gesetz).

b. Pflichten [56]).

Zu den Pflichten des Fideicommißbesitzers rechnet das gemeine Recht:

1) die ordnungsmäßige Bewirthschaftung und Erhaltung des Fideicommißguts in vollster Integrität,

2) die Leistung der regelmäßig wiederkehrenden durch den Eigenthumsbesitz an dem Fideicommißgut gegebenen Ausgaben (Wirthschaftsunkosten, dann auch Reparaturen und Neubauten, öffentliche Leistungen, Assecuranzprämien u. s. w.),

3) die Vertretung des Fideicommisses im Proceß und die Tragung der Proceßkosten.

Die eben sub 1—3 aufgeführten nach dem gemeinen Recht begründeten

53) Bayr. Ed. 48. Hess.-Darmst. Ges. 17. Oesterr. B.G.B. 633, 634.

54) Lewis, F.F.C.Bestimmungen 482. Nur das Braunschw. Ges. v. 1858 4 beschränkt die Haftung auf dolus und culpa lata.

55) Bad. L.R. 577 ce. Oesterr. B.G.B. 629, 631. Preuß. Allg. L.R. II 4 §§ 72—74. Bayr. Ed. 42, 44, 48. Hess.-Darmst. Ges. 15.

56) Bluntschli, Deutsches Priv.R. 68. v. Gerber, System 84, 275. Beseler, System 176. Lewis, F.F.C.Recht 15, 18. F.F.C.Bestimmungen S. 483.

Pflichten des Fideicommißeigenthümers werden auch von einzelnen Landesgesetzen ausdrücklich anerkannt [57]).

4) Auch hat der Fideicommißbesitzer die von dem Stifter begründeten sowie die von seinen Vorgängern zum Zweck der Bestreitung eines außerordentlichen, für die Erhaltung oder Wiederherstellung des Fideicommißguts nothwendigen Aufwands contrahirten Schulden nicht nur zu verzinsen, sondern auch dem Amortisationsplan gemäß zu tilgen.

Die neueren Particulargesetze dehnen diese Verpflichtung auch auf alle diejenigen sog. Fideicommißschulden aus, die dem Gesetze gemäß aufgenommen werden.

5) Eine Verpflichtung zur Apanagirung der Geschwister des Fideicommißbesitzers sowie zur Entrichtung von Witthümern und Aussteuern besteht nach gemeinem Gewohnheitsrecht nur für den hohen Adel. Die Apanage wird als Entschädigung für das durch die Individualsuccession den betreffenden Personen entzogene Erbrecht aufgefaßt. Doch giebt dieser Gesichtspunkt nicht auch den Maßstab für die Größe der Apanage ab: für diese sind vielmehr lediglich das Bedürfniß des standesmäßigen Unterhalts des Apanagirten nach Maßgabe der besonderen Stellung des Hauses und die aus dem Fideicommiß disponibel werdenden Mittel entscheidend. Die Apanage wird entweder aus den Einnahmen des Fideicommisses oder durch Belastung desselben mit Schulden oder durch Ausscheidung besonderer Güter (Secundo-, Tertio- u. s. w. genituren) aufgebracht.

In den dem hohen Adel nicht angehörigen Familien besteht dagegen gemeinrechtlich keine Verpflichtung zur Apanagirung der Geschwister des Fideicommißeigenthümers sowie zur Entrichtung von Witthümern. Indessen bleibt es dem Stifter unbenommen, solche Bestimmungen in die Stiftungsurkunde aufzunehmen, was in einigen Particularrechten auch ausdrücklich anerkannt wird [58]).

Abweichend von dem gemeinen Recht verpflichten einige Landesgesetze, unabhängig von etwaigen stiftungsmäßigen Anordnungen, den Fideicommißeigenthümer, auch wenn seine Familie nicht zum hohen Adel gehört, seinen Geschwistern sowie der Wittwe seines Vorgängers Alimente, Abfindungen und Dotationen zu gewähren, beschränken jedoch diese gesetzliche Verpflichtung sowie die nur statutarisch begründete in der Art, daß die Summe solcher Zuwendungen einen aliquoten Theil des Reinertrags des Fideicommißvermögens nicht übersteigen darf [59]). So haben nach dem bayerischen Edict die Wittwe des Fideicommißvorbesitzers und die Geschwister des gegenwärtigen Besitzers, falls nicht anders für sie gesorgt ist, einen Anspruch auf die nöthigen Alimente; die Schwestern und Töchter des Fideicommißbesitzers erhalten unter derselben Voraussetzung eine anständige Aussteuer. Das badische Landrecht führt als eine auf den Stammgütern ruhende gesetzliche Last die Abfertigung der von der Erbfolge ausgeschlossenen Söhne und Töchter des Fideicommißeigenthümers an. Auch in Hessen-Darmstadt haben die Wittwen

---

57) Preuß. Allg. L.R. I 18 § 11, II 4 §§ 72—121. Hess.-Darmst. Ges. 17. Bad. L.R. 577 cq. Bayr. Ed. 44, 56, 69.

58) Preuß. Allg. L.R. II 4 § 53. Bayr. Ed. 60. Hess.-Darmst. Ges. 24.

59) Bayr. Ed. 46, 60. Bad. L.R. 577 cp. Braunschw. Ges. v. 1837 23. Braunschw. Ges. v. 1858 6. Hess.-Darmst. Ges. 24. Preuß. Allg. L.R. II 4 §§ 52, 53. Hannov. Ges. 34.

und die Kinder des Vorbesitzers einen Anspruch auf Alimentation, wenn sie nicht eigenes Vermögen besitzen; ferner müssen die Schwestern und Töchter des Fideicommißeigenthümers bei ihrer Verehelichung und die Söhne bei ihrer Ansässigmachung eine Ausstattung bezw. Abfindung erhalten; die Alimente, Ausstattungen und Abfindungen sind den Fideicommißeinkünften zu entnehmen, dürfen aber $1/5$ des durchschnittlichen Reinertrags des Familienfideicommisses nicht übersteigen. Die braunschweigische Gesetzgebung weist den zur Civilerbfolge berufenen Geschwistern des Fideicommißeigenthümers sowie der Wittwe seines Vorgängers Abfindungen in Form von lebenslänglichen unvererblichen Genüssen aus den Einkünften des Familienstammguts zu, sofern sie aus dem Allodialvermögen des Erblassers nicht so viel erhalten haben, wie sie zu ihrem Auskommen bedürfen. Dagegen soll der Stammgutsnachfolger keinen Anspruch auf den Pflichttheil aus dem Allodialvermögen seines Erblassers haben. Ist nur eine Person abzufinden, so soll ihr Antheil betragen $1/8$, bei zwei Personen der Antheil einer jeden $1/10$; bei drei $1/12$; bei vier $1/15$ von dem behuf Veranlagung der Grundsteuer, nach Abzug der Schuldzinsen, ermittelten Reinertrage. Die Summe sämmtlicher Renten darf jedoch in keinem Falle mehr als die Hälfte des Reinertrags absorbiren. Um diesen festzustellen, müssen von dem Rohertrag u. a. auch die etwaigen älteren auf dem Gute ruhenden Abfindungen abgezogen werden. Auch nach hannoverschem Recht darf für die vom Stifter angeordneten Witthümer, Alimente und Abfindungen nicht mehr als $1/3$ des Reinertrags des Majoratsguts zur Verwendung gebracht werden. Das preußische Allg. L.R. beschränkt sich darauf, bezüglich der Höhe der stiftungsmäßigen Aufwendungen für Familienglieder überhaupt und für die Kinder des Fideicommißbesitzers im Besonderen insofern eine Grenze zu setzen, als es erstere nur soweit der lasten- und zinsenfreie Ertrag des Fideicommisses das gesetzliche Minimum von 2500 Thalern übersteigt, letztere aber bis zur Hälfte dieses Minimal-Ertrags selbst zuläßt.

Für den Fall, daß der Fideicommißeigenthümer seine Pflichten nicht gehörig erfüllen sollte, droht ihm das bayerische Edict die Entfernung von der Verwaltung und die Einsetzung eines eigenen Administrators an, und das preußische Allgemeine Landrecht knüpft an die unterlassene Einzahlung der Assecuranzprämie für die zum Fideicommißgut gehörigen Gebäude die Folge, daß der Fideicommißbesitzer im Fall entstandenen Brandschadens das Fideicommiß nicht mit Schulden belasten darf [60]).

### H. Rechtliche Stellung der Fideicommißanwärter. Organisation der Familie [61]).

Den Anwärtern steht gemeinrechtlich ein eventuelles Successionsrecht in das Familienfideicommiß, das die Natur eines festen, unentziehbaren, dinglichen Warterechts hat, zu. In Consequenz dieser ihrer rechtlichen Stellung haben sie nach

60) Bayr. Ed. 71, 72. Preuß. Allg. L.R. II 4 § 82, 83.

61) Gerber, System 84. Beseler, System 176. Bluntschli, Deutsches Priv.R. 68. Lewis, F.F.C.Recht 18. Lewis, F.F.C.Bestimmungen S. 480—481. Stobbe, Handbuch II 140.

gemeinem Recht auch die Befugniß, in Rechtsstreitigkeiten, welche das Fideicommiß betreffen und von dem Fideicommißeigenthümer auf gerichtlichem Wege zum Austrag gebracht werden müssen, zu interveniren.

Von einer Reihe von Landesgesetzen werden dann noch andere Consequenzen aus dieser Stellung der Anwärter gezogen. Vgl. hierüber den nächsten Abschnitt, welcher über die Mittel zu Sicherstellung des Fideicommisses handelt.

Sodann machen diejenigen Landesgesetze [62]), welche mit dem gemeinrechtlichen Grundsatz der Unveräußerlichkeit und Unverschuldbarkeit des Fideicommisses gebrochen haben, die von ihnen unter gewissen Bedingungen gestatteten Veräußerungen und Verschuldungen des Fideicommißguts von der Zustimmung der Anwärter abhängig. So fordert die neuere bayerische, sächsische und hessische Gesetzgebung für Veräußerungen des ganzen Familienfideicommißguts oder eines Theils desselben die Zustimmung sämmtlicher Anwärter; doch läßt das hessische Gesetz für die Alienation einzelner Stücke die Supplirung des Consenses der Anwärter durch das Gericht zu. Auch verlangen die eben angeführten Gesetze die Zustimmung sämmtlicher Anwärter für die Contrahirung von Fideicommißschulden; einige derselben gestatten aber auch hier die Supplirung des Consenses durch den Richter. Die neuere braunschweigische Gesetzgebung verlangt für die Aufnahme von Darlehen, für welche das Fideicommißgut unterpfändlich zu haften hat, den Consens der zunächst berufenen Agnaten; übrigens kann derselbe durch einen Schiedsspruch ersetzt werden. Am weitesten in der Durchbrechung der strengen Grundsätze des gemeinen Rechts über die Unveräußerlichkeit und Unverschuldbarkeit des Familienfideicommißguts und zugleich in der Heranziehung der Anwärter zur Beschlußfassung über diese, das Familienfideicommiß dem freien Eigenthum annähernden Acte geht die neuere preußische Gesetzgebung. Dieselbe hat zugleich den Versuch gemacht nach dem Vorbilde der Familie des hohen Adels auch die Familien der übrigen Stände mit spezieller Rücksicht auf das Familienfideicommiß als Rechtseinheiten zu organisiren.

Für die Willensäußerung der Familie sind nach preußischem Recht zwei verschiedene Formen vorgesehen.

Die feierlichere Form ist die des Familienschlusses, zu dessen Zustandekommen nicht nur die sämmtlichen lebenden Familienglieder, sondern auch die nascituri — die letzteren sowie die minderjährigen Anwärter vertreten durch Vormünder — beizuziehen sind. Die Aufnahme und Bestätigung der Familienschlüsse liegt nach dem Gesetz vom 15. Februar 1840 dem zuständigen Obergerichte ob. Ob zum Zustandekommen eines Familienschlusses im einzelnen Fall Stimmeneinhelligkeit oder nur Stimmenmehrheit erforderlich ist, hängt von dem betreffenden Stiftungsbrief und in Ermangelung von Bestimmungen desselben über diesen Punct von den allgemeinen für die Gesellschaften geltenden Rechtsgrundsätzen ab. Die feierliche Form des Familienschlusses ist erforderlich für den Abschluß von Rechtsgeschäften, welche die Substanz des Fideicommisses betreffen, sowie zur Aufhebung, Abänderung, Ergänzung und Erklärung der Fideicommißstiftung.

62) Bayr. Ed. 61, 66. Sächs. C.G.B. 2533, 2535. Hess.-Darmst. Ges. 19. Preuß. Allg. L.R. II 4 §§ 42, 44, 78, 80, 117—119, 128, 129, 113. Preuß. Ges. v. 15. Februar 1840 1, 12—16, 18.

Die minder feierliche Form der Willensäußerung der Familie besteht in der Erklärung zweier Anwärter. Dieselbe ist erst durch das Gesetz vom 15. Februar 1840 § 15 u. 16 eingeführt. Sind die beiden Anwärter mit dem Fideicommißbesitzer nicht einverstanden, so haben Schiedsrichter, von denen die beiden dissentirenden Parteien je einen einsetzen, und ein Obmann, den der Richter ernennt, die endgültige Entscheidung über die Zweckmäßigkeit der Maßregel zu treffen. Willensäußerungen der Familie in dieser weniger feierlichen Form können Platz greifen

1) wenn ein Darlehen zu contrahiren ist, für das nur die Fideicommißrevenüen haften, oder wenn ein die Substanz des Familienfideicommisses betreffender Proceß zu führen ist,

2) wenn Verfügungen über das Familienfideicommiß in Folge vorhandener Rechtsverbindlichkeiten getroffen werden müssen,

3) zum Zwecke des Umtausches einzelner Parcellen oder Pertinenzen des Familienfideicommißguts gegen andere in derselben oder einer benachbarten Feldmark,

4) zur Veräußerung einzelner Gutsparcellen oder Pertinenzen, wenn dagegen andere in derselben oder einer angrenzenden Feldmark belegene Grundstücke erworben werden,

5) zur Einziehung und anderweitigen Ausleihung von Fideicommißcapitalien.

### J. Mittel zur Sicherung der Familienfideicommisse[63]).

Das gemeine Recht enthält keinerlei Bestimmungen über diesen Gegenstand.

Particularrechtlich kommen außer den eben erwähnten Rechten der Anwärter folgende Sicherheitsmaßregeln vor:

1) Die Errichtung eines Inventars. Dieselbe ist entweder bereits von dem Stifter oder erst von dem ersten Fideicommißbesitzer vorzunehmen[64]).

2) Die Cautionsstellung des Fideicommißbesitzers wird durch das sächsische Civilgesetzbuch ausdrücklich ausgeschlossen, während die übrigen Landesgesetze über diesen Punkt schweigen[65]).

3) Die Ueberwachung des Familienfideicommisses, welche zugleich eine Mitwirkung bei gewissen das Familienfideicommiß betreffenden Rechtsgeschäften sowie das Einschreiten gegen den Fideicommißbesitzer, falls derselbe sich einer Mißverwaltung des Familienfideicommißguts oder einer Ueberschreitung seiner Befugnisse schuldig gemacht hat, in sich schließt, geschieht entweder durch die Aufsichtsbehörde oder einen zu diesem Zwecke ernannten Curator oder durch die Anwärter selbst.

a) Die Unterstellung des Fideicommisses unter die Aufsicht einer bestimmten Behörde kann von dem Stifter angeordnet sein. Aber auch wo dies nicht geschehen ist, liegen schon kraft Gesetzes solche Aufsichtsfunctionen der ständigen Behörde ob. Als solche gelten in Bayern und Preußen die Appellations-

63) Beseler, System 176. Anderer Ansicht ist Lewis, F.F.C.Recht 10—11. Lewis, F.F.C.Bestimmungen S. 428. Stobbe, Handbuch II 140.

64) Preuß. Allg. L.R. II 4 § 71. Oesterr. B.G.B. 627. Braunschw. Ges. v. 1858 1. Bayr. Ed. 43. Sächs. C.G.B. 2532, 632. Sachs.-Weim. Ges. 3. Hess.-Darmst. Ges. 15—18.

65) Sächs. C.G.B. 2532.

jetzt Oberlandesgerichte, in Hessen und Braunschweig die Gerichte erster Instanz, in deren Bezirken das Fideicommißgut liegt, in Sachsen die Nachlaßbehörden, in Oesterreich die Gerichte erster Instanz, die für den Besitzer competent sind, oder der oberste Gerichts- und Cassationshof, in Mecklenburg-Schwerin und Mecklenburg-Strelitz eine für beide Länder gemeinsame Fideicommißbehörde, welche aus einem landesherrlichen Commissar, zwei Mitgliedern der Hauptdirection des ritterschaftlichen Creditvereins und zwei von sämmtlichen Fideicommißinhabern zu wählenden Deputirten besteht [66]).

b) Die Einsetzung eines eigenen Curators wird dem Stifter sowohl wie den Anwärtern ausdrücklich anheimgegeben nach bayerischem, sachsen-weimarischem und österreichischem Recht [67]).

c) Durch die Anwärter selbst geschieht die Ueberwachung der Fideicommißverwaltuug in einer Anzahl von Ländern [68]).

### K. Sonderung des Fideicommißvermögens vom Allodialvermögen.

In bestimmten Fällen — zu denen u. a. der Concurs des Fideicommißbesitzers oder sein Tod, wenn seine civilrechtlichen Erben nicht zugleich in das Familienfideicommiß succediren, gehören — wird eine Sonderung des Fideicommißvermögens von dem Allodialvermögen erforderlich.

Nach gemeinem Recht haben bei solchen Auseinandersetzungen die Grundsätze des Lehnrechts analoge Anwendung zu finden. Das preußische Allgemeine Landrecht bestätigt diese gemeinrechtliche Regel [69]).

Hinsichtlich der Theilung der hängenden und ausständigen Früchte sind nach der herrschenden Ansicht ebenfalls die lehnrechtlichen Principien zur Geltung zu bringen. Einige Particularrechte — Preußen, Bayern, Hessen-Darmstadt — lassen in diesem Fall jedoch die für den Nießbrauch geltenden Grundsätze maßgebend sein [70]).

Ferner haften die Allodialerben des Fideicommißbesitzers dem Nachfolger desselben wegen jeder durch sein Verschulden eingetretenen Verschlechterung oder Verminderung der Fideicommißsubstanz. Die Haftung für omnis culpa wird ausdrücklich ausgesprochen von der hessen-darmstädtischen, bayerischen und sächsischen Gesetzgebung, während das braunschweigische Gesetz von

66) Oesterr. B.G.B. 634, 635, 644. Ges. v. 13. Juni 1868 3. Bayr. Ed. 14, 49, 51, 57, 58, 71, 72, 97, 43, 14, 71. Preuß. Allg. L.R. II 4 § 102. Preuß. Ges. v. 15. Februar 1840 2. Preuß. Ges. v. 3. März 1857 und preuß. Ausführungsgesetz zum Gerichtsverfassungsgesetz vom 24. April 1878 § 49 Nr. 1 u. 2. Hess. Ges. v. 1858 6, 17, 20. Braunschw. Ges. v. 1858 1, 7. Sächs. B.G.B. 2533, 2541. Mecklenburgische Verordnung v. 16. Juni 1842.

67) Bayr. Ed. 51, 52, 61, 66, 71. Oesterr. B.G.B. 630. Sachs.-Weim. Ges. 3.

68) Oesterr. B.G.B. 630. Bayr. Ed. 43, 61. Braunschw. Ges. v. 1858 3, 7. Hess.-Darmst. Ges. 15—19. Sächs. C.G.B. 2533, 2535. Preuß. Allg. L.R. II 4 § 80, 88, 89, 90, 92, 118, 128, 42—44. Ges. v. 15. Februar 1840.

69) Beseler, System 176. Lewis, F.F.C. Recht 23. Lewis, F.F.C. Bestimmungen S. 494—495. v. Gerber, Zur Lehre von den Lehns- und Familienfideicommißschulden, in seinen gesammelten juristischen Abhandlungen S. 150 ff. Preuß. Allg. L.R. II 4 § 211. Stobbe, Handbuch II 140.

70) Preuß. Allg. L.R. II 4 § 212. Bayr. Ed. 74. Hess.-Darmst. Ges. 28. Oesterr. B.G.B. 643.

1858 die Erben nur wegen absichtlichen und groben Verschuldens des Fideicommißbesitzers haftbar macht [71]).

Auch sind rückständige Terminzahlungen eines verstorbenen Fideicommißbesitzers nach österreichischem Recht [72]) aus seinem Allodialnachlaß zu bezahlen; nur wenn dieser nicht ausreicht, muß sein Fideicommißnachfolger für dieselben eintreten.

Dagegen sollen nach österreichischem, braunschweigischem und hessischem Recht [73]) auch die Allodialerben des Fideicommißbesitzers von dem Fideicommißnachfolger Entschädigung zu verlangen berechtigt sein wegen desjenigen zur Erhaltung und Verbesserung des Fideicommißguts gemachten Aufwands von größerer Ausdehnung, wegen dessen der Besitzer das Fideicommißgut mit Schulden zu belasten berechtigt gewesen wäre. Nach preußischem Recht [74]) dagegen haben die Allodialerben in solchem Fall keinen Anspruch auf Entschädigung, es sei denn daß bei Leistung der Ausgabe Gefahr im Verzuge war und daß der Consens zur Aufnahme eines Darlehens unmittelbar nach geschehener Leistung der nothwendigen Ausgabe nachgesucht worden war.

## L. Verschuldungen und Veräußerungen, sog. Nachstiftungen [75]).

a) Schulden, für welche die Substanz des Fideicommisses haftet, werden als Fideicommißschulden bezeichnet. Für diese Schulden, deren Contrahirung nach gemeinem Recht regelmäßig untersagt ist, kann das Familienfideicommißgut auch subhastirt werden. Diese gemeinrechtliche Regel wird ausdrücklich auch von einigen Particularrechten anerkannt [76]).

Ueber diejenigen Schulden, für welche nur die Revenüen des Familienfideicommißguts, ohne Unterschied freilich, ob sie von dem Contrahenten der Fideicommißschuld selbst oder von seinen Nachfolgern bezogen werden, haften, wird weiter unten das Nähere zu sagen sein [77]).

Für alle übrigen Schulden, welche als Allodialschulden bezeichnet werden, haften nur die dem Contrahenten der Schuld zufallenden Früchte des Fideicommisses sowie sein Allodialvermögen. Die Fideicommißnachfolger des Contrahenten haben für dieselben nur dann einzutreten, wenn sie seine Universalerben geworden sind.

---

71) Hess.-Darmst. Ges. 281. Bayr. Ed. 73—75. Sächs. B.G.B. 614. Braunschw. Ges. v. 1858 4.

72) Oesterr. B.G.B. 640.

73) Oesterr. B.G.B. 641. Aehnlich Braunschw. Ges. v. 1858 4. Hess.-Darmst. Ges. 28.

74) Preuß. Allg. L.R. II 4 § 218, 220, 226, 107.

75) v. Gerber, System 84. v. Gerber, Zur Lehre von den Lehns- und Familienfideicommißschulden, in seinen Abhandlungen I S. 159—187. Bluntschli, Deutsches Priv.R. 68. Beseler, System 176. Lewis, F.F.C.Recht 16, 17. Ders., F.F.C.Bestimmungen S. 490 ff. Stobbe, Handbuch II 140.

76) Cod. Max. Bav. III 10 § 18. Braunschw. Ges. v. 1837 22 u. v. 1858 8. Hess.-Darmst. Ges. 29.

77) Anderer Ansicht ist Stobbe, Handbuch II 140 V, indem er auch für die F.F.C.Schuld gemein- und particularrechtlich nur die Früchte haften läßt und die Subhastation der F.F.C.Güter ausschließt. In jenen oben citirten Gesetzen sieht er nur Ausnahmen von der gemein- und particularrechtlichen Regel.

Die gemeinrechtliche Regel, daß die Aufnahme von Schulden gegen Verpfändung der Substanz des Fideicommisses untersagt ist, erleidet nach gemeinem Recht nur zwei Ausnahmen. Diese Ausnahmen sind begründet, wenn es sich um Schulden, welche der Stifter selbst auf das Gut gelegt hat, oder um einen außerordentlichen Aufwand seines Nachfolgers zur Erhaltung oder Wiederherstellung des Fideicommißguts im Ganzen oder in seinen einzelnen Theilen handelt, so z. B. wenn außerordentliche Deichlasten, ungewöhnlich hohe Proceßkosten, durch außerordentliche Ereignisse verursachte Wiederherstellungskosten, zum Abtrag einer Fideicommißschuld aufgenommene Darlehen u. s. w. in Frage kommen. Gerber führt diese letzteren Schulden auf die Idee einer im Sinne und daher auch in Repräsentation des Stifters erfolgenden Nachstiftung zurück. Selbstverständlich ist auch der Stifter befugt, seinem Nachfolger die Contrahirung von Fideicommißschulden in einem weiteren als dem obigen Umfange zu gestatten; nur ist diese Befugniß keine völlig schrankenlose, weil dies der Idee des Familienfideicommisses widersprechen würde.

Die meisten Landesgesetze bestätigen die gemeinrechtliche Regel, dehnen jedoch die nach gemeinem Recht zulässigen Ausnahmen der Verschuldung des Fideicommisses viel weiter aus und verlangen für den Fall der Contrahirung solcher sog. Fideicommißschulden entweder electiv oder cumulativ die Zustimmung der Familie und die Genehmigung der Behörden [78]). So muß der Aufnahme eines solchen Darlehens nach hannoverschem Gesetz die Genehmigung des Ministers, nach hessen-darmstädtischem Gesetz die der Aufsichtsbehörde vorhergehen. Das letztere Gesetz verlangt außerdem zur Verpfändung der Substanz des Fideicommißvermögens die Zustimmung „sämmtlicher schon geborener oder erzeugter Anwärter". Bei Verpfändung einzelner Stücke des Fideicommißvermögens kann nach demselben hessen-darmstädtischen Gesetz die Einwilligung der Anwärter durch das Gericht supplirt werden, sofern die Aufnahme des Darlehns durch das Interesse der Familie gefordert wird oder zur Erhaltung des Fideicommisses in seiner ordnungsmäßigen Beschaffenheit nothwendig oder aus überwiegenden Gründen nützlich oder zur Leistung der dem Besitzer gesetzlich oder stiftungsmäßig obliegenden Präſtationen erforderlich ist. Das sächsische Civilgesetzbuch verlangt zur Belastung des Fideicommisses mit Schulden den Consens der am Leben befindlichen Anwärter, der jedoch, wenn er ohne ausreichenden Grund verweigert wird, vom zuständigen Gericht supplirt werden darf, und nach österreichischem Recht darf der Fideicommißbesitzer ein Drittel des Fideicommißgutswerthes mit Genehmigung der ordentlichen Gerichtsbehörde verschulden, darüber hinaus aber nur, wenn das Darlehen zur Erhaltung des Fideicommißguts unabweislich erforderlich ist; auch ist in diesem letzteren Fall die Einvernehmung des Fideicommißcurators und aller bekannten Anwärter sowie die Bewilligung des obersten Gerichts- und Cassationshofes erforderlich. Das braunschweigische Gesetz macht die Contrahirung von Fideicommißschulden abhängig von der landesherrlichen Genehmigung sowie von der Einwilligung der successionsberechtigten Descendenten des Besitzers, resp. in deren Ermangelung von der Einwilligung der

---

78) Hannov. Ges. 35. Hess.-Darmst. 19, 20. Sächs. C.G.B. 2533. Oesterr. B.G.B. 635. Oesterr. Ges. v. 13. Juni 1868.

in der nächsten Seitenlinie successionsberechtigten Anwärter; doch kann der Mangel dieser Einwilligung durch einen die Nothwendigkeit und Höhe des Darlehens rechtfertigenden Schiedsspruch ersetzt werden.

Folgende Landesgesetze [79]) gehen bei Gestattung der Aufnahme von Darlehen, welche das Fideicommißgut belasten, über den vom gemeinen Recht bestimmten Zweck — der Erhaltung des Fideicommisses — hinaus.

Nach dem braunschweigischen Gesetz dürfen Fideicommißschulden schon contrahirt werden zum Zweck „nachhaltiger Verbesserung des Fideicommißguts", nach sächsischem Recht zum Behuf „nothwendiger und nützlicher Verwendungen" auf das Familienfideicommißgut, nach dem hessen-darmstädtischen Gesetz, sofern solches „aus überwiegenden Gründen nützlich" ist oder „durch das Interesse der Familie gefordert" wird. Das hannoversche Recht dagegen steht auf dem Standpunkt des gemeinen Rechts, indem es dem Fideicommißbesitzer nur dann gestattet, eine die Fideicommißnachfolger verbindende Anleihe aufzunehmen, „wenn die Erhaltung des Majoratsgutes selbst einen außerordentlichen Aufwand erfordert".

Mehrere Landesgesetze [80]) verlangen außerdem, daß bei Belastung des Fideicommißguts mit Schulden ein bestimmter Theil des Gutswerthes schuldenfrei bleibe. Dieses unverschuldet zu lassende Minimum beträgt in Oesterreich für alle Schulden mit Ausnahme der zum Zweck der Erhaltung des Fideicommißguts contrahirten, also für die Fideicommißschulden zweiter Classe, zwei Drittheile des Werths des Fideicommißguts, in Hannover ein nach Verzinsung der Schulden dem Besitzer übrigbleibendes reines Einkommen von 800 Thalern, in Baden das volle gesetzliche Stammgutsminimum und ebenso in Hessen-Darmstadt das zur Errichtung eines Familienfideicommisses erforderliche Werthminimum.

Während für die sog. Fideicommißschulden sowohl nach gemeinem Recht wie nach einer Anzahl von Particularrechten die Substanz des Fideicommisses haftet, so daß die Nichtbefriedigung der Gläubiger zu der Subhastation des Fideicommisses führen kann, kennt das preußische, bayerische und badische Recht neben diesen Substanzschulden auch solche Fideicommißschulden, für die nur die Revenüen des Guts haften. In diesem letzteren Falle kann das Fideicommißgut Schulden halber nicht subhastirt, sondern nur sequestrirt werden.

Das preußische Landrecht [81]) unterscheidet nämlich zwei Arten von Fideicommißschulden.

Für die ersteren haftet die Substanz des Fideicommisses, und dieselben können demnach zur Subhastation führen. Es gehören zu denselben:

in Uebereinstimmung mit dem gemeinen Recht diejenigen Schulden, die der Stifter auf das Fideicommiß legte und welche aus seinem übrigen Vermögen

---

79) Sächs. G.B. 2533. Braunschw. Ges. v. 1837 22. Braunschw. Ges. v. 1858 3. Bayr. Ed. 54—56. Hess.-Darmst. Ges. 19, 20. Hannov. Ges. 35.

80) Oesterr. B.G.B. 635—637. Hannov. Ges. 35. Bad. L.R. 577 ci. Hess.-Darmst. Ges. 20.

81) Preuß. Allg. L.R. II 4 § 53, 76, 80 ff., 104 ff. Preuß. Ges. v. 15. Februar 1840 § 15.

nicht bezahlt werden können; die auf der Substanz lastenden von dem Fideicommißbesitzer bezahlten Schulden, wenn derselbe bei der Bezahlung ausdrücklich erklärt hat, daß er seinen Erben den Ersatz aus dem Fideicommiß vorbehalte, in welchem Fall die letzteren an die Stelle des früheren Gläubigers treten; die in außerordentlichen Fällen zur Wiederherstellung eines ruinirten Fideicommisses erforderlichen Vorschüsse, wenn sie so erheblich sind, daß sie aus den bloßen Einkünften nicht zurückgezahlt werden können. Zur Aufnahme eines solchen Darlehens ist ein förmlicher Familienschluß erforderlich.

Für die zweite Art von Schulden haften nur die Einkünfte des Fideicommißgutes. Es kann diese Verschuldung demnach nur zur Sequestration führen.

Hierher gehören alle impensae necessariae, welche nicht als gewöhnliche Lasten des Fideicommißbesitzers erscheinen und auch nicht zu dem oben erwähnten Fall gerechnet werden können.

Besonders hervorgehoben werden Anleihen zur Wiederherstellung durch Alter und Unfälle oder durch Deterioration in Verfall gerathener Gebäude;

zur Ergänzung des durch vis major erfolgten Schadens am Inventar, dessen Betrag $1/4$ der Fideicommißeinkünfte übersteigt;

zur Abführung der stiftungsmäßigen Prästationen, wenn zu ihrer Bestreitung die Einkünfte des durch vis major verheerten Fideicommisses nicht ausreichen.

Die Regulirung der Darlehnsgeschäfte dieser Art muß gerichtlich unter Mitwirkung zweier Anwärter geschehen.

Für alle anderen Schulden des Fideicommißvorgängers haftet der Nachfolger, auch wenn er dessen Erbe (cum beneficio inventarii) geworden ist, nicht.

Auch das bayerische Edict[82]) unterscheidet, wie das preußische Landrecht, zwischen Schulden, welche die Fideicommißsubstanz ergreifen — Fideicommißschulden erster Classe —, und solchen, welche nur auf den Früchten haften — Fideicommißschulden zweiter Classe. Beide Classen werden nach bayerischem Recht anders als nach preußischem Recht abgegrenzt.

Zu den Fideicommißschulden erster Classe gehören die bei der Errichtung bereits auf der Substanz des Fideicommisses haftenden Schulden sowie die bei der Errichtung durch den Stifter in Uebereinkunft mit den Interessenten darauf gelegten Schulden; die mit einem dem Fideicommiß einverleibten Gut übernommenen Kaufgelder desselben; Proceßkosten und Vergleichsaufwendungen in einem die Substanz des Familienfideicommisses betreffenden Rechtsstreit; der Betrag der in Rücksicht auf das Fideicommiß erlegten feindlichen Contributionen; der Aufwand zur Herstellung nothwendiger und nützlicher Gebäude; der Abtrag einer der vorbenannten Schulden.

Zur Contrahirung dieser Schulden ist mit Ausnahme nur des ersten Falles die causa cognita und in zweifelhaften Fällen die nach Gehör der Anwärter zu ertheilende Genehmigung des Fideicommißgerichts erforderlich.

Zu den Fideicommißschulden zweiter Classe gehören die Forderungen gegen den Stifter, welche als Fideicommißschulden erster Classe nicht eingetragen und aus dem Allod nicht gedeckt werden konnten; Krankheits-, Alimentations- und Ausstattungskosten; Ausgaben, die durch Antritt eines Civil- oder Militär-

---

82) Bayr. Ed. 39, 54, 56—62, 65.

dienstes, Verehelichung und Unglücksfälle in der Wirthschaft veranlaßt sind, und schwere Kriegslasten, welche aus den Früchten des Fideicommisses und dem Allod nicht bestreitbar sind.

Voraussetzung der Zulässigkeit einer Fideicommißschuld der zweiten Classe ist, daß ein das zur Errichtung erforderliche Grundvermögen übersteigender Betrag fruchtbringenden Vermögens vorhanden, und daß dieser durch die neue Schuld, durch stiftungsmäßige Lasten und anderweitige Schulden nicht über $^1/_3$ beschwert wird. Außerdem ist zur Contrahirung solcher Schulden die gerichtliche Genehmigung erforderlich, welche nach Vernehmung des Fideicommißnachfolgers, der Anwärter und des Fideicommißvertreters bei deren Zustimmung nicht ohne erhebliche Gründe zu versagen, bei deren Widerspruch aber auch nicht ohne hinreichenden Grund zu ertheilen ist.

Nach badischem Landrecht [83]) haftet die Substanz des Stammguts nur für die hypothekarisch gesicherten Fideicommißschulden, die contrahirt werden, um die Ansprüche der von der Succession ausgeschlossenen Söhne und Töchter der Familie auf eine Abfindung zu befriedigen oder das Stammgut zu erhalten. Jedoch darf auch für diese Schulden nur der Ertrag des Stammguts in Anspruch genommen werden, „so lange das Stammgut innerhalb der gesetzlichen Maas steht".

Sowohl diejenigen Gesetze, welche den Zwangsverkauf des Fideicommißguts Schulden halber ausschließen, als auch diejenigen, welche ihn zulassen, haben die allmähliche Tilgung derselben vorgeschrieben und fordern zu diesem Zweck die Einhaltung bestimmter Tilgungspläne.

So verordnen das österreichische bürgerliche Gesetzbuch die jährliche Tilgung von wenigstens 5 % der Schuld, die bayerischen, braunschweigischen und hannoverschen Gesetze die Tilgung im Laufe „bestimmter Jahre", und das hessen-darmstädtische Gesetz: „sobald es geschehen kann". Aehnliche Bestimmungen enthält auch die preußische Gesetzgebung [84]).

b. Indem mit dem Princip der Unverschuldbarkeit der Fideicommißgüter gebrochen wurde, hat man zugleich das Princip ihrer Unveräußerlichkeit angetastet. Denn ließ man die Verschuldbarkeit zu, so konnte man nach den heute bei uns geltenden Grundsätzen des Civil- und Proceßrechts auch nicht umhin, die zwangsweise Veräußerung (Subhastation) der Fideicommißgüter zuzugestehen. Diese Consequenz ist denn auch, wie wir eben zeigten, sowohl von dem gemeinen Recht wie von einer Reihe von Landesgesetzen gezogen worden, während andere Gesetze sich in bestimmten Fällen darauf beschränken, dem Fideicommißgläubiger ein Recht auf Sequestration der Fideicommißeinkünfte zu gewähren. Zu den Zwangsveräußerungen mittels Subhastation kommen dann noch hinzu die Zwangsenteignungen, Ablösungen, Arrondirungen [85]).

War aber einmal die Zwangsveräußerung des Fideicommißguts concedirt, so konnte wohl auch die freiwillige Veräußerung nicht ganz ausgeschlossen werden.

83) Bad. L.R. 577 cp, cq, cr, cs.

84) Oesterr. B.G.B. 638, 639. Bayr. Ed. 69. Braunschw. Ges. v. 1837 22. Braunschw. Ges. v. 1858 3. Hannov. Ges. 35. Hess.-Darmst. Ges. 21. Preuß. Allg. L.R. II 4 § 96—103.

85) Hess. Ges. 23. Bayr. F.C.Ed. 67. Bayr. Expropriationsgesetz v. 17. Nov. 1837 1. Bayr. Grundentlastungsgesetz v. 4. Juni 1848 8, 21.

Und in der That ist sie denn auch von der neueren Landesgesetzgebung in einer Reihe von Fällen gestattet worden.

Freilich als Regel ist die freiwillige Veräußerung des Fideicommißguts als Ganzes sowie die Abtrennung oder der Umtausch einzelner Theile desselben auch heute sowohl nach gemeinem Recht wie nach den meisten Landesgesetzen [86]) ausgeschlossen.

Ausnahmsweise wird jedoch nach der neueren Gesetzgebung [87]) aus Gründen der Nothwendigkeit oder Zweckmäßigkeit die Veräußerung sowohl des ganzen Fideicommißgutes wie einzelner Theile desselben gestattet. So dürfen nach preußischem Recht Rechtsgeschäfte über die Substanz eines Familienfideicommisses auf Grund eines Familienschlusses mit hinzutretender gerichtlicher causae cognitio und Bestätigung abgeschlossen werden. Ja es bedarf nicht einmal eines solchen Familienschlusses, sondern nur der Zustimmung zweier Anwärter, wenn 1. Verfügungen über die Substanz des Fideicommisses in Folge einer Rechtsverbindlichkeit getroffen werden sollen, 2. zum Zweck des Austausches einzelner Gutsparcellen oder Pertinenzen des Guts gegen andere in derselben oder in einer unmittelbar angrenzenden Feldmark, 3. zur Veräußerung einzelner Gutsparcellen oder Pertinenzen, wenn dagegen andere in derselben oder einer angrenzenden Feldmark belegene Grundstücke erworben werden. Zum Abverkauf kleiner Parcellen von einem Familienfideicommißgut bedarf es selbst nicht der Einwilligung der Anwärter, sofern nur bei landschaftlich verpfändeten Gütern die Creditdirection, bei anderen die Auseinandersetzungsbehörde eine Bescheinigung darüber ertheilt, daß der Abverkauf den Interessenten unschädlich sei. Das Kaufgeld tritt dann an die Stelle des veräußerten Trennstücks. In Bayern wird zur Veräußerung des Fideicommißgegenstands die Anhörung und Zustimmung aller bekannten Anwärter und des Fideicommißvertreters sowie des Gerichts, und bei durch königliche Dotation begründeten Fideicommissen noch die königliche Genehmigung gefordert. Die gerichtliche Genehmigung soll nur dann ertheilt werden, wenn die Veräußerung zum Zweck der Tilgung von Fideicommißschulden erster Classe, auf deren Bezahlung die Gläubiger dringen, erfolgt, und sich keine anderen Objecte zu ihrer Befriedigung darbieten, oder wenn die Veräußerung den Fideicommißbesitzern einen bleibenden und beträchtlichen Nutzen gewährt; der Kaufpreis ist womöglich wieder zum Ankauf fruchtbringender Realitäten zu verwenden. In Oesterreich ist die Veräußerung, Vertauschung und Vererbpachtung des Grundfideicommisses sowie seine Verwandelung in ein Geldfideicommiß abhängig gemacht von der Vernehmung sämmtlicher lebender Anwärter und des Fideicommißcurators sowie von der Genehmigung der ordentlichen Gerichtsbehörde. Die braunschweigische Gesetzgebung gestattet die Veräußerung einzelner Stammgutspertinenzen nach eingeholter landesherrlicher Ge-

---

86) Hannov. Ges. v. 1836 35. Bayr. Ed. 48. Sächs. B.G.B. 2534. Bad. L.R. 577 cf. Braunschw. Ges. v. 1858 3. Hess. Ges. v. 1858 19. Sachs.-Weim. Ges. 1. Oesterr. B.G.B. 633.

87) Preuß. Allg. L.R. Th. II Tit. 4 § 46, 76—78. Preuß. Ges. v. 15. Febr. 1840 § 1, 15—19. Ges. v. 3. März 1850 1, 3, 4 u. v. 27. Juni 1860. Bayr. Ed. 40, 49, 51, 52, 55, 57, 58, 61, 64—68. Oesterr. B.G.B. 633, 634. Braunschw. Ges. v. 1837 22, 24. Braunschw. Ges. v. 1858 8. Bad. L.R. 577 cg. Sächs. C.G.B. 2541, 2535—2539. Hess.-Darmst. Ges. 19, 20.

nehmigung, doch haben Stücke von erweislich gleichem Ertrage an die Stelle der veräußerten Fideicommißtheile zu treten. Nach badischem Recht dürfen das Stammgut als Ganzes oder einzelne Theile desselben nur nach Vernehmung der Stammgutsberechtigten sowie des Kronanwalts des obersten Gerichts und mit Genehmigung des Staatsoberhaupts veräußert werden; einzelne Nebenstücke und Zubehörungen des Gutes aber auch ohne solche Genehmigung, „wenn nur die Veränderung zur Landtafel (jetzt: zum Grundbuch) angezeigt wird". Der durch die Veräußerung erzielte Preis ist im ersteren Falle bis zum gesetzlichen Ertragsminimum, im zweiten, so weit er nicht auf rechtmäßige Schuldenbezahlung aufgeht, wieder in Immobilien anzulegen, welche Stammgutseigenschaft erhalten. Das sächsische und hessen-darmstädtische Gesetz verlangen zur Veräußerung des gesammten Fideicommißgegenstandes die Zustimmung sämmtlicher lebenden Anwärter sowie der Vormünder der nascituri; das sächsische Gesetz außerdem noch die Genehmigung der zuständigen Behörde. Nach hessischem Gesetz soll bei der Veräußerung einzelner Theile des Fideicommißguts die fehlende Einwilligung der Anwärter auch durch das Gericht ergänzt werden können, vorausgesetzt nur, daß die Veräußerung im Interesse der Familie liegt, und der zur Errichtung eines Familienfideicommisses erforderliche Vermögensstock intact bleibt.

Veräußerungen, welche von dem Fideicommißeigenthümer freiwillig und ohne die angegebenen gesetzlichen Voraussetzungen vorgenommen worden sind, sind anfechtbar.

Der Widerruf darf nicht nur von den Anwärtern, und zwar ohne Verpflichtung zum Ersatz des Kaufpreises, von dem Zeitpunct an erfolgen, wo ihnen auf Grund der Successionsordnung die Nachfolge in das Familienfideicommiß eröffnet ist, sondern auch von dem Veräußerer selbst, falls er die Veräußerung bona fide vorgenommen hat.

Wer in die Veräußerung willigte, darf sie später nicht widerrufen; doch bindet seine Genehmigung nicht seine Descendenten.

### M. Aufhebung des Familienfideicommisses[88]).

Das gemeine Recht kennt nur drei Aufhebungsgründe:

1) den Widerruf des Stifters, welcher erfolgen kann, so lange Dritte noch keine Rechte aus der Stiftung erworben haben,

2) den Untergang des Fideicommißguts und

3) das Aussterben des Geschlechts, zu dessen Gunsten das Fideicommiß errichtet worden ist. Im letzteren Fall tritt die Aufhebung nach dem Ableben des letzten vom Stifter zum Fideicommißbesitz berufenen Familiengliedes ein.

Diese gemeinrechtlichen Aufhebungsgründe sind auch in die meisten Particularrechte übergegangen.

Einzelne Particularrechte enthalten außer den obigen gemeinrechtlichen Aufhebungsgründen noch andere, und zwar folgende:

4) die Minderung des Werthes des Fideicommißguts unter das gesetzliche Minimum: Bayern, Braunschweig und Baden.

---

88) v. Gerber, System 84. Mittermaier, Grundsätze des Privatrechts 158. Beseler, System 176. Lewis, F.F.C.Recht 12, 24. Lewis, F.F.C.Bestimmungen S. 499. Stobbe, Handbuch II 41.

Das bayerische Recht unterscheidet zwischen der durch den Besitzer verschuldeten und der unverschuldeten Verminderung des Fideicommißvermögens. Im letzteren Fall erlischt das Fideicommiß; im ersteren Fall können die Anwärter verlangen, daß das Fideicommiß zum Zweck der Ergänzung des Normalwerths unter Administration gestellt werde.

Während nach gemeinem Recht das Fideicommiß durch Einwilligung der lebenden Anwärter weder aufgehoben noch auch nur in seinen wesentlichen Bestimmungen verändert werden darf, genügt zu diesem Zweck particularrechtlich

5) der auf die Auflösung gerichtete Wille sämmtlicher lebenden Anwärter, dessen Vorhandensein nach hessen-darmstädtischem Gesetz gerichtlich zu constatiren ist. Die preußische Gesetzgebung verlangt zur Auflösung nur das Zustandekommen eines entsprechenden Familienschlusses, das bayerische den einstimmigen Beschluß sämmtlicher Interessenten und außerdem gerichtliche Einwilligung, das badische, braunschweigische und anhalt-köthensche Gesetz ebenfalls den einstimmigen Beschluß aller Interessenten und die gerichtliche resp. landesherrliche Genehmigung. Das sächsische und sachsen-weimarische Gesetz verlangt außer der Einwilligung sämmtlicher lebenden Anwärter und derjenigen Behörde, welche die Errichtung des Familienfideicommisses bestätigt hat, noch, daß das Fideicommiß im Wege des Erbgangs wenigstens in die dritte Hand, den Stifter nicht mit eingerechnet, gekommen sei, und daß der dermalige Fideicommißinhaber, unter dem die Aufhebung erfolgen soll, sofern er überhaupt zu den Verwandten des Stifters gehört, von diesem wenigstens im dritten Grad der Verwandtschaft entfernt sei. Die österreichische Gesetzgebung gestattet die Aufhebung des Familienfideicommisses nur dann, wenn eine zum Fideicommiß berufene Nachkommenschaft weder vorhanden noch auch zu vermuthen ist: dieselbe ist außerdem von einem diesbezüglichen Beschluß der Anwärter und der Genehmigung des Gerichts, der die Anhörung des Curators vorherzugehen hat, abhängig gemacht [89]).

Da zum Zweck der Errichtung eines Familienfideicommisses die Eintragung in das Grund- und Hypothekenbuch und die Publication erforderlich ist, so muß auch bei Aufhebung desselben die Löschung aus den Büchern und eine Publication hierüber erfolgen. An dem der Fideicommißqualität entkleideten Vermögen erhält der Besitzer das uneingeschränkte Eigenthum, soweit nicht durch Bestimmung des Stifters oder durch Uebereinkunft der Betheiligten etwas anderes festgestellt worden ist.

## 3. Socialwirthschaftliche und politische Analyse.

Nachdem wir in den beiden vorhergehenden Abschnitten die Geschichte und das gegenwärtige Recht des Familienfideicommisses dargestellt haben, gehen wir jetzt zu der socialwirthschaftlichen Analyse dieses Rechtsinstitutes über.

89) Hess.-Darmst. Ges. 29, 30. Bayr. Ed. 92—96. Preuß. Edict v. 9. October 1807 9. Preuß. Ges. v. 15. Febr. 1840 1. Bad. L.R. 577 cq, cs. Braunschw. Ges. v. 1837 25. Braunschw. Ges. v. 1858 8. Anhalt. Ges. v. 17. April 1870 1, 2, 7. Sächs. C.G.B. 2538, 2539, 2541. Sachs.-Weim. Pat. v. 1826 I. Oesterr. B.G.B. 644.

Eine solche Analyse erscheint im gegenwärtigen Augenblick, angesichts der Vorbereitung eines bürgerlichen Gesetzbuchs für das Deutsche Reich, besonders angezeigt. Bemerkt doch bereits Lewis (Bestimmungen über die Familienfideicommisse S. 466) unserer Ansicht nach sehr richtig, daß die abermalige Prüfung der Frage, ob das Familienfideicommiß durch das bürgerliche Gesetzbuch zu regeln, oder ob seine Regelung der Landesgesetzgebung zu überlassen sei, „lediglich vom nationalökonomischen Standpunct aus gerechtfertigt ist, nicht aber vom juristischen; denn von diesem muß das Institut des Familienfideicommisses mit demselben Recht der Ordnung durch die Reichsgesetzgebung vindicirt werden, wie alle Institute des bürgerlichen Rechts." —

Bei unserer Analyse werden wir uns lediglich auf die aus land- und forstwirthschaftlich benutzten Grundstücken bestehenden Fideicommisse beschränken. Denn einmal haben wir uns von vornherein lediglich die Aufgabe gestellt, die Beziehungen, welche zwischen dem Erbrecht und dem Grundeigenthum bestehen, klarzulegen; dann aber sind die Capitalfideicommisse überhaupt von geringer Bedeutung und kommen bei einer Beurtheilung unseres Instituts wenig in Betracht.

Das land- und forstwirthschaftliche Fideicommiß müssen wir aber wieder, sowohl unter den Verhältnissen niedriger Cultur, wie sie im Ganzen zur Zeit der Entstehung desselben in Deutschland bestanden, als auch in Zuständen, wie sie gegenwärtig für die west- und mitteleuropäischen Völker die Regel bilden, in's Auge fassen.

Das erste Stadium charakterisirt sich durch folgende Merkmale. Es ist noch nicht aller vorhandene Grund und Boden in Besitz, geschweige denn in Cultur genommen. Bei dünner Bevölkerung und niedrigen Fruchtpreisen herrscht der Naturfactor in der Landwirthschaft noch vor. Das bewegliche Capital beginnt erst jetzt, als Hypothek und als Anlage im Kauf von Grundbesitz die Landwirthschaft aufzusuchen. Zum Landbau gehört noch keine größere Kunstfertigkeit, als die traditionell vom Vater auf den Sohn sich vererbende. Der landwirthschaftliche Betrieb wie die Vertheilung des Grundeigenthums zeigen geringe Neigung zu Veränderungen. Die Production für den eigenen Bedarf oder doch für den Bedarf kleiner Länder, verbunden mit Naturalwirthschaft und gutsherrlich-bäuerlichen Verhältnissen ist noch vorherrschend. Die grundbesitzenden Familien der höheren Stände haben eine hervorragende Bedeutung für das öffentliche Leben, ja es ist ihnen sogar eine dieser Bedeutung entsprechende Stellung mit entsprechenden Rechten und Pflichten in der Verfassung eingeräumt. Der alle Glieder der Familie durchdringende Familiensinn ist noch stärker, als das individuelle Selbständigkeitsgefühl derselben. Für die jüngeren Söhne sind noch mancherlei Gelegenheiten zur Versorgung auf urbar zu machendem Boden, im Militär- und Civildienst des Staats, in der Kirche u. s. w. gegeben.

Unter solchen Voraussetzungen wird die Gebundenheit des Familieneigenthums im Allgemeinen und das Familienfideicommiß im Speziellen der Natur dieser wirthschaftlichen, politischen und allgemeinen Culturvoraussetzungen entsprechen und gleichsam als rechtlicher Ausdruck der thatsächlichen Verhältnisse aus diesen herausgewachsen erscheinen. Erkennt doch selbst Ad. Smith an, daß Primogenituren und Entails in solchen Zeiten eine Existenzberechtigung haben.

Eine ganz andere Bedeutung hat das Fideicommiß dagegen in der Gegenwart

Für diese sind folgende Momente charakteristisch. Der Boden ist vollständig occupirt und auch zum größten Theil angebaut. Zur inneren Colonisation ist somit gar keine oder doch nur wenig Gelegenheit mehr vorhanden. Das Gemeineigenthum ist durch das Sondereigenthum fast vollständig verdrängt. Dichte Bevölkerung und zunehmender Volkswohlstand rufen eine starke Nachfrage nach land- und forstwirthschaftlichen Erzeugnissen hervor. Während Capitalien und Menschen aber das Streben nach unbegrenzter Vermehrung haben, ist der Boden eines bestimmten Landes eine einmal gegebene und daher unvermehrbare Größe; es müssen daher, um die quantitativ und qualitativ gesteigerte Nachfrage nach Bodenproducten zu befriedigen, progressiv steigende Quantitäten von Arbeit und Capital in zweckmäßiger Weise mit dem Boden verbunden werden. Diesem Bedürfniß entspricht jetzt das sich massenhaft ansammelnde Capital, das der Landwirthschaft aus der Industrie und dem Handel zufließt. Die auf die Landwirthschaft angewandten Naturwissenschaften haben die Agronomie zu einer Wissenschaft erhoben. Die an die Stelle der Naturalwirthschaft getretene Geldwirthschaft, die Verbesserung der Communications- und Transportmittel, sowie die hierdurch ermöglichte nationale und internationale Arbeitstheilung bewirken ferner, daß auch die Landwirthschaft, wenigstens auf den großen Gütern, für den Markt produciren muß und von seinen wechselnden Conjuncturen beeinflußt wird. Sie hat daher ihre frühere Stabilität zum Theil aufgegeben und sich bei der Wahl der passendsten Gütergrößen, Culturarten, Betriebssysteme und Intensitätsgrade der Bewirthschaftung an Beweglichkeit der stoffverarbeitenden Industrie genähert. Aus dem Obigen folgt, daß die Landwirthschaft gegenwärtig hervorragender wissenschaftlich geschulter Intelligenz bei Entwerfung und Durchführung rationeller, alle Verschiedenheiten der Bodenarten und des Klimas, der Marktpreise und der sonstigen Conjuncturen in Erwägung ziehender Wirthschaftspläne bedarf, sowie daß alle Schranken, welche die freie Disposition des Landwirths hemmen, möglichst hinweggeräumt werden müssen. Die zunehmende Vervollkommnung des Landbaues führt, sofern bestimmte Culturarten eine große Arbeitsintensität erheischen, zur Verkleinerung der Güter und, sofern die Capitalsintensität in der Wirthschaft überwiegt, zu einer Vergrößerung derselben. Diese doppelte Tendenz einerseits zur Verkleinerung und andererseits zur Agglomeration des Grundbesitzes wird dann wieder durch die mannigfachen Natur- und Cultureinflüsse theils gefördert, theils durchkreuzt. Im Zusammenhang mit der oben geschilderten socialwirthschaftlichen Entwickelung steht auch die übrige Culturentwickelung, welche sich durch das allmähliche Zurücktreten des Familiensinnes aus dem weiteren Kreise des Stammes in den engeren der Familie, durch das Erstarken des individuellen Selbständigkeitsgefühls, die Ausbreitung des allen aristokratischen Einrichtungen feindlichen demokratischen Princips, sowie die Zusammenfassung der kleinen Gemeinwesen zu großen, auf nationaler Grundlage ruhenden Staaten und die Verbindung dieser zu internationalen Verbänden charakterisirt. Die Familie ist jetzt weder eine Sicherheitsanstalt, noch überhaupt eine Organisation, die ihren Mitgliedern zum Theil den Staat zu ersetzen bestimmt ist, sondern ausschließlich eine sittliche Gemeinschaft. Auch für das wirthschaftliche Leben hat dieselbe einen Theil ihrer früheren Bedeutung eingebüßt, indem sie für die meisten Classen nur noch die Bedeutung einer Consumtionsgemeinschaft hat, dagegen für die Production fast nur noch in den Kreisen des mittleren und kleinen bäuerlichen Besitzes in Betracht kommt. Endlich ist heute die Ausübung der staatsbürgerlichen Rechte, sowie die Bekleidung und Erlangung der höchsten Aemter, Ehren und Würden meist von dem Grundbesitz vollständig losgelöst. Nur bei Berufung in die erste Kammer wird noch zum Theil auf vererbtes Grundeigenthum Rücksicht genommen.

Es braucht als selbstverständlich hier wohl nur angedeutet zu werden, daß der eben charakterisirte Zustand sich nur innerhalb eines langen Zeitraums, nach schweren Kämpfen und Uebergängen entwickelt hat.

Suchen wir nunmehr die Rolle, welche das Familienfideicommiß innerhalb der heutigen Culturwelt spielt, festzustellen.

Allem zuvor haben wir die Frage zu beantworten, ob das Familienfideicommiß wirklich, wie Ad. Smith, L. v. Stein, R. Gneist u. A.[90]) behaupten, ein Institut ist, das ausschließlich einer überlebten Phase der wirthschaftlichen und gesellschaftlichen Entwickelung, die L. v. Stein als die der ständischen Gesellschaft bezeichnet, angehört. Indem das Familienfideicommiß damals dem Glanz und Ansehen der Familien eines bestimmten Standes diente, soll es diesem Stande, dem im Interesse des Ganzen bestimmte Pflichten oblagen und dem entsprechende Rechte zugetheilt waren, einen wesentlichen Dienst geleistet haben. Heutzutage dagegen, wo die Stände in der staatsbürgerlichen Gesellschaft aufgegangen sind, sei das Familienfideicommiß zu dem materiellen Substrat ständischer Prätensionen herabgesunken, die ohne Zusammenhang mit der Gesammtordnung gleichsam in der Luft schwebten.

Richtig ist an dieser Ansicht, daß das Familienfideicommiß in seiner strengen gemeinrechtlichen Gestalt in die Gesammtarchitektonik des späteren Mittelalters und des ancien régime hineinpaßte, während es sich heutzutage in einer fremdartigen Umgebung befindet.

Ist die gesammte wirthschaftliche und gesellschaftliche Ordnung der Gegenwart auf die Principien der individuellen Freiheit und Gleichheit aufgebaut und gehören die Beweglichkeit und der rasche Wechsel aller Verhältnisse zum Charakter des heutigen Lebens, so findet sich das Familienfideicommiß nicht im Einklang mit diesen constitutiven Elementen unserer heutigen Ordnung. Denn die Disposition des Fideicommißeigenthümers über sein Eigenthum ist mannigfach beschränkt; er genießt ferner im Vergleich zu seinen Geschwistern eine privilegirte Stellung, und endlich ist dem durch Familienfideicommisse gebundenen Vermögen künstlich die Stellung eines der Brandung des wirthschaftlichen Lebens trotzenden Felsens angewiesen.

Inmitten dieser heterogenen Umgebung hat sich das Familienfideicommiß, wie aus der obigen historischen Darstellung hervorgeht, denn auch nicht in seiner starren Eigenart erhalten können. Es hat vielmehr im Laufe der Zeit immer mehr von den Elementen dieser neuen Ordnung in sich aufgenommen und wird sich in Zukunft derselben wahrscheinlich noch mehr anpassen müssen.

---

90) Ad. Smith, Ueber die Quellen des Volkswohlstands, neu bearb. v. Asher, Stuttgart 1861, Buch 3 Cap. 2 S. 376 ff. Gneist, Geschichte und heutige Gestalt der englischen Communalverfassung Bd. 2, Berlin 1863, S. 1236, 1361. L. v. Stein, Handbuch der Verwaltungslehre und des Verwaltungsrechts, Stuttgart 1870, S. 405 ff.

Hat das Fideicommiß aber selbst in dieser veränderten Gestalt Aussicht auf weiteren Bestand?

Würde das Urtheil Steins und Gneists auch für das Familienfideicommiß in dieser neuesten Gestalt zutreffen, so wäre unsere Arbeit überflüssig.

Da das aber nicht ohne weiteres angenommen werden kann, so haben wir erst nach einer Antwort auf die eben aufgeworfene Frage zu suchen.

Bevor wir dies thun, sei hier noch eingeschaltet, daß die meisten Schriftsteller, welche sich mit der Beurtheilung des Familienfideicommisses vom socialwirthschaftlichen Standpunkte beschäftigt haben, entweder einseitig die günstigen Folgen desselben hervorheben und dann zur Forderung der Erhaltung desselben gelangen, oder ebenso einseitig an diesem Institut nur die Schattenseiten bemerken und dann für seine Beseitigung plädiren.

Die Gegner des Fideicommißinstituts beschränken sich meist auf die Hervorhebung seiner Folgen für das wirthschaftliche Leben und betonten namentlich früher vorzugsweise — wenn auch nicht ausschließlich — den Productionsstandpunkt. Gegenwärtig wird auch auf die socialpolitische Seite dieser Institution näher eingegangen. Zu diesen Gegnern gehören: in England Jos. Child, Berkeley, Bentham, James Steuart, Adam Smith, Lord Kames, Miß H. Martinau, J. St. Mill, Fawcett, A. Walcker, Cliffe Leslie; in Amerika Carey; in Frankreich die beiden Mirabeau, Houdart, J. B. Say, J. Garnier, Simonde de Sismondi; in Italien Genovesi, Filangieri, Beccaria; in Deutschland Kant, Lessing, Goethe, Schiller, Graf Soden, Thaer, Rau, Bülau, Reichensperger, Lette, Gneist, R. v. Mohl, L. v. Stein, G. Freitag, v. Hock, Schmoller, Settegast, C. Walcker.

Die Vertheidiger des Instituts fassen dagegen vorzugsweise die politischen Folgen des Familienfideicommisses in's Auge. Es gehören hierher in England Harrington, M. Hale, Temple, Dalrymple, Malthus, Chalmers, Mac Culloch; in Italien Vasco und Ortes; unter den Deutschen Thomasius, Ad. Müller, Freiherr C. v. Stein, F. B. v. Hermann, Dahlmann, J. F. Stahl, v. Gerber, Stüve, W. v. Humboldt und bedingt auch Roscher.

Eine vermittelnde Stellung nehmen ein Schäffle, Beseler, Helferich, Gefflen und Jolly, indem sie für das Fideicommiß in seiner englischen oder überhaupt in einer dem gemeinen Recht mehr angenäherten Gestalt eingetreten sind.

Aus diesem Namensverzeichniß ergiebt sich, daß sowohl unter den Gegnern wie unter den Vertheidigern des Familienfideicommisses sich Männer der verschiedensten politischen Parteistellung finden.

Eine objective Würdigung des Familienfideicommisses vom socialwirthschaftlichen Standpunkt habe ich im Anschluß an Roscher in meiner Habilitationsschrift: „Die Gebundenheit des Grund und Bodens durch Familienfideicommisse, Jena 1873" — zu geben versucht. An dem damals gewonnenen Resultat halte ich auch in dieser formell gänzlich veränderten Arbeit im Wesentlichen fest; doch ist meine Ablehnung des Fideicommißinstituts heute keine so unbedingte mehr wie damals.

Bei meiner Untersuchung werde ich mich im großen Ganzen auf die Anwendung der deductiven Methode beschränken müssen und nur hier und da in der Lage sein, die auf diesem Wege gewonnenen Resultate durch Thatsachen zu belegen, die durch Einzel- oder Massenbeobachtung (Statistik) gewonnen worden sind. Leider hat die Statistik das geringe Material, über das wir für die erste

Abtheilung dieser Arbeit verfügen konnten, mit einer einzigen Ausnahme — nämlich der für Oesterreich in diesem Jahr (1883) erschienenen Fideicommißstatistik — nicht vermehrt.

Wenn wir in der ersten Abtheilung dieser Arbeit — gegenüber den mannigfachen Versuchen der Gesetzgebung, die Testirfreiheit einzuschränken — für einen sehr weiten Umfang derselben eingetreten sind, so sollte damit keineswegs einer solchen Ausdehnung der Testirbefugniß, wie sie dem älteren gemeinrechtlichen Familienfideicommiß zu Grunde liegt und darin besteht, daß über ein bestimmtes Vermögensobject für alle Zeit verfügt und dasselbe dadurch dem Verkehr entzogen wird, das Wort geredet werden. Daß eine solche Disposition der Denkweise des Stifters entspricht, dürfte allein kein genügender Rechtfertigungsgrund für dieselbe sein. Wo aber im Uebrigen die Grenze zu ziehen ist, bis zu welcher die Testirbefugniß ausgedehnt werden darf, ist sehr schwierig allgemein für die verschiedenen Zeiten und Völker festzustellen. Ja es wird die Entscheidung hierüber wohl in erster Linie durch den jeweiligen Stand des Rechtsbewußtseins, sowie die Forderungen des wirthschaftlichen Lebens bei einem bestimmten Volke bedingt sein. Die Bestimmung des späteren römischen Rechts, wonach die Zulässigkeit von Substitutionen auf vier Generationen beschränkt war, und die englische Entailgesetzgebung, derzufolge Verfügungen nur hinsichtlich solcher Personen, welche zur Zeit des Erblassers bereits lebten, und auf weitere 21 Jahre nach dem Tode des Letztlebenden hinaus gestattet werden, sind Versuche der Gesetzgebung, das positive Recht in Einklang mit dem Rechtsbewußtsein sowie mit der Volkswirthschaft zu bringen. Wenn das gemeine deutsche Recht und zum Theil auch die Particularrechte diese Grenze dann weiter gezogen haben, so wird dieselbe in der Zukunft wohl nur dann aufrecht zu erhalten sein, wenn nicht nachweisbar mit solchen weit greifenden Dispositionen große socialwirthschaftliche Nachtheile für die Gesammtheit verbunden sind.

Um festzustellen, ob und wie weit das erstere der Fall ist, werden wir zunächst die socialwirthschaftlich ungünstigen und dann die günstigen Folgen unseres Instituts zu ermitteln haben.

Die socialwirthschaftlichen Folgen des Fideicommisses treten übrigens, wie alle socialwirthschaftlichen Folgen bestimmter Rechtsinstitute, nicht immer und überall mit Naturnothwendigkeit ein. Mit einem Worte: Es wird sich auch hier nur um die Ermittelung bestimmter Gestaltungstendenzen handeln, wie ja nach einem bekannten Ausspruche Fawcetts (Manual of political economy, London 1863, S. 90) „principles of political economy are describing tendences instead of actual results". Diese Tendenzen gestalten sich bei der Annahme des Egoismus als einer bei allen Individuen sich gleichbleibenden und gleichwirkenden Kraft, wie sie den Physiokraten, Ad. Smith und seinen Nachfolgern eigen war, anders, als wenn man sich, in Uebereinstimmung mit der heutigen Theorie, den psychologischen Ausgangspunkt alles wirthschaftlichen Lebens weniger gleichmäßig und einfach denkt. Eine Folge dieser Verschiedenheit des Ausgangspunkts ist es, daß bei der ersteren Annahme das Urtheil über das Familienfideicommiß sicherer und bestimmter ausfällt als bei der zweiten, indem die zweite Annahme nur zu verschiedenen Möglichkeiten führt, die sich an das Familienfideicommiß je nach dem Vorwiegen des einen oder anderen psychologischen Factors und je nach den verschiedenen äußeren Umständen anknüpfen.

Den nachtheiligsten Einfluß auf die socialwirthschaftliche Entwickelung wird das Familienfideicommiß — so macht man gegen dasselbe geltend [91]) — dadurch ausüben, daß es der productiven Verbindung des beweglichen Capitals mit dem Grund und Boden künstliche Hindernisse entgegenstellt. Bedarf bereits jede Wirthschaft des in größeren und nicht regelmäßigen Perioden zur Verwendung kommenden Anlagecapitals und des regelmäßig in kleineren Zwischenräumen zu erneuernden Betriebscapitals, so hat vollends die große Gutswirthschaft — als welche sich die Wirthschaft auf den Fideicommißgütern in den meisten Fällen darstellt [92]) — ihren spezifischen Werth in der reichlichen Verwendung beweglicher Capitalien auf den Grund und Boden, in der Durchführung großer Meliorationen sowie überhaupt eines schwunghaften capitalistischen Betriebs. Nur durch ihre Capitalsintensität vermag die größere Gutswirthschaft die ihr im öffentlichen Interesse zugewiesene Function zu erfüllen. Entbehrt sie der nöthigen Mittel zur Durchführung ihrer Aufgabe, so fällt damit auch ihr Existenzgrund hinweg. Endlich setzt auch die — in Folge des raschen Wechsels der Conjuncturen — immer beweglicher werdende Landwirthschaft der Gegenwart, zum Zweck des rechtzeitigen Ueberganges von einer Culturart zur anderen, von einem Betriebssystem zum anderen, das Vorhandensein größerer Capitalvorräthe voraus.

Dieses befruchtenden Capitals wird der fideicommittirte Boden aber dann entbehren müssen, wenn die Fideicommißgesetzgebung oder die einzelnen Fideicommißstatuten die Aufnahme fremden Capitals ausschließen oder doch wenigstens stark erschweren, und wenn zugleich die Erträge des Fideicommisses nur gerade zur Befriedigung des persönlichen Bedarfs des Fideicommißbesitzers und seiner Familie hinreichen und dieser sich sonst nicht im Besitz anderer Capitalien befindet.

Auch ist durch die nach gemeinem Recht bestehende Untheilbark it des Fideicommisses und die Unveräußerlichkeit einzelner Theile desselben die Möglichkeit abgeschnitten, auf diesem Wege das erforderliche Capital aufzubringen. Mancher Fideicommißbesitzer, sagt R. v. Mohl [93]), könnte ein reicher Mann sein, wenn

---

91) Sismondi, Nouveaux principes d'économie politique, Paris 1827, ch. 12.

92) Daß die durch Familienfideicommisse vinculirten Güter in der That zum großen Grundeigenthum gehören, ergiebt sich einerseits aus ihrem Ursprung, da die F.F.C.Güter, soweit sie aus früherer Zeit stammen, doch zum größten Theil in der Hand des Adels befindliche Rittergüter sind, und andrerseits, soweit sie neueren Ursprungs sind, daraus, daß schon die erheblichen Kosten der Errichtung die kleineren und mittleren Grundbesitzer von der Fideicommißstiftung abhalten werden. Diese Annahme wird auch durch die aus dem J. 1882 stammende österreichische Fideicommißstatistik bestätigt. Nach dieser entfällt im Durchschnitt auf ein Realfideicommiß (das nicht selten aus mehreren einzelnen Gütern besteht) eine Area von 1 295,673 ha und auf ein einzelnes Fideicommißgut eine solche von 3 904,769 ha. Namentlich in Böhmen, Mähren, Schlesien und Galizien und in der Hauptsache auch in Kärnthen deckt sich der Begriff des Realfideicommisses mit dem des Großgrundbesitzes am vollkommensten. Wenn dagegen in den andern Kronländern die Fideicommisse zum Theil einen sehr kleinen Umfang haben, so erklärt sich dies daraus, daß in diesen Ländern 12,7 % sämmtlicher Realfideicommisse reine Gebäudefideicommisse sind oder doch nur nebenbei kleine, als Gärten, Weingärten, kleine Parks u. s. w. benutzte Flächen umfassen. v. Inama-Sternegg, Die Familien-Fideicommisse in Oesterreich, in der Oesterr. stat. Monatsschr., Jahrg. 9 Heft 10 S. 7, 8.

93) R. v. Mohl, Polizeiwissenschaft, Tübingen 1866, Bd. 2 § 119.

er einen Theil seiner Güter veräußern dürfte, um den Erlös als Betriebscapital auf den Rest zu verwenden.

Endlich ist der des Capitals zum schwunghaften Betrieb entbehrende Fideicommißbesitzer verhindert, das Fideicommißgut durch Veräußerung in andere, capitalreichere Hände übergehen zu lassen[94]).

Kann somit das nöthige Capital dort wo es fehlt in der Regel weder durch Parcellirung und theilweise Veräußerung noch durch Verschuldung des Fideicommißgutes herbeigeschafft werden, so steht auch von dem Fideicommißbesitzer selbst, zu dessen Lebensaufgaben ja auch noch heute die Erhaltung des Glanzes und des Ansehens der Familie — gleichsam als Ueberbleibsel einer früheren Zeit und als Postulat einer noch immer herrschenden Standessitte — gehört, weniger als von dem Allodialbesitzer zu erwarten, daß er seine Ausgaben beschränken werde, um sich aus seinen Einnahmen durch Ersparnisse das nöthige Capital zu verschaffen, dessen seine Wirthschaft vielleicht dringend bedarf.

Aber selbst wenn der Fideicommißbesitzer den Willen zum Sparen haben sollte, so ist ihm die Möglichkeit zur Durchführung seiner Absicht dann benommen, wenn das Fideicommiß mit bedeutenden Apanagen, Wittwengeldern und anderen Verpflichtungen belastet ist. Wir erinnern in letzterer Beziehung namentlich an die den Fideicommißbesitzern bisweilen auferlegte Verpflichtung zur Erhaltung kostspieliger Gebäude und Sammlungen, die nicht selten einen großen Theil der Revenüen in Anspruch nehmen.

Und während der solide Fideicommißbesitzer, der nur Productivcredit sucht, durch die Bestimmungen der Stiftung oder des Gesetzes verhindert sein kann, sich das nöthige Capital zu verschaffen, weil er dieses nur brauchen kann, wenn es ihm gegen mäßigen Zins geliehen wird, ein solcher aber bei dem Grundbesitzer in der Regel die Möglichkeit, eine Realsicherheit zu bieten, zur Voraussetzung hat, eine Realsicherheit, die zu bestellen dem Fideicommißbesitzer versagt oder doch erschwert ist, so wird der leichtsinnige Besitzer nicht in demselben Maße vom Schuldenmachen abgehalten werden. Denn dieser, der nur Consumtivcredit begehrt und vor den exorbitantesten Zinsen für denselben gewöhnlich nicht zurückschreckt, wird immer Leute finden, die in der Hoffnung auf sein langes Leben und auf die Anständigkeit seiner Erben ihm auch ohne Realsicherheit Geld borgen. Ja in England führen — wie neuerdings v. Ompteda[95]) berichtet — die Entails sehr häufig dazu, daß der jeweilige Inhaber eines solchen „sein lebenslängliches Nutznießungsrecht verkauft und die Käufer, seine Gläubiger, dann das Gut verwalten, jeden Tropfen Lebenskraft aus demselben herausziehen und nichts hinein führen. Ihr Geschäft ist ein gewagtes Lotteriespiel, allerdings mit wucherischen Zinsen, aber die ganze Speculation ruht auf zwei sterblichen Augen.“ Auch über die Schlingen und Verführungen der Wucherer, welche in England den jungen Entailanwärter wie ein jagdbares Wild umstellen, finden sich bei v. Ompteda detaillirte Aeußerungen.

Uebrigens lassen sich die aus der Schwierigkeit der Capitalbeschaffung oder

---

94) Dieser Mangel des Familienfideicommisses findet sich bereits von Sismondi (Nouveaux principes d'économie politique, ch. 12) hervorgehoben.

95) v. Ompteda, Landgesetze und Landwirthschaft in England, in den Preußischen Jahrbüchern, Bd. 46 Heft 5 S. 454, 457.

doch der Unlust der Capitalverwendung für die einzelnen Fideicommißgüter und die gesammte Volkswirthschaft erwachsenden Nachtheile dadurch beseitigen oder doch vermindern, daß mit dem Grundfideicommiß in untrennbarer Weise mobile zinsbringende Capitalien verknüpft oder daß die Fideicommißgüter durch Pächter bewirthschaftet werden oder endlich, daß die Gesetzgebung dem Fideicommißbesitzer die Aufnahme von sog. Fideicommißschulden unter nicht zu schweren Bedingungen gestattet.

Was zunächst die Verbindung von Geld- und anderen beweglichen Capitalien mit dem Grundfideicommiß betrifft, so werden sich die erwähnten günstigen Folgen für den Culturzustand dieser Güter allerdings nur dann zeigen, wenn die Zinsen dieser Capitalien dem jedesmaligen Fideicommißbesitzer zufallen und derselbe sie zu Meliorationen zu verwenden verpflichtet ist oder doch, soweit er die freie Disposition über ihre Verwendung erhält, sie freiwillig zu Meliorationszwecken verwendet.

Daß solche Verbindungen nicht selten sind, zeigt die neueste aus dem Jahre 1882 stammende österreichische Fideicommißstatistik. Nach derselben waren von den bestehenden 292 Realfideicommissen Oesterreichs 201 mit connexen Pecuniarfideicommissen verknüpft. Außerdem bestanden noch 196 reine Pecuniarfideicommisse. Der Capitalbetrag sämmtlicher (201 + 196 = 397) Pecuniarfideicommisse war = 53 283 688 fl. österr. W., der Capitalbetrag allein der mit den 201 Realfideicommissen verbundenen Pecuniarfideicommisse = 35 372 166 fl. Der Werth der Realfideicommisse wird von v. Inama auf mehr als das Zehnfache des Werths der gesammten Pecuniarfideicommisse geschätzt. In den verschiedenen Kronländern ist das Verhältniß der Pecuniar- zu den Realfideicommissen allerdings sehr ungleich. Während in ganz Oesterreich nur 91 Realfideicommisse (= 31 % sämmtlicher Realfideicommisse) keine connexen Pecuniarfideicommisse aufweisen, sind einerseits in Oberösterreich, Steiermark, Kärnthen, Krain, Mähren und Schlesien die Fälle, in denen connexe Pecuniarfideicommisse fehlen, sehr selten, und machen andrerseits die mit Pecuniarfideicommissen verbundenen Grundfideicommisse in Niederösterreich nur 15,5, in Galizien 33,3, im Küstenlande 36,8, in Dalmatien 44,4 % sämmtlicher Realfideicommisse aus. Hierbei findet eine eigenthümliche Compensation statt, indem die Realfideicommisse einiger der ökonomisch am besten gestellten Länder hinsichtlich des Pecuniarzuschusses den Fideicommissen anderer, weniger günstig situirter Länder nachstehen und diese wiederum das, was ihnen an nachhaltiger Rentabilität ihrer Güter abgeht, durch eine um so stärkere Verfügung über Renten aus dem connexen beweglichen Capital ersetzen [96]).

Ferner kann auch durch Verpachtung des Fideicommißgutes in Ganzen oder in einzelnen Theilen die durch den Capitalmangel der Besitzer zu befürchtende schlechte Cultur derselben vermieden werden. Dieser Umstand erklärt es wohl hauptsächlich, weshalb in England, trotzdem ein sehr großer Theil des englischen Bodens durch Entails vinculirt ist, die Landwirthschaft auf so hoher Culturstufe steht [97]).

---

96) v. Inama-Sternegg a. a. O. S. 16, 17.

97) Indem wir dies ausdrücklich anerkennen, stimmen wir keineswegs der Ansicht Mac Cullochs (On succession u. s. w., 1848, S. 117) bei, wenn er die Entails

Freilich sind die Voraussetzungen für die Verpachtung der Fideicommißgüter nicht überall vorhanden. Es gehören dazu namentlich ein wohlhabender, mit dem erforderlichen Betriebscapital versehener und zugleich tüchtiger Pächterstand und eine zweckmäßige Pachtgesetzgebung, die für den Pächter die Möglichkeit, den Fideicommißnachfolger durch die von seinem Vorgänger abgeschlossenen Verträge zu binden, gewährt.

Auch muß an die Kehrseite der Verpachtung erinnert werden, indem sie gewöhnlich — wenngleich nicht immer, wie das Beispiel vieler westphälischen Rittergüter zeigt — zum Absenteeismus des Fideicommißbesitzer mit seinen für das Culturleben auf dem Lande nachtheiligen Folgen führt.

Endlich ist an dieser Stelle wohl noch daran zu erinnern, daß die neuere Gesetzgebung die Aufnahme von Fideicommißschulden erleichtert. Dieselbe geht über das gemeine Recht hinaus, indem sie nicht nur, wie dieses, die Contrahirung von Fideicommißschulden zum Zweck der Erhaltung und Wiederherstellung des Fideicommißgutes, sondern auch zum Zweck der Melioration desselben gestattet (Braunschweig, Bayern, Hessen-Darmstadt). Namentlich die neuere preußische Gesetzgebung nähert auch in dieser Beziehung den Fideicommißbesitzer dem Allodialbesitzer an, indem sie für die Aufnahme von Fideicommißschulden nur den Consens der Familie oder gar nur einiger Repräsentanten derselben verlangt. Die der Familie gegenüber dem jeweiligen Fideicommißbesitzer eingeräumten Controlrechte wirken dann auch insofern günstig, als sie Ausschreitungen desselben entweder im Keime ersticken oder doch zur rechten Zeit unschädlich machen.

Weiter ist sodann geltend gemacht worden, daß der Fideicommißbesitzer, auch wenn er sich im Besitz des nöthigen Capitals oder doch des erforderlichen Einkommens aus dem Fideicommißgut befindet, um seiner Wirthschaft denjenigen Grad von Intensität geben zu können, den die gesammte wirthschaftliche Entwickelung eines Landes erfordert, sich doch nur schwer dazu entschließen wird, diese Mittel, über die ihm die freie Verfügung zusteht, auf das nur einem einzigen seiner Kinder zufallende Gut zu verwenden. Es sei vielmehr wahrscheinlich, daß er diese seiner Wittwe und seinen übrigen Kindern, die ihm doch gleichmäßig am Herzen liegen, zuwenden werde.

Ja es ist neuerdings darauf hingewiesen worden, daß Fideicommißbesitzer es unter Umständen nicht nur unterlassen, die nöthigen Meliorationen auf ihren Gütern vorzunehmen, sondern daß sie in Fällen, in denen das Fideicommiß nach ihrem Tode an entfernte Vettern übergeht, eine arge Aussaugung der Felder und Verwüstung der Wälder veranlassen[98].

---

durch die angebliche Ueberlegenheit der englischen Landwirthschaft über die französische zu rechtfertigen sucht. Denn bei einem Vergleich der Landwirthschaft zweier Länder kommen so viele Factoren in Betracht, daß es durchaus unzulässig erscheint, den angeblich höheren Stand der Landwirthschaft des einen Landes lediglich aus einem einzigen Factor zu erklären. Sodann aber ist die Ueberlegenheit der Landwirthschaft Englands über die Frankreichs keine unbestrittene Thatsache; vielmehr dürften die französischen Bauern, welche 1 □M. bebauen, zusammen viel mehr Arbeitskräfte und Kapital besitzen und deshalb auch mehr produciren, als die Pächter, welche in England auf 1 □M. kommen (C. Walcker, Handbuch der Nat.-Oek., Leipzig 1871, Bd. 2 S. 67).

98) Sismondi a. a. O. Kap. 12. C. Walcker a. a. O. S. 20.

Daß Fälle der letzteren Art vorkommen, soll nicht geleugnet werden. Indeß dürften sie nur beim Mangel eines starken Familiensinnes eintreten. Ist dagegen der Familiensinn in dem Fideicommißbesitzer stark entwickelt, so wird er in dem Fideicommißnachfolger, auch wenn dieser nicht sein Descendent ist, den Träger der Familientraditionen und des Familiengeistes hochhalten. Die Opfer, die den gegenwärtigen Familiengliedern auferlegt werden, bringen sie somit den nachfolgenden Generationen und damit der Familie als dauernder Einheit.

Weiter pflegt dann angeführt zu werden, daß das Fideicommiß den im Interesse der Gesammtheit wünschenswerthen Uebergang des Grund und Bodens in die tüchtigsten Hände verhindere. Dieser Mangel würde freilich nicht eintreten, wenn Fideicommisse immer nur von tüchtigen Landwirthen gestiftet würden und wenn sich die hervorragenden oder auch nur tüchtigen Eigenschaften des Stifters ebenso sicher auf seine Nachfolger vererbten, wie der fideicommittirte Besitz. Beides sei nun keineswegs immer der Fall. Biete demnach der Zufall der Geburt keine Gewähr dafür, daß die zur Succession berufene Person sowohl die nöthigen Anlagen, als auch die wünschenswerthe Neigung für den landwirthschaftlichen Beruf besitzt, so pflege auch die Erziehung des Fideicommißbesitzers nicht immer eine solche zu sein, daß sie das an den Anlagen Fehlende etwa zu ergänzen vermöchte. Und auch im späteren Leben, das nur zu häufig auf ein mißverstandenes Geltendmachen des Glanzes und Ansehens der Familie hinausläuft, strebe der Fideicommißbesitzer nicht immer danach, das in der Jugend Versäumte nachzuholen [99]). Dieser Mangel an den nöthigen persönlichen Eigenschaften, welche zur Verwaltung eines großen Landguts erforderlich sind, müsse aber besonders lebhaft in einer Zeit empfunden werden, in der die Landwirthschaft von ihren Jüngern nicht nur eine wissenschaftliche Ausbildung, sondern auch volle Hingabe an diesen Beruf verlangt.

Wollte man diesem Einwand entgegenhalten, daß Fideicommißgüter nur selten von ihren Besitzern selbst bewirthschaftet werden, so gilt das in Deutschland im Allgemeinen doch nur für die Besitzer der sehr großen Güter, der sog. Herrschaften, die aus ihrem Besitz, trotz der Verpachtung desselben oder trotz der Anstellung kostspieliger Ober- und Unter-, General- und Spezial-Administratoren dennoch ein genügend großes Einkommen beziehen, um von demselben unabhängig und standesgemäß leben zu können. Nun ist aber überhaupt die fideicommissarische Vinculirung so großer Güter — wie weiter unten näher auszuführen sein wird — durchaus nicht erwünscht. Für die vielen Fideicommißgüter kleineren Umfangs, deren Vorkommen durch die Gesetzesbestimmungen über die sehr niedrigen Besitzminima nicht ausgeschlossen ist, ist aber die Selbstbewirthschaftung wenn auch nicht immer im allgemeinen Interesse der Volkswirthschaft — wie wir oben zu zeigen suchten — empfehlenswerth, so doch für ihre Besitzer geboten. Denn reicht der Ertrag solcher Güter nur hin, um ihren Besitzern die Lebenshaltung der höheren Stände zu ermöglichen, so werden nicht noch Theile dieses Ertrags an den Pächter oder kostspielige Wirthschaftsbeamte abgegeben werden

99) Zu weit geht aber wohl C. Walcker a. a. O. S. 20, wenn es bei ihm heißt: „Majoratsherren sind nicht selten träge, unwissend, verschwenderisch und nachlässig.“

können. Für diese ihre Fideicommißgüter selbst bewirthschaftenden Besitzer — und zu denselben dürften in Deutschland die große Zahl der Fideicommißbesitzer gehören — kann das oben geltend gemachte Bedenken daher nicht völlig abgewiesen werden.

Möglich daß hier Abhilfe geschaffen werden könnte, wenn an die Stelle der Nominirung des Fideicommißbesitzers durch das Gesetz die Auswahl desselben unter mehreren Kindern des jeweiligen Besitzers durch diesen selbst oder durch einen Familienrath treten würde. Doch ist die jedesmalige Auswahl des Fideicommißerben wiederum mit so vielen Nachtheilen für das Familienleben und den Familienfrieden verbunden, daß dem obigen Vorschlage die wichtigsten Bedenken entgegenstehen. Dagegen wäre es weniger bedenklich, wenn, unter Festhaltung an der Berufung des Fideicommißerben durch das Gesetz, einem Familienrath gleichwohl die Befugniß eingeräumt werden würde, unwürdige oder untaugliche Personen von dem Antritt des Fideicommißbesitzes auszuschließen.

Auch könnte man den obigen gegen die Person des Fideicommißbesitzers geltend gemachten Bedenken entgegenhalten, daß ein gesunder Familiensinn und eine kräftige Familientradition die für die verantwortliche Stellung eines Fideicommißbesitzers vielleicht geringe Anlage und Ausbildung des Fideicommißerben bis zu einem gewissen Grade zu ersetzen vermag und daß die Aussicht auf eine solche Stellung für die Persönlichkeit des zu derselben Berufenen nicht nur ihre Gefahren, sondern auch ihre Vortheile hat, indem sie ihn, angesichts der ihm obliegenden Pflichten, zwingt, seine Kräfte auf's Aeußerste anzuspannen. Doch wird das Eintreten einer solchen Eventualität von dem Vorhandensein eines so bedeutenden sittlichen Fonds in der Familie abhängig sein, wie er unserer Erfahrung nach zu den Seltenheiten gehört. Auch ist wohl auch darauf hingewiesen worden, daß auch unter der Herrschaft des freien Verkehrs von wohlhabenden Vätern erworbene Güter nicht immer an würdige und tüchtige Söhne zu kommen pflegen. Und wollte man hierzu bemerken, daß — im Gegensatz zu dem vinculirten Besitz — der freie Verkehr auch wieder dafür zu sorgen weiß, daß solche untaugliche Personen die ihren persönlichen Eigenschaften nicht entsprechenden Besitzungen nicht lange behalten, so kann andrerseits wieder geltend gemacht werden, daß ein untüchtiger Fideicommißbesitzer nicht nothwendig auch wieder untüchtige Söhne zu haben braucht. Denn wie die Tüchtigkeit, so geht auch die Untüchtigkeit nicht immer vom Vater auf den Sohn über.

Der dem Fideicommißinstitut anhaftende Mangel, daß dasselbe capitalarmen und unfähigen Personen zum Besitz verhelfe und dieselben künstlich im Besitz erhalte, ist zunächst ein privatwirthschaftlicher. Trifft derselbe aber für eine größere Anzahl solcher Landgüter zu, so wird sich der privatwirthschaftliche Mißstand leicht zu einer volkswirthschaftlichen Calamität steigern[100]). Diese Calamität wird darin bestehen, daß der durch Fideicommisse vinculirte Boden nicht mit derjenigen Sorgfalt bewirthschaftet wird, wie die Lage der gesammten Volkswirthschaft des Landes es wünschenswerth erscheinen läßt. Zu Tage treten wird sie darin, daß größere Flächen dieser Güter entweder vollständig unbebaut bleiben oder doch nicht mit der nöthigen Intensität bewirth-

100) R. v. Mohl, Polizeiwissenschaft, 3. Aufl. Tübingen 1866, Bd. 2 § 119.

schaftet oder von solchen Culturen, welche wenig Capital und Arbeit beanspruchen, eingenommen werden.

Dieses auf deductivem Wege gewonnene Ergebniß scheint durch folgende Zahlen, welche über den Ertrag der Fideicommißgüter im Vergleich mit dem Ertrage der Allodialgüter Aufschluß geben, bestätigt zu werden.

In den alten Provinzen der preußischen Monarchie[101]) betrug der Grundsteuerreinertrag der ertragsfähigen Liegenschaften, nach Abwerfung der Decimalstellen, in Silbergroschen pro Morgen:

| Besitzeskategorie | Preußen | Pommern | Posen | Brandenburg | Schlesien | Sachsen | Westphalen | Rheinlande | Staat |
|---|---|---|---|---|---|---|---|---|---|
| freier Privatbesitz | 21 | 26 | 22 | 29 | 41 | 66 | 44 | 65 | 35 |
| Fideicommiß- und Lehnbesitz | 23 | 23 | 20 | 25 | 22 | 49 | 36 | 45 | 28 |

Es liegt nahe, diesen im Vergleich mit dem Reinertrag des Allodialbesitzes in allen Provinzen des preußischen Staats (mit Ausnahme nur der Provinz Preußen) geringeren Reinertrag der Fideicommißgüter durch die weniger sorgfältige Bodencultur und speziell durch das Ueberwiegen solcher Culturarten, welche an sich einen geringen Reinertrag ergeben, zu erklären; doch ist die Annahme, daß der von den Fideicommissen eingenommene Boden durchschnittlich weniger ergiebig sei, als der im freien Privateigenthum befindliche Boden, immerhin nicht völlig auszuschließen. Jedenfalls sind diese Zahlen mit größter Vorsicht zu interpretiren, weil den Fideicommissen neben den oben erwähnten Schattenseiten auch manche Lichtseiten eigen sind, die sich ebenfalls in den Erträgen abspiegeln müssen, und weil nach den Aussagen einzelner Beobachter von Fideicommißwirthschaften diese durchaus nicht immer hinter den Wirthschaften der freien Güter zurückstehen.

Daß übrigens der unproductive Boden auf Fideicommißgütern einen größeren Umfang einnimmt als auf dem Allodialbesitz, und daß ferner auf dem productiven Boden der Fideicommißgüter solche Culturarten vorwiegen, welche zwar einen geringen Aufwand von Capital und Arbeit erfordern, aber auch einen geringen Ertrag geben, zeigt uns eine andere Zahlenreihe, die wir der Statistik des Königreichs Böhmen entnommen haben[102]).

Hier vertheilt sich die von den verschiedenen Culturarten eingenommene Fläche, in Procenten der Gesammtarea jeder Besitzeskategorie ausgedrückt, einerseits auf den Allodial- und andrerseits auf den Fideicommißbesitz der 12 Kreise, für welche uns die Daten vorlagen, folgendermaßen. Der Uebersichtlichkeit wegen sind die Decimalen überall fortgelassen.

---

101) Meitzen, Der Boden und die landwirthschaftlichen Verhältnisse des preußischen Staats, Bd. 4 Anl. k S. 330—475, Bd. 1 S. 526.

102) v. Miaskowski, Gebundenheit des Grund und Bodens durch Familienfideicommisse S. 69.

| Besitzeskategorie | Aecker | Wiesen | Gärten | Weiden | Holzland | prod. Boden überhaupt | unprod. Boden überhaupt | Gesammtfläche |
|---|---|---|---|---|---|---|---|---|
| Allodialbesitz | 60 | 12 | 1 | 4 | 21 | 98 | 2 | 100 |
| Fideicommißbesitz | 24 | 8 | 1 | 6 | 56 | 95 | 5 | 100 |

Aus diesen Zahlen wird ersichtlich, wie sehr der Waldbau auf den Fideicommißgütern den Waldbau auf den Allodialgütern seiner Flächenausdehnung nach überragt (56 : 21). Auch die Ausdehnung des Weidebodens ist auf den Fideicommißgütern größer als auf den Allodialgütern (6 : 4). Dagegen nehmen die Aecker und Wiesen auf den Fideicommißgütern einen geringeren Bruchtheil der Gesammtarea dieser Besitzeskategorie ein als auf den Allodialgütern (Aecker 24 : 60, Wiesen 8 : 12). Endlich ist das Verhältniß des productiven Bodens zu dem unproductiven bei dem Fideicommißbesitz ungünstiger als bei dem Allodialbesitz (productiver Boden 95 : 98, unproductiver Boden 5 : 2).

Ueber die Vertheilung des fideicommissarisch gebundenen Bodens unter die verschiedenen Culturarten giebt uns jetzt auch die neueste österreichische Publication sehr erwünschten Aufschluß[103]).

Danach entfallen von der gesammten Fideicommißarea der einzelnen Länder Procente und zwar auf:

| Land | Ackerland | Wiesen | Wald | Weiden | sonstige Culturen | unproduct. Land |
|---|---|---|---|---|---|---|
| Niederösterreich | 19,86 | 7,74 | 60,49 | 5,54 | 1,64 | 4,73 |
| Oberösterreich | 1,52 | 2,39 | 84,20 | 1,35 | 1,65 | 8,89 |
| Steiermark | 5,08 | 9,30 | 67,96 | 12,38 | 3,99 | 1,29 |
| Kärnthen | 2,54 | 2,98 | 73,53 | 5,46 | 2,84 | 12,65 |
| Krain | 0,61 | 2,41 | 91,19 | 3,98 | 1,12 | 0,69 |
| Küstenland | 39,44 | 13,17 | 37,82 | 6,72 | 1,12 | 1,73 |
| Tirol | 3,99 | 3,12 | 57,25 | 28,42 | 7,22 | — |
| Böhmen | 22,39 | 6,96 | 62,08 | 3,77 | (3,29 | 1,51 |
| Mähren | 18,58 | 4,15 | 72,25 | 3,15 | 1,11 | 0,76 |
| Schlesien | 22,06 | 2,99 | 70,86 | 2,03 | 1,11 | 0,95 |
| Galizien | 52,77 | 7,47 | 35,10 | 3,51 | 0,11 | 1,05 |
| Dalmatien | 12,60 | — | 14,88 | 45,77 | 26,72 | 0,03 |

Diese Tabelle ist ferner dahin zu ergänzen, daß, abgesehen von den reinen Gebäudefideicommissen, es in Niederösterreich nur 3, in Oberösterreich 1, in Steiermark 1, in Görz 4 Fideicommißgüter giebt, welche keinen Wald besitzen, und diese sind durchweg kleine Güter. Dalmatien allein weist dagegen 24 solcher waldloser Fideicommisse auf.

103) v. Inama-Sternegg a. a. O. S. 14—15. Wenn die hier für Böhmen mitgetheilten Zahlen mit den obigen (vgl. Anm. 102) nicht ganz genau übereinstimmen, so erklärt sich das aus der verschiedenen Zeit der beiden Aufnahmen.

Ohne Ackerland sind andrerseits nur 4 Fideicommisse in Niederösterreich, 1 in Oberösterreich, 1 in Steiermark und 7 in Dalmatien.

Nach der obigen Tabelle und den Zusätzen zu derselben charakterisiren sich die Fideicommisse der österreichischen Kronländer, mit Ausnahme des Küstenlandes, Dalmatiens und Galiziens, als überwiegende Waldherrschaften. In Niederösterreich, Steiermark, Böhmen und Galizien tritt dann noch die Wiesencultur, in Dalmatien, Tirol und Steiermark die Alpenwirthschaft mehr hervor. Namentlich die dalmatinischen Fideicommisse werden vorherrschend als Weidegüter bezeichnet. Im Küstenlande, in Galizien, Niederösterreich, Böhmen, Mähren und Schlesien spielen ferner der Ackerbau, in Tirol und Dalmatien der Weinbau eine größere Rolle in der Oekonomie der Fideicommisse.

Durch das Zurückbleiben der Landwirthschaft auf den Fideicommißgütern kann, sofern diese einen bedeutenden Theil des gesammten Grund und Bodens einnehmen, abgesehen von den bereits oben angeführten Folgen, auch die für die verschiedenen Productionszweige eines Landes wünschenswerthe Harmonie der Ausbildung gestört werden. Denn fehlt es dem Handel und der Industrie an den nöthigen Abnehmern auf dem Lande, so werden sich diese Erwerbszweige entweder nicht gehörig entwickeln können oder sie werden sich ihren Absatz hauptsächlich im Auslande suchen müssen. Sind aber der Handel und die Industrie eines Landes hinsichtlich ihres Absatzes wesentlich auf das Ausland angewiesen, so pflegen sie leicht größeren Erschütterungen und Krisen ausgesetzt zu sein, als wenn sie ihren hauptsächlichen Absatz im Inlande haben.

Doch können Fideicommisse nicht nur die Landwirthschaft in ihrer Entwickelung hemmen und nicht nur die gesammte Production in eine ungesunde oder doch einseitige Richtung drängen: durch die Ansammlung und Festmachung großer Güter in einigen wenigen Händen sowie durch den Ausschluß der übrigen Bevölkerung von dem Erwerb ländlichen Grundeigenthums begünstigen sie auch auf dem Lande eine Vertheilung des Nationaleinkommens und Nationalvermögens, wie sie sich sonst gewöhnlich nur in Bezirken mit vorherrschender Großindustrie findet und wie sie darin besteht, daß einigen wenigen Reichen und Ueberreichen eine große Anzahl besitzloser und daher auf nicht fundirtes Einkommen angewiesener Personen gegenüber steht. Die in der Hand einiger Weniger concentrirten Besitzthümer dienen dann, wie Mill[104]) sagt, hauptsächlich dem Prunk und Luxus, während bei besserer Vertheilung die Zahl der besitzenden Familien sich erheblich vermehren könnte.

Ist schon eine ungesunde Vertheilung des beweglichen Capitals von ungünstigen Folgen begleitet, so gilt dies in noch viel höherem Grade von der Vertheilung des Grundeigenthums. Wir haben diesem Gegenstande in dem ersten Theile dieser Arbeit eingehende Berücksichtigung gewidmet und können uns an dieser Stelle daher darauf beschränken, nochmals zu wiederholen, daß Fideicommisse die für die Gegenwart constatirte schädliche Tendenz zur Bildung von Latifundien nicht unwesentlich verstärken. Denn während der freie Verkehr und das gemeine Recht die zusammengebrachten großen Landgüter auch wieder

104) J. St. Mill, Grundsätze der Nationalökonomie, übersetzt von Soetbeer, Leipzig 1869, Bd. 1 Buch 2 Kap. 2 § 4. Vgl. auch Ad. Smith a. a. O. S. 377. R. v. Mohl, Polizeiwissenschaft, Tübingen 1866, Bd. 2 § 119.

zur Zerstückelung bringen können, ist der durch Fideicommisse gebundene Immobiliarbesitz gleichsam immun gegen die Thorheit und den Leichtsinn seiner jeweiligen Inhaber[105]). Mag es nun auch im Interesse der betreffenden Familien liegen, daß ihnen durch einzelne ihrer Glieder die für ihr Ansehen und ihre Macht erforderliche Vermögensgrundlage nicht entzogen werde, so entspricht dies doch unbedingt nicht dem öffentlichen Interesse an einer gesunden Vertheilung des Grundeigenthums.

In dem Umstande, daß der fideicommissarisch gebundene Grundbesitz gleichsam Enklaven bildet, in denen das Princip der Stabilität und Ewigkeit herrscht, während ringsum alles dem Gesetze des ewigen Wechsels unterworfen ist, liegt jedenfalls der größte Nachtheil dieses Instituts. Auf diesen Umstand ist die Aehnlichkeit des Fideicommißbesitzes mit dem Besitz der römischen Kirche und des Staats zurückzuführen.

Wie dieser letztere so bildet auch der Fideicommißbesitz sehr leicht einen Krystallisationspunkt für Latifundienbildungen.

Wenn diese Tendenz der Fideicommisse neuerdings[106]) bestritten worden ist, angeblich weil der Adel seinen Lebenszweck am allerwenigsten im Gelderwerbe suche und jedenfalls eher die Neigung habe, aus dem Majorate zur Vergrößerung des Allodialvermögens behufs Ausstattung der nachgeborenen Kinder unwirthschaftlich viel herauszuziehen, als die Ueberschüsse zum Landzukauf zu verwenden, so mag das in manchen Fällen zutreffen, keineswegs aber in allen. Namentlich gilt es nicht für solche Fideicommißgüter, welche sehr große Revenüen geben, wenn ihre Besitzer sparsam sind und nur wenige Kinder haben[107]).

Durch die fideicommissarische Vinculirung eines Theils des Bodens werden ferner diejenigen Personen, welche sowohl das nöthige Capital, als auch die erforderlichen persönlichen Eigenschaften besitzen, von der Erwerbung von Grundbesitz ausgeschlossen oder es wird denselben der Erwerb doch wenigstens erschwert. Denn einmal ist der durch Fideicommisse vinculirte Boden nicht käuflich; dann aber pflegt der frei veräußerliche Rest des Grund und Bodens in Folge der starken Nachfrage nach Land, die sich einem geringen Angebot gegenüber gestellt sieht, leicht so hoch im Preise zu stehen, daß der Capitalist beim Kauf desselben nicht mehr seine Rechnung findet. Immerhin trifft dieses Bedenken nur zu, wenn ein beträchtlicher Theil des Bodens eines Landes durch Familienfideicommisse vinculirt ist.

Doch es werden unter dieser Voraussetzung nicht nur die Capitalisten vom Ankauf ländlicher Grundstücke zurückgehalten; noch viel härter wird die ländliche Arbeiterbevölkerung durch die Schwierigkeit betroffen, sich durch Fleiß und

105) Fideicommisse wirken, nach einem bekannten Worte Gneists, wie Verschwendungserklärungen und entbinden von der Sorge für die verständige Verwaltung des eigenen Vermögens. Man sollte denselben daher nach einem Vorschlage Walckers einen diesem Wesen entsprechenden Namen geben, einen Namen, der an den Titel einer bekannten Schulze-Delitz'schen Schrift: „Die Aufhebung des geschäftlichen Risikos durch Herrn Lassalle" erinnern müßte. Gneist, Geschichte und heutige Gestalt der englischen Communalverfassung, Berlin 1863, Bd. 2 S. 1236, 1361. C. Walcker, Lehrbuch der Nationalökonomie II S. 77.

106) O. Boldt, Die agrarischen Fragen der Gegenwart, Berlin 1883, S. 19.

107) Vgl. hierüber das in der ersten Abtheilung dieser Arbeit S. 146 angeführte Beispiel.

Sparsamkeit auf eigener Scholle eine selbständige Existenz mit allen ihren Segnungen zu gründen. Ist den landwirthschaftlichen Arbeitern aber die Möglichkeit abgeschnitten, durch Erwerb von Grundbesitz in eine höhere Classe hinaufzurücken, so gelangen sie zu keinem Gefühl des Behagens und sind daher stets bereit, das ländliche Gewerbe mit dem städtischen zu vertauschen oder den heimathlichen Boden zu verlassen und in die Fremde auszuwandern. Durch die erste Eventualität wird dann die ungesunde Concentration der Bevölkerung in den großen Städten noch verstärkt und durch die zweite geht dem Heimathlande das auf die Aufziehung der Auswanderer aufgewendete und das von ihnen mitgenommene Capital verloren.

So bezeugen Rodbertus, Hundt v. Haften und Sombart[108]), denen als ehemaligen bezw. jetzigen großen Grundbesitzern in Pommern, Posen und Sachsen die ländlichen Arbeiterverhältnisse genau bekannt waren resp. sind, daß die Auswanderungslust der ländlichen Arbeiter in den Gegenden mit großen meist fideicommissarisch vinculirten Gütern nicht aus ihrer Erwerbslosigkeit oder ihrem geringen Erwerbe, sondern aus der Aussichtslosigkeit, in ihrem ländlichen Beruf vorwärts zu kommen,. sich eignen Grundbesitz zu erwerben, entspringt.

Wie mit dem Besitz der römischen Kirche und des Staats, so sind ferner mit dem Fideicommißbesitz, wo er eine dominirende Stellung in einem Lande einnimmt, Gefahren für die Freiheit und Unabhängigkeit der kleinen Leute verbunden. So hat der am 21. October 1883 versammelt gewesene Delegirtentag der fortschrittlichen deutschen Landwirthe Böhmens „die Einsetzung eines dreigliederigen Comitees, welches mit der Aufgabe betraut wird, eine Enquête über das bedrohliche Anwachsen des Fideicommißbesitzes in Böhmen und die Rückwirkungen dieser Thatsache auf den Kleingrundbesitz einzuleiten," einstimmig beschlossen. Als Motive für diesen Beschluß wurden folgende Thatsachen angeführt: „daß der ohnedies schon unverhältnißmäßig große Umfang der Fideicommisse in Böhmen durch den fortwährenden Ankauf von Kleingrundbesitz seitens der Fideicommißbesitzer immer mehr vergrößert wird" und „daß die Besitzer dieser ausgedehnten Fideicommißgüter auf die Kleingrundbesitzer und auf die Lage der ländlichen Arbeiter einen colossalen Einfluß auszuüben im Stande sind"[109]).

Wenn dem Fideicommiß ferner nachgerühmt wird, daß die Aussicht auf seine Errichtung einen Sporn für den Fideicommißstifter zu erhöhter Erwerbsthätigkeit und Capitalansammlung abgeben kann, so bemerkt Mill[110]) hierauf mit Recht, daß auch ohne dieses außerordentliche Reizmittel der Antrieb zum Vermögenserwerb heutzutage stark genug sei. Ja es muß statt jenes angeblichen Vorzugs vielmehr auf den Nachtheil hingewiesen werden, der in der Schwächung des Eigenthumsinhalts für die Fideicommißsuccessoren enthalten ist. Ueberhaupt leidet das Fideicommiß an dem inneren Widerspruche, daß es die freie Disposition über

108) Rodbertus, Zur Erklärung und Abhilfe der heutigen Creditnoth des Grundbesitzes, Jena 1869, Th. 2 S. 179. (Hundt v. Hafften,) Vorschläge zur Beseitigung der Massenauswanderung, Berlin 1873, S. 37. Sombart, Die Fehler des Parzellirungsverfahrens, Berlin 1876, S. 11 u. passim. Die erste Abtheilung dieser Arbeit S. 25 ff.

109) Nach den Berichten der Wiener landwirthschaftlichen Zeitung.

110) J. St. Mill, Grundsätze der Nationalökonomie, übersetzt von Soetbeer, Leipzig 1869, Bd. 1 Buch 2 Kap 2 § 4.

bestimmte unbewegliche Güter für alle Zeiten einschränkt und zu seiner Errichtung gleichwohl ein hypertrophisch entwickeltes Eigenthumsrecht voraussetzt.

Indem das Familienfideicommiß ferner die Vortheile der freien Verfügung über das Eigenthum für ganze Generationen beseitigt, entzieht es damit dem Eigenthum an dem fideicommissarisch gebundenen Boden zugleich seinen wichtigsten wirthschaftlichen Existenz- und Rechtfertigungsgrund. Denn nächst der Bedeutung für die Entwickelung der Persönlichkeit und der Gesellschaft findet das Privateigenthum heute seinen vornehmsten Rechtfertigungsgrund in dem Dienst, den es der Volkswirthschaft leistet. Dieser Function entsprechend hat sich das Grundeigenthum, nach Maßgabe wie das Interesse der Gesammtheit an der möglichst engen Verbindung von Capital und Arbeit mit dem Boden gewachsen ist, aus einem losen Nutzungsverhältniß zu seiner heutigen Gestalt entwickelt. Indem das Fideicommiß nun eine Form des Eigenthums schafft, welche den Grund und Boden daran hindert, den von der Gesammtheit an denselben gestellten Anforderungen zu entsprechen, während er doch fortwährend an den durch diese Gesammtheit erzeugten Vortheilen theilnimmt, beraubt es das Grundeigenthum seiner wesentlichsten Stütze. Es darf daher nicht Wunder nehmen, wenn das Vorkommen von vielen und umfangreichen Fideicommißgütern in einem Lande und die dadurch bewirkte excentrische Vertheilung des Grundeigenthums zu den heftigsten Angriffen auf die Eigenthumsinstitution selbst führt.

Bereits Ad. Smith (Quellen des Volkswohlstandes Bd. 3 Kap. 2) klagt darüber, daß während jede Generation ein gleiches Recht an der Erde und allem, was darin ist, besitzt, das Eigenthum der lebenden Generation an den Fideicommißgütern durch das Gutdünken derer beschränkt und geordnet würde, die vielleicht bereits vor 500 Jahren gestorben sind. Hiermit scheint im Widerspruch zu stehen, wenn die socialdemokratische Arbeiterpartei sich neuerdings für die Beibehaltung des Fideicommisses erklärt hat. Indeß enthält diese Thatsache bei näherer Betrachtung doch nur eine Bestätigung des oben Gesagten, indem man durch Aufrechterhaltung der Fideicommisse um so sicherer zur Beseitigung des Privateigenthums zu gelangen hofft. Dies geht aus dem Beschluß, welchen der vierte Congreß des internationalen Arbeiterbundes (September 1869) in Basel bezüglich der Beseitigung des Privateigenthums am Grund und Boden sowie des Erbrechts, namentlich aber aus dem Beschluß, den der zweite in Stuttgart abgehaltene Congreß der deutschen socialdemokratischen Arbeiterpartei gefaßt hat, hervor. In der in Stuttgart auf den Antrag Bebels gefaßten Resolution heißt es u. A.: „Um die vernünftige und wissenschaftliche Ausbeutung des Grund und Bodens zu ermöglichen, hat der Staat die Pflicht, durch Errichtung entsprechender Bildungsanstalten die nöthigen Kenntnisse unter der ackerbautreibenden Bevölkerung zu verbreiten. Als Uebergangsstadium von der Privatbewirthschaftung zur genossenschaftlichen Bewirthschaftung des Ackerlandes fordert der Congreß, mit den Staatsdomänen, Chatoullengütern, Fideicommissen, Kirchengütern, Gemeindeländereien, Bergwerken u. s. w. zu beginnen und erklärt sich deshalb gegen jede Verwandlung des oben angeführten Staats- und Gemeindebesitzes (also wohl auch des Fideicommißbesitzes) in Privatbesitz [111])."

---

111) Liebknecht, Zur Grund- und Bodenfrage, 2. verb. Auflage Leipzig 1876, S. 183 Anm.

Auch wohnt dem durch Fideicommisse gebundenen Vermögen nicht jene heilende Kraft inne, welche ungerecht erworbenen Besitz dadurch legalisirt, daß der Erbe des Erwerbers das ererbte Gut im freien Wettkampf der Kräfte durch eigene Tüchtigkeit behauptet oder, um mit dem Dichter zu sprechen, auf's Neue „erwirbt, um es zu besitzen". Durch die fideicommissarische Bindung des Grund und Bodens wird, wie Walcker bemerkt, jedes bei dem Erwerb desselben begangene Unrecht gleichsam „gefrieren gemacht".

Weitere Angriffe gegen das Familienfideicommiß werden vom Standpunkt der Gerechtigkeit geführt. Es kann gegenwärtig nichts Alberneres geben, sagt Ad. Smith, als ein Recht, das „um ein Kind zu bereichern, alle anderen zu Bettlern macht". Auf diesen Punkt werden wir bei Gelegenheit der Analyse des Anerbenrechts näher einzugehen haben. An dieser Stelle sei nur der schlagenden Widerlegung gedacht, welche Stahl diesem gegen das Familienfideicommiß vom rein individualistischen Standpunkt geltend gemachten Argument zu Theil werden läßt. „Hat man", so sagte er in seiner gegen die Aufhebung der Fideicommisse am 22. September 1849 im Herrenhause gehaltenen Rede, „eine so zärtliche Fürsorge, daß die jüngeren Söhne durch die Fideicommisse nicht den Armenhäusern verfallen möchten, so glaube ich, wenn ich eine Parallele ziehe, daß die Urenkel eines Fideicommißstifters als Nachgeborene sich schwerlich schlechter befinden werden, als wenn das Gut damals der freien Theilung und Veräußerung überlassen wäre" [112]).

Was die Wirkungen des Familienfideicommisses auf die Familie betrifft, so wird dasselbe — abgesehen von den günstigen Folgen, deren weiter unten zu gedenken sein wird — leicht die Autorität des Vaters noch mehr schmälern, als Notherben- und Pflichttheilsrechte zu thun pflegen. Denn es besitzt der Fideicommißbesitzer weder die Macht, mißrathene und undankbare Kinder durch Entziehung des Vermögens zu bestrafen, noch wohlgerathene durch größere Zuwendungen zu begünstigen.

Auf das Verhältniß der Geschwister unter einander wird das Familienfideicommiß um so verderblicher wirken, je mehr sich der, der gesammten Familie freudig Opfer bringende Familiensinn in den einzelnen Familiengliedern und namentlich in dem Fideicommißerben abgeschwächt hat, und je mehr dieser sich von den sittlichen Verpflichtungen, die ihm der Antritt des Fideicommißbesitzes auferlegt, frei zu machen sucht [113]).

Wo sich der Familiensinn jedoch noch in einiger Stärke erhalten hat, da ist von einer Trübung des Verhältnisses zwischen dem Fideicommißerben und seinen Geschwistern nicht viel zu bemerken. So wird uns aus Westphalen berichtet, daß in einigen Familien der Fideicommißerbe über Hunderttausende von Mark gebietet, während sein Bruder jährlich nur einige hundert empfängt. Auch sind die solchen apanagirten Personen früher offen stehenden Domherrnpräbenden weggefallen. Die Töchter beziehen meist sehr bescheidene Revenüen neben einer allerdings reichlichen Aussteuer, so daß nur wohlhabende Leute um ihre

112) Stahl, Siebzehn parlamentarische Reden, Berlin 1862, S. 49.

113) Wenn Sismondi, Nouveaux principes ch. 12, in dem Familienfideicommiß schlechthin eine Quelle der Verbitterung und des Familienzwists erblickt, so hat er auch hier, wie überhaupt bei der Beurtheilung dieses Instituts das, was nur eine Möglichkeit ist, als Nothwendigkeit hingestellt.

Hand zu freien pflegen. Vielfach gehen sie schon früh in ein Kloster. Und doch hört man nur selten diese nachgeborenen Kinder über ihr Schicksal klagen.

Die Folgen des Fideicommisses für die Person des Besitzers selbst haben wir bereits oben berührt, indem wir anführten, daß Erziehung und Lebenshaltung des Fideicommißerben der wirthschaftlichen Tüchtigkeit desselben nicht selten wenig förderlich sind. Hier sei noch eines anderen Umstandes Erwähnung gethan, der namentlich im politischen Leben, in welchem dem Fideicommißbesitzer bisweilen durch die Verfassung, immer aber durch seine sociale Stellung eine hervorragende Rolle zugewiesen ist, ungünstig hervortritt. Indem Fideicommisse einen durch persönliche Schuld und persönliches Verdienst nur wenig veränderlichen Vermögensstand schaffen, hemmen sie nur zu leicht die Ausbildung der Energie, die nur im Kampf um das wirthschaftliche Dasein, in dem alles zu gewinnen, aber auch alles zu verlieren ist, zu voller Entfaltung gelangt. Schlaffe Naturen sind aber Niemandem eine Stütze: weder den Thronen, noch der bestehenden Ordnung der Dinge.

Uebrigens besitzen wir in Deutschland in der allgemeinen Wehrpflicht, von der nur die Standesherren befreit sind, ein vortreffliches Correctiv gegen obigen Uebelstand. Hierüber sagt v. Ompteda[114]), „daß in Deutschland gegenwärtig die taube Blüthe — unter welcher er den früher häufig angetroffenen „Typus des Majoratsschlingels" versteht — so ziemlich verschwunden ist, und zwar dank der wohlthätigen Erziehung der allgemeinen Wehrpflicht, durch die in alle Theile unseres Vaterlandes die Anschauung getragen ist, daß es nicht mehr anständig oder gar vornehm ist, nichts zu lernen und zu leisten". Damit ist aber gesagt, daß den aus dem Familienfideicommiß entspringenden Schäden durch die erhaltenden und heilenden Kräfte des Volks vorgebeugt werden kann. Und was vom Volke gilt, gilt in noch höherem Grade von der Familie. Von dem Geiste, der in derselben waltet, wird es vor allem abhängen, ob vorzugsweise die für den Fideicommißerben günstigen oder ungünstigen Wirkungen zur Ausbildung gelangen.

Auch vermögen wir in den Ansprüchen, welche die jüngeren Söhne der Fideicommißbesitzer wegen ihrer Versorgung an den Staat erheben könnten, unter den heutigen Verhältnissen, in denen der Staat stark genug ist, um solche ungerechtfertigte Zumuthungen zurückzuweisen, und in denen er in dieser Beziehung von der Rechtsordnung, welche keine Standesprivilegien kennt, und von der öffentlichen Meinung, welche die Prätensionen auf solche unerbittlich verfolgt, auf's wirksamste unterstützt wird, keine so großen Uebelstände zu erblicken, wie dies Gneist, Reichensperger, R. v. Mohl und neuerdings wieder C. Walcker thun[115]).

Selbst in England, wo die jüngeren Brüder der Entailbesitzer früher ihrer Mehrzahl nach dem öffentlichen Dienste im Civil- und Militärfach sowie in der Kirche zur Last fielen, hat sich der Staat ihrer durch Einführung der Concurrenzprüfungen im Staatsdienste, deren Ergebnisse stets öffentlich bekannt gemacht werden, sowie durch Eingehenlassen einer Menge von Sinecureposten zu

114) v. Ompteda in den Preußischen Jahrbüchern, Bd. 46 S. 456, 457.

115) R. v. Mohl, Polizeiwissenschaft, 3. Aufl. Tübingen 1866, Bd. 2 § 119. C. Walcker, Handbuch der Nationalökonomie, Bd. 2 Agrarpolitik S. 67, 68.

erwehren gewußt. Daher wenden sich dort in neuerer Zeit Söhne selbst der besten Familien dem Anwalts- und Richterstande, aber auch dem Handel und der Industrie zu.

Hieran werden sie durch Namen und Titel, die ja in England bekanntlich nur auf die Erstgeborenen der adeligen Familien übergehen, nicht gehindert.

Sie müssen sich vielmehr erst selbst ihre sociale Position verschaffen, weil sie von ihren Eltern außer einer guten Erziehung gewöhnlich nichts zu erhalten pflegen. Daher die vielen unterrichteten, energischen Männer, die sich in der Heimath und in den Colonieen ein Vermögen und eine Stellung zu erringen wissen. „Si le droit d'aînesse n'avait pas existé," sagt ein neuerer Beurtheiler der englischen Zustände [116]), „ils (nämlich die nachgeborenen Kinder) eussent joué le rôle peu désirable de consommateurs. Pauvres et actifs ils sont devenus des producteurs."

Ganz so günstig liegen in Deutschland die Verhältnisse freilich nicht. Die Vererbung von Namen und Titel eines Adeligen an seine sämmtlichen legitimen Descendenten bildet für die jüngeren Geschwister der Fideicommißbesitzer noch immer vielfach ein Hinderniß, in die bürgerlichen Erwerbsstände überzugehen. Indeß ist dieses Vorurtheil doch im Verschwinden begriffen. Freilich genießen dafür diese jüngeren Geschwister mit dem Namen auch den ideellen Vortheil des Glanzes und Ansehens ihrer Familie.

Es ziehen daher die jüngeren Söhne des deutschen und namentlich des preußischen Adels gegenwärtig in den meisten Fällen noch vor, der Tradition ihres Namens entsprechend, „dem Könige und dem Vaterlande" zu dienen. Daß dem Staate hieraus aber, wie vom Standpunkte der abstracten Theorie bisweilen behauptet worden ist, durch das Andrängen der jüngeren Söhne der Fideicommißbesitzer Nachtheile oder gar Gefahren erwachsen, muß auch für Deutschland entschieden bestritten werden. Denn im Civildienste haben sie sich denselben strengen Bedingungen der Anstellung und des Avancements zu unterwerfen, wie jeder andere, und im Militär steht die theilweise noch immer vorkommende Bevorzugung des Adels in keinem Zusammenhange mit dem Fideicommiß. Auch dürfte der Vortheil, den der Staat aus dem Dienste dieser Personen zieht, die Vortheile, die er ihnen gewährt, wohl aufwiegen.

Und selbst wenn es wahr wäre, daß es dem mit Fideicommissen angesessenen preußischen Adel in Folge seines Einflusses auf die Staatsverwaltung gelingt, seinen jüngeren Söhnen im Militär- und Civildienst die Carrière in außerordentlicher Weise zu ebenen, gehen solche Einflüsse denn nicht auch von anderen Kreisen aus? „Mit demselben Grunde, mit dem man hier das Fideicommiß bekämpft, müßte man", wie einst Stahl [117]) im Herrenhause unter allgemeiner Heiterkeit hervorhob, „den Geheimen Räthen und Präsidenten das Cölibat auflegen, da auch ihre Söhne begünstigt werden."

Auch ist eine Schädigung der Gläubiger des Fideicommißbesitzers wegen der gegenwärtig in fast allen Staaten mit Ausnahme nur Englands durchgeführten Publicität für alle auf das Fideicommißvermögen bezüglichen Acte

116) Ch. Richet, L'acroissement de la population française, in der Revue des deux mondes vom 15. April und 1. Juni 1882 S. 611.

117) Stahl, Siebzehn parlamentarische Reden, Berlin 1862, S. 49.

nur in Folge eigenen Verschuldens der Gläubiger möglich. Wir können daher dem harten Urtheil, das R. Gneist[118]) in dieser Beziehung über das Familienfideicommiß fällt — daß es nämlich „eine standesmäßige Leichtfertigkeit im Schuldenmachen, Schuldenbezahlen und immer neue Schuldenprivilegien auf Kosten anderer Classen erzeuge" —, nicht beistimmen.

Denn wenn ein Capitalist einem Fideicommißbesitzer eine namhafte Summe lediglich auf Grund des persönlichen Credits leiht, so wird er sich des Risicos bewußt sein und den Preis seines Darlehns nach dem Risico zu berechnen wissen. Daß übrigens selbst große Geld- und Creditinstitute, wie die Hypothekenbanken es sind, ihr Interesse bei solchen Darlehen gewahrt zu sehen glauben, zeigen neuere Vorgänge auf diesem Gebiete. Hierher gehört der Fall, daß einige preußische Hypothekenbanken sog. Revenüenhypotheken auf Fideicommißgüter gewähren[119]).

Endlich pflegen alle diejenigen, denen die sociale und politische Gleichheit das Endziel aller Entwickelung ist, Gegner eines Instituts zu sein, das, indem es die aristokratischen Existenzen künstlich erhält, die Durchführung des demokratischen Princips im Staat und in der Gesellschaft verhindert oder doch erschwert. Ist es richtig, was Tocqueville von unserer Zeit sagt, daß sie einen unwiderstehlichen Zug zur Demokratie hat, so begreift es sich leicht, daß und warum die herrschende Strömung dem Familienfideicommiß nicht günstig ist, und daß alle diejenigen, die dieser Strömung frei- oder widerwillig folgen, zu den Gegnern desselben zählen.

Nachdem wir die für die Volkswirthschaft, sowie das sittliche und politische Leben wirklich oder nur angeblich schädlichen Folgen des Fideicommisses aufgezählt und besprochen zu haben, sind jetzt auch die Lichtseiten hervorzuheben.

Bevor wir dies thun, wollen wir gern zugeben, daß — um mit Gerber[120]) zu sprechen — die Stiftung von Familienfideicommissen einem tiefen Bedürfniß von Menschen mit reicher Willensanlage entspricht. Denn wie die Sehnsucht, so sagt Gerber, inmitten des ewigen Wechsels der menschlichen Dinge die Wirkungen des Einzeldaseins durch einen Act der Liebe für kommende Geschlechter bedeutungsvoll zu erhalten, zur Begründung von Fideicommissen treibt, so liege auch objectiv dem Fideicommiß der tiefe Gedanke einer Schöpfung zu Grunde, die in den wechselnden Generationen einer Familie das Bewußtsein ihres Zusammenhanges im Denken und Handeln hervorzurufen bestimmt sei. Dem Vaterlande vergleichbar, das gewissermaßen von selbst ein großes Fideicommiß ist, gestiftet und zusammengesetzt für die Gesammtheit des Volkes, soll das Familienfideicommiß den Boden einer Familiengeschichte abgeben und den Zusammenhang vergangener und künftiger Geschlechter in der sichtbarsten Weise vermitteln. Das Familiengut ist, nach dieser Auffassung, demnach keine todte Masse, die, einmal geschaffen, immer dieselbe bleibt, sondern ein lebendiger

118) Gneist, Geschichte und heutige Gestalt der englischen Communalverfassung, Berlin 1863, Bd. 2 S. 1236, 1361.

119) C. Walcker, Handbuch Bd. 2 S. 69.

120) v. Gerber, Beiträge zur Lehre vom deutschen Familienfideicommiß, in seinen juristischen Abhandlungen S. 100 ff.

Baum, der unter der sorgfältigen Pflege der Nachfolger fort und fort mit der Familie wächst und gedeiht.

Wir gestehen das alles zu, können aber aus dem Gesagten dennoch nicht ohne weiteres den Schluß ziehen, daß der Staat die Errichtung und Erhaltung von Familienfideicommissen unter allen Umständen zulassen müsse. Und hiermit muß im Grunde auch Gerber übereinstimmen[121]), denn er hebt selbst gelegentlich hervor, daß es bei der ökonomischen Beurtheilung eines privatrechtlichen Instituts darauf ankomme, ob das ökonomische Durchschnittsinteresse durch dasselbe gehörig gewahrt sei. Und wenn er neben diesem Durchschnittsinteresse auch das individuelle Interesse im Recht zum Ausdruck bringen will, und soweit dieses geschieht, dem Recht den Beruf vindicirt, der sittlichen Freiheit zu dienen, so gesteht er doch zu, daß die ökonomische Beurtheilung ein sehr wichtiger Factor für die Betrachtung des Rechtes ist. Es wird mithin — so schließen wir weiter — das individuelle Interesse sich nur insoweit geltend machen dürfen, als durch dasselbe das ökonomische Durchschnittsinteresse nicht verletzt wird.

Ob durch das Familienfideicommiß dieses letztere Interesse aber gehörig gewahrt ist, muß die Analyse der Folgen, welche dasselbe zu haben pflegt, ergeben. Mit dieser haben wir bereits oben begonnen und setzen dieselbe an dieser Stelle fort, indem wir neben den ungünstigen Folgen nunmehr auch die günstigen festzustellen suchen.

Diese sind zum Theil auf die Großgüterqualität, welche den meisten Fideicommissen eigen ist, zurückzuführen.

Wir beginnen mit dem Vortheil, den der größere Umfang und die günstige Configuration der Fideicommißgüter der Privat- und zugleich der Volkswirthschaft darbieten oder doch wenigstens darbieten können.

Wenn oben auf die Schwerfälligkeit und Schwierigkeit, den Fideicommißbesitz seiner Größe und Gestalt nach den jeweiligen volkswirthschaftlichen Bedürfnissen anzupassen, hingewiesen wurde, so verdient hier doch auch hervorgehoben zu werden, daß der Bestand der fideicommissarisch gebundenen Gutskörper andererseits nicht den den freien Grundbesitz bedrohenden, von der Rücksichtnahme auf den Gutsbetrieb und die Gutswirthschaft ganz unabhängigen und für diese nicht immer günstigen Veränderungen — wie sie namentlich durch die Geltung des gemeinen Erbrechts mit seinem Zwang zur Naturaltheilung und seiner Gefahr für die Ueberschuldung des Grundbesitzes gegeben sind — ausgesetzt zu sein pflegt[122]).

Hiermit hängt ein anderer Vorzug der Fideicommisse zusammen. Derselbe besteht darin, daß sie den Bestand großer Güter verbürgen.

Als große Grundeigenthümer sind die Fideicommißbesitzer besonders geeignet, die wünschenswerthe Differenzirung in den landwirthschaftlichen Culturen eintreten zu lassen. Namentlich in Folge der Verbindung von Feld- und Waldbesitz auf demselben Gute können die Unzukömmlichkeiten der einen oder der anderen Culturart leicht ausgeglichen werden und wird die zweckmäßigste Ausnutzung des Bodens befördert. Dadurch gewinnen diese Güter ein Moment

121) v. Gerber, Deutsches Privatrecht § 6 Anm. 2.
122) v. Inama a. a. O. S. 13.

der Stärke, dessen Mangel dem kleinen Grundeigenthum nur zu häufig zum Schaden gereicht[123]).

Sodann fallen in einer Zeit wie der gegenwärtigen, in der der Landwirth sich darauf einrichten muß, einen Theil des Körnerbaues aufzugeben und zur Viehzucht überzugehen, für das Fideicommiß noch besonders in die Wagschale die Vorzüge, welche die großen Wirthschaften der Viehzucht darbieten. Denn wenn auch die Jungviehzucht und die Geflügelhaltung am besten in der bäuerlichen Wirthschaft gedeihen, und zwar in Folge der sorgfältigen individuellen Pflege, die sie hier durch die Bäuerin und die sonstigen Angehörigen des Bauern finden, so ist die Züchtung edler Rassen von Nutzvieh doch gleichsam ein Monopol der großen Güter, weil hier allein für die Auswahl guter Zuchtthiere, für den Bau gesunder Stallungen und überhaupt für die rationelle Behandlung des Viehes genügende Fürsorge getroffen werden kann. Auch für die Milchwirthschaft, die Bereitung und den Absatz von Butter und Käse hat der Großbetrieb um so mehr Vorzüge vor dem Klein- oder Mittelbetrieb, je mehr Elemente der Industrie und des Handels diese Erwerbszweige in sich aufnehmen. Den besten Beweis für das eben Gesagte dürfte das unter den Bauern Frankreichs, der Schweiz und neuerdings auch Deutschlands hervortretende Streben, sich durch genossenschaftliche Milchverarbeitung und -Verwerthung die Vortheile des Großbetriebes zu sichern, liefern. Endlich bieten die großen Wirthschaften mit ihrem schwunghaften Betrieb der landwirthschaftlichen Nebengewerbe auch für die Viehmästung die günstigsten Vorbedingungen.

Und speziell zur Pferdezucht, an deren Blüthe der Staat aus Rücksicht auf die Versorgung der Armee mit dem nöthigen Pferdematerial namentlich in Kriegszeiten ein spezielles Interesse hat, erscheint der Fideicommißbesitz wegen der regelmäßig großen Ausdehnung seiner Wiesen und Weiden und wegen der geringen Arbeitsintensität dieses Erwerbszweiges vorzugsweise, wenn auch, wie die die Pferdezucht mit großem Erfolg treibenden ostpreußischen Bauern zeigen, nicht ausschließlich geeignet.

Hieraus ergiebt sich für uns das Resultat, daß dort, wo Klima, Bodenbeschaffenheit und Lage des Landes der Wiesen- und Weidencultur günstig sind, oder wo der Anbau von Futterpflanzen und Wurzelgewächsen angezeigt ist, die Fideicommisse, weil sie die für solche Culturen erforderlichen großen Güter garantiren, privat- und volkswirthschaftlich nützlich sein können.

Und auch mehrere andere Vorzüge des großen Grundeigenthums, wie z. B. die leichtere Durchführbarkeit bestimmter Meliorationen (Ent- und Bewässerungen), die bessere Ausnutzung des stehenden Capitals (Gebäude, Maschinen, Arbeitsthiere) und die ausgedehntere Anwendung der Arbeitstheilung, die leichtere Benutzung günstiger Absatzverhältnisse, der vortheilhaftere Betrieb mancher gewinnbringenden landwirthschaftlichen Nebengewerbe, welche die Massenproduction bestimmter Rohstoffe voraussetzen, wie z. B. der Branntweinbrennerei, Bierbrauerei, Rübenzuckerfabrikation, Oelbereitung u. s. w., sind den Fideicommißgütern ebenso eigen wie überhaupt dem großen Grundeigenthum.

Dagegen trifft der dem großen Grundeigenthume eigene Vorzug leichterer Capitalbeschaffung zur Ausführung von Meliorationen, sowie zur Ueberwindung

123) v. Inama a. a. O. S. 13, 15.

von Calamitäten, wie Hagelschlag, Viehsterben, Feuerschaden, Kriegsverwüstungen u. s. w. nach den obigen Ausführungen für den Fideicommißbesitzer nicht immer zu. Auch der Vorzug intelligenter wirthschaftlicher Leitung gelangt für die Fideicommißgüter nicht immer zur Geltung.

Wo dem fideicommissarischen Besitz aber sowohl die intelligente Leitung wie das nöthige Capital fehlen, da wird er auch seine Aufgabe, dem kleineren Nachbar als Pionier der landwirthschaftlichen Cultur zu dienen, nicht erfüllen können.

Wenn somit nicht alle Vorzüge der großen Güter zugleich auch den Fideicommißgütern eigen zu sein pflegen, so haben diese andererseits auch wieder ihre spezifischen Vorzüge.

So entspricht der Fideicommißbesitz in höchstem Grade jenem Postulat, dem Schmoller[124]) einen so beredten Ausdruck giebt, wenn er sagt: „Es wird ewig für die engere Familie der Kinder und Geschwister ein sittliches Bedürfniß bleiben, daß das heilige Feuer auf dem Herde des Elternhauses nicht erlösche; es bleibt im wirthschaftlichen Interesse der ganzen Nation von Wichtigkeit, daß möglichst viele wirthschaftliche Unternehmungen directe Fortsetzungen väterlicher Geschäfte seien, damit die geschäftlichen Traditionen nicht abbrechen, die Verluste, Fehlgriffe, Einrichtungs- und Anfangskosten möglichst erspart werden." Ja aus der rechtlich garantirten Continuität des Fideicommißbesitzes in bestimmten Familien empfangen die Besitzer einen besonderen Anreiz zur Entwerfung und Durchführung der weitaussehendsten Wirthschaftspläne. Ist die consequente Durchführung solcher Pläne nun schon für jedes Gewerbe von Vortheil, indem sich jede folgende Arbeit unmittelbar an die vorhergethane Arbeit anschließen und dieselbe in der einmal eingeschlagenen und bewährten Richtung fortsetzen kann[125]), so gilt dies in noch besonders hohem Grade von dem Landbau mit seinen langen Betriebsperioden.

Wenn schon der Freiherr von Stein[126]) am Anfang des Jahrhunderts von den im ganzen südlichen und westlichen Deutschland, in Brabant und Flandern vorkommenden großen Fideicommissen und ehemals großen Klöstern bemerkt, daß „das zu ihnen gehörige Grundeigenthum in einem so vollkommenen Zustande sich befindet als das, so nicht mit Fideicommissen belegt ist", und wenn uns von Sachkennern versichert wird, daß die Cultur auf manchen Fideicommißgütern — namentlich dort, wo ihr Umfang kein allzu großer ist — der Cultur auf dem freien Grundbesitz nicht nachsteht, so ist das wohl hauptsächlich zurückzuführen auf die pietät- und verständnißvolle Fortsetzung der vom Vater, Großvater und Urgroßvater begonnenen und durch keinerlei Zufälligkeiten, wie sie der freie Verkehr mit Grundbesitz sonst leicht mit sich bringt, unterbrochenen Cultur durch die Nachkommen. Denn eine solche Continuität in der Wirthschaft, ein solch ununterbrochenes Handeln nach denselben Gesichtspunkten und Plänen kann bis zu einem gewissen Grade den Mangel an Capital und wissenschaftlich disciplinirter Intelligenz ersetzen. Dabei verkennen wir übrigens keineswegs die

124) Schmoller in Thiels landwirthschaftlichen Jahrbüchern 1882 S. 622.

125) Ueber das Princip der Stetigkeit und Werkfortsetzung vgl. auch List, Das nationale System der politischen Oekonomie, 7. Aufl. 1883, S. 246 ff.

126) Freih. v. Stein, Staatswirthschaftliche Betrachtungen, bei Pertz Bd. 2 S. 454.

Gefahren, die mit einer einseitigen Befolgung der Tradition verbunden sein können. Es bedarf diese vielmehr der steten Revision durch die Wissenschaft, um nicht „zum Unsinn und zur Plage" zu werden.

Aus diesem letzteren Grunde können wir zwingenden Vorschriften für die Art der Bewirthschaftung der Fideicommißgüter, wie sie in manchen Fideicommißurkunden vorkommen, nicht das Wort reden. Man sollte des tempora mutantur u. s. w. auch hier eingedenk sein und den Fideicommißnachfolger nicht anders binden, als durch den moralischen Zwang, den jedes zweckmäßig begonnene Werk einer späteren Generation auferlegt, dasselbe zu erhalten, fortzuführen und auszubauen.

Die aus der Continuität des Fideicommißbesitzers entspringenden Vortheile machen sich namentlich mit Rücksicht auf eine bestimmte Culturart geltend. Und dieselbe Culturart ist es auch, die ein Minimum an Betriebscapital erfordert und zugleich die Gefahr nahe legt, daß das sehr werthvolle stehende Capital von dem freien Allodialeigenthümer zum Schaden der Volkswirthschaft zu früh vom Boden gelöst und in umlaufendes Capital umgewandelt wird. Diese Culturart ist der Waldbau, sofern er eine höhere Stufe der Entwicklung erreicht hat und mit einem rationellen Betriebe verbunden ist. Derselbe erfordert ausgedehnte Flächen, weil eine geregelte Schlagwirthschaft, namentlich mit langer Umtriebszeit, nur auf solchen möglich wird und weil die Anstellung von höher gebildeten Forstbeamten sich nur für größere Waldcomplexe lohnt. Da ein Ausreifenlassen des Holzcapitals auf dem Stamme oder auch nur eine genaue Einhaltung des einmal aufgestellten Wirthschaftsplans aber Opfer bedingt, die der gegenwärtige Besitzer häufig für den künftigen bringen muß, so pflegt die Anlage und Erhaltung rationell bewirthschafteter Wälder, namentlich solcher mit langen Umtriebszeiten, nur dort üblich zu sein, wo der Besitzer sicher ist, daß das von ihm gebrachte Opfer entweder ihm selbst oder seinen Nachkommen zu Gute kommt. Ersterer Fall trifft bei den juristischen Personen, letzterer bei den Fideicommißbesitzern zu. Es erscheint daher die Waldwirthschaft gleichsam als die den Fideicommißgütern naturgemäße. Auch haften den Waldfideicommissen die meisten derjenigen Nachtheile nicht an, die sich bei den übrigen Fideicommissen finden[127]). Die oben auf S. 56 für Böhmen sowohl wie für die übrigen Kronländer Oesterreichs mitgetheilten Zahlen bestätigen denn auch dieses auf deductivem Wege gewonnene Resultat, indem sie beweisen, daß die Waldcultur den größten Theil der Fideicommißfläche einnimmt[128]).

Da der Staat aus Rücksicht auf die Volkswirthschaft und die gesammte Landescultur daran interessirt ist, daß ein bestimmter Bruchtheil seines Territoriums mit Wald bestanden sei, so muß es ihm willkommen sein, wenn eine Aufgabe, die er sonst nur mittels strenger Forstpolizeigesetze oder mittels auf seinen Domänen oder doch auf den Gemeinde- und Stiftungsgütern planmäßig durchgeführten Waldbaues erfüllen kann, von den Fideicommißbesitzern, weil sie

127) Roscher, Nationalökonomik des Ackerbaues, 10. Aufl. 1883, § 189. v. Inama a. a. O. S. 12.

128) Auch die Motive für die in den letzten Jahren in Oesterreich erlassenen Reichsgesetze über die Bildung neuer Fideicommisse berufen sich sehr häufig auf forstwirthschaftliche Rücksichten. C. Peyrer, Denkschrift S. 64.

zugleich ihrem Interesse entspricht, freiwillig gefördert wird. Es können die Fideicommißbesitzer daher in dieser Beziehung gleichsam als Vicare des Staats bezeichnet werden. Wo der Forstbesitz auf den Fideicommißgütern die dem Staat zufallenden Aufgaben nicht erfüllt, sei es nun, daß er zu wenig umfangreich oder doch nicht zweckmäßig über das Land vertheilt ist, oder daß die Fideicommißbesitzer ihr wahres Interesse verkennen, da hat selbstverständlich der Staat die ihm zufallende Aufgabe selbst zu erfüllen.

Besonders die Erhaltung der sog. Schutzwälder — d. h. derjenigen Wälder, die gegen Lawinen, Steingerölle, Wasserfluthen, Abschwemmung des Bodens an Hängen und Ufern, gegen Flugsand, gegen Abnahme des Wasserreichthums von Quellen schützen — sowie der Wälder auf absolutem Waldboden wird der Staat nicht von dem Belieben des Fideicommißbesitzers abhängig machen dürfen, sondern in diesen Fällen die Aufrechthaltung der Waldcultur auf dem Privateigenthum erzwingen oder die betreffenden Grundstücke expropriiren müssen.

Nun ist freilich gegen Waldfideicommisse angeführt worden, daß es zweckmäßiger sei, wenn der durch dieselben der Gesammtheit geleistete Dienst von den im Eigenthum des Staats, der Gemeinden, Stiftungen u. s. w. befindlichen Wäldern übernommen werde [129]).

Wir bestreiten dies. Denn ceteris paribus muß dem in Privathänden befindlichen Grundeigenthum der Vorzug vor dem öffentlichen gegeben werden, weil jenes eine der wesentlichen Voraussetzungen für die individuelle und politische Freiheit der Staatsbürger bildet und wir eine Einschränkung der der Privatwirthschaft und dem Privatrecht zugewiesenen Sphäre nur dann billigen können, wenn dadurch wirklich große Vortheile für die Allgemeinheit erreicht werden.

Wenn ferner oben angeführt wurde, daß Fideicommisse häufig ein Hinderniß für die productive Verbindung des beweglichen Capitals mit dem Grund und Boden bilden, so ist hier auch auf die andere Seite dieses Verhältnisses hinzuweisen. Nämlich darauf, daß der fideicommissarisch gebundene Grundbesitz die Ueberlastung mit Schulden und namentlich mit Schulden aus Restkaufgeldern und Erbantheilen nicht kennt. Die auf den Fideicommißgütern ruhenden geringen Schulden entspringen — wenn wir von den aus der Auszahlung von Witthümern und Apanagen entstandenen absehen — nur aus Capitalanleihen, welche der Erhaltung und Melioration des Fideicommißguts dienen. Es entspricht den Schulden hier somit meist ein gesteigerter Grundwerth, während dieses für denjenigen Theil der auf den Allodialgütern ruhenden Schulden, welche aus dem Erwerb des Grundeigenthums oder der Erhaltung desselben entspringen, nicht zutrifft.

So lange das gemeine Erbrecht für einen großen Theil des Grundbesitzes Geltung hat und für den Grundbesitzer demnach nur die Wahl besteht, sich diesem oder der fideicommissarischen Individualsuccession — welche jedoch mit der Unveräußerlichkeit, Untheilbarkeit und Unverschuldbarkeit des betreffenden Guts verbunden zu sein pflegt — zu unterwerfen, spricht für die Erhaltung der Fideicommisse ferner ein sehr triftiger Grund, der jedoch nach erfolgter Durchführung einer Reform des gegenwärtig geltenden Erbrechts im Sinne des Anerbenrechts sehr viel von seiner gegenwärtigen Bedeutung verlieren würde. Erst dann

129) C. Walcker, Handbuch der Nationalökonomie Bd. 2 S. 19, 20.

würde es nämlich möglich sein, die Fideicommisse zu beseitigen, ohne daß die betreffenden Güter entweder mit Erbschaftsschulden überlastet oder unwirthschaftlich zerstückelt und in beiden Fällen schließlich mit einer gewissen Nothwendigkeit aus dem Besitz derjenigen Familien hinausgedrängt würden, denen sie gegenwärtig angehören.

Hiermit stimmt auch C. Walcker[130]) überein, indem er zugleich darauf aufmerksam macht, daß trotz der wohlbekannten Nachtheile des Familienfideicommisses dieses Institut von einer Anzahl von Schriftstellern nur deshalb vertheidigt wird, weil sie an die Möglichkeit eines freisinnig aristokratischen Erbrechts im Sinne der Testirfreiheit des englischen und nordamerikanischen Rechts — und fügen wir hinzu: an ein allgemeines, für den gesammten landwirthschaftlichen Grundbesitz geltendes Anerbenrecht — nicht denken oder an die Durchführbarkeit einer solchen Reform nicht glauben. Hierher gehört namentlich Stahl[131]), welcher sich im Jahre 1858 dahin äußerte: „Uebrigens haben wir, die wir für die Fideicommisse in den entscheidenden Verhandlungen von 1849 und 1851 eingetreten sind, niemals in Abrede gestellt, daß unter den verschiedenen Weisen, die Güter zu binden, die der Fideicommisse keineswegs die empfehlenswertheste sei. Wenn unsere Gesetzgebung eine allgemeine Erbordnung gäbe, nach der Weise der Lehnsordnung, der deutschen Stammgutsordnung, würde ich das noch weit angemessener erachten, als die Begünstigung der Fideicommisse."

Ferner hat neuerdings v. Inama[132]) auf den Werth des Fideicommißinstituts für die Erhaltung des Familiensinns aufmerksam gemacht.

Wie dieser schon bei der Errichtung des Fideicommisses wirksam war, so erscheint die fernere Bewahrung, Pflege und Stärkung dieses Sinns als eine Hauptaufgabe des Instituts.

Doch geben die Fideicommisse nicht nur den betheiligten Familien einen größeren Zusammenhalt und einen festeren Bestand, sondern sie erhalten auch die mannigfachen Beziehungen unverändert aufrecht, in welche die Fideicommißfamilien insbesondere durch die gemeinnützigen dem Fideicommißvermögen auferlegten Verpflichtungen (Kirchen=, Schul=, Armen=Stiftungen u. s. w.) zu den Culturinteressen der Bevölkerung gesetzt sind.

Indem wir hiermit über die Familie hinaus auf die Bedeutung des Fideicommisses für die Gesammtheit hinweisen, betreten wir zugleich ein Gebiet, auf dem sich die meisten Vertheidiger des Fideicommisses zusammenfinden.

Von denselben wird zunächst ausnahmslos die Bedeutung dieses Instituts für die Erhaltung einer wohlhabenden und für allgemeine Zwecke leistungsfähigen Aristokratie hervorgehoben.

Die Gründe, aus welchen die Aristokratie erhalten und gekräftigt werden soll, sind dann bei den einzelnen Schriftstellern freilich sehr verschieden.

So ist für Fr. J. Stahl[133]) ein aristokratisches Element wenn auch nicht schlechterdings Bedürfniß, so doch ein Vorzug des socialen Zustands. Das

130) C. Walcker a. a. O. S. 61.

131) Stahl, Siebzehn parlamentarische Reden, Berlin 1862, S. 88.

132) v. Inama a. a. O. S. 7.

133) Stahl, Philosophie des Rechts, 3. Aufl. Heidelberg 1856, Bd. 2 Abth. 2 § 28. Derselbe, Siebzehn parlamentarische Reden S. 91.

aristokratische Element wünscht er vertreten zu sehen durch eine Classe großer hervorragender Grundbesitzer, deren Kern von dem historischen, oder wie er sich ausdrückt, dem romantischen Adel gebildet wird. Diese Classe soll eine bevorzugte rechtliche Stellung erhalten, damit sie einen Sammelpunkt der Volkskräfte gegenüber der Unterdrückung durch die Staatsgewalt und zugleich einen Schutz für diese gegen Vergewaltigung durch die Volksmasse abgeben könne. Durch die Identität ihres eigenen Interesses mit der Erhaltung der bestehenden Ordnung und mit der Ehre der Nation vertrete ferner die Aristokratie diese in einer eminenten Weise. Der Aristokratie weist er ferner eine hervorragende Stellung in der Landesvertretung und die sog. intermediäre Gewalt, worunter er die Functionen der Selbstverwaltung versteht, zu. Speziell mit Rücksicht auf Preußen weist Stahl darauf hin, daß Sitz und Stimme im preußischen Herrenhause vorzugsweise auf dem alten und befestigten Grundbesitze (den erblich Berechtigten, den von Grundeigenthümern Präsentirten und den Vertretern der Familienverbände) ruhe. Die ganze Institution sei daher dadurch bedingt, daß sich solch' alter und befestigter Grundbesitz fortan in genügender Zahl und Stärke finde. Weil nun Majorate, Stammgüter und Substitutionen wirksame Mittel zur Erhaltung des Adels sind, so billigt er dieselben, obgleich er den Familienfideicommissen die Successionsordnungen des deutschen Rechts vorzieht.

Auf einem ähnlichen Standpunkt wie Stahl steht auch Roscher[134]), nur daß er die wirthschaftliche Seite des Fideicommisses mehr betont. Die Blüthe des Fideicommisses zur Zeit des ancien régime sucht er aus dem diesem Zeitalter eigenthümlichen wirthschaftlichen und politischen Factoren zu erklären. Obwohl dasselbe unter den veränderten Bedingungen der neueren Zeit zum Theil seine früheren Vorzüge eingebüßt habe, so brauchen — nach Roschers Ansicht — doch auch in der Gegenwart juristisch wohl eingerichtete Fideicommisse von mäßiger Zahl, die im Lande gut vertheilt sind und Besitzern von größerem Reichthum angehören, nicht unwirthschaftlich zu wirken. Die Rechtfertigung ihres Fortbestehens in der Gegenwart erblickt Roscher in der Sicherung einer continuirlichen und unabhängigen Aristokratie, deren Aufgabe in der Bekleidung unbesoldeter, mit Aufwand verbundener Aemter, in der Führung der wichtigsten Staatsgeschäfte, namentlich im auswärtigen Dienste, und in der Bildung einer wahrhaft unabhängigen zwischen Krone und Volk vermittelnden Kammer besteht.

Die Stahl'schen und Roscher'schen Ansichten finden sich, wenngleich etwas modificirt, wieder bei folgenden Schriftstellern.

R. v. Mohl[135]) findet den politischen Vorzug der Fideicommißbesitze darin, daß dieselben einer Anzahl von Personen die Mittel gewähren, dem öffentlichen Wesen Opfer zu bringen. In ihrer geschützten Lage, meint er, werden die Fideicommißbesitzer ihre Unabhängigkeit durch Zurückweisung von Ungesetzlichkeit und Unrecht sowie durch offenen Tadel schädlicher Regierungsmaßregeln auf nützliche Weise zur Geltung bringen können und zugleich im Stande sein, dem gemeinen Besten unentgeltlich Dienste zu leisten.

134) Wilhelm Roscher, Grundlagen der Nationalökonomik, 9. Aufl. 1871, § 159, 205 und Nationalökonomik des Ackerbaues, 10. Aufl. 1882, § 91, 94, 95, 100, 182, 189.

135) R. v. Mohl, Polizeiwissenschaft, 3. Aufl. Tübingen 1866, Bd. 2 § 119.

Derselbe Gedanke findet sich auch bei C. Stüve[136]), wenn er in dem Familienfideicommiß wie überhaupt in dem gebundenen Besitz die Grundlage eines geeigneten Personals für ländliche Selbstverwaltung erblickt. Und zwar komme dem Fideicommiß diese Bedeutung zu, weil es den sonst drohenden Dismembrationen des Grundbesitzes vorbeuge, durch welche das platte Land je länger um so mehr aller selbständigen Elemente beraubt werde und fast mit unumgänglicher Nothwendigkeit der Beamtenherrschaft verfalle.

Dahlmann[137]) wiederum wünscht die bestehenden Majorate zu erhalten und erforderlichen Falls neue zu bilden, weil er die Majoratsbesitzer für einen nützlichen Bestandtheil der ersten Kammer hält.

Und auch nach W. v. Humboldt[138]), der im übrigen die Nachtheile der Fideicommisse keineswegs verkennt, sowie nach Geffken[139]) besteht die Bedeutung dieser Institution darin, daß sie das Vorhandensein eines nothwendigen Elements für die Bildung einer ersten Kammer sicher stellt.

Endlich billigt Montesquieu[140]) das Fideicommiß, das er im allgemeinen verwirft, weil es die Verkehrsfreiheit beeinträchtige, ausnahmsweise für monarchisch regierte Länder. Nach Montesquieu besteht bekanntlich das Princip der Monarchie in der Ehre. Da dieses Princip naturgemäß Vorzüge und Auszeichnungen, also überhaupt Ungleichheiten erzeugt, so sind der Monarchie Rangordnungen aller Art und bevorrechtete Stände, zu denen auch der Geburtsadel gehört, eigen. Eine nothwendige Stütze dieses letzteren sind Erstgeburtsrechte, Substitutionen und Retractsrechte. Sie müssen daher für den Adel zugelassen werden, nicht aber auch für die übrigen Staatsbürger, deren Verkehrsfreiheit vielmehr möglichst zu begünstigen sei, damit sie auf die leichteste Art in den Stand gesetzt werden, die Mittel zur Befriedigung der Bedürfnisse des Fürsten und des Hofs herbeizuschaffen.

Eine in ihrem Resultat mit Montesquieu übereinstimmende, wenngleich etwas anders motivirte Ansicht geht dahin, daß das Fideicommiß, wie alle anderen den Fortbestand der Monarchie verbürgenden Institutionen möglichst erhalten werden müsse. Die Stellung des Monarchen und die des Adels sei eine auf gemeinsamer Rechtsgrundlage ruhende; namentlich entsprächen die Thronfolge und die Vermögensrechte der regierenden Familie an den dem königlichen Hause gehörigen Gütern den Fideicommissen des Adels mit ihrer Singularsuccession und ihrer sonstigen privilegirten Stellung. Rüttele man daher an diesen, so untergrabe man mit der bestehenden Rechtsordnung zugleich das Fundament der Monarchie. Aber auch abgesehen von diesem gemeinsamen Rechtsstandpunkt soll die Monarchie mit ihrer Individualsuccession in die Herrschaft und den Hausbesitz, will sie nicht vollständig isolirt dastehen inmitten einer demokratisirten

136) Stüve, Wesen und Verfassung der Landgemeinden und des ländlichen Grundbesitzes in Niedersachsen und Westfalen, Jena 1851, S. 225.

137) Dahlmann, Die Politik auf den Grund und das Maß der gegebenen Zustände zurückgeführt, Leipzig 1847.

138) W. v. Humboldt in einem Brief an den Freiherrn von Stein v. 14. Mai 1815; vgl. Pertz, Des Freiherrn von Stein Leben, Berlin 1854, Bd. 5 S. 675.

139) (Geffcken,) Die Reform der preußischen Verfassung, Leipzig 1870, S. 113.

140) Montesquieu, Esprit des lois, Paris 1844, sect. V ch. 8, 9; Lettres persannes no. 119.

Gesellschaft, der aristokratischen Uebergänge bedürfen, die angeblich allein das erforderliche verbindende Glied zwischen ihr und den anderen Classen des Volks zu bilden vermögen[141]).

Was die von den oben angeführten Schriftstellern hervorgehobenen politischen Wirkungen der Fideicommisse betrifft, so ist nicht zu leugnen, daß diese, weil sie die Stetigkeit des Grundbesitzes bedingen, auch zugleich das Interesse an dem Vaterlande mächtig steigern können. Denn „auf der Stetigkeit, sagt Stahl, beruht die Verwachsenheit mit den vaterländischen Traditionen, welche eine Bürgschaft der Gesinnung geben". „Wenn die sittliche Gesinnung zur öffentlichen Gesinnung, zum Gemeingeist werden soll, so bedarf es der großen Traditionen. Auf ihren glorreichen Traditionen steht unsere Armee, kraft seiner großen Traditionen hat das preußische Volk in dieser Krisis sich erhalten. Und es ist darum wirklich kein Unglück, wenn auch einzelne Classen solche Traditionen besitzen und festhalten. Man muß nicht die Landaristokratie zerstören, sondern man muß eine städtische Aristokratie bilden und ihr an die Seite setzen[142])."

Ferner kann nicht bestritten werden, daß der Stand der Fideicommißbesitzer der Gesellschaft Festigkeit und der staatlichen Entwickelung Stetigkeit verleiht, eine Eigenschaft, die in unserer Zeit, in der unsere gesammte Wirthschafts- und Gesellschaftsordnung in ihren Grundlagen mannigfach bedroht erscheinen, von besonderem Werthe sein dürfte[143]).

Auch für die Erhaltung einer feineren Sitte und einer höheren Denkungsart wird das Familienfideicommiß in der Regel förderlich sein, und in dieser Beziehung mag das Fideicommiß unserer heutigen Gesellschaft mit ihrem raschen Wechsel im Personalbestand der Vermögenden und Reichen, sowie mit ihren demokratischen Tendenzen von einigem Werthe sein. Ueber diesen Punkt äußert sich ein Republikaner, der verstorbene Professor Heinrich Escher in Zürich, folgendermaßen: „In einer Zeit, wo der Materialismus vorherrscht, wo Reichthum, durch welche Mittel immer erworben, in den Augen vieler Menschen entscheidet, wo nach diesem Maßstab Achtung und Ansehen in den Augen der Menge bestimmt wird, ist es ein Gewinn für die Erhaltung einer höheren Denkungsart, wenn es noch ein Gegengewicht gegen banausischen Uebermuth, gegen Plutokratie giebt, indem etwas im Staat sich als stabil zeigt, was mit Gold nicht erkauft werden kann[144])."

Dagegen bietet eine solche auf befestigten Grundbesitz fundirte Aristokratie zugleich nicht immer die Gewähr dafür, daß sie die ihr zugedachten öffentlichen Functionen in der Regierung und Selbstverwaltung zu übernehmen fähig und bereit sein wird. Denn dazu bedarf es außer der gesicherten Vermögensstellung auch noch eines Fonds von staatsmännischer Einsicht, vor allem aber der vollen Hingabe an den Staat und seine Lebensinteressen. Diese Eigenschaften sind nun

141) (Geffcken,) Reform der preußischen Verfassung S. 103, 104.

142) Stahl, Siebzehn parlamentarische Reden S. 51.

143) The power of perpetuating the property in our families is one of the most valuable and interesting circumstances belonging to it and that which tends the most to the perpetuation of society itself. Burke, Reflexions on revolution in France Bd. 2 S. 324.

144) H. Escher, Handbuch der praktischen Politik Bd. 2 S. 183.

aber durchaus nicht immer bei den mit Fideicommissen ausgestatteten Familien zu finden.

Ja es kann der Staat sich in den Fideicommißbesitzern unter Umständen eine zweischneidige Waffe schaffen [145]), wie einige Ausländer, die im Deutschen Reich Fideicommisse besitzen, und ebenso diejenigen Inländer, die — gleichgiltig ob sie im Auslande oder im Inlande leben — zu politischen und kirchlichen Parteien gehören, deren Bestrebungen gerade nicht immer auf eine Consolidirung des Deutschen Reichs gerichtet sind, zeigen. Der Fideicommißbesitz ist für manche dieser Familien das einzige Band, das sie mit dem Reich verbindet, dessen Bedürfnisse sie im übrigen nicht kennen, an dessen Existenz und Gedeihen ihnen wenig gelegen ist und gegen welches im Frieden sowohl wie im Kriege zu intriguiren sie nicht immer verschmäht haben. Es kann somit die Bevorzugung einer bestimmten Classe der Bevölkerung seitens des Staats, im Interesse der Erhaltung der gesellschaftlichen Ordnung, der Durchführung der Selbstverwaltung und der Consolidirung der staatlichen Verhältnisse unter Umständen auch das Gegentheil des Erstrebten herbeiführen.

Gegen diejenigen, welche das Fideicommiß aus politischen Gründen, namentlich aus Gründen der Erhaltung einer bestimmten bestehenden politischen Verfassung vertheidigen, muß ferner eingewendet werden, daß nach heutiger Auffassung die politische Verfassung der dem gesellschaftlichen Zustande eines Volks adäquate Ausdruck sein soll und daß die gesellschaftliche Gliederung eines Volks wieder abhängig ist von den gegebenen inneren Kräften und äußeren Erscheinungsformen der Volkswirthschaft, und nicht umgekehrt. Widerspricht somit eine Einwirkung auf Volkswirthschaft und Gesellschaft um der Conservirung einer bestimmten Verfassung willen den heute allgemein anerkannten Grundsätzen der Politik, so ist es im Speziellen noch fraglich, ob den aus erblichen Mitgliedern bestehenden ersten Kammern — denen nach der Auffassung einer Anzahl von Vertheidigern des Fideicommisses durch dieses Institut das erforderliche Personal garantirt werden soll — überhaupt die Zukunft angehört. Besitzen doch bereits eine Anzahl von Einzelstaaten (Belgien, Italien, Portugal, Holland, Dänemark, Schweden, Norwegen, Serbien, Rumänien, Brasilien; Frankreich, die Vereinigten Staaten

145) Vgl. über diesen Gegenstand die von Einseitigkeiten und Uebertreibungen nicht freie Darstellung Walckers in dessen Handbuch der Nationalökonomie Bd. 2 (Landwirthschaftspolitik), insbesondere auf S. 89, 90. Wenn der Zusammenhang, den Walcker psychologisch und logisch zwischen dem Fideicommißinstitut und dem Katholicismus resp. speziell dem Ultramontanismus construirt („wer auf dem ökonomischen Gebiete an die Nützlichkeit von Fideicommissen glaubt, wer hier mit dem protestantischen Princip der Selbstverantwortlichkeit und freien Concurrenz gebrochen hat, der muß folgerichtig zum Ultramontanismus kommen"), wirklich vorhanden sein sollte, so wäre dieses Institut in einem Staatswesen mit wesentlich protestantischer Bevölkerung und mit einem protestantischen Herrscherhause auch aus diesem Grunde nicht zu begünstigen. Einstweilen sehen wir den Beweis für den obigen Satz durch die von Walcker beigebrachte Convertirungsstatistik noch nicht als erbracht an. Immerhin können wir aber zugeben, daß in der letzten Zeit bei uns der Uebertritt von Protestanten zum Katholicismus eine größere Rolle gespielt hat, als der Uebertritt der Katholiken zum Protestantismus und daß viele Conversionsfälle auf den Adel entfallen. Zur Erklärung dieser Thatsache brauchen aber keineswegs der Fideicommißbesitz der convertirten Familien und die in diesem enthaltenen Tendenzen herangezogen zu werden: erklärt sie sich doch bereits genügend aus anderen Gründen.

und die Schweiz) Kammern mit höchstens lebenslänglich, bisweilen aber auch nur periodisch gewählten Mitgliedern — bekanntlich der unzweckmäßigsten Zusammensetzung, die man einer ersten Kammer geben kann[146]) — und hat doch sogar die deutsche Reichsverfassung von einer solchen ganz Abstand genommen.

Wenn endlich von dem durch Fideicommisse geschützten Adel erwartet wird, daß er eine Stütze des Thrones sein werde, so darf doch wohl auch daran erinnert werden, daß derselbe nicht selten zum Verluste desselben beigetragen hat. Es genügt zum Beleg hierfür an den Antheil zu erinnern, welchen der Adel an dem Sturz der Stuarts, Wasas, der französischen und spanischen Bourbons sowie der Welfen gehabt hat.

Und was den Rapport des Monarchen mit den Massen betrifft, so wird derselbe heutzutage am wirksamsten durch wirklich volksfreundliche Maßregeln namentlich auf socialpolitischem Gebiete hergestellt, für deren Zustandekommen eine durch Fideicommisse geschützte Aristokratie — je nach ihrer Stellung zu diesen Fragen — ebenso sehr ein Hinderniß wie ein Förderungsmittel abgeben kann. Bei der dringenden Nothwendigkeit socialpolitischer Reformen in der Gegenwart und bei der Wahrscheinlichkeit, daß dieselben, wenigstens in den monarchischen Staaten, von oben ausgehen werden, kommt es für die Monarchie in erster Linie darauf an, die sich ihr in dieser Beziehung entgegenstellenden Hindernisse nach Möglichkeit zu verringern.

Wenn der Staat somit aus politischen Gründen gut daran thut, auf den künstlichen Schutz einer Aristokratie zu verzichten, deren Nutzen nicht außer Frage steht, so braucht er damit jedoch nicht auch auf den Adel überhaupt zu verzichten. Denn aristokratische Elemente vermögen sich — trotz der gegentheiligen Annahme des Freiherrn v. Stein — auch ohne künstlichen Schutz bei voller Freiheit des Grundbesitzes aus eigener Kraft zu erhalten, wie noch neuerdings von Walcker[147]) an mehreren der Geschichte verschiedener Völker und Zeiten entnommenen Beispielen gezeigt worden ist. Es wird das um so leichter geschehen können, je mehr der Staat durch zweckmäßige Gestaltung der Testirfreiheit und durch ein die ungetheilte Erhaltung des Grundbesitzes in der Familie begünstigendes Intestat-Erbrecht die Erreichung dieses Zieles indirect befördert.

---

Nachdem wir oben die verschiedenen Licht- und Schattenseiten des Familienfideicommisses in abstracto besprochen und geprüft haben, würde es uns jetzt obliegen, die Vorzüge und Nachtheile dieses Instituts, soweit sie sich als wirklich begründet herausgestellt haben, gegen einander abzuwägen, um auf diesem Wege zu einem Endurtheil über das in Rede stehende Institut zu gelangen. Indeß versprechen wir uns von der weiteren Anwendung dieser abstracten Methode nicht den gewünschten Erfolg.

Wir ziehen es daher vor, behufs Gewinnung eines Schlußresultats, unsere Fragestellung noch weiter zu spezialisiren. Haben wir bisher die verschiedenen Stadien der volkswirthschaftlichen und politischen Entwickelung des Familienfideicommisses unterschieden, so wollen wir jetzt nach den Folgen, die sich für dasselbe

146) (Geffcken,) Reform der preußischen Verfassung S. 98 ff.
147) Walcker, Handbuch der Nationalökonomie Bd. 2 § 33.

in der Gegenwart unter ganz bestimmten Voraussetzungen — und zwar unter den Voraussetzungen, wie sie gegenwärtig für das Familienfideicommiß im Deutschen Reich und in der westlichen Hälfte der österreichisch-ungarischen Monarchie gegeben sind — einstellen werden, fragen. Das bisher für die Gegenwart auf deductivem Wege ermittelte Resultat haben wir dabei als ein vorläufig zur Orientirung dienendes anzusehen und auf demselben weiterzubauen.

Leider fehlt es uns aber für die Beurtheiluug der Voraussetzungen und Folgen des Familienfideicommisses im Deutschen Reich und in Oesterreich so gut wie vollständig an dem wünschenswerthen statistischen Beweismaterial. Das Wenige, was in dieser Richtung vorhanden ist, bezieht sich auf den Umfang des von den Fideicommissen eingenommenen Areals sowie auf die Vertheilung der Culturarten auf demselben. In allen übrigen Beziehungen sind wir zu unserem Bedauern darauf angewiesen, uns auf die Resultate individueller Beobachtung beschränken zu müssen.

Unter den für das Urtheil über die Fideicommisse maßgebenden Voraussetzungen sind hier folgende hervorzuheben:

1) Die meisten der gegen das Familienfideicommiß vorgebrachten Argumente wurzeln in einer individualistischen Lebensauffassung und setzen eine solche auch als herrschende voraus. Sie treffen in Wirklichkeit daher nur dort zu, wo diese Lebensauffassung wirklich allgemeine Verbreitung gefunden und zu einer entsprechenden Sitte geführt hat. Hat sich dagegen in denjenigen Bevölkerungsschichten, in denen das Fideicommiß verbreitet ist, ein starker Familiensinn erhalten, so werden die Folgen unseres Instituts keine so ungünstigen sein, wie häufig angenommen wird. Daß sich in nicht wenigen, namentlich zum deutschen Adel gehörigen Familien ein starker Familiensinn bis auf unsere Zeit erhalten hat, ja daß derselbe in den letzten Jahrzehnten durch Familienverbände und Familientage noch besonders gepflegt worden ist, kann ebenso wenig bestritten werden, wie daß der Individualismus im Allgemeinen auch bei uns große Fortschritte gemacht hat.

2) Ein weiterer Umstand, der für die Beurtheilung des Familienfideicommisses schwer in's Gewicht fällt, ist der Umfang der einzelnen Fideicommißgüter sowie der Umfang des von ihrer Gesammtheit eingenommenen Areals, wobei neben dem durch Fideicommisse gebundenen auch der sonst in fester Hand befindliche Grundbesitz zu berücksichtigen ist.

Was der Freiherr von Stein im Anfange des Jahrhunderts im Hinblick auf das Deutsche Reich bemerkte, dürfte auch jetzt noch im Allgemeinen zutreffen. „Im Deutschen Reich", schrieb er[148]), „ist das Verhältniß des mit Fideicommissen belegten adligen Landes gegen das von anderen Eigenthümern besessene Land gering und entzieht nur weniges dem freien Verkehr."

Suchen wir das Gesagte durch einige Zahlen zu belegen, wobei hervorgehoben werden muß, daß wir nur für die alten Provinzen Preußens und für Oesterreich genaue Zahlen über das Verhältniß des dem Verkehr durch Familienfideicommisse entzogenen Grundeigenthums zu dem im freien Verkehr befindlichen besitzen. Für einige andere Länder müssen wir uns an sehr all-

148) Freih. v. Stein, Staatswirthschaftliche Betrachtungen, bei Pertz, Leben des Freiherrn v. Stein, Bd. 2 S. 457.

gemein gehaltenen Notizen genügen lassen, und für die meisten Länder entbehren wir selbst dieser.

In den 8 alten Provinzen Preußens nehmen die Familienfideicommiß- und Lehengüter 6,45 % des gesammten ertragsfähigen Bodens ein. Und selbst durch Hinzurechnung der Kron- und Fideicommißgüter des königlichen Hauses und des hohenzollern'schen Fürstenhauses wird diese Zahl nur auf 7,00 % erhöht.

Auf die einzelnen Provinzen finden sich die Fideicommiß- und Lehengüter allerdings in sehr ungleicher Weise vertheilt.

Von 100 Morgen ertragsfähigen Bodens entfallen auf diese beiden Eigenthumskategorieen zusammen in den Provinzen:

| Pommern | Schlesien | Brandenburg | Sachsen | Westphalen | Preußen | Posen | Rheinland |
|---|---|---|---|---|---|---|---|
| 15,1 | 11,0 | 8,4 | 7,9 | 6,8 | 1,7 | 1,6 | 1,5 |

Bemerkenswerth ist dabei, daß der Umfang der Familienfideicommiß- und Lehengüter weniger bedeutend ist, als der des staatlichen Grundeigenthums, indem dieses letztere 9,58 % des gesammten culturfähigen Areals einnimmt: davon entfallen auf die Domänen 1,42, auf die Forsten 7,70 und auf das sonstige Eigenthum 0,46 %. Der gesammte in fester Hand befindliche Grundbesitz (also die Güter der Krone und des königlichen Hauses, des Staats, der Gemeinden, Corporationen und Stiftungen, sowie die Lehen- und Fideicommißverbände) nimmt im ganzen Staat 22,93 % der ertragsfähigen Liegenschaften, also mehr als 3 mal soviel Areal wie der Familienfideicommiß- und Lehenbesitz allein ein. Dieser in fester Hand befindliche Grundbesitz vertheilt sich auf die verschiedenen Provinzen folgendermaßen. Es entfallen davon auf 100 Morgen ertragsfähiger Liegenschaften in den Provinzen:

| Pommern | Brandenburg | Rheinland | Sachsen | Schlesien | Preußen | Westphalen | Posen |
|---|---|---|---|---|---|---|---|
| 32,24 | 28,46 | 27,13 | 25,07 | 21,81 | 20,21 | 16,63 | 11,53 |

Die Rangordnung, welche die einzelnen Provinzen nach dem Umfang des in denselben vorhandenen im Allgemeinen in fester Hand befindlichen Grundeigenthums einnehmen, ist demnach eine etwas andere, als diejenige, die ihnen nach dem Umfange des gesammten Familienfideicommiß- und Lehenbesitzes im Speziellen gebührt [149]).

Im Großherzogthum Mecklenburg-Schwerin sind von 592 Lehengütern 62 und von 412 Allodien 44 Fideicommisse, und im Großherzogthum Mecklenburg-Strelitz giebt es 14 Fideicommisse, zu denen 14 Güter gehören [150]).

149) Meitzen, Der Boden Bd. 1 S. 526 ff.

150) Neubauer, Zusammenstellung des in Deutschland geltenden Rechts betreff. Stammgüter, Familienfideicommisse u. s. w., Berlin 1879, S. 6.

Im Herzogthum Braunschweig giebt es 42 Gutscomplexe, die ein Grundsteuercapital von 9000 Mark und darüber aufweisen und daher nach der bestehenden Gesetzgebung die Familienstammgutsqualität erwerben könnten: darunter übrigens 5 Complexe bäuerlichen Grundbesitzes. Indeß giebt es in Braunschweig thatsächlich nur 8 Familienstammgüter mit einem Areal von zusammen 5000 ha, welches 2,5 % des privaten und 1,4 % des gesammten fruchttragenden Grundeigenthums ausmacht. Dazu kommen 5 sog. Pertinenzgüter mit 1300 ha Areal = 0,6 % des privaten und 0,4 % des gesammten Grundbesitzes[151]).

Im Herzogthum Altenburg bestehen 13 Fideicommisse mit einem Gesammtflächeninhalt von 4375 alt. Acker oder 2806,88 ha, davon umfassen 2 weniger als 10, 1 = 38, 1 = 113, 4 zwischen 200 und 300, 2 zwischen 300 und 400, 1 = 475, 1 = 721 und 1 = 1437 alt. Acker[152]).

Im Herzogthum Sachsen-Gotha befinden sich außer dem herzoglich-Sachsen-Coburg-Gothaischen Gesammthause und dem herzoglich Sachsen-Gothaischen Spezialhause nur noch die Familien v. Wangenheim und v. Seebach im Besitz von Fideicommißgütern.

Im Fürstenthum Reuß j. L. hat neben dem landesherrlichen Domanial- und Cameraleigenthum eine verhältnißmäßig nicht unbedeutende Zahl von Rittergütern die Fideicommißqualität.

Im Großherzogthum Baden befinden sich außer den Stammgütern des großherzoglichen Hauses und der standesherrlichen Familien Fürstenberg, Leiningen, Loewenstein, v. d. Leyen u. s. w. Stammgüter auch im Besitz folgender dem grundherrlichen Adel angehörigen Familien: v. Göler, v. Bodman, v. Neveu, v. Kageneck, v. Andlaw, v. Rüdt, Zorn v. Bulach u. s. w.[153]).

Die vollständigsten Nachrichten über den Antheil, den das durch Familienfideicommisse gebundene Grundeigenthum an dem gesammten Grund und Boden hat, besitzen wir jetzt für Oesterreich. Diese Nachrichten haben außerdem den Vorzug, daß sie aus jüngster Zeit — aus dem J. 1882 — stammen. In diesem Jahr wurde nämlich seitens des k. k. Justizministeriums eine Erhebung über den realen und pecuniären Vermögensstand der Fideicommisse angeordnet, deren Resultate uns in einer sehr instructiven Arbeit des derzeitigen Directors des Bureaus für administrative Statistik in Oesterreich, Hofrath v. Inama-Sternegg, vorliegen[154]).

Hiernach besitzt Oesterreich 292 Realfideicommisse, zu denen 880 einzelne Güter mit einem Gesammtareal von 1 140 192,628 ha gehören. An der Gesammtarea des Reichs participiren die Realfideicommisse nur mit 3,80 %, an der Area derjenigen Länder, welche überhaupt Fideicommisse haben, mit 4,075 %. Indeß liegt uns in diesen Procentsätzen nur ein Durchschnitt aus sehr verschiedenartigen Größen vor. Es vertheilen sich die Fideicommisse auf die einzelnen Kronländer derart, daß ihr Areal ausmacht in Procenten des Gesammtareals:

151) Lüderssen, Die Befreiung und Mobilisirung des Grundbesitzes im Herzogthum Braunschweig, Braunschweig 1881, S. 83.

152) Hildebrand, Agrarstatistik Thüringens, Bd. 1 Hälfte 1 S. 10.

153) Neubauer a. a. O. S. 4, 8, 10.

154) v. Inama-Sternegg, Die Familienfideicommisse in Oesterreich, in der Oesterreichischen statistischen Monatsschrift, 9. Jahrg. 10. Heft S. 4, 9.

| Nieder-österreich | Ober-österreich | Steier-mark | Kärnthen | Krain | Küsten-land | Tirol und Vorarl-berg | Böhmen | Mähren | Schlesien | Galizien | Dalmatien |
|---|---|---|---|---|---|---|---|---|---|---|---|
| 6,32 | 5,04 | 1,06 | 6,83 | 4,87 | 0,16 | 0,03 | 11,15 | 7,99 | 3,43 | 0,38 | 0,38 |

Es nehmen somit die Fideicommißgüter durchschnittlich einen verhältnißmäßig geringen Theil des Gesammtareals in Preußen sowohl wie in den anderen deutschen Ländern und ebenso auch in der westlichen Hälfte Oesterreichs ein. Im Durchschnitt der 8 alten Provinzen Preußens finden sich nur 6,45 % des ertragsfähigen Bodens und in Oesterreich gar nur 4,08 % des gesammten Bodens durch Familienfideicommisse vinculirt. Dieser Procentsatz stellt sich indeß schon bedeutend höher, nämlich in Preußen auf 22,93 %, also auf fast den vierten Theil des culturfähigen Areals, wenn man den übrigen in fester Hand befindlichen Grundbesitz hinzurechnet.

Im Hinblick auf diese Durchschnittszahlen allein dürfen wir also mit dem Freiherrn von Stein sagen, daß mit dem Fideicommißbesitz im Deutschen Reich und in Oesterreich wesentliche Nachtheile nicht verbunden sein können, weil diese erst dann eintreten, wenn große Massen von Grundeigenthum sich vinculirt finden.

Anders muß unser Urtheil allerdings lauten, wenn wir einzelne Gegenden, seien es nun Provinzen oder noch kleinere Territorial-Abschnitte, Regierungsbezirke oder Kreise, in's Auge fassen. Hier finden wir, daß die Fideicommisse in ihrer Gesammtheit viel stärker hervortreten als nach den obigen Durchschnittszahlen. Wir erwähnen beispielsweise die Provinz Pommern, in der sich 32,4 % alles culturfähigen Bodens in fester Hand und wenigstens 15,1 % im Fideicommißbesitz befinden, ferner die Provinz Schlesien mit 11,10 % durch Fideicommisse gebundenen Besitzes. Auch innerhalb Oesterreichs nimmt der fideicommissarisch gebundene Boden in Mähren 7,99 und in Böhmen sogar 11,15 % des Gesammtareals ein.

Wo sich die Tendenz zeigt, einen beträchtlichen Theil des Grund und Bodens in einzelnen Familien festzulegen und dadurch die Latifundienbildung zu begünstigen, da hat der Staat nicht nur das Recht, sondern auch die Pflicht, durch definitives Verbot oder doch durch zeitweilige Beschränkung der Errichtung von Familienfideicommissen weiterem Schaden vorzubeugen.

Wenn wir die von C. Walcker[155]) mitgetheilten Angaben über den colossalen Umfang des Grundeigenthums einer nicht geringen Anzahl von Personen im Deutschen Reiche für vollständig zuverlässig halten könnten, so würden wir nicht zweifelhaft sein, daß den Staaten schon jetzt die ernste Pflicht obliege, diese bereits weit vorgeschrittenen Latifundienbildungen ernstlichst in's Auge zu fassen und nach Mitteln zu suchen, um ihrer weiteren Ausbreitung zu steuern. Einstweilen aber halten wir es wenigstens für eine dringende Aufgabe der einzelnen deutschen Staaten, den von Walcker angedeuteten Spuren nachzugehen und sich vollständige Klarheit und Gewißheit über den Umfang der Latifundienbildung zu verschaffen.

155) C. Walcker, Handbuch der Nationalökonomie, Bd. 2 S. 269 ff.

3) Von wesentlichem Einfluß auf das Urtheil über die Fideicommisse eines Landes wird sodann die Stellung sein, die der Fideicommißbesitzer zur Landwirthschaft, sowie zum ganzen Culturleben seines Volkes, namentlich aber zum Staat und seinen Aufgaben einnimmt.

So führt Le Play an, daß im alten Frankreich die Fideicommisse ohne Widerspruch bestanden, so lange der Adel sich durch seine Tugenden und Dienste über die anderen Classen erhob. Als derselbe dann aber zum Hofadel wurde und Ansehen und Achtung im Volke verlor[156]), wurden auch die Familienfideicommisse allgemein verurtheilt. Diese Verurtheilung war eine um so strengere, als in Isle de France nur die Güter der Adeligen durch Fideicommisse vor der Zersplitterung geschützt waren, während die Güter der Bürger und Bauern vertheilt werden konnten, so daß hierdurch der Adel ein künstliches Uebergewicht über die anderen Classen erhielt.

Von einer solchen Geringschätzung — wie sie der französische Adel vor der Revolution vielfach erfuhr — hat sich der deutsche Adel im Allgemeinen und der fideicommißbesitzende im Speziellen in der Gegenwart frei zu halten gewußt, wenngleich er andrerseits auch wieder nicht die festen Wurzeln in unserem von demokratischen Ideen beherrschten Volke besitzt, wie die englische nobility und gentry im englischen Volke. Und zwar besitzt er sie nicht, weil er es bisher im Allgemeinen — abgesehen von einzelnen hervorragenden Ausnahmen — verschmäht hat, die vorwärts strebenden Elemente unseres Volks zu führen.

Im Uebrigen haben wir der Stellung der deutschen Fideicommißbesitzer zu den ihnen zufallenden Aufgaben oben bereits mehrfach gedacht. Wir weisen hier noch besonders auf das über die Cultivirung des Fideicommißbodens und speziell über die Bedeutung der Pecuniarfideicommisse für diese, über den Einfluß der allgemeinen Wehrpflicht auf die Ausbildung des Fideicommißbesitzers u. s. w. Gesagte hin.

Wie der Stand der Großgrundbesitzer im Allgemeinen, so haben namentlich die Fideicommißbesitzer ihr künftiges Schicksal daher selbst in Händen. Wir können in dieser Beziehung A. Wagner[157]) vollständig beistimmen, wenn er sagt: „Wo der Stand der großen Grundbesitzer — und fügen wir hinzu: speziell der Familienfideicommißbesitzer — seine ökonomisch auf den Bezug der Grundrente basirte sociale Stellung im wahren Interesse der Gesammtheit benutzt, im politischen Ehrenamtsdienst der Selbstregierung, in der Ausbildung und Vertheidigung der Volksfreiheiten, wozu er so besonders geeignet ist, in der Pflege der höheren Culturinteressen des Volkes, in caritativen Leistungen, auch als Leiter und Verbreiter wirthschaftlicher und technischer Fortschritte, z. B. speziell im Ackerbau; wo dieser Stand mit einem Wort die guten Seiten einer tüchtigen Aristokratie zeigt und der wahre Führer des Volkes ist, seine Stellung wie ein Amt, seinen vermeintlich rein privatrechtlichen Rentenbezug wie eine öffentliche Besoldung betrachtet, was sie nach richtiger socialrechtlicher Auffassung ist, ein Amt, eine Besoldung, welche in erster Linie sociale Pflichten

156) Zur Charakteristik der geringen Achtung, welche die höheren Classen in Frankreich vor der großen Revolution genossen, führt Le Play folgenden Ausspruch aus Montesquieus Pensées diverses an. Hier heißt es: Je disais à un homme: „Fi donc! vous avez les sentiments aussi bas qu'un homme de qualité." Le Play, La réforme sociale Bd. 1 S. 255, 305.

157) A. Wagner, Allgemeine Volkswirthschaftslehre. Erster Theil: Grundlegung, 2. Auflage Heidelberg 1879, S. 741.

auferlegen, erst in zweiter Linie private Rechte geben, .... da liegt der große Grundbesitz auch heute in einem vorherrschend demokratischen Zeitalter unserer Culturvölker ... im nationalen Interesse“, ja da wird die Idee einer Beseitigung des Familienfideicommißinstitutes nicht leicht durchdringen.

4) Ein weiterer wichtiger Punkt, von dem die Beurtheilung des Familienfideicommisses unter gegebenen Verhältnissen abhängt, ist seine rechtliche Gestalt. Wir haben oben gezeigt, wie stark dieselbe in ihrer particularrechtlichen Normirung von der des gemeinen Rechts abweicht.

Die physiokratisch-Smith'sche Richtung in der Nationalökonomie und die mit derselben im Zusammenhang stehende Bewegung, welche eine Erweiterung der individuellen Freiheit und eine Durchführung der Gleichheit anstrebte, durchzitterte seit dem Schluß des vorigen Jahrhunderts ganz Europa. Sie hatte ihre Folgen auch für das Familienfideicommiß, indem sie dasselbe in Frankreich und mehreren anderen Staaten, zu denen auch die zeitweilig unter französische Herrschaft gerathenen deutschen Länder gehörten, beseitigte. In den selbständig gebliebenen deutschen Staaten ging man gegen das Fideicommiß aber nicht so radical vor, indem man sich darauf beschränkte, das Familienfideicommiß dem allgemeinen Recht anzunähern oder indem man die durch die Stiftungsurkunde begründeten starren Normen doch durch Beschlüsse der corporativ organisirten Familie zu mildern gestattete. Der letztere Weg ist hauptsächlich in Preußen, der erstere zugleich hier und in den übrigen deutschen Staaten eingeschlagen worden.

Versuchen wir nun, die an dem gemeinrechtlichen Fideicommiß vorgenommenen wesentlichen Veränderungen hervorzuheben und zu würdigen.

a. Das im Adel seinen Ursprung habende Institut wurde durch die Landesgesetzgebung der meisten Staaten ausdrücklich oder stillschweigend auf alle Volksclassen ausgedehnt. Nur das bayerische und badische Recht machen von dieser Regel heute noch eine Ausnahme. Aber durch diese Verallgemeinerung des Rechts zur Fideicommißerrichtung ist nicht auch factisch eine Verbreitung dieses Instituts über den Kreis des Adels hinaus erreicht worden. Fideicommisse kommen auch heute fast nur in adeligen oder solchen Familien vor, welche — um mit Gerber zu sprechen — das Wesen des Adels in sich aufgenommen haben.

b. Wenn die neueren Gesetze fast ausnahmslos den Principalgegenstand des Familienfideicommisses auf land- oder forstwirthschaftlich benutzte Grundstücke beschränken, so entspricht das der Unvergänglichkeit und der mit den wachsenden Ansprüchen der Familie in der Regel gleichen Schritt haltenden Wertherhöhung des Grundbesitzes. Für die dauernde Verbindung von Geldcapitalien mit bestimmten Familien empfiehlt sich dagegen die Form der Familienstiftung mehr als die des Familienfideicommisses.

Um eine Gewähr dafür zu haben, daß die Familienfideicommisse auch wirklich die Idee zu realisiren vermögen, welche ihnen zu Grunde liegt, haben mehrere Gesetze ein bestimmtes in Geld ausgedrücktes Werth- oder Ertragsminimum für die zu vinculirenden Güter festgestellt. Und während nach der Gesetzgebung einiger dieser Staaten das Werth- oder Ertragsminimum dem jeweiligen Fideicommißeigenthümer zu voller freier Verfügung zustehen soll, ist in anderen Staaten noch eine Belastung desselben bis zu einer gleichfalls gesetzlich fixirten Quote mit Schulden, Apanagen, Witthümern, Aussteuern statthaft. In Folge der sehr niedrigen Normirung der Minima wird nun aber keineswegs bewirkt, daß der gesetzlich normirte Minimalertrag solcher Güter (derselbe beträgt in Braunschweig 3000, in Preußen 1250, in Hannover 800 Thaler) bereits genügt, um dem Fideicommißeigenthümer und seiner Familie die Stellung einer den mittleren, geschweige denn den höheren Classen angehörigen Familie zu sichern. Und dies zwar um so weniger, je stärker im Laufe der Zeit die gesellschaftlichen Ansprüche steigen und der Geldwerth — in dem das Minimum seinen Ausdruck findet — sinkt. Auch bieten diese niedrigen Minimalerträge keinerlei Garantie dafür, daß der Fideicommißeigenthümer im Stande sein werde, außerordentliche Calamitäten, die ihn und seinen Besitz treffen können, zu überwinden und auf seinem Gute die nöthigen Meliorationen vorzunehmen.

Entbehrt schon überhaupt die Fixirung eines Ertrags- oder Werthminimums, welches das durch Familienfideicommisse zu vinculirende Vermögen erreichen muß, eines zureichenden Grundes, da nach den bisherigen Ausführungen die Gefahr, daß zu kleine Güter durch Fideicommisse vinculirt werden, überhaupt nicht vorhanden ist, so müssen wir uns vollends gegen so niedrig gegriffene Minimalbestimmungen und ihren Ausdruck in Geld erklären. Minima, wie sie z. B. in Preußen bestehen, erscheinen, wie Lewis (Fideicommißbestimmungen S. 473) richtig bemerkt, „mehr unter dem Gesichtspunkte einer der betreffenden Familie zukommenden Unterstützung, als eines den Glanz und das Ansehen derselben sichernden Einkommens".

Zudem besitzt der Staat in dem hohen Stempel, der bei der Errichtung von Fideicommissen in manchen Staaten, wie z. B. in Preußen, erhoben wird, ein viel wirksameres Mittel, der Errichtung von Fideicommissen überhaupt und der Vinculirung kleiner Vermögen im speziellen entgegenzuarbeiten, als in den Minimalbestimmungen [158]).

Das wird auch in jenen Kreisen, in denen man sich für die Verbreitung des fideicommissarisch gebundenen Besitzes interessirt, vollständig anerkannt. Deshalb sind in den Jahren 1853, 1856, 1857 und 1858 im preußischen Herrenhause Anträge auf Herabsetzung des Stempels der Stiftungsurkunden auf 1% „des nach einem landesüblichen Wirthschaftsanschlage zu ermittelnden Gutswerthes" eingebracht und angenommen worden, freilich ohne daß sie die Zustimmung der Staatsregierung gefunden hätten.

Wenn wir somit die Gefahr der Vinculirung allzu kleiner Güter in der Gegenwart als ausgeschlossen ansehen, so gilt dasselbe doch nicht auch hinsichtlich der Gefahr, daß allzu große Grundbesitzmassen festgelegt werden.

Im Interesse der Erhaltung einer gesunden Vertheilung des Grundeigenthums ließe sich daher — im Gegensatz zu den abzuschaffenden Minima — die Einführung von Flächen-, Werth- oder Ertragsmaxima, welche die in einer Hand befindlichen Fideicommißgüter nicht übersteigen dürfen, wohl rechtfertigen. Damit wäre freilich der durch den Fideicommißbesitz drohenden Gefahr einer Verschiebung der bestehenden Grundeigenthumsverhältnisse nur in unvollkommener

158) v. Schorlemer-Alst, Die Lage des Bauernstandes in Westphalen, Münster 1864, S. 8.

Weise vorgebeugt. Denn verhütet wäre durch die Feststellung solcher Maxima nur die Festlegung einzelner Latifundien, nicht aber auch die Vinculirung eines beträchtlichen Theiles vom Gesammtareal durch eine Anzahl mittelgroßer Fideicommißgüter, deren Umfang aber gleichwohl im einzelnen das Maximum nicht übersteigt. Eine beträchtliche Anzahl Güter von geringerer Größe, durch die ein großer Theil des Bodens dem freien Verkehr entzogen wird, kann aber unter Umständen für ein Land nicht viel weniger nachtheilig sein, als einige wenige Latifundien. Auch läßt sich nicht verkennen, daß der praktischen Durchführung solcher Maximalbestimmungen große Schwierigkeiten entgegenstehen. Bei dem heutigen Zustande der Verschuldung mancher Fideicommißgüter lassen sich Maxima ebenso wie Minima nur in der Form von Gelderträgen ausdrücken. Diese sind aber wieder so außerordentlich wechselnd, und zwar nicht nur in Folge der verschiedenen Bewirthschaftung, sondern auch in Folge der sich verändernden Conjuncturen, daß ein und dasselbe Gut bald das Maximum nicht erreichen, bald dagegen dasselbe überschreiten wird. Zudem würde eine solche Bestimmung reichen Anlaß zu willkürlicher Interpretation seitens der Behörden und zur Umgehung seitens der Fideicommißbesitzer geben. Aber die meisten dieser Gründe lassen sich auch gegen Minima geltend machen, und da dieselben die Gesetzgebung nicht abgehalten haben, für das Fideicommiß eine Grenze nach unten zu ziehen, so hätten sie folgerichtig auch die Fixirung von Maxima nicht verhindern sollen. Indeß hat doch nur das badische Landrecht für die Stammgüter des Herrenstandes und Ritterstandes eine obere Grenze gezogen. Das preußische Landrecht dagegen erschwert nur die Errichtung von Fideicommissen, sofern ihr Werth über ein bestimmtes Maximum hinausgeht: bestehen sie nämlich aus Landgütern, deren Reinertrag die Summe von 10 000 Thalern übersteigt, so ist zu ihrer Errichtung die landesherrliche Genehmigung erforderlich. Nun könnte man annehmen, dem Erforderniß der Genehmigung von Fideicommissen — welche Genehmigung seitens des Landesherrn (Preußen, Hessen-Darmstadt, Hannover, Sachsen-Weimar, Baden, Braunschweig, Anhalt, Sachsen) oder seitens der Aufsichtsbehörde (Bayern, Altenburg, Gotha, für Fideicommisse mit einem geringeren Ertrage als 10 000 Thaler auch Preußen) zu erfolgen hat — liege der Gedanke zu Grunde, daß diese Genehmigung versagt werden kann und soll, wenn der Volkswirthschaft aus einem Uebermaß gebundenen Grundeigenthums erhebliche Gefahren drohen. Unseres Wissens pflegt indeß eine Prüfung der Fideicommisse auf diesen letzteren Punkt nicht stattzufinden. Und auch das von dem österreichischen bürgerlichen Gesetzbuch, sowie von dem österreichischen Gesetz vom 13. Juni 1868 ergriffene Mittel, die Errichtung von Familienfideicommissen dadurch zu erschweren, daß man ihre Genehmigung auf den Gesetzgebungsweg verwies, hat bei der großen Leichtigkeit, mit der der österreichische Reichsrath solche Beschlüsse zu fassen pflegt, bisher nur die Verzögerung der Bewilligung, keineswegs aber die Inhibirung der Errichtung neuer Fideicommisse und der Vergrößerung bestehender zur Folge gehabt.

Es ist demnach im Allgemeinen — von Baden abgesehen — durch die neuere Gesetzgebung und Praxis wohl dafür Sorge getragen, daß das Familienfideicommiß nicht zu kleine, nicht aber auch in gleicher Weise, daß es nicht zu große Güter umfasse; namentlich aber nicht, daß die Fideicommisse eines Landes keinen zu großen Theil des gesammten Bodens dem freien Verkehr entziehen.

c. Um dem Fideicommißeigenthümer in denjenigen Fällen, in denen er selbst kein genügendes Capital besitzt und sich dasselbe ohne Realsicherheit auch nicht verschaffen kann, die Aufnahme von Darlehen zu ermöglichen, wird ihm durch die neuere Gesetzgebung in viel größerem Umfange die Belastung des Fideicommißgutes selbst oder doch wenigstens seiner Früchte mit Schulden gestattet, als dies nach gemeinem Recht zulässig war. Immerhin soll die Belastung des Fideicommißgutes mit Schulden hauptsächlich nur geschehen dürfen zum Zweck der Erhaltung und Wiederherstellung, wie einige Gesetze verlangen, oder auch zur Verbesserung und zum Nutzen desselben, wie andere gestatten. Die preußische Gesetzgebung geht auch in dieser Beziehung weiter.

d. Wie die Verschuldung, so ist auch der Verkauf des ganzen Fideicommißgutes, sowie namentlich einzelner Parzellen desselben ausnahmsweise gestattet. Auch für diese Acte wird vorausgesetzt, daß sie für das Fideicommiß nothwendig oder doch nützlich seien.

Doch ist sowohl die Contrahirung von Fideicommißschulden, wie die totale oder theilweise Veräußerung des Fideicommißgutes gewöhnlich von der Zustimmung oder doch wenigstens von der Anhörung sämmtlicher Anwärter und meist auch von der Bestätigung der Aufsichtsbehörde oder des betreffenden Ressortministers oder sogar des Landesherrn abhängig gemacht.

Die Beschreitung dieses Weges ist so weitläufig und kostspielig, daß der Fideicommißeigenthümer ihn gewiß nur selten betreten wird.

Von größerer praktischer Tragweite dagegen dürfte die Bestimmung des preußischen Rechts sein, daß es zur Aufnahme von Fideicommißschulden, sowie zum Verkauf einzelner Theile des Fideicommißgutes in gewissen Fällen nur der Zustimmung zweier Anwärter bedarf. An diese Bestimmung hätte unserer Ansicht nach jede weitere Entwickelung der Fideicommisse, die sich die Aufgabe setzen wollte, dieses Institut auch in der Zukunft zu erhalten, anzuknüpfen. Wir stimmen in dieser Beziehung mit Gierke[159]) vollständig überein, wenn er in der corporativen Organisation der fideicommißbesitzenden Familien, sowie in den diesen Organisationen einzuräumenden Befugnissen das geeignetste Mittel zur Beseitigung der gegen die Fortdauer des ganzen Instituts erhobenen Einwände erblickt.

e. Eine weitere Annäherung an das gemeine Recht enthalten auch einige Particulargesetze, wenn sie dem Fideicommißeigenthümer die Apanagirung und Ausstattung seiner Geschwister, sowie die Auswerfung eines Witthums an die Wittwe seines Vorgängers vorschreiben. Gegenüber dem älteren Fideicommißrecht, welches für die Geschwister des Fideicommißeigenthümers gar nicht sorgte, sondern dies der Sitte und den Dispositionen des Erblassers überließ, ist dies ein Fortschritt im Sinn einer Annäherung des Fideicommißinstituts an das allgemeine Recht. Doch wird bei dem in dieser Beziehung Erreichten nicht stehen zu bleiben sein. Denn Apanagen von einigen hundert Mark an die einzelnen Geschwister, während der Fideicommißeigenthümer über Hunderttausende im Jahr verfügt, wie sie in Westphalen vorkommen sollen, widersprechen zu sehr dem Rechtsgefühl unserer

159) Gierke, Die juristische Persönlichkeit des hochadeligen Hauses, in Grünhuts Zeitschrift für das private und öffentliche Recht der Gegenwart, Bd. V 1878 S. 587.

Zeit, als daß sie auf die Dauer haltbar wären[160]. Und ebenso sehr widerspricht es unseren heutigen Rechtsanschauungen, wenn für den Fall, daß der verstorbene Eigenthümer keine männlichen Erben hinterlassen hat und das Fideicommißgut an einen weitläufigen Vetter übergeht, die Wittwe und Töchter in bedrängten Verhältnissen zurückbleiben.

Soll das Fideicommiß auch ferner bestehen bleiben, so muß in dieser Beziehung Wandel geschafft werden.

Wenn wir hiermit einer reichlicheren Ausstattung der Geschwister des Fideicommißerben resp. Versorgung der Wittwe seines Vorgängers, als sie gegenwärtig üblich ist, das Wort reden, so geschieht dies jedoch nur in der Voraussetzung, daß die Geschwister des Fideicommißbesitzers nicht bereits bei Lebzeiten der Eltern ausgestattet worden sind, und nur zu dem Zweck, um ihnen die Mittel zur Erwerbung einer selbständigen wirthschaftlichen Existenz und für den Fall ihrer Erwerbsunfähigkeit (Kinder, Altersschwache, Gebrechliche) zur Führung eines standesgemäßen Lebens zu verschaffen. Wir wollen also auch hier wie überhaupt (s. erste Abtheilung dieser Arbeit S. 274) nicht mehr, als die auf dem Familienvater und Ehemann bei Lebzeiten ruhende Verpflichtung zur Alimentirung und Ausstattung seiner Kinder, sowie zur Versorgung seiner Frau — und zwar ohne Beschränkung auf die Nothdurft, sondern mit Ausdehnung auf den herkömmlichen Lebensunterhalt — auf seinen Nachlaß übertragen. Wird durch eine solche Verpflichtung bei Vorhandensein einer größeren Anzahl von Alimentationsberechtigten der Fideicommißbesitzer auch stark belastet, so ist das eben nur die Consequenz einer zahlreichen Nachkommenschaft: eine Consequenz, die das Fideicommißinstitut anerkennen muß, wenn es sich nicht in Widerspruch mit den Grundsätzen des Rechts und der Billigkeit setzen will. Darbt dann auch die eine Generation, so geht es der anderen wohl wieder besser.

Es kann daher von diesem Standpunkte aus nicht gebilligt werden, wenn die neuere Gesetzgebung ein für allemal gewisse Pauschalsummen als Maxima für die Gesammtheit der von dem Fideicommißbesitzer auszuzahlenden Witthümer, Apanagen, Ausstattungen fixirt und dabei auf die Zahl der Kinder, ihre Bedürftigkeit u. s. w. nicht Rücksicht nimmt.

f. Wenn die Verpachtung des ganzen Fideicommißgutes oder einzelner Theile desselben, wie wir oben erwähnten, unter Umständen ein Mittel sein kann, um dasselbe in gehörige Cultur zu bringen, so muß diese Art der Benutzung des Fideicommißgutes möglichst begünstigt werden. Dazu gehört aber, daß der Pachtvertrag, auch der auf längere Zeit abgeschlossene, nicht mit dem jedesmaligen Tode des Fideicommißeigenthümers aufgelöst werde. Denn aus einem Verhältniß, das jeden Augenblick gelöst werden kann, wird der Pächter den möglichst großen augenblicklichen Gewinn zu ziehen suchen und es vermeiden, das Pachtobject in nachhaltiger Cultur zu erhalten oder gar weit aussehende Meliorationen zu machen. Wie schwer es aber hält, eine vertragsmäßig ausbedungene Instand-

160) Von einem am Rhein gelegenen Fideicommißvermögen wird berichtet, daß die ständigen Einkünfte aus demselben sich auf 720000 Mk. belaufen, während von dieser Summe an Apanagen die winzige Summe von 6000 Mk. bezahlt wird. De Porta, Im neuen Reich 1880 Nr. 49 S. 811.

haltung und Meliorirung von ländlichen Grundstücken auch wirklich durchzusetzen, wenn das Interesse des Pächters diesen Aufwendungen widerspricht, ist allgemein bekannt.

Nach gemeinem Recht und nach einer Reihe von Landesgesetzen ist der Fideicommißnachfolger noch heute an den von seinem Vorgänger abgeschlossenen Pachtvertrag nicht gebunden. Allein andere Landesgesetze heißen den Fideicommißnachfolger die Pachtverträge seines Vorgängers doch anerkennen, sofern dieselben nicht über eine bestimmte Anzahl von Jahren hinaus abgeschlossen sind; das Maximum hierfür beträgt nach dem bayerischen Edict 9, und nach der hessen-darmstädtischen Gesetzgebung 12 Jahre. Ja nach dem österreichischen bürgerlichen Gesetzbuch binden selbst die von dem Fideicommißeigenthümer abgeschlossenen Erbpachtverträge seinen Nachfolger, falls dem Abschluß die Vernehmung sämmtlicher lebenden Anwärter und des Fideicommißcurators, sowie die Genehmigung der zuständigen Gerichtsbehörde vorhergegangen ist. Und in Mecklenburg ist der Fideicommißeigenthümer berechtigt, wenigstens einen Theil des Gutsareals in Erbzins zu vergeben. Durch die mecklenburg-schwerinsche Verordnung vom 20. Mai 1868 ist nämlich dem Besitzer eines Rittergutes gestattet, 2% des Gutsareals zu Erbzinsstellen wegzugeben, ohne daß es hierzu der Beibringung des agnatischen oder lehnsherrlichen Consenses, außer in dem Fall, wenn das Gut zum Heimfall steht, bedarf. Von dieser Ermächtigung darf auch der Eigenthümer von Fideicommißgütern Gebrauch machen, sofern ihm dies nicht durch die Stiftungsurkunde speziell untersagt ist [161]).

In Preußen dagegen ist durch das Gesetz vom 2. März 1850 die Errichtung von Erbpacht- und Erbzinsstellen überhaupt, demnach auch auf Fideicommißgütern untersagt. Wie hier aber der Abverkauf kleiner Parcellen von Fideicommißgütern gestattet ist, so müßte diese Bestimmung nach dem Vorbilde der mecklenburgischen Gesetzgebung auch auf den Fall der erbzins- und erbpachtweisen Vergebung einzelner Theile des Fideicommißgutes ausgedehnt werden.

An den nöthigen Anregungen hierfür hat es in den letzten Jahren nicht gefehlt. Dieselben hatten in erster Linie die Domänen in's Auge gefaßt, von deren erbpachtweiser Zerlegung in Bauer- und Häuslerstellen man sich in Gegenden mit ausschließlichem Großgrundbesitz die Begründung eines gesicherten Bauern- und eines seßhaften Arbeiterstandes versprach. Aber auch die Eigenthümer großer Fideicommißgüter würden wahrscheinlich von der ihnen eingeräumten Befugniß, Erbpachtstellen zu errichten, den weitesten Gebrauch machen.

Und ebenso wie gegenwärtig in Preußen, so ist bereits am Anfang des Jahrhunderts in Bayern die Anregung gegeben worden, die §§ 48—52 des Edicts über Fideicommisse dahin abzuändern, daß jeder Fideicommißinhaber auf seinem Boden Ansiedelungen anlegen und über dieselben Erbpachtverträge errichten dürfe, insofern nur die Staatswirthschaftsbehörde bei solchen Veränderungen kein Bedenken findet und die vollständige Sicherung der Fideicommißrente nachgewiesen wird.

161) Bericht der vom Mecklenburgischen patriotischen Verein ernannten Commission zur Berathung über die Verhältnisse der ländlichen Arbeiterclassen u. s. w. in Mecklenburg, Schwerin 1873, S. 80.

Es ist daher zu fordern, daß die bayerisch-hessischen Bestimmungen über die Verbindlichkeit von Zeitpachtverträgen und die österreichisch-mecklenburgischen Bestimmungen über die Verbindlichkeit von Erbpacht- und Erbzinsverträgen für die Fideicommißnachfolger desjenigen, der sie abgeschlossen hat, verallgemeinert werden. Wünschenswerth ist dann noch, daß den Zeitpächtern beim Verlassen ihrer Pachtstelle eine Entschädigung für die von ihnen vorgenommenen allgemeinen und speziellen Meliorationen zugesichert werde, wie dies jetzt allgemein in den deutschen Ostseeprovinzen Rußlands und in Irland, sowie stellenweise auch in Schottland geschieht. —

Wir gelangen somit bei Beurtheilung der neueren sich auf das Familienfideicommiß beziehenden Gesetzgebung zu dem Resultat, daß dieselbe unser Rechtsinstitut dem allgemeinen Recht wohl um ein Bedeutendes angenähert hat, daß aber noch manches zu thun übrig bleibt, um diese singuläre Rechtsbildung mit dem allgemeinen Rechtsbewußtsein und den socialwirthschaftlichen Postulaten unserer Zeit in Einklang zu bringen.

Während wir somit von einer weiteren Annäherung des Fideicommißrechts an das allgemeine Recht im Sinn der bisherigen deutschen particularrechtlichen Entwickelung die Beseitigung der hauptsächlichen Schattenseiten dieses Instituts erwarten, knüpfen dagegen Andere ihre Vorschläge an das englische Entail an und befürworten eine Umgestaltung des deutschrechtlichen Familienfideicommisses im Sinne des englischen Musters, so daß die Beschränkung des Grundeigenthümers bezüglich der Veräußerung, Theilung und Verschuldung des vinculirten Gegenstandes in Zukunft nicht mehr für ewige Zeiten, sondern nur für einige Generationen oder gar nur für eine Generation zu erfolgen hätte [162]).

Zu den Vertretern des Entailgedankens in Deutschland gehören namentlich Helferich, Geffcken, Beseler, Jolly und Schäffle [163]).

Diesen Bestrebungen liegt der richtige Gedanke zu Grunde, daß Substitutionen sich nur rechtfertigen lassen für Zeiten und Personen, die der Erblasser noch übersehen kann, nicht aber auch für Zeiten, deren socialwirthschaftliche Bedürfnisse, und für Personen, deren Beschaffenheit dem Erblasser gänzlich unbekannt sind.

Vielleicht lassen sich auch die Reformbestrebungen der neueren deutschen und speziell der preußischen Fideicommißgesetzgebung in Verbindung bringen einerseits

162) Nach englischem Intestaterbrecht geht das unbewegliche Vermögen an den ältesten Sohn allein, das bewegliche (nach Abfindung der Wittwe mit einem Drittel) zu gleichen Theilen an sämmtliche Kinder über. Die englische Gesetzgebung gestattet aber außerdem die Bildung von Fideicommißgütern (entails) in der Weise, daß das Grundeigenthum von dem Erblasser einer oder mehreren lebenden Personen und darüber hinaus einer noch ungeborenen Person zu stiftungsmäßiger Nutzung (settlement) überlassen werde; jedoch wird das Fideicommiß gewöhnlich in jeder neuen Generation nach den eingetretenen besonderen Verhältnissen erneuert bezw. verlängert.

163) Helferich, Studien u. s. w. in der tübinger Zeitschrift für die ges. St.W., Jahrg. 1854 S. 123 ff. Beseler, System des gemeinen deutschen Priv.R., Bd. 3 § 176. (Geffcken,) Die Reform der preußischen Verfassung, Leipzig 1870, S. 113. Jolly in der münchener Kritischen Ueberschau für deutsche Gesetzgebung und Rechtswissenschaft, Bd. 6 Heft 3 S. 330 ff. Schäffle, Das gesellschaftliche System der menschlichen Wirthschaft, 3. Aufl. 1873, Bd. 2 S. 247.

mit dem in Bayern und Hessen gemachten Versuch der Begründung von landwirthschaftlichen Erbgütern und andererseits mit der Grundidee der englischen Entails, derart daß

a. für die einzelnen im Besitz von Fideicommißgütern befindlichen Familien solche Organe geschaffen werden, in denen das Interesse dieser Familien und zugleich das der gesammten Volkswirthschaft gleichmäßig vertreten wäre. Namentlich hätten die Vertreter des allgemeinen Interesses unter besonderer Berücksichtigung der individuellen Verhältnisse des vorliegenden Falles wie auch der allgemeinen der Gegend und des Landes dahin zu wirken, daß keine dem Gesammtinteresse schädliche Bindung großer Grundbesitzmassen in der Hand einiger weniger Familien stattfinde;

b. diese Organe endgiltig über die Veräußerung, Verpachtung und Verschuldung der Fideicommißgüter und

c. zugleich etwa alle 50 Jahre über den Fortbestand des Fideicommisses zu entscheiden hätten.

Außerdem müßte ihnen auch das Recht, unfähige und unwürdige Personen von der Succession in die Fideicommisse auszuschließen, eine Revision des Fideicommißstatuts vorzunehmen u. s. w. eingeräumt werden.

Mit einer solchen Umbildung des Fideicommißinstituts würde dann zugleich den Bestrebungen derjenigen genügt werden, die, wie die oben angeführten Schriftsteller und außerdem v. Scheel[164]) u. A., die Festlegung beliebig großer Gütercomplexe für ewige Zeiten, lediglich zur Erhaltung des Glanzes einer Familie, für unzulässig erklären, dem Erblasser aber wohl das Recht zuerkennen wollen, einen oder mehrere seiner Erben zu bevorzugen, ohne daß die anderen ein Recht auf Einspruch und auf Pflichttheil hätten.

Sollte eine solche oder ähnliche Umbildung des Fideicommißinstituts zu Stande kommen, so könnte das Familienfideicommiß das, was es an seiner spezifischen Natur und an der Intensität seiner Wirkung verlieren würde, vielleicht an Extensität der Anwendung gewinnen. Denn einmal würde dasselbe in dieser dem allgemeinen Rechtsbewußtsein mehr angenäherten Form auf den großen und mittleren Gütern der bürgerlichen Familien zu häufigerer Anwendung kommen als gegenwärtig; dann aber wäre auch die Aussicht nicht ausgeschlossen, daß der größere Bauernstand — der sich ja auch sonst in Sitte und Anschauung dem Bürgerstande immer mehr nähert und der ja auch in der Verbesserung seiner landwirthschaftlichen Technik dem größeren Grundbesitz zu folgen pflegt — das Beispiel seines bürgerlichen Nachbarn nachahme und mit der Zeit ebenfalls, wenigstens theilweise, zur beschränkten Vinculirung seines Besitzes im obigen Sinne schreite.

5) Außer den oben hervorgehobenen Momenten — unter denen der Antheil, den der durch Familienfideicommisse gebundene Boden an dem gesammten Areal eines Landes hat, von besonders hervorragender Bedeutung sein dürfte — ist ferner für die Beurtheilung des Familienfideicommisses von Wichtigkeit die Stellung, welche die Fideicommißgüter ihrer Größe und Cultur nach innerhalb der Grundbesitzvertheilung eines Landes einnehmen.

---

164) v. Scheel, Das Recht und die Pflichten des ländlichen Grundeigenthums, in den Landwirthschaftlichen Jahrbüchern, Jahrg. 1874 Bd. 3 S. 477.

Gehören die Fideicommißgüter, die unserer Voraussetzung nach in der Regel als große Güter und ausnahmsweise als Herrschaften im Sinne der im ersten Bande dieser Arbeit gegebenen Definition zu denken sind, einer Gegend an, die nur oder doch fast nur große Güter aufweist — wie z. B. einige Theile Neuvorpommerns, Ostholsteins, Mecklenburgs u. s. w. —, so werden sie dazu dienen, einen ungesunden Zustand der Grundbesitzvertheilung noch zu verschlimmern und permanent zu erhalten. Die Beseitigung der fideicommissarischen Gebundenheit ist in diesem Fall die nothwendige Voraussetzung für jeden Versuch, günstigere Vertheilungsverhältnisse des Grund und Bodens herbeizuführen.

Sind die Fideicommißgüter andererseits wieder von lauter Zwerggütern umgeben, wie in einigen Theilen Oberschlesiens u. s. w., so werden diese kleinen Eigenthümer weder die Möglichkeit noch den Willen haben, die auf den Fideicommiß- (oder Staats-)Gütern durchgeführten Culturverbesserungen nachzuahmen, und es wird außerdem die Gefahr vorhanden sein, daß die Zwerggüter bei der nächsten großen Calamität vom Fideicommißbesitz absorbirt werden. Aber freilich können die Zwerggütler durch Zupachtung kleiner Parcellen von dem Fideicommißbesitz auch wieder erst die Möglichkeit erhalten, ihre Arbeitskraft vollständig zu verwenden und ihre Lage zu verbessern. Doch werden hieraus leicht für die kleinen Leute drückende Abhängigkeitsverhältnisse entstehen, wie noch in neuerer Zeit aus Böhmen berichtet wird.

Bilden die Fideicommißgüter ferner den einzigen größeren Grundbesitz inmitten eines zahlreichen mittleren und kleinen Bauernstandes, wie er im deutschen Süden und Westen noch vielfach vorkommt, so bieten sie eine Gewähr dafür, daß es der Landwirthschaft dieser Gegenden nicht an den doch wesentlich von den großen Gütern ausgehenden Impulsen zu einer besseren Cultur des Bodens fehlen werde. So wird z. B. den badischen Stammgütern nachgerühmt, daß auf ihnen — wo das Klima es gestattet — der Weinbau besonders sorgfältig gepflegt werde, was einen wohlthätigen Einfluß auf die umliegenden Bauern ausübe. Auch finden die kleineren Grundeigenthümer für ihre überschüssige Arbeitskraft auf den großen Gütern Verwendung, sei es als Tagelöhner, sei es als Pächter kleiner Parcellen, die sie dann gemeinschaftlich mit ihrem eigenen Besitz bewirthschaften, um auf diese Weise ihr Capital und ihre Arbeitskraft vollständig auszunutzen. Der Einfluß der Fideicommißgüter wird unter dieser Voraussetzung in der Regel ein günstiger sein. Zustände dieser Art hat Roscher im Auge, wenn er sagt: „Eine mäßige Zahl von juristisch wohl eingerichteten Familienfideicommissen, gut vertheilt im Lande — —: dieses Verhältniß braucht selbst auf der höchsten Culturstufe kein unwirthschaftliches zu sein." (Nat.-Oek. des Ackerbaues § 100.) Immerhin ist auch in diesem Fall die Gefahr nicht ausgeschlossen, daß durch das Verschulden ihrer Besitzer oder durch ungünstige Conjuncturen in schwierige Lage gekommene Bauerngüter von den Fideicommißbesitzern angekauft werden, wie das Beispiel des badischen Schwarzwaldes dies zeigt.

Finden sich endlich die Fideicommißgüter in einem Lande mit mannigfach abgestuftem Grundeigenthum, also mit einer unserer Annahme nach normalen Vertheilung des Bodens, so wird für die Beurtheilung der Fideicommisse alles darauf ankommen, ob auch die anderen Güter durch die bestehende Agrarverfassung und das geltende Erbrecht gleichmäßig oder doch ähnlich geschützt sind wie die Fideicommißgüter. Dies führt uns zur Besprechung eines weiteren für die Beurtheilung des Familienfideicommisses wichtigen, ja ausschlaggebenden Punktes.

6) In einer Zeit, in der der bäuerliche Grundbesitz durch mannigfache Rechtsschranken vor der Zerstückelung, Auffaugung und Verschuldung geschützt war und in der derselbe außerdem regelmäßig an eines der Kinder des Besitzers, welches seinen Geschwistern nur Abfindungen oder nur geringe Erbtheile auszuzahlen hatte, vererbt wurde; in der auch der ritterschaftliche Grundbesitz durch das Lehnrecht und Stammgutssystem eine geschützte Stellung einnahm, befand sich der Fideicommißbesitzer in keiner wesentlich anderen Lage als der sonstige Besitzer eines Ritter- oder Bauerngutes. Anders dagegen in der Gegenwart, indem seit Beseitigung der Agrarverfassung des Mittelalters und des ancien régime der gesammte Grundbesitz — mit Ausnahme des durch Fideicommisse gebundenen — frei veräußerlich, frei theilbar und verschuldbar geworden ist und sich nach allgemeinem Erbrecht vererbt. Jetzt ist die Stellung des Fideicommißbesitzers in viel höherem Grade eine privilegirte geworden als sie es früher war. Denn erst jetzt ist er allein von den Folgen des freien Verkehrs und des allgemeinen Erbrechts eximirt, und diese außerordentliche Stellung verleiht ihm ein Uebergewicht über seine Genossen, das auf die Dauer nothwendig zur Expansion seines Grundbesitzes auf Kosten des Besitzes seiner Nachbarn führen muß. Denn fideicommissarisch gebundener und freieigener Grundbesitz gleichen — um ein bekanntes Bild zu wiederholen — dem eisernen und irdenen Topf, von denen der letztere bei einem Zusammenstoß mit dem ersteren nothwendig in Scherben zerschlagen werden wird. Demnach verstärkt das Fideicommiß noch die bereits in unserer durch das Ueberwiegen des beweglichen Capitals charakterisirten Zeit vorhandene, auf die Zerschlagung sowohl wie auf die Absorption des bäuerlichen Grundbesitzes gerichtete Tendenz. Dient somit das Fideicommißinstitut zur Kräftigung des ohnehin wirthschaftlich Starken in seinem Kampfe mit dem Schwachen, so folgt daraus für den Staat, daß er entweder dem mittleren und kleinen Grundeigenthum im Erbrecht die gleiche oder doch eine ähnliche Stütze zu bieten hat, wie sie das große Grundeigenthum im Familienfideicommiß besitzt, oder daß er dieses factisch nur dem großen Grundeigenthum zu Gute kommende singularrechtliche Institut beseitigen und den gesammten land- und forstwirthschaftlich benutzten Grundbesitz einem gemeinsamen gleichen — und zwar dem bereits gegenwärtig geltenden gemeinen oder einem der wirthschaftlichen Natur des Grundbesitzes besser angepaßten reformirten — Erbrecht zu unterstellen hat. Tertium non datur.

Im folgenden Abschnitt werden wir nun zunächst die Versuche zu erwähnen haben, die in einigen Ländern zur Betretung des ersteren Weges gemacht worden sind, um dann — wenn diese sich als nicht zum Ziele führend erweisen sollten — auf die zweite von uns in's Auge gefaßte Eventualität näher einzugehen.

VIII.

# Das landwirthschaftliche Erbgut.

## 1. Die Entstehungsgeschichte der Erbgutsgesetzgebung.

Die fünfziger Jahre waren für Deutschland eine Zeit der Selbstprüfung und Sammlung, welche auf das Sturm- und Drang-Jahr 1848 ebenso nothwendig folgen mußte, wie der kühle Abend auf den schwülen Sommermittag.

Im J. 1848 machte man u. A. die Erfahrung, daß namentlich die verkommenen Bewohner proletarischer Bauerndörfer es waren, welche ein reichliches Contingent zu den badischen Putschen, zum frankfurter Septemberaufstand und ähnlichen Krawallen stellten und an einigen Orten die Hypotheken- und Lagerbücher verbrannten. Und andererseits war es wieder der träge Widerstand der gesunden, an Recht und Sitte festhaltenden Bauern, welcher zur Stütze der bestehenden Ordnung wurde. Aus der Erkenntniß dessen, „wohin der Bauer kommt, wenn der feste Boden des Besitzes unter seinen Füßen zu wanken beginnt, wenn er der sicheren Richtschnur der Sitte untreu wird, wenn der Branntwein seine Nervenkraft bricht und seine naturwüchsige Derbheit in Bestialität verkehrt" (Riehl), mußte für die Nation und die Staatsregierungen der Wunsch entspringen, die gesunden Bestandtheile des deutschen Bauernstands, dieses werthvollen socialen Erbes einer schweren und harten Vergangenheit, auch der Zukunft zu erhalten.

Diese bauernfreundliche Strömung trat ebenso sehr in der Literatur und Kunst wie in der Wissenschaft und Politik zu Tage.

Meyerheim und Vautier machten vorzugsweise das Leben des Landvolks zum Gegenstand ihrer Genrebilder, und Berthold Auerbach versenkte sich mit besonderer Liebe in die Mysterien der Bauernseele.

Riehl verdankte seinen Wanderungen, auf denen er das Volk in seinem täglichen Thun belauschte, die lebensvolle Auffassung der deutschen Gesellschaft, an deren Erhaltung er seitdem durch Wort und Schrift unermüdlich thätig gewesen ist, und Stahl verlangte im Hinblick auf die atomistisch zersetzenden Tendenzen der Publicistik eine Umkehr der Wissenschaft und Politik.

Den größten Einfluß übte diese Strömung auf die Politik derjenigen Staaten aus, die der Schauplatz der Revolution gewesen waren. Nachdem die Wogen des Jahres 1848 sich gelegt hatten und der Strom des politischen Lebens in sein altes Bett zurückgekehrt war, suchte man das von den Fluthen der Empörung überschwemmte und fast fortgerissene Land gegen etwa wiederkehrende Gefahren solcher Art neu zu befestigen.

Diesem Streben entsprang unter Anderem der Versuch, angesichts des Zerbröckelungsprocesses, der in einigen Theilen Deutschlands den Grundbesitz erfaßt hatte, den noch gesunden und mäßigen Bauernstand durch entsprechende Rechtsinstitutionen vor der Atomisirung in Proletarierexistenzen zu schützen.

Bei Berathung der Maßregeln, durch welche dieser Zweck am besten erreicht werden könne, gelangte man zu dem Vorschlage einer Ausdehnung und Anwendung des bisher fast ausschließlich auf den Adel beschränkt gewesenen Familienfideicommisses auch auf den Bauernstand. Zugleich suchte man dieses Rechtsinstitut in einigen wesentlichen Bestimmungen abzuändern, um es dem Bauernstande, seiner Denkweise und seinen Sitten mehr anzupassen. Das Programm derjenigen, welche die in unserem Volke historisch erwachsenen und bewährten Elemente — und darunter wieder namentlich die bestehenden socialen Stände, den Adels-, Bürger- und Bauernstand — erhalten sehen wollten, wird vielleicht in keinem aus jenen Jahren stammenden Elaborat so präcise und deutlich ausgesprochen, wie in einem kleinen im J. 1853 unter dem Titel „Briefe über Staatskunst" anonym erschienenen Bande. Speziell die Forderung nach Errichtung von Erbgütern, wie sie die Gesetzgebung einiger Staaten darauf in den nächsten Jahren wirklich erfüllt hat, findet sich auf S. 44 ff. ausgesprochen und begründet.

Der Versuch, das Fideicommißinstitut auf den Bauernstand zu übertragen, wurde unternommen im Königreich Bayern, in den Großherzogthümern Hessen-Darmstadt, Mecklenburg-Schwerin und Baden und im Kurfürstenthum Hessen, ohne daß er jedoch in den beiden letzteren Staaten zum Erlaß von Gesetzen geführt hätte.

Die Priorität des Gedankens, auf dem Wege von fideicommissarischen Einrichtungen einen Ersatz für die mit der Aufhebung der alten bäuerlichen Institutionen verschwundenen Garantien für den Fortbestand des Bauernstands zu schaffen, gehört dem Königreich Bayern[1]). Hier wurde den Ständen im J. 1851 von der Staatsregierung ein Gesetzentwurf über die Errichtung landwirthschaftlicher Erbgüter vorgelegt. Nach den dem Entwurf beigegebenen Motiven hatte derselbe hauptsächlich den Zweck, der in einigen Theilen Bayerns maßlosen Parcellirung des mittelgroßen Grundbesitzes entgegenzutreten; zugleich sollte dem Bauernstande die Möglichkeit, erworbenes Vermögen in der Familie dauernd zu erhalten, erleichtert und dadurch die Stetigkeit des Besitzes gewahrt werden. Diese Zwecke wollte der Entwurf dadurch erreichen, daß er die Veräußerung und Verschuldung der neu zu schaffenden Erbgüter von der Zustimmung der Familie abhängig machte und die Parcellirung des Grundbesitzes im Wege der Erbtheilung ausschloß, indem die sog. Erbgüter nur an einen der Erben vererbt werden sollten. Die Creirung von Erbgütern wurde in

1) Dollmanns Gesetzgebung des Königreichs Bayern: Gesetz vom 22. Februar 1855, die landwirthschaftlichen Erbgüter betreffend, mit Erläuterungen von F. Stein. Erlangen 1859. Helferich, Studien über würtembergische Agrarverhältnisse in der tübinger Zeitschrift für die gesammte Staatswissenschaft, Jahrgang X 1854, S. 134 ff. Stenographischer Bericht über die Verhandlungen der Centralversammlung des landwirthschaftlichen Vereins in Bayern vom 8. October 1883 und der Plenarsitzung des Generalcomités des landwirthschaftlichen Vereins vom 9. October 1883.

den freien Willen der Eigenthümer gestellt und sollte durch einen Stiftungsact erfolgen.

Das Schicksal dieses Entwurfs war, daß die Kammer der Reichsräthe ihn mit wenigen Modificationen annahm, die Kammer der Abgeordneten dagegen mit 73 gegen 49 Stimmen verwarf. Die Verwerfung ging zum Theil aus der principiellen Abneigung gegen jede Beschränkung des Verkehrs mit Grund und Boden hervor; zum Theil jedoch nahm man nicht am Princip selbst, sondern nur an der Art, wie es im Gesetzentwurf ausgestaltet worden war, Anstoß. Merkwürdig ist, daß ein Punkt — und zwar grade der allerwichtigste — in der Discussion nur oberflächlich gestreift wurde: nämlich die Frage, ob wohl der Entwurf, falls er zum Gesetz erhoben würde, auch praktische Wirksamkeit im Leben erhalten werde, d. h. ob die Bauern, von deren freiem Willen es abhängen sollte, Erbgüter zu errichten, sich hierzu verstehen würden.

Durch diesen Mißerfolg ließ sich die Staatsregierung indeß nicht abschrecken, sondern legte im J. 1854 den Ständen aufs Neue einen etwas veränderten Gesetzentwurf vor. Dieses Mal gelang es derselben, die Zustimmung der Stände zu gewinnen. So entstand das Gesetz, die landwirthschaftlichen Güter betreffend, vom 22. Februar 1855, dessen Rechtskraft übrigens auf den rechtsrheinischen Theil des Königreichs Bayern beschränkt ist.

Da auch in einzelnen Theilen des Großherzogthums Hessen die Güterzersplitterung zu ernsten Besorgnissen Anlaß gegeben hatte, so entschloß sich die hessische Regierung, nach dem Muster des eben zustandegekommenen bayerischen Gesetzes auch für Hessen-Darmstadt einen Entwurf über die Errichtung von Erbgütern ausarbeiten zu lassen. Diesen legte sie im J. 1857 neben einem Gesetzentwurf über die Errichtung von Familienfideicommissen den Ständen vor. Während die mittels Fideicommisses zu vinculirenden Güter wenigstens einen schuldenfreien Werth von 75 000 Gulden repräsentiren mußten, genügte für ein landwirthschaftliches Erbgut bereits ein liegenschaftlicher Werth von 15 000 Gulden. In den Motiven zu dem Gesetzentwurf über die Erbgüter führte die Regierung aus, daß sie „aus sachlichen wirthschaftlichen Gründen die Bauerngüter zu schließen und aus persönlichen sittlichen Motiven sie zugleich geschlossen in der Familie zu erhalten wünsche, um auf diesem doppelten Wege höhere Blüthe der landwirthschaftlichen Cultur, größeren Wohlstand, innigeres Familienleben, größeres Ansehen der Familienhäupter und Kräftigung des conservativen Elements zu erzielen". Während der Entwurf in der ersten Kammer ziemlich allgemeine Zustimmung fand, zeigte sich die Stimmung in der zweiten Kammer getheilt. Diese zwiespaltige Stimmung fand ihren Ausdruck auch in dem Votum des Ausschusses, der den Entwurf zu prüfen und zu berathen hatte. Die Majorität desselben erklärte sich für Annahme, eine Minorität von 3 Mitgliedern dagegen für Verwerfung des Entwurfs. In der Kammer selbst wurde der Entwurf mit 27 gegen 15 Stimmen angenommen, nachdem das Amendement, das rechtsrheinische Hessen von der Wirksamkeit des Gesetzes auszuschließen, mit 32 gegen 10 Stimmen verworfen worden war. Während das bayerische Gesetz auf dem linksrheinischen Theil des Königreichs keine Anwendung findet, macht das hessische Gesetz keinen Unterschied zwischen dem rechts- und linksrheinischen Theil des Großherzogthums. Am 11. September 1858 erhielt der von beiden Kammern gutgeheißene Entwurf die landesherrliche Sanction. Aber selbst diejenigen, welche die Annahme des Entwurfs am lebhaftesten befürwortet hatten, gaben sich nicht der Illusion hin, daß mit demselben nun wirklich ein entscheidender Schritt zur Verbesserung der theilweise krankhaften Güterzersplitterung gethan sei. In den Verhandlungen der zweiten Kammer erklärte der Geh. Reg.-Rath Küchler aus Gießen, daß durch dieses Gesetz die hier und da noch bestehende bäuerliche Sitte, den Grundbesitz ungetheilt in der Familie zu erhalten, vielleicht gestützt, gekräftigt und damit erhalten werden würde, und Professor Stahl in Gießen nahm nur an, daß dasselbe, wenn überhaupt, so doch nur sehr langsam wirken werde.

Auch die für die Erbpachthöfe des mecklenburg-schwerinschen Domaniums erlassene Verordnung vom 24. Juli 1869, welche die Intestaterbfolge in diese Güter nach dem Grundsatz des Anerbenrechts regelt, gestattet den Erbpächtern, die Veräußerung dieser Höfe für eine oder mehrere Generationen zu untersagen und die Verschuldung derselben zu beschränken, wodurch diese bäuerlichen Erbpachthöfe den landwirthschaftlichen Erbgütern im Königreich Bayern und im Großherzogthum Hessen angenähert werden.

Einen der Gesetzgebung dieser beiden letzteren Länder entsprechenden Weg dachte auch das Großherzogthum Baden in den fünfziger Jahren einzuschlagen. Dieses Land besitzt in seinen geschlossenen und rechtlich gebundenen, nach einer besonderen Erbfolgeordnung und mit Bevorzugung eines der Erben, des sogen. Vorzugserben, sich vererbenden Hofgütern einen Stamm größerer Bauernstellen, deren Verbreitung jedoch auf einen Theil des Schwarzwalds beschränkt ist. Diese badischen Hofgüter — deren wir weiter unten in anderem Zusammenhange noch näher zu gedenken haben werden — unterscheiden sich von den Fideicommißgütern dadurch, daß sie von ihren Eigenthümern als Ganzes beliebig veräußert und dinglich belastet werden dürfen. Nur zur Zerstückelung dieser Güter und zur Abtrennung einzelner Theile derselben bedarf es der Genehmigung der Verwaltungsorgane. Dem in den fünfziger Jahren verbreiteten Zuge nach Vinculirung des bäuerlichen Grundbesitzes in der Familie folgend, beabsichtigte die badische Staatsregierung das Institut der Hofgüter im Sinne der bayerisch-hessischen Gesetzgebung umzubilden und über sein augenblicklich beschränktes Anwendungsgebiet hinaus auszudehnen. Dabei sollte nun sowohl für die bereits bestehenden geschlossenen Hofgüter die bedingt bestehende Untheilbarkeit und Vererbungsart etwas modificirt und die bedingte Unveräußerlichkeit und Unverschuldbarkeit neu eingeführt werden, als auch für diejenigen Güter, die zufolge eines ausdrücklichen Willensacts der Eigenthümer zu Erbgütern erklärt werden würden, das für die alten Hofgüter umgebildete Recht maßgebend sein. Zu diesem Zweck ließ die Staatsregierung einen Gesetzentwurf ausarbeiten, von dessen Annahme und Anwendung sie sich „die Förderung der landwirthschaftlichen Cultur und die Hebung des Wohlstandes, in manchen Gegenden sogar die ausschließende Bedingung eines nutzbringenden Betriebs derselben, die Erhöhung des Fleißes und der Sparsamkeit, die Stärkung der väterlichen Autorität und der Zusammengehörigkeit in der Familie und endlich die Erhaltung, ja sogar die Ausbreitung eines kräftigen, wesentlich conservativ gesinnten Bauernstandes" versprach.

Doch hatte es bei diesem Entwurf sein Bewenden: die Staatsregierung theilte denselben zwar den Justiz- und Verwaltungsämtern zur Begutachtung mit, verzichtete aber darauf, ihn auch den Kammern vorzulegen, weil sich die öffentliche Meinung im Großherzogthum mittlerweile sehr energisch gegen ihn ausgesprochen hatte.

Nichtsdestoweniger werden wir in der folgenden Darstellung des Erbgüterrechts die einzelnen Bestimmungen auch des badischen Gesetzentwurfs neben den Bestimmungen des bayerischen und hessischen Gesetzes anführen, weil das gesetzgeberische Material durch diesen Entwurf immerhin einige Bereicherung erfahren hat, und es sich hinsichtlich der praktischen Bedeutung schließlich gleich bleibt, ob ein Gesetzentwurf gar nicht die Gesetzeskraft erlangt hat (Baden) oder ob ein rechtskräftig gewordenes Gesetz nicht zur Anwendung gekommen ist (Hessen, Bayern).

Ferner ist noch zu erwähnen, daß auch im ehemaligen Kurfürstenthum Hessen von der Staatsregierung im J. 1857 den Ständen ein Gesetzentwurf, die Zusammenhaltung landwirthschaftlicher Güter betreffend, vorgelegt worden ist. Desselben mag an dieser Stelle in Kürze gedacht werden, weil er unter allen Vorschlägen unseres Jahrhunderts bezüglich der Wiederherstellung der aufgehobenen Beschränkungen des (bäuerlichen) Grundbesitzes am weitesten geht.

Als Motive für die Nothwendigkeit des Erlasses eines solchen Gesetzes führte der Regierungsentwurf an, daß die Zersplitterung des ländlichen Grundbesitzes die Landescultur und den Wohlstand schädige und daß nährhafte Ackergüter sich fast nur in denjenigen Theilen des Kurfürstenthums erhalten hätten, in denen sie durch gesetzliche Gebundenheit und regelmäßige Uebergabe an einen der nächsten Verwandten zu einem „geschwisterlichen Werth" vor der Zerstückelung bewahrt worden seien. Durch den Gesetzentwurf sollte nun nicht blos „der Zersplitterung des ländlichen Grundbesitzes wie der Abnahme des Wohlstandes und der Cultur im Lande begegnet", sondern auch „dem Staate in der Befestigung größerer und mittlerer Güter eine sichere und festere Grundlage wieder gegeben werden". Die wesentlichen Bestimmungen des Entwurfs waren folgende: Es sollte nach dem Vorschlag der Regierung jeder Eigenthümer eines landwirthschaftlich benutzten Guts von 200 kasseler (ca. 183 preuß.) Morgen, und nach einem Amendement der ersten Kammer jeder ländliche Grundeigenthümer ohne Rücksicht auf die Art und Größe seines Besitzthums berechtigt sein, sein Gut auf ewige Zeiten für untheilbar zu erklären. Ueberdies wurden alle Güter von 60 (etwa 55 preuß.) Morgen ab bis zu diesem Maße schon unmittelbar vermöge des Gesetzes für gebunden erklärt. Verpfändungen und Veräußerungen von Parcellen sollten nur mit Genehmigung des Landrathsamts und dann nur bis zu einem bestimmten Maße gestattet sein. Ueber die Person des Gutsnachfolgers unter den Erben sollte zunächst zwar der jedesmalige Besitzer entscheiden, der Erbe das Gut aber nur nach Prüfung und Bestätigung der Behörde anzutreten berechtigt sein. Eventuell traf das Gesetz über die Person des Gutsnachfolgers Bestimmung. Die vom Gutsübernehmer zu entrichtende Abfindungssumme durfte niemals die Hälfte des Gutswerths nach Abzug der Schulden übersteigen, und die Abfindung der von der Succession in das Gut ausgeschlossenen Descendenten für jeden niemals mehr als ein Drittel seiner Intestaterbportion vom wirklichen Gutswerth nach Abzug der Schulden betragen. Dieser von der ersten hessischen Kammer mit großem Beifall auf- und angenommene Entwurf wurde dann aber von der zweiten Kammer abgelehnt. Das gleiche Schicksal hatte eine spätere Regierungsvorlage, welche die Zusammenhaltung des Grundbesitzes mit der Zusammenlegung der Parcellen in Verbindung bringen wollte. Das Nähere über die gegenwärtig zu Recht bestehende Art der Vererbung der kurhessischen Bauerngüter wird in dem Abschnitt über die Verbreitung des bäuerlichen Erbrechts mitgetheilt werden.

Ferner haben wir an dieser Stelle noch einiger Bestrebungen zu gedenken, welche die Erhaltung der Bauerngüter durch Gewährung der Möglichkeit, dieselben nach Art der englischen Entails auf 2—3 Generationen für untheilbar und unverschuldbar zu erklären, sowie durch Begründung eines auf dem Grundsatz der Individualsuccession ruhenden Intestaterbrechts bewirken wollten. Solche Bestrebungen tauchten in den vierziger und fünfziger Jahren im deutschen Süden und dann wieder in den siebziger Jahren im deutschen Norden auf.

In Alt-Würtemberg hatte die seit Jahrhunderten üblich gewesene, aber seit der Ablösung der Grundlasten und Beseitigung des Lehnswesens besonders lebhaft betriebene Naturaltheilung des Grundbesitzes im Erbwege in den dreißiger Jahren unseres Jahrhunderts zu der weitgehendsten Parcellirung des Grundbesitzes, verbunden mit einer rapiden Vermehrung der Bevölkerung, geführt. Die hieraus sich ergebenden Zustände gaben namentlich in Zeiten des Mißwachses zu ernsten Bedenken Anlaß.

Unter den Maßregeln, welche damals in Vorschlag gebracht wurden, um dem Uebelstande einer immer weiter gehenden Zersplitterung des Grundbesitzes in Zukunft zu steuern, figurirte bei den agrarpolitischen Schriftstellern der 30er bis 50er Jahre — Fr. List, Fallati, Knaus, Kölle u. A. — auch die Reform des Erbrechts. Am eingehendsten und tiefsten wurde dieser Gedanke von Helferich, damals Professor in Tübingen, in einer Reihe von Artikeln, betitelt „Studien über Würtembergische Agrarverhältnisse", in der tübinger Zeitschrift für die gesammte Staatswissenschaft, Jahrgang 1854 und 1855, entwickelt. In dieser von ebenso großer Gelehrsamkeit wie weitem staatsmännischen Blick zeugenden, noch heute höchst beachtenswerthen Arbeit gelangt Helferich nach eingehender Prüfung des Entwurfs zu dem oben erwähnten bayerischen Gesetz von 1855 über die landwirthschaftlichen Erbgüter zu dem Resultat, daß die Bauern in Bayern sich wahrscheinlich nicht dazu verstehen würden, Erbgüter zu errichten. Für Würtemberg vollends glaubte er die Frage nach der Anwendbarkeit eines solchen dem bayerischen nachzubildenden Gesetzes entschieden verneinen zu müssen. „Es ist möglich, sagt Helferich [2]) bei dieser Gelegenheit, daß der Bauer seine Verhältnisse grade so ordnen würde, wie der Entwurf es vorschreibt, wenn er freie Hand behielte; er würde vielleicht auch nicht viel dagegen einwenden, wenn die Sache einmal gesetzlich so bestünde, gleichviel, woher die Beschränkung gekommen wäre; aber daß er freiwillig, wenn man ihm die Frage vorträgt, ob er sich und seine Nachkommen für alle Ewigkeit binden solle, — denn so stand die Sache nach dem ersten bayerischen Entwurf —, sich einer solchen Beschränkung unterwirft, scheint nach aller Erfahrung im höchsten Grade unwahrscheinlich." „Denn wie unser Bauer gegenwärtig ist, hat er die Süßigkeit der Freiheit, nach Belieben verkaufen und Schulden machen zu können, geschmeckt

2) Tübinger Zeitschrift für die gesammte Staatswissenschaft, Jahrgang 1854 S. 137 ff.

und weiß entweder noch gar nichts von den Gefahren, die für ihn und seine Familie damit verbunden sind, oder er traut sich die Kraft zu, sie zu vermeiden." Zu dieser Annahme war H. angesichts der ablehnenden Haltung, welche der Bauernstand in den meisten preußischen Provinzen gegenüber den von der Staatsregierung vorgeschlagenen, auf die Erhaltung des bäuerlichen Grundbesitzes gerichteten Maßregeln — die lange nicht so weit gingen, wie das bayerische Gesetz über landwirthschaftliche Erbgüter — in den vierziger Jahren eingenommen hatte [3]), auch für Bayern und Würtemberg vollständig berechtigt, obgleich für diese beiden Länder damals (im Jahre 1855) noch keinerlei Erfahrungen vorlagen. Die Zukunft sollte seine Annahme als richtig bestätigen. — „Weit eher würde sich, meinte Helferich damals, ein günstiger praktischer Erfolg dann annehmen lassen, wenn das Gesetz die fideicommissarische Fesselung nicht so weit ausdehnte, als in dem Entwurf geschehen ist, wenn vielmehr nach dem Beispiel der englischen Gesetzgebung die Befugniß des Fideicommittenten, das Gut zu fesseln, auf eine mäßige Zahl von Generationen beschränkt und ihm und der Familie freie Hand bei der Festsetzung von Abfindungen, Ausstattungs-, Alimentations- und Witthumsgeldern gelassen würde."

Nach einer zu unserer Kenntniß gelangten Notiz [4]) soll die Ausarbeitung eines die Zusammenhaltung des bäuerlichen Grundbesitzes bezweckenden Gesetzentwurfs über landwirthschaftliche Erbgüter in den fünfziger Jahren auch für Würtemberg in Aussicht genommen worden sein. Doch ist uns über den Inhalt und die Schicksale dieses Entwurfs nichts Näheres bekannt geworden. Wahrscheinlich hat derselbe die Schwelle des Ministerialgebäudes niemals überschritten, indem man es vorzog einen andern Weg einzuschlagen, um die zu weit gehende Grundbesitzzersplitterung und theilweise Uebervölkerung auf dem Lande für die Zukunft zu paralysiren.

Aber selbst nachdem dieser andere Weg durch den Ausbau des Eisenbahnnetzes und die dadurch geschaffene Möglichkeit, einen Theil der überschüssigen Bevölkerung in den Industriebezirken zu concentriren, durch die mannigfache Begründung neuer und die Entwickelung alter Industriezweige sowie durch die Begünstigung der Auswanderung eines Theils der Bevölkerung vorläufig wenigstens nicht ohne Erfolg beschritten worden war, tauchte der in den vierziger Jahren angeregte und später von Helferich näher ausgeführte Gedanke einer Reform des bäuerlichen Erbrechts noch ein Mal auf. Im Interesse des Fortschreitens der landwirthschaftlichen Cultur, welches nur auf größeren, arrondirten Gütern möglich sei, sprach sich im Jahr 1866 O. Voßler, Professor an der landwirthschaftlichen Akademie zu Hohenheim, in der als Programm dieser Anstalt erschienenen Schrift: „Die gegenwärtige Lage der Landwirthe Würtembergs", Stuttgart 1866, zunächst für die Consolidation des parcellirten und im

3) Vgl. unten den Abschnitt: Zur Entstehungsgeschichte des neueren Anerbenrechts.

4) In der Einleitung zur Bearbeitung der am 10. Januar 1873 stattgehabten Aufnahme über die Vertheilung des landwirthschaftlich benutzten Grundbesitzes in Würtemberg (Würtembergische Jahrbücher, Jahrg. 1881, Bd. 1 Hälfte 1 S. 1) heißt es, daß die erste statistische Erhebung dieser Art im Jahr 1857 auf Veranlassung des Justizministeriums, behufs Ausarbeitung eines Gesetzentwurfs über die Errichtung landwirthschaftlicher Erbgüter, erfolgt sei.

Gemenge liegenden Grundbesitzes und sodann für den Schutz des auf dem Zwangswege zusammengebrachten Grundbesitzes gegen weiteres Auseinanderfallen durch ein diesem Zweck entsprechendes Erbrecht aus.

Indeß sind die Anregungen Voßlers ebenso wie diejenigen von Helferich bezüglich einer Reform des würtembergischen Erbrechts — wenn man von den oben erwähnten Vorarbeiten zu einem Gesetzentwurf absieht — bisher wenigstens resultatlos geblieben.

Der von Helferich vertretene Gedanke, den Bauern die Möglichkeit zu gewähren, ihre Güter für untheilbar und unverschuldbar zu erklären und sie dem Anerbenrecht zu unterstellen, tauchte dann noch ein Mal in den siebziger Jahren in Norddeutschland auf. Hier war es der ehemalige hannoversche Staatsminister Graf Borries, welcher denselben wieder aufnahm. Graf Borries [5]) hält nämlich grundsätzlich die Gebundenheit des bäuerlichen Grundbesitzes in denjenigen Ländern, in denen der Getreidebau und die Viehzucht vorwiegen, für das Richtige. Da sich die Gebundenheit des Grundbesitzes nach Auflösung des lehnrechtlichen und grundherrlichen Verbands aber nicht mehr aufrecht erhalten läßt, so beschränkt er seinen Plan auf das zur Zeit Erreichbare. Muß man, so argumentirt Graf Borries, dem Grundeigenthümer heute die Dispositionsfreiheit über sein Gut gewähren, so muß er sie auch voll und ganz erhalten d. h. man darf ihm, wo die Gebundenheit des Grundbesitzes bisher bestanden hat, nicht verwehren, für eine Reihe von Generationen den Hof zu schließen und ihn unter Bevorzugung des Anerben vor den übrigen Erben an jenen übergehen zu lassen. Wenn der Vater solches zu thun unterlassen hat, so sei zu präsumiren, daß er den Hof ungetheilt an einen seiner Erben habe vererben wollen. Diese Präsumtion habe das Intestaterbrecht auszusprechen. Wo dagegen die freie Veräußerlichkeit schon lange besteht, da sollte man den noch einigermaßen geschlossenen Besitz wenigstens möglichst zusammenzuhalten und zugleich dahin streben, einen festen Zustand zu schaffen. Zu diesem Zweck müßte dem Vater durch das Gesetz die Befugniß gegeben werden, letztwillige Bestimmungen, durch welche der Grundbesitz an einen der Erben übergeht, zu treffen, ohne daß er zu befürchten braucht, mit dem geltenden Pflichttheilsrecht in Collision zu gerathen. Mit einer Präsumtion hat das Gesetz hier aber nicht einzugreifen, weil eine solche nur dort gerechtfertigt erscheint, wo der Grundbesitz schon bisher nach Anerbenrecht vererbt wurde. Wo endlich der Gemüse-, Wein-, Obst-, Handelsgewächsbau heimisch und wo der Boden daher so ausgenutzt ist, wie er besser gar nicht ausgenutzt werden kann, da würde ein Streben nach Consolidation des Grundbesitzes überhaupt müßig sein.

Diesen Gedanken formulirte Graf Borries zu einem bestimmten Antrage, den er im J. 1872 im preußischen Landesökonomie-Collegium stellte. Derselbe ging dahin:

„den Herrn Minister für die landwirthschaftlichen Angelegenheiten zu ersuchen, mit seinem ganzen Einfluß auf den Erlaß eines Gesetzes hinzuwirken, durch welches dem mittleren Grundbesitzer die Möglichkeit gewährt

5) Bericht über die Versammlung deutscher Land- und Forstwirthe, München 1872, S. 375.

wird, durch freiwillige Verfügung für einige, höchstens drei Erbgänge Geschlossenheit des Grundbesitzes mit einem in der Annahme des Grundbesitzes gegen die Miterben so gestellten bestimmten Erben festzusetzen, daß der letztere während der Geschlossenheit durch die Höhe der herauszubezahlenden Erbtheile nicht zum Verkauf gezwungen wird".

Wegen des Widerstandes, den ein solcher Gesetzentwurf von den Kammern zu erwarten hatte, sowie wegen der wahrscheinlichen Ungeneigtheit des Bauernstandes, ein solches Gesetz in Anwendung zu bringen, endlich noch aus mehrfachen anderen Gründen sprach sich der damalige Referent des Landesökonomie-Collegiums über diesen Gegenstand, der Abgeordnete Freiherr von Schorlemer-Alst, gegen den Antrag des Grafen Borries aus. Derselbe wurde denn auch von dem Plenum dieser Körperschaft verworfen. Ueber den von dem Referenten gestellten Antrag auf Abänderung des für die Provinz Westphalen erlassenen Gesetzes vom 4. Juni 1856 und auf Ausdehnung desselben auch auf die übrigen Provinzen des preußischen Staats sowie über den schließlich vom Landesökonomie-Collegium in dieser Angelenheit am 29. October 1872 gefaßten Beschluß haben wir bereits in der 1. Abtheilung dieser Arbeit, in dem Abschnitt über die Auseinandersetzung unter den Miterben und die Erbschaftstaxe, S. 195 das Nähere mitgetheilt.

Nach dieser kurzen Geschichte der in den einzelnen deutschen Ländern unternommenen Versuche, für den Bauernstand ein entweder dem deutschen Familienfideicommiß oder dem englischen Entail ähnliches Rechtsinstitut zu schaffen, suchen wir jetzt eine Darstellung des für die sog. landwirthschaftlichen Erbgüter geschaffenen Rechts zu geben.

Bevor wir dies thun, sei hier nur noch in Kürze des in allerletzter Zeit aufgetauchten Plans gedacht, das Institut der landwirthschaftlichen Erbgüter nach Oesterreich zu verpflanzen. Derselbe ging von dem leider zu früh verstorbenen Ministerialrath Carl Peyrer, einem der gründlichsten Kenner der österreichischen Agrarverhältnisse, aus. Der von Peyrer im Auftrage des österreichischen Ackerbauministers verfaßten und im J. 1883 publicirten Denkschrift, betreffend die Erbfolge in landwirthschaftliche Güter und das Erbgüterrecht, findet sich ein Gesetzentwurf angeschlossen, in dem auch die Errichtung von Erbgütern vorgesehen ist. In diesem Entwurf sucht der Verfasser die Vorschläge, welche in den letzten Jahren von dem Freiherrn von Vogelsang, dem Dr. Rud. Meyer, dem Grafen Carl Chorinsky u. A., vor allem aber von Professor L. v. Stein zum Zweck der Erhaltung des Bauernstandes gemacht worden sind, soweit sie sich auf das Erbrecht beziehen und mit den Fundamentalprincipien unserer gegenwärtigen Agrarverfassung vereinbar sind, gesetzgeberisch zu formuliren. Obzwar die Aussichten für die Realisation dieses Entwurfs jetzt nach dem Tode seines Verfassers nicht gerade sehr hoffnungsreiche sind, so reihen wir die Bestimmungen desselben der Vollständigkeit wegen doch schon hier an die für Bayern, Hessen-Darmstadt und Mecklenburg-Schwerin geltenden Bestimmungen an. Die viel weiter gehenden Vorschläge L. v. Steins werden wir dann später in einem eigenen Abschnitt behandeln.

## 2. Vergleichende Gesetzgebung.

### A. Rechtsquellen.

Bayern (rechtsrheinisch). Gesetz, die landwirthschaftlichen Erbgüter betreffend, vom 22. Februar 1855 (G.Bl. S. 49—72).

Hessen-Darmstadt. Gesetz, die landwirthschaftlichen Erbgüter betreffend, vom 11. September 1858 (G.Bl. Nr. 39).

Mecklenburg-Schwerin. Verordnung, betreffend die Intestaterbfolge in die bäuerlichen Erbpachtgüter der Domänen, vom 24 Juni 1869, insbesondere § 12, 3 a. b (R. Bl. Nr. 51).

Baden. Entwurf eines Gesetzes über geschlossene Hofgüter (1855).

Oesterreich. Entwurf eines Gesetzes, betreffend die Erbfolge in landwirthschaftliche Güter und das Erbgüterrecht, als Anlage zur Denkschrift, betreffend die Erbfolge in landwirthschaftliche Güter und das Erbgüterrecht (Heimstättenrecht). Im Auftrage Sr. Excellenz des Herrn Ackerbauministers verfaßt vom Ministerialrath Carl Peyrer. Wien 1883.

### B. Zur Errichtung berechtigte Personen.

Zur Errichtung von Erbgütern ist berechtigt jeder Grundeigenthümer (im Großherzogthum Mecklenburg-Schwerin auch jeder Erbpächter eines domanialen Bauernguts), der über das Seinige frei verfügen darf [6]).

Für Güter, die sich im gemeinschaftlichen Eigenthum der Ehegatten befinden, ist zur Errichtung die Uebereinstimmung beider Ehegatten erforderlich [7]).

Im letzteren Fall ist gemäß der bayerischen Gesetzgebung nach dem Tode des einen Ehegatten der überlebende Theil, selbst wenn er das Erbgut mit errichtet hat, nicht berechtigt die Stiftung zu widerrufen [8]).

Auch die Wahl des Erbgutsnachfolgers darf, wenn die Ehegatten sich im gemeinschaftlichen Eigenthum befanden, nach bayerischem Recht und nach dem badischen Gesetzentwurf nur gemeinschaftlich von beiden erfolgen. Das hessische Gesetz trifft verschiedene Anordnungen, je nachdem nur Descendenten aus dieser Ehe oder aus einer früheren Ehe oder aus beiden Ehen vorhanden sind. Vgl. weiter unten den Abschnitt über das Erbrecht der Ehegatten [9]).

Hat der verstorbene Ehegatte einseitig vor Begründung des Miteigenthums oder später gemeinschaftlich mit dem überlebenden Ehegatten eine giltige Wahl des Nachfolgers getroffen, so darf der Ueberlebende diese Wahl nach bayerischem Recht nicht aufheben [10]).

### C. Gegenstand der Errichtung.

Zu landwirthschaftlichen Erbgütern dürfen nur auf dem Lande, d. h. außerhalb der städtischen Feldmarken gelegene Güter, welche landwirthschaftlich

6) Hess. Ges. 1. Bayr. Ges. 1. Bad. Ges.-Entw. 7. Oesterr. Ges.-Entw. 16. Mecklenb. Ges. 1.

7) Hess. Ges. 2. Bayr. Ges. 12. Oesterr. Ges.-Entw. 16.

8) Bayr Ges. 19.

9) Bayr. Ges. 12. Hess. Ges. 25. Bad. Ges.-Entw. 17.

10) Bayr. Ges. 19.

benutzt werden, bestimmt werden. Nach dem Muster der Bestimmungen über Familienfideicommisse stellt die Gesetzgebung auch für die landwirthschaftlichen Erbgüter Werthminima fest.

So verlangt das hessische Gesetz zur Erbgutsstiftung ein in den Grenzen des Großherzogthums belegenes, zur Landwirthschaft geeignetes Grundvermögen, das, ausschließlich der Hofraithe, der Gebäude und des in den Waldungen stehenden Holzes, einen schuldenfreien Werth von wenigstens 15 000 fl. repräsentirt oder 60 Normalmorgen umfaßt. Auch muß das zum Erbgut zu erhebende Grundvermögen in der nämlichen oder doch in unmittelbar an einander stoßenden Gemarkungen liegen und mit den erforderlichen Wirthschafts- und Wohngebäuden oder doch mit den zum Aufbau jener Gebäude erforderlichen Werthen entweder in Geld oder in Grund und Boden, abgesehen vom oben aufgestellten Werthminimum, versehen sein [11]).

Im rechtsrheinischen Bayern darf ein landwirthschaftliches Erbgut nur aus einem landwirthschaftlichen Grundvermögen gebildet werden, das mit einem Grundsteuersimplum von wenigstens 6 fl. belegt und bis zu diesem Betrage schuldenfrei ist. Da 1 fl. Steuersimplum einen Grundwerth von 800 fl. repräsentirt, so würde das Werthminimum 4800 fl. (6 × 800 fl.) betragen. Als Zubehörungen des Erbguts gelten die beweglichen und unbeweglichen Pertinenzen desselben und außerdem alle diejenigen Gegenstände, die zufolge einer im Hypothekenbuch abgegebenen Erklärung des Erbgutsstifters als solche angesehen werden sollen [12]).

Im Gebiete des großherzoglich mecklenburg-schwerinschen Domaniums dürfen als unveräußerlich und unverschuldbar erklärt werden alle diejenigen im ungetheilten Privateigenthum oder im Nutzeigenthum befindlichen Bauerngüter, welche auf $37^1/_2$—350 Scheffel bonitirt und mit den für die selbständige Bewirthschaftung erforderlichen Gebäuden versehen sind. Zu einem solchen Bauerngut werden gerechnet einerseits alle Zubehörungen, andrerseits aber auch alle auf demselben ruhenden Lasten und Schulden [13]).

Der badische Gesetzentwurf verlangt zur Erbgutserrichtung ein zum Betrieb der Landwirthschaft geeignetes, im Großherzogthum belegenes liegenschaftliches Vermögen, das einen Werth von mindestens 10 000 fl. hat und bis zu diesem Betrage schuldenfrei ist. Doch sollen diese Bestimmungen über das Werthminimum nicht auf die im Großherzogthum Baden bereits bestehenden geschlossenen Hofgüter, sowie auf die untheilbaren Grundzins-, Erb- und Schupflehen, nachdem sie in geschlossene Hofgüter umgewandelt worden, Anwendung finden, indem diese auch dann, wenn sie das Werthminimum nicht erreichen, als Erbgüter im Sinne des Gesetzentwurfs zu behandeln sind. Demnach hat der badische Gesetzentwurf zweierlei Arten von Erbgütern ins Auge gefaßt: solche, die es bereits von Gesetzes wegen sind (die geschlossenen Hofgüter), und solche, die es erst durch eine Willenserklärung des Eigenthümers werden sollen (gesetzliche und gewillkürte Hofgüter) [14]).

11) Hess. Ges. 1, 3.
12) Bayr. Ges. 1, 2.
13) Mecklenburg-Schwer. Ges. 1, 3, 12.
14) Bad. Ges.-Entw. 3, 4, 7.

Nach dem neuesten österreichischen Gesetzentwurf kann als Erbgut nur ein solches mit einem Wohnhause versehenes landwirthschaftliches Gut oder der mit einem Wohnhause versehene Theil eines solchen erklärt werden, dessen Werth einen bestimmten, nach dem Zwanzigfachen des Katasterreinertrags der zum Gute gehörigen Grundstücke zu berechnenden Mindestbetrag erreicht und einen in gleicher Weise zu berechnenden Höchstbetrag nicht übersteigt. Die Feststellung dieser Beträge ist der Landesgesetzgebung vorbehalten. So lange eine solche definitive Festsetzung nicht getroffen ist, haben als der in obiger Weise zu berechnende Mindestbetrag 1000 fl. ö. W. und als Höchstbetrag 20 000 fl. ö. W. zu gelten[15]).

D. Form der Errichtung und Aufhebung von Erbgütern.

Zur Errichtung von landwirthschaftlichen Erbgütern ist in der Regel eine diesbezügliche Willenserklärung des Stifters erforderlich.

Der Stiftung hat die Ermittelung und Beseitigung aller auf dem betreffenden Gute haftenden dinglichen Lasten vorauszugehen. Hypothekarische Lasten dürfen auf dem Erbgute nur ruhen bleiben, soweit ihnen ein das gesetzliche Minimum übersteigender Gutswerth entspricht und die Gläubiger ihre Einwilligung zur Vinculirung des ihnen verpfändeten Guts ertheilten[16]).

Als nothwendige Form, in die der Stiftungswille gekleidet werden muß, verlangt das hessische Gesetz eine gerichtliche oder wenigstens gerichtlich beglaubigte Urkunde oder ein schriftliches Testament, das bayerische Gesetz eine öffentliche Urkunde oder ein schriftliches Privattestament, der badische Gesetzentwurf für die gewillkürten Hofgüter eine öffentliche Urkunde oder ein eigenhändiges Testament. Ferner schreiben das hessische und bayerische Gesetz und ebenso auch der badische Gesetzentwurf noch vor die Beurkundung der Stiftung durch das zuständige Gericht (forum rei sitae) und die Eintragung derselben in das Hypothekenbuch (Bayern) oder in das Grundbuch (Hessen, Baden). Auch verlangt das hessische Recht zur Begründung der Erbgutseigenschaft noch die Einholung der landesherrlichen Genehmigung.

Dieselben Bedingungen wie für die Errichtung eines Erbguts gelten nach hessischem und badischem Gesetz auch für die Vergrößerung oder Ergänzung eines solchen[17]).

Nach dem jüngsten österreichischen Gesetzentwurf erfolgt die Begründung eines landwirthschaftlichen Erbguts durch Eintragung in das beim zuständigen Bezirksgericht zu führende Erbbuch und durch Vermerkung dieser Eintragung im Grundbuche. Der Antrag auf Eintragung ist entweder mündlich einzubringen oder in einer gerichtlich oder notariell beglaubigten Eingabe zu überreichen[18]).

Für das Gebiet des großherzoglich mecklenburg-schwerinschen Domaniums bedarf der Ausschluß der Veräußerung und Verschuldung eines bäuerlichen Erbpachtguts, sofern diese Beschränkung der Dispositionsfreiheit nur auf

15) Oesterr. Ges.-Entw. 14.
16) Hess. Ges. 1. Bayr. Ges. 4.
17) Hess. Ges. 4—9. Bayr. Ges. 3. Bad. Ges.-Entw. 5.
18) Oesterr. Ges.-Entw. 15—18.

den unmittelbaren Rechtsnachfolger des die Verfügung Treffenden berechnet ist, nur der Eintragung in das Grundbuch; soll sie dagegen für mehrere Generationen gelten, so ist die landesherrliche Bestätigung erforderlich [19]).

Von der obigen Regel, daß die rechtliche Qualification eines landwirthschaftlichen Erbguts einem Gut durch die freie Willensentschließung und Willenserklärung des Eigenthümers beigelegt wird, statuiren sowohl der badische wie der österreichische Gesetzentwurf Ausnahmen.

Nach dem badischen Entwurf soll die Eintragung der bestehenden geschlossenen Hofgüter und ebenso der in geschlossene Hofgüter umgewandelten Grundzins-, Erb- und Schupflehen in das Grundbuch binnen Jahresfrist nach dem Inkrafttreten des Gesetzes von Amtswegen erfolgen, sofern sie nicht bereits früher freiwillig erfolgt war. Die Verwaltungsbehörden werden damit betraut, die Ausführung dieser Bestimmung zu überwachen [20]).

Nach dem österreichischen Gesetzentwurf bleibt der Landesgesetzgebung die Bestimmung vorbehalten, in welchen Fällen landwirthschaftliche Güter auch ohne einen dahin zielenden Antrag des Eigenthümers oder eine giltige letztwillige Anordnung desselben von Amtswegen als Erbgüter in das Erbgüterbuch eingetragen werden können [21]).

Die Begründung der Erbgutseigenschaft und ebenso die Aufhebung derselben bedarf der Beurkundung sowie der Vermerkung im Grund- resp. Hypothekenbuch [22]).

Auch die Ernennung des Nachfolgers im Besitz des Erbguts sowie der Ausschluß der durch das Intestaterbrecht hierzu designirten Personen muß nach hessischem Recht mittels einer gerichtlichen oder doch gerichtlich beglaubigten Urkunde, oder mittels eines schriftlichen Testaments oder eines Codicills, nach bayerischem und badischem Recht mittels einer öffentlichen Urkunde oder eines schriftlich errichteten Testaments erfolgen [23]).

Nach dem österreichischen Gesetzentwurf §§ 9, 12 bedarf es einer Willenserklärung des Erblassers in einem Testamente oder in einer gerichtlich oder notariell beglaubigten oder eigenhändig geschriebenen und unterschriebenen Urkunde zum Ausschluß des Anerbenrechts, zur Wahl derjenigen Person, welche unter den zur Erbfolge berufenen Personen Anerbe sein, sowie des Betrags (vorbehaltlich des Pflichttheilsrechts der Betheiligten), zu welchem der Gutswerth bei der Berechnung angerechnet werden, und der Fristen, in welchen die Zahlung der Abfindungen erfolgen soll.

Um die Erbgutserrichtung zu fördern, bestimmt das bayerische Gesetz, daß die gerichtlichen Verhandlungen und Beurkundungen, welche die Errichtung des Erbguts selbst zum Zweck haben, sowie die Eintragungen desselben im Hypothekenbuche stempel- und gebührenfrei sein sollen.

Auch nach dem österreichischen Gesetzentwurf sollen die Gesuche um Eintragung oder Löschung eines Guts im Erbgüterbuch sowie die Anmerkung im Grundbuch gebührenfrei sein [24]).

19) Mecklenburg-Schwer. Ges. 12.
20) Bad. Ges.-Entw. 6, 34, 35.
21) Oesterr. Ges.-Entw. 19.
22) Bayr. Ges. 29. Bad. Ges.-Entw. 33. Oesterr. Ges.-Entw. 20.
23) Hess. Ges. 24. Bad. Ges.-Entw. 17. Bayr. Ges. 12.
24) Bayr. Ges. 31. Oesterr. Ges.-Entw. 41.

## E. Wesen der landwirthschaftlichen Erbgüter.

Das Wesen der landwirthschaftlichen Erbgüter ergiebt sich aus dem Motiv ihrer gesetzlichen Zulassung. Dieses Motiv besteht in dem Streben, bestimmte Güter gegen Zersplitterung und Aufsaugung zu schützen und im dauernden Eigenthum der bäuerlichen Familien zu erhalten. Zur Erreichung dieser Zwecke wird die Dispositionsfreiheit der Eigenthümer der landwirthschaftlichen Erbgüter mannigfach eingeschränkt und für die Vererbung derselben ein singuläres Erbrecht eingeführt. Innerhalb der durch das Erbgutsinstitut gezogenen Schranken ist der jeweilige Erbgutseigenthümer jedoch berechtigt, alle in dem Eigenthum begriffenen Rechte und Pflichten auszuüben [25]).

### I. Veräußerungs- und Verschuldungsbeschränkung.

Die Beschränkung der Dispositionsfreiheit besteht nach der hessischen, bayerischen und badischen Gesetzgebung darin, daß die Eigenthümer der Erbgüter bestimmte Dispositionen über dieselben nicht ohne Zustimmung sämmtlicher Anerben, wie die Anwärter hier bezeichnet werden, nach dem mecklenburgischen Gesetz darin, daß sie dieselben überhaupt nicht, und nach dem österreichischen Gesetzentwurf, daß sie dieselben nur in bestimmten vom Gesetz vorgesehenen Fällen vornehmen dürfen.

Zu diesen Dispositionen, deren Beschränkung in der oben angedeuteten Weise erfolgt, gehören:

1) Die Veräußerung des Erbguts im Ganzen sowie in einzelnen Theilen.

Die hessische Gesetzgebung gestattet die Veräußerung des Erbguts als Ganzes sowie einzelner Theile desselben und die bayerische Gesetzgebung sowie der badische Gesetzentwurf wenigstens die Veräußerung einzelner Theile des Erbguts regelmäßig nur nach eingeholter Einwilligung der sämmtlichen Anwärter.

Der Mangel des Consenses kann jedoch unter Umständen durch gerichtliche Bewilligung ersetzt werden.

Ohne solchen Consens vorgenommene Veräußerungen können nach hessischem und bayerischem Recht angefochten werden [26]).

Von dieser Regel werden jedoch folgende Ausnahmen zugelassen, indem eine totale oder theilweise Veräußerung der Erbgüter auch ohne solche Zustimmung statthaft sein soll:

a. nach hessischem Recht, wenn die Veräußerung an eine Person stattfindet, die durch das für die Erbgüter geltende singuläre Intestaterbrecht zum Nachfolger des gegenwärtigen Eigenthümers designirt ist [27]);

b. nach bayerischem Recht, wenn der Eigenthümer dasselbe den Anwärtern vergeblich zum Kauf angeboten hat [28]);

c. nach hessischem, bayerischem und badischem Recht, wenn die Veräußerung von der bestehenden Gesetzgebung zu öffentlichen Zwecken verlangt wird, so z. B. im Fall einer Expropriation [29]);

---

25) Hess. Ges. 10. Bayr. Ges. 5. Bad. Ges.-Entw. 8.
26) Hess. Ges. 17. Bayr. Ges. 8.
27) Hess. Ges. 23, 24, 33.
28) Bayr. Ges. 6, 10, 28.
29) Hess. Ges. 14. Bayr. Ges. 28. Bad. Ges.-Entw. 11.

d. nach hessischem, bayerischem und badischem Recht, wenn sich die Veräußerung nur auf einzelne, das gesetzliche Werthminimum übersteigende Theile des Guts bezieht und erwiesenermaßen der Verbesserung des Restguts zu statten kommt [30]).

In den beiden sub c. und d. angeführten Fällen nimmt der durch die Veräußerung erzielte Kaufpreis die Erbgutseigenschaft an und muß das an die Stelle des veräußerten Theilgrundstücks tretende Geld nach bayerischem Recht wieder in Grund und Boden angelegt werden [31]).

e. Nach hessischem Recht ist auch die Theilung eines Erbguts in mehrere Erbgüter ohne Einholung der Zustimmung der Anwärter statthaft, wenn jedes der Theilgüter dem von der Gesetzgebung für die Begründung von Erbgütern aufgestellten Minimalerforderniß entspricht, und nach dem badischen Gesetzentwurf, wenn die Bezirksverwaltungsbehörde nach Vernehmung des Gemeinderaths die Theilung bewilligt [32]).

Der österreichische Gesetzentwurf verbietet die Veräußerung des Erbguts als Ganzes ebensowenig wie das bayerische Gesetz und der badische Gesetzentwurf und erklärt nur die Abtrennung einzelner Grundstücke, welche den Bestandtheil eines Erbguts bilden, in der Regel als unstatthaft.

Ausnahmsweise soll eine solche Abtrennung auch nach dem österreichischen Gesetzentwurf zugelassen werden, wenn der Eigenthümer darum nachsucht und zugleich nachweist, daß der verbleibende Werth des Erbguts dadurch nicht unter das gesetzlich normirte mindeste Maß herabsinkt und daß die Abtrennung mit Vortheilen für die Bewirthschaftung des Guts verbunden ist, welche in anderer Weise nicht erreicht werden können.

Doch finden diese einschränkenden Bestimmungen nach dem österreichischen Gesetzentwurf keine Anwendung auf folgende Fälle, in denen eine Abtrennung von Grundstücken ohne Weiteres statthaft ist:

a. auf Besitzveränderungen, welche auf Grund der für die Auseinandersetzungen (Zusammenlegung von Grundstücken, Theilung von Grundstücken, Ablösung von Nutzungsrechten u. s. w.) bestehenden Gesetze zur Ausführung kommen;

b. auf den Tausch von Grundstücken, wenn der Werth der eingetauschten dem der ausgetauschten Grundstücke annähernd gleichkommt und zugleich durch den Tausch eine Arrondirung oder bessere Bewirthschaftung des Erbguts erzielt wird;

c. auf die Abtrennung von Grundstücken, welche nach der bestehenden Gesetzgebung im Zwangswege erfolgen kann [33]).

2) Die dingliche Belastung und namentlich die unterpfändliche Verschuldung der Erbgüter.

Auch diese soll in der Regel nach hessischem badischem und bayerischem Recht nur mit Einwilligung der Anwärter zulässig sein.

Ausnahmsweise jedoch ist die Verpfändung des Erbguts auch ohne Einwilligung der Anerben statthaft:

30) Hess. Ges. 14. Bayr. Ges. 6. Bad. Ges.-Entw. 11.

31) Hess. Ges. 14. Bayr. Ges. 6. Bad. Ges.Entw. 12. Mecklenburg-Schwer. Ges. 12.

32) Hess. Ges. 44. Bad. Ges.-Entw. 29.

33) Oesterr. Ges.-Entw. 25, 26.

a. nach hessischem, bayerischem und badischem Recht, wenn die Aufnahme einer Schuld stattfindet behufs Tilgung einer auf demselben Gut bereits ruhenden Hypothekenschuld [34]);

b. nach bayerischem, hessischem und badischem Recht, wenn die Verpfändung stattfindet zum Zweck der Abfindung des das Gut bei Lebzeiten an seinen Erben übertragenden Eigenthümers oder der Miterben des Gutsübernehmers [35]).

c. Ueber die sub a. und b. angeführten Fälle hinaus darf nach dem bayerischen Gesetz der Eigenthümer des Erbguts dasselbe nur in dem weiteren Betrage eines Drittels desjenigen Werths belasten, den er nach Abzug der genannten Posten und des ihm zukommenden Präcipuums noch frei besitzt [36]).

d. Endlich kann die fehlende Zustimmung der Anerben nach hessischem und bayerischem Recht durch die Genehmigung des zuständigen Gerichts und nach dem badischen Gesetzentwurf durch die der Verwaltungsbehörde ersetzt werden, wenn die Aufnahme des Darlehns zur Erhaltung des Gutes nothwendig oder aus überwiegenden Gründen nützlich ist [37]).

Belastungen des Erbguts über die vom Gesetz gestatteten Fälle hinaus sind entweder nichtig oder können doch angefochten werden.

Der österreichische Gesetzentwurf gestattet die Belastung des Erbguts nur:

a. mit ablösbaren oder auf eine bestimmte Zeit beschränkten Grundrentenschulden, deren Jahresbetrag die Hälfte des Katastralreinertrags nicht übersteigt, oder

b. wenn und soweit die Belastung mit Grundertragsrenten in der ad a. angegebenen Weise nicht stattgefunden hat, mit Hypotheken, deren Capitalbetrag das Zehnfache des Katastralreinertrags nicht überschreitet.

Haften auf einem Erbgute bereits Grundrentenschulden, so darf eine weitere Belastung nur insoweit stattfinden, als sie innerhalb des in den beiden obigen Punkten normirten Ausmaßes ihre Deckung findet.

Ausnahmsweise jedoch kann die zuständige Behörde auf Ansuchen des Eigenthümers eines Erbguts eine höhere Belastung als die oben normirte, und zwar mit Grundrentenschulden im Jahresbetrage bis zum ganzen Katastralreinertrage oder mit Hypotheken im Capitalbetrage bis zum Zwanzigfachen des Katastralreinertrags, bewilligen, wenn der Nachweis geliefert wird, daß eine solche höhere Belastung mit Vortheilen für die Bewirthschaftung des Gutes verbunden ist, welche in anderer Weise nicht erreicht werden können. Doch ist die Bewilligung immer an die Bedingung zu knüpfen, daß die bewilligte höhere Belastung ratenweise längstens innerhalb 20 Jahren zu tilgen ist.

c. Mit einem den Erträgnissen des Guts angemessenen landesüblichen Ausgedinge oder einer dieses Ausgedinge vertretenden Versicherung (Leibrente) zu Gunsten des Vorbesitzers oder seines überlebenden Ehegatten;

---

34) Hess. Ges. 12. Bayr. Ges. 6. Bad. Ges.-Entw. 9.
35) Bad. Ges.-Entw. 9. Bayr. Ges. 6. Hess. Ges. 14.
36) Bayr. Ges. 6.
37) Hess. Ges. 13. Bayr. Ges. 6. Bad. Ges.-Entw. 10.

d. mit der Verpflichtung, minderjährige Kinder des Vorbesitzers angemessen zu erziehen oder denselben bis zur erreichten Großjährigkeit, oder erwerbsunfähigen Kindern für die Dauer der Erwerbsunfähigkeit den standesgemäßen Unterhalt auf dem Gute zu verschaffen [38]).

Nach hessischem und badischem Recht findet eine Hilfsvollstreckung in Beziehung auf Erbgüter für persönliche Schulden des Erbgutseigenthümers niemals, und für Unterpfandsschulden nur soweit, als sie in Gemäßheit der obigen Gesetze giltig darauf gelegt sind, statt [39]).

Im bayerischen Gesetze fehlt eine ausdrückliche Bestimmung über diesen Punkt. Einzelne Bestimmungen des Gesetzes, wie z. B. die über die Eintragung der Erbgutseigenschaft im Hypothekenbuche, über die Edictalladung der unbekannten Gläubiger des Stifters u. s. w., scheinen indirect dafür zu sprechen, daß auch in Bayern das in dieser Beziehung für Hessen-Darmstadt geltende Recht Anwendung findet; andere Bestimmungen, insbesondere die in den Art. 15 und 28 des bayerischen Gesetzes enthaltenen, sprechen jedoch für das Gegentheil. Die Gerichtspraxis wurde noch nicht mit der Frage befaßt; die Commentatoren des Gesetzes sind jedoch darüber einig, daß die Erbgüter in Bayern bezüglich der executivischen Veräußerung nicht nur wegen der dinglichen, sondern auch wegen sog. Currentschulden keine Ausnahmestellung einnehmen, und daß demnach hier die Substanz des Guts nicht unangreifbar gemacht sei [40]).

Daß der österreichische Gesetzentwurf der socialwirthschaftlichen Forderung nach Erhaltung des seßhaften Standes der Grundbesitzer viel energischeren und consequenteren und zugleich doch einen den einzelnen Eigenthümer weniger belästigenden Ausdruck giebt, als die ältere Gesetzgebung, zeigen namentlich die Bestimmungen über den Zwangsverkauf der Erbgüter.

Das Erbgut soll nämlich nur in folgenden Fällen dem Zwangsverkauf unterzogen werden dürfen:

a. wegen der Rückstände an landesfürstlichen Steuern und anderen öffentlichen Abgaben,

b. wegen der Rückstände an solchen Leistungen, welchen die Gesetze den Vorrang vor anderen Reallasten oder in anderer Weise ein gesetzliches Pfandrecht einräumen,

c. wegen der Rückstände aus solchen Verpflichtungen, mit welchen das Erbgut ausnahmsweise belastet werden darf.

Allen anderen Forderungen gegenüber soll das Erbgut zwar der Execution nicht gänzlich verschlossen sein, dieselbe jedoch nicht durch den Zwangsverkauf, sondern nur vorübergehend durch die Sequestration vollzogen werden dürfen.

Doch soll dem Erbgutseigenthümer selbst dann besondere Schonung zu Theil werden, wenn ein wirklicher Zwangsverkauf gesetzlich zulässig ist, indem dem Zwangsverkauf des Erbguts in diesem Fall regelmäßig die Sequestration desselben vorauszugehen hat. Nur wenn die Befriedigung des Executionsführers aus den durch die Sequestration erzielten Einkünften nicht binnen

---

38) Oesterr. Ges.-Entw. 28.

39) Hess. Ges. 11—13, 28—30, 15. Bad. Ges.-Entw. 13.

40) Stein, Commentar zum Gesetz vom 22. Februar 1855, Erlangen 1859, S. 17, 39.

2 Jahren bewirkt werden kann, oder wenn es sich um mehr als 2jährige Rückstände an Jahresleistungen oder um Rückzahlung von Hypothekencapitalien handelt, ist die Execution sofort mittels Zwangsverkaufs des Erbguts zu vollziehen. Durch den Zwangsverkauf verliert übrigens das Erbgut nicht die Eigenschaft eines Erbguts.

Während der Sequestration hat der Eigenthümer des Erbguts, sofern er auf demselben seinen ständigen Wohnsitz hat, für sich und seine Familie einen Anspruch auf unentgeltliche Wohnung auf dem Gute sowie auf einen von jeder Execution freien Jahresbezug von 350 fl. ö. W.[41]).

### II. Singuläre Successionsordnung. Vorzugsrecht des Erbgutsübernehmers. Abfindungen der Anwärter. Erbrecht der Ehegatten.

Für die Vererbung der landwirthschaftlichen Erbgüter gilt die Individualsuccession, d. h. sie sollen immer nur an einen von mehreren Civilerben des Eigenthümers gelangen[42]).

Im einzelnen ist zwischen den Bestimmungen des neuesten österreichischen Gesetzentwurfs einerseits und den Bestimmungen des bayerischen und hessischen Gesetzes andrerseits zu unterscheiden.

Diese Unterscheidung bezieht sich schon äußerlich auf die Ausdrucksweise der beiden Gesetzesgruppen. Denn während der österreichische Gesetzentwurf in Uebereinstimmung mit dem allgemeinen Sprachgebrauch den Gutsübernehmer im Gegensatz zu seinen Miterben als Anerben bezeichnet, verstehen das bayerische und das hessische Gesetz unter Anerben die sämmtlichen successionsberechtigten Erben des Erbgutseigenthümers (die sog. Anwärter) im Gegensatz zum Gutsübernehmer.

Ferner will der österreichische Gesetzentwurf die Erbgüter — mit nur wenigen Ausnahmen — dem allgemeinen für die Erbfolge in landwirthschaftliche Güter überhaupt in Aussicht genommenen Intestaterbrecht unterwerfen, während das bayerische und hessische Gesetz, sowie der badische Gesetzentwurf für die Erbgüter allein ein singuläres Erbrecht einführen. Wir werden in diesem Abschnitt nur dieses letztere darzustellen haben und verweisen hinsichtlich des für Oesterreich in Aussicht genommenen Intestaterbrechts im Allgemeinen auf den Abschnitt über das Anerbenrecht. Hier sei nur eine derjenigen Modificationen erwähnt, welche dieses Erbrecht bei seiner Anwendung auf die Erbgüter erfahren soll.

Sie besteht darin, daß in Ermangelung anderweitiger Bestimmungen des Erblassers der Werth des Erbguts bei der Erbtheilung nur mit der Hälfte des für die übrigen landwirthschaftlichen Güter festgestellten Mehrfachen des Katastralreinertrags anzusetzen ist[43]). Wo das Erbgut bereits zur Hälfte verschuldet ist, da würden die Miterben des Gutsübernehmers allerdings vollständig leer ausgehen. Doch kann dieses für dieselben mißliche Resultat dadurch

---

41) Oesterr. Ges.-Entw. 29—35.
42) Hess. Ges. 20. Bayr. Ges. 11. Bad. Ges.-Entw. 16. Oesterr. Ges.-Entw. 1ff.
43) Oesterr. Ges.-Entw. 35, 36.

vermieden werden, daß der Erblasser einen höheren Werthansatz als den in dem Gesetz vorgesehenen vorschreibt. Namentlich wird aber darauf gerechnet, daß es dem Sparsinne und der Vorsorge des Erbgutseigenthümers gelingen werde, durch Ansammlung eines anderweiten Vermögens auch den Geschwistern des Gutsübernehmers gerecht zu werden.

Die anderen auf die Erbgüter speziell berechneten erbrechtlichen Bestimmungen des österreichischen Gesetzentwurfs sind weiter unten im Abschnitt über die Verpflichtungen des Gutsübernehmers speziell angeführt.

Nach bayerischem und hessischem Recht sowie nach dem badischen Gesetzentwurf sind zur Erbfolge in das Erbgut kraft Gesetzes berufen:

in erster Linie die ehelichen oder doch die durch nachfolgende Ehe legitimirten Descendenten (Hessen),

in zweiter Linie die vollbürtigen Geschwister und die ehelichen Descendenten (Hessen) oder nur die Kinder (Bayern, Baden) vorverstorbener vollbürtiger Geschwister,

in dritter Linie die Halbgeschwister und ihre Descendenten bezw. nach bayerischem und badischem Recht nur ihre Kinder [44]).

Die vorhergehende Classe schließt die nachfolgende aus.

Unter den mehreren Berechtigten der zunächst berufenen Classe gelangt das Erbgut immer nur an einen derselben. Dieser wird entweder durch Anordnung des Eigenthümers oder durch Vereinbarung der Miterben oder durch das Gesetz bestimmt.

Die zur Erbfolge berufenen Personen sind in dem Sinne Notherben, daß der Erbgutsbesitzer seinen Nachfolger immer nur aus der Classe der zunächst zur Erbfolge berechtigten Personen wählen darf, sei es nun, daß diese Wahl mittels letztwilliger Verfügung oder mittels Gutsübertragung unter Lebenden erfolgt [45]).

Von der Regel, daß der Eigenthümer bei seiner Wahl an die Angehörigen der zunächst berufenen Classe gebunden ist, gelten jedoch folgende Ausnahmen:

1) Ist einer der Erben erbunwürdig, so darf er von der Nachfolge in das Erbgut ausgeschlossen werden [46]).

2) Von den zunächst Berufenen fallen sodann von selbst aus: die Verschollenen, Mundtodten und Entmündigten [47]).

3) Es steht ferner den übrigen Erben seiner Classe nach, wer bereits Eigenthümer eines Erbguts (Hessen), Hofguts (Baden) oder sonst einer Liegenschaft (Bayern) ist [48]).

4) Es fällt endlich aus der auf die Gutsnachfolge Verzichtende. Derselbe kann sich nach badischem Recht für diesen Verzicht eine Vergütung ausbedingen, welche aber die Hälfte des Werths des in dem kindlichen Anschlage

44) Hess. Ges. 21. Bayr. Ges. 9. Bad. Ges.-Entw. 21.
45) Bayr. Ges. 10, 12, 19. Hess. Ges. 23, 24, 19. Bad. Ges.-Entw. 17.
46) Hess. Ges. 22. Bayr. Ges. 9, 25. Bad. Ges.-Entw. 22.
47) Bad. Ges.-Entw. 22. Hess. Ges. 22.
48) Hess. Ges. 22. Bad. Ges.-Entw. 22. Bayr. Ges. 13.

liegenden Vortheils nicht übersteigen darf. Nach den übrigen Rechten erhält derselbe nur gleich den übrigen Miterben des Gutsübernehmers eine Abfindung [49]).

Besitzt Jemand mehrere Erbgüter, so darf er keinem seiner Erben zwei derselben bestimmen, so lange nicht sämmtliche Glieder der zunächst berechtigten Classe Erbgüter erhalten haben [50]).

Hat der Eigenthümer des Erbgutes hinsichtlich der Person seines Gutsnachfolgers keine Wahl getroffen und hat hierüber auch keine Vereinigung unter den Anerben stattgefunden, so haben unter mehreren Erben derselben Classe den Vorzug in Bayern: die Nichtansässigen vor den Ansässigen, die Männer vor den Frauen, und innerhalb desselben Geschlechts die Aelteren vor den Jüngeren, nach hessischem Recht die Männer vor den Frauen, die Aelteren vor den Jüngeren; nach dem badischen Gesetzentwurf gehen die Männer den Frauen vor, aber unter Männern hat der jüngere den Vorzug vor dem älteren, während unter Frauen die ältere der jüngeren vorgeht. Besondere Bestimmungen gelten für den Fall, daß Descendenten aus verschiedenen Ehen mit einander concurriren [51]).

Der Erbgutsübernehmer erhält außer dem Eigenthum an dem Erbgut auch ein Voraus an der Erbschaft des Erblassers. In Bayern hat diese Bevorzugung des Erbgutsübernehmers einen verschiedenen Umfang, je nachdem derselbe der ersten oder zweiten oder dritten Successionsclasse angehört. Gehört der Gutsnachfolger zu den Descendenten des Erblassers und concurrirt er mit seinen Geschwistern oder mit Kindern von Geschwistern, so erhält er nicht nur ein Drittel des schuldenfreien Hofeswerths als Voraus, sondern es kommt ihm auch von den übrigen zwei Dritteln ein Kindestheil zu. Gehört dagegen der Anerbe der zweiten oder dritten Successionsclasse an, so sind zwei Fälle möglich. Concurrirt der Gutsnachfolger mit Kindern des Vorbesitzers, so muß er ihnen die vollen zwei Drittel herauszahlen, weil in diesem Falle von einem weiteren Kindestheil für ihn nicht die Rede sein kann. Sind dagegen beim Uebergang des Erbguts an einen zur zweiten oder dritten Classe gehörigen Erben keine Kinder des Vorsitzers zu berücksichtigen, so erlangen die Erben der Successionsclasse, welcher der übernehmende Anerbe angehört, ein Recht auf Abfindung, welche für alle zusammen nur den sechsten Theil des schuldenfreien Hofeswerths beträgt [52]).

Von dem bayerischen Recht etwas abweichende Bestimmungen enthält das hessische Gesetz 28—30 und der badische Gesetzentwurf 16, 26, 28, 31.

Nach dem hessischen Gesetz und dem badischen Gesetzentwurf darf der Erbgutseigenthümer seinem Nachfolger, wenn dieser zu seinen Descendenten gehört, als Voraus denjenigen Theil des schuldenfreien Gutswerthes zuwenden, über den er ohne Pflichttheilsverletzung verfügen kann; doch muß er demselben jedenfalls die Hälfte des Gutswerths hinterlassen. Fehlt eine Verfügung des Erblassers, so erhält der Gutsnachfolger die Hälfte des Gutswerths als Präcipuum und participirt dann noch mit seinen Miterben an der andern Hälfte.

49) Bayr. Ges. 9. Hess. Ges. 22. Bad. Ges.-Entw. 23.
50) Hess. Ges. 23, 24. Bad. Ges.-Entw. 24. Bayr. Ges. 12.
51) Hess. Ges. 20, 22, 27. Bayr. Ges. 11, 13, 16, 19. Bad. Ges.-Entw. 12.
52) Bayr. Ges. 14—17.

Gehört der Nachfolger der zweiten oder dritten Classe an, so muß er den Descendenten des letzten Besitzers zwei Drittel, den Miterben zweiter und dritter Classe dagegen ein Sechstel des schuldenfreien Erbgutswerthes herausgeben[53]).

Nach bayerischem Recht wird der überlebende Ehegatte, wenn er Miteigenthümer war, in jedem Fall, nach hessischem Recht nur dann, wenn der verstorbene Ehegatte keine Descendenten hinterlassen hat, Alleineigenthümer des Erbgutes.

War er nicht Miteigenthümer, so hat er nach bayerischem Recht, falls der berufene Anerbe ein Descendent ist, bis zu dessen Großjährigkeit, in allen andern Fällen bis zu seiner Wiederverehelichung die Verwaltung und Nutznießung des Erbguts; nach hessischem Recht soll es in diesem Falle hinsichtlich der Nutznießung bei den allgemeinen gesetzlichen Grundsätzen verbleiben.

Der badische Gesetzentwurf enthält hinsichtlich der Rechte des überlebenden Ehegatten eine Reihe von Vorschlägen zur Auswahl[54]).

### F. Pflichten des Erbgutsübernehmers gegenüber seinen Miterben und gegenüber den Gläubigern.

I. Bereits in dem vorigen Abschnitt wurde der Pflicht des Gutsübernehmers, seine Miterben abzufinden, gedacht.

Die Vertheilung der von dem Gutsübernehmer auszuzahlenden Abfindungssumme erfolgt in Bayern nach Stämmen[55]).

Was die Auszahlung der Abfindungssumme anbelangt, so dürfen in Bayern nur jene Erben, welche zur Zeit des Todes des Erblassers bereits ansässig oder verehelicht waren, die Auszahlung bereits ein Jahr nach dem Tode des Erblassers verlangen. Andernfalls sind diese Abfindungssummen erst nach sechsmonatlicher Aufkündigung, welche jedoch in der Regel erst drei Jahre nach dem Tode des früheren Eigenthümers, wenn der betreffende Erbe zur Zeit dieses Todes bereits großjährig war, oder drei Jahre nach erreichter Großjährigkeit, wenn er zu jener Zeit minderjährig war, stattfinden darf, fällig[56]).

Nach dem hessischen Gesetz darf die Auszahlung der Abfindungssumme frühestens zwei Jahre nach erfolgtem Ableben des Erblassers verlangt werden. Ausnahmsweise kann die Auszahlung der Abfindung jedoch bereits früher beansprucht werden, und zwar dann, wenn die Auszahlung zum Zweck der Erziehung oder Ausbildung oder Begründung eines Nahrungsstandes oder zur Ansässigmachung und Verehelichung des Berechtigten dienen soll oder durch unverschuldete Unglücksfälle erforderlich wird. Die Abfindungssummen sind in Bayern sowohl wie in Hessen bis zur erfolgten Auszahlung mit 4 % zu verzinsen[57]).

Der österreichische Gesetzentwurf enthält hinsichtlich der Abfindungen, welche der Anerbe seinen Miterben schuldig ist, nur die eine Bestimmung, daß der zur Abfindung Berechtigte verlangen kann, daß ihm sein Recht durch Eintragung in das Grundbuch sicher gestellt werde. Indirect gehört jedoch auch

53) Hess. Ges. 28—30. Bad. Ges.-Entw. 27, 28.
54) Bayr. Ges. 19, 20. Hess. Ges. 25, 26. Bad. Ges.-Entw. 18, 19, 20.
55) Bayr. Ges. 16.
56) Bayr. Ges. 21.
57) Hess. Ges. 38, 40. Bayr. Ges. 21, 23.

folgende einem älteren Gebrauch nachgebildete Bestimmung hierher. Danach sollen die Geschwister des Anerben berechtigt sein, so lange sie minderjährig oder wegen erwiesener körperlicher oder geistiger Gebrechen erwerbsunfähig sind, vom Gutsübernehmer standesgemäßen Unterhalt auf dem Gut gegen standesgemäße, ihren Kräften entsprechende Mitarbeit zu beanspruchen. Diese Befugniß soll jedoch aufhören, sobald Abfindungen oder Zinsen gezahlt worden sind. Durch eine letztwillige Anordnung kann der Erblasser dem Uebernehmer des Erbguts auch noch weiter gehende Verpflichtungen, z. B. die Erziehung minderjähriger Kinder, deren Unterhalt auf dem Gut ohne Gegenleistung u. s. w., auftragen und dieselben auch im Grundbuch sicher stellen lassen [58]).

II. Nach bayerischem Recht vererbt das Erbgut innerhalb des Gesammtnachlasses: der Erbgutsnachfolger befindet sich, wenn er nicht zugleich in den übrigen Nachlaß erbt, in der Stellung eines Quasilegatars, welchem von den Erben verhältnißmäßiger Abzug für die Erbschaftsgläubiger gemacht werden kann; wenn er dagegen in den übrigen Nachlaß zugleich erbt, so wird er die Stellung eines Quasiprälegatars haben [59]).

Dagegen haftet nach hessischem Recht das Erbgut nur für Erbgutsschulden. Folgerecht findet gespaltene Succession in zwei getrennte Massen statt. Der Erbgutsnachfolger ist als solcher Singularsuccessor, nicht Quasilegatar oder Quasiprälegatar. Er kann daneben Erbe oder Miterbe, muß es aber nicht sein [60]).

Ueber die Bestimmungen des österreichischen Gesetzentwurfs vgl. den Abschnitt über das Anerbenrecht.

### G. Uebergabeverträge unter Lebenden.

Der Erbgutseigenthümer ist bei Lebzeiten berechtigt, sein Erbgut einem der zur Nachfolge berufenen Erben zu übergeben. In Hessen findet diese Bestimmung auch auf den überlebenden Ehegatten Anwendung, indem derselbe das ihm zuständige Nutzungs- und Verwaltungsrecht ebenfalls bei Lebzeiten auf einen der Erben übertragen darf [61]).

Die gesetzlich erforderliche Form für die Gutsübergabe unter Lebenden ist die Verlautbarung vor dem competenten Gericht [62]).

Bei einer solchen Uebergabe des Erbguts unter Lebenden ist der bisherige Eigenthümer sowohl nach hessischem wie nach bayerischem Recht berechtigt, für sich, seine Frau und seine minderjährigen und erwerbsunfähigen Kinder Einsitzrechte und Alimentationsreichnisse auszubedingen; die Beträge der letzteren dürfen jedoch im Ganzen 4 % eines Drittels von dem bei der Uebergabe festgesetzten schuldenfreien Gutswerthe nicht übersteigen [63]).

Falls derjenige, dem das Erbgut übergeben wird, zu keiner Abfindung verpflichtet ist, so ist in Hessen der Gutsübergeber berechtigt, sich ein Drittel des schuldenfreien Erbgutswerths als Eigenthum vorzubehalten. In Bayern

58) Oesterr. Ges.-Entw. 28, 37, 38.
59) Bayr. Ges. 14—18.
60) Hess. Ges. 37, 15.
61) Hess. Ges. 23, 41. Bayr. Ges. 10. Bad. Ges.-Entw. 14.
62) Bayr. Ges. 10.
63) Hess. Ges. 41, 45. Bayr. Ges. 24, 27.

sind unter derselben Voraussetzung die Berechtigungen des früheren Eigenthümers verschieden je nach der Classe, zu der der das Gut übernehmende Erbe gehört. Ueberträgt er den Hof auf seine Descendenz, so kann er sich von den zwei freien Dritteln des Hofeswerths nur einen Kindestheil als Eigenthum vorbehalten; übergiebt er dagegen den Hof an einen Collateralen, so kann er sich ein Drittel des freien Erbgutswerths als Eigenthum vorbehalten [64].

In dem Uebergabevertrage ist der das Erbgut Uebergebende zugleich berechtigt, den Zeitpunkt festzustellen, von dem ab die Anwärter die Auszahlung der Abfindungssummen verlangen dürfen. Uebrigens darf nach hessischem Recht der Anerbe selbst dann 2 Jahre nach dem Tode des Gutsübergebers die Abfindungssumme kündigen, wenn der Gutsübergeber eine längere Frist hierfür bestimmt haben sollte. Nach bayerischem Recht dürfen diese Abfindungssummen vor dem Fälligkeitstermin nicht cedirt werden. Sie sind bis zur Auszahlung mit 4 % zu verzinsen [65].

### H. Aufhebung der Erbgutseigenschaft.

Ein Gut verliert seine Erbgutseigenschaft:

1) durch den Widerruf des Stifters nach hessischem, bayerischem und badischem Recht. Ein solcher ist jedoch nur so lange statthaft, als nicht dritte Personen Rechte aus der Stiftung erworben haben. Der mitstiftende Ehegatte allein ist zum Widerruf nicht berechtigt [66].

Nach dem österreichischen Gesetzentwurf darf die Löschung der vollzogenen Eintragung und damit die Aufhebung der Erbgutseigenschaft nur erfolgen, wenn der Eigenthümer den Nachweis zu liefern vermag, daß die Löschung mit Vortheilen für die Bewirthschaftung des Guts verbunden ist, Vortheilen, welche in anderer Weise nicht erreicht werden können. Dieser Nachweis ist durch ein Zeugniß der Vorsteherschaft jener Gemeinde zu liefern, in deren Bezirk das Wohnhaus des Erbguts gelegen ist. Die Richtigkeit des ausgestellten Gemeindezeugnisses ist dann durch das Bezirksgericht zu prüfen. Bestehen gegen seine Richtigkeit Bedenken, so hat das Bezirksgericht das Zeugniß der Bezirksvertretung bezw. dem Landesausschusse zur Entscheidung vorzulegen. Auch hat diese Instanz die Entscheidung im Fall der Berufung wegen verweigerten Gemeindezeugnisses zu treffen [67].

2) durch das Einverständniß aller Betheiligten: nach hessischem und bayerischem Recht. Hierzu gehört auch eine freiwillige Veräußerung des Erbguts mit Zustimmung sämmtlicher Anwärter [68].

3) durch den Abgang aller Anwärter, sowie wenn keiner der Anwärter das Erbgut bei Lebzeiten des Erblassers resp. nach seinem Tode übernehmen will: nach hessischem, bayerischem und badischem Recht [69].

64) Bayr. Ges. 14, 15, 17.
65) Bayr. Ges. 21—23. Hess. Ges. 38, 40, 45.
66) Hess. Ges. 31, 32. Bayr. Ges. 3, 28. Bad. Ges.-Entw. 30, 31.
67) Oesterr. Ges.-Entw. 20.
68) Hess. Ges. 14, 31. Bayr. Ges. 28.
69) Hess. Ges. 31, 33. Bayr. Ges. 10, 28. Bad. Ges.-Entw. 30, 32.

4) durch Herabminderung des Erbgutswerths unter das gesetzliche Minimum [70]).

5) nach bayerischem und hessischem Recht auch durch Entwährung und gerichtlichen Zwangsverkauf, wogegen die Erlöschung der Erbgutseigenschaft — sofern die Erbgüter als solche in den Grundbüchern eingetragen sind — durch Verjährung nicht herbeigeführt wird.

Es verlieren demnach die Erbgüter in Folge der executivischen Veräußerung ihre Erbgutsqualität: womit das ganze Institut in Frage gestellt ist [71]).

Diesen Mangel der bayerischen und hessischen Gesetzgebung sucht der österreichische Gesetzentwurf zu vermeiden.

Nach dem österreichischen Gesetzentwurf verliert nämlich die Eintragung eines Erbguts in das Erbgüterbuch ihre Wirksamkeit auch nicht durch die executive Feilbietung oder durch Einbeziehung des Erbguts in eine Concursmasse. Vielmehr können dem Zwangsverkaufe unterzogene Erbgüter nur mit Beibehaltung der Erbgutseigenschaft versteigert werden [72]).

## 3. Resultat der Gesetzgebung.

Man hat das landwirthschaftliche Erbgut mehrfach als einen Versuch, das alte wesentlich für adlige und städtisch-patricische Kreise wirksame Institut des Stammguts auf den Bauernstand zu übertragen, aufgefaßt.

Diese Parallele trifft unserer Ansicht nach aber nicht zu, weil die beiden Einrichtungen in folgenden wichtigen Punkten von einander abweichen:

1) Rechtsquelle des Stammguts ist das Gesetz oder Gewohnheitsrecht, während das landwirthschaftliche Erbgut seinen Ursprung einem individuellen Stiftungsact des Eigenthümers verdankt.

2) Der Stammgutseigenthümer ist in seiner Disposition fast gar nicht beschränkt, während der Eigenthümer eines Erbguts dasselbe weder verpfänden noch auch (ganz oder theilweise) veräußern darf, ohne vorher die Zustimmung der Anwärter oder eine diese ersetzende Genehmigung der Verwaltungsbehörde eingeholt zu haben.

3) Das Stammgut steht ferner dem allgemeinen Zugriff der Gläubiger des Eigenthümers vollständig offen, während das Erbgut regelmäßig (nur das bayerische Gesetz macht hierin eine Ausnahme) für die persönlichen Schulden des Erbgutsbesitzers gar nicht und für die hypothekarischen Schulden nur dann haftet, wenn sie in Gemäßheit des Gesetzes auf das Erbgut gelegt sind.

Das landwirthschaftliche Erbgut erscheint uns vielmehr als eine für den Bauernstand unternommene Nachbildung des Familienfideicommisses. Daß diese Auffassung die richtige ist, darüber läßt weder die rechtliche Structur noch die Entstehungsgeschichte des Erbguts einen Zweifel aufkommen. Sagte doch die bayerische Staatsregierung in ihrem dem Landtage im J. 1854 vorgelegten Gesetzentwurf über bäuerliche Erbgüter ausdrücklich: „Dieselben Erwägungen, welche die Aufrechthaltung und Erweiterung des Instituts der Familienfideicommisse

70) Hess. Ges. 31. Bayr. Ges. 28. Bad. Ges.-Entw. 30.
71) Hess. Ges. 14, 15, 35. Bayr. Ges. 28, 30.
72) Oesterr. Ges.-Entw. 20, 35.

als zweckmäßig erscheinen lassen, sprechen mit erhöhtem Gewichte für Begründung eines dem Familienfideicommisse analogen Rechtsinstituts in Ansehung der mittelgroßen Bauerngüter."

Beiden Instituten gemeinsam ist 1) die Unveräußerlichkeit, Untheilbarkeit, Unverschuldbarkeit und singuläre Vererbung der denselben unterworfenen Güter. Aber während das Familienfideicommiß diese Grundsätze in absoluter Weise durchführt und Abweichungen von denselben nur unter bestimmten streng einzuhaltenden Voraussetzungen ausnahmsweise zuläßt, ist die Veräußerung, Theilung und Verschuldung des Erbguts der Regel nach unter Einhaltung bestimmter gesetzlicher Schranken mit Zustimmung der Anwärter zulässig. Ja in bestimmten vom Gesetz vorgesehenen Ausnahmefällen bedarf es nicht einmal dieser Zustimmung zur Vornahme der obigen Acte.

Was wir oben als Postulat für die künftige Entwickelung des Fideicommisses hinstellten, eine weitere Annäherung desselben an das gemeine Recht, findet sich demnach beim Erbgut — allerdings zum Theil in etwas anderer Weise, als wir vorgeschlagen haben — bereits durchgeführt.

Gemeinsam ist dem Familienfideicommiß und dem Erbgut nach der hessischen und österreichischen Gesetzgebung ferner 2) daß sie beide für die persönlichen Schulden des Besitzers unangreifbar sind, und sodann

3) daß ihre Anwendung auf ein gegebenes Gut lediglich durch einen Willensact des Stifters bedingt ist. Also nicht kraft Gesetzes, sondern in Folge eines Rechtsgeschäfts haben bestimmte größere Güter die Fideicommißqualität und bestimmte mittlere Güter, wenigstens nach hessischer, österreichischer und badischer Gesetzgebung, die Erbgutsqualität. Der österreichische Gesetzentwurf nimmt auch in dieser Beziehung eine von den älteren Gesetzen abweichende Stellung ein, indem er der Regel nach allerdings an der Errichtung von Erbgütern durch den Willensact einer Privatperson festhält, aber der Landesgesetzgebung denn doch die Bestimmung darüber vorbehält, „in welchen Fällen landwirthschaftliche Erbgüter auch ohne einen dahin zielenden Antrag des Eigenthümers oder eine giltige letztwillige Anordnung desselben von Amtswegen als Erbgüter in das Erbgüterbuch eingetragen werden können".

Demnach ist die Ausbreitung der Erbgüter — wenn man von dieser letzteren Bestimmung, die übrigens noch keine Gesetzeskraft besitzt, absieht — ausschließlich in das Belieben derjenigen Classe der Bevölkerung gestellt, für die der Gesetzgeber dieses Institut berechnet hat.

Und welchen Gebrauch hat diese von der ihr eingeräumten Befugniß gemacht?

Hierbei können nur die Erfahrungen in Mecklenburg-Schwerin, Hessen-Darmstadt und Bayern in Betracht kommen, da allein in diesen Ländern perfect gewordene Gesetze vorliegen, während in den andern der oben erwähnten Staaten die gesetzgeberischen Anläufe im Stadium der Vorberathung stecken geblieben sind (Hessen-Kassel, Baden, Würtemberg) oder dieses vorläufige Stadium erst eben beschritten haben (Oesterreich).

In Hessen-Darmstadt nun ist unseres Wissens von dem Gesetz bisher gar kein Gebrauch gemacht worden, und in Bayern sollen bis zum Jahre 1872 nur 4 Erbgüter errichtet worden sein, davon aber nach einer neueren Angabe Helferichs 2 angeblich von solchen Städtern herrühren, die eine Art Fideicommiß errichten wollten, dessen Errichtung sonst ein Privileg des Adels ist[73]). Aus Mecklenburg liegen uns über unsern Gegenstand keine Nachrichten vor.

Man hat den Mißerfolg der beiden ersteren Gesetze darauf zurückzuführen gesucht, daß die landwirthschaftlichen Vereine, die Gemeinde- und Staatsbeamten es nach dem Erlaß derselben an der nöthigen Belehrung und Anregung der bäuerlichen Kreise haben fehlen lassen.

Möglich, daß eine zielbewußte und energische Agitation der dem Landvolk nahe stehenden höheren Classen und Personen das gänzliche Scheitern der Gesetze in Bayern und Hessen verhütet haben würde.

Daß ohne ein solches Eingreifen so gut wie gar kein Gebrauch von der Gesetzgebung gemacht worden ist, spricht aber doch dafür, daß dieselbe den Bedürfnissen und Anschauungen der betreffenden Kreise wenig entsprochen haben muß. Indeß wäre es doch falsch, aus dieser Thatsache im Allgemeinen zu schließen, daß der Bauer nicht von der Nothwendigkeit eines wirksameren Schutzes seines Besitzthums, als das geltende allgemeine Recht ihm gewährt, überzeugt sein sollte. Mag er auch in Zeiten steigender Grundrente mit dem gegebenen Zustande zufrieden gewesen sein, die Verheerungen, welche die letzten 15—20 Jahre unter dem Bauernstande angerichtet haben, würden ihn gewiß mit Freuden nach einer Einrichtung haben greifen lassen, die ihm eine größere Sicherung seines Besitzes verspricht.

Wenn er die ihm dargebotene Gelegenheit dennoch nicht benutzt hat, und wie wir überzeugt sind, auch in Zukunft nicht benützen wird, so muß das seinen tieferen Grund in der Natur dieser Einrichtung haben.

Und in der That wird solches nicht schwer zu beweisen sein.

Ist der Sinn für die Initiative beim Bauer überhaupt wenig entwickelt, und scheut sich derselbe vor der Berührung mit Gerichten und Advocaten, so war es gewiß kein glücklicher Gedanke, daß der Staat die Einführung einer Einrichtung, die er im allgemeinen Interesse für nützlich hielt, von der Willensentschließung des Bauern und der gerichtlichen Geltendmachung seines Entschlusses abhängig machte. Ein Verfahren, das sich beim Adel wegen des lebhaften Standes- und Familienbewußtseins, wegen der höheren Bildung und vor allem wegen der größeren Rechts- und Geschäftskenntniß dieses Standes als zum Ziele führend erwiesen hat, mußte daher nothwendig an der so ganz verschiedenen Eigenart der Bauern scheitern.

Die Creirung von Erbgütern durch einen Willensact der Bauern wird man aber um so weniger erwarten dürfen, als derselbe dadurch sich und seine Nachkommen für alle Zeiten in der Disposition über das Erbgut wesentlich beschränken würde.

Wenn der Edelmann oder der demselben in seinen Anschauungen gleichstehende bürgerliche Großgrundbesitzer durch die Errichtung eines Familienfideicommisses sich und seine Nachfolger ebenfalls beschränkt, so thut er es im Interesse seiner Familie. Diese in ihrer Geschlechterfolge ist dem Adligen eine ungleich höher stehende Institution als dem Bauer, so daß die Rücksicht auf die Familie sein individuelles und momentanes Interesse mehr oder minder vollständig zurückzudrängen vermag.

73) Zeitschrift des landwirthschaftlichen Vereins in Bayern, Nov. 1883, S. 229.

Und während ferner die jüngeren Söhne des fideicommißbesitzenden Adels die Opfer, welche die Förderung und Sicherstellung des Familienglanzes ihnen auferlegt, tragen, weil auch auf sie noch ein Schimmer jenes Familienglanzes fällt, giebt es für die jüngeren Söhne einer Bauernfamilie kein entsprechendes Aequivalent für die Verkürzung ihrer Vermögensrechte.

Nun könnte man sagen, daß dieselbe Bedeutung, die für die höheren Stände die Familie, für den Bauern der Hof besitze. Mit diesem verwachse er so vollständig, daß nicht selten sein Geschlechtsname hinter dem Hofnamen zurücktritt. Ist das auch richtig, so ist damit doch noch keineswegs erwiesen, daß der Bauer seinem Gut das Opfer eines Theils seiner Dispositionsfreiheit bringen wird. Und zwar dürfte ihm dieses Opfer um so schwerer wiegen, je weniger er alle Consequenzen desselben zu überblicken vermag, und je frischer in ihm noch die Tradition der früheren persönlichen und sachlichen Unfreiheit fortlebt. Ueber diesen Punkt äußert sich ein genauer Kenner des westphälischen Bauernstandes folgendermaßen: „Der bäuerliche Grundbesitzer betrachtet sich als den wirklichen Besitzer und Herrn der Scholle, über welche er, bei dem festen Willen diese ungetheilt zu erhalten und zu vererben, doch äußerlich freie Dispositionsbefugniß behalten will.“ Das zunächst auf Westphalen bezogene Urtheil dürfte für den ganzen deutschen Bauernstand zutreffen [74]).

Besonders abstoßend müssen für den Bauer dann noch speziell diejenigen Bestimmungen des bayerisch-hessischen Rechts sein, welche die ausnahmsweise zugelassene Veräußerung, Zertheilung und Verschuldung der Erbgüter an die Einwilligung der Erbgutsanwärter knüpfen. Denn durch diese seiner Dispositionsfreiheit auferlegte Fessel geräth der Bauer in Abhängigkeit von seinen Kindern und erleidet seine für das bäuerliche Leben so wichtige väterliche Autorität leicht eine Einbuße.

Der Bauer wird aber nach dem geltenden Erbgüterrecht nicht nur von den Anwärtern, sondern auch von dem Gericht abhängig gemacht, und zwar u. a. auch in solchen Dingen, die mit der Erhaltung des Guts nichts zu thun haben.

Diese doppelte Abhängigkeit des Bauern von seiner Familie und dem Gericht ist, wie neuerdings Helferich richtig bemerkt hat, noch größer als seine frühere Abhängigkeit vom Grundherrn.

Endlich würde durch diese mannigfachen Beschränkungen des Erbgutseigenthümers sein Credit erheblich geschädigt werden. Wollte man die für denselben hierdurch entstehenden Nachtheile paralysiren, so hätte man consequenterweise gleichzeitig mit dem Erlaß der Erbgütergesetze für eine corporative Creditorganisation sorgen müssen.

Diese hätte dann die Aufgabe, die Lücken im individuellen Privatcredit, welche die Erbgutsgesetzgebung veranlaßt, auszufüllen. In dieser Beziehung ist der neuerdings von L. v. Stein entworfene Reformplan, — auf den wir weiter

74) v. Schorlemer, Die Lage des Bauernstandes in Westphalen, Münster 1864, S. 8, 9. Helferich in der Zeitschrift für die gesammte Staatswissenschaft, Jahrg. 1854 S. 137 ff.

unten näher einzugehen haben werden, — viel consequenter gewesen als die Gesetzgebung der fünfziger Jahre[75]).

Der bäuerlichen Sitte mehr adäquat dürfte schon die von dem österreichischen Gesetzentwurf in Aussicht genommene Einschränkung der Dispositionsfreiheit des Erbgutseigenthümers durch strenge gesetzliche Normen sein, von denen nur in bestimmten, wieder vom Gesetz vorgesehenen Fällen dispensirt werden kann. Aber wenn die Zuziehung der Anwärter und Gerichte hier auch glücklicherweise vermieden ist, so ist dafür die Zulässigkeit mehrerer für den Erbgutseigenthümer bedeutsamer Handlungen abhängig gemacht von der Entscheidung der Verwaltungsorgane. Auch dieser Beschränkung wird sich der Bauer freiwillig um so weniger gern unterwerfen, je mehr sie den Charakter eines für denselben ausschließlich berechneten Singularrechts hat. Einen solchen Charakter gewinnt sie namentlich durch die Bestimmung des § 14 des österreichischen Gesetzentwurfs, wonach nur solche landwirthschaftliche Güter zu Erbgütern erklärt werden können, deren Katastralreinertrag sich zwischen 50 und 1000 fl. oder deren nach dem Zwanzigfachen des Katastralreinertrags berechneter Werth sich zwischen 1000 und 20 000 fl. ö. W. bewegt. Dagegen hat die hessisch-bayerische Gesetzgebung für die Erbgutserrichtung eine Grenze nur nach unten gezogen, indem sie die kleineren Güter von derselben ausschloß.

Man wende gegen die obige Kritik nicht ein, daß das Handelsrecht den Handelsstand und das Handelsgeschäft ebenfalls singularrechtlichen Normen unterwirft. Dieselben enthalten keinerlei Beschränkungen des Handelsstandes, sondern nur ein seinen spezifischen wirthschaftlichen Bedürfnissen angepaßtes Recht. Man wende auch nicht ein, daß die auf die Wiedereinführung obligatorischer Innungen gerichteten Bestrebungen von einem Theil der Handwerker die größte Förderung erfahren. Denn in den obligatorischen Innungen richtet sich der Zwang hauptsächlich nach außen gegen diejenigen, die noch nicht vollberechtigte Genossen sind. Denjenigen, die es bereits sind, kostet es daher kein Opfer, den Zwang herbeizuführen. Dagegen richten sich die auf die landwirthschaftlichen Erbgüter Bezug habenden Beschränkungen in erster Linie gegen den gegenwärtigen und künftigen Eigenthümer selbst. Auch soll die Wirksamkeit der Zwangsinnung für den Einzelnen nicht von seinem Belieben abhängig sein, sondern sich auf alle selbständigen Gewerbtreibenden eines oder mehrerer Gewerbe beziehen.

---

75) Im Generalcomité des landwirthschaftlichen Vereins in Bayern ist neuerdings (Sitzung vom 9. October 1883) der Antrag gestellt worden: es möge das Gesetz über die bäuerlichen Erbgüter revidirt und — gleichsam als Köder für die Stiftung solcher Güter — eine kleine Quote des Steuerbetrags dauernd nachgelassen werden. Der Antragsteller war der Ansicht, daß damit „eine außerordentliche Nachhilfe für die Consolidirung des Bauernstandes geschaffen werden würde“. Dagegen wurde ihm — wie wir glauben mit Recht — eingewendet, daß derjenige Theil des Bauernstandes, welcher erhalten zu werden verdient, gesund und leistungsfähig sei und, weil er dies sei, seine Steuern auch ganz und voll bezahlen könne. Auch würde unseres Dafürhaltens ein solcher Köder den ohnehin mißtrauischen Bauer nur noch mißtrauischer machen. Stenographischer Bericht über die Sitzung des Generalcomités des landwirthschaftlichen Vereins in Bayern vom 9. October 1883 S. 282, 284.

Wir könnten uns schon eher denken, daß der Bauer sich einer für den gesammten ländlichen Grundbesitz staatlich eingeführten Zwangsordnung, auch wenn sie seine bisherige Dispositionsfreiheit wesentlich einschränkt, unterwirft, als daß er eine solche Ordnung durch einen persönlichen Willensact auf seinen Besitz ausdehnt.

Um nun in Ländern, in denen die Begründung von Erbgütern eine sociale und wirthschaftliche Nothwendigkeit geworden sein soll, die freiwillige Errichtung aber nicht zu erwarten ist, diesen Zweck auch ohne den Willen des Eigenthümers zu erreichen, sind folgende Vorschläge gemacht worden. L. v. Stein befürwortet, die künftig zur Execution gelangenden Güter nur als Erbgüter zu veräußern, und die galizische Statthalterei beantragt bei dem österreichischen Ministerium, die Anordnung der Eintragung nach dem Tode des gegenwärtigen Besitzers der Verlassenschaftsbehörde zu überlassen, endlich wollen andere Vorschläge in Oesterreich überhaupt die Eintragung von Amtswegen durch die Behörde angeordnet wissen.

Da bei dieser Frage vor allem die Verhältnisse der einzelnen Länder von entscheidendem Einflusse sind, so hat der österreichische Gesetzentwurf die Regelung dieses Punktes ausgesetzt und der Landesgesetzgebung überlassen.

Die Einschlagung dieses Wegs würde aber eine Abänderung unserer geltenden Agrarverfassung bedeuten, auf die wir bei Gelegenheit der Besprechung des L. v. Stein'schen Programms noch näher eingehen wollen.

Nur so viel sei über den österreichischen Entwurf noch gesagt, daß derselbe den Anschauungen und Sitten des Bauernstandes wenn auch nicht vollständig, so doch immerhin besser angepaßt ist, als die aus den 50er Jahren stammende bayerisch-hessische Gesetzgebung. Auch hat er den Vorzug größerer Consequenz vor der letzteren voraus. Dies zeigt sich namentlich darin, daß die ältere deutsche Gesetzgebung den bäuerlichen Besitz nicht vor dem Zugriff der persönlichen Gläubiger schützt. Denn nach der Anschauung der Commentatoren des bayerischen Gesetzes unterliegen die Erbgüter jeder beliebigen sonst zulässigen Execution für die (auch persönlichen) Schulden des Erbgutsbesitzers. Und mit dem Zwangsverkauf erlischt dann auch die Qualität des Erbguts. Nach dem österreichischen Entwurf dagegen ist das Erbgut der Execution nur wegen ganz bestimmter hypothekarischer, nicht aber auch wegen der persönlichen Schulden des Erbgutsbesitzers unterworfen. Auch soll die Subhastation wennmöglich durch Sequestration ersetzt werden und nur im äußersten Nothfall die Subhastation eintreten. Aber selbst diese letztere soll die Erbgutsqualität des Guts nicht auslöschen, sondern dieselbe ihm als character indelebilis anhaften.

Wenn wir hiermit an dem österreichischen Entwurf hinsichtlich der Regelung dieses letzten Punkts die größere Consequenz anerkennen, so ist damit übrigens keineswegs auch schon die Durchführbarkeit des als consequent Gedachten anerkannt. Zwar wollen wir keineswegs bestreiten, daß das öffentliche Interesse unter Umständen erheischen kann, daß privatrechtlichen Forderungen die Rechtshilfe versagt werde, oder daß denselben doch wenigstens bestimmte Vermögensgegenstände als Executionsobjecte entzogen werden. Ob das öffentliche Interesse im Augenblick aber wirklich die Ausschließung bestimmter landwirthschaftlicher Güter von der Execution für die persönlichen Schulden verlangt, verdiente doch noch eine sehr gründliche Untersuchung: da eine solche Maßregel einen außerordentlich tiefen Eingriff in die Rechtsordnung und das Rechtsbewußtsein der Gegenwart enthalten würde.

Wir resümiren uns zum Schluß dahin, daß die eben besprochenen Gesetzgebungsversuche sämmtlich insofern einen gesunden Kern enthalten, als sie ein dem Grundeigenthum und seiner wirthschaftlichen Natur adäquates Erbrecht einzuführen suchen. Diese Versuche haben aber bisher keinen praktischen Erfolg gehabt, weil ihnen, wenigstens in Bayern, Hessen und Baden, zwei Hauptmängel anhafteten. Dieselben bestehen darin, 1. daß man die Geltung des singulären Erbrechts verknüpft hat mit einer Beschränkung der Theilbarkeit, Veräußerlichkeit und Verschuldbarkeit der betreffenden Güter, und 2. daß man die Wirksamkeit aller dieser Bestimmungen, also auch des singulären Erbrechts, abhängig gemacht hat von einem diesbezüglichen speziellen Willensact der Besitzer. Weil der Bauer der Beschränkung seiner Dispositionsfreiheit über das Bauerngut widerstrebt, so macht er auch keinen Gebrauch von dem untrennbar mit diesen Beschränkungen verknüpften Recht, sein Gut nach dem Anerbenrechte zu vererben.

Von diesen Mängeln hat sich der österreichische Gesetzentwurf insoweit ferngehalten, als er das Anerbenrecht zum Intestaterbrecht macht, also auch ohne vorhergehenden hierauf gerichteten positiven Willensact der Grundbesitzer, auf allen landwirthschaftlichen Grundbesitz, für den keine gegentheilige letztwillige Verfügung besteht, in Anwendung gebracht sehen will, und als er nur für die Beschränkung der Dispositionsfähigkeit des Grundbesitzers einen speziellen Willensact voraussetzt.

Es hat demnach dieser österreichische Gesetzentwurf vor den älteren deutschen Particulargesetzen den großen Vorzug, daß der Grundbesitzer sich dem seinen Anschauungen und Bedürfnissen meist entsprechenden Anerbenrecht unterwerfen k a n n und sich doch nicht zugleich einer Beschränkung seiner Dispositionsfreiheit zu unterwerfen b r a u c h t, und daß das Anerbenrecht zugleich seines Charakters als eines spezifischen Standesrechts entkleidet ist, indem es auf alle „zum Betriebe der Land- oder Forstwirthschaft bestimmten Besitzungen mit Ausschluß der mit dem Fideicommiß- oder Lehnverbande behafteten Güter“ Anwendung finden soll, während die Errichtung von Erbgütern auf eine bestimmte Kategorie von Gütern beschränkt ist. Dagegen leidet der österreichische Gesetzentwurf an dem Mangel, daß er die beiden Materien, die in ihrer Anwendung nicht nothwendig zusammenfallen, nämlich das Anerbenrecht und das Erbgüterinstitut, durch e i n e n gesetzgeberischen Act regeln will. Damit ist die Gefahr gegeben, daß diejenigen, welche gegen ein subsidiäres Anerbenrecht, weil dasselbe — wie wir weiter unten nachzuweisen haben werden — mit den Grundprincipien unserer heutigen Agrarverfassung im besten Einklang steht, nichts einzuwenden haben, dennoch möglicherweise gegen das Gesetz stimmen würden aus Abneigung gegen das Institut der Erbgüter überhaupt und speziell aus Widerstreben gegen diejenige Bestimmung desselben, die der Landesgesetzgebung vorbehält, das in erster Linie als facultativ hingestellte Institut zu einem obligatorischen zu erklären.

Wie die untrennbare Verschmelzung zweier heterogener Einrichtungen die ältere bayerisch-hessische Gesetzgebung nie zur Anwendung hat kommen lassen, so kann der Versuch einer gleichzeitigen Regelung derselben in dem österreichischen

Gesetzentwurf leicht dahin führen, daß auch der — wie wir glauben — den Meisten acceptabel erscheinende, sich auf die Regelung des Anerbenrechts beziehende Theil des Gesetzentwurfs wegen seiner Verquickung mit dem von den Erbgütern handelnden Theil bereits an dem Widerspruch der gesetzgebenden Factoren scheitern wird.

Wir würden daher für Oesterreich eine Zerlegung des uns vorliegenden Entwurfs in zwei getrennte Theile vorschlagen, um durch den Gesetzentwurf über die Erbgüter nicht auch das Schicksal des Entwurfs über das Anerbenrecht zu gefährden.

Die Gesetzgebung über die Erbgüter würden wir dann in Oesterreich sowohl wie im Deutschen Reich am liebsten mit der bisherigen Fideicommißgesetzgebung verschmolzen sehen, indem das Fideicommißinstitut im Sinne der in dem vorigen Abschnitt gegebenen Anregung und analog dem Institut der Erbgüter freier gestaltet würde, so daß dasselbe hinfort einerseits in höherem Maße als bisher den Grundsätzen der Freiheit und Selbstverantwortlichkeit des Einzelnen, sowie der Beweglichkeit des wirthschaftlichen Lebens Rechnung trüge und andrerseits wiederum eine stärkere Gewähr als das gemeine Erbrecht für die Erhaltung des Grundbesitzes in der Familie böte.

## 4. Neueste Vorschläge.

Wie die politischen Erfahrungen des Jahres 1848 zum Experiment der Ausdehnung des Fideicommißinstituts auf den bäuerlichen Grundbesitz geführt haben, so ist die landwirthschaftliche Krisis der sechziger und siebziger Jahre zum Anlaß einer Reihe agrarpolitischer Vorschläge geworden.

Mag der Streit über die Bedeutung und Tragweite dieser Krisis, Mangels einer beweiskräftigen Statistik und einer vollständig ausreichenden Enquête, auch noch nicht endgiltig entschieden sein, so dürfte doch zweierlei als unbestreitbar feststehen:

1) daß der Bauernstand im Deutschen Reich und in Deutsch-Oesterreich, mit Ausnahme nur einiger besonders begünstigter Gegenden, sich seit der Mitte der sechziger Jahre in einer viel ungünstigeren Lage befindet, als in den dieser letzten Zeitperiode vorhergegangenen 30—40 Jahren, ja daß sich in manchen Theilen des Deutschen Reichs und Deutsch-Oesterreichs ein Niedergang desselben zeigt, der für Gesellschaft und Staat verhängnißvoll werden kann;

2) daß in dieser Krisis gewisse Mängel der bestehenden Agrarverfassung deutlich zu Tage getreten sind.

Diese Mängel liegen nicht nur auf dem Gebiete des Agrarrechts im engeren Sinn, der sog. Landesculturgesetzgebung, sondern ebenfalls auf dem des Agrarrechts im weiteren Sinn, welches auch einen Theil des Privat- und Proceßrechts in sich schließt.

Auf dem letzteren haben sich namentlich als reformbedürftig herausgestellt das gegenwärtige Verschuldungsrecht der Grundbesitzer sowie speziell die Hypotheken- und Grundbuchverfassung, die Creditorganisation, das Executions- und speziell das Subhastationsrecht und endlich in besonders hohem Grade das Erbrecht.

Zur Abstellung dieser Mängel sind nun eine Reihe von Vorschlägen gemacht worden. Von diesen haben wir hier nur der Wiedereinführung der Gebundenheit sowie der beschränkten Verschuld- und Exequirbarkeit des bäuerlichen Grundeigenthums, wegen des sich an diese gebundenen Güter anschließenden und von ihnen untrennbaren Zwangsanerbenrechts, zu gedenken.

Wir lassen somit namentlich die auf eine allgemeine, zwangsweise vorzunehmende Grundentlastung, oder doch eine zwangsweise Conversion der hypothekarischen Schulden aus hochverzinslichen in niedrigverzinsliche, auf eine Schließung der Hypothekenbücher oder doch auf ein Verbot der Verschuldung des Grundbesitzes über seinen halben Werth, auf die Einführung der homestead laws u. s. w. gerichteten Vorschläge, wie sie von dem Freiherrn Carl von Vogelsang, dem Dr. A. Peetz, dem Grafen Carl Chorinsky, dem Grafen Arco-Zinneberg und Dr. G. Ratzinger, von dem Dr. E. Jäger, dem Dr. Rudolf Meyer u. A. gemacht worden sind, außer Betracht, weil sie mit dem Gegenstande unserer Arbeit nicht unmittelbar zusammenhängen [76]).

---

Der Versuch, die Bildung relativ gebundener und verschuldbarer sowie nach Anerbenrecht sich vererbender Bauerngüter von der Willensentschließung der Eigenthümer abhängig zu machen, ist, wie oben gezeigt wurde, an dem Widerstreben des Bauernstandes gescheitert.

Es hat deshalb, wie wir gleichfalls oben mittheilten, der neueste österreichische Gesetzentwurf die Möglichkeit der Schaffung solcher geschlossener Güter im Gesetzeswege, ohne Anregung seitens der Eigenthümer dieser Güter, in Aussicht genommen.

Dieses Project der Erhaltung des Bauernstandes im Wege der Gesetzgebung enthält indeß nur den Versuch der theilweisen gesetzgeberischen Formulirung eines Gedankens, der vom Prof. Lorenz von Stein herrührt.

Wir wollen diesen jetzt reproduciren und ihn in Bezug auf seine Tragweite und Durchführbarkeit zu prüfen suchen.

L. v. Stein geht in seinem an die k. k. Ministerien des Ackerbaus und der Justiz abgegebenen Gutachten, das er dann auch unter dem Titel: „Bauerngut und Hufenrecht“ im Jahre 1882 bei Cotta als Buch hat erscheinen lassen, von der Voraussetzung aus, daß der Zustand eines bauernlosen Staats ein zugleich verderblicher für das innere und ein beständig gefährlicher für das Rechtsleben jedes Staates der Welt sein würde. Da die moderne freiheitliche Agrarverfassung keinerlei Gewähr dafür bietet, daß dieser Zustand nicht einmal eintrete, so sieht er sich nach den Mitteln um, welche die drohende

---

76) A. Peetz, Ueber die Frage eines singul. Erbrechts für den Stand der kleinen Grundbesitzer, Wien 1883. C. v. Vogelsang, Die Grundbelastung und Entlastung, Wien 1879. Die Nothwendigkeit einer neuen Grundentlastung, Wien 1880. Die socialpolitische Bedeutung der hypothekarischen Grundbelastung, Wien 1881. Gr. C. Chorinsky, Die Erlassung eines Agrarrechts für das Herzogthum Salzburg, Salzburg 1882. G. Ratzinger, Die Erhaltung des Bauernstandes, Freiburg i./Br. 1883. E. Jäger, Die Agrarfrage der Gegenwart, bisher 2 Abtheilungen Berlin 1882 und 1884. R. Meyer, Heimstätten- und andere Wirthschaftsgesetze der Vereinigten Staaten u. s. w., Berlin 1883.

Gefahr zu verhüten im Stande wären. Als ein solches ergiebt sich ihm die allmähliche Wiederherstellung des gebundenen bäuerlichen Besitzes. Jedoch hält er es für eine mehr als bedenkliche Sache, wenn es in einem Staate nichts als untheilbare, geschlossene und jeder Verschuldung gewaltsam entzogene Grundbesitzungen gäbe. Ein solcher Zustand des Grundbesitzes erscheint ihm als ein ungesunder, in seiner Entwickelung einfach erstarrender und damit auch für die Industrie und die Finanzen verderblicher. Daher schlägt er vor, an die Seite der geschlossenen bäuerlichen Güter oder Hufen, welche in ihrer Gesammtheit sowie an einzelnen Orten nicht weniger als die Hälfte und nicht mehr als zwei Drittheile des Bodens umfassen sollen, für den übrigen Theil des Bodens die freien oder die Verkehrs- oder die walzenden Grundstücke zu setzen. In diese beiden Ordnungen des geschlossenen und freien Besitzes wäre sodann auch das zur Bewirthschaftung des Gutes erforderliche Betriebscapital einzufügen, und zwar in der Weise, daß ein gewisser Bestand an landwirthschaftlichen Betriebsmitteln, der sog. fundus instructus, als ein untrennbarer Bestandtheil der geschlossenen Bauernstelle anerkannt werden und an ihrem Rechte Theil nehmen müßte, während alles übrige Betriebscapital, Rechte und Forderungen, die in dieser Aufzählung nicht ausdrücklich aufgenommen sind, dem freien Verkehr und damit auch der bestehenden Execution zu unterliegen hätten.

Den Uebergang in diesen neuen Zustand der Dinge will L. v. Stein allmählich mit Schonung aller vorhandenen Rechte gemacht sehen, indem fürs Erste an der Regel festzuhalten wäre, daß jeder Grundeigenthümer nach wie vor über sein Grundeigenthum und sein Betriebscapital frei verfügen, es verkaufen und verpfänden darf.

Der neue Zustand der Dinge wäre nach Stein auf zwei Wegen herbeizuführen, wovon der eine mit dem Willen des Eigenthümers, der andere ohne denselben einzuschlagen wäre. Der erste Weg soll betreten werden, wenn der Eigenthümer freiwillig in das Bauernrecht eintritt, der zweite, wenn eine Bauernstelle zur Subhastation gelangt. In beiden Fällen wird aber vorausgesetzt, daß die Bauernstelle von hypothekarischer Belastung frei sei. Es soll demnach der Ersteher einer Hufe im Subhastationswege verpflichtet sein, den Kaufpreis baar zu bezahlen. Zur Deckung des Kaufpreises kann er übrigens den Theil des bisherigen Hofs, der jetzt walzender Grund geworden ist, verschulden oder verkaufen. Und ebenso muß derjenige, der sein Grundstück freiwillig dem Hufenrecht unterwerfen will, dasselbe vorher von allen Schulden befreien.

Auf diese Weise, meint L. v. Stein, werde sich, ohne irgend ein Recht zu verletzen, die ganze Summe der geschlossenen Gründe allmählich von selbst einstellen. Alles was nicht geschlossen wird, also im Maximum die Hälfte, im Minimum ein Drittel des Bodens, soll im freien Verkehr bleiben, d. h. nach wie vor frei veräußerlich, verschuld- und verpfändbar, sowie exequirbar sein.

Dabei unterscheidet L. v. Stein die Aufzeichnung der Bauernstellen von ihrer Eintragung in das Hufenbuch. Die erstere erfolgt ex officio durch die Bezeichnung derjenigen Häuser, an welche sich je nach den Ortsverhältnissen die geschlossenen ganzen, halben und Viertelhufen — unterschieden nach dem Gespann, welches für dieselben erforderlich ist — sowie die Häuslerstellen anschließen sollen. Sie ist gleichsam nur die Vorbereitung zu der zweiten Handlung, mit welcher sich erst bestimmte rechtliche Folgen verbinden. Die

Eintragung erfolgt, wie bereits erwähnt, entweder auf den freien Willensentschluß des Eigenthümers hin oder im Fall seines Concurses.

Um aber durch die Herstellung der geschlossenen Bauerngüter den erstrebten Zweck der Erhaltung und Neubildung eines Bauernstandes zu erreichen, wird zugleich als unabänderlicher Grundsatz aufgestellt, daß jede Hufe und jedes geschlossene Grundstück „mit dem Rücken besessen" werden muß. Darnach kam jeder soviel freien Grund besitzen wie er will, ohne ihn selbst zu bewohnen, aber die Hufe selbst nicht. Es soll auch kein Bauer mehr als zwei Hufen besitzen dürfen, mit der einzigen Ausnahme, wenn ihm dieselben durch Ehe- oder Erbrecht zufallen, wohl aber darf er neben seiner Hufe so viel freien Boden erwerben, wie er will.

Durch diese Maßregeln will Stein verhüten, daß die gebundenen Bauernhufen an dritte Personen kommen und der jetzige Bauernstand expropriirt werde, und zugleich daß sich innerhalb des Bauernstandes selbst der Agglomerationsproceß vollziehe.

Die eingetragenen Bauernhufen sollen zwei rechtliche Eigenschaften haben. Sie sollen untheilbar sein und der hypothekarischen Belastung mit Einzelschulden verschlossen bleiben. Dieselben sollen nur der bäuerlichen Creditgenossenschaft für ihre Forderung und außerdem nur noch für Steuerrückstände haftbar sein. Es wird daher das Bauerngut auch nie von Einzelnen unter irgend einer Form exequirt werden können; wohl aber soll die Creditgenossenschaft in gewissen Fällen das Recht haben, das Bauerngut theils zu sequestriren, theils auch als Ganzes zu verkaufen, wobei jedoch der eiserne Bestand der Fahrniß nie vom Gute getrennt werden darf.

Indem wir die näheren Modalitäten, unter denen sich der Verfasser die obigen Grundsätze im Einzelnen durchgeführt denkt, an dieser Stelle übergehen, heben wir nur noch hervor, daß der Bauer, wie er mit voller Freiheit in die Creditgenossenschaft eintritt, ebenso — wenn er seinen Haftungen gegenüber der Genossenschaft genügt hat — auch jeden Augenblick aus derselben austreten kann. Ja er kann seine Hufe, seinen geschlossenen Besitz selbst als einen freien erklären und letzteren damit dem freien Verkehr, dem allgemeinen Hypothekenrecht und seinem Zins- und Kündigungsrecht unterwerfen. Er ist mit einem Wort ein vollkommen freier Mann. Nur bleibt die Aufzeichnung im Hufenbuche ein für alle Mal stehen, wenn auch vor der Hand ohne Rechtsfolgen. Erst wenn der Concurs eintritt oder der Bauer sich freiwillig entschließt, wird die Gebundenheit und Unverschuldbarkeit wieder begründet.

Wir wenden uns jetzt speziell der Darstellung des Erbrechts zu, das für diese gebundenen Bauerngüter gelten soll.

L. v. Stein geht von der Erfahrungsthatsache aus, daß das Princip der Gleichheit des Rechts aller Erben selbst dort, wo dasselbe in der Gesetzgebung die möglichst schroffe Ausgestaltung gefunden hat, wie in Frankreich, immer nur scheinbar, aber nie in Wirklichkeit zur Durchführung gelangt.

Die höhere Natur der Dinge, worunter die socialwirthschaftliche Natur des Grundeigenthums im Gegensatz zu der des mobilen Capitals verstanden wird, ist hier trotz aller formalen Rechtsanordnungen unerbittlich. Sie fordert und wird ewig fordern, daß im höheren allgemeinen Interesse ein beständiges Opfer des formalen Einzelrechts vor sich gehe. Stein wünscht nun für das bäuerliche Erbrecht ausdrücklich anerkannt zu sehen, daß das Princip der Gleichheit des Rechts der Erben nur insoweit durchgeführt werden darf, als es mit der Erhaltung der gebundenen Bauerngüter vereinbar ist. Dagegen soll für das (walzende) freie Verkehrsgut das gegenwärtige gemeine Erbrecht fortbestehen. So wird denn der Dualismus von gebundenem und freiem Gute auch dem Erbrecht zu Grunde gelegt und das auf das gebundene Gut bezügliche Erbrecht als Anerbenrecht, das auf das freie Gut bezügliche als Erbgüterrecht bezeichnet.

Dem Anerbenrecht sollen unterworfen sein alle gebundenen Bauernhufen mit ihrem Zubehör als einheitliches und untheilbares Ganzes. Der Anerbe ist diejenige Persönlichkeit, welche allein in ein solches Bauerngut succedirt; er muß das Gut mit dem Rücken besitzen, d. h. dasselbe persönlich bewohnen und bewirthschaften. Ist der Anerbe nicht selbst Bauer, so muß er binnen drei Monaten erklären, ob er das Gut unter dieser Bedingung antreten will, oder nicht. Tritt er dasselbe nicht an, so folgt der nächste Anerbe.

Das Gesetz stellt ferner die Ordnung für die Erbfolge in das Bauerngut fest.

Durch dieselbe sollen die Töchter den Söhnen gleichgestellt werden, aber immer nur ein Erbe die bäuerliche Hufe erhalten.

Die Intestaterbfolgeordnung ist eine absolute, unabänderliche. Jedoch soll der Erblasser das Recht haben, einen anderen als den gesetzlichen Erben zum Anerben einzusetzen. In diesem Fall muß aber der testamentarische Erbe den Pflichttheilsberechtigten den gesetzlichen Pflichttheil binnen Jahresfrist auszahlen, gleichviel, ob es sich hier um die geschlossene Stelle oder auch um freie Gründe handelt, welche letzteren er übrigens zu diesem Zwecke verkaufen kann.

Hinsichtlich des Erbrechts der Geschwister gelten folgende Grundsätze.

War der Erblasser noch nicht in das Hufenbuch eingetreten, so hat der Anerbe freie Wahl, ob er es seinerseits thun will oder nicht.

Will er es nicht, so bleibt das ganze bisherige Recht für ihn bestehen.

Tritt er aber als Erbe in das Hufenbuch ein, so sind zwei Fälle zu unterscheiden.

Hat der Erblasser eine Bauernstelle und daneben freie Gründe oder freie Fahrniß hinterlassen, so kann der Anerbe allem Recht auf die freien Gründe und die freie Fahrniß entsagen, welchen Falls diese unter den Miterben vertheilt werden.

Sind die Miterben es zufrieden, so können die freien Gründe übrigens bei der Bauernstelle bleiben, und es kann der Pflichttheil alsdann im Grundbuch auf diese freien Gründe intabulirt werden; aber auch nur auf diese, so daß die Bauernstelle dadurch nicht belastet wird. Ist das geschehen, so muß allerdings der Anerbe sich die Kündigung der Pflichttheile gefallen lassen. Hat er jedoch die Geschwister auf seinem Hofe, so darf diese Kündigung erst etwa mit dem sechzehnten Lebensjahre derselben eintreten.

Hat der Erblasser dagegen nichts als die Bauernstelle hinterlassen, so hat der Anerbe nur die Verpflichtung, die der Vater selbst bei Lebzeiten gegen seine Kinder gehabt hätte. Zu der Erfüllung dieser Verpflichtungen in Unterhalt und Erziehung haben ihn die Vormünder anzuhalten.

Auch sollen Vereinbarungen namentlich über Leibgedinge aller Art zugelassen werden; nur dürfen sie die Bauernstelle nicht mit Schuldcapitalien belasten.

Was ist nun von diesem Vorschlage L. v. Steins zu halten?

Eine Besprechung desselben dürfte um so mehr am Platze sein, als das L. von Steinsche Reformprogramm zwar bisher vielfach reproducirt worden ist, eine eingehende Beurtheilung dagegen unseres Wissens noch nicht erfahren hat.

Versuchen wir es daher, die vorhandene Lücke in Nachfolgendem auszufüllen.

Zuvörderst darf dem Plan nachgerühmt werden, daß derselbe consequent durchdacht ist und, einmal durchgeführt, den Bauernstand sowohl vor der Uebermacht des beweglichen Capitals als auch vor der des großen Grundeigenthums sicher stellen würde.

Auch ist es nicht richtig, wenn diesem Plan nachgesagt worden ist[77]), daß er, indem er den Bauer vor dem Verlust seines Hofs sicher stellt, bewirken würde, daß derselbe „nachlässig und unwirthschaftlich wird". Denn die Bauernhufe im Sinne L. v. Steins ist kein Fideicommißgut. Nicht der einzelne Bauer oder die einzelne bäuerliche Familie, sondern nur der Bauernstand als solcher soll durch diese neue Ordnung der Dinge in seinem Bestande geschützt werden. Der einzelne unwirthschaftliche Bauer dagegen soll seinen Besitz nicht nur verlieren können, sondern wird ihn auch verlieren müssen. Nur soll dieser Besitz nicht, wie gegenwärtig häufig geschieht, im Fall eines Zwangsverkaufs entweder von dem großen Grundbesitz aufgesogen oder in Parcellen zerlegt werden, sondern ungetheilt an die Creditgenossenschaft fallen und von dieser wieder nur an einen Bauer übertragen werden.

Ebenfalls unrichtig ist es, wenn man gesagt hat, daß diesen gebundenen Gütern der Credit und damit auch in vielen Fällen die befruchtende Wirkung des Capitals fehlen werde. Denn einmal wird der reine Personalcredit des Grundeigenthümers durch den Steinschen Vorschlag gar nicht berührt, sondern demselben nur die Hufe als Verhaftungs- und Executionsobject entzogen. Daß es aber möglich ist, auf reinen Personalcredit große Summen geliehen zu erhalten, zeigt das Beispiel der englischen Pächter. Sodann besteht die bezüglich des Hypothekarcredits in Aussicht genommene Veränderung nur darin, daß hinfort der hypothekarische Individualcredit durch den allein von der Creditgenossenschaft zu gewährenden Credit ersetzt werden soll.

Auch sind wir nicht der Ansicht, daß für die nach der verschiedenen Spannfähigkeit abgestuften bäuerlichen Hufen häufig das Bedürfniß nach einer radicalen Veränderung ihres Umfangs eintreten werde. Wie unsere Bauernhufen Jahrhunderte lang in denselben Größenverhältnissen bestanden haben, so wird es auch im Ganzen für die Zukunft zweckmäßig sein, sie in denselben zu erhalten. Jedenfalls wird, und darin stimmen wir mit R. Meyer vollständig überein, bei dem immer mehr um sich greifenden Gebrauch von arbeitsparenden Maschinen künftig das Bedürfniß nach einer Vergrößerung der Hufenfläche stärker sein als nach einer Verkleinerung derselben. Das Bedürfniß nach Vergrößerung der Hufenfläche kann aber nach dem Steinschen Plane leicht durch Zukauf walzender Grundstücke befriedigt werden.

77) Ratzinger, Erhaltung des Bauernstandes S. 41.

Wenn sodann an dem Steinschen Plane[78]) getadelt wird, daß er durch die fixe Theilung des Grundbesitzes zur Hälfte in gegen Theilung, Ueberschuldung und Zwangsveräußerung gesicherte Hufen und zur anderen Hälfte in walzende, der Verkehrsfreiheit preisgegebene Güterstücke die zwei Systeme der Gebundenheit und der Verkehrsfreiheit nur äußerlich an einander schweißt, die passendste Nutzung aller Theile des Grundbesitzes erschwert und die Bewegung derselben zum tüchtigsten Wirthe verhindert, so bestätigen die im Königreich Sachsen mit dem Dualismus von geschlossenen und walzenden Grundstücken gemachten Erfahrungen diese Befürchtungen nicht. Auf diese sächsischen Ergebnisse wird überhaupt bei Beurtheilung des Steinschen Plans weiter unten näher einzugehen sein.

Endlich darf hinsichtlich der Durchführbarkeit des Steinschen Vorschlags darauf verwiesen werden, daß der von demselben vorgesehene Dualismus von geschlossenen und walzenden Grundstücken früher in vielen Ländern und unter denselben namentlich auch in Deutsch-Oesterreich zu Recht bestand und sich noch gegenwärtig in einigen thüringischen Fürstenthümern, namentlich in Sachsen-Altenburg, sowie im Königreich Sachsen erhalten hat.

Auch findet sich die von L. v. Stein geplante Agrarverfassung mit einigen nicht gerade wesentlichen Modificationen, zu denen die Freiheit der Verschuldung gehört, in den russischen Ostseeprovinzen Livland, Estland und Kurland in Geltung.

Und wenn auch gegen eine Parallelisirung dieser letzteren, in ihrer Rechtsentwickelung noch heute die Spuren des Ständewesens einer früheren Periode an sich tragenden Länder mit dem Deutschen Reich Einspruch erhoben werden könnte, so läßt sich derselbe Einwand doch sicherlich nicht gegen die thüringischen Fürstenthümer und das Königreich Sachsen erheben. Namentlich die sächsische Volkswirthschaft trägt ihrer sehr ausgebildeten Industrie und ihrer dichten Bevölkerung, sowie nicht minder ihrer hoch entwickelten Landwirthschaft nach ein durchweg modernes Gepräge.

Im jetzigen Königreich Sachsen bestand nun aber seit Alters her der Gegensatz von gebundenen und walzenden Hufen.

Als man in den dreißiger Jahren die Dismembration von Grundstücken geschäftsmäßig zu betreiben anfing, führte dieser Umstand sowie der Wunsch, den dermaligen Zustand der Vertheilung des Grundeigenthums zu erhalten, d. h. auf der einen Seite die Vereinigung größerer Complexe in einer Hand sowie auf der anderen Seite das Ueberhandnehmen der kleinen, nicht-spannfähigen Nahrungen zu verhüten, zum Erlaß des Gesetzes vom 30. November 1843, durch welches der Parcellirung des Grundeigenthums, und zum Gesetz vom 6. November 1843, durch welches der Agglomeration desselben entgegen getreten wurde. Das erstere Gesetz sanctionirt in bedingter Weise die Gebundenheit der zur Zeit seines Erlasses vorhandenen Rittergüter sowie der innerhalb der ländlichen Gemeindebezirke gelegenen geschlossenen Grundstücke. Unter dieses Gesetz fallen somit nicht die walzenden d. h. nie in den Complex des geschlossenen Besitzes eingetretenen sowie die in städtischen Fluren gelegenen Güter. Von den geschlossenen Gütern soll für alle Folgezeit überhaupt nur ein Drittel und in außerordentlichen Fällen

78) Schäffle, Incorporation des Hypothekarcredits, Tübingen 1883, S. 104.

außerdem noch ein Achtel abgetrennt werden dürfen. Als Basis des Besitzstands gilt der Zustand des Jahres 1843, und als Maßstab gelten die Steuereinheiten. Weiter gehende Abtrennungen sind nur bei Weinbergen, zum Zweck der Errichtung von gewerblichen Etablissements und Wohnhäusern, beim Tausch zu wirthschaftlichen Zwecken zulässig. Doch bedarf es in diesen Fällen eines ausdrücklichen Dispenses von den Bestimmungen des Gesetzes von 1843, welcher nach dem Gesetz vom 23. April 1873 § 11 von den Amtshauptmannschaften unter Zuziehung der Bezirksausschüsse zu ertheilen ist. Die Dispensationen werden häufig verlangt und in sehr ausgiebiger Weise ertheilt.

Ergänzend zu dem Gesetz vom 30. November tritt dann noch das Gesetz vom 6. November 1843 hinzu, dessen Bestimmungen in der Folge in die Verordnung, betreffend das Verfahren in nicht streitigen Rechtssachen, vom 9. Januar 1865 übergegangen sind. Diese letztere bestimmt, daß ein Rittergut zu einem andern Rittergut oder zu einem innerhalb eines ländlichen Gemeindebezirks belegenen geschlossenen Grundstück oder daß solche Grundstücke zu anderen Grundstücken derselben Art nur mit Genehmigung des zuständigen Appellationsgerichts resp. des Justizministers geschlagen werden dürfen.

Der geschlossene Grundbesitz bildet ein Ganzes, er kann nur als solches verkauft und verpachtet werden und hat nur ein Folium im Grundbuch, während bei dem walzenden Besitz jedes einzelne Stück für sich besteht, verkauft, verpfändet und getheilt werden kann. Indeß ist nicht ausgeschlossen, daß eine Person mehrere Güter besitzt, nur dürfen dieselben nicht auf ein Folium geschrieben werden.

Durch diese Gesetzgebung wird nicht nur der allmählichen Verkleinerung der bäuerlichen Güter und einer weitgetriebenen Parcellirung, sondern auch ebenso sehr der Aufsaugung derselben entgegen gewirkt. Ferner wird dem, was im Laufe der Zeit durch Abtrennung des Drittheils und sonstiger Theilstücke von dem geschlossenen Grundbesitz beweglich gemacht werden könnte, das Gleichgewicht gehalten durch die Vereinigung losgetrennter oder walzender Grundstücke mit den geschlossenen Gütern, welche durch das Gesetz gestattet ist.

Zur Befriedigung des Bedürfnisses nach Realcredit bestehen für diese Güter, und zwar sowohl für die Herrschaften, Rittergüter und solche Bauern- und Stadtgüter, welche eine gewisse Summe von Steuereinheiten repräsentiren, der erbländische ritterschaftliche Creditverein zu Leipzig und die landständische Bank in Bautzen, welche fast gleichzeitig ins Leben getreten (1844 u. 1845) und der schlesischen Landschaft nachgebildet sind. Dazu kommt dann seit dem J. 1866 noch der landwirthschaftliche Creditverein im Königreich Sachsen. Diese Creditinstitute gewähren ihren Mitgliedern unter Solidarhaft unkündbaren hypothekarischen Credit zu mäßigem Zinsfuß und mit Amortisirung durch Rentenzuschlag. Die Mittel zur Gewährung der Darlehen werden durch Ausgabe von Pfandbriefen gewonnen. Wenn der Eigenthümer des diesen Anstalten verpfändeten Guts seinen Verpflichtungen nicht pünktlich nachkommt, so wird sein Gut zunächst sequestrirt und erst nach Ablauf einiger Zeit meistbietend verkauft.

Trotzdem das Grundeigenthum im Königreich Sachsen zum größten Theil rechtlich gebunden ist, gilt für dasselbe aber doch nicht das Anerbenrecht, sondern das dem römischen Erbrecht nachgebildete Erbrecht des sächsischen C.G.B. Da bei der Erbtheilung das untheilbare väterliche Gut nur einem Kinde zugetheilt werden kann, so sind die übrigen Kinder des Bauern genöthigt, einen anderen Erwerb zu ergreifen.

Ueber die Folgen des Gesetzes von 1843 äußert sich ein hervorragender Kenner der sächsischen landwirthschaftlichen Verhältnisse, der verstorbene Geheim-Rath Reuning[79]) dahin, daß wenn er an den einzelnen Bestimmungen des Gesetzes von 1843 auch mancherlei auszusetzen habe und eine Reform desselben wünsche, er die gesetzliche Aufrechterhaltung der Geschlossenheit des Grundbesitzes im allgemeinen doch für nützlich, ja für nothwendig halte. Er sei überzeugt, daß der im Ganzen so sehr günstige Zustand der Volkswirthschaft Sachsens auf die Untheilbarkeit oder richtiger die bedingte Theilbarkeit eines großen Theils des ländlichen Grundbesitzes im Königreich Sachsen zurückgeführt werden müsse. Die große Mehrzahl der von den geschlossenen Gütern abgetrennten Stücke sei nämlich wieder an die Besitzer anderer geschlossener Güter gelangt, so daß das, was der eine Complex verloren habe, dem andern wieder zugewachsen sei. Diese bedingte Theilbarkeit habe nun denjenigen Theil der Bevölkerung, welcher seine Kräfte nicht im Ackerbau genügend ausnutzen könne, genöthigt, zur Industrie überzugehen. Diese habe demnach aus der sächsischen Agrarverfassung den größten Vorschub erhalten; während in denjenigen Ländern, in denen freie Theilbarkeit des Grundbesitzes besteht, die Industrie sich viel später entwickele, künstlich herangezogen werden müsse und doch häufig schwach bleibe. Die sächsische Agrarverfassung bewirke aber nicht nur, daß sich der Industrie zahlreiche Kräfte widmen, sondern auch daß die Ackerbau treibende Bevölkerung eine leistungsfähige Consumentin der Industrieproducte abgebe. Der verhältnißmäßig größere Grundbesitz ermögliche ferner, daß der Bauer seinen Kindern eine gute Erziehung geben könne und sich in seiner Wirthschaft freier bewege, seine Felder besser bestelle u. s. w. Aus der intensiven Bewirthschaftung des Bodens entspringe dann wieder eine stärkere Production, eine höhere Rente u. s. w.

Freilich geschieht dies alles, wie Reuning selbst einwendet, auf Kosten einer theilweisen Beschränkung der Dispositionsfreiheit des ländlichen Grundeigenthümers. Aber wer greift es denn an — so sucht er den von ihm selbst erhobenen Einwand wieder zu entkräften —, wenn Städte Baupläne feststellen, die den Eigenthümer des städtischen Grund und Bodens beschränken. Seiner Ansicht nach hat sich die Annahme, daß in der Freiheit des Eigenthums zugleich das Mittel geboten sei, heranwachsende Uebelstände wieder zu beseitigen, im praktischen Leben nicht bewährt und könne sich auch nicht bewähren; nur in Folge der gefährlichsten vernichtenden Krisen pflege aus dem durch die Freiheit veranlaßten Chaos ein neuer gesunder Zustand zu erwachsen.

Zwar wird diese Ansicht Reunings im Königreich Sachsen nicht von Allen getheilt. Ist doch im J. 1869 und dann wieder 1873 in der zweiten sächsischen Kammer der Antrag gestellt worden, das Gesetz vom 30. November 1843 zu beseitigen. Auch ist im J. 1876 unter dem Titel: Landwirthschaftliche Zustände und das Dismembrationsgesetz im Königreich Sachsen, ein kleines Schriftchen von Sünderhauf, Bauerngutsbesitzer in Kleinzöbern, erschienen, welches sich —

---

79) Reuning, Mittel und Wege zur weiteren Förderung der sächsischen Landwirthschaft, V. Agrargesetzgebung, Dresden 1873, und briefliche Mittheilungen des Geh. Raths Reuning aus dem J. 1874.

allerdings ohne irgend welche durchschlagende Gründe anzuführen — gegen das Gesetz von 1843 ausspricht. Indeß dürften, wie schon Reuning eingehend nachgewiesen hat, die gegen das Gesetz angeführten stichhaltigen Gründe sich bereits durch eine Reform einzelner seiner Bestimmungen erledigen und eine Beseitigung desselben weit über das erstrebte Ziel hinausschießen. Auch dürften die mit dem Gesetz Unzufriedenen nur vereinzelt dastehen, und ihre Zahl scheint in der letzten Zeit eher ab- als zugenommen zu haben. Gelang es bereits in den Jahren 1869 und 1873 nicht eine Majorität für den auf Beseitigung der Gesetze von 1843 gerichteten Antrag in den beiden Kammern zu gewinnen, so stehen die Chancen der Gegner des Gesetzes heute gewiß noch viel schlechter.

Hat doch noch neuerdings wieder der Generalsecretär des sächsischen landwirthschaftlichen Vereins, v. Langsdorff[80]), sich über diese Gesetzgebung wesentlich im Sinne Reunings geäußert. Auch er hält dafür, daß es zum großen Theil als eine Wirkung derselben zu betrachten ist, wenn die Vertheilung des Grundbesitzes im Königreich Sachsen eine günstige ist und wenn namentlich sich noch ein kräftiger bäuerlicher Grundbesitz erhalten hat. Was sodann die Wirksamkeit der obengenannten landwirthschaftlichen Creditvereine betrifft, so wird von denselben ausgesagt, daß sie einen sehr fühlbaren Einfluß auf die Gestaltung des landwirthschaftlichen Hypothekarcredits ausüben, so daß derselbe im Ganzen als in befriedigender Weise geordnet bezeichnet werden kann. Dem gegenüber wird der Personalcredit nur in wenig erheblichem Umfange benutzt, da die für denselben bestehenden Anstalten dem landwirthschaftlichen Creditbedürfniß nicht allenthalben angepaßt sind.

Vergleichen wir nun den durch die sächsische Gesetzgebung geschaffenen Zustand mit dem L. v. Steinschen Programm, so fällt uns zunächst auf, daß die sächsische Agrarverfassung überall den Stempel des historisch gewordenen an sich trägt, während der L. v. Steinsche Plan zwar systematischer, consequenter, logisch correcter aber auch abstracter und extremer ist. Namentlich geht er in der Geltendmachung des Zwangs weiter, als die sächsische Gesetzgebung. Und in letzterer Beziehung dürfte er — gemessen an dem Bedürfniß, welches er befriedigen will, — in einigen Punkten in der Reaction gegen die bestehende Rechtsordnung entschieden zu weit gehen. Zu diesen Punkten rechnen wir den Ausschluß der Verhaftung der geschlossenen Hufen für die persönlichen Schulden ihres Besitzers, die Monopolisirung der hypothekarischen Beleihung dieser Hufen durch die Genossenschaften, die Steigerung des Anerbenrechts in gewissen Fällen zu einem ausschließlichen Erbrecht des einen Kindes an der Hufe, mit welchem nur die Verpflichtung zur Versorgung der Geschwister verknüpft ist u. s. w. Endlich ist in dem Steinschen Reformplan des großen Grundbesitzes und seiner Stellung zur bäuerlichen Hufe gar nicht gedacht worden.

Immerhin jedoch vermögen wir uns nicht dem Urtheile Schäffles[81]) anzuschließen, wenn er, im Hinblick auf den L. v. Steinschen Plan, sagt: „Die Wiedereinführung untheilbarer oder nur unter obrigkeitlicher Genehmigung theilbarer Erb- und Familiengüter und dergleichen Rückbildungen wären so schädlich, als sie glücklicherweise unmöglich sind.“ Vielmehr erscheint uns der von L. v. Stein

---

80) v. Langsdorff in Bäuerliche Zustände Bd. 2 S. 207, 218.
81) Schäffle, Incorporation u. s. w. S. 8.

entworfene Plan nicht nur als consequent durchdacht, sondern nach den sächsischen Erfahrungen im großen Ganzen auch als praktisch durchführbar. Trotzdem glauben wir allerdings nicht, daß er — wenigstens in der nächsten Zeit — auch in anderen Theilen des Deutschen Reichs und Oesterreichs zur Ausführung gelangen wird.

Denn so tief gehende Veränderungen an dem gegenwärtigen Rechtszustande, wie sie von L. von Stein in Aussicht genommen worden sind, werden zunächst an dem Conservatismus unseres Juristenstands scheitern.

Aber auch über die Kreise der Juristen hinaus wird, so lange wenigstens, als die Gefahr des Verschwindens unseres Bauernstandes keine wirklich acute geworden ist — und sie ist es unseres Dafürhaltens im Deutschen Reich und in Deutsch-Oesterreich heutigen Tags noch nicht —, das zum Individualismus gesteigerte Freiheitsbewußtsein unserer Zeit gegen eine Reform, welche der bestehenden Agrarverfassung manche erst vor einigen Jahrzehnten abgestreifte Fessel wieder anlegen will, mit Erfolg reagiren. Und zwar wird eine solche Reaction ebenso sehr von den Landwirthen selbst, wie von den Capital besitzenden, namentlich aber von den Industrie und Handel treibenden Classen ausgehen: und zwar weil diese nicht nur als Creditgeber durch die neue Ordnung der Dinge ihre Interessen als gefährdet ansehen werden, sondern zugleich fürchten müssen, daß nach dem für das Grundeigenthum statuirten Beispiel auch Handel und Industrie mit einer ähnlichen Zwangsordnung bedacht werden. Endlich setzt L. v. Stein selbst für die Durchführung seiner Reform so ungünstige Zustände voraus, wie wir sie glücklicherweise noch nicht besitzen. Denn da die freiwillige Eintragung der Bauernhufe durch ihren Besitzer — wegen der verlangten Freiheit derselben von hypothekarischen Schulden — nur in den seltensten Fällen möglich sein wird, so wird die Zahl der Eintragungen im großen Ganzen parallel gehen der Zahl der Subhastationsfälle. Der neue Bauernstand würde somit also erst aus der Verwesung des jetzigen entstehen können.

Da nun aber die Verhältnisse weder im Deutschen Reich noch in Oesterreich so schlimm sind, daß sie eine Realisirung des Steinschen Plans *auf dem von ihm vorgesehenen Wege* für die nächste Zeit wahrscheinlich erscheinen lassen, so dürfte in der Gegenwart und in der nächsten Zukunft — und unsere Vorschläge beziehen sich nur auf diese — nur zu erreichen und deshalb auch nur zu erstreben sein, daß unter Aufrechterhaltung der Grundprincipien der liberalen Agrarverfassung diejenigen Bestandtheile derselben verstärkt und ausgebaut werden, welche indirect zur Erhaltung und Hebung unseres Bauernstandes beitragen können.

Indem wir alle anderweiten Reformpunkte, weil sie mit dem Erbrecht in keinem directen Zusammenhange stehen und deshalb nicht in den Kreis unserer Arbeit fallen, hier bei Seite lassen, haben wir uns nunmehr mit der Reform des Intestaterbrechts, soweit sich dasselbe auf das land- und forstwirthschaftlich benutzte Grundeigenthum bezieht, zu beschäftigen. Zu diesem Zweck wollen wir in der bestehenden Art der Vererbung des bäuerlichen Grundeigenthums nach Anknüpfungspunkten für eine solche Reform suchen.

---

IX.

# Vererbung des bäuerlichen Grundeigenthums vor Erlaß der neueren Höfegesetze und Landgüterordnungen. Insbesondere älteres Anerbenrecht und Uebergabeverträge. (Statistik des bäuerlichen Erbrechts im Jahre 1870.)

Nachdem wir in den vorhergehenden Abschnitten zuerst das allgemeine Erbrecht (Abschnitt IV—VI) und sodann das für das große Grundeigenthum geltende singuläre Erbrecht (Abschnitt VII) dargestellt und beurtheilt haben, soll jetzt der Zustand der Vererbung des bäuerlichen Grundeigenthums zu der Zeit, da die gutsherrlich-bäuerlichen Verhältnisse allseitig aufgehoben und die Freiheit des bäuerlichen Grundbesitzes begründet, die neueren Versuche zur Umbildung des alten Anerbenrechts im Geiste der modernen Agrarverfassung aber noch nicht unternommen waren, festgestellt werden.

Hierbei werden wir ein geringeres Gewicht legen auf die Eruirung der Rechtsquellen, aus denen das in den verschiedenen Theilen des Deutschen Reichs geltende Erbrecht entspringt, als auf die Constatirung des Rechtszustands selbst. Die Beschränkung, die wir uns auferlegen, ist übrigens keine vollständig freiwillige, da es nicht überall gelingen wollte, für den bestehenden Zustand der Vererbung des bäuerlichen Grundbesitzes zugleich auch die maßgebenden Rechtsquellen aufzufinden. Es erklärt sich das wohl hauptsächlich dadurch, daß der bestehende Rechtszustand nicht immer auf Weisthümer, Dorfordnungen und Landesgesetze, sondern vielfach auch auf Gewohnheitsrecht, das sich unserer Kenntniß leicht entzieht, zurückzuführen ist. Ja in vielen Fällen hält es — wie sich namentlich bei Anwendung des hannoverschen Höfegesetzes vom 2. Juni 1874 gezeigt hat — außerordentlich schwer, festzustellen, ob für die Vererbung ein förmliches Rechtsherkommen oder nur eine alte Sitte bestehe.

Auf die Gefahr hin, uns zu wiederholen, werden wir den Zustand der Vererbung der bäuerlichen Güter für jede einzelne zum Deutschen Reiche gehörige Landschaft, und wenn erforderlich, auch für einzelne Landestheile besonders schildern, um die feineren Nuancen, welche sich in der Praxis namentlich des Anerbenrechts und der Gutsübertragungsverträge vorfinden, deutlich hervortreten zu lassen. Daß wir uns dabei genau an unsere Quellen halten müssen und daher nur eine Zusammenstellung derselben bieten können, ist selbstverständlich.

Mit diesem Theil der Arbeit bezwecken wir ein möglichst genaues Bild von der Art, wie sich das bäuerliche Grundeigenthum im Deutschen Reich vererbt, zu geben. Bildet doch die genaue Kenntniß des bestehenden Rechtszustands die Voraussetzung für die Beurtheilung der neuesten Reformbestrebungen auf dem Gebiet des Erbrechts.

Nur ausnahmsweise finden sich an Stelle des gemeinen und des demselben nachgebildeten Intestaterbrechts in einigen Theilen des Deutschen Reichs für die Vererbung des bäuerlichen Grundeigenthums Ueberreste des älteren deutschen Erbrechts und des mittelalterlichen Anerbenrechts. Hiervon wird in den beiden nächsten Abschnitten (1—2) zu handeln sein. Meist jedoch wird das gemeine u. s. w. Erbrecht trotz seiner principiellen Geltung in seiner Anwendung beschränkt durch eine Reihe von Einrichtungen, die theils dem Gebiet des Gewohnheitsrechts theils nur dem der Sitte angehören. Mit diesen werden sich die Abschnitte 3—6 beschäftigen.

## 1. Ueberreste des altdeutschen Erbrechts.

Spuren des ältesten deutschen Erbrechts — wie wir es in der ersten Abtheilung dieser Arbeit auf S. 165 ff. dargestellt haben — haben sich nur ausnahmsweise in einigen vom friesischen und allemannischen Volksstamm besiedelten Ländern bis in die letzten Jahrhunderte erhalten. In denselben ist die gutsherrliche Gewalt entweder vollständig unbekannt geblieben oder doch erst so spät entstanden, daß ein auf dieses Verhältniß basirtes Anerbenrecht sich nur ausnahmsweise auszubilden vermochte.

Hierher gehören die rein friesischen Bezirke des Herzogthums Oldenburg: Jeverland mit Kniphausen, Butjadingen und Landwührden[1]). Hier hat eine Hörigkeit des Bauernstands niemals bestanden. Der Grund und Boden war von jeher freies Eigenthum der Besitzer und frei theilbar. Nur im Jeverlande wurde unter der Anhalt-Zerbstschen Regierung im achtzehnten Jahrhundert ein Zerstückelungsverbot im Interesse der besseren Erhebung der Abgaben und damit eine Gebundenheit der Stellen („Erbe" genannt) eingeführt. Für die Stammgüter galt altgermanisches Erbrecht. Unter diesen verstand man solche Stellen, welche längere Zeit in der Familie ab intestato vererbt waren. Sie durften dem rechten Erben nicht entzogen werden. Rechte Erben waren Kinder oder Seitenverwandte bis zu einem bestimmten Grade, deren Voreltern das Stammgut als Eigenthum besessen hatten. Die Veräußerung aus Noth oder um sich besser zu arrondiren, fiel indeß nicht unter dieses Verbot. In einigen Districten erhielten ferner die Töchter einen geringeren Antheil als die Söhne. So nach dem Butjadinger Landrecht der Sohn drei, die Tochter hingegen nur zwei Theile. Uebrigens gestaltete sich die Praxis hier derart, wie

1) v. Beaulieu-Marconnay, Das bäuerliche Grundeigenthum mit Rücksicht auf das Herzogthum Oldenburg, Oldenburg 1870, S. 35. Hullmann, Die Reform des Grunderbrechts im Herzogthum Oldenburg, Oldenburg 1870, S. 8. Entwurf eines Gesetzes über das Grunderbrecht im Herzogthum Oldenburg nebst Motiven, S. 72. Hofmeister in Bäuerliche Zustände in Deutschland Bd. 2, Leipzig 1883, S. 28, 29, 33. Bokelmann das. Bd. 1 S. 66.

wir es im Allgemeinen für die ältere Zeit vorausgesetzt haben (Abschnitt 1 S. 173). Diese Praxis fand dann für das Butjadinger Land ihren entsprechenden Ausdruck in dem Butjadinger Landrecht von 1664 § 51, welches verordnet, daß bei Erbtheilungen der jüngste Sohn den Sitz um einen „civilen Preis", worüber er sich mit seinen Geschwistern zu vergleichen oder die Decision von dem Landgericht zu erwarten habe, erhalten solle. Der civile Preis wurde in der Regel derart festgestellt, daß man zuerst den wirklichen Werth (Ertrags- oder Verkehrswerth?) der Stelle — jedoch ohne „Beschlag" (Inventar) — ermittelte und dann von diesem 10—30 % abzog. Von noch geringerem Betrag war der Vortheil des Grunderben in Landwührden.

Auch in Dithmarschen sollen die Söhne bei den Hufen bleiben und die Töchter mit Geld abgefunden werden. Eine Begünstigung der Söhne findet ferner noch insofern statt, als im Schleswigschen die Töchter nur den halben Sohnestheil erhalten.

Endlich haben sich hier und da unter den Bauern noch Spuren des gemeinschaftlich benutzten Eigenthums der Geschwister sowie der Eltern und Geschwister an dem Bauerngut erhalten. So pflegen in Unterfranken (namentlich in den protestantischen Hochdörfern des Südspessart) und in Mittelfranken die Eltern mit ihren Kindern auch nach deren Verheirathung, ja nach der Uebergabe des Anwesens an eines der Kinder mit gleicher Berechtigung fortzuhausen.

Aehnliche Verhältnisse kommen auch in Westphalen, im ehemaligen Fürstenthum Halberstadt, in der Mark Brandenburg, sowie in Ost- und Westpreußen vor. Hier erhält eins der Kinder noch bei Lebzeiten der Eltern den Hof. Die Uebernahme desselben geschieht gegen ein billiges Kaufgeld unter der Verpflichtung, die Eltern zu verpflegen und zu erhalten. Diese bleiben auf dem Hof und helfen den Kindern mit Rath und That. Thatsächlich bilden sie mit dem Gutsübernehmer einen gemeinsamen Haushalt, zu dem dann bisweilen auch noch die jüngeren Geschwister des Gutsübernehmers gehören.

Die größte Verbreitung dürfte die sog. Communhausung der Geschwister bei ungetheilter Erbschaft unter den Bauern Oberbayerns haben [2]).

---

Jenseits der Grenzen des Deutschen Reichs haben sich Spuren des älteren deutschen Erbrechts namentlich in einem Theil der deutschen Schweiz erhalten. So besonders im Canton Zürich [3]). Während das Erbrecht in den Cantonen Zug, Solothurn, Bern, Baselland u. s. w. hauptsächlich auf Gewohnheitsrecht beruht, ist dasselbe für den Canton Zürich im privatrechtlichen Gesetzbuch für den Canton Zürich vom J. 1855 enthalten. Hier haben bezüglich des väterlichen Nachlasses die Söhne vor den Töchtern das Recht, das vom Vater hinterlassene liegende Gut sammt Zubehör zu einem ermäßigten Schätzungswerthe an sich zu ziehen (1895). Dieser ermäßigte Schätzungswerth wird bei landwirthschaftlichen Gütern und bei Fabriken durch einen Abzug von $1/6$—$1/4$,

2) Verhandlungen des preußischen L.O. 1883 S. 62, 63. Bäuerliche Zustände Bd. 2 S. 56 ff., 135 ff., 269 ff., 326 ff., 242 ff.; Bd. 3 S. 29. Bavaria IV S. 258.
3) Krämer in Bäuerliche Zustände Bd. 1 S. 309—311.

ausnahmsweise bis zu $1/_3$ des vollen Verkehrswerths bestimmt. Derselbe ist der gemeinen Erbmasse zu vergüten (1896). Außerdem haben die Söhne vor den Töchtern das Vorzugsrecht, die vorhandene, zu dem übernommenen väterlichen Gewerbe gehörende fahrende Habe, die Werkzeuge, Berufsvorräthe, das auf dem ererbten Gut vorhandene Vieh u. s. w., jedoch ohne Abzug von dem Verkehrswerth, an sich zu ziehen (1897). Unter den Söhnen selbst besteht kein Vorzugsrecht (1898). Die gemeine väterliche Erbmasse wird zu $5/_9$ für einen Sohn und zu $4/_9$ für eine Tochter getheilt (1902). Dagegen wird die gemeine mütterliche Masse zu gleichen Theilen unter Söhne und Töchter vertheilt. Das liegende Gut der Mutter sind übrigens die Söhne ebenfalls berechtigt gegen Ersatz seines vollen Werths an sich zu ziehen (1904).

Die Praxis, welche sich an diese Gesetzesbestimmungen anschließt, ist folgende: in den rein agricolen Gegenden pflegt einer der Söhne das elterliche Gut zu der im Gesetze vorgesehenen Taxe zu übernehmen. In den industriereicheren Gegenden dagegen gelangt nicht selten sowohl die Naturaltheilung als der Verkauf des Besitzthums im Ganzen oder in einzelnen Parcellen zur Anwendung.

Auch hier kommt die gemeinschaftliche Bewirthschaftung des ererbten Guts seitens der Geschwister vor.

## 2. Das ältere Anerbenrecht.

### A. Entstehungsgeschichte und Wesen des Anerbenrechts[4]).

Bereits im Abschnitt IV der ersten Abtheilung dieser Arbeit wurde des bäuerlichen Anerbenrechts im Zusammenhang mit den übrigen singulären Erbrechtsformen gedacht. Dort handelte es sich um die Ableitung dieser verschiedenen singulären Erbrechte aus einer älteren Praxis, die ihre Wurzeln in bestimmten wirthschaftlichen, socialen und politischen Voraussetzungen hatte; hier dagegen soll gezeigt werden, wie aus dieser Praxis ein neues Recht wurde.

Den Ausgangspunkt für diese neue Rechtsbildung finden wir, wie ebenfalls bereits oben angedeutet wurde, in der Absicht der Grundherrschaft, den bäuerlichen Grundbesitz sowie den Bauernstand präſtationsfähig zu erhalten.

Der einzelne Bauer und seine Familie kommen dabei freilich nur insoweit in Betracht, als sie das untheilbare Gut in präſtationsfähigem Zustande zu erhalten und von demselben die üblichen Natural- und Geldabgaben, Zinsen und Zehnten sowie Dienste (Frohnen) an den Grundherrn zu leisten im Stande sind. Man drückt dieses Verhältniß durch den Satz aus: daß die Bauernfamilie dem Gute dient, während es von den adligen Gütern (Familienfideicommissen, Lehn- und Stammgütern) heißt, daß das Gut der Familie dient.

Aus dem obigen Motiv entsprang zunächst das hofrechtliche Verbot der Zerstückelung des bäuerlichen Grundbesitzes und an dieses schloß sich gleichsam naturnothwendig das Anerbenrecht an. Seine Quelle hat dieses Hofrecht in den Anordnungen des Grundherrn.

---

4) Art. Bauerngüter in Weiskes Rechtslexikon Bd. 1, Leipzig 1844. Walter, Deutsche Rechtsgeschichte, 2. Aufl. Bonn 1857.

Indem das aus Schöffen, welche der Zahl der Hofhörigen entnommen wurden, unter Vorsitz des Gutsherrn oder seines Meiers bestehende Hofding das Hofrecht auf die einzelnen Fälle anwandte, wurde dasselbe zugleich in stetem Zusammenhange mit dem Leben erhalten und entsprechend den wechselnden Bedürfnissen dieses Lebens weiter entwickelt.

Zur schriftlichen Fixirung gelangte die hofrechtliche Praxis in einzelnen Weisthümern, Dorfordnungen und Hofrechten.

Aus diesen Rechten schöpfte dann seit dem 16. Jahrhundert der Territorialstaat den Stoff für seine Landesordnungen und Mandate. Auch er hatte ein Interesse an der Erhaltung eines kräftigen Bauernstandes: war doch die pünktliche Leistung von Naturaldiensten und -Lieferungen seitens der Rittergüter und ihrer Besitzer sowie seitens der Bauern, auf denen der Haushalt des Staats damals größtentheils beruhte, abhängig von der Prästationsfähigkeit der Rittergüter und Bauernhöfe. So finden wir denn als Motive für das Verbot der Zerstückelung der Bauerngüter, sowie für die Befestigung des Anerbenrechts in den landesherrlichen Verordnungen vom 15. bis zum 18. Jahrhundert folgende angeführt: „damit die Höfe nicht merklich geschwächet und zerrissen werden, also daß diejenigen so darauf bleiben, Uns und Ihren Gutsherrn die schuldige Gebühr und Pflicht nicht leisten können" u. s. w.[5]).

Erst seit dem 18. Jahrhundert tritt dann neben dem fiscalischen auch der volkswirthschaftspolitische Gesichtspunkt immer deutlicher hervor, indem die Erhaltung eines kräftigen Bauernstandes um seiner selbst, sowie um des Dienstes willen, den er der gesammten Volkswirthschaft leistet, angestrebt wird[6]).

Fast ausnahmslos finden wir das Anerbenrecht in denjenigen Ländern vor, in denen die Bauern nach Meierrecht lebten. Unter dem Meierrecht verstand man ein erbliches und dingliches Recht der persönlich freien Bauern zur Bewirthschaftung eines fremden Guts; mit dem Recht war die Verbindlichkeit zur Entrichtung bestimmter Abgaben verknüpft. Auch durften die nach Meierrecht lebenden Bauern ihre Stelle ohne Genehmigung des Gutsherrn weder ganz noch theilweise veräußern, noch mit Lasten oder Schulden beschweren. Die Erblichkeit des meierrechtlichen Verhältnisses war ferner eine auf die leiblichen Descendenten beschränkte, so daß beim Mangel von solchen das Meiergut in das volle Eigenthum des Gutsherrn zurückfiel. Das Meierrecht unterscheidet sich übrigens, wie Stobbe (Handbuch des deutschen Privatrechts II § 132) richtig bemerkt, nicht wesentlich von anderen Bauernrechten, indem die angeblich charakteristischen Eigenschaften der Meiergüter sich auch bei anderen Bauerngütern wiederfinden. Demnach ist das Meierrecht nur ein provinzieller Name für ein Institut, das sich auch an andern Orten vorfindet. Das Meierrecht fand sich hauptsächlich in Westphalen, Hannover, Hessen, Lauenburg,

5) Polizeiordnungen für Lüneburg, Hoya und Diepholz vom 6. October 1618, 12. Juli 1699, 19. Mai 1702 und 29. Januar 1720 bei Oppermann, Sammlung der im Fürstenthum Lüneburg und in den Grafschaften Hoya und Diepholz erlassenen, auf das Meierrecht bezüglichen Verordnungen, Lüneburg 1884, S. 12, 13, 85, 86 u. s. w.

6) Verordnung vom 8. April 1766 für die Grafschaft Hoya, bei Oppermann a. a. O. S. 98 ff.

Braunschweig, Lippe und Waldeck, aber auch in Bayern und einigen anderen Theilen des Südens vor.

Von dem älteren deutschen Erbrecht unterscheidet sich das dem Mittelalter entstammende Anerbenrecht namentlich dadurch:

1) daß während ersteres, soweit Immobilien vererbt wurden, wohl die Söhne vor den Töchtern bevorzugte, die Söhne aber alle gleich stellte, das Anerbenrecht dagegen einen der Söhne resp. eine der Töchter vor allen anderen Söhnen und Töchtern bevorzugt;

2) daß während nach altdeutschem Erbrecht die zurückgesetzten Geschwister doch noch immer Erbtheile empfingen, die Geschwister des Anerben entweder gar kein Anrecht am Hof haben oder doch nur Abfindungen aus demselben empfangen.

Die Praxis wird sich freilich bereits im altdeutschen Recht — in Folge einer volkswirthschaftlichen Nothwendigkeit — häufig so gestaltet haben, daß einer der Erben das väterliche Gut übernahm, wenn die Erben es nicht vorzogen zusammen zu hausen. Ferner wird bei den in jener Zeit selten vorgekommenen Käufen und Verkäufen von ländlichen Immobilien die Auseinandersetzung unter den Miterben nur auf Grund des Ertragswerths stattgefunden haben, und endlich werden bei der geringen Verbreitung des beweglichen und namentlich des Geldcapitals die Erbantheile wohl meist in Rentenform zur Auszahlung gelangt sein. An diese wirthschaftlich bedingte Sitte wird dann, wie wir annehmen, das Anerbenrecht angeknüpft haben, indem es diese Sitte zu klarem Bewußtsein erhob und ihr den Zwangscharakter beilegte.

Von dem seit dem J. 1870 in einer Reihe von Staaten begründeten modernen Anerbenrecht unterscheidet sich das ältere Anerbenrecht dadurch, daß es meist auf gebundenes, immer aber nur auf bäuerliches Grundeigenthum Anwendung fand, daß es einen absoluten Charakter hatte und somit durch letztwillige Verfügungen, namentlich aber durch Verträge unter Lebenden wohl im Einzelnen modificirt, aber nicht im Ganzen abgeändert werden durfte und daß es nur dem Anerben ein wirkliches Erbrecht am Hof, den Geschwistern dagegen entweder blos ein Erbrecht an dem übrigen Nachlaß oder höchstens ein Recht auf Abfindungen aus dem Hof gewährte.

Neben dem Anerbenrecht im engeren Sinne haben wir hier noch das Kürrecht und die Vortheilsgerechtigkeit zu behandeln: weil diese Institute, obgleich von juristisch verschiedener Construction, wirthschaftlich auf dasselbe Resultat — nämlich die ungetheilte und unbeschwerte Vererbung des Bauernguts — hinauslaufen.

Das in den Ländern des sächsischen Rechts geltende Kürrecht, bezogen auf gebundene Güter, bestand darin, daß von mehreren männlichen Erben der älteste das Gut zu taxiren und der jüngste es nach der Taxe anzunehmen oder auszuschlagen hatte. Dieses Kürrecht gelangte ursprünglich für alle gebundenen liegenden Güter im Geltungsgebiet des Sachsenspiegels zur Anwendung. In der Gegenwart hat sich dasselbe nur noch in einigen Territorien dieses ursprünglich weiten Gebiets — namentlich in einigen thüringischen Staaten — erhalten.

Das in einem Theil Bayerns, Badens, Oldenburgs und Schleswig-Holsteins u. s. w. unter der Bezeichnung Vorwahl- oder Vorsatzrecht oder Sitzgerechtigkeit u. s. w. vorkommende Institut besteht darin, daß das demselben unterworfene Bauerngut nicht wie beim eigentlichen Anerbenrecht nur einem der gemeinrechtlichen Erben, dem Anerben, deferirt wird, sondern daß die in gleichem Grade mit dem Erblasser verwandten Personen sämmtlich in den Werth des Bauernguts succediren, daß dieses Gut selbst aber einem von ihnen überlassen werden muß. Außerdem ist der Gutsübernehmer noch durch die niedrige Schätzung des zu übernehmenden Guts, die Bruder- und Schwestertaxe (Schleswig-Holstein), die sog. Vortheilsgerechtigkeit oder den Vorzug (Baden, Bayern) begünstigt.

Mit dem Anerbenrecht stimmte in ihrem wirthschaftlichen Resultat auch die Art der Vererbung der meisten Bauerngüter in den östlichen Provinzen Preußens überein, deren Besitzer in einem strengeren persönlichen und sachlichen Abhängigkeitsverhältniß zur Gutsherrschaft standen. Denn namentlich seit dem späteren Mittelalter durften auch diese Güter ohne Consens des Gutsherrn weder veräußert noch verschuldet noch zerstückelt werden. Sie gingen daher nach dem Tode ihres Besitzers immer nur an einen Bauer ungetheilt über. Doch richtete man sich hierbei weniger an eine feste Erbfolge, sondern es entschied der Wille der Gutsherrschaft über die Person des Gutsnachfolgers, über die Art und Größe der Abfindungen seiner Geschwister u. s. w.

B. Verbreitung des älteren Anerbenrechts im J. 1870.

Bei Abgrenzung des Gebiets, auf dem sich das Anerbenrecht seit dem Mittelalter vorfindet und noch bis in die siebenziger Jahre unseres Jahrhunderts erhalten hat, zeigt sich, daß dasselbe im großen Ganzen mit dem von dem niedersächsischen Volksstamm besiedelten Gebiete zusammenfällt.

Diese Regel wird freilich nach zwei Seiten durchbrochen, indem es einerseits Gebiete der niedersächsischen Colonisation giebt, in denen auch der bäuerliche wie jeder andere Grundbesitz nach gemeinem Erbrecht vererbt wird, und sodann indem auch anderen Volksstämmen und zwar namentlich dem thüringischen, bayerischen und allemannischen, das Anerbenrecht nicht fremd ist.

So lassen sich denn drei große geschlossene Gebiete des Anerbenrechts unterscheiden, zu denen dann noch einige, von Ländern mit gemeinem Erbrecht umgebene kleinere Gebiete hinzukommen. Das erste Gebiet wird von Schleswig-Holstein, den beiden Mecklenburg, Oldenburg, Hamburg, Bremen, Hannover, Braunschweig, den beiden Lippe, Waldeck und Theilen von Hessen gebildet. Zum zweiten gehört eine Reihe thüringischer Staaten, die sich um Sachsen-Altenburg gruppiren, und zum dritten Altbayern sowie der badische Schwarzwald.

Wir beginnen unsere Darstellung des geltenden Anerbenrechts zuerst mit dem Nordwesten des Deutschen Reichs, schreiten dann zunächst in die Mitte und hierauf gegen den Südosten vor und schließen mit dem kleinen im Südwesten des Deutschen Reichs vorfindlichen Anerbenrechtsgebiete.

In den früheren Herzogthümern und der jetzigen preußischen Provinz Schleswig-Holstein[7]) waren die Bauerngüter — wenn man von den

7) Falck, Handbuch des Schleswig-Holsteinschen Privatrechts, Bd. 5 Abth. 1, Altona 1848, S. 196 ff. Ausschußbericht des Schleswig-Holsteinschen Provinziallandtags vom 11. November 1880, S. 3. Hanssen, Die Aufhebung der Leibeigenschaft u. s. w. in den Herzogthümern Schleswig und Holstein, St. Petersburg 1861, S. 17, 18; sowie briefliche Mittheilungen des Geh. Reg.-Raths Prof. Hanssen.

Marschgegenden an der westlichen Küste, der Insel Fehmarn und den Stadtbezirken absieht — seit dem 16. Jahrhundert in der Regel rechtlich gebunden. Sie konnten demnach durch Rechtsgeschäfte unter Lebenden und auf den Todesfall nur ungetheilt auf andere Personen übertragen werden. Wie in anderen Ländern, so wurde die Gebundenheit im Laufe der Zeit, namentlich im vorigen Jahrhundert, auch in Schleswig-Holstein gemildert. Dies geschah durch die in erster Linie für die Faeste- und Bondenhufen Schleswigs bestimmten Verordnungen vom 8. Juni 1774 und vom 28. Juli 1784, die dann auch auf Holstein Anwendung fanden, sofern sich hier für einzelne Aemter nicht ältere Verfügungen erhalten hatten.

An die Gebundenheit dieser Güter schloß sich naturgemäß das Anerbenrecht an. Hinsichtlich der Art ihrer Vererbung müssen die Faestegüter von den Bondengütern unterschieden werden.

Faestegüter oder Festegüter waren diejenigen Güter, die sich früher im Obereigenthum entweder der Landesherrschaft oder des Flensburger Spitals oder des Herzogs von Augustenburg (letztere auf der Insel Alsen) befanden, während die auf denselben stehenden Gebäude zwar volles Eigenthum der Faestebesitzer waren, aber vom Grund und Boden doch nicht getrennt werden durften. Diese hauptsächlich in den landesherrlichen Aemtern vorkommenden Faestegüter sind nach Hanssen den hannoverschen Bauerngütern sehr ähnlich: wie diese standen sie anfangs in einer Art von Zeitpacht und wurden dann auf Lebenszeit und schließlich erblich vergeben. Die Succession in diese Güter in Schleswig wurde zuletzt neu geregelt durch V.-O. vom 14. April 1766, den Bescheid, betreffend die Erbfolge in die Faestegüter auf Sylt, vom 4. December 1767 und das Kanzleipatent vom 14. Juni 1796, welches letztere eine authentische Interpretation der V.-O. von 1766 enthält. Für die Faestegüter der beiden Herzogthümer gilt das eigentliche Anerbenrecht, indem der Anerbe das Gut allein erbt. Die Gebäude und der Beschlag (das Inventar) dagegen werden als Allodialgut angesehen, an dem, wenigstens nach schleswigschem Rechte, die Mutter und die Geschwister des Anerben gleiche Rechte besitzen. Auf dem Anerben als einzigen Erben des Faesteguts ruht die Verpflichtung, die unmündigen Geschwister bis zur Confirmation zu erhalten und für ihre Erziehung zu sorgen; die Wittwe hat ein Recht auf Aufnahme. Als Anerben gelten in Ermangelung von Kindern auch die Geschwister und sonstigen Seitenverwandten. Das männliche Geschlecht geht dem weiblichen und der ältere Erbe dem jüngeren vor. Auf Sylt und einigen Westseeinseln dagegen hat der jüngste Sohn den Vorzug.

Unter den Bondengütern oder -stellen versteht man die zunächst auf der Geest Schleswigs, sodann aber auch in mehreren Gegenden Holsteins gelegenen freieigenen Bauerngüter, die mit Rücksicht auf die den Hof oder Staven als Ganzes treffende Contribution — d. h. die dem Staat gegenüber schuldige Leistung — als untheilbar galten. Sie bestanden entweder aus vollen Hufen oder aus Theilhufen, auch wohl nur aus Kathen, und lagen entweder in einem Stück oder waren parcellirt.

In Schleswig wird das Erbrecht hinsichtlich dieser Bondengüter durch Verordnung vom 18. Juni 1777 und Verfügung vom 22. Juni 1784 in der Weise geregelt, daß die Bondenstellen allen gemeinrechtlichen Erben deferirt werden, daß aber nur einer von ihnen dieselben nach einer sog. Bruder- und Schwestertaxe antreten darf. Ueber die Person des Anerben entscheidet in der

Regel das Loos, nachdem die Taxation des hinterlassenen Guts erfolgt ist. Für diese ist der Grundsatz entscheidend, daß der Uebernehmer bei guter Wirthschaft bestehen könne; doch soll nicht blos auf seinen Vortheil, sondern zugleich auf das Beste der übrigen Miterben „nach der Beschaffenheit aller Umstände eines jeden Falles" „gewissenhafte Rücksicht" genommen werden. Nach einer brieflichen Mittheilung des Geh. Raths Prof. Hanssen an den Verfasser wird diese Taxe in den verschiedenen Aemtern und Dorfschaften sehr verschieden gehandhabt, je nachdem mehr oder weniger Miterben vorhanden sind, sonstiges Vermögen existirt oder nicht. Im Allgemeinen soll das Präcipuum des Anerben ca. $^1/_3$ des schuldenfreien Gutswerths betragen.

Auf Holstein wurde diese Verordnung jedoch nicht ausgedehnt, indem es hier bei der Geltung des alten Gewohnheitsrechts und der speziellen Rescripte für die einzelnen Landestheile verblieb. In Holstein kommt das Anerbenrecht nicht zur Anwendung in den beiden Dithmarschen, in den Aemtern Steinburg, Rendsburg, in der Grafschaft Rantzau, in dem Klosterdistricte Itzehoe und im Gebiet der adligen und Kanzlei-Güter. Während im östlichen Holstein die meisten Bauerngüter nach Anerbenrecht vererben, kennt demnach das platte Land im Westen das Anerbenrecht nicht.

In dem größten Theil des Anerbenrechts-Gebiets hat zufolge einer fürstlichen Verordnung von 1704 der ältere Sohn den Vorzug vor dem jüngeren; nur ausnahmsweise, wie z. B. in der Probstei, in Seegeberg und Traventhal, ist der jüngste Sohn Anerbe. In einzelnen Districten sind in Ermangelung von Kindern auch Seitenverwandte zu Anerben berufen, in anderen nicht. Die Schätzung geschieht in der Regel durch Taxatoren nach billigem Maßstabe, nach der sog. Brüder- und Schwesterntaxe. Ausnahmsweise gelten für einige kleinere Gebiete von der obigen Regel etwas abweichende Bestimmungen. So entscheidet in der Herrschaft Pinneberg und im Kloster Uetersen nach der Verordnung vom 20. September 1737 unter den Erben männlichen Geschlechts, welche den Vorzug vor dem weiblichen Geschlecht haben, das Loos über die Person des Anerben. Der Hof wird hier auch nicht nach der Brüder- und Schwesterntaxe, sondern nach seinem wirklichen Werthe geschätzt. In den vormals Plönschen Aemtern sind nach dem Regulativ vom 27. Februar 1789 Gebäude und Ländereien nach Mittelpreisen zu taxiren, und der Annehmer erhält $^1/_4$ des Werths vorweg. Demselben fällt ferner die Aussaat, der Dünger, das geerntete und gewachsene Korn und Futter unentgeltlich zu, während das Vieh, das todte Inventar und das Mobiliar nebst Baarschaften und Activen unter sämmtliche Erben zu gleichen Portionen vertheilt wird. In dem Amte Seegeberg ist es in einigen Kirchspielen gebräuchlich, nur die Gebäude und den Beschlag zu taxiren.

Was sodann das Großherzogthum Mecklenburg-Schwerin[8]) betrifft, so acceptire ich dankbar die Ergänzung, welche meine in der ersten Abtheilung dieser Arbeit auf S. 10, 284—286 versuchte Skizzirung der bäuer-

8) Danckwardt, Das Mecklenburg-Schwerinsche Bauernrecht, Schwerin 1862. Balck, Domaniale Verhältnisse in Mecklenburg-Schwerin, Rostock 1864. Schumacher (Zarchlin), Grunderbrecht im Lichte des Rentenprincips, Rostock 1871. Neubauer, Zusammenstellungen des in Deutschland geltenden Rechts betreffend Stammgüter u. s. w., Berlin 1879, S. 23—26. H. Paasche in Bäuerliche Zustände Deutschlands Bd. 3 S. 327 ff.

lichen Verhältnisse Mecklenburgs neuerdings durch Prof. Paasche gefunden hat. War demselben doch an Ort und Stelle ein reichhaltigeres Material zugänglich als es mir zur Disposition stand.

Aus der von Paasche angestellten Untersuchung ergiebt sich, in Uebereinstimmung mit meiner Darstellung, daß in dem ritterschaftlichen Landestheil, welcher 103,43 □Meilen einnimmt, der Großgrundbesitzer fast Alleinherrscher ist und in einzelnen Aemtern den Bauer sogar vollständig verdrängt hat. Auf dem Domanium mit seinen 99,78 □Meilen dagegen nimmt der Bauer etwa drei Viertel der landwirthschaftlich benutzten Fläche ein, und auch auf den Klostergütern mit 7,94 □Meilen, sowie den Kämmereigütern und Stadtfeldmarken mit 26,45 □Meilen soll der bäuerliche und Kleinbetrieb nicht gegen den Großbetrieb zurückstehen. — Im Ganzen stehen im Großherzogthum einer Zahl von ca. 15 100 Bauern und Büdnern 607 private Rittergutsbesitzer, 233 Pächter großer Domanialhöfe und 85 Besitzer von Erbpachthöfen nebst einer Anzahl von Kloster- und Kämmereipächtern gegenüber.

In Mecklenburg findet sich das Anerbenrecht noch in seiner ältesten, vielfach an das Mittelalter erinnernden Gestalt vor. Es erklärt sich das zum Theil daraus, daß die Bauern zum überwiegenden Theil nicht Eigenthümer ihrer Hufen, sondern nur Zeit- oder Erbpächter derselben sind.

Was zunächst die Bauern, die sog. „Hufner", „Hauswirthe" des Domaniums betrifft, so unterschied man unter denselben bis zum J. 1867 Zeitpächter (1864: ca. 4085) und sog. alte Erbpächter (1864: ca. 1309); seit diesem Jahr aber, namentlich aber seit 1867, sind sie fast alle in Erbpächter des neueren Rechts umgewandelt worden. Die vererbpachteten Gehöfte nennt man seit der Verordnung vom 25. Januar 1860 „Erbpachthöfe", wenn sie auf mehr als 350, und „bäuerliche Erbpachtstellen", wenn sie auf 37½—350 Scheffel Aussaat bonitirt sind.

Zu den sog. Bauern, Hufnern, Hauswirthen kommen dann die kleineren Grundbesitzer: die Büdner (1864: ca. 7284) und die Häusler, welche letzteren nur Haus, Hof und Gartenplatz besitzen (1864: ca. 25—26 000), hinzu.

Die Lage der Domanialbauern, der sog. Hauswirthe, war bis zu 1864 resp. 1867 eine rechtlich unsichere. In früheren Jahrhunderten scheinen dieselben ein dingliches Recht an ihren Hufen besessen zu haben, und noch am Anfange dieses Jahrhunderts wurde das bäuerliche Recht zur Nachfolge nach Analogie des Lehnrechts beurtheilt.

Im Laufe dieses Jahrhunderts wurde es aber immer mehr üblich, dieselben rechtlich als Zeitpächter zu behandeln. Doch suchte man sie thatsächlich in ihrem früheren Bestande möglichst zu erhalten. Dem entsprechend wurde ihnen zwar kein eigentliches Erbrecht an ihren Hufen eingeräumt, wohl aber mittels Circulars der großherzoglichen Kammer vom 25. October 1836 „die bestehende Kammerüblichkeit" zugesichert. In diesem an die Aemter gerichteten Circular heißt es, daß „im eintretenden Sterbefalle nach Befinden (wohl der großherzoglichen Kammer?) einer der ehelichen Söhne, in der Regel der älteste, in Ermangelung ihrer eine der ehelichen Töchter, in der Regel die älteste, wenn sie dazu tüchtig ist, nicht von der Stelle abgeheirathet, sondern auf derselben gearbeitet hat und einen Mann heirathet, gegen welchen von Amtswegen nichts zu erinnern ist, beim Gehöft conservirt wird".

Nach einem im J. 1864 angestellten Versuche, das Erbpachtsverhältniß im Wege des freien Vertrags zu begründen, wurde durch die großherzogliche Verordnung vom 16. November 1867 das bis dahin streitige und prekäre Rechtsverhältniß der Bauern an ihren Hufen zwangsweise in ein Erbpachtsverhältniß umgewandelt. Nachdem dann noch durch eine Verordnung vom 28. Februar 1875 dem Erbpächter auch die Abzahlung des Canoncapitals, nach vorausgegangener halbjähriger Kündigung, gestattet worden ist, während die Regierung ihrerseits darauf verzichtete, dieses Capital zu kündigen, ist der Erbpachtbesitz jetzt dem Eigenthum sehr wesentlich angenähert. Der Erbpächter hat außer einem jährlichen ev. ablösbaren Canon ein einmaliges Erbstandsgeld, das er verzinsen oder abzahlen kann, sowie ein Kaufgeld für Inventar, Saaten und Gebäude zu zahlen. Die Bewirthschaftung und Benutzung der Stelle ist demselben vollständig freigegeben; auch hinsichtlich der Verschuldung und Veräußerung unterliegt er keinerlei Beschränkung. Nur die Parcellirung und Consolidation der Stellen ist verboten. Auch ist der Kammer und der Gemeinde im Fall des Verkaufs der Stelle ein Vorkaufsrecht eingeräumt. Endlich wird beim Besitzwechsel ein Laudemium erhoben.

Alle Erbpachtgehöfte, die auf 37 1/2—350 Scheffel bonitirt worden — ihre Zahl betrug bereits im J. 1874: 3388 —, sind jetzt einem singulären Erbrecht unterworfen. Die Bestimmungen desselben sind in der Verordnung vom 24. Juni 1869, betreffend die Intestaterbfolge in die bäuerlichen Erbpachtgüter der Domänen, nebst Ausführungsverordnung vom 10. October 1870 und Verordnung vom 4. Mai 1872, durch welche ein Theil des § 12 der Verordnung von 1869 abgeändert wurde, enthalten. Der wesentliche Inhalt dieser Verordnungen ist folgender: Die zum Domanium gehörigen Bauerngüter von 37 1/2—350 Scheffel Aussaat, die „Bauernhufen" sammt Zubehör, sind zufolge der Verordnung vom 16. November 1867 rechtlich gebunden. Innerhalb des Nachlasses des Erbpächters bilden sie einen nach besonderen Grundsätzen zu vererbenden Bestandtheil. Als Zubehör der Bauernstelle, das mit ihr dieselben rechtlichen Schicksale theilt, gelten das zur Bewirthschaftung dienende Vieh-, Feld- und Wirthschaftsinventar, die vorhandenen Vorräthe an Heu, Stroh und Dünger, der vorhandene Bedarf zur Einsaat und zum Unterhalt von Menschen und Vieh bis zur nächsten Ernte, sowie die bereits beschaffte Acker-, Wiesen- und Gartenbestellung. Außer dem Zubehör gehen mit der Bauernstelle auch alle auf derselben lastenden Schulden und Leistungen auf den Anerben über. Für alle anderen Nachlaßschulden haftet das Bauerngut nur, soweit der übrige Nachlaß zur Bezahlung derselben nicht ausreicht. Beim Vorhandensein mehrerer Erben geht die Bauernstelle nur an einen derselben, den Anerben, über: und zwar gehen die männlichen Erben den weiblichen vor und entscheidet innerhalb desselben Geschlechts das Recht der Erstgeburt. Zu den Erben in diesem Sinn werden nicht nur die Descendenten, sondern auch die Ascendenten, die vollbürtigen und halbbürtigen Geschwister und ihre Kinder von der Seite, von welcher das Gut herstammt, endlich die übrigen Seitenverwandten gerechnet. Von den Ascendenten, die unmittelbar nach den Descendenten berufen sind, erwirbt derjenige das Gut, von welchem der Erblasser dasselbe erworben hat. Die gemeinrechtlichen Miterben des Anerben sind auf Abfindungen beschränkt: die Größe derselben wird statutarisch festgesetzt. Jeder

Miterbe ist berechtigt die Feststellung und Auskehrung der Abfindungen nach erlangter Volljährigkeit resp. Verheirathung vom Anerben zu verlangen. Speziell die Geschwister des Anerben haben bis zum vollendeten 16. Lebensjahre von dem Anerben zu beanspruchen, daß er sie standesmäßig alimentire, wogegen er die Zinsen ihres Vermögens während dieser Zeit für sich behalten darf. Der überlebende Ehegatte erhält einen statutarisch zu fixirenden Altentheil. Auch die Begründung der Interimswirthschaft ist unter bestimmten Bedingungen statthaft. Den Miterben des Anerben ist für den Fall, daß dieser die Bauernstelle verkauft, vor der Domänenverwaltung ein Vorkaufsrecht eingeräumt; doch darf dadurch für denjenigen intabulirten Gläubiger, der als Käufer aufgetreten war, kein Ausfall von dessen eingetragenen Forderungen entstehen. Der Besitzer der Bauernstelle ist berechtigt innerhalb der vom gemeinen Recht gezogenen Schranken — letztwillige Verfügungen zu treffen, insbesondere auch den Gutsnachfolger, den Annahmewerth der Stelle und die Größe der Abfindungen zu bestimmen, den zeitweiligen Nießbrauch auch anderer Personen, als der des Anerben an dem Gut anzuordnen, sowie die Veräußerung des Guts zu untersagen und die Verschuldung zu beschränken. Wenn Verfügungen der letzteren Art nur für die Person des unmittelbaren Gutsnachfolgers bestimmt sind, so genügt deren Eintragung in das Hypothekenbuch, und es kann alsdann das Gut nur zur Befriedigung bereits intabulirter Gläubiger und derjenigen sonstigen Schulden des Erblassers, für welche es aushilflich haftet, verkauft werden. Sollen dagegen derartige Verfügungen auch die späteren Rechtsnachfolger binden, so bedürfen sie der landesherrlichen Bestätigung.

Die im Gesetz von 1869 vorbehaltenen Statuten über Altentheile und Abfindungen sollen von den Aemtern mit Genehmigung der großherzoglichen Kammer erlassen werden. Die Kammer hatte in Ausführung dieser Bestimmung proponirt, für alle berechtigten Descendenten ein bestimmtes Abfindungscapital auszusetzen, das aber nicht mehr als ein Drittel des Canoncapitals betragen dürfe. Indeß ergaben die Verhandlungen, daß die Bauern die Abfindung lieber als Quote der reinen Gutsmasse d. h. des jeweiligen Werths des Guts, nach Abzug der Schulden und Lasten, berechnet und die Naturalaussteuern beseitigt sehen wollten (Kammercircular vom 11. Mai 1872). Dem entsprechend wurde durch das Kammercircular vom 9. August 1873 bestimmt, daß in den Statuten die Abfindungen nicht mehr als die Hälfte der „reinen Gutsmasse" betragen sollen; ein Miterbe hat sich jedoch mit einem Drittel zu begnügen; die ganze Abfindung der Miterben darf in der Regel nicht geringer sein, als ein Drittel der „reinen Gutsmasse".

Die Altentheile werden durchweg in Naturalleistungen ausgesetzt und nur bei Häufung mehrerer Altentheile ist Geldzahlung zulässig.

Auf die Häusler- und Büdnerstellen des Domaniums finden die Bestimmungen der Verordnung von 1869 nur dann Anwendung, wenn der Hufenbestand ausnahmsweise über 37½ Scheffel enthält. In der Regel werden die Häusler- und Büdnerstellen dagegen ebenso wie die großen Erbpachthöfe nach gemeinem Erbrecht vererbt.

Für die Vererbung der Erbpachthufen der Klosterämter sind die sog. Additionalacten, „beruhend auf dem Grundsatz der möglichsten Erhaltung der

Hufe in der Familie", maßgebend. Dieselben sind zur Vervollständigung der klösterlichen Erbpachtcontracte am 29. April 1856 vom großherzoglichen Ministerium bestätigt und durch großherzogliche Verordnung vom 30. April 1869 einer Abänderung unterzogen worden.

In dem ritterschaftlichen Territorium waren die Hauswirthe bis 1862 von der Gnade und Willkür ihrer Herrn abhängig. Sie standen in einem zeitpachtähnlichen Verhältniß und hatten daher kein Immobiliareigenthum zu vererben. Erst die Verordnung vom 13. Januar 1862 hat den „regulirten" Bauern ein beschränktes Anrecht auf den dauernden Besitz ihrer Hufen gegeben. Bei Erledigung der Hufen durch den Tod ihrer Besitzer oder durch andere Ursachen sollen dieselben nach § 12 des eben citirten Gesetzes „von dem Gutsherrn nach bestimmten Normen an die Erben des letzten Besitzers weiter verliehen werden". Und nach § 13 der Verordnung vom J. 1862 ist „das bäuerliche Herkommen, insbesondere was die Berechtigung zu einem Altentheile und die Größe desselben sowie die Unterstützung und Abfindung nachgeborener Kinder betrifft, in den Regulativen zu berücksichtigen".

Ein eigentliches Erbrecht wird dadurch freilich nicht begründet, sondern nur ein Successionsanspruch, der übrigens auch nur dann berücksichtigt zu werden braucht, wenn er innerhalb eines Jahres beim Gutsherrn angemeldet worden ist. Solche Successionsansprüche stehen den sämmtlichen gemeinrechtlich erbfähigen Descendenten des letzten Besitzers sowie seinen vollbürtigen Geschwistern und Halbgeschwistern vom Vater zu. Der Gutsherr hat das Recht, von den zur Nachfolge sich Meldenden den Nachweis der persönlichen Befähigung zur Bewirthschaftung zu fordern.

Wie in Mecklenburg-Schwerin, so werden die Bauernstellen auch in Mecklenburg-Strelitz und im Fürstenthum Schaumburg-Lippe nach Anerbenrecht vererbt.

Am meisten Aehnlichkeit mit dem bäuerlichen Erbrecht der mecklenburgischen Länder hat das Erbrecht des Fürstenthums Waldeck, indem sich hier ebenfalls die ältere Form des Anerbenrechts erhalten hat. Ein durch Gesetz geregelter Rechtszustand für die Vererbung der Bauerngüter wurde hier erst durch die „nach vorheriger Berathung mit den Ständen" erlassene Verordnung vom 11. December 1830 (R.B. Nr. 31) geschaffen, nachdem wegen vollständigen Mangels an schriftlichen Aufzeichnungen über diesen Gegenstand zahlreiche Rechtsstreitigkeiten entstanden waren. Diese Verordnung geht von der rechtlichen Gebundenheit der Bauerngüter und dem gutsherrlichen Verbande aus und ordnet die Individualsuccession in die Bauerngüter bis in das Einzelne. Von den Kindern des Besitzers dürfen nur die ehelichen und legitimirten in das Bauerngut succediren. Die Kinder erster Ehe sollen immer den Kindern der nachfolgenden Ehen und die Söhne den Töchtern vorangehen. In Ermangelung von Descendenten des Erblassers succediren in das Bauerngut seine übrigen nach gemeinem Recht berufenen Erben; doch schließen die Geschwister und deren Kinder die Ascendenten, die unabgefundenen Geschwister und deren Kinder die abgefundenen Geschwister und deren Kinder aus. Innerhalb desselben Geschlechts entscheidet die Erstgeburt. Doch soll der Erblasser auch ein anderes seiner Kinder zum Erben einsetzen dürfen. Es kann dies durch letztwillige Verfügung oder durch Gutsübergabe unter Lebenden geschehen. Zum Antritt des Guts ebenso wie zum

Ausschluß von demselben bedarf es der gutsherrlichen Genehmigung. Die Gutsherrschaft kann ausnahmsweise auch einen minderjährigen Anerben anerkennen; in diesem Fall ist bis zu erlangter Volljährigkeit desselben das betreffende Gut durch eine dritte Person zu verwalten oder zu verpachten. Auch wird die Interimswirthschaft ausdrücklich anerkannt; doch soll dieselbe nur bis zum 25. ev. 30. Lebensjahre des Anerben und bis zum 21. ev. 25. Lebensjahre der Anerbin dauern dürfen. Hinsichtlich der Leibzucht und der Abfindungen soll es bei der Verordnung vom 9. Januar 1736 verbleiben. Die Bestimmungen des Gesetzes von 1830 bestehen größtentheils auch noch heute in Kraft, nachdem in Folge der Gesetze vom 24. September 1851 und vom 13. Mai 1869 die Regulirung der gutsherrlich-bäuerlichen Verhältnisse und die Aufhebung der Geschlossenheit der Bauerngüter erfolgt ist.

An Mecklenburg schließt sich im Westen das ehemalige Königreich und die jetzige preußische Provinz Hannover[9]) an. Entsprechend den verschiedenen Schicksalen der einzelnen Territorien, aus denen die Provinz Hannover zusammengesetzt ist, sowie den verschiedenen rechtlichen Gestaltungen der persönlichen und Besitzverhältnisse des Bauernstandes in diesen Territorien zeigte auch das bäuerliche Erbrecht bis zu seiner einheitlichen Reform im J. 1874 die größte Mannigfaltigkeit. In dem größten Theil der jetzigen Provinz Hannover waren die Bauern von jeher frei und standen zum Theil nur bezüglich ihrer Güter in einem nicht harten Abhängigkeitsverhältnisse. Die Eigenbehörigkeit der Bauern bestand u. A. in den zum Landdrosteibezirk Osnabrück verbundenen, ehemals westphälischen Gebieten. Die Bauerngüter wieder waren 1) solche, die keinem Gutsherrn unterworfen waren. Auf denselben ruhten entweder nur die allgemeinen Staats- und Gemeindeabgaben oder auch feste Zinsen zu Gunsten eines Zins- oder Dienstherrn. Im letzteren Fall wurden sie als erbzinspflichtige oder grundrentenbelastete Güter bezeichnet. Im Allgemeinen hießen sie Erbgüter, Erbhöfe, Erbland. 2) gutsherrnpflichtige Güter d. h. solche, die einem gutsherrlichen Verbande angehörten. Zu denselben gehörten die Meier-, Schillings-, Erbenzins-, Meierdings-, Probstdings-, Erbpacht- und Hausgenossengüter.

Die rechtliche Gebundenheit und das Anerbenrecht galten in der Regel überall, wo früher das Meier- oder ein demselben verwandtes Recht gegolten hatte, somit in allen Landestheilen mit Ausnahme nur der von Friesen bewohnten Districte: des Fürstenthums Ostfriesland, des Landes Hadeln, des Kehdinger Landes, sowie der außerhalb des friesischen Gebiets liegenden Fürstenthümer Grubenhagen und Göttingen, in welchen seit langem freie Theilbarkeit bestand und entweder das Erbrecht des gemeinen Rechts oder das preußische Landrecht (letzteres in Ostfriesland mit dem Jahdegebiet, und auf dem Eichsfelde) Eingang gefunden hatte.

Doch war das gesetzliche Anerbenrecht auf seinem weiten Anwendungsgebiet (Lüneburg, Osnabrück, Bentheim, Bremen-Verden, Calenberg, Hoya,

---

9) Grefe, Leitfaden zum Studium des hannoverschen Privatrechts, Th. 2, Göttingen 1845, S. 187 ff. Bening, Die Bauernhöfe und das Verfügungsrecht darüber, Hannover 1862, S. 85—87.

Hildesheim, Lingen) nicht überall gleichartig gestaltet. Bald gelangte der Bauernhof an einen bestimmten Descendenten, gewöhnlich den ältesten — und nur ausnahmsweise, z. B. im Osnabrückschen, an den jüngsten — Sohn und konnte derselbe dem Anerben durch letztwillige Verfügung des Erblassers nicht entzogen werden: so in den Fürstenthümern Osnabrück und Lüneburg, in den Grafschaften Bentheim, Diepholz und Hoya, während im Calenbergschen die Kinder, welche noch keinen Hof besaßen, ein Vorzugsrecht vor denjenigen hatten, welche bereits einen Hof erhalten oder in einen solchen geheirathet hatten; bald wieder war die Wahl des Anerben, nicht aber auch die Feststellung der Erbtheile frei gegeben, indem der Hof selbst und bestimmte Theile des sonstigen Vermögens dem jedesmaligen Anerben zufallen mußten, während die übrigen Erben nur Abfindungen erhielten: so z. B. im Fürstenthum Hildesheim und in Lingen [10]). Auch pflegten die Abfindungen von sehr verschiedener Größe zu sein. Sehr gering waren sie namentlich dort, wo der auf den Anerben übergehende Hof mit Abgaben und Lasten stark beschwert war und dem Eigenthümer nur ein geringer Reinertrag übrig blieb: so im Calenbergschen, wo der Anerbe den ganzen Hof allein erbte und außerdem von dem Zubehör desselben an Gebäuden, Bäumen, Dünger und Futter $^1/_2$ oder $^3/_8$ vorab erhielt; dagegen waren die Abfindungen größer im Osnabrückschen, wo auch der Werth des gutspflichtigen Hofes für die Abfindungen in Anrechnung kam und der Anerbe nur einen doppelten Kindestheil erhielt, der jedoch keinesfalls mehr als $^1/_3$ des Hofwerths ausmachen durfte. Auch darin zeigte sich eine Verschiedenartigkeit des Anerbenrechts, daß sich dasselbe bald nur auf Descendenten, bald auch auf Ascendenten und Seitenverwandte erstreckte. Letzteres namentlich im Calenbergschen, wo allen Verwandten des Meiers, welche nach gemeinem Recht ein Erbrecht am Allod besaßen, auch ein Anerbenrecht am Meiergut zustand.

Die beiden Ablösungsgesetze vom 10. November 1831 und vom 23. Juli 1833 führten die verschiedenen bäuerlichen Rechtsverhältnisse zwar auf die einheitliche und übereinstimmende Grundlage des Eigenthums zurück, änderten aber im Uebrigen an der Gebundenheit dieser Güter und an dem bestehenden Erbrechte nichts.

Insbesondere das Gesetz vom 23. Juli 1833 über die Verhältnisse der durch Ablösung frei gewordenen Höfe schreibt im § 2 vor, daß in Beziehung auf die Erbfolge im Hofe, die Bevorzugung des Anerben, die Abfindung der abgehenden Kinder, die Vermögensverhältnisse der Eheleute, die Leib-

10) Im Fürstenthum Lüneburg und in der Grafschaft Hoya durfte nach einer Verordnung aus dem J. 1699 der Gutsherr aus mehreren Kindern des Meiers den Anerben willkürlich wählen. Wegen des mit diesem Wahlrecht getriebenen Mißbrauchs wurde durch Verordnungen aus dem J. 1702 und 1720 vorgeschrieben, daß die Söhne den Töchtern und im Uebrigen das ältere Kind dem jüngeren im Anerbenrecht vorgehen solle. Die umgekehrte Entwickelung findet sich im Fürstenthum Hildesheim, wo bis zum J. 1781 bald das ältere bald das jüngere Kind das Anrecht auf das Gut hatte und wo erst die Verordnung vom 9. April 1781 festsetzte, daß es blos von dem Gutsherrn abhänge, welches Kind derselbe zu seinem künftigen Meier annehmen wolle. Ueberall aber war die Wirksamkeit des Erbrechts in das Meiergut bedingt durch die Fähigkeit des Erben, dem Gut gehörig vorzustehen.

zuchten und Interimswirthschaften bis auf Weiteres nach denselben Grundsätzen verfahren werden soll, welche während der Abhängigkeit des Hofes galten, und der § 3 ordnet an, daß, wenn über das Recht zur Nachfolge im Hofe (Anerbenrecht) weder vom Erblasser noch auf andere rechtsgiltige Weise etwas bestimmt ist, nach den Grundsätzen des bäuerlichen Majoratsrechts entschieden werden soll. Zu den Verträgen über Hofannahmen, Abfindungen, Leibzuchten und Ehestiftungen haben fortan die Verwaltungsbehörden statt der hinweggefallenen Gutsherrn mitzuwirken.

Zweifel über diese letztere Bestimmung führten zum Gesetz vom 11. Juni 1857, wodurch die Zuständigkeit der Verwaltungsbehörden für die Beurkundung oder Bestätigung solcher Verträge geordnet und als Folge des Mangels der obrigkeitlichen Bestätigung die Nichtigkeit der Verträge hingestellt wurde. Es sollten die Verwaltungsbehörden namentlich bei Ehestiftungen, Hofübergaben, Feststellung von Abfindungen der vom Hof abgehenden Kinder, bei Bestimmung der sog. Altentheile u. s. w. untersuchen, ob der Hof eine solche Belastung zu tragen im Stande sei. Eine solche Untersuchung setzt aber voraus, daß in jedem einzelnen Fall die Ertragsfähigkeit des Guts ermittelt, die Schulden festgestellt werden u. s. w. Da namentlich für die Frage der Ertragsfähigkeit alles auf die Persönlichkeit des Anerben ankam, diese näher festzustellen aber außerordentlich schwierig war, so stimmten die Landdrosten den vorgelegten Verträgen gewöhnlich bei, ja sie erkannten den Gemeinden statt des früheren Widerspruchsrechts nur noch ein Gutachten zu.

Dem bäuerlichen Erbrecht in Hannover sehr verwandt war dasjenige des ehemaligen Herzogthums Lauenburg. Auch hier waren die meisten Bauerngüter dem Meierrecht und dem Anerbenrecht unterworfen. Die Person des Anerben wurde durch Gesetz oder Gewohnheitsrecht bestimmt; doch konnte der Besitzantritt für den Fall der Untüchtigkeit des Anerben durch den Grundherrn ausgeschlossen werden. Unter Mitwirkung des Grundherrn erfolgte auch die Abfindung der Miterben.

Dieselbe Mannigfaltigkeit der erbrechtlichen Bestimmungen wie in Hannover fand sich auch im Herzogthum Oldenburg[11]).

In den älteren Theilen der Grafschaften Oldenburg und Delmenhorst hatten die beiden Städte gleichen Namens ihr von Bremen überkommenes Stadtrecht, und galt für das übrige, meist aus Landgemeinden bestehende Gebiet das Recht der sog. Brautschatzordnungen. Die später hinzugekommenen Theile: Butjadingen und Landwührden haben ihre besonderen, auf friesischen Ursprung zurückzuführenden Landrechte behalten. In den neuesten Erwerbungen endlich: dem Amt Wildeshausen, den früheren Kreisen Kloppenburg und Vechta und hier

11) Beaulieu-Marconnay, Das bäuerliche Grunderbrecht vom Standpunkt des Gesetzgebers, mit besonderer Rücksicht auf das Herzogthum Oldenburg, Oldenburg 1870, S. 85—87. Hullmann, Die Reform des Grunderbrechts im Herzogthum Oldenburg, Oldenburg 1870, S. 68. Hofmeister in Bäuerliche Zustände in Deutschland, Band 2, Leipzig 1883, S. 29, 33. v. Mendel daselbst S. 47, 48. Das bevorzugte Erbrecht am Grundeigenthum im Herzogthum Oldenburg, herausgegeben vom Old. statist. Bureau, Oldenburg 1875, S. 2, 3, 11.

wieder besonders in den vormals osnabrückschen Theilen des Amts Damme, ferner in der Erbherrschaft Jever und endlich in der erst neuerdings dem Herzogthum einverleibten Herrschaft Kniphausen sind die früheren Rechte ebenfalls in Geltung geblieben.

In den meisten dieser Landestheile — mit Ausnahme nur der von Friesen besiedelten — waren die bäuerlichen Stellen von Alters her gebunden. Dieselben wurden auch nach einem Grunderbrecht vererbt, an welchem in der Regel durch letztwillige Bestimmungen nichts geändert werden durfte. Das Grunderbrecht war jedoch in den einzelnen Gebieten sehr verschieden gestaltet. Namentlich differirten die Bestimmungen über die Person des Anerben und die Höhe des Voraus unter einander.

Das Recht der Erstgeburt galt für ein Gebiet von ca. 100 000 Einwohnern; das Recht der Jüngstgeburt auf einem solchen von ca. 70 000 Einwohnern. Das erstere umfaßte den größten Theil der oldenburgischen Geest; das letztere die ganze Marsch, aber auch mehrere Geestdistricte, namentlich die Aemter Stollhamm, Ovelgönne, Golzwarden, Brake, Elsfleth, Berne, Delmenhorst, die Gemeinden Holle, Dötlingen, die Bauernschaften Dingstede, Achtermeer und Augusthausen sowie angeblich einen Theil der Bauernschaft Rönnelmoor, ferner die frühere Herrschaft Kniphausen, endlich die Städte Vechta und Wildeshausen.

Das strengere Grunderbrecht mit größerem Voraus galt im Amt Wildeshausen und vorzugsweise in den älteren Gebieten der Grafschaften, also im Gebiet der sog. Brautschatzordnungen; gemäßigtere Grundsätze fanden Anwendung in Butjadingen, Landwührden, Kniphausen und in den vormals osnabrückschen und münsterschen Aemtern.

Durch die sog. Brautschatzordnungen, deren jüngste im J. 1730 erlassen wurde, war das Grunderbrecht besonders scharf ausgeprägt. Diese zuerst während der gräflichen Periode entstandenen, dann während der dänischen Herrschaft ergänzten Gesetze bezweckten die Abgabenleistung der Stellen zu sichern und gaben zu dem Ende genaue Vorschriften über die Höhe des Brautschatzes und der Erbportionen der Abfindlinge. Die letzteren waren zu bestimmten Procentsätzen des Erbguts angesetzt.

Auf den sog. herrschaftlichen Stellen d. h. denjenigen, für die die Landesherrschaft einst die Gutsherrlichkeit in Anspruch nahm und die demgemäß zu den sog. Ordinärgefällen angesetzt waren — zu denselben gehörte die Mehrzahl aller Privatbesitzungen — erhielten die Abfindlinge zusammen nur 20 % vom Werthe der Stelle nebst Inventar, welcher nach Abzug der Schulden, soweit sie aus dem zur freien Verfügung des Erblassers stehenden Eigenthum (Allod) nicht gedeckt wurden, übrig blieb. Außerdem hatten sie bei ihrer Verheirathung oder selbständigen Niederlassung Brautwagen (Aussteuer) und Hochzeitskosten zu beanspruchen, deren Betrag jedoch unbedeutend war. Der Anerbe erhielt somit für sich allein 80 % der schuldenfreien Stelle.

Dagegen war in Butjadingen und Landwührden, wo, wie oben angeführt wurde, neben freier Theilbarkeit das Recht eines Kindes auf den Sitz galt, sowie in Kniphausen und den vormals osnabrückschen und münsterschen Aemtern, eine mäßigere Bevorzugung des Grunderben üblich.

Im Ganzen fand das Grunderbrecht Anwendung auf einem Gebiet von 64,66 □M., was 67,36 % des Gesammtterritoriums entspricht. Auf das Gesammtterritorium des Herzogthums Oldenburg vertheilen sich die einzelnen Erbrechtssysteme folgendermaßen. Es galt bis zum J. 1873:

| | Zahl der Besitzungen | Fläche in Hektar | Reinertrag in Mark |
|---|---|---|---|
| das strengere Grunderbrecht (Recht der Brautschatzordnungen) | 21 470 | 243 558 | 4 491 007 |
| das schwächere Grunderbrecht (Butjadinger Landrecht) | 9 073 | 108 209 | 3 008 192 |
| kein Grunderbrecht | 13 974 | 168 665 | 2 475 525 |

Im Herzogthum Braunschweig[12]) war zufolge der Ablösungsordnung vom 20. December 1834 § 110 die rechtliche Gebundenheit des bäuerlichen Grundbesitzes, auch nachdem derselbe von den grundherrschaftlichen Lasten befreit worden, in Kraft geblieben. Sie bestand in dem ganzen Herzogthum mit Ausnahme nur des Kreises Blankenburg und bezog sich auf die zu einer Stelle vereinigten und als solche nachgewiesenen Liegenschaften (Pertinenzqualität derselben), während die sonstigen rechtlich nicht zur Stelle gehörigen Grundstücke, auch wenn sie mit ihr thatsächlich verbunden waren, als walzend angesehen wurden. Und neben dem Dismembrationsverbot bestand das Verbot der Vereinigung mehrerer Bauernhöfe in einer Hand auf anderen Wegen als durch Erbschaft, Heirath und Schenkung, sowie das Verbot der Uebertragung mehrerer Höfe eines Bauern nur auf eines seiner Kinder. Ja durch das Gesetz von 1834 wurden alle diese Bestimmungen von den Reihehöfen, auf die sie sich bis dahin allein bezogen hatten, noch auf die Anbauerstellen ausgedehnt. Die geschlossenen Bauernhöfe wurden nach eigenem bäuerlichen Recht, als dessen Bestandtheil das Anerbenrecht galt, beurtheilt. Was dieses letztere betrifft, so war dasselbe je nach Gerichtsgebrauch und Observanz sehr verschieden geregelt. In den meisten Landestheilen galt das Majorat; ausnahmsweise war statt des Majorats das Minorat üblich, oder es entschied auch unter den gleichberechtigten Erben das Loos über die Annahme des Hofes. Ueberall aber hatte das Anerbenrecht einen absoluten Charakter und konnte demnach durch letztwillige Verfügungen nicht außer Wirksamkeit gesetzt werden.

An Hannover und Braunschweig schließen sich mit Rücksicht auf die Ausbreitung des Anerbenrechts einestheils die zum ehemaligen Kurfürstenthum Hessen gehörige Grafschaft Schaumburg (Kreis Rinteln), sowie Stücke des zum Großherzogthum Hessen gehörigen Odenwalds und anderntheils einige thüringische Staaten, und unter ihnen namentlich das Herzogthum Altenburg an.

In Kurhessen[13]) waren es die fuldaschen und hanauschen Landestheile

---

12) Bürstenbinder in Bäuerliche Zustände in Deutschland, Bd. 2. Leipzig 1883, S. 88, 89.

13) v. Baumbach in Bäuerliche Zustände in Deutschland, Bd. 1, Leipzig 1873, S. 116. E. Wendelstadt in Mentzels landwirthschaftlichem Kalender für 1869, S. 137. Neubauer a. a. O. S. 20.

und die Grafschaft Schaumburg, in denen sich auch nach dem Ablösungsgesetz vom 23. Juni 1832 die größeren Bauerngüter in rechtlicher Gebundenheit erhalten hatten. Auch wurden die meierstättischen Güter in der Grafschaft Schaumburg nach Anerbenrecht vererbt. Nach dem Gesetz vom 26. August 1848 über die Auseinandersetzung der Lehens-, Meier- und anderen gutsherrlichen Verhältnisse (K.H. G.S. S. 67) sollte die Theilung aller dieser Güter jedoch mit Genehmigung des Ministeriums statthaft sein. Dieser relative Güterschluß wurde erst unter preußischer Herrschaft durch die Verordnung vom 13. Mai 1867, betreffend die Aufhebung des Güterschlusses in den Provinzen Hanau und Fulda (R.G.S. S. 727), und durch das Gesetz vom 21. Februar 1870, betreffend die Aufhebung der Verfügungsbeschränkungen bezüglich der Theilung und Verfügung des meierstättischen Eigenthums in dem Kreise Rinteln (Pr. G.S. S. Nr. 9), beseitigt; dabei wurde jedoch das für die meierstättischen Güter der Grafschaft Schaumburg (Kreis Rinteln) in Geltung befindliche Anerbenrecht nach seiner im J. 1848 erfolgten Regelung ausdrücklich aufrecht erhalten.

Danach erstreckt sich das Anerbenrecht gegenwärtig noch auf die ca. 3000 vorhandenen Meiergüter nebst allem Zubehör, namentlich auch auf die Gebäude und sonstigen Anlagen und Verbesserungen, sowie auf alle Verwendungen in den Grund und Boden, ferner auf diejenigen Acker- und Hausgeräthe, Viehbestände und Vorräthe an Früchten, Dungmaterial u. s. w., welche zur herkömmlichen Bewirthschaftung und Erhaltung des Guts und des Haushalts des Besitzers gehören und erforderlich sind. Anerbe ist das älteste Kind. Dasselbe hat die Hälfte des, nach Abzug der auf dem Meiergut ruhenden Schulden, übrigbleibenden Werths als seinen Erbtheil zu beanspruchen. Die andere Hälfte wird unter die Miterben vertheilt. Jedoch erhalten sie ihre Erbantheile erst dann baar ausgezahlt, wenn sie nicht mehr auf dem Gute verpflegt werden. Während dieser Zeit ruht auch die Verzinsung ihrer Erbantheile. Nicht gebrechliche Miterben können ihre Verpflegung auf dem Hof bis zum zurückgelegten 22. Lebensjahre oder bis zu ihrer Verheirathung, gebrechliche, so lange ihre Gebrechlichkeit dauert, fordern. Jedoch sind sie zugleich, nach Maßgabe ihrer Kraft, zur Mitarbeit auf dem Hof verpflichtet. Die beerbte Wittwe des Meiers darf das Meiergut nutzen und bewirthschaften, bis der Anerbe 25 Jahre alt geworden ist oder die Anerbin sich verheirathet: übergiebt sie dann das Gut, so kann sie eine Leibzucht beanspruchen. Unbeerbte Wittwen gehen in der Beerbung ihres Mannes den Verwandten desselben vor. Will der Erblasser den vom Gesetz designirten Anerben von der Succession in das Meiergut ausschließen, so muß er einen anderen wählen. Doch ist er hinsichtlich der Wahl beim Vorhandensein von Descendenten auf diese beschränkt, sofern er nicht gegen dieselben Enterbungsursachen geltend machen kann.

Auch die nicht zu den Meiergütern gehörigen Bauerngüter in der Größe von 30—150 Morgen, namentlich in den altfuldaischen Landestheilen und im Hanauischen, fallen meist einem Kinde zu, während dessen Geschwister mit geringeren Summen abgefunden werden. Der kleinere Grundbesitz unter 30 Morgen dagegen wird gewöhnlich in natura unter die Erben vertheilt.

Im Großherzogthum Hessen[14]) gestattet die Verordnung vom 9. Februar 1811 ausdrücklich die Theilung der bis dahin gebunden gewesenen Güter. Während diese Vertheilung der Nachlaßgüter in den ebenen und fruchtbaren Gegenden des Landes seitdem auch bei Vererbungen die Regel bildet, hat sich in den gebirgigen Theilen, namentlich in einem Theil des Odenwaldes, hinsichtlich der dort bestehenden geschlossenen Hufengüter, das Institut des sog. Anschlags erhalten. Dasselbe besteht darin, daß der älteste Sohn das Recht hat, das Gut nach einem niedrigen Anschlage zu übernehmen.

In Thüringen herrschten zur Zeit, als dieses Land unter Herzogen und Beamten fränkischer Abstammung stand, der freien Theilbarkeit günstige Rechtsanschauungen. Auch die darauf folgende Periode hat hieran nichts geändert. Erst in der Mitte des 16. Jahrhunderts wurden für die einzelnen Landschaften Landesordnungen erlassen, welche anordneten, daß, „um die Verminderung und Unrichtigkeit der Zinsen und Frohnen zu vermeiden, die Hufen, zins-, erb-, lehn- und frohnbaren Güter ohne Bewilligung des Landesherren nicht ferner zerrissen und vereinzelt werden sollen". Die Rechtsüberzeugung und Sitte des Volks fügte sich diesen Anordnungen indeß nur widerwillig, so daß Dispensationen von den Theilungsverboten häufig nachgesucht wurden und Theilungen der Hufen in $^1/_8$, $^1/_{16}$ und $^1/_{32}$ Güter zugelassen werden mußten. Immerhin wurden jetzt die Complexe von Parcellen im herrschaftlichen Zins- und Steuerinteresse doch meist als ein Ganzes behandelt und mit einer Pauschalsumme an Steuern und Lasten beschwert. Neben diesen geschlossenen Gütern kamen dann aber auch walzende Grundstücke vor, von denen jedes besonders besteuert wurde. An diese Gebundenheit des bäuerlichen Grundbesitzes einerseits und an die freie Theilbarkeit desselben andrerseits schließen sich dann auch die entsprechenden erbrechtlichen Bestimmungen an. So gestaltete sich in einem Theile Thüringens das im Sachsenspiegel enthaltene Kürrecht in Verbindung mit der Gebundenheit des Grundbesitzes aus einem Recht des ältesten Sohnes, die Theile (Loose) zu machen (Sachsenspiegel Th. III Art. 29 § 2), zu einem Recht der Würderung des gebundenen Gutes, während der jüngere Sohn nun nicht mehr unter den ihm angebotenen Loosen zu wählen, sondern das ihm angebotene Gut einfach anzunehmen oder auszuschlagen hatte. Das Kürrecht war in dieser Gestalt aus dem Sachsenspiegel in eine Reihe von Statuten übergegangen.

Zum Unterschiede von den geschlossenen Gütern werden die walzenden Grundstücke nach gemeinem Erbrecht vererbt. Und auch für die geschlossenen Erbgüter kommen mit dem Zurücktreten des herrschaftlichen Zins- und Steuerinteresses an der Geschlossenheit derselben die der Volksanschauung widersprechenden Beschränkungen der Dismembrationsfreiheit in einigen Staaten in Wegfall. Damit wird denn ein immer größerer Theil des bäuerlichen Grundbesitzes dem gemeinen Erbrecht unterstellt.

Am besten erhalten hat sich die Gebundenheit des Grundbesitzes und das der-

---

14) Bericht des Ausschusses der 2. hessen-darmstädtischen Kammer, den Gesetzentwurf über die Errichtung landwirthschaftlicher Erbgüter betreffend, dessen Verfasser der Abgeordnete Zentgraf war (1858). Nobbe, Die Dismembrationsfreiheit des ländlichen Grundbesitzes. Ein Beitrag zur bäuerlichen Erbrechtsfrage, S. 4.

selben entsprechende Anerbenrecht in einem großen Theil des Herzogthums Altenburg[15]). Dieses zerfällt in zwei durch das fürstlich reußische Gebiet getrennte und unter einander in jeder Beziehung verschiedene Bestandtheile. Diese Verschiedenheit bezieht sich nicht nur auf die Configuration und Beschaffenheit des Bodens, sondern auch auf die Art, wie der Boden vertheilt ist und besessen wird. Im Ostkreise befindet sich das fruchtbare ebene Land größtentheils im Privateigenthum von großen Bauern, an das sich dann einerseits Rittergüter und andrerseits Gärtner- und Häuslerstellen anschließen. Im gebirgigen und waldreichen Westkreise dagegen liegen ausgedehnte Domanialwaldungen; die sämmtlichen Güter sind kleiner und die Kleinhäusler zahlreicher als im Ostkreise. Im Ostkreise besteht in großem Umfange die Neigung den Grundbesitz zusammenzuhalten, und zwar erstreckt sich diese Neigung nicht blos auf die großen und mittleren Bauerngüter, sondern auch auf die kleinen Gütchen bis zu $^1/_4$ Acker. Diese Neigung der örtlichen Bevölkerung, ihren Besitz zusammenzuhalten, ist derselben durch eine mehrhundertjährige Gesetzgebung anerzogen worden. Verbieten doch bereits die Landesordnungen von 1589, von 1691 und von 1705 den bäuerlichen Grundbesitz ohne Einwilligung des Lehns- oder Gerichtsherrn zu zerstückeln. „Dieweil sich", so heißt es in der aus dem Jahre 1742, stammenden neuen Auflage der Landesordnung von 1705, „über das begiebt, daß Bürger und Bauern ihre Hufen, Zinß-, Erb- Lehen und frohnbare Güther ... zurreissen, von einander theilen und verkaufen, daraus denn öffters dem Zinß Herrn Abbruch und Verminderung oder doch zum wenigsten viel Unrichtigkeiten der Zinsen erfolgen, darzu der Anspann und die FrohnDienste etwan vermindert werden; als wird hiermit nochmals befohlen, daß Niemand sein Lehen oder gehufetes ZinßGuth — ohne Einwilligung des Lehen oder interessirten Gerichts-Herrn zerreisse oder vereintzele — Wo aber eintzeln oder also genannte ledige Stücke vorhanden, bleibets der Theilung halber bei jedes Ortes bisheriger Gewohnheit."

Die Bestimmungen der Landesordnungen werden ergänzt und theilweise abgeändert durch die Verordnung vom 9. November 1825, durch das Mandat vom 6. Juni 1828, sowie durch die Bekanntmachungen vom 26. October 1847 und 16. Juni 1851 und das Kammerrescript vom 27. Mai 1840.

Gegenwärtig wird die Geschlossenheit des ländlichen Grundbesitzes in beiden Hälften des Herzogthums durch das Gesetz, die Güter- und Grundstückszer-

15) Hesse, Handbuch des herzogl. sachsen-altenburgischen Privatrechts, Altenburg 1841, S. 208 u. passim. W. Löbe, Geschichte der Landwirthschaft im altenburgischen Osterlande, Leipzig 1845. Meyer-Altenburg, Die Vorzüge der Minoratserbfolge, Kassel 1853. Amtlicher Bericht über die siebente Versammlung deutscher Land- und Forstwirthe zu Altenburg 1843, Altenburg 1844. In diesem Bericht beziehen sich auf die altenburger Bauernverhältnisse insbesondere die Eröffnungsrede des Ministers Wüstemann S. 54 ff., der Vortrag des Geh. Hofr. Schulze über die Volksthümlichkeit der altenburger Bauernwirthschaft 222 ff., der Aufsatz von W. Löbe über die Theilung des Grund und Bodens S. 240 ff., der Aufsatz von Prof. Hanssen über Gebundenheit und Theilbarkeit des Bodens nebst Beilagen S. 449 ff. und die Arbeit von Geh. Hofrath Wagner über den sittlichen Zustand der altenburger Bauernschaft S. 278 ff. Briefliche Mittheilungen.

schlagungen betreffend, vom 9. April 1859 (G.S. S. 14 und 15) nebst Ergänzung vom 16. December 1867 und die Bekanntmachung der Landesregierung, betreffend das Verfahren bei Dismembrationsgesuchen, vom 14. Mai 1853 (G.S. S. 32) geregelt. Indeß haben diese Gesetze doch ihre vorzugsweise Bedeutung für die östliche Hälfte des Herzogthums, weil hier die geschlossenen und gebundenen Bauerngüter einen viel größeren Theil des Areals einnehmen als in der westlichen Hälfte. Nach dem Gesetz von 1859 gehören zu den geschlossenen Grundstückscomplexen: alle Wohnsitze auf dem Lande, mit welchen liegende Gründe „von mehr als 5 Acker Flächengehalt in Zubehörungseigenschaft" verbunden sind; ferner alle inländischen Rittergüter, sobald ihr Flächeninhalt incl. der zugehörigen Pertinenzstücke mehr als 5 Acker beträgt, und endlich die zu ausländischen Rittergütern gehörigen inländischen Grundstückscomplexe und die sog. ledigen Hufen unter der Voraussetzung, daß ihr Areal mehr als 5 Acker beträgt.

Die Zerschlagung dieser Grundstücke sowie in der Regel auch die Abtrennung einzelner Parcellen von denselben ist von der Genehmigung der Landesregierung abhängig. Die Gesuche um Dismembration sind bei der zuständigen Verwaltungsbehörde anzubringen. Diese hat die nöthigen Erörterungen zu veranstalten, unter Anderem regelmäßig die betreffende Gemeinde zu hören, und alsdann das Gesuch mit ihrem Bericht der Landesregierung zur definitiven Beschlußfassung vorzulegen. Sie soll hauptsächlich die Frage erörtern, ob die abzubringenden Parcellen mit den Grundstücken des neuen Erwerbers zweckmäßig vereinigt oder doch bewirthschaftet werden können. Erforderlichenfalls ist das Gutachten von Sachverständigen zu hören. Die Genehmigung soll versagt werden, wenn das Gut eine wesentliche Veränderung in seiner Bewirthschaftungsweise erfahren würde, wenn also z. B. durch die Zuschlagung oder Abtrennung aus einem Anspanngut ein Handgut werden würde, sowie wenn der Verdacht einer beabsichtigten sog. Güterschlächterei vorliegt.

Neben dem geschlossenen Grundbesitz kommen auch sog. walzende oder ledige Grundstücke vor: jene wiegen im Ost-, diese im Westkreise vor.

Die walzenden Grundstücke sind frei veräußerlich und theilbar — bis auf ein Minimum von 1/2 Acker. Jedoch darf die Theilung auch diese Grenze überschreiten, nur bedarf es dazu der Genehmigung der Landesregierung. Ohne solche Genehmigung darf die Parcellirung nur in bestimmten, vom Gesetz genau bezeichneten Fällen unter das Minimum herabgehen. Diese Fälle beziehen sich auf die Zusammenlegung von Grundstücken, die Vertauschung von Pertinenzstücken oder den Ersatz eines abgetrennten Pertinenzstückes durch ein entsprechendes walzendes Stück, die Abtrennung zu öffentlichen Zwecken, die Anlage eines Privatweges, die Erweiterung der Gebäude, des Hofraumes oder Gartens eines Nachbars, die Verbesserung des Laufes fließender Gewässer, die Anlage von Wiesen und Entwässerungen, sowie die Gewinnung eines Bauplatzes nebst Hof und Garten.

An die Gebundenheit des bäuerlichen Grundeigenthums schließt sich das Anerbenrecht an. Der bäuerliche Grundbesitz wird in der Regel derart vererbt, daß der jüngste Sohn das väterliche Gut mit Ausschluß aller seiner Geschwister gegen die Verpflichtung erhält, seine Geschwister mit Geld abzufinden. Sind nur 2 Erben in absteigender Familie vorhanden, von denen jeder das Gut haben will, so soll der Aelteste es würdern und der Jüngste die Wahl haben, dasselbe um diese Taxe anzunehmen oder nicht. Sind mehrere Güter in der Erbschaft vorhanden, so darf der Jüngste nur eins wählen. Tritt der jüngste Sohn das ihm angebotene elterliche Gut nicht an, so hatte er früher das Recht, von dem Gutsübernehmer ein sog. Kür- oder Gönnegeld zu fordern. Erst durch das Gesetz vom 6. April 1841 § 32 ist das Kürgeld beseitigt worden. Sind die Kinder beim Tode des Vaters noch unmündig, so hat die Wittwe die Wahl, ob sie auf Erbtheilung dringen oder, wenn sie unverheirathet bleibt, bis zur Volljährigkeit des jüngsten Sohns, die nachgelassenen Güter mit ihren Kindern gemeinschaftlich behalten und verwalten will oder nicht. Das erstere ist die Regel. Erst nachdem der jüngste Sohn volljährig geworden, pflegt dann die Erbtheilung und zwar gewöhnlich in folgender Weise zu erfolgen. Die Verwandten, d. h. die älteren Geschwister, mit Hinzuziehung des Ortsrichters, berechnen die ganze Erbschaftsmasse und wägen nach den Verhältnissen ab: wie viel der künftige Besitzer an eigenem und auf das Gut geborgtem baaren Gelde an die Miterben abgeben kann, ohne die Existenz des Familienguts zu gefährden. Nach diesem Maßstabe wird das Gut „gewürdert“ und vom jüngsten Sohn übernommen. Bei dieser Würderung hat es in der Regel sein Bewenden. Gerichtliche Erbsonderungen bilden die Ausnahme. Uebrigens hat die gesetzliche Erbfolgeordnung nur subsidiäre Bedeutung, indem der jeweilige Eigenthümer auch ein anderes seiner Kinder zum Anerben einsetzen kann, was jedoch, sofern nur der jüngste Sohn tüchtig ist und die häuslichen Verhältnisse der Familie nicht dringend etwas anderes gebieten, gewöhnlich nicht geschieht.

Im Südosten Deutschlands [16]) — dem dritten Gebiet, in dem sich das Anerbenrecht vorfindet — begegnen wir demselben in der Form der sog. Vortheilsgerechtigkeit und des sog. Vorwahlrechts. In dem bayerischen Landrecht (III 1 § 14, 13 und IV 1 § 14) wird bestimmt, daß der älteste weltliche Mannserbe einen Vorzug in unbewegliche Güter hat, „sofern er anders die übrigen Miterben im leidentlichen Anschlage pro rata herauszuzahlen vermag“. Es wird als ein wesentlicher Mangel dieses Rechts bezeichnet, daß es nicht genau vorschreibt, wie die Güter geschätzt werden und welchen Vortheil die Anerben bei der Gutsübergabe haben sollen. Auch die Kemptensche Verordnung vom 4. Juni 1792 gewährt hinsichtlich des sog. Heimathrechts an Häusern, Gütern, Herbergen und Gerechtigkeiten den Söhnen nach dem Alter ein Vorzugsrecht vor den Schwestern. Nach der Rattenbergschen L.O. § 10, 12 steht den Brüdern vor den Schwestern und unter den Brüdern dem jüngsten

16) Roth, Bayerisches Privatrecht § 374 Note 51, 52, 53, 54, 55; § 352 Note 27. Bavaria II, 1 S. 317, 318; III, 1 S. 362; III, 2 S. 980; IV, 1 S. 277; II, 2 S. 911. Seydel, Die Zwangsversteigerungen landwirthschaftlicher Anwesen in Bayern während des Jahres 1880, in der Zeitschrift des k. bayerischen stat. Bureau 1880, S. 180. W. Helferich in der Zeitschrift des landwirthschaftlichen Vereins in Bayern, November 1883, S. 228, 229. H. Ranke in Bäuerliche Zustände, Bd. 1 S. 274. Eheberg daselbst Bd. 3 S. 131 ff. u. passim.

derselben ein Vorwahlrecht bezüglich der zum Nachlaß gehörigen Behausung und Hofreut, nachdem dieselben zum landläufigen Kaufpreise angeschlagen worden sind, zu, und auch das Bamberger Landrecht S. 70 giebt dem zur Zeit der Theilung des elterlichen Nachlasses jüngsten oder einzigen Sohne ein Vorwahlrecht hinsichtlich des häuslichen Ansitzes und des damit verknüpften Hofs oder anderer Gerechtsame der Eltern. Als Vorwahl oder Vorsatz bezeichnet man in Bayern das Recht, vermöge dessen einer der mehreren Erben sich ein gewisses Stück aus dem Nachlaß ausziehen und sich gegen einen mäßigen Anschlag zueignen darf.

Theils auf Grund dieser Rechtsquellen, theils unabhängig von denselben hat sich die Sitte, das Bauerngut an eins der Kinder übergehen zu lassen, das dann bei der Erbschaftsauseinandersetzung vor seinen Miterben mehr oder minder begünstigt ist, in vielen — und zwar namentlich in den vom bayerischen und schwäbischen Volksstamm bewohnten — Theilen Bayerns ausgebildet und bis zur Gegenwart erhalten. „Fast allgemein herrscht diese Sitte in Altbayern (Ober- und Niederbayern und ein großer Theil der Oberpfalz). Hier mag das bayerische Intestaterbrecht günstig auf die Erhaltung der Sitte gewirkt haben.“ Speziell in Oberbayern pflegt die überwiegende Mehrzahl der Anwesen im Erbgange ungetheilt an einen der Erben des letzten Besitzers überzugehen, und zwar ist dies gewöhnlich der älteste Sohn, zuweilen auch die älteste Tochter. In Oberbayern kommt außerdem noch vielfach die Communhausung der Geschwister auf dem ungetheilt bleibenden väterlichen Gut vor. Als eine Folge dieser Sitte erscheint das lange Ledigbleiben der Söhne. Auch in Schwaben, namentlich zwischen Augsburg und Ulm, und Neuburg werden fast alle Bauernhöfe entweder nach Erst- oder Jüngstgeburtsrecht vererbt. Selbst sehr kleine Anwesen, die sog. Sölden mit 12—15 Tagwerk, pflegen ungetheilt erhalten zu werden. Unter den Bauern heißt es hier allgemein: man darf dem Uebernehmer die Sache nicht zu schwer machen, er muß bestehen können. Auch nach der oberpfälzischen Observanz erfolgt die Uebergabe des Bauernguts regelmäßig an den jüngsten Sohn, der nach allgemeiner Volksanschauung einen Anspruch auf das „Voraus“ oder den „Einsitz“, wie man im Regenthal sagt, hat. Wenn der Vorausberechtigte das elterliche Gut selbst übernimmt, so erhält er vor seinen Geschwistern den sog. „Uebernahmsvortheil“, der, wenn in nichts anderem, so doch wenigstens darin besteht, daß das Anwesen so gering als möglich gewerthet wird. Uebernimmt dagegen — in Folge eines Uebergabe- oder Erbschaftsvertrags — einer der Geschwister des Vorzugserben das Gut, so erhält der letztere außer dem ihm gleich allen übrigen Erben gebührenden Vermögenstheil noch eine bisweilen nicht geringe Entschädigungssumme, den sog. Einsitz. Naturaltheilungen kommen in Altbayern nur ausnahmsweise vor. Und selbst in dem vom fränkischen Volksstamm besiedelten Theil Bayerns, wo der Regel nach der Grundbesitz unter sämmtliche oder doch unter mehrere Kinder in natura vertheilt wird, kommen Gegenden vor, in denen die größeren Bauerngüter nach Anerbenrecht vererbt werden. So gilt in der zu Oberfranken gehörigen ehemaligen Grafschaft Thurnau das Vorsitzrecht des jüngsten Sohns, und wenn keine Söhne vorhanden sind, der jüngsten Tochter, und auch nach Bamberger Recht erhält der jüngste oder einzige Sohn den elterlichen Hof, während die sog. fliehenden Lehen d. h. die nicht gebundenen Zubehörungen des Hofs (in Thüringen, Sachsen und Altbayern walzende Gründe genannt) der gleichen Theilung unter den Geschwistern unterliegen, so daß also auch diesen ein Besitzthum zufällt. Doch sind die Eltern berechtigt, das Anwesen einem anderen als dem jüngsten Sohne zu übergeben. Der übernehmende Sohn wird in der Weise bevorzugt, daß das betreffende Gut bei der Uebergabe nicht zu seinem vollen Werthe, sondern in der Regel nur zu zwei Dritteln des wahren Werths abgeschätzt wird, so daß also ein Drittheil die Vorzugsportion bildet. Auch im südlichen Mittelfranken ist die Sitte verbreitet, daß einer der Söhne und zwar der älteste zur Nachfolge in das väterliche Gut gerufen wird, und am Hahnenkamm hält man das Minorat für so widernatürlich, daß man sich gegen dasselbe durch das Sprichwort: „den Holzstoß greift man nicht von hinten an", verwahrt. Im Nürnbergischen, an der Aisch und am Steigerwalde genießt aber wieder das jüngste Kind das Vorzugsrecht: ja an der Pegnitz geht die Bevorzugung des jüngsten Kindes so weit, daß ihm — ähnlich wie im badischen Schwarzwalde und in der Oberpfalz — bei der Abtretung seines Vorrechts an eines seiner Geschwister eine bestimmte Entschädigung, der sog. Einsitz, bezahlt werden muß. Dagegen giebt es in Unterfranken verhältnißmäßig wenige Orte mit geschlossen sich vererbenden Bauernhöfen. Hier herrscht allgemein die sog. Drittheilung des Anwesens, über die weiter unten zu berichten sein wird. Nur in einzelnen Bezirken der Rhön, in denen bereits unter Karl dem Großen Sachsen angesiedelt waren, findet sich auch der dem sächsischen Volksstamm vielfach eigene geschlossene Grundbesitz und die ungetheilte Vererbung desselben.

Im Großherzogthum Baden[17]) hat sich trotz der im allgemeinen geltenden freien Theilbarkeit des ländlichen Grundbesitzes im Schwarzwalde eine nicht geringe Anzahl sog. geschlossener Hofgüter erhalten. Es sind das gewöhnlich Bauerngüter, die nicht aus einzelnen zerstreuten Parcellen bestehen, sondern arrondirt sind; die ferner nicht unter 40 Morgen Flächengehalt zu umfassen pflegen, wohl aber auch bis auf 300 Morgen und darüber aufsteigen, im Durchschnitt jedoch eine Größe von ca. 100 Morgen zu haben pflegen. Indeß macht nicht bereits die bloße Einzinsung die zusammenzinsenden Güter zu geschlossenen, sondern dazu wird erfordert, „daß vermöge eines Gesetzes oder eines rechtsgenügenden Herkommens ein Hof stets ungetrennt von einem Inhaber auf den anderen übergegangen sei und wirklich unzertrennt besessen werde" (Ed. v. 23. März 1808 § 3). Diese geschlossenen Hofgüter sind nun keine Fideicommißgüter, wie mehrfach irrthümlich angenommen worden ist,

17) Die für die Mitglieder der 21. Versammlung deutscher Land- und Forstwirthe bestimmte Festschrift, Heidelberg 1860, und in derselben namentlich die vom Freiherrn Rüdt von Collenberg stammende landwirthschaftliche Beschreibung des südlichen Gebirgslandes. Verhandlungen der zweiten Session des Landesculturraths in Karlsruhe von 1870, Karlsruhe 1871. Mein an das großherzogl. badische Handelsministerium gerichtetes Schreiben vom 31. März 1879, in dem ich die Resultate der im J. 1872 von der badischen Staatsregierung veranstalteten Enquête über die Verbreitung der Hofgüter zusammengestellt habe, sowie die weiter unten zu machenden Literaturangaben.

denn die Hofbauern sind volle Eigenthümer ihrer geschlossenen Höfe und dürfen dieselben als Ganzes beliebig veräußern und verpfänden. Beschränkt sind sie dagegen in der Zerschlagung der Hofgüter. Diese sollen nach dem Edict vom 23. März 1808 § 3 auf Grund letztwilliger Anordnung des Besitzers oder mit Einwilligung des Vorzugserben oder durch Verordnung der Ortspolizei nur dann in halbe oder viertheils Güter zerlegt werden dürfen, wenn die nöthigen Wohn- und Wirthschaftsgebäude für so viele Familien vorhanden sind oder mit Beobachtung der polizeilichen Erforderniße hergestellt werden können, wie das Hofgut in Theile zerlegt wird. Eine zum Gesetz vom 23. März 1808 erlassene Vollzugsverordnung des Ministers des Innern vom 4. November 1837 regelt die in dem Edict in Aussicht genommene polizeiliche Genehmigung folgendermaßen.

Die Theilung eines geschlossenen Hofguts soll nur auf Anregung der Interessenten geschehen dürfen (§ 1). Diese haben sich an den Gemeinderath zu wenden, welcher das Gesuch mit seinem Bericht und einem seinerseits zu stellenden Antrage dem Bezirksrath zur Genehmigung unterbreitet (§ 2). Nach dem Verwaltungsgesetz vom 5. October 1863 und der Vollzugsverordnung zu diesem Gesetz vom 12. Juli 1864 hat der Bezirks**rath** jedoch nur über das Maß der Theilbarkeit der Liegenschaften und über Bewilligung von Nachsicht in einzelnen Fällen zu beschließen, und es liegt fortan dem Bezirks**amt** die polizeiliche Genehmigung zur Theilung geschlossener Güter und Loslösung einzelner Bestandtheile ob.

Die Genehmigung erfolgt:

1) wenn sowohl der loszutrennende als der übrigbleibende Theil ein landwirthschaftliches Ganze bildet und

2) nach seinem Umfange wie nach seiner Ertragsfähigkeit zur Ernährung einer Familie vollständig ausreicht oder mittels einer zu erwartenden Culturerhöhung doch wenigstens dazu gebracht werden kann,

3) wenn ferner auf jedem Theilstück hinreichende Wohnungs- und Oekonomiegebäude vorhanden sind oder hergestellt werden, und

4) die zu jedem Theil gehörigen Waldungen oder Torfgründe das nöthige Brennmaterial zu liefern im Stande sind (§ 4).

Wenn der loszutrennende Theil mit einem anderen Hofgut vereinigt wird, so genügt es, wenn die obigen Voraussetzungen nur hinsichtlich des übrig bleibenden Theils vorhanden sind. Der losgetrennte Theil bildet alsdann einen unzertrennlichen Bestandtheil des Hofguts, mit dem er vereinigt wurde (§ 5).

Eine Theilung wird aber auch dann bewilligt, wenn der eine oder andere Theil für sich allein zur Ernährung einer Familie nicht ganz ausreichen würde, falls es nur

1) an den erforderlichen Wohnungen und Oekonomiegebäuden nicht fehlt und

2) der Besitzer des unzureichenden Gutstheils zugleich daneben noch einen anderen Nahrungszweig betreibt, welcher nach den örtlichen Verhältnissen als ein sicherer und dauernder zu betrachten ist und in Verbindung mit dem Betrieb des fraglichen Gutstheils den Unterhalt einer Familie vollständig begründet, oder

3) sofern aus dem loszutrennenden Theil eine den Wohlstand des Orts befördernde oder überhaupt im öffentlichen Interesse gelegene Niederlassung gegründet werden soll oder

4) auch aus anderen dringenden Gründen (§ 6).

Nach gegenwärtig geltendem Verwaltungsbrauch wird — wie Schupp berichtet[18]) — auch eine vollständige Zerstückelung des Hofguts, d. h. eine solche Theilung, welche alle einzelnen Stücke zu walzenden Gütern macht, gestattet.

Zufolge Gesetzes vom 29. Juli 1864, Stempel, Sporteln und Taxen im Großherzogthum Baden betreffend, §§ 13 und 38 sind an Sporteln für das Erkenntniß des Bezirksamts — 2 Gulden, des Bezirksraths — 3 resp. 4 Gulden und außerdem an Taxen für die Gestattung der Vertheilung eines geschlossenen Hofguts 25—100 Gulden, für die Gestattung der Abtrennung einzelner Parcellen von einem solchen 5—15 Gulden zu zahlen.

Die untheilbaren Liegenschaften überhaupt und die Hofgüter insbesondere dürfen nach dem Edict vom 23. März 1808 § 5 im Vererbungsfalle nicht in natura getheilt, sondern müssen durch öffentliche Versteigerung auf einen theilbaren Geldwerth gebracht werden.

Ausgenommen von diesem letzteren Verfahren sind jedoch diejenigen Liegenschaften, bei deren Vererbung einem der Erben ein Vorzugsanspruch, eine Vortheilsgerechtigkeit, ein Recht auf einen kindlichen Anschlag zusteht.

Dieses ist in dem größten Theil des Schwarzwalds der jüngste unter mehreren dem Erblasser nahe stehenden Erben. Das Minorat wurzelt in den Ueberzeugungen und Sitten der Schwarzwälder so fest, daß es der österreichischen und fürstlich fürstenbergischen Regierung trotz wiederholter am Schluß des vorigen Jahrhunderts angestellter Versuche nicht gelingen wollte, in ihren zum Schwarzwalde gehörigen Gebieten die Minoratserbfolge in Hofgüter durch die Majoratserbfolge zu verdrängen. Ja so tiefe Wurzeln besitzt die Gebundenheit der Hofgüter, die Individualsuccession und die Vortheilsgerechtigkeit in der Rechtsüberzeugung der Schwarzwälder, daß es weder der Napoleonischen Gesetzgebung noch der auf die absolute Freiheit des Grundbesitzverkehrs und das gleiche Erbrecht gerichteten Strömung der vierziger und sechziger Jahre gelungen ist, das bäuerliche Sonderrecht zu beseitigen. Wohl aber hat das Edict vom 23. März 1808 das Anerbenrecht, wie sich gegenwärtig herausgestellt hat, in pejus reformirt, indem es vorschreibt, daß die Schätzung des Hofguts „nach dem landläufigen Preise“, wie wenn das Gut „zur Theilungszeit verkauft würde“, vorgenommen und von dem Verkehrswerth dann nur $1/10$ (nach dem Landrecht $1/10$—$1/8$) zur Erleichterung für den Gutsübernehmer abgezogen werden soll. Vorher waren in der That häufig Unbilligkeiten der schlimmsten Art vorgekommen, welche, wie die Eingangsworte zu dem Edict von 1808 sagen, ihren Ursprung in dem häufig tief unter dem wahren Werth stehenden und immer willkürlichen Anschlage des Hofguts hatten; dazu kam dann noch, daß dieser dem Vorzugserben zu Theil werdende Vortheil nicht einmal immer den Besitzer des Hofguts traf, da der Vorzugserbe das Hofgut nicht anzutreten brauchte und sich dennoch den Vorzug von demjenigen seiner Geschwister, der

18) Schupp, Das Hofgüterwesen im Amtsbezirk Wolfach, Heidelberg 1870, S. 14.

das Gut übernahm, auszahlen lassen durfte. Durch das Edict von 1808 gerieth man aber ins gegentheilige Extrem, indem der Vorzugserbe, wenn man es mit der betreffenden Bestimmung über die Taxation der Hofgüter genau nimmt, auf dem Gut nicht bestehen kann, sofern ihm nicht eine reiche Heirath u. s. w. zu Hilfe kommt.

Mit geringen Abänderungen ging das Edict vom 23. März 1808 dann als Zusatz c—g zum Artikel 827 in das badische Landrecht über. Das durch Decret vom 3. Februar 1809 im Großherzogthum Baden eingeführte Landrecht machte im Allgemeinen bezüglich der Verfügbarkeit unter Lebenden und auf den Todesfall keinen Unterschied zwischen be- und unbeweglichem Eigenthum, so daß hinfort über alles liegenschaftliche Eigenthum unter Lebenden und auf den Todesfall unter Einhaltung des Pflichttheilsrechts vollständig frei verfügt werden konnte. Es hob ferner alle Unterschiede des Geschlechts und der Erstgeburt in der Beerbung auf (A. 745), gewährte jedem Miterben das Recht, seinen Antheil an Fahrniß und liegender Habe im Stück zu verlangen (A. 826), und ordnete für Liegenschaften, die sich füglich nicht theilen ließen, die öffentliche Versteigerung an (A. 827). Als singularrechtliche Institute behielt es nur die Familienfideicommisse (hier Stammgüter genannt: Art. 577 ca—cr) und die bäuerlichen Hofgüter (Art. 827 c—g) bei. Zur Erläuterung der für die Hofgüter geltenden Bestimmungen des Landrechts sollte übrigens gemäß Art. XVIII des Einführungsedicts vom 3. Februar 1809 auch in Zukunft das Edict vom 23. März 1808 dienen.

Nach dem badischen Landrecht besteht die Vortheilsgerechtigkeit in dem Recht eines unter mehreren in gleichem Grade mit dem verstorbenen Besitzer eines Hofguts verwandten Erben, das ihnen gemeinschaftlich deferirte Gut zu einem „kindlichen Anschlag" zu übernehmen (Art. 827 c). Die Vortheilsgerechtigkeit beruht entweder auf Ortsgebrauch oder Privatdisposition (letztwillige Verfügung, Vertrag). Ein diesbezüglicher Ortsgebrauch wird nach dem Edict vom 23. März 1808 § 6 nur dort anerkannt, wo derselbe vom Jahre 1808 an rückwärts dreißig Jahre lang ununterbrochen bestanden hat und von diesem Jahr ab längstens in fünf Jahren schriftlich aufgezeichnet, von dem größeren Theil der stimmfähigen Gemeindeglieder zur Beibehaltung gewünscht und der Provinzregierung resp. dem Kreisdirectorium zur Bestätigung vorgelegt worden ist.

Durch eine Generalverfügung vom 16. Mai 1812 wurde den Kreisdirectionen vorgeschrieben, daß sie das Vorhandensein des obigen Ortsgebrauchs ex officio constatiren sollten. Wegen der damaligen kriegerischen Ereignisse war dies jedoch wahrscheinlich nicht überall geschehen, so daß ein Erlaß des Justizministers vom 10. Juli 1823 — obgleich der für die Feststellung der Vortheilsgerechtigkeit vorgeschriebene fünfjährige Termin bereits abgelaufen war — anordnete, daß diejenigen Gemeinden, welche zur Erklärung noch nicht besonders aufgefordert worden waren, nachträglich hinsichtlich der in ihrem Bezirk befindlichen Hofgüter vernommen werden sollten.

Und trotzdem hat — nach Ausweis einer im J. 1872 von dem Handelsministerium veranstalteten Enquête — die ordnungsmäßige Befragung der Gemeinden und die Bestätigung der Vortheilsgerechtigkeit nicht überall stattgefunden oder es sind doch wenigstens die Protokolle über jene Einvernahme nicht für alle diejenigen Gemeinden vorhanden, in denen erwiesenermaßen die Vortheilsgerechtigkeit noch heute zu Recht besteht. Da es andererseits, nach Ausweis derselben Enquête, aber wiederum Gemeinden giebt, in denen die vorgeschriebene Befragung und Bestätigung des Ortsgebrauchs zwar stattgefunden, die Uebung der Vortheilsgerechtigkeit sich aber gleichwohl nicht bis auf unsere Tage erhalten hat, so decken sich demnach der gesetzliche und der factische Zustand hinsichtlich der Geltung der Vortheilsgerechtigkeit heutzutage nicht mehr vollständig. So wird im Amtsbezirke Wolfach, wo sich keine Protokolle über die hier erfolgte Bestätigung der Vortheilsgerechtigkeit mehr finden, dennoch auch noch in der Gegenwart allgemein an derselben festgehalten, während umgekehrt in einer Anzahl von Gemeinden der Amtsbezirke Villingen, Waldkirch, Tryberg u. s. w., nach Ausweis der Acten, der Ortsgebrauch der Vortheilsgerechtigkeit im Anfang des Jahrhunderts constatirt und bestätigt worden, die Anwendung dieses Instituts aber gleichwohl vielfach außer Uebung gekommen ist. Da die Bestätigung der obigen Ortssitte außerdem vielfach erst in Folge der Ministerialverordnungen von 1812 und 1823 — also erst nach Ablauf des in dem Edict von 1808 vorgesehenen fünfjährigen Termins — erfolgt ist, so läßt sich die Rechtsbeständigkeit des bestehenden Zustands wohl angreifen. Dies ist denn auch seitens einer Anzahl badischer Juristen geschehen, während von anderen die Rechtsbeständigkeit zwar anerkannt, aber gleichwohl zugegeben wird, daß nicht leicht in einer formloseren Weise ein Beschluß über ein Gesetz gefaßt wurde, von dem das Wohl ganzer Generationen abhängt.

So ruht denn die Vortheilsgerechtigkeit heute zum Theil nur noch auf einer sich selbst tragenden Sitte. Da die Sitte an sich weniger fest und geschützt ist, als das geschriebene Recht, so ist dieselbe in der Gegenwart von der Gefahr der Auflösung um so mehr bedroht, je stärker ihre Voraussetzung — die Untheilbarkeit der Hofgüter — in Folge der consequenten Praxis der obersten Verwaltungsbehörde, welche die nachgesuchte Genehmigung zur Theilung der rechtlich gebundenen Hofgüter fast ausnahmslos ertheilt, in ihrer Existenz bedroht ist.

Gegenwärtig findet sich die Vortheilsgerechtigkeit am häufigsten auf dem hohen Schwarzwalde sowie in den oberen Theilen der Seitenthäler der in den Rhein mündenden Flüsse und ihrer Nebenflüßchen. Sie verliert sich jedoch in dem Maße, wie die Thäler sich dem Rhein nähern und der Boden sowie die klimatischen Verhältnisse den Anbau von Getreide, Handelsgewächsen und Wein gestatten. Es erstreckt sich das Geltungsgebiet der Vortheilsgerechtigkeit hier vom Feldberg im Süden bis nach Oberkirch im Norden.

Außerhalb des Schwarzwalds kommt die Vortheilsgerechtigkeit in größerem Umfange nur noch im nördlichen und südlichen Hügellande vor und bezieht sich hier auf Güter, für die keinerlei Schranken der Theilbarkeit mehr bestehen.

Nach der im J. 1872 von der badischen Regierung veranstalteten — weiter unten näher zu erwähnenden — Enquête findet sich die Vortheilsgerechtigkeit heutzutage noch in 28 badischen Amtsbezirken vor. Innerhalb der 28 Amtsbezirke besteht sie aber nur in einer Anzahl und nicht in allen Gemeinden. Das Verhältniß derjenigen Gemeinden, in denen die Vortheilsgerechtigkeit besteht, zu der Gesammtzahl der Gemeinden in den betreffenden Amtsgerichtsbezirken, in % ausgedrückt, ist folgendes. Es machen die Gemeinden mit Vortheilsgerechtigkeit von sämmtlichen Gemeinden des Amtsbezirks aus:

| %: | 100—75 | 75—50 | 50—25 | unter 25 |
|---|---|---|---|---|
| Amtsbezirke: | Waldkirch | Freiburg | Offenburg-Gengenbach | Säckingen |
| | Wolfach | Neustadt | Emmendingen | Ettenheim |
| | Tryberg | Oberkirch | Staufen | Lahr |
| | | | Waldshut | Achern |
| | | | St. Blasien | Stockach |
| | | | Villingen | Meßkirch |
| | | | Ueberlingen | Donaueschingen |
| | | | Weinheim | Buchen |
| | | | Ebersbach | Wertheim |
| | | | Tauberbischofsheim | Heidelberg |
| | | | Pfullendorf | Adelsheim |

Im Schwarzwalde findet die Vortheilsgerechtigkeit Anwendung hauptsächlich — wenn auch nicht ausschließlich — bei der Vererbung von Hofgütern. Indessen kommt sie auch bei den kleineren Gütern, den sog. Gewerbe- und Tagelöhnergütern vor, so z. B. in einigen Gemeinden der Amtsbezirke Freiburg, Neustadt, Waldkirch, Wolfach, Oberkirch, Lahr. Bei Vererbung dieser Güter werden dieselben, falls nicht durch letztwillige Verfügung des Erblassers oder durch Erbvergleich etwas anderes bestimmt ist, durch das Waisengericht oder sonst dazu verordnete Personen nach ihrem „wahren laufenden Werth“ (§ 827 d) taxirt. Die Waisenrichter und verordneten Sachverständigen wurden früher fast immer aus den Hofgutsbesitzern gewählt. So kam es denn, daß die Taxe regelmäßig niedrig ausfiel und vielfach nicht einmal den Anschlag des Grundstückkatasters erreichte. Im Interesse der betheiligten Minderjährigen bestimmte eine Anordnung des Justizministers vom 12. Mai 1843 dann aber, daß die Rechtspolizeibeamten in Fällen, wo durch die Abschätzung das Interesse der Minderjährigen leiden würde, dahin wirken sollten, daß der kindliche Anschlag nicht tiefer als das Landrecht (Art. 827 d) zuläßt unter den wahren laufenden Verkehrswerth herabsinke. Gegenwärtig erfolgt der gerichtliche Anschlag des Guts gemäß § 64 des Gesetzes vom 28. Mai 1864 über die freiwillige Gerichtsbarkeit in Verbindung mit § 26 der Vollzugs-Verordnung vom 9. November 1864, die Dienstanweisung für die Waisenrichter betreffend, durch das Waisengericht, welches sich dabei nach den Vorschriften der §§ 150—160 der Dienstanweisung für Gerichtsvollzieher und Vollstreckungsbeamte zu richten hat. Seitdem nimmt die Taxe, je mehr wir uns der Gegenwart nähern, um so mehr den vollen Verkehrswerth zur Basis. Von dem solchergestalt ermittelten Werthe soll dann, wie wir bereits oben erwähnten, als Erleichterung für die Gutsübernehmer nach dem Edict von 1808 1/10, nach dem badischen Landrecht Art. 827 d in der Regel ebenfalls 1/10, ausnahmsweise jedoch, in rauhen Gegenden, 1/8 — und kann, wo Eltern es verordnen, sogar 1/4 — von dem „wahren laufenden Werth“ abgezogen werden (Vortheilsgerechtigkeit, kindlicher Anschlag). Auf die dergestalt ermittelte Summe hat eine verhältnißmäßige Ueberweisung der Schulden stattzufinden. Der übrig bleibende Werth ist in die Erbschaft einzuwerfen. Die Feststellung der Zieler, an welchen die Auszahlung der Erbportionen an die Miterben stattfinden soll, hängt in Ermangelung einer Vereinbarung unter den Erben von dem Gericht ab. Auf die Vortheilsgerechtigkeit hat nach dem Edict von 1808 und nach dem Landrecht Anspruch unter mehreren Söhnen der jüngste nicht verschollene Sohn, unter mehreren Töchtern die älteste nicht versorgte Tochter; die älteste versorgte jedoch nur dann, wenn sie durch rechtmäßiges Ehegeding im Voraus auf die Versorgung mit dem Hof geheirathet hat. Trotz des Vorzugsrechts kann der Anerbe von der fahrenden Habe einen gleichen Antheil wie seine Geschwister beanspruchen. Dagegen nimmt er an der Vertheilung anderer zum Nachlaß gehöriger Liegenschaften so lange nicht Theil, als die Miterben nicht aus diesen einen seinem Vorzuge am Hofgut gleichen Werth empfangen haben. Der Vortheilsberechtigte haftet dem Gläubiger nicht nur nach seinem Theil, sondern „nach seinem Empfang aus dem Erbe und unterpfändlich für das Ganze" (B. L.R. Art. 827 e). Er kann sein Recht auch an einen Miterben um ein sog. „Vortheilsgeld" abtreten, das jedoch den halben Werth des Vortheils nicht übersteigen darf (sog. Abtrittsgeld, Abwech) (B. L.R. Art. 827 f). Die Vortheilsgerechtigkeit fällt ganz weg, wenn keiner der Erben „einstehen" will und wenn das Gut wegen Schulden nicht behauptet werden kann (B. L.R. Art. 827 g). Wo der Vorzugserbe dagegen in Verschwendung oder in solche Verbrechen gegen den Erblasser verfällt, welche Schenkungen aufheben, tritt Interimswirthschaft ein. Doch haben alle diese Bestimmungen, mit Ausnahme jedoch des für die Vortheilsgerechtigkeit festgestellten Maximums, nur subsidiäre Bedeutung: sie können demnach durch letztwillige Verfügungen abgeändert werden. Namentlich darf eine andere, als die vom Gesetz designirte Person, zum Anerben eingesetzt werden. Durch Anordnung der Eltern darf ferner ein Hofgut auch in halbe oder Viertheilsantheile zerlegt und mehreren Erben zugewiesen werden, sofern nämlich die nöthigen Wirthschaftsgebäude für sämmtliche Familien vorhanden sind oder doch mit Beobachtung der polizeilichen Erfordernisse hergestellt werden können. Jedoch darf über das Vorzugsrecht nur derjenige Erblasser Verfügung treffen, welchem das Eigenthum am Hofgut gehört. Gehört es beiden Ehegatten, so muß die Anordnung von beiden Ehegatten erfolgen, so lange sie zusammenleben. Nach dem Tode des einen Ehegatten erhält der Ueberlebende die Befugniß, über das Hofgut Bestimmung zu treffen, und behält sie bis zur Wiederverheirathung.

Die außerhalb des badischen Schwarzwalds vorkommende Individualsuccession und Vortheilsgerechtigkeit charakterisirt sich durch weniger consequente und gleichmäßige Ausbildung. Sie ist local sehr verschieden: Anerbe ist auch nicht, wie im Schwarzwalde, überall der jüngste Sohn und die älteste Tochter, sondern bisweilen auch der älteste Sohn oder die älteste Tochter. In Auggen und Hügelheim wird die Person des Vortheilsberechtigten durch das Loos bestimmt, und im Heidelberger Odenwalde sowie in der Main- und Taubergegend entscheidet über die Person desselben der Familienrath. Auch findet sich die Individualsuccession bisweilen ohne Vortheilsgerechtigkeit vor.

## 3. Gutsübertragungsverträge.

### A. Allgemeines über die Bedeutung dieser Verträge.

Nicht minder bedeutsam für die Erhaltung des bäuerlichen Grundeigenthums in der Familie als das Anerbenrecht sind die Gutsübertragungsverträge. Dieselben werden auch als Gutsübergabe-, Gutsüberlassungs-, Gutsabtretungs-, Abstands-, Ausgedings-, Auszugs-, Altentheils- oder Leibgedingsverträge bezeichnet.

Diese Verträge werden gewöhnlich zwischen einem bäuerlichen Gutsbesitzer und einem seiner Descendenten in der Absicht abgeschlossen, das Eigenthum und damit gewöhnlich auch die Bewirthschaftung des Guts bereits bei Lebzeiten der Eltern gegen Ausbedingung bestimmter Leistungen an eines der Kinder übergehen zu lassen. Für die Schulden des Bauern haftet der Uebernehmer nur soweit, als sie das Gut dinglich belasten oder von ihm ausdrücklich übernommen sind.

In den Städten und ebenso auf dem Lande in nicht bäuerlichen Kreisen pflegen diese Gutsübertragungsverträge außerordentlich selten vorzukommen. Und wo sie dennoch angetroffen werden, unterscheiden sie sich von eigentlichen Kaufverträgen nur wenig, indem sich der Vater gegen Uebergabe seines Hauses, Guts u. s. w. gewöhnlich Zahlung eines den Werth des übergebenen Grundstücks einigermaßen entsprechenden Preises ausbedingt.

In bäuerlichen Kreisen dagegen haben die Uebertragungsverträge heute eine sehr große Verbreitung, scheinen aber erst nach Ausgang des Mittelalters allgemein geworden zu sein. Wenigstens nimmt Hanssen[19]) an, daß an Stelle derselben im Mittelalter die Verpachtung gegen den halben Ertrag verbreitet gewesen sei.

Das Hauptmotiv für den von der Gutsherrschaft begünstigten Abschluß der Gutsübertragungsverträge in bäuerlichen Kreisen bestand früher in dem Interesse der Gutsherrschaft an der Leistungsfähigkeit des Bauern und besteht gegenwärtig in der Ruhebedürftigkeit der sich der schweren bäuerlichen Arbeit nicht mehr gewachsen fühlenden Eltern.

Dieses Motiv ist zugleich heutzutage dort das einzige, wo die Gutsübergabe sich zugleich ausnahmsweise mit einer Vertheilung des Bauernguts unter mehrere Kinder verbindet.

Dagegen tritt zu diesem Motiv in Ländern, in denen das gemeine oder ein demselben nachgebildetes Intestaterbrecht gilt, aber gleichwohl eine Naturaltheilung des Guts unter mehrere Erben nicht stattfindet, gewöhnlich noch ein anderes hinzu: nämlich der Wunsch, bereits bei Lebzeiten die ungetheilte Erhaltung des Guts in der Familie sicher zu stellen.

Ja dieses Motiv führt bisweilen sogar allein schon zur Uebergabe des Guts. In solchem Fall pflegt sich der Bauer trotz der Abtretung seiner Eigenthumsrechte bisweilen die Verwaltung und den Nießbrauch an dem Gut „so lange er lebt", „so lange er will", vorzubehalten. Der Anerbe ist dann Eigenthümer, aber der das Gut Abtretende genießt eine Reihe von Befugnissen, welche seine Stellung der eines Interimswirths annähern.

---

19) Hanssen, Agrarhistorische Abhandlungen, Leipzig 1880, S. 37.

Ausnahmsweise bildet der Auszug auch den Gegenstand eines zwischen fremden Personen über ein Bauerngut abgeschlossenen Kaufvertrags, indem der Verkäufer sich neben dem Kaufpreise den Aufenthalt auf dem Gut und eine Reihe von sonstigen Leistungen seitens des Käufers ausbedingt.

Aber auch bei der Uebergabe des Guts an eines der Kinder pflegt der Uebernehmer die Auszahlung einer bestimmten Summe, die ihm gewöhnlich nicht beliebig gekündigt werden darf, sondern die er erst in bestimmten längeren Zielern auszuzahlen braucht, und außerdem die Leistung eines Auszugs, Austrags, Altentheils, eines Leibgedinges zu übernehmen. Die Geldsumme fällt nebst den etwa sonst noch im Besitz der Eltern befindlichen Capitalien nach ihrem Tode oder auch schon vor demselben den Geschwistern des Gutsübernehmers zu. Den Auszug oder Altentheil genießen die übergebenden Eltern bis zum Tode des Längstlebenden. Es ist diese Leistung gleichsam ein Aequivalent für den niedrigen Uebernahmepreis.

Je nachdem sich der Bauernstand noch im Zustande der Naturalwirthschaft befindet oder bereits zur Geldwirthschaft übergegangen ist, wird das Leibgedinge verschieden vereinbart. Im ersteren Fall werden dem Gutsübergeber eine oder mehrere Kammern in dem Haupthause oder in einem Nebenhäuschen (das dann den Namen des Altentheilshauses führt) angewiesen; sein Vieh wird an der Krippe und auf der Weide des neuen Besitzers gefüttert; ihm wird ein Stück Ackerland oder wenigstens ein Gemüse- und Obstgarten zur Benutzung vorbehalten; auch die Lieferung bestimmter Bodenproducte sowie ausnahmsweise ein kleines Taschengeld werden ihm zugesagt; endlich darf er die Hülfe der Arbeitskräfte des Hofes zu verschiedenen Zwecken in Anspruch nehmen u. s. w. In dem zweiten Fall dagegen erfolgt der größte Theil der ausbedungenen Leistung oder auch wohl die ganze Leistung an den Altentheiler in Geld. Aber selbst dort, wo er sich eine Wohnung auf dem Hofe und sonstige Naturalleistungen vorbehalten hat, wird die Nutzung derselben in Geld veranschlagt, und steht dem Altentheiler gewöhnlich die freie Wahl zwischen der Naturalnutzung oder der entsprechenden Geldleistung frei.

Wie die Geldwirthschaft die Beziehungen unter den Menschen überhaupt freier gestaltet, so pflegt auch der Altentheiler nicht selten bei der geldwirthschaftlichen Form der Verträge seinen Hof zu verlassen und in die Stadt oder an einen anderen Ort auf dem Lande zu ziehen. Ja in Gegenden, in denen die Geldwirthschaft die Naturalwirthschaft vollständig verdrängt hat, pflegt ähnlich wie in der Stadt auch auf dem Lande der Uebergabevertrag sich in die Form eines zwischen den Eltern und einem der Kinder abgeschlossenen förmlichen Kaufvertrags zu kleiden. So ist es in Braunschweig, in einem Theil Badens u. s. w. Die Bedingungen des Kaufcontracts sind ähnliche, wie die des Uebergabevertrags; nur pflegt der Kaufpreis hier mehr dem Verkehrswerth des übergebenen Hofes zu entsprechen; auch sonst ist die Begünstigung des Käufers geringer als bei dem Uebergabevertrage; endlich pflegt die Leibzucht, wo sie überhaupt noch vorkommt, in Form einer Geldquote fixirt und von den Eltern außerhalb des Hofes verzehrt zu werden.

Die Gutsübertragungsverträge kommen sowohl vor in Ländern, in denen die Bauerngüter ab intestato nach Anerbenrecht, als auch in Ländern, in denen sie nach allgemeinem Erbrecht vererbt werden.

Ihre Bedeutung wird freilich in dem einen und anderen Fall eine sehr verschiedene sein. In dem ersteren Fall dienen sie zur Befestigung des Intestaterbrechts, mit dem sie sich ihrer Grundidee nach eins wissen, indem sie einzelne Lücken und Mängel des schablonenhaften und deshalb den concreten und individuellen Verhältnissen leicht Zwang anthuenden Gesetzes ausfüllen und beseitigen. Uebergabeverträge sind in Hannover und in anderen Ländern von den ihre Höfe nach Anerbenrecht vererbenden Bauern früher auch deshalb abgeschlossen worden, um bereits bei Lebzeiten eine Summe Geldes zu erhalten, aus der sie ihre übrigen Kinder, die Geschwister des Anerben, rechtzeitig angemessen ausstatten konnten.

Im zweiten Fall dagegen sucht man durch den Gutsübertragungsvertrag meist die Anwendung des allgemeinen Intestaterbrechts auf einen concreten Fall auszuschließen. Statt das Intestaterbrecht im Einzelnen zu ergänzen und näher auszuführen, wie im ersten Fall, setzt sich der Vertrag hier an die Stelle desselben, indem er für einen concreten Fall ein eigenes Recht begründet.

Je mehr das Anerbenrecht vor dem allgemeinen Erbrecht ins Weichen kommt, desto größere Bedeutung erlangen die Gutsübertragungsverträge in diesem letzteren Sinn. Ja bei der geringen Neigung des Bauern für letztwillige Verfügungen werden sie in den Ländern des gemeinen Erbrechts zum letzten Mittel, welches die ungetheilte Erhaltung der Bauernhöfe in der Familie verbürgt. Indeß weiß schließlich das Intestaterbrecht sich auch in diesem Fall in den Uebertragungsverträgen bis zu einem gewissen Grade zur Geltung zu bringen, indem diese die Schätzung des zu übergebenden Guts nach dem Verkehrswerthe in sich aufnehmen.

### B. Stellung der Rechtswissenschaft und Gesetzgebung zu den Gutsübertragungsverträgen.

Zu unterscheiden ist hier zwischen dem gemeinen, preußischen, sächsischen, österreichischen Recht einerseits und dem Recht des Code civil andererseits.

Denn während die erste Gruppe von Rechten die Gutsübertragungsverträge im Allgemeinen als Verträge unter Lebenden auffaßt, haben sie nach dem Code civil die Bedeutung einer anticipirten Erbfolge.

Die ältere Theorie des gemeinen Rechts war bestrebt, die Gutsübertragung unter eine der bekannten römischrechtlichen Vertragsformen zu subsumiren. So wurde von Einigen die Analogie des Kaufvertrags zur Erklärung der Gutsübertragungsverträge herangezogen (Puchta).

Nach einer anderen Ansicht freilich soll die Gutsübertragung auch nach gemeinem Recht unter den Begriff der erfrühten Erbfolge fallen (Linde), ohne daß der Begriff der successio anticipata übrigens zur juristischen Durchbildung gelangt wäre. Als erfrühte Erbfolge kann die Gutsübertragung aber schon um deswillen nicht aufgefaßt werden, weil es sich bei derselben in der Regel um die Uebergabe nur eines Theils des bäuerlichen Gesammtvermögens, nämlich des Bauernguts, keineswegs aber des gesammten Nachlasses handelt. So bleibt denn nichts anderes übrig, als die Gutsübertragung mit Beseler als ein eigenartiges Rechtsgeschäft inter vivos, und zwar als einen onerosen Vertrag aufzufassen, eine Auffassung, die auch von der neueren Gesetzgebung und Praxis recipirt ist, indem sie die Gutsübertragung als einen eigenartigen Vertrag, der im römischen Recht nicht seines gleichen hat, behandeln[20]).

So definirt das preußische Allgemeine Landrecht[21]) I. 11 §§ 602—604, 1113 und Anhang zu § 1087, § 1088, I. 12 § 656, II. 2 §§ 312—315 den Gutsübertragungsvertrag als einen solchen Vertrag unter Lebenden, durch welchen ein Bauer seinen Hof einem seiner Söhne gegen Leibzucht (Auszug, Altentheil) und gegen Abfindung der übrigen Geschwister überträgt. Dereinst gehörte es zu den Rechten der Gutsherrschaft, den Unterthan, welcher der Bewirthschaftung seiner bäuerlichen Stelle nicht gewachsen war, zu deren Abtretung an einen kräftigen Nachfolger gegen einen Auszug anzuhalten. Jetzt geschieht eine solche Abtretung immer freiwillig. Hinsichtlich dieses Vertrags bestimmt das Gesetz ausdrücklich, daß er von den pflichttheilsberechtigten Erben des Uebertragenden nicht angefochten werden darf. Nur sollen die unversorgten Kinder, falls sie aus dem nicht abgetretenen Theil des Nachlasses ihres verstorbenen Vaters die nothdürftige Ausstattung nicht erhalten, von den versorgten Geschwistern verlangen können, daß sie das Nothwendige ergänzen. Doch darf keinem der Geschwister ein höherer Betrag als 1/3 der erhaltenen Ausstattung abgefordert werden. Für diese Verträge war durch das A.L.R. die gerichtliche Form vorgeschrieben und dem Richter zugleich die Verpflichtung auferlegt, darauf zu achten, daß der Annehmer dem abgehenden Besitzer einer Rusticalstelle nicht solche übermäßige Vortheile zusichere, wodurch „er selbst der Stelle gehörig vorzustehen und die Lasten derselben zu tragen unvermögend wird". Das für diese Verträge aufgestellte Erforderniß richterlicher Bestätigung (A.L.R. I. 11 § 604) trat bereits in Widerspruch zu dem im § 1 des Landesculturedicts vom 14. September 1811 ausgesprochenen Grundsatze und ist dann durch das Gesetz vom 11. Juli 1845 § 1 über die Form der Rechtsgeschäfte ausdrücklich außer Kraft gesetzt worden. Im Uebrigen ist der Abschluß von Uebertragungsverträgen aber nach wie vor zulässig, was u. A. in dem Gesetz, betreffend das eheliche Güterrecht in der Provinz Westphalen, vom 16. April 1860 §§ 3, 6 und 10 anerkannt ist. Der Auszug bildet nach den Zwecken des Instituts und nach dem Willen der Parteien eine auf dem abgetretenen Grundstück ruhende, auf dessen jedesmalige Besitzer übergehende Reallast, muß aber in Folge der Vorschriften der neuen Grundbuchordnung[22]), um gegen Dritte eine Wirkung zu haben, in das Grundbuch eingetragen werden.

Auch das sächsische Bürgerliche Gesetzbuch §§ 1157—1172, 515 ff. handelt den Auszug unter den Verträgen unter Lebenden ab und definirt denselben als eine auf die Lebenszeit einer oder mehrerer Personen ausbedungene Leistung, welche entweder als Reallast auf ein Grundstück gelegt oder mit einer Hypothek an einem Grundstück versehen ist. Der Gegenstand des Auszugs kann in einer Leibrente, in Dienstleistungen und in persönlichen Dienstbarkeiten bestehen. Im Uebrigen ist der Vertrag durch das sächsische Bürgerliche Gesetzbuch seines spezifisch bäuerlichen Charakters vollständig entkleidet worden.

20) Beseler, Deutsches Privatrecht, 2. Aufl., § 188.

21) H. Dernburg, Lehrbuch des preußischen Privatrechts, Bd. 1, Halle 1875, § 310.

22) Gesetz über den Eigenthumserwerb und die dingliche Belastung der Grundstücke u. s. w. vom 5. Mai 1872 § 11 und Grundbuchordnung vom 5. Mai 1872 § 76.

Durch die neuere Gesetzgebung sind ähnlich wie in Preußen auch in den anderen deutschen Staaten die Beschränkungen, welchen der Gutsübertragungsvertrag in materieller Beziehung früher unterworfen war, indem der Bauer sich nicht vor Erreichung eines bestimmten Alters auf den Altentheil setzen und der auszubedingende Altentheil ein gewisses Maximum nicht überschreiten durfte, überall beseitigt worden. Auch unterliegt dieser Vertrag heutzutage in den meisten Ländern weder der Bestätigung der Gutsherrschaft noch der der Justiz- oder der Verwaltungsbehörden.

Liegt nun schon in der deutsch-rechtlichen Structur des Uebergabevertrags, im Gegensatz zur Auffassung des französischen Rechts, eine Begünstigung desselben vor, so findet eine solche ausnahmsweise auch durch die Steuergesetzgebung statt.

So wird in der Provinz Westphalen, in Folge des Gesetzes vom 22. Juli 1861, betreffend die Entrichtung des Stempels von Uebertragungsverträgen zwischen Ascendenten und Descendenten, bei der Uebergabe von Immobilien zwischen Ascendenten und Descendenten die Gebühr nur von jenem Theile des Erwerbspreises gezahlt, der nach Abzug aller übernommenen Lasten übrig bleibt.

Und für Bayern, wo gegenwärtig der Uebernehmer ziemlich hohe Gebühren und Taxen zahlen muß, ist neuerdings, d. h. im Herbst 1883 von der Centralversammlung des landwirthschaftlichen Vereins in Bayern, der Vorschlag gemacht worden, dem Uebernehmer diese Taxen und Gebühren vollständig zu erlassen.

Anders als das gemeine Recht und die neueren deutschen Particulargesetzgebungen faßt der Code civil Art. 918, 919, 1075, 1076 den Gutsübertragungsvertrag auf: nämlich als anticipirte Erbfolge[23]).

Die Zulässigkeit des partage anticipé oder partage d'ascendants wird sowohl in der Form von Schenkungen unter Lebenden, als auch von letztwilligen Verfügungen anerkannt, aber es wird zugleich ausdrücklich hinzugefügt, daß der Werth des auf diesem Wege an einen oder mehrere Erben übergegangenen Vermögens dem Schenker oder Erblasser auf seine quotité disponible angerechnet und etwaige dieselbe übersteigende Werthe in die Erbschaftsmasse eingeworfen werden müssen. Indessen darf die Collation von denjenigen Descendenten nicht verlangt werden, welche ausdrücklich in die Uebertragung gewilligt haben, und ebensowenig überhaupt von den Seitenverwandten. Da Schenkungen unter Lebenden unwiderruflich und da dieselben der Transscription unterworfen sind, so folgt ein Gleiches auch für den partage d'ascendants, sofern er in der Form einer Schenkung unter Lebenden erfolgt ist.

Der partage d'ascendants kann angefochten werden: 1) wenn die Theilung nicht alle im Augenblick des Todes des Erblassers vorhandenen Kinder desselben berücksichtigt hat, Art. 1078;

2) wenn einer der Bedachten trotz des Scheins gleicher Theilung in Wirklichkeit um mehr als ein Viertheil verletzt ist, Art. 1079;

3) wenn der Erblasser Anordnungen über einen solchen Betrag seines Vermögens getroffen hat, welcher die quotité disponible übersteigt, Art. 1079, und

23) C. J. Zachariä, Handbuch des französischen Civilrechts, herausgeg. von Puchelt, 6. Aufl. Heidelberg 1875. Turot, L'enquête agricole de 1866—1870, Paris 1877, S. 30—35. Mayer, Ueber Umstoßung von Theilungen, Einwerfung und Minderung von Vermögensübergaben, in den badischen Blättern für Justiz und Verwaltung von 1842, S. 626 ff.

4) wenn der Art. 826 bezüglich der Gleichheit der Antheile, welche jeder Erbe nach der Praxis des Cassationshofes zu beanspruchen hat, verletzt worden ist.

Die Verjährungsfrist für die Klagen, welche wegen Verletzung des Erbrechts durch den partage d'ascendants erhoben werden, läuft, vom Todestage des Erblassers gerechnet, entweder 30 Jahre (Nichtigkeitsbeschwerde) oder 10 Jahre (Rescissionsklage wegen Verletzung der Gunst oder des Art. 826).

Die Vermögensschätzung zum Zweck der Ermittelung, ob durch den partage d'ascendants die Rechte der Erben verletzt sind, soll auf Grund des Art. 1079 nach der Praxis des Cassationshofes, die zugleich der Ansicht eines namhaften Theils der französischen Juristen entspricht, nach dem Zustande, in dem sich das Vermögen des Erblassers im Augenblick seines Ablebens befindet, stattfinden. Nach einer von einer Minorität der Mitglieder des Appellhofs und einer Anzahl anderer Juristen getheilten Ansicht soll dagegen der Zustand des Vermögens zur Zeit der Theilung hierfür maßgebend sein.

### C. Verbreitung der Gutsübertragungsverträge in Ländern mit Anerbenrecht.

In Ländern, in denen das Anerbenrecht gilt, pflegen die Gutsübertragungsverträge im Allgemeinen nicht häufig vorzukommen, da hier für die Vererbung des Nachlasses bereits durch das Intestaterbrecht in zweckmäßiger Weise gesorgt ist. Keinesfalls haben also hier diese Verträge die Bedeutung wie in den Ländern des gemeinen Rechts, wo ihre socialwirthschaftlich wichtigste Aufgabe darin besteht, den bäuerlichen Besitz ungetheilt in der Familie zu erhalten.

Werden sie in den Ländern des Anerbenrechts dennoch angewendet, so geschieht es, weil der Erblasser sich schon bei Lebzeiten von der Bewirthschaftung seines Guts zurückziehen will oder weil die allgemeine erbrechtliche Regel ausnahmsweise den besonderen Bedürfnissen des concreten Falls nicht ganz entspricht, sei es nun, daß der gesetzliche Anerbe sich als untauglich für den Antritt der väterlichen Wirthschaft erweist oder daß eine andere als die vom Gesetz vorgesehene Vertheilung des Nachlasses wünschenswerth erscheint.

Den früher allgemein üblichen naturalwirthschaftlichen Charakter trägt der Altentheilsvertrag heute noch fast ausnahmslos im mecklenburg-schwerinschen Domanium[24]). Hier sind die Altentheile durchweg in Naturalleistungen ausgesetzt und nur bei Häufung mehrerer Altentheile gilt auch die Geldzahlung als zulässig.

Ebenso erhielt in Schleswig-Holstein[25]) noch im Anfange des Jahrhunderts der alte arbeitsunfähige Hufner den sog. Altentheil in natura, d. h. eine Wohnung in der Altentheilskathe nebst Deputat. Auch heute noch haben viele Bauernstellen ihre Altentheilswohnungen.

---

24) H. Paasche in Bäuerliche Zustände in Deutschland Bd. 3 S. 359.

25) Hanssen, Aufhebung der Leibeigenschaft in Schleswig-Holstein S. 17. Bokelmann in Bäuerliche Zustände Bd. 2 S. 67.

In Hannover[26]) müssen die Altentheilsverträge, namentlich in Calenberg, Hildesheim, Osnabrück und Lingen, einige Verbreitung gehabt haben, wie aus den dem vorigen Jahrhundert entstammenden für diese Länder erlassenen Meierordnungen hervorgeht, durch welche den Bauern verboten wird, sowohl vor Erreichung eines bestimmten Lebensalters ihren Hof dem Anerben zu übergeben als auch bestimmte Maxima bei den Leibzuchtsvereinbarungen zu überschreiten.

Im Herzogthum Oldenburg[27]) soll die Gutsübertragung unter Lebenden nur in den beiden münsterschen Kreisen und im Amt Wildeshausen häufiger vorkommen, während der Bauer der übrigen Landestheile sich an das Sprichwort hält, „daß man sich nicht eher ausziehen soll, ehe man zu Bette geht". Die Mehrzahl der bäuerlichen Nachlassenschaften verfällt dem Intestaterbrecht, denn die phlegmatische Bevölkerung entschließt sich nur schwer zu letztwilligen Verfügungen oder Gutsübertragungen.

Auf den braunschweigischen Bauerngütern[28]) dagegen pflegt die sog. Hofverlassung minder selten in Anwendung zu kommen: sie besteht darin, daß der Besitzer im vorgeschrittenen Alter seinen Hof gegen Ausbedingung einer Naturalleibzucht einem seiner Kinder übergiebt. Dies ist in der Regel der älteste Sohn. Doch kommt es in den wohlhabenderen Gegenden, besonders im Hügellande häufig vor, daß, wenn der älteste Sohn ein städtisches Gewerbe ergreift und studirt, wozu sich leicht bei dem Besuch der städtischen höheren Schulen eine Neigung ausbildet, alsdann der Vater einen jüngeren Bruder zum Anerben bestimmt. In diesem Districte wird auch neben der Naturalleibzucht vielfach noch eine Geldrente festgesetzt, ein Gebrauch, der mit dem steigenden Wohlstande immer mehr an Umfang gewinnt. Der Altvater oder Altsitzer bleibt bei der Naturalleibzucht stets auf dem Hofe, von dem er seinen Altentheil bezieht, wohnen. Auf größeren Höfen ist dafür ein besonderes kleines Gebäude — die Auszüglerwohnung oder das Leibzuchtshaus genannt — bestimmt.

In den zum hohen Harz gehörenden Amtsgerichtsbezirken ist es üblich, die Hofverlassung in die Form des Kaufcontracts zu kleiden. Die Bedingungen desselben sind denen der Hofverlassung ähnlich, finden sich nur durchweg in Geld ausgedrückt. In diesem Bezirke kommen ausnahmsweise auch Naturaltheilungen der Bauernhöfe im Erbwege vor.

Auch im Fürstenthum Waldeck ist die Gutsabtretung vielfach in Uebung. Und zwar behält sich der Bauer trotz der Uebertragung des Eigenthums an seinem Hof die Bewirthschaftung desselben bisweilen, „so lange er lebt" oder „so lange er will", vor. Es wird das als „Vorbehalt der Herrschaft oder des Regierens" bezeichnet. Der Anerbe ist dann Eigenthümer, aber der Abtretende bleibt der eigentliche Vertreter des Hofs und besitzt den Rechten eines Interimswirths analoge Befugnisse. Regelmäßig erfolgt zugleich mit der Gutsabtretung die Bestellung einer Leibzucht für den Abtretenden und dessen Ehefrau, welche die Natur einer Reallast hat.

---

26) Calenbergische M.O. v. 12. Mai 1772 c. VII § 1, 2. Hildesheimer Verordnung v. 9. April 1781 c. II § 11. Osnabrück. Eig.Ordnung v. 26. April 1722 c. VII. Lingensche Verordnung v. 9. Mai 1823 § 29.

27) Hullmann, Die Reform des Grunderbrechts im Herzogthum Oldenburg, Oldenburg 1870, S. 45.

28) Buerstenbinder in Bäuerliche Zustände in Deutschland Bd. 2 S. 89.

Ausführliche Nachrichten über die Auszugs- oder Altentheilsverträge liegen uns für das Herzogthum Altenburg[29]) vor. Letztere wurden früher in der Form von Erbverträgen zwischen den Eltern und sämmtlichen Kindern vor Gericht abgeschlossen. Gegenwärtig dagegen wählt man meist die Form eines lediglich zwischen dem Gutsübergeber und Gutsübernehmer vor dem öffentlichen Notar abzuschließenden Ueberlassungsvertrags, der einem Kaufvertrage gleichgestellt wird. Derselbe bedarf, wie alle Verfügungen über Grundeigenthum in Altenburg, der gerichtlichen Confirmation, die gewöhnlich ebenfalls von dem gerichtlichen Notar bewirkt wird. Die Abtretung des Guts erfolgt in der Regel in dem Zeitpunkt, in dem sich der Anerbe verheirathet, für die Hälfte des ortsüblichen Kaufpreises. Aus dieser Summe werden die Abfindungen für die Geschwister des Anerben gebildet. Außerdem bedingt der Gutsübergeber sich gewöhnlich einen sehr hohen Auszug aus. Jedoch pflegt derselbe nur theilweise in Anspruch genommen zu werden. Der Auszug besteht in der Regel aus freier Wohnung, aus verschiedenen zum Leben erforderlichen Naturalien und nur zum kleineren Theil auch aus Geld. Die Wohnung wird nur auf größeren Gütern als eine von den Kindern getrennte ausbedungen; auf kleineren hingegen fällt sie mit der des Uebernehmers zusammen, so daß in dieser dem Auszügler nur ein besonderer Raum vorbehalten wird. Im Fall des Fortzugs wird dem Auszügler ein Hauszins gewährt und werden auch die anderen Naturalverpflichtungen in Geld umgewandelt. Die Abfindungssummen der Geschwister des Anerben werden gewöhnlich mit dem Augenblick, in dem die Geschwister den Hof verlassen, um sich einen selbständigen Erwerb zu suchen oder sich zu verheirathen, fällig. Stirbt der Abzufindende vor der Fälligkeit, so geht die Abfindungssumme auf seine Erben über. — Auch kommt es bisweilen vor, daß der Gutsübergeber dem Anerben nur die Hälfte seines Guts überläßt, oder daß er nur das geschlossene Gut abtritt und die ihm gehörigen walzenden Grundstücke gleich dem Mobiliarvermögen zurückbehält. Ueber diese zurückbehaltenen Theile des Vermögens pflegt der Besitzer dann gewöhnlich ebenfalls meist unter Lebenden und nur ausnahmsweise auf den Todesfall zu Gunsten der Geschwister des als abgefunden geltenden Hofbesitzers zu disponiren. Ist dies jedoch nicht geschehen, so werden diese zurückbehaltenen Vermögensbestandtheile nach den Regeln des gemeinen Rechts an sämmtliche Erben vererbt.

Ausgedingsverträge pflegen auch in denjenigen Theilen des badischen Schwarzwaldes[30]) vorzukommen, in denen für die geschlossenen Hofgüter die Vortheilsgerechtigkeit besteht. Diese Verträge werden meist in der Form von Kaufverträgen abgeschlossen, die der abziehende Hofbesitzer mit dem Anerben abschließt. In denselben wird ein bestimmter Kaufpreis ausbedungen, zu dem dann noch ein Leibgeding hinzukommt. Im Amtsbezirk Wolfach finden die

---

29) Verhandlungen der allgemeinen Versammlung deutscher Land- und Forstwirthe in Altenburg 1843 und in denselben namentlich die Aussagen der beiden bäuerlichen Experten M. Hager und J. Kresse, sowie das Gutachten des Prof. Hanssen, Altenburg 1843, S. 252, 265, 278.

30) Bissing, Die geschlossenen Hofgüter, im Badischen Centralblatt 1855 S. 85. Schupp, Das Hofgüterwesen im Amtsbezirk Wolfach, Heidelberg 1870, S. 44. Buchenberger in Bäuerliche Zustände Bd. 3 S. 269.

Altentheiler ihr Unterkommen gewöhnlich im Hofgebäude selbst, während im Amtsbezirk Offenburg zu diesem Zweck eigene Ausgedinghäuser bestehen. Auch im Badischen wird in letzter Zeit über die allzugroße Höhe der Verpflichtungen des Uebernehmers geklagt. Die Verträge werden in die Grundbücher eingeschrieben, so daß die von dem Gutsübernehmer übernommenen Verpflichtungen auf alle Besitzer des Guts übergehen. Die Uebergabe erfolgt gewöhnlich um die Zeit, da der Anerbe sich verehelicht.

### D. Verbreitung der Gutsübertragungsverträge in Ländern mit gemeinem oder einem diesem verwandten Erbrecht.

Wenn der Gutsübertragungsvertrag sich in den bisher behandelten Ländern seinem Grundgedanken nach in Uebereinstimmung befindet mit dem geltenden Intestaterbrecht, als dessen Ausfluß und Spezialisirung er erscheint, so ist das bei den jetzt zu behandelnden Verträgen nicht der Fall.

Hier erfolgt der Abschluß dieser Verträge in der Regel gegen die Intentionen des geltenden Intestaterbrechts, dessen Anwendung, durch Uebergabe des Grundstücks an einen der Erben zu einem mäßigen Anschlage, ausgeschlossen werden soll.

Nur ausnahmsweise folgen die Uebergabeverträge auch hier der von dem Intestaterbrecht vorgezeichneten Richtung, wenn sie auf die Naturaltheilung des übergebenen Grundstücks oder doch wenigstens auf die Uebergabe des Nachlaßgrundstücks zum vollen Verkehrswerth gerichtet sind.

Aehnlich wie in den Ländern mit Anerbenrecht werden die Gutsübertragungsverträge auch in den Ländern des gemeinen Erbrechts in Gemäßheit einer festen bäuerlichen Sitte abgeschlossen. Aber diese Sitte ist nicht immer eine Rechtssitte, deren Uebung opinione juris, auf Grund eines bestehenden Gewohnheitsrechts erfolgt, sondern sie ist bisweilen nur eine factische Uebung. Indeß hält es im einzelnen Fall sehr schwer zu constatiren, ob die betreffende Disposition in Gemäßheit eines Gewohnheitsrechts oder nur einer factischen Uebung erfolgt sei.

Im Königreich Sachsen[31]) darf seit dem Dismembrationsgesetz vom 30. November 1843, dessen Bestimmungen wir oben auf S. 127 ff. eingehend mitgetheilt haben, ohne besondere Dispensation von den Bauerngütern sowie von den geschlossenen Besitzungen überhaupt (als welche die in städtischen Gemeindebezirken belegenen Grundstücke nicht zu betrachten sind) für alle Folgezeit nicht mehr als ein Drittel abgetrennt werden. Als Basis des Besitzstandes gilt der Zustand des Jahres 1843 und als Maßstab gelten die Steuereinheiten. Ueber die Dispensgesuche wurde früher von der oberen Verwaltungsbehörde allein entschieden; gegenwärtig beschließt die Amtshauptmannschaft unter Mitwirkung des Bezirksausschusses. Die Dispensationen werden nach neueren Nachrichten häufig verlangt und in sehr ausgiebiger Weise ertheilt.

Zugleich aber hat das für das Königreich Sachsen erlassene Bürgerliche Gesetzbuch von 1863 allen Grundbesitz dem allgemeinen, wesentlich dem römischen Recht nachgebildeten Erbrecht unterworfen.

---

31) v. Langsdorff in Bäuerliche Zustände in Deutschland Bd. 2 S. 220. Briefliche Mittheilungen des verstorbenen Geh.-Rath Reuning.

Die Gebundenheit des Grundbesitzes und das gemeine Intestaterbrecht haben nun dahin geführt, daß die Bauerngutsbesitzer ihre gebundenen Güter vielfach einem ihrer Kinder bei Lebzeiten zu übergeben pflegen. Die übrigen Kinder werden dann aus dem Mobiliarvermögen und dem bei der Uebergabe ausbedungenen Gelde ausgestattet. Der Werth, um den die Güter früher übertragen wurden, war ein sehr niedriger; in den letzten Dezennien ist er jedoch bedeutend gestiegen, ohne freilich auch jetzt dem wirklichen Ertrags-, geschweige denn dem Verkehrswerth der Immobilien gleichzukommen.

Wie groß die Verbreitung der Gutsübergabeverträge im Königreich Sachsen ist, ergiebt sich aus der im Jahre 1847 aufgenommenen Berufsstatistik, welche nicht weniger als 17 073 männliche und 27 674 weibliche, im Ganzen 44 747 Auszügler zählte.

Aehnlich wie im Königreich Sachsen liegen die Vererbungsverhältnisse des bäuerlichen Grundeigenthums in denjenigen thüringischen Staaten[32]), in denen sich eine relative Gebundenheit der geschlossenen Güter bis auf unsere Zeit erhalten hat, ohne daß doch diese Güter zugleich ab intestato nach Anerbenrecht vererbt würden. Hierher gehört zunächst das Großherzogthum Sachsen-Weimar. Gebundene Bauerngüter finden sich hier in größerem Umfange, namentlich im Neustädter Kreise; doch kommen sie auch im Eisenacher und Weimarer Kreise vor, im letzteren namentlich in den Fluren der Bezirke Blankenhain und Remda, wie in denen der Kreise Apolda und Wieselbach. Durch eine Bekanntmachung des Staatsministeriums, Departement des Innern und der Justiz, vom 14. November 1860, die Verordnung, das bei Zerschlagung und Abtrennung von gebundenen Gütern zu beobachtende Verfahren betreffend (G.S. XV S. 112), nebst Nachtrag vom 1. November 1865 (Reg.-Bl. v. J. 1865 S. 522) ist die Zerschlagung der gebundenen Güter von der Genehmigung der zuständigen Behörde abhängig gemacht. Dem Gesuche muß ein katastermäßiges Verzeichniß der einzelnen Theile des Gutes, sowie ein von der betreffenden Steuerbehörde angefertigter Plan über die darauf ruhenden Steuern und Abgaben beigefügt werden. Nachdem die Gerichtsbehörde alle nöthigen Erörterungen — Beiziehung der Erklärungen der betheiligten Realberechtigten u. dergl. — vorgenommen hat, giebt sie die ergangenen Acten gutachtlich an den Bezirksdirector ab, der nunmehr das fragliche Gesuch nach allen Beziehungen genau zu prüfen, Widersprüche der Gemeinde oder sonstige Bedenken zu erörtern und hierauf Entscheidung zu treffen hat. Wird Berufung gegen die Entscheidung des Bezirksdirectors eingelegt, so hat derselbe dem Staatsministerium, Departement des Innern, die Sache berichtlich vorzulegen, worauf dieses endgiltig entscheidet.

Durch das Gesetz über die Zusammenlegung der Grundstücke vom 5. Mai 1869 § 38 ist jedoch bestimmt worden, daß die Gebundenheit der bäuerlichen Besitzungen überall da in Wegfall komme, wo künftighin eine Zusammenlegung der Grundstücke stattfindet, es sei denn, daß der Eigenthümer des gebundenen Guts deren Erhaltung wünscht.

---

32) Br. Hildebrand, Statistik Thüringens, Bd. 2: Agrarstatistik, 1. Hälfte S. 8—10. Thüringische Blätter für Landwirthschaft 1876 Nr. 5. Gau in Bäuerliche Zustände Bd. 1 S. 53, 54.

Für die walzenden Grundstücke ist ein Stück-Minimum von $^1/_2$ Acker gesetzlich vorgeschrieben.

Auch im Fürstenthum Schwarzburg-Sondershausen — und zwar speziell in der Unterherrschaft und im Bezirk Arnstadt, wo allein der Hufenverband besteht — ist nach dem Gesetz, die Theilung von Grundstücken betreffend, vom 16. Juli 1857 (G.S. S. 277) die Aufhebung der aus dem bisherigen Hufenverband herrührenden Zusammengehörigkeit von Grundstücken, die Auflösung anderer Grundstückscomplexe und die Abtrennung einzelner Theile von Grundstücken von der Genehmigung der Regierung abhängig gemacht. Dieselbe wird gewährt, sofern folgende Bedingungen erfüllt sind:

1) die Landescultur nicht beeinträchtigt wird, und insbesondere jedes Grundstück, welches als Ackerland benutzt wird, an einen fahrbaren Weg stößt,
2) in Beziehung auf die Theilung von Hofstätten oder Gebäuden keine polizeilichen Rücksichten entgegenstehen und
3) bei Zertheilung von Grundstücken und Auflösung von Grundstückscomplexen seit dem Erwerb bez. der gerichtlichen Uebertragung des Grundstücks mindestens drei Jahre verflossen sind.

Von diesen Bestimmungen sind ausdrücklich ausgenommen die behufs Auseinandersetzung unter mehreren Miterben erfolgenden Theilungen, sowie Theilungen von Hofstätten und Gebäuden, die zu landwirthschaftlichen Grundstücken in keinem Pertinenzverhältniß stehen.

Theilungsgesuche sind bei dem zuständigen Landrath anzubringen, der sie entweder selbst entscheidet oder dem Minister des Innern zur Entscheidung übergiebt. Mit der Genehmigung zur Theilung hat zugleich eine Vertheilung der Grundsteuer resp. Grundlasten zu erfolgen. Gegen die Entscheidungen des Landraths ist ein Recurs an das Ministerium statthaft.

Endlich bedarf auch im Fürstenthum Reuß jüngerer Linie, wo die Gebundenheit des bäuerlichen Besitzes in sämmtlichen Bezirken besteht, sowohl die Dismembration größerer Gutscomplexe, wie die Abspaltung einzelner Parcellen und die Zerspaltung lediger Stücke nach dem Gesetz vom 30. April 1866 § 15 der Genehmigung des betreffenden Bezirksausschusses, gegen dessen Entscheidung der Recurs an das fürstliche Ministerium zulässig ist.

In allen diesen thüringischen Staaten wird der bäuerliche Grundbesitz, und zwar ohne Unterschied, ob er geschlossen oder walzend ist, meist durch Uebergabeverträge unter Lebenden vom Vater auf den Sohn vererbt. Ueber die Art, wie dieses geschieht, besitzen wir aus dem Eisenacher Oberlande eine ausführliche Schilderung. Von hier wird berichtet, daß, wenn die Eltern, was häufig vorkommt, schon bei Lebzeiten sich ihrer walzenden Hufen zu Gunsten ihrer Kinder entäußern, dies in der Regel im Wege der gleichmäßigen Naturaltheilung oder doch wenigstens der Zutheilung des Pflichttheils in Grundstücken an sämmtliche Kinder geschieht.

Die geschlossenen Güter dagegen werden immer nur an eins der Kinder übergeben, das bisweilen auch einen Theil der walzenden Grundstücke erhält. Uebrigens hat sich diese Art der Uebergabe ausnahmsweise auch dort erhalten, wo das Grundeigenthum frei theilbar ist, so z. B. in den Ortschaften Dermbach, Glattbach, Ober- und Unteralba.

Gewöhnlich übernimmt der älteste Sohn das Anwesen für einen mit den Eltern vereinbarten Preis. Von dem Uebernehmer erhalten die übrigen Kinder ihre Erbtheile; die Eltern behalten sich den Auszug vor.

Der Auszug, Altentheil, die Leibzucht oder Leibrente wird in der Regel in der Weise regulirt, daß die Eltern entweder von den Abnehmern naturaliter am ungesonderten Tisch ernährt und sonst mit allem Erforderlichen erhalten werden, oder daß sie sich eine Anzahl Grundstücke zur eigenen Bewirthschaftung vorbehalten, wobei die Uebernehmer jedoch die erforderlichen Arbeiten zu verrichten übernehmen, oder endlich daß ihnen eine bestimmte Quantität von verzehrbaren Gegenständen und Geld gewährt wird. In der Regel bleiben die Eltern mit den Uebernehmern zusammen. Der Auszug wird durch amtlichen Vertrag gewöhnlich nur für den Fall ausbedungen, daß ein friedliches Zusammenleben zwischen Eltern und Kindern nicht möglich ist.

Und auch im Herzogthum Sachsen-Meiningen[33]), wo die gesetzlichen Beschränkungen der Theilbarkeit des Grundeigenthums durch das Gesetz vom 9. Juli 1867 gänzlich aufgehoben sind, kommt die Gutsabtretung sehr häufig vor. Die Bedingungen derselben sind je nach Vermögen, Brauch und persönlichem Belieben sehr verschieden. Unter ärmlichen Verhältnissen erhalten die Eltern Wohnsitz im Hause und Beköstigung am Tische des Uebernehmers; zuweilen wechseln Wohnsitz und Verpflegung reihum bei den Kindern. In anderen Fällen hat der „Abtreter" den „Sitz im Hause", erhält aber von den Kindern bestimmte Reichnisse an Getreide, Milch, auch etwas Geld. In wieder anderen Fällen behält sich der Abtreter die Nutzung bestimmter Grundstücke oder gewisser Flächen, die von den Annehmern bestellt werden, und wohl auch einige Stücke Vieh und eine eigene Hauswirthschaft vor.

Aehnlich geht die Vererbung des bäuerlichen Grundeigenthums auch im Herzogthum Sachsen-Coburg vor sich, wo durch das Gesetz vom 3. Juli 1869 alle gesetzlichen Beschränkungen der Theilbarkeit der Bauerngüter aufgehoben sind und der Gutsverband aufgelöst ist. Wer Grundeigenthum theilen will, hat nur der Grundbuchbehörde die zur Eintragung in das Grundbuch und zur Regulirung der Hypotheken erforderliche Anzeige zu machen.

Wie im Königreich Sachsen und in den thüringischen Staaten, so hat sich auch in der preußischen Provinz Sachsen[34]) der in den Ländern des sächsischen Rechts übliche Gegensatz der geschlossenen und der Wandeläcker, und zwar trotz Beseitigung der rechtlichen Gebundenheit des Grundbesitzes, also lediglich durch die Macht der Sitte, bis in unsere Tage erhalten. Während die geschlossenen Höfe hier meist an eins der Kinder gelangen, werden die Wandeläcker entweder ebenfalls dem geschlossenen Hofe erhalten und die Geschwister des Gutsübernehmers dann durch Geld abgefunden, oder sie werden gleichmäßig vertheilt.

Die Vererbung der geschlossenen Güter erfolgt entweder im Wege testamentarischer Succession oder durch Uebergabe des Guts bei Lebzeiten der Eltern.

---

33) Statistik Thüringens, Bd. 2: Agrarstatistik, 1. Hälfte S. 7. 8. Heim in Bäuerliche Zustände Bd. 1 S. 9.

34) W. Gerland in Bäuerliche Zustände Bd. 2 S. 134 ff. Vorlage des sächsischen Provinzialausschusses für den 6. Landtag der Provinz Sachsen (1882), betreffend die anderweite gesetzliche Regelung der Erbfolge in den Landgütern der Provinz Sachsen, S. 3. 4.

Die Altentheilsverträge haben die weiteste Verbreitung in der Altmark und im südlichen Theil des Regierungsbezirks Merseburg, während in den übrigen Theilen dieses Regierungsbezirks und im Regierungsbezirk Erfurt diese Sitte mehr zurücktritt.

Der Altentheilsvertrag besteht darin, daß der Hof mit Schiff und Geschirr zu einem mäßigen Preise geschätzt und um denselben, zu dem dann noch der Altentheil hinzukommt, an einen der Erben übergeben wird.

In der Altmark fällt die Abfindung der Geschwister, wenn diese gegen Arbeit Nahrung und Unterhalt auf dem Hofe annehmen, nach ihrem Tode meist an den Hof zurück. Hier und in den anderen Theilen der Provinz erfolgt die Abfindung der Miterben bisweilen auch durch Zutheilung von Wandeläckern an dieselben, der Regel nach erfolgt sie indeß durch Capitalauszahlung.

Die Uebergabe der geschlossenen Güter pflegt gewöhnlich kurz vor der Ernte zu erfolgen und der Ertrag dieser dann nicht mit gerechnet zu werden, sondern dem Gutsübernehmer als eine Art Präcipuum zuzufallen. Die etwa vorhandenen Capitalien behalten sich die Eltern meist vor und leben von den Zinsen derselben. Nach ihrem Tode werden die Capitalien ebenso wie die Wandeläcker zu gleichen Theilen unter sämmtliche Kinder vertheilt.

Bisweilen wird das Gut an den Anerben auch nur gegen ein billiges Pachtgeld verpachtet oder es wird ihm der größte Theil des Guts übertragen, wobei sich die Eltern dann einige Acker Landes vorbehalten.

Meist führen die Eltern einen eignen Haushalt und helfen nur ab und zu in der Wirthschaft des Sohnes. Doch kommt es auch vor, daß Eltern bei dem Kinde, welches den Hof bekommt, bleiben.

Solche Verträge werden in der Regel schriftlich abgeschlossen, aber sehr selten in die Grundbücher eingetragen.

Die preußische Provinz Westphalen[35]) (das alte West- und Ostphalen mit Engern) zerfiel nach Auflösung der alten Herzogthümer im 12. Jahrhundert in eine große Anzahl von Territorien, die zum großen Theil unter kirchlichem Regiment standen.

Der großen Mannigfaltigkeit dieser Territorien entsprach auch die Gestaltung des bäuerlichen Rechts.

Dasselbe läßt sich auf folgende Typen zurückführen:

das meierrechtliche Verhältniß, hauptsächlich im Bisthum Paderborn,

das Colonatverhältniß, besonders im Herzogthum Westphalen,

das Leibeigenthumsverhältniß in Minden, Ravensberg, Münster u. s. w.,

das Hofhörigkeitsverhältniß mit seinen Hobs- und Behandigungs-, auch Latengütern in Cleve, Mark, Essen und Verden u. s. w.

Diesen persönlichen Verhältnissen der Bauern entsprach auch die verschiedene rechtliche Natur der Bauerngüter. So gab es in Westphalen hofhörige und hofdingliche Güter mit verschiedenen Lasten, ferner Freibauerngüter, welche

35) v. Rönne-Lette, Die Landesculturgesetzgebung des preußischen Staats, Berlin 1853, S. LIX u. passim. v. Schorlemer-Alst, Die Lage des ländlichen Grundbesitzes in Westphalen, Münster 1868. Derselbe, Die Lage des Bauernstandes in Westphalen, Münster 1864. Die Vererbung der Bauernhöfe im alten Münsterlande, von einem bäuerlichen Hofbesitzer.

wohl vom gutsherrlichen Verbande, nicht aber auch von allen bäuerlichen Lasten frei waren, endlich Zinsgüter der verschiedensten Art.

Wie verschieden alle diese Güter aber auch immer in ihren Rechtsverhältnissen waren, so waren sie doch größtentheils rechtlich gebunden und wurden auf Grund verschiedener Gewohnheiten, Statuten und Landesordnungen meist nach einer vom gemeinen Recht abweichenden Successionsordnung vererbt. Eine Ausnahme galt nur für die jetzigen Kreise Siegen und Wittgenstein, mehrere zum Landgericht zu Paderborn gehörige Bezirke (so in den Aemtern Wünnenberg und Harzberg, in der Warburger Börde, in Theilen der Aemter Büren, Atteln und Lichtenau) und in dem größten Theil des Bezirks des früheren Appellationsgerichts zu Hamm, wo von Alters her freie Theilbarkeit und gemeinrechtliche Vererbung des bäuerlichen Grundeigenthums bestand.

Durch die Errichtung des Großherzogthums Berg, des Königreichs Westphalen, des französisch-hanseatischen und des Lippedepartements sowie des Großherzogthums Hessen brach für den Bauernstand eine neue Phase der Entwickelung an. Es wurde die Befreiung desselben und die Entlastung des Bodens, sowie die Einführung des Code civil decretirt. Mit diesem letzteren waren zugleich alle singulären Successionsordnungen beseitigt. Indessen gelang es doch nicht ebenso schnell die neue Gesetzgebung im Leben durchzuführen. So war denn der Zustand der bäuerlichen Verhältnisse ein vielfach ungeklärter, als die jetzige Provinz Westphalen dem Königreich Preußen einverleibt wurde.

Die preußische Regierung befand sich bei ihrem Besitzantritt der Provinz großen Schwierigkeiten gegenüber. Im Jahr 1807 war bekanntlich auch in Preußen die Erbunterthänigkeit aufgehoben worden. Jetzt handelte es sich darum, die französische Gesetzgebung, insbesondere den Code Napoléon, den man für das rechtsrheinische Gebiet nicht beibehalten wollte, abzuschaffen und an seine Stelle das preußische Landrecht sowie die neuere preußische Agrargesetzgebung zu setzen.

Die Aufgabe, einen geordneten Rechtszustand herzustellen, suchten das Gesetz vom 25. September 1820 und die drei Gesetze vom 21. April 1825 zu lösen. Die Erbunterthänigkeit mit allen ihren Folgen blieb ohne Entschädigung aufgehoben. Und auch die freie Dispositionsfähigkeit des Bauern wurde im Allgemeinen nicht angetastet. Die Ausdehnung des landrechtlichen Erbrechts auf den gesammten ländlichen Grundbesitz, der nicht dem Heimfall unterworfen war, erfolgte durch das Gesetz vom 21. April 1825 und die Declaration vom 24. November 1833; zugleich wurden die alten bäuerlichen Successionsordnungen aber für die heimfallsberechtigten Güter wieder hergestellt, sollten jedoch nur so lange gelten, als das gutsherrlich-bäuerliche Verhältniß dauerte. Dieses, das bereits durch die frühere Gesetzgebung gelockert war, wurde sodann durch das Gesetz vom 2. März 1850 endgiltig beseitigt. Seitdem hat die volle Verkehrsfreiheit und das Erbrecht des preußischen Landrechts auch für diese Güter Platz gegriffen.

Trotz der Beseitigung des Anerbenrechts hat der westphälische Bauer seine traditionelle Anhänglichkeit an den Hof aber doch beibehalten. Hierüber sprach sich der Freiherr A. von Haxthausen in den dreißiger Jahren folgendermaßen aus: „Der Bauer opfert seine Persönlichkeit stets den Interessen seines

Hofs auf, er nennt sich gern nach ihm und vergißt fast seinen Familiennamen; freiwillig und ungezwungen wird er seinen Hof gewiß niemals zertheilen." Und wieder in unseren Tagen konnte der Freiherr von Schorlemer-Alst jenen Ausspruch des älteren Gewährsmanns im Wesentlichen bestätigen: „Die Grundbesitzer der rothen Erde haben einen glücklichen horror gegen jede Veränderung der Scholle, welche sie in Theile zerlegt und dem Geblüte entfremdet, und dies Gefühl geht im großen Ganzen bis zum kleinen Kötter herab." Ja in dem an den Verein für Socialpolitik seitens des Vicepräsidenten des westphälischen Bauernvereins, Gutsbesitzer Winckelmann, erstatteten Berichte wird die Naturaltheilung der Bauerngüter geradezu als „unsinniger Gebrauch" bezeichnet und von demselben zugleich gesagt, „daß er zum Glück" „immer mehr abnehme".

Die Erhaltung des Grundbesitzes in der Familie bildet in der ganzen Provinz, mit Ausnahme nur der Kreise Siegen und Wittgenstein, die Regel, sie erfolgt gewöhnlich durch Uebertragung oder, wie es hier bisweilen heißt, „Uebertrag" desselben an eins der Kinder zu Lebzeiten der Eltern und nur ausnahmsweise durch letztwillige Verfügungen. So konnte aus dem Kreise Beckum in letzter Zeit berichtet werden, daß Fälle, in denen Grundbesitzer nicht über ihr Vermögen bei Lebzeiten disponirt hätten, gar nicht vorzukommen pflegen. — In der Regel erhält der älteste Sohn, in einigen Gegenden (im Tecklenburgischen, Lingenschen und einem Theil des Minden-Ravensbergischen) wohl auch die jüngste Tochter oder der jüngste Sohn den Hof. Ausnahmsweise wird dasjenige Kind, das nach Ansicht der Eltern die meiste Gewähr für einen ruhigen Lebensabend derselben bietet, zum Nachfolger ernannt. Bei der Uebergabe wird der Gutsübernehmer immer bevorzugt: in der Regel erhält er die Hälfte des Gutswerths vorab und geht dann mit den übrigen Geschwistern für den Rest in gleiche Theile. Bei Feststellung der Uebergabebedingungen wird übrigens noch besonders Rücksicht genommen darauf, ob Capital oder Schulden, ob viele oder wenige Kinder vorhanden sind u. s. w. In der Regel pflegen die Eltern ihre Bestimmungen verständig zu treffen. Der Altentheil wird festgesetzt, aber nicht abgenommen.

Spezielle Daten über die Gutsübergabeverhältnisse besitzen wir aus dem Münsterlande. Hier pflegt der Hofbesitzer, wenn er hoch in die sechziger Jahre gekommen ist und „die Frau den Topf nicht mehr recht heben kann", das Erbe, auf dem die Eheleute gewöhnlich 30—40 Jahre zusammen gehaust haben, dem ältesten Sohn für eine Summe, bei deren Fixirung genau überlegt wird, was der Hof tragen könne, zu übergeben. Um diese Zeit verheirathet sich dann der Hofübernehmer. Aus der Uebertragssumme erhalten die Geschwister ihre in der Regel geringen Abfindungen. Um das geltende Pflichttheilsrecht kümmert man sich in der Regel nicht viel. Bisweilen behält der Vater sich übrigens die Verwaltung und den Nießbrauch am Hofe vor und läßt nur das Eigenthum an demselben auf den ältesten Sohn übergehen. Dieser Vorbehalt hat die Bedeutung eines Sicherheitsmittels gegen schlechte Wirthschaft und Undankbarkeit, indem die alten Leute ihren Sohn und die Schwiegertochter gewöhnlich frei schalten und walten lassen und nur im Nothfall von ihrem Rechte Gebrauch machen. Ausdrückliche Anerkennung findet die Sitte der Gutsübertragungsverträge in ihrer alten Gestalt, wonach die Ehegatten gemeinschaftlich, und eventuell der überlebende Ehegatte allein, die Succession in das gemeinschaftliche Vermögen regeln, durch das Gesetz, betreffend das eheliche Güterrecht in der Provinz Westphalen und in den Kreisen Rees, Essen und Duisburg, vom 16. April 1860 § 3, 6, 10. Ueber die Versuche, welche in den Jahren 1836—1849 gemacht worden sind, ein dieser Sitte adäquates Intestaterbrecht zu schaffen, wird weiter unten berichtet werden. Dieselben waren im Ganzen mißglückt und haben demnach an der Sitte, den Bauernhof hauptsächlich durch Gutsübergabeverträge in der Familie zu erhalten, nichts geändert.

Eine große Verbreitung finden die Gutsübertragungsverträge auch noch in denjenigen Theilen des Südens, in denen sich inmitten der weit getriebenen Güterzerstückelung spannfähige Bauerngüter erhalten haben. So zunächst in einem großen Theil des Königreichs Bayern[36]), wo diese Sitte namentlich in Ober- und Niederbayern allgemein geübt wird. In Oberbayern wird der Austrag bei der Uebergabe als hypothekarische Schuld in das Hypothekenbuch eingetragen. Die ihren Hof übergebenden Eltern bleiben auf demselben und erhalten ihr genau bestimmtes Deputat an Geld und Naturalreichnissen; auch betheiligt sich der Vater, so lange er arbeitsfähig ist, nach seinem Belieben an den Arbeiten der Wirthschaft. Bei dem Tode der Eltern werden deren Ansprüche an Geld sowohl wie an Naturalien zu Gunsten des neuen Besitzers im Hypothekenbuche gelöscht. Außer dem Austrag an die Eltern hat der Gutsübernehmer den Geschwistern ihre Erbportionen zu zahlen. Auch in den übrigen Theilen Bayerns ist die Sitte des Austrags verbreitet. So erfolgt die Uebergabe des Bauernguts in der Oberpfalz observanzmäßig an den jüngsten Sohn. Heirathet jedoch ein anderer Sohn oder auch eine Tochter früher als dieser, so wird nicht selten ihnen das Gut übertragen: doch pflegt dem jüngsten Sohn in solchem Fall eine Entschädigungssumme für das ihm gebührende Voraus gezahlt zu werden. Regelmäßig übrigens „meiert" der Vater so lange als möglich fort, indem er sein Gut selten vor dem siebenzigsten Jahr übergiebt und sich dann einen — regelmäßig hypothekarisch besicherten — Austrag ausbedingt, der, wenn er auch in Geld gering ist, doch durch die Naturalleistungen das Anwesen bedeutend belastet. Denn neben dem Unterschlupf werden noch gefordert Licht, Holz, Getreide, Erdäpfel, Kraut, Eier u. s. w. und zwar alles in großer Menge. Indeß ist die Aufbringung der hohen Leibzucht, wenn die Eltern auf dem Hofe leben, was regelmäßig geschieht, nicht schwer. Der Gesammtaustrag führt im oberpfälzischen Osttheile die Bezeichnung „Läuterung", die Baarsumme, welche der Uebergeber neben dem Naturalaustrage erhält, heißt Angabsfrist. In Oberfranken, namentlich im Bambergischen und Bayreuthischen kommt die Gutsübergabe nur ausnahmsweise bei den Großgütlern — entgegen der allgemeinen Landessitte — vor. Das das Gut übernehmende Kind erhält gewöhnlich eine sog. Vorzugsportion und befriedigt die Erbansprüche der übrigen in Geld. Mit der Uebergabe des Bauernhofs, zu der es — in Folge der unter den Ehegatten bestehenden ehelichen Gütergemeinschaft — der Zustimmung beider Eltern

36) Bavaria II, 1 S. 317, 318; III, 1 S. 361; III, 2 S. 980, 981; IV, 1 S. 259. H. Ranke in Bäuerliche Zustände Bd. 1 S. 274 ff. und Eheberg das. Bd. 3 S. 131 ff. und passim.

bedarf, wird so lange als möglich gezögert. Von dem Kinde, welchem Haus und Hof bleibt, sagt man: „es bleibt im Neste“, die Eltern dagegen heißen nach der Uebergabe Altentheiler oder Altsitzer oder Auszügler. Eine eigenthümliche Austragsbestimmung betrifft das sog. Leichgetreide. Dasselbe, nicht selten 24 Metzen Getreide umfassend, muß vom Gutsübernehmer sogleich beim Vertragsabschlusse aufgeschüttet und beim Tode des Altsitzers an die Armen vertheilt werden. In Mittelfranken geschieht die Uebertragung von Haus und Hof an eines der Kinder bei Lebzeiten der Eltern in der Regel gleichfalls ziemlich spät. Denn „Uebergeben — Kummerleben“. Die Uebergabe erfolgt im südlichen Mittelfranken observanzmäßig an den ältesten, im nördlichen an den jüngsten Sohn. Die Verheirathung des Anerben erfolgt gewöhnlich nicht vor der Gutsübergabe, also meist ebenfalls spät. Hat der Bauer sein Gut übergeben, so heißt er Altbesitzer oder Winkelbesitzer. Im Anspachischen sagt man von ihm: „er sitzt im Korbe“. Der Austrag oder Altentheil besteht in Naturalien und baarem Gelde und ist sehr hoch. Um es endlich zum „Kindskauf“ zu bringen, wie die Gutsüberweisung an der Aisch und Zünn genannt wird, läßt sich der angehende Bauer manchen Vertragspunkt gefallen, jedoch unter dem Vorbehalt der Nichterfüllung. Für die übrigen Kinder, deren Erbtheile, namentlich bei kleineren Gütern und großer Kinderzahl, sehr gering ausfallen, ist die Aussicht auf Gründung eines eigenen Heerds eine sehr geringe; sie wandern daher meist aus. In Unterfranken endlich ist die Uebergabe des Bauernguts an eins der Kinder sehr selten und kommt fast nur in den protestantischen Hochdörfern des südöstlichen Spessart vor. Die Verheirathung des Kindes gilt in Unterfranken mithin durchaus nicht als Voraussetzung der Gutsübergabe. Hier pflegen vielmehr mit gleicher Berechtigung die Eltern mit ihren Kindern auch nach deren Verheirathung fortzuhausen, und namentlich der Schwiegersohn spielt wenig mehr als die Rolle des ersten Knechts im Hause. Stirbt der Sohn oder die Tochter ohne erbberechtigte Nachkommenschaft, so erhalten Schwiegertochter oder Schwiegersohn ihr Eingebrachtes zurückgezahlt und es wird ihnen die Thür gewiesen.

Während bisher überall, wo die Gutsübergabe, der sog. Austrag, in Bayern vorkam, die Eltern darauf bedacht waren, den Uebernahmepreis so zu bestimmen, daß der Erbe oder die Erbin das elterliche Gut ohne übergroße Belastung der Wirthschaft erhielt, macht sich in neuerer Zeit eine Tendenz nach unstatthafter Steigerung der Erbtheile der Geschwister geltend. Dadurch ist schon mancher Hofbesitzer ruinirt worden. Für das Gesagte finden sich in den von Professor H. Ranke in der Publication des Vereins für Socialpolitik (Bäuerliche Zustände Bd. 1 S. 282—293) beigebrachten Hypothekenauszügen die nöthigen Belege.

In Würtemberg[37]) sind es namentlich Oberschwaben, das Hohenlohische und das Schwarzwaldgebiet, wo die Sitte der Gutsübertragungsverträge, hier Ausgedingverträge genannt, in Kraft besteht. In Oberschwaben werden die arrondirten Bauerngüter (vereinödete Einzelhöfe) noch heute gewöhnlich bei Lebzeiten der Eltern an den ältesten Sohn zu einem „Kindspreise“, der früher sehr niedrig war, in der Gegenwart aber die

37) Fallati in der tübinger Zeitschrift f. d. ges. St.W. 1845 S. 320 ff. Helferich das. 1853 S. 192 ff., 201 ff.

Tendenz hat, sich dem vollen Ertragswerthe des Guts zu nähern, übergeben. Die Uebergabe pflegt erst im hohen Alter der Eltern zu erfolgen, so daß der Anerbe erst spät zur Heirath schreitet. Die Geschwister des Anerben bleiben so lange im Hause des Bruders, bis sie eine passende Versorgung finden. Auch im Hohenlohischen zeigt sich das Bestreben, die noch vielfach geschlossenen d. h. arrondirten Güter durch Verkaufsverträge vor dem Zerfall nach dem Tode des Erblassers zu schützen. Es geschieht das meist dadurch, daß der Bauer einem seiner Söhne bei Lebzeiten sein Gut verkauft. Den Verkaufsvertrag schließt der Bauer zu einem dem kindlichen Anschlage entsprechenden Preise ab. Aus dem Kaufpreise erhalten die Geschwister des Anerben ihre Abfindungen; dieselben haben aber außerdem noch einen Anspruch auf den sog. Unterschlupf in einer Kammer des brüderlichen Hauses, den sie namentlich im Fall der Verarmung u. s. w. geltend machen. Endlich pflegen auch auf der Alb, im Welzheimer Walde, in der Gegend von Hall und Ulm und im würtembergischen Schwarzwalde Ausgedingverträge vorzukommen. Durch dieselben werden namentlich im Schwarzwalde die Güter von 30—40 Morgen, auf denen bei der Rauhheit des Klimas, den für den Landbau ungünstigen Abdachungsverhältnissen u. s. w. nur eine extensive Wirthschaft rentabel ist, vor einer unwirthschaftlichen Zersplitterung geschützt. Die Geschwister des Gutsübernehmers — dies ist bei den Hallschen Bauern und im Welzheimer Walde in der Regel der älteste, im Schwarzwalde der jüngste und bei den ehemals Ulmischen Bauern derjenige Sohn, der das höchste Ausgedinge bezahlen kann — suchen entweder auf andere Bauerngüter zu heirathen oder sie kaufen sich für ihre Abfindung ein kleines Gütchen.

Aehnliche Verhältnisse finden sich auch in demjenigen Theile des badischen Schwarzwalds, in dem sich weder die Gebundenheit der Hofgüter noch die Vortheilsgerechtigkeit erhalten hatten, sowie in anderen Theilen des Großherzogthums Baden[38]). Namentlich in den längs dem Wege von Villingen nach Furtwangen, sowie überhaupt auf der Wasserscheide zwischen Donau und Rhein gelegenen Gemeinden wird der Bestand der großen Waldgüter meist nur durch Uebergabeverträge erhalten. Das Gut wird in der Regel nach freier Wahl der Eltern dem tüchtigsten unter den Söhnen gegen eine in der Regel hohe Uebergabesumme, den sog. Vorbehalt, der meist als Forderung auf dem Gute stehen bleibt, übergeben. Ueber diesen Vorbehalt pflegt dann der Vater zu Gunsten seiner übrigen Kinder letztwillig zu verfügen, so daß z. B. der in Villingen niedergelassene Gerichtsnotar für die Bauern der Umgegend ca. 20—30 Testamente im Jahr abzufassen pflegt. Ist kein Testament errichtet, so wird der Vorbehalt unter sämmtliche Kinder — mit oder ohne Ausschluß des Vorzugserben — zu gleichen Theilen vertheilt. Ferner wird aus dem Amtsbezirk Freiburg berichtet, daß dort auch die Hofgüter bei Lebzeiten der Eltern entweder an den jüngsten Sohn, wenn er militärfrei geworden, oder an die älteste Tochter, wenn

38) Bissing, Die geschlossenen Hofgüter, im badischen Centralblatt 1855 Nr. 1—4. Vogelmann, Forstgesetzgebung S. 11. Rau in der Festschrift für die Mitglieder der 21. Versammlung deutscher Land- und Forstwirthe, Heidelberg 1860, S. 391. Denkschrift, betreffend das Hofgüterwesen, in den Verhandlungen der zweiten Session des badischen Landesculturraths, Carlsruhe 1871, S. 140. Mündliche Erkundigungen.

sie sich verehelicht, übergeben werden. Der Gutsübernehmer sucht sich die Gleichstellungsgelder, wie man den Vorbehalt dort nennt, durch eine reiche Heirath zu verschaffen. Endlich werden die größeren Bauerngüter auch auf dem Hügellande um Heidelberg, im badischen Seekreise und im badischen Odenwalde meist durch Gutsübertragungsverträge zusammengehalten. Im vorderen badischen Odenwalde pflegt der Bauer sich bereits im kräftigsten Lebensalter zur Ruhe zu setzen und dem ältesten Sohne das Erbgut ca. 30 % unter dem wahren Werth zu überlassen.

Aehnlich wie aus dem badischen, so wird auch aus dem hessischen Odenwalde[39]) über das Vorkommen der Uebergabeverträge berichtet und — geklagt. Die Gutsübergabe erfolgt hier meist in der Form des Kaufvertrags. Der kindliche Anschlag des Guts steht gewöhnlich unter dem Verkaufswerth, ohne daß eine Anfechtung dieser Verträge stattfände. Die Wahl des Gutsübernehmers wird von den Eltern getroffen und fällt in der Regel auf den ältesten Sohn. Die mit diesen Verträgen verbundenen Uebelstände hat die Gesetzgebung seit dem Anfang des vorigen Jahrhunderts vergeblich zu bekämpfen versucht. Außerhalb des Odenwaldes findet sich im rechtsrheinischen Hessen die Sitte der Uebergabeverträge noch überall dort, wo sich geschlossene Güter erhalten haben, also namentlich im Landgerichtsbezirk Alsfeld, insbesondere im Schwalmgrunde, in dem ganzen Hinterlande mit Ausnahme der Stadt Biedenkopf, in der Herrschaft Itter und in dem größten Theil von Lauterbach.

Und auch aus Nassau[40]) wird berichtet, daß, trotzdem die bäuerlichen Grundstücke in der Regel im Erbwege zur Vertheilung gelangen, die Hofraithe manches Stadt- oder Dorfbewohners nebst den zum Oekonomiebetriebe erforderlichen Grundstücken durch Vermögensübergabe zu ermäßigtem Anschlag in der Hand eines Miterben ungetheilt erhalten wird.

Ja selbst unter der Herrschaft des französischen Rechts und im steten Kampf gegen dasselbe haben sich in den zur ehemaligen gräflich Sickingenschen Herrschaft Landstuhl (bayerische Pfalz) gehörigen Gemeinden in Folge der Uebertragungsverträge größere Bauerngüter — die sog. ganzen oder halben Loosgüter — erhalten. Und auch auf dem linken Rheinufer, namentlich in den Grafschaften Mörs, Jülich und Cleve, wird der Bestand der geschlossenen Stock- und Erbgüter auf diese Sitte zurückgeführt. Die Bauern suchen hier die Richter davon zu überzeugen, daß ihre Höfe im Sinne des Code civil zu den untheilbaren Sachen gehören. Um die für diesen Fall vorgesehene Subhastation zu vermeiden, werden meist von den Ehegatten gemeinschaftlich oder von dem Ueberlebenden allein mit einem der Kinder Gutsübertragungsverträge abgeschlossen. Auf diese Verträge ist der Code civil insofern von Einfluß gewesen, als die Güter, wenn sie auch ungetheilt an einen Erben übergehen, doch nach ihrem wahren Ertragswerth, ja bisweilen sogar nach dem Verkehrswerth geschätzt werden und sämmtliche Kinder ihren gleichen Antheil,

39) Neubauer, Zusammenstellung S. 22 u. 23. Staatsanwalt Zentgraf in der Sitzung der zweiten hessen-darmstädtischen Kammer vom 2. März 1858, vgl. den stenographischen Bericht. Badische Denkschrift, betreffend das Hofgüterwesen S. 140.

40) Commissionsbericht des nassauischen Communallandtags in Sachen der anderweiten Regelung des Erbrechts, von 1880, S. 250.

sowohl an dem dergestalt ermittelten Gutswerth, als an dem Inventar und sonstigen beweglichen Capital erhalten.

Auch in der Provinz Brandenburg[41]) wird der Erbgang in Beziehung auf Bauernhöfe in der Regel gewohnheitsmäßig so geregelt, daß von mehreren Nachkommen des Hofbesitzers der Hof Einem zugewendet wird. Dieser Hofeserbe, der nicht immer der älteste Sohn zu sein pflegt, indem auch jüngere Söhne, ja selbst vermögende Töchtermänner als Hofeserben vorkommen, kauft den Hof zu einem sehr mäßigen Preise, welcher als Erbtheil der Geschwister eingetragen und zu 4—4½ % verzinst wird. Dieser Uebernahmepreis enthält eine Bevorzugung des Hofeserben vor den übrigen Miterben und gestattet demselben, die Wirthschaft ohne Schwierigkeiten fortzuführen. Außerdem bedingen sich die Eltern einen Altentheil aus. Der Altentheil wird stets speziell normirt und hypothekarisch in Abtheilung II des Hypothekenbuchs eingetragen.

Für die Bestimmung des Altentheils giebt es mehrere Hauptformen.

Die eine besteht darin, daß sich die Eltern eine kleine Wirthschaft, ein eigenes Haus und einen Garten vorbehalten: sie lassen sich die Kartoffeln, den Flachs u. s. w. von dem Besitzer ansäen, halten 1—2 Kühe, Schafe und Schweine und erhalten außerdem Naturalien und ein baares Taschengeld.

Oder es werden seitens der Eltern die Mitbenutzung der Wohnung und des Gartens, ohne daß eine eigene Wirthschaft geführt wird, sowie Naturalien und Taschengeld ausgemacht.

In einem dritten Fall erhalten die Eltern bei freier Wohnung nur eine Geldrente.

Die ersten beiden Formen waren früher die beliebteren, in neuerer Zeit findet man den Rentenbezug häufiger, weil er zu weniger Streit führt, als die beiden ersten Formen.

Eine vierte Form des Altentheils findet sich meist nur bei den kleineren Bauern. Sie lassen zwar den Altentheil für den Streitfall gerichtlich feststellen, arbeiten aber im Uebrigen in Feld und Stall mit und werden dafür am Tisch der jungen Leute vollständig versorgt

Nach dem Absterben des einen der beiden Altentheiler bezieht der andere den ganzen Altentheil bis zu seinem Tode ungeschmälert fort.

Ist kein Baarvermögen vorhanden, aus dem die Miterben abgetheilt werden könnten, so sucht der Käufer zu heirathen und findet in der Regel eine Frau mit hinreichender Mitgift. Solche Heirathen werden vollständig geschäftsmäßig geschlossen.

Diesen Mittheilungen finden sich in dem Bericht, dem wir die obigen Daten entnehmen, zwei Altentheilsverträge angeschlossen.

Aus der der Provinz Brandenburg in wirthschaftlicher Beziehung sehr ähnlichen Altmark[42]), und zwar aus dem Kreise Osterburg, heißt es, daß dort in der Regel der älteste Sohn den Hof zu erhalten pflegt. Derselbe hat nach freier Uebereinkunft die Erbtheile der anderen Geschwister herauszuzahlen und den Eltern einen Altentheil zu geben. Die Abfindungen an die Geschwister betragen gewöhnlich zusammen ein Viertel bis ein Drittel des Verkaufswerths

---

41) v. Canstein in den Verhandlungen des preußischen L.O.C. 1883 S. 62, 63.
42) Gensen in Bäuerliche Zustände Bd. 3 S. 56. Vgl. auch oben S. 174, 175.

des Hofes: dieselben werden höher oder niedriger normirt, je nachdem der Hofesannehmer Vermögen erheirathet oder noch bereits vorhandene Schulden zu übernehmen hat. Der Altentheil beträgt auf einem Bauern=(Hufner=)Hofe in der Regel neben freier Wohnung 1 Wispel 6 Scheffel Roggen, 6 Scheffel Weizen, 6 Scheffel Gerste, 6 Scheffel Hafer, 1 Morgen bestellten und gedüngten Acker zum Anbau von Lein oder Kartoffeln, die Weide für 2 Kühe und dazu ausreichend Stroh und Heu, 2 halbjährige Schweine, 1/2 Scheffel Salz, etwas Gartenland und Brennholz nach Bedarf.

Auch in Schlesien[43]) besteht allgemein der Gebrauch, und zwar nicht nur unter den Bauern, sondern auch unter den Stellenbesitzern und sog. Gärtnern, durch Ueberlassung des Guts an eins der Kinder — in der Regel den jüngsten Sohn — zu einem mäßigen Preise den Grundbesitz in der Familie zu vererben. Speziell im Bauernstande pflegen die Eltern die Erbtheile der Kinder festzusetzen, dem Gutsübernehmer günstige Zahlungsbedingungen zu gewähren und für sich einen Auszug vorzubehalten.

In Ostpreußen[44]) vollzieht sich gleichfalls der Erbübergang der bäuerlichen Grundstücke fast ganz allgemein in der Weise, daß dieselben bereits bei Lebzeiten der Eltern in den Besitz eines Kindes gelangen. Aus dem Bezirk des ostpreußischen landwirthschaftlichen Centralvereins wird berichtet, daß dies übrigens durchaus nicht immer der älteste Sohn, sondern bisweilen auch der jüngste oder derjenige Sohn ist, dem sich gerade Gelegenheit bietet, eine vortheilhafte Heirath einzugehen, oder welcher die meiste Gewähr dafür bietet, die Eltern in ihren alten Tagen gut zu versorgen und mit ihnen auf friedlichem Fuße zusammen in einem Haushalte zu leben. Wenn kein Sohn in der Familie vorhanden ist oder sämmtliche Söhne andere Berufsarten ergriffen haben, also z. B. ein Handwerk erlernt haben oder beim Militär geblieben sind oder die Beamtencarrière eingeschlagen haben, so geht die Besitzung auch wohl auf eine Tochter bezw. deren Mann über, welcher sich, wie der Ausdruck lautet, in die Wirthschaft „einheirathet". Demjenigen Kinde, welches die Wirthschaft übernimmt, wird dieselbe, je nach den Verhältnissen und der Bemessung des Altentheils, zu 25—50 % unter dem Verkaufswerthe angerechnet. Man kann annehmen, daß das Erbtheil des Besitznachfolgers durchschnittlich etwa noch ein Mal so hoch bemessen wird, wie dasjenige seiner Geschwister. Die Antheile der letzteren werden, soweit dieselben nicht bereits vorher versorgt oder mit baarem Gelde abgefunden sind, auf die Besitzung eingetragen und aus dem eingebrachten Capital der jungen Frau oder aus den Wirthschaftsersparnissen in den ersten Jahren nach der Uebernahme der Wirthschaft, so lange die Familie noch klein ist, abgezahlt. Der Altentheil oder das Ausgedinge ist, je nach der Größe der Wirthschaft und der Wohlhabenheit der Besitzer, verschieden normirt und stellt einen Werth dar, welcher zwischen 200 und 600 Mark schwankt und unter Umständen noch höher ist. Der Hauptsache nach besteht das Ausgedinge aus

43) Gutachten des Justizrath Schneider für den schlesischen Provinzialausschuß, betreffend Emanation eines Gesetzes über die Regulirung der Erbfolge von Bauerngütern in Schlesien vom 6. April 1881 S. 6. Bericht aus dem Kreise Liegnitz in den Verhandlungen des preußischen L.O.C. von 1883 S. 218.

44) Kreiß in Bäuerliche Zustände Bd. 2 S. 296 ff.

Naturalien, deren Werth in einer Pauschalsumme als Hypothek auf das Gut eingetragen wird.

Der Altentheil wird in der Regel von den Eltern nicht in Anspruch genommen; dieselben leben vielmehr mit ihren Kindern in einem Haushalt, essen mit ihnen an einem Tisch und helfen in der Wirthschaft; auch die unverheiratheten Geschwister, namentlich die Schwestern des Anerben, nehmen an diesem gemeinschaftlichen Haushalt Theil und behalten auf dem väterlichen Grundstück ihren Wohnsitz bei.

Nur wenn Zerwürfnisse in der Familie eintreten oder wenn das Grundstück zum Verkauf kommt, wird der Altentheil in Anspruch genommen und giebt unter diesen Umständen nicht selten zu Streitigkeiten und Processen Veranlassung.

Hat eine Uebergabe bei Lebzeiten nicht stattgefunden, so pflegt eins der Kinder nach dem Tode der Eltern das Grundstück nach einer früher sehr mäßigen, neuerdings etwas höher bemessenen gerichtlichen Taxe zu übernehmen. So werden die bäuerlichen Grundstücke in der Regel nicht getheilt: nur in den Kreisen Allenstein und Osterode kommt es vor, daß auf entfernteren Ländereien ein zweiter Wirthschaftshof für den zweiten Sohn errichtet wird oder daß die Töchter entfernte Ländereien zur Aussteuer erhalten.

Speziell aus Litthauen und Masuren[45]) wird der obige Bericht noch durch folgende Einzelangaben ergänzt. Auch hier waltet bei Todesfällen das energische Bestreben vor, das Gut der Familie zu erhalten. Zugleich fehlt aber eine feste Sitte hinsichtlich der Bestimmung desjenigen Kindes, an welches das Gut übergeben wird, und des Maßstabes, nach welchem der Werth des Guts bestimmt wird. Der sonst für die Uebertragungsverträge in dem übrigen Theil der Provinz geltende Brauch findet auch hier seine Anwendung. Der Bauer pflegt sich um so früher zur Ruhe zu setzen, je günstiger seine materielle Lage ist; der litthauische Bauer im Allgemeinen früher als der deutsche. Die Uebergabetaxe pflegt $^2/_3$—$^3/_4$ des durchschnittlichen Kaufpreises zu betragen. Die Altentheile sind auch hier hoch. Doch werden die dadurch entstehenden Schwierigkeiten meist durch gemeinsames Familienleben gehoben. Der Bauer heirathet in der Regel früh, jedenfalls möglichst bald, nachdem er die Wirthschaft übernommen hat. Die jüngeren Geschwister bleiben mit den Eltern zusammen im Hause des Bruders und arbeiten in der Wirthschaft desselben mit. Die älteren Geschwister des Bauern gehen, sofern sie sich nicht verheirathen, vielfach in fremde Dienste und gelten auf dem Lande wie in den Städten als die besten, zuverlässigsten Dienstboten; von den Söhnen dienen viele beim Militär als Unterofficiere weiter und werden dann Subalternbeamte oder Handwerker. Manche derselben erwerben sich auch mit ihrem Erbtheil eine kleine Besitzung und arbeiten nebenbei gegen Lohn. In den Kreisen der wohlhabenden Bauern kommt es nicht selten vor, daß einzelne Söhne das Gymnasium absolviren und studiren: überhaupt führt der Bauernstand hier den anderen Ständen fortwährend neue Arbeitskräfte zu.

In Westpreußen[46]) scheint die Erbrechtssitte, wenn man hier überhaupt von einer solchen sprechen darf, noch weniger einheitlich zu sein, als in Brandenburg und Ostpreußen.

---

45) Stöckel in Bäuerliche Zustände Bd. 2 S. 326 ff.

46) Oemler in Bäuerliche Zustände Bd. 2 S. 242 ff. Conrad-Jacobsen daselbst S. 267.

In den Kreisen mit besseren Boden- und Communicationsverhältnissen gelangen nach dem Tode der Besitzer deutscher Herkunft die Bauerngüter gewöhnlich nicht an eins der Kinder, sondern sie werden vor oder nach diesem Zeitpunkt behufs bequemer und gleichmäßigerer Erbtheilung verkauft.

Dagegen gehen dort, wo die Voraussetzungen für den Verkauf der bäuerlichen Besitzungen ungünstige sind, die im Besitze deutscher Bauern befindlichen Güter meist auf eins der Kinder und zwar gewöhnlich auf den ältesten Sohn über: demselben bleibt es dann überlassen, durch eine vermögende Heirath die Mittel zur Auszahlung der Erbtheile seiner Geschwister zu beschaffen. Die Wirthschaft wird meist schon bei Lebzeiten der Eltern den Kindern übergeben. Auf der Culmer Höhe, wo sich vor Zeiten schwäbische Colonisten festgesetzt haben, pflegt gewöhnlich das jüngste Kind das Grundstück zu erhalten, und zwar in der Regel um einen so viel billigeren Preis, wie der Werth des an die Eltern zu begebenden Leibgedings beträgt.

Die Besitzer polnischer Zunge pflegen ihre Grundstücke meist dem ältesten Sohn zu übergeben; indessen theilen sie auch nicht selten ihren Besitz unter zwei Söhne. Die Abfindung der anderen Kinder pflegt zu dem Erbtheile des ältesten in keiner Beziehung zu stehen. Einer derartigen Erbtheilung der polnischen Eltern kommt sehr zu statten, daß gewöhnlich ein oder zwei Söhne sich dem geistlichen Stande widmen. Kommen diese in Amt und Würden, so sind sie die Versorger einiger Geschwister, namentlich der unverheirathet gebliebenen Schwestern.

Uebrigens pflegen die bäuerlichen Besitzer deutscher und polnischer Nationalität nicht selten auch eine derartige Naturaltheilung ihres Besitzthums vorzunehmen, daß ein Sohn oder Schwiegersohn die Hauptbesitzung erhält, während die anderen Kinder durch einen kleinen Landantheil, ein sog. Eigenkäthner-Grundstück, abgefunden werden.

Das bei den Uebertragungen ausbedungene Leibgedinge (Altentheil) besteht gewöhnlich in freier Wohnung, etwas Land zu Kartoffeln und Gemüse, einigen Scheffeln Korn, etwas baarem Gelde, häufig einer bestimmten Zahl Fuhren zur Kirche u. s. w. Der jährliche Werth desselben beträgt gewöhnlich 3—400 Mark.

Aus der Provinz Posen[47]) wird berichtet, daß die weitaus üblichste Art der Nachlaßregulirung sich durch eine Abmachung unter Lebenden vollzieht. Bereits ein flüchtiger Blick in die Grundbücher oder in die Classensteuer-Nachweisungen genügt, um zu beweisen, daß eine Bauernwirthschaft ohne Ausgedinge geradezu zu den Seltenheiten gehört. Eins der Kinder erhält den Hof, nachdem das Ausgedinge und die Erbtheile für die Geschwister festgestellt und in das Hypothekenbuch eingetragen worden sind. Das Ausgedinge bedingt der bisherige Besitzer für sich, und wenn seine Frau noch lebt, auch für diese aus. Die jüngeren Geschwister pflegen von dem Uebernehmer der Wirthschaft, gegen Verzicht auf die Zinsen des Erbtheils, unterhalten zu werden; auch pflegen sie in Dienst und Arbeit bei ihrem Bruder zu treten. Uebernehmer des Guts ist nur ausnahmsweise in einzelnen Gegenden, z. B. im Birnbaumer Kreise, der älteste Sohn; regelmäßig pflegt es dasjenige Kind zu sein, welches entweder durch eine Heirath, die demselben Geld gebracht hat, oder aus anderen Gründen

47) v. Nathusius in Bäuerliche Zustände Bd. 3 S. 29.

hierzu am geeignetsten erscheint. Je deutscher eine Gegend ist und je besser es den Bauern geht, um so größer pflegt die Bevorzugung des Gutsübernehmers gegenüber seinen Geschwistern zu sein.

In dem Birnbaumer, Czarnikauer und Wirsitzer Kreise soll die Bevorzugung nicht weit genug gehen. Im Obornifer Kreise dagegen, so berichtet der Landrath des dortigen Kreises, findet wenigstens bei allen deutschen großen und besser gestellten Bauern eine äußerst verständige Ausgleichung der Interessen des Gutsübernehmers und seiner Geschwister statt.

---

Endlich sei hier auch der in den deutsch-österreichischen Erblanden bezüglich der Vererbung des bäuerlichen Grundeigenthums herrschenden Sitte gedacht, bei welcher Gelegenheit wir mit einigen Worten auf die ältere Gesetzgebung zurückgreifen müssen.

In den deutsch-österreichischen Erblanden[48]) hatte sich das ungeschriebene Agrar- und Bauernrecht bis auf Josef II. in den Pantaidingen erhalten. Erst unter diesem Kaiser erfolgte ein entscheidender Schritt zur Codification des bäuerlichen Sonderrechts.

Nicht als ob Josef II. lediglich das ungeschriebene Recht des Bauernstandes hätte befestigen und auf die Nachwelt überliefern wollen. Für seine Gesetzgebungsacte waren weniger Gründe des Rechts, als der Agrarpolitik maßgebend. Insbesondere war es die aus Frankreich importirte physiokratische Lehre, welche sein Vorgehen auf dem Gebiete des Bauernrechts wesentlich bestimmt hat. Geleitet von Motiven der Volkswirthschaftspolitik acceptirte die Josefinische Gesetzgebung zum Theil das überlieferte Recht, zum Theil reformirte sie dasselbe in rücksichtsloser Weise.

Das Patent vom 1. November 1781 hob die Leibeigenschaft allgemein auf, erkannte das dominium utile des gesammten Bauernstandes an Haus und Hof an und begründete principiell die freie Veräußerlichkeit und Verschuldbarkeit des Bauernguts durch den Besitzer. Doch sollte aus nationalökonomischen Gründen einerseits die Veräußerung nicht über die Grenzen des statuirten Bestiftungszwangs reichen und andererseits die Verschuldung des Bauern nicht zwei Dritttheile seines Vermögens überschreiten dürfen, widrigenfalls die Ungiltigkeit der Rechtsgeschäfte resp. die Abstiftung des Bauern vom Gute eintrat.

Denselben Geist athmet auch die spätere Josefinische Gesetzgebung und ebenso die Gesetzgebung seines Nachfolgers, des Kaisers Leopold; er war auch von dem größten Einfluß auf die Codification des Bürgerlichen Gesetzbuchs; haben doch die Redactoren desselben die von der Josefinischen Gesetzgebung eingeschlagene Richtung beibehalten, indem sie das bäuerliche Sonderrecht von dem Gebiet

---

48) Denkschrift, betreffend die Erbfolge in landwirthschaftliche Güter und das Erbgüterrecht. Im Auftrage des Herrn Ackerbauministers verfaßt vom Ministerialrath Carl Peyrer, Wien 1883. (Graf Chorinsky,) Die Erlassung eines Agrarrechts für das Herzogthum Salzburg, Salzburg 1882. A. Peez, Ueber die Frage eines singulären Erbrechts für den kleinen Grundbesitzer, Wien 1882. Habermann, Studien über die Agrargesetzgebung u. s. w. in Oesterreich, Wien 1872.

der Privatgesetzgebung trennten und als öffentliches Recht der Herrschaft der politischen Gesetze zuwiesen.

Damit war der Dualismus von gebundenen Bauerngütern und walzenden Gründen einstweilen beibehalten.

Die Gebundenheit des bäuerlichen Grundeigenthums bestand darin, daß eine Abtrennung von Grundstücken von einem Bauerngut nur mit Bewilligung der politischen Behörde und nur dann erfolgen durfte, wenn die Bauernrealität nicht unter ein Viertelbauerngut herabsank. Diese Einrichtung, durch welche die Freitheilbarkeit der Bauerngüter in doppelter Weise beschränkt war, nämlich einerseits durch Festsetzung eines Besitzminimums, unter welches auch die politische Behörde nicht herabgehen durfte, andererseits durch das Erforderniß der politischen Grundtrennungsbewilligung auch in anderen Fällen, nannte man den Bestiftungszwang. Auf andere landwirthschaftliche Güter, welche nicht in die Kategorie der Bauerngüter gehörten, fand der Bestiftungszwang keine Anwendung. Solche Einzelgüter, Sondergüter, walzende Gründe, Ueberlandgründe genannt, fanden sich bei den meisten Bauernhöfen und bildeten ein loseres Zubehör derselben.

Seit den sechziger Jahren gelangten die Ideen des laissez faire, laissez passer auch auf dem Gebiete der Agrargesetzgebung zum Durchbruch und führten hier zur Beseitigung des sog. Bestiftungszwangs, so daß jedem bäuerlichen Eigenthümer hinfort die freie Disposition über seinen Grundbesitz eingeräumt wurde, ohne daß er zur Zerlegung desselben der Einwilligung der politischen Behörde bedurfte.

Die Beseitigung des Bestiftungszwangs erfolgte durch folgende Landesgesetze:

| | | | | | | | |
|---|---|---|---|---|---|---|---|
| für | Böhmen | durch Gesetz vom | 20. December | 1869 | L.G.S. | Nr. | 84 |
| „ | Mähren | „ „ „ | 24. September | 1868 | „ | „ | 15 |
| „ | Schlesien | „ „ „ | 30. September | 1868 | „ | „ | 21 |
| „ | Niederösterreich | „ „ „ | 5. October | 1868 | „ | „ | 14 |
| „ | Oberösterreich | „ „ „ | 26. September | 1868 | „ | „ | 15 |
| „ | Salzburg | „ „ „ | 22. October | 1868 | „ | „ | 28 |
| „ | Steiermark | „ „ „ | 24. September | 1868 | „ | „ | 17 |
| „ | Kärnthen | „ „ „ | 11. November | 1868 | „ | „ | 29 |
| „ | Vorarlberg | „ „ „ | 15. October | 1868 | „ | „ | 46 |

Nur der Landtag von Tirol behielt (für Nordtirol) den Bestiftungszwang bei.

Neben dem Bestiftungszwang hatte für die gebundenen Bauerngüter in sämmtlichen deutsch-österreichischen Erblanden das Anerbenrecht gesetzliche Geltung. Seit Alters her wurde hier der geschlossene landwirthschaftliche Grundbesitz einem der Erben, meist dem jüngsten Sohne, ausnahmsweise auch dem älteren oder demjenigen, den der Vater hierzu bestimmt hatte, zugewiesen. Eine Naturaltheilung des Guts unter mehrere Erben oder der Mitbesitz derselben nach ideellen Theilen war ausgeschlossen. Die Geschwister des Anerben hatten, so lange sie noch der Erziehung bedurften oder als erwerbsunfähig auf dem Gute lebten, Anspruch auf standesmäßigen Unterhalt und, soweit sie nicht aus dem übrigen, der gleichen Vertheilung unterworfenen Nachlasse befriedigt werden konnten, bald in beschränkterem, bald in ausgedehnterem Umfange Anspruch auf eine angemessene Abfindung, insoweit eine solche, ohne den Bestand der Wirthschaft zu gefährden, aus den Erträgnissen des Guts gewährt werden konnte.

Wie Josef II. durch seine Gesetzgebung tief in das Agrarrecht im Allgemeinen eingriff, so auch speziell in das bäuerliche Erbrecht.

Nachdem er durch Patent vom 11. Mai 1786 die neue Parentelen- oder Sippschaftserbfolge als die allgemeine, für alle Stände ohne Unterschied geltende Erbfolge des freivererblichen Vermögens eingeführt hatte, sah er sich schon nach kaum fünf Monaten bestimmt, durch das Patent vom 3. April 1787 Modificationen in der Erbfolge und im Vormundschaftsrecht des Bauernstandes eintreten zu lassen. Dies geschah durch die Anordnung, daß im Falle gesetzlicher Erbfolge die Wirthschaft stets dem ältesten Sohne zufallen sollte, wenn nicht ein besonderer Umstand obwaltete, welcher durch das Kreisamt zu beurtheilen war. Durch dieses Patent griff Josef II. mit der ganzen Gewalt des absoluten Monarchen in die Gewohnheiten des Bauernstandes ein, indem er das gebräuchliche Juniorat und die Vormundschaft des Stiefvaters über den jüngsten Sohn beseitigen wollte. Soweit in diesem Patent und überhaupt in der Josefinischen Gesetzgebung das Gewohnheitsrecht des Bauernstandes geschont wurde, geschah es nur in der Ueberzeugung, daß diese aus dem alten Bauernrechte erübrigten Rechtssätze dem volkswirthschaftlichen Interesse entsprächen.

Kaiser Leopold änderte schon mit dem Patente vom 29. October 1790 die Josefinische bäuerliche Erbfolge- und Vormundschaftsordnung insofern ab, als dieselben den gewohnheitsrechtlichen Anschauungen des Bauernstandes mehr angenähert und der Einfluß der Väter auf die Wahl der Anerben erheblich gesteigert wurde. Im Uebrigen wurden die Reste des alten Hofrechts auch durch dieses Gesetz anerkannt und bekräftigt.

Im Allgemeinen Bürgerlichen Gesetzbuch von 1811 war diese der Natur der landwirthschaftlichen Güter angepaßte Erbrechtsgesetzgebung aufrecht erhalten worden. Der § 761 des A. B.G.B. beruft sich ausdrücklich auf diese ältere Gesetzgebung und unterläßt es, selbst besondere Normen über die Erbfolge in Bauerngüter aufzustellen. War es einerseits ein Vortheil, daß das historisch erwachsene Agrarrecht selbst unter einer Gesetzgebung Schutz fand, welche von den allgemeinen Lehren, die auf entgegengesetzten Grundsätzen beruhten, beeinflußt wurde, so war doch der Mangel einer Codification der agrarrechtlichen und bäuerlichen Rechtsverhältnisse im Gesetzbuch selbst mit Nachtheilen verknüpft. Denn hätte das Gesetzbuch selbst die Bauernerbfolge und das bäuerliche Familienrecht geregelt, so hätte eine Beseitigung des älteren Rechts weniger leicht erfolgen können, als sie später wirklich erfolgte.

So aber führten einzelne für die Gegenwart nicht mehr passende Detailbestimmungen jener älteren Gesetze sowie die schwankend gewordene Handhabung derselben, namentlich aber die Verkennung der großen wirthschaftlichen Unterschiede in der Natur des Mobiliar- und Immobiliarbesitzes seitens der Gesetzgeber zum Reichsgesetz vom 27. November 1868 (R.G.Bl. Nr. 79) und zu den in den Jahren 1868 und 1869 erlassenen Landesgesetzen.

In dem Gesetz vom 27. November 1868 § 1 heißt es: „Die im § 761 des A. B.G.B. erwähnten in politischen Gesetzen enthaltenen Anordnungen, welche die Vererbung von Bauerngütern betreffen und hinsichtlich der Auseinandersetzung der Vermögensverhältnisse unter mehreren Miterben oder zwischen dem

Erben und dem überlebenden Gatten Abweichungen von den Bestimmungen des Allgemeinen Bürgerlichen Gesetzbuches enthalten, treten in jenen Ländern oder Landestheilen, in welchen die Theilung von Bauerngütern gesetzlich nicht mehr beschränkt ist, mit Ablauf von drei Monaten nach dem Tage der Kundmachung dieses Gesetzes außer Wirksamkeit."

Durch dieses Gesetz wurde die bis dahin geltende singuläre bäuerliche Erbfolge aufgehoben und auch für Bauerngüter die Intestaterbfolge des Allgemeinen Bürgerlichen Gesetzbuchs eingeführt und zwar in der ganzen obigen Ländergruppe, mit Ausnahme nur von Tirol, welches Land mit dem Bestiftungszwange auch die durch das Patent vom 9. October 1795 (J.G.S. Nr. 258) normirte gesetzliche Erbfolge in Bauerngüter beibehalten hat[49]).

Aber trotz der Abschaffung des sog. Bestiftungszwangs und des bäuerlichen Erbrechts im Jahre 1868 lebt auch noch heutzutage der Bauernstand in den deutsch-österreichischen Erblanden nach denselben Gewohnheiten wie früher. Vor allem strebt er danach, daß der Bauernhof möglichst ungetheilt und durch die Erbantheile der Geschwister des Gutsübernehmers nicht allzuschwer belastet von einer Generation auf die andere komme. Zu diesem Zweck bedient er sich hauptsächlich der Gutsübergabe, indem das Bauerngut bereits bei Lebzeiten von dem arbeitsunfähigen Vater auf einen rüstigen Sohn übertragen zu werden pflegt.

Und auch die Ausgedinge und Erbtheile der Geschwister regeln sich noch vielfach nach dem Herkommen. So wird z. B. aus Kärnthen berichtet, daß sich an den seit alter Zeit bestehenden Verhältnissen wenig geändert hat. Früher erhielt der älteste Sohn das Gut, der in solchem Fall militärfrei war. Jetzt bleibt es der freien Uebereinkunft überlassen, ob der älteste oder ein jüngerer Sohn oder auch die Wittwe in den Besitz tritt. Als Uebernahmepreis wird der zwanzigfache Werth des Reinertrags zu Grunde gelegt, woraus sich für den Anerben in der Regel ein Vorzug von 30—50 % ergiebt. Bei der Uebergabe pflegt sich der Uebergebende hier sowohl wie in den anderen Kronländern einen Auszug oder Ausgeding, d. h. ein bestimmtes Quantum von Victualien (Getreide, Mehl, Butter, Eier, Milch, Federvieh, Holz u. s. w.) und einiges Geld, sowie die unentgeltliche Beherbergung auszubedingen. Nach einer viel verbreiteten Uebung reservirt sich der Auszügler bei Uebergabe der Wirthschaft das Nebenstübchen im Hof oder ein eigenes zum Hof gehöriges Gebäude, den sog. Altentheil im eigentlichen Sinn.

Indeß werden auch aus Oesterreich ebenso wie aus dem Deutschen Reich immer mehr Stimmen laut, welche eine rechtliche Formulirung des thatsächlichen Gebrauchs verlangen, weil dieser ohne eine solche Stütze immer mehr an Kraft und Wirksamkeit verliert und durch das allgemeine Erbrecht des Bürgerlichen Gesetzbuchs zersetzt wird.

---

Während in den bisher behandelten Ländern die Gutsübertragungsverträge sich entweder an das frühere Anerbenrecht oder doch an die ehemalige Gebunden-

49) Dieses Patent hat dem Bestreben, welches überhaupt dem Anerbenrecht zu Grunde liegt, nämlich dem Anerben die Erhaltung des Guts in der Familie möglich zu machen, im § 5 folgenden Ausdruck gegeben: „Im Falle der Schätzung ist der Werth mit Rücksicht auf alle Umstände dermaßen zu bestimmen, daß der eintretende Besitzer auf dem Gute wohl bestehen könne."

heit der Bauerngüter, welche beide Institute erst in unserem Jahrhundert beseitigt worden sind und noch heute in der Sitte fortleben, anschließen, gilt ein Gleiches nicht auch von den jetzt zu erwähnenden Ländern und Landestheilen, in denen die Freitheilbarkeit der Güter und das gemeine oder ein demselben verwandtes Erbrecht seit jeher oder doch wenigstens seit lange die Regel bilden.

Hierher gehören die beiden oldenburgischen Kreise Jever und Kloppenburg, wo das Intestaterbrecht dadurch unwirksam gemacht zu werden pflegt, daß die Eltern gewohnheitsmäßig eins ihrer Kinder bei Lebzeiten zum Nachfolger zu ernennen pflegen.

Auch in dem zur Provinz Hannover gehörigen Marschlande an den Küsten der Nordsee, sowie an den Mündungen der Elbe und Weser, ferner in den Marschgegenden an der Westküste Schleswig-Holsteins pflegen die Bauern ihren Grundbesitz trotz der seit Alters her geltenden freien Theilbarkeit desselben vielfach auf demselben Wege zusammenzuhalten, so daß die Grundbesitzungen hier im Laufe der Zeit eher größer als kleiner geworden sind[50]).

In Gegenden, in denen die gleiche Naturaltheilung des bäuerlichen Grundbesitzes die Regel zu bilden pflegt, wird an dieser Regel auch durch den Uebergabevertrag nichts geändert. Die elterlichen Grundstücke werden unter die Kinder vertheilt, und nur das Haus gelangt an eines der Kinder oder wird mit einem Theil der Grundstücke von den sich auf den Altentheil setzenden Eltern vorbehalten.

So wird aus dem Regierungsbezirk Coblenz (Bürgermeisterei Altenkirchen) berichtet[51]), daß die Vererbung der Grundstücke dort durch Theilung in natura erfolgt. Das älteste Kind übernimmt gewöhnlich das elterliche Haus gemäß einer von den Geschwistern unter sich und mit den Eltern vereinbarten Taxe, muß aber ohne Vorzugsportion jedem seiner Geschwister den dasselbe treffenden Antheil am Hause in Geld herauszahlen, sobald es verlangt wird. Das Gut wird nicht selten bereits bei Lebzeiten des Vaters getheilt, besonders dann, wenn die Schuldenlast diesem zu schwer wird. Der Altentheil wird durch freie Vereinbarung mit den Kindern, vorzüglich aber nach Wunsch und Bestimmung des Vaters resp. der Mutter festgesetzt. Die Eltern bleiben gewöhnlich im Wohnhause bei dem Kinde, welches das Haus übernommen hat. Die Grundstücke, welche sich die Eltern bisweilen vorbehalten, benutzt in der Regel dasjenige von den Kindern, welchem das Haus zugetheilt worden ist, dafür, daß die alten Eltern bei ihm essen und trinken; den festgesetzten Geldbetrag des Altentheils verwenden die letzteren nach ihrem Belieben. Häufiger als früher ziehen die Eltern es jetzt vor, die ganze Haushaltung bis zum Tode zu behalten, um von keinem Kinde abhängig zu sein.

Und aus der preußischen Provinz Sachsen (und zwar speziell aus dem ehemaligen Fürstenthum Halberstadt) heißt es[52]), daß in Fällen, in denen das bäuerliche Grundeigenthum in natura getheilt wird, die Eltern sich meist einige

50) Graf Borries in den Verhandlungen der Versammlung deutscher Land- und Forstwirthe in München, 1872.

51) Bungeroth in Bäuerliche Zustände Bd. 1 S. 183.

52) Gerland in Bäuerliche Zustände Bd. 2 S. 135.

Morgen Land und den freien Sitz im Wohnhaus vorbehalten. Diese gelangen dann erst nach ihrem Tode zur Vertheilung.

Aehnliche Verhältnisse bestehen in allen Theilen der bayerischen Pfalz[53]). Auch hier kommt es vor, daß der Grundbesitz noch bei Lebzeiten des Vaters den Kindern gegen einen Vorbehalt übergeben wird. In einzelnen Gegenden bildet dieser Fall sogar, sofern der Vater ein gewisses Alter erreicht hat, die Regel. Häufig wird auch mit der Uebergabe, bez. Vertheilung des Grundbesitzes gewartet, bis alle Kinder verheirathet sind. Wird das Anwesen einem Sohn oder einer Tochter zugetheilt, wie in Gerhardsbronn, so erhalten die anderen Kinder eine verhältnißmäßige Entschädigung in Geld, was unter Umständen vortheilhafter sein kann, als der Besitzantritt des ererbten Guts. In vielen Fällen pflegt aber die Gutsabtretung mit einer Naturaltheilung des betreffenden Guts verbunden zu sein. Der Altentheil wird meist in der Weise geordnet, daß sich die Eltern das Vorbehaltshaus, oder wo ein solches fehlt, ein Wohnungsrecht im Hause und einen Theil des Guts (gewöhnlich die besseren oder dem Dorfe zunächstliegenden Grundstücke) zum Eigenthum oder zur Nutznießung vorbehalten. Dieses Theilstück wird dann je nach den Verhältnissen vom Vater selbst bebaut oder verpachtet. Es kommt aber auch vor, daß ein Kind z. B. dasjenige, dem das Haus zufällt, die Verpflichtung übernimmt, die Vorbehaltsgüter zu bebauen. Auch wird nicht selten die Lieferung von Mehl, Butter, Eiern, Dürrfleisch und die Bezahlung eines bestimmten Taschengeldes ausbedungen.

Ferner kommt in vielen Theilen der Schweiz, namentlich im Canton Zürich[54]) die Uebergabe der Liegenschaften schon bei Lebzeiten des Vaters ziemlich häufig vor. In der Regel behält sich der Erblasser freien Genuß der Wohnung und Kostverpflegung sowie einen gewissen Baarbetrag zur Bestreitung seiner weiteren Bedürfnisse, bisweilen auch die Benutzung einer bestimmten Landfläche, z. B. eines Stücks Rebberg, zum eigenen Betriebe vor.

Aber selbst der Vorbehalt des Hauses und eines Theils vom gesammten Grundeigenthum seitens der Eltern pflegt in den von Slaven besiedelten Theilen des Deutschen Reichs und Oesterreichs nicht üblich zu sein, indem hier häufig sowohl das gesammte Grundeigenthum als auch das Wohnhaus der Eltern zu Lebzeiten derselben unter die Kinder vertheilt wird und die Eltern bei den Kindern wohnen bleiben.

Beispiele hierfür haben wir bereits oben aus den von Polen und Litthauern besiedelten Theilen der Provinzen Westpreußen, Posen und Ostpreußen angeführt.

Wir fügen denselben noch folgende aus Oberschlesien und Galizien stammende Angaben hinzu.

In Oberschlesien[55]) wird die Gutsübergabe unter den Bauern nicht selten mit einer Theilung des Guts unter mehrere Erben verbunden. Speziell aus dem Kreise Pleß brachte der „Oberschlesische Anzeiger“ neulich folgende Schilderung: „So viel Söhne ein Vater hat, so viel Theile werden aus der Wirthschaft gemacht, und wenn sie auch eine Häuslerstelle mit gar keinem Acker-

53) Petersen in Bäuerliche Zustände Bd. 1 S. 246. Bavaria IV, 2 S. 401.

54) Krämer in Bäuerliche Zustände Bd. 1 S. 311.

55) Bericht über die wirthschaftlichen Verhältnisse in den oberschlesischen Nothstandsbezirken u. s. w. Drucksachen des preuß. Abg.-Hauses 14. Leg. Per. II. Sess. 1880/81 Nr. 73. Witte, Im neuen Reich 1880 Nr. 7.

besitz ist. Sind vier Söhne vorhanden und enthält das Haus nicht schon vier Stuben, so werden der Stall und die Kammer in Stuben verwandelt und die Theilung kann vor sich gehen. In dem Dorfe Kobiel ... gehört ein Haus vier Familien, die sämmtlich darin wohnen. Da giebt es fortwährend Zank und Streit. Aus vier Wirthen werden vier Einlieger ... Die häufigste Erscheinung sind die sog. Halbhäusler. In dem benachbarten Por .... wurde vor kurzer Zeit eine Besitzung von 30 ha unter drei Brüder getheilt. ....“ Dieses Verfahren wird sowohl auf die Neigung der Bevölkerung, auf der väterlichen Scholle zu bleiben, — eine Neigung, die noch durch die Unfähigkeit der Bevölkerung, sich in einer anderen Sprache als der polnischen auszudrücken, und die hierdurch sich ergebende Schwierigkeit, in rein deutsche Gegenden überzusiedeln, unterstützt wird, — als auf das Unvermögen der das elterliche Grundeigenthum allein übernehmenden Kinder, ihre Geschwister in Geld abzufinden, zurückgeführt. Die Gewohnheit, jeden Besitz unter sämmtliche Kinder zu theilen, soll hier so stark sein, daß gegen dieselbe selbst die gewichtigsten landwirthschaftlich-technischen und volkswirthschaftlichen Bedenken bisher nichts auszurichten vermochten.

Daß gleiche Ursachen gleiche Wirkungen zu haben pflegen, zeigt sich auch in dem vorliegenden Fall. Das niedrige wirthschaftliche Niveau, auf dem der polnische Bauer steht, und seine Unfähigkeit, außerhalb des polnischen Sprachgebiets einen Erwerb zu finden, führen, wie in Oberschlesien, so auch in Galizien[56]) zu demselben Resultat, nämlich zu der mit der Gutsübertragung verbundenen unwirthschaftlichen Güterzerstückelung. Der Bezirksrichter Nawratil in Komarno äußert sich in einem an den österreichischen Landwirthschaftsminister gerichteten Berichte hierüber folgendermaßen: „Die Erfahrung lehrt, daß regelmäßig nach dem Tode des Erblassers die bis dahin ungetheilt besessene Wirthschaft in zwei oder drei, ja sogar in vier Theile unter die Nachkommen getheilt wird, daß endlich bei dem verderblichen Beispiele der Nachbarn in den meisten Fällen der Bauer unter dem oft rücksichtslosen Andrange seiner sich verheirathenden Söhne nachgeben und die eigene Wirthschaft bei Lebzeiten unter seine Söhne theilen muß, ohne sich übrigens nach Art der deutschen Bauern einen Auszug zu bedingen.“

## 4. Letztwillige Verfügungen und Vereinbarungen unter den Erben.

Nur ausnahmsweise bedient sich der deutsche Bauernstand auch anderer Rechtsmittel, als der oben erwähnten, — namentlich der letztwilligen Verfügungen, — um seinen Grundbesitz bei Erbübergängen ungetheilt in der Familie zu erhalten.

1) Das Mittel der letztwilligen Verfügung ist ihm im Ganzen wenig geläufig, was sich auch in der in bäuerlichen Kreisen noch vielfach verbreiteten Regel: „Gott, nicht der Mensch, macht den Erben“, ausgesprochen findet.

---

56) Peyrer, Denkschrift betreffend die Erbfolge in landwirthschaftliche Güter u. s. w., Wien 1883, S. 26.

Namentlich gilt dieselbe fast ausnahmslos in denjenigen Gegenden, in denen das Bauerngut ab intestato nach Anerbenrecht vererbt wird, wie aus Braunschweig, Hannover, Lippe u. s. w. berichtet wird[57]). Aber auch dort, wo ein den bäuerlichen Interessen nicht entsprechendes bäuerliches Erbrecht sich in Geltung befindet, pflegt die Errichtung letztwilliger Verfügungen im Ganzen, abgesehen von einigen Gegenden, nur selten vorzukommen. So wird namentlich aus Posen und anderen Gegenden des Ostens gemeldet[58]).

Letztwillige Verfügungen setzen voraus, daß der Bauer aus seinem Gattungsleben heraustrete, individuelle Bestimmungen treffe und sich zu diesem Zweck mit dem Anwalt, Gerichtsnotar oder der Behörde ins Einvernehmen setze. Zu solchem Thun entscheidet er sich aber um so schwerer, als er in Ländern, in denen das Anerbenrecht gilt, keine Veranlassung dazu hat und als er in Ländern, in denen das gemeine oder ein demselben nachgebildetes Intestaterbrecht gilt, doch nicht sicher ist, ob nicht die von ihm letztwillig festgestellte, seiner Meinung nach durchaus billige Schätzung seines Grundstücks von einem der Erben mit Erfolg angefochten werde. Sodann ist dem deutschen Bauer eine tiefgehende Scheu vor der Berührung mit dem Anwalt und dem Richter in Sachen der freiwilligen Gerichtsbarkeit eigen, und endlich hat er überhaupt eine entschiedene Abneigung gegen letztwillige Verfügungen, eine Abneigung, welche sich zum Theil auf die Möglichkeit künftiger Aenderung der Vermögensverhältnisse, sowie der Willensrichtung, namentlich aber auf Trägheit und auf abergläubische Furcht stützt. Wer sein Testament gemacht hat, betrachtet sich nicht blos selbst mehr oder minder als todten Mann, sondern gilt auch in den Augen der Anderen als Einer, der nicht mehr lange zu leben hat[59]).

Von dieser Regel kommen jedoch eine Reihe von Ausnahmen vor. So wird aus der Provinz Brandenburg[60]) berichtet, daß dort Testamentserrichtungen unter dem Bauernstande nicht ganz selten sind. Der Erbgang bezüglich der Bauernhöfe pflegt dort nach Gewohnheit und Sitte, und zwar entweder durch Verträge unter Lebenden oder durch Testamente geregelt zu sein. In dem Testamente bestimmt der Erblasser gewöhnlich den Hof einem der Kinder zu einem bestimmten Preise. Die übrigen Descendenten theilen sich, wenn Baarvermögen vorhanden ist, in dieses und erhalten neben demselben auf den Hof hypothekarisch eingetragene Erbportionen.

Ferner heißt es aus Schlesien[61]), daß der Bauer zum Zweck der Erhaltung des Grundbesitzes in seiner Familie bisweilen Testamente zu errichten pflege, welche freilich oft unter dem Vorgeben der Pflichttheilsverletzung der Anfechtung unterliegen sollen.

Ebenso suchen in der Provinz Sachsen[62]) die Eltern durch frühzeitige Aufstellung eines Testaments die Einmischung der Gerichte abzuhalten.

Auch aus einigen Theilen des badischen Schwarzwalds, aus Alten-

57) Bäuerliche Zustände in Deutschland Bd. 2 S. 89.
58) Bäuerliche Zustände Bd. 3 S. 27.
59) O. Boldt, Die Agrarischen Fragen der Gegenwart, S. 108.
60) v. Canstein in den Verhandlungen des k. preußischen L.O.C. 1883, S. 62.
61) Gutachten des Justizrath Schneider S. 6.
62) Gerland in Bäuerliche Zustände Bd. 2 S. 135.

burg, aus Westphalen und Ostpreußen wird berichtet, daß letztwillige Verfügungen auch im Bauernstande vorzukommen pflegen.

Aber die herrschende Regel im Bauernstande geht doch dahin, daß derselbe sich nur schwer und selten zur Errichtung von Testamenten entschließt.

Vollends die Errichtung successiver Fideicommisse in der gemeinrechtlich normirten Begrenzung scheint bei dem deutschen Bauernstande gar nicht vorzukommen, wie denn auch der in Bayern und Hessen-Darmstadt gemachte Versuch, das Familienfideicommiß auf bäuerliche Zustände zu übertragen, an dem Widerstreben der hessischen und bayerischen Bauernschaft gescheitert ist. Die Errichtung von Familienfideicommissen setzt nicht nur den festen Willen, für spätere Generationen zu sorgen, sondern auch solche Umsicht, Berechnung und Rechtskenntniß voraus, daß der Disponent nothwendig der Vermittelung eines Rechtsverständigen bedürfen wird. Rechtsinstitute, die zu ihrer Handhabung der Cautelarjurisprudenz bedürfen, sind dem Bauernstande aber — wie bereits oben erwähnt wurde — nur wenig zugänglich[63]).

Häufiger schon pflegen Eheverträge, mit denen sich bisweilen reziproke Testamente verbinden, benutzt zu werden, um mittels derselben die ungetheilte Uebergabe der Bauernhöfe zuerst an den überlebenden Ehegatten und dann an eins der Kinder zu bewirken. Ja in einigen Gegenden pflegen solche Verträge sogar regelmäßig abgeschlossen zu werden, so namentlich in gewissen Theilen des Großherzogthums Baden.

Endlich ist in einigen Gegenden des gemeinen, preußischen, französischen und österreichischen Rechts die Anhänglichkeit an den elterlichen Hof unter den Bauern so groß, daß, wenn der Erblasser für die Erhaltung desselben in der Familie nicht genügend Sorge getragen hat, die Erben durch Vereinbarung eines billigen Annahmepreises und sonstiger für den Uebernehmer günstiger Bedingungen einem unter sich die Möglichkeit gewähren, das Gut anzunehmen und dabei zu bestehen. So wird aus verschiedenen Theilen des früheren Königreichs (der jetzigen Provinz) Hannover, namentlich aus Ostfriesland, Meppen und Stade, sowie aus Westphalen und aus Hessen-Darmstadt berichtet, daß es allgemein unter den Bauern als eine Gewissenspflicht angesehen wird, keine höhere Abfindung zu verlangen, als „das Erbe bieten kann“. Dergleichen Vereinbarungen sind aber gewöhnlich nur dann wirksam, wenn sich keine unmündigen oder sonst unter Vormundschaft und Curatel stehenden Personen unter den Erben befinden. Aber auch diese Klippe pflegt in Westphalen, wie man von dort berichtet, umschifft zu werden, indem in solchen Fällen die majorennen Erben sich selbst geringere, ihren minorennen Miterben dagegen größere Erbtheile ansetzen, um die Bestätigung der Auseinandersetzungsverträge seitens der Vormundschaftsbehörde zu erwirken. Nach erlangter Volljährigkeit pflegen dann die zur Zeit der Erbschaftsauseinandersetzung minorenn gewesenen Geschwister das zu viel Erhaltene ihren älteren Geschwistern zurückzuzahlen. Endlich wird aus Hessen-Darmstadt und aus der Provinz Brandenburg berichtet, daß, wenn der Hofbesitzer ohne über sein Vermögen disponirt zu haben stirbt, die Erben es für ihre Pflicht halten, den Hof einem unter sich zu überlassen

63) Helferich in der tübinger Zeitschrift für die ges. Staatswissenschaft 1853, S. 191, 192, 198.

für einen Annahmepreis, bei dem er bestehen kann, und daß die Vormundschaftsbehörden bisher wenigstens eine niedrige Taxe nicht zu beanstanden pflegten, sofern nur der Vormund mit den übrigen Betheiligten einig war[64]).

In Ost- und Westpreußen soll der Drang, den ererbten Grundbesitz ungetheilt in der Familie zu erhalten, trotz der Schwierigkeiten, welche das Erbrecht des Allgemeinen Landrechts demselben bereitet, am schärfsten ausgeprägt sein bei den eingewanderten west- und süddeutschen Stämmen, namentlich bei den Niedersachsen, Salzburgern, Nassauern u. s. w. Es mag dieses Streben fortwährende Nahrung ziehen aus dem Gegensatz, in dem sich diese eingewanderte noch immer zu der autochthonen Bevölkerung fühlt. Als Beleg für das Gesagte wird aus Ostpreußen angeführt, daß in allen Kreisen, welche durch Angehörige dieser Stämme colonisirt sind, noch directe Nachkommen der ursprünglichen Colonisten auf den Hufen sitzen. Die Opferbereitschaft aller Familienglieder, welche es in den meisten Fällen allein ermöglicht, daß das Gut in der Familie verbleiben kann, soll sich oft sogar bei den Frauen zweiter Ehe finden. In einem dem Berichterstatter aus Masuren bekannt gewordenen Fall, in welchem ein größerer Bauer salzburger Herkunft starb, hinterließ derselbe vier Kinder erster Ehe; die zweite Ehe war kinderlos und die Wittwe in Ermangelung eines Testaments bei vorher eingegangener Gütergemeinschaft hauptsächliche Erbin. In Folge gütlicher Uebereinkunft übernahm jedoch der älteste Stiefsohn das Gut, während sich die Wittwe mit einer Abfindung begnügte, welche höchstens den dritten Theil des Werthes ihres wirklichen Erbtheils betrug[65]).

Aber wie stark auch noch in vielen Theilen Deutschlands das Streben, den Grundbesitz praeter und contra legem ungetheilt in der Familie zu erhalten, sein mag, so wird doch allseitig constatirt, daß diese Sitte unter dem Einfluß des geltenden gemeinrechtlichen Intestaterbrechts und befördert durch den individualistischen Zug der Zeit, welcher die einzelnen Familienglieder mehr an sich selbst als an das Interesse des Familienverbands, dem sie entsprungen sind, denken läßt, im Schwinden begriffen ist, wie sie denn thatsächlich in einem Theil Deutschlands und namentlich Süddeutschlands bereits vollständig verschwunden ist.

So wird beispielsweise noch neuerdings aus dem bayerischen Donauthal[66]) berichtet, daß, wenn die Uebernahme des Bauernguts nicht zu Lebzeiten beider Eltern erfolgt ist, die Vereinbarung unter Beihilfe des Notars sehr schwierig zu sein pflegt, da „alle Geschwister gegen den übernehmenden Bruder auftreten".

---

64) Commissionsbericht des preuß. Abgeordnetenhauses vom 9. April 1854 (Drucksache Nr. 274) und vom 20. März 1856 (Drucksache Nr. 210). Rede des Rechtsanwalts Peyser in der Sitzung des brandenburgischen Provinziallandtags vom 15. März 1880, Stenographischer Bericht S. 101, 103. Rede des Staatsanwalts Dr. Zentgraf in der Sitzung der 2. hessen-darmstädtischen Kammer vom 2. März 1858. Graf Borries in den Verhandlungen der allgemeinen Versammlung deutscher Land- und Forstwirthe zu München im J. 1872, S. 374.

65) Stöckel in Bäuerliche Zustände in Deutschland Bd. 2 S. 329.

66) Bäuerliche Zustände Bd. 3 S. 141.

Und aus der Provinz Brandenburg[67]) heißt es über diesen Punkt: „Noch ist dem Bauern, wenn es seine finanziellen Kräfte irgend gestatten, die Substanz seines Hofes heilig, noch ist die Sitte der ungetheilten Vererbung des Guts auf eins der Kinder durch die Erbgesetzgebung nicht zerstört.

Wie lange aber dieses auch ferner ausgesprochen werden darf, darüber flößen uns unsere Darlegungen der Hypothekenverhältnisse ernste Befürchtungen ein. Die Väter werden nicht lange mehr im Stande sein, den Wünschen der neben den Hoferben noch vorhandenen Kinder, welche die Erbgesetze zu ihren Gunsten benutzen und höhere Bemessung ihres Erbtheils beanspruchen, zu widerstehen, die Verschuldung der Höfe schreitet durch die Vergrößerung der Erbportionen rücksichtslos vorwärts und veranlaßt, ebenso wie fehlende Testamente, Verkauf oder Zerschlagung der Höfe."

Ja die Tendenz, die Vererbung der Bauerngüter in immer weiteren Kreisen nach den Regeln des allgemeinen Erbrechts vor sich gehen zu lassen, zeigt sich selbst in denjenigen Gebieten, in denen noch formell das Anerbenrecht gilt, und äußert sich hier in dem allmählichen Aufkommen sehr hoher Uebernahmetaxen, deren Folge dann eine bedeutende Steigerung der sog. „Gleichstellungsgelder", wie man in Baden die Erbtheile der Geschwister des Gutsübernehmers nennt, ist. Diese Tendenz findet entweder ihre ausdrückliche Unterstützung durch die Gesetzgebung, so z. B. in Baden, wo das Edict von 1808 und das badische Landrecht die Taxation der Hofgüter nach dem Verkehrswerthe vorschreiben: eine Bestimmung, die lange Zeit umgangen wurde, jetzt aber genau befolgt wird, — oder doch ihre stillschweigende Begünstigung durch die Gerichtspraxis, wie in Altbayern, wo das Gesetz keine genauen Vorschriften über die Art der Taxation der Nachlaßgrundstücke enthält.

Auch aus dem Regierungsbezirk Arnsberg (Provinz Westphalen) und dem Regierungsbezirk Kassel wird berichtet, daß die in den letzten 20 Jahren stattgehabten Hofübernahmen durch zu hohe Taxation den Keim des Verderbens für den Gutsübernehmer enthalten. „Jeder Erbe, welcher die Durchschnittsrente der 50er Jahre bei Uebernahme seines Hofs zu Grunde gelegt hat, findet, daß er falsch gerechnet hat[68])."

### 5. Gemeines Intestaterbrecht bei Gebundenheit der Bauerngüter.

Einen Uebergang von denjenigen Ländern, in denen die Bauerngüter ab intestato nach Anerbenrecht vererbt werden oder bereits bei Lebzeiten des Erblassers durch Uebertragungsverträge an einen der Erben gelangen, zu denjenigen, in denen das bäuerliche Grundeigenthum ebenso wie jedes andere Vermögen nach dem allgemeinen Intestaterbrecht vererbt wird, bilden die Länder mit rechtlich gebundenen (und zugleich räumlich geschlossenen) Bauerngütern, sofern diese gleichwohl einem singulären Erbrecht nicht unterworfen sind.

---

67) v. Canstein in den Verhandlungen des preußischen L.O.C. 1883, S. 62.

68) Buchenberger in Bäuerliche Zustände Bd. 3 S. 289 ff. H. Ranke daselbst Bd. 1 S. 275. v. Helferich in der Zeitschrift des landwirthschaftlichen Vereins in Bayern, October 1883, S. 224. Verhandlungen des preuß. L.O.C. 1883, S. 381, 412.

Des Falls, daß diese Güter in Folge von Gutsübertragungsverträgen auf einen der Erben übergehen, ist bereits oben auf S. 171 ff. gedacht worden.

Es erübrigt jetzt noch der anderen Schicksale, welche diese Güter nach dem Tode ihres Besitzers haben können, zu erwähnen.

Wegen der Untheilbarkeit dieser Güter müssen dieselben entweder an eine dritte Person oder an einen der Erben gelangen, ohne daß dieser übrigens durch einen größeren Antheil an der Erbmasse oder andere Begünstigungen vor seinen Miterben bevorzugt zu werden braucht. Von der Vererbung nach Anerbenrecht unterscheidet sich diese Art des Erbübergangs dadurch, daß durch dieselbe wohl für die ungetheilte Erhaltung der Bauerngüter, nicht aber auch immer in gleicher Weise für ihre Erhaltung in der Familie gesorgt ist.

Hierher gehörte das Erbrecht, das in den Herzogthümern Jülich-Berg[69]) und wahrscheinlich auch im Herzogthum Cleve bis zum Jahre 1811 resp. 1843 gegolten hat. Durch dasselbe war die Naturaltheilung der Bauerngüter unter mehrere Erben untersagt. Indeß stand doch wieder keinem der Erben ein Vorzugsrecht an denselben zu. Wohl aber sollte für den Fall, daß sich die Erben über die Gutsübernahme und die Abfindungen nicht einigen konnten, die Auseinandersetzung unter Mitwirkung der Obrigkeit (der Amtsleute nebst 2 bis 3 Schöffen und 4 der nächsten Verwandten) erfolgen.

Aehnlich war das Intestaterbrecht, welches für das seit dem 18. Jahrhundert gebundene (vgl. oben S. 133) Grundeigenthum im oldenburgischen Jeverlande von 1806 bis 1874 galt[70]). Eine Verordnung vom 20. Mai 1806, welche in diesem Lande das bis dahin geltende Erbenrecht aufhob, schrieb zugleich im § 45 vor, daß bei Erbtheilungen zwischen Kindern und Stiefkindern zunächst ein Aufgebot des zur Erbschaft gehörigen Grundstücks unter denselben stattfinden soll.

Diese Bestimmung hatte so günstig gewirkt, daß durch das Gesetz, betreffend das Erbrecht für das Herzogthum Oldenburg vom 24. April 1874 § 12 und das Gesetz über denselben Gegenstand für das Fürstenthum Lübeck vom 10. Januar 1879 § 10 ihre Ausdehnung auf allen Grundbesitz, welcher in Folge Vererbung auf Abkömmlinge, Ehegatten, Eltern oder Voreltern, Voll- und Halbgeschwister oder Kinder von Voll- und Halbgeschwistern des Erblassers übergeht, ohne zugleich nach Grunderbrecht vererbt zu werden, erfolgt ist. Demnach muß dieser Grundbesitz nach vorgängiger Schätzung des gegenwärtigen Werths zunächst unter den Miterben „zum Auffatz" gebracht und, wenn mindestens die Schätzungssumme geboten ist, dem Höchstbietenden zugeschlagen, anderenfalls aber zum öffentlichen Verkauf gebracht werden. Eine Grunderbstelle sowie eine sonstige in demselben Artikel der Mutterrolle bezeichnete behauste Besitzung ist unter den Miterben ungetheilt für sich zum Auffatz zu bringen.

---

69) Der Gesetzentwurf über die Vererbung der Landgüter in der Provinz Westphalen, mit Beziehung auf die Verhältnisse des Kreises Rees begutachtet durch die landwirthschaftlichen Localabtheilungen des Kreises Rees, Wesel 1880, S. 6 ff.

70) v. Beaulieu-Marconnay, Das bäuerliche Grunderbrecht vom Standpunkt des Gesetzgebers mit besonderer Rücksicht auf das Herzogthum Oldenburg, Oldenburg 1870, S. 35.

In denjenigen Ländern, in denen noch gegenwärtig ein Theil des Grundeigenthums gebunden ist, aber dasselbe gleichwohl nicht nach Anerbenrecht vererbt wird, wie z. B. im Königreich Sachsen, im Großherzogthum Sachsen-Weimar, im Herzogthum Sachsen-Gotha und in den Schwarzburgischen Fürstenthümern (vgl. oben S. 172 ff.), werden die gebundenen bäuerlichen Grundstücke, wenn der Erblasser ohne über seinen Besitz unter Lebenden oder auf den Todesfall verfügt zu haben stirbt und die Erben sich unter einander über den Preis, zu dem einer unter ihnen das Gut übernimmt, nicht einigen können, meistbietlich verkauft. Der meistbietliche Verkauf pflegt hier auch regelmäßig einzutreten, wenn einer oder mehrere Erben minderjährig sind.

## 6. Gemeines Intestaterbrecht bei freier Theilbarkeit der Bauerngüter. Auf die Naturaltheilung derselben gerichtete Vererbungssitte.

Wo die Gebundenheit des bäuerlichen Grundeigenthums beseitigt ist, und weder das Anerbenrecht noch die Gutsübertragungsverträge üblich sind, pflegt das gemeine und das demselben nachgebildete Intestaterbrecht uneingeschränkt zur Anwendung zu gelangen und entweder die Naturaltheilung des Nachlaßguts oder die Uebernahme desselben durch einen der Erben zum vollen Verkehrswerth oder der Verkauf desselben an dritte Personen und die gleiche Vertheilung des Uebernahme- oder Kaufpreises unter sämmtliche Kinder des Erblassers ohne Unterschied des Alters und Geschlechts einzutreten.

Hierher gehören zunächst diejenigen Fälle, in denen die Gutsübertragung bei Lebzeiten sich mit der Naturaltheilung verbindet. Die oben auf S. 181 ff. und 185 ff. in dieser Richtung gemachten Angaben sind durch folgende Darstellung zu ergänzen.

Der Sitte, den ererbten Grundbesitz gleichmäßig zu vertheilen, begegnen wir allgemein auf dem linken sowie theilweise auch auf dem rechten Rheinufer, und zwar hier namentlich in den fränkischen Theilen Bayerns, in dem größten Theil Altwürtembergs und in Hohenzollern, in Nassau, in einem Theil Hessens, in einem Theil Badens, aber auch in einem Theile Thüringens, namentlich im Herzogthum Meiningen, in den ehemals hannoverschen Fürstenthümern Göttingen und Grubenhagen, im Eichsfelde, in Oberschlesien, in den romanischen und slavischen Theilen Oesterreichs: in Südtirol, Galizien, der Bukowina u. s. w.

In den drei fränkischen Kreisen Bayerns[71]) findet mit Ausnahme der oben auf S. 154 ff. erwähnten Fälle, in denen noch das Anerbenrecht gilt oder die Bauerngüter durch Uebertragungsverträge zusammengehalten werden, die Naturaltheilung des bäuerlichen Grundbesitzes, hier Dritttheilung genannt, statt. Dieselbe erfolgt entweder nach dem Tode der Eltern oder bereits bei Lebzeiten derselben. Im letzteren Fall tritt sie hier an die Stelle der Uebergabe des Gesammtanwesens an ein Kind. Die Dritttheilung findet sich namentlich unter den Kleingütlern des Bayreuthischen bezüglich ihres gesammten Grund-

71) Bavaria I S. 21; II 1 S. 317; III 1 S. 362; III 2 S. 980; IV 1 S. 258, 259.

besitzes, unter den Bauern im Bambergischen jedoch nur bezüglich der sog. fliehenden Lehen, und endlich ganz allgemein in Unterfranken. Hier bleibt meist nur das Haus ungetheilt. Dasselbe gelangt an den Meistbietenden, sofern es nicht von den Eltern zurückbehalten wird. Eine bis zum Uebermaß gesteigerte Zersplitterung des Grundbesitzes ist die Folge dieses Systems.

In Alt-Würtemberg[72]) pflegen mit Ausnahme der oben auf S. 179 ff. aufgeführten Gegenden unter den Bauern weder Gutsübertragungsverträge noch Testamente üblich zu sein. Nur wo keine Kinder vorhanden sind, werden Testamente errichtet. Sonst sagt man, daß die Kinder selbst ein lebendes Testament sind. Dieselben pflegen, sofern sie im Lande bleiben, darauf zu halten, daß sie einen Naturalantheil an sämmtlichen von den Eltern hinterlassenen Gütern, wie man die einzelnen Parcellen hier zu nennen pflegt, erhalten. Empfängt eins der Kinder ausnahmsweise keinen Naturalantheil an dem hinterlassenen Grundbesitz, so beansprucht und erhält es mit seinen Geschwistern eine gleiche Quote von dem Verkehrswerth des gesammten Nachlasses, ohne Unterschied ob dieser aus Mobilien oder Immobilien besteht. Da die Naturaltheilung aber die Regel bildet, so erfahren — wie wir bereits in der ersten Abtheilung dieser Arbeit ausgeführt haben — die Grundbesitzparcellen in jeder Generation eine neue Zusammensetzung. Mann und Frau bringen die ererbten oder erworbenen Parcellen zusammen, und der auf diese Weise hergestellte Complex wird dann durch weitere Zukäufe erweitert.

In dem weitaus größten Theil aller Gemeinden Badens[73]) wird in Gemäßheit des badischen Landrechts die liegenschaftliche Hinterlassenschaftsmasse naturaliter getheilt oder versteigert; letzterenfalls wird der Erlös zur Theilung gebracht. Auch wird ausdrücklich constatirt, daß in Folge dieser Vererbungsart in einzelnen von der Natur weniger begünstigten Gebieten eine schädliche Zerstückelung des Grundeigenthums in Zwergwirthschaften zu Tage tritt. Zu diesen Gebieten gehören in erster Linie der Odenwald und der südliche Schwarzwald, aber auch Theile des südlichen und nördlichen Hügellandes und selbst solche der Rheinebene und des angrenzenden Hügellandes. Abgesehen von diesen Fällen ist das Urtheil über die Naturaltheilung des Grundeigenthums hier kein ungünstiges.

Auch in den ebenen Theilen Hessen-Darmstadts und Nassaus findet alter Sitte gemäß regelmäßig eine Theilung sowohl des Gutsstamms wie der einzelnen Parcellen unter den Erben statt, indem hier das römischrechtliche Pflichttheilsrecht, modificirt durch das lebenslängliche Nießbrauchsrecht des überlebenden Ehegatten, recipirt ist.

Namentlich aber in den linksrheinischen Theilen der einzelnen deutschen Staaten (Preußen, Hessen, Bayern, Elsaß-Lothringen)[74]) gehört die unbeschränkte Theilbarkeit des Grundeigenthums ebenso wie die gleiche Erbtheilung der Nachlaßgrundstücke zu den Dogmen sowohl der Juristen wie der Laien. Speziell aus Rheinpreußen wird berichtet, daß in dem langjährigen Vertheidigungskampf des französischen Rechts gegen altpreußische „Reactionsversuche" jenes dem Rheinländer so sehr ans Herz gewachsen sei, daß eine zwangs-

72) Helferich in der tübinger Zeitschr. f. d. ges. Staatswissenschaft 1853, S. 197. Heitz in Bäuerliche Zustände in Deutschland Bd. 3 S. 213.
73) Buchenberger in Bäuerliche Zustände Bd. 3 S. 299 ff.
74) Bavaria IV 2 S. 401. Kölnische Zeitung 1880 Nr. 251.

weise Aenderung dieses Zustands auf das allgemeinste Widerstreben stoßen würde. Mit den oben auf S. 181 für den Unterrhein angeführten Ausnahmen kommt das französische Intestaterbrecht überall strict zur Anwendung. Stirbt das Familienhaupt, so wird das Vermögen gewöhnlich gleichheitlich unter den Erben getheilt. Und selbst wenn sich der Bauer nach Ruhe sehnt, findet doch nur höchst selten eine Uebergabe des ganzen Guts an eins der Kinder statt.

Ueber die Folgen der Naturaltheilung des Grundbesitzes, wie sie sich im ganzen gebirgigen Theil der Rheinprovinz herausstellen und wie sie überhaupt für die Länder mit Naturaltheilung des Grundeigenthums typisch sein dürften, spricht sich ein an den preußischen Minister für Landwirthschaft u. s. w. gerichteter Bericht der Localabtheilung Schleiden[75]) im J. 1882 folgendermaßen aus: „Die erste Folge der unbeschränkten Naturaltheilung ist die Ansiedelung der meisten männlichen Nachkommen in dem Heimathsort; die zweite eine überspannte Nachfrage nach Grund und Boden; infolge deren dann drittens Preise gezahlt werden, die den wirklichen Ertragswerth weit hinter sich lassen; daraus folgt viertens mit Nothwendigkeit eine Vermehrung der Schulden, aber auch leider gleichzeitig eine solche des Proletariats. Diese Uebelstände, denen sich weiter die Unmöglichkeit eines rationellen Wirthschaftsbetriebs hinzugesellt, nehmen hauptsächlich in den industrielosen, rein landwirthschaftlichen und Weinbaubezirken zeitweilig nach schlechten Ernten und Weinjahren eine Schärfe an, wie wir sie eben jetzt (1882/83) zu beklagen haben. Solche Calamitäten sind schon früher dagewesen, und sie werden sicherlich wiederkehren, so lange das Uebel nicht an der Wurzel angefaßt wird. Dies ist die unbeschränkte Naturaltheilung des Grund und Bodens, die Herrschaft des Flurzwangs und der Dreifelderwirthschaft Mangels eines Consolidationsgesetzes, welches eine rationelle Zusammenlegung der Grundstücke und die Ausführung zweckentsprechender Meliorationen ermöglicht. — Und warum beschränkt man die Theilbarkeit nicht auf ein Limitum? So ist es im Nassauischen und im Hessischen. Es würden dann nicht alle Kinder eines Kleinbauern wieder Bauern werden, sondern andere Berufszweige ergreifen und nicht in dem heimathlichen Dorfe bleiben.

Viel glücklicher gestalten sich die Wirkungen gleicher Ursachen in den Industriebezirken: hier ist der Land- und Gartenbau Nebengeschäft, die Industrie bietet genügend Gelegenheit zum Gelderdienst.

Die unbedingte Naturaltheilung kann also unter Umständen, nämlich überall dort, wo Nebenbeschäftigung, sei es durch Industrie oder andere Unternehmungen, gegeben ist, sei es auch in der Nähe der großen Städte, zum Segen, auf der anderen Seite aber auch zum Fluch werden, weil sie in rein landwirthschaftlichen Districten den Abzug der überflüssigen Arbeitskräfte mehr oder weniger verhindert."

## 7. Schlußresultat.

Das Resultat der oben gegebenen Uebersicht über die Art der Vererbung des land- und forstwirthschaftlich benutzten Grundeigenthums ist, in wenige Worte zusammengefaßt, folgendes.

75) Verhandlungen des preußischen L.O.C. von 1883, S. 423.

Nur in einem verschwindend kleinen Theile Deutschlands haben sich Spuren des altdeutschen Erbrechts (Warterecht der Intestaterben, Bevorzugung der Männer vor den Frauen, Communhausung) erhalten. In einem größeren Umfange findet sich auf den Bauerngütern das Anerbenrecht in seinen verschiedenen Formen in Anwendung. Für den bei weitem größten Theil des bäuerlichen Grundeigenthums im Deutschen Reich gelten jedoch principiell die Grundsätze des römischen Erbrechts, sei es nun, daß dasselbe unmittelbar als gemeines Recht oder mittelbar in der Form der neueren Codificationen auftritt, und auf dem linken und ausnahmsweise auch auf dem rechten Rheinufer (Großherzogthum Baden) behauptet das französische Erbrecht seine Herrschaft.

Der factischen Anwendung des gemeinen und französischen Intestaterbrechts auf das bäuerliche Grundeigenthum widersetzt sich aber noch auf weiten Strecken des Deutschen Reichs die bäuerliche Sitte. Mit großer Zähigkeit bedient sich der deutsche Bauernstand zu diesem Zweck der Gutsübertragungsverträge und ausnahmsweise auch der letztwilligen Verfügungen, der Erbschaftsauseinandersetzungen nach geschwisterlicher Taxe und anderer Hilfsmittel.

Während aber die Verbreitung des Familienfideicommisses in diesem Jahrhundert, wie wir oben zeigten, in langsamem aber stetigem Fortschreiten begriffen ist, gilt für das bäuerliche Anerbenrecht und die bäuerliche Vererbungssitte bis zum J. 1870 das umgekehrte, indem bäuerliches Recht und bäuerliche Sitte vor dem allgemeinen Erbrecht im Zurückweichen begriffen sind.

Dies erklärt sich einmal dadurch, daß die Geltung des bäuerlichen Anerbenrechts sich auf eine Anzahl zum Theil sehr kleiner Gebiete bezieht, die alle umgeben sind von Gebieten, in denen das allgemeine Erbrecht gilt. Dazu wurde dem bäuerlichen Singularrecht seitens der Wissenschaft und Gerichtspraxis bisher nur wenig Beachtung geschenkt, so daß die jüngeren Juristen und Verwaltungsbeamten, welche den Ort ihrer amtlichen Thätigkeit heutzutage häufig zu wechseln pflegen, keine genügende Kenntniß des Anerbenrechts besitzen und daher in zweifelhaften Fällen nach gemeinem Recht zu entscheiden pflegen.

Daß in dieser Hinsicht seit dem J. 1870 eine Aenderung eingetreten ist, wird weiter unten näher auszuführen sein.

Einen noch schwereren Stand gegenüber dem gemeinen Erbrecht hatte und hat auch noch gegenwärtig die auf die ungetheilte Erhaltung des Grundeigenthums in der bäuerlichen Familie gerichtete Vererbungssitte, wie sie sich in den Uebertragungsverträgen, in letztwilligen Verfügungen und Erbschaftsauseinandersetzungen äußert. Je entschiedener der Richter und namentlich der Vormundschaftsrichter das formale Recht gegenüber den Erwägungen der Billigkeit und des wirthschaftlichen Nutzens zur Geltung bringt, desto schwieriger wird es dieser Sitte, die in früherer Zeit nicht selten contra legem zur Anwendung gelangte, sich zu behaupten. Und auch der Individualismus unserer Tage, der durch die Freizügigkeit, die Auswanderung sowie überhaupt durch die locale Auseinanderreißung der einzelnen Familienglieder mächtig gefördert wird, ist dieser Sitte nicht günstig. Endlich bewirken auch die mit den Uebertragungsverträgen verbundenen wirthschaftlichen und sittlichen Mängel, daß dem gemeinen Erbrecht nicht nur hinsichtlich seiner principiellen Geltung, sondern auch hinsichtlich seiner factischen Anwendung immer weitere Gebiete zufallen.

Diesem wird demnach zweifellos in Zukunft auch auf dem Gebiet der Vererbung des land- und forstwirthschaftlich benutzten Grundeigenthums die ausschließliche Herrschaft gehören, wenn es der Gesetzgebung nicht gelingt, diesem langsam aber sicher sich vollziehenden Proceß Einhalt zu gebieten.

So stand denn der Staat um das Jahr 1870 vor der Wahl, ob er dem Zerbröckelungsproceß des das bäuerliche Grundeigenthum nur unvollkommen schützenden älteren Rechts und der älteren Sitte ruhig zusehen oder ob er Maßregeln ergreifen wollte, um die Ueberreste eines dem Wesen des bäuerlichen Grundeigenthums adäquaten Erbrechts vor dem gänzlichen Verfall zu schützen.

X.

# Die Reform des Anerbenrechts seit 1870.

## 1. Für und gegen die Uebertragungsverträge und das Anerbenrecht.

Das Resultat der im vorigen Abschnitt gegebenen Darstellung der Art, wie das bäuerliche Grundeigenthum um das Jahr 1870 im Deutschen Reich vererbt wurde, ist, daß die Bauerngüter noch vielfach der Vererbung nach dem gemeinen und dem demselben nachgebildeten Intestaterbrecht entzogen sind. Und zwar ist es hauptsächlich den Uebergabeverträgen und dem Anerbenrecht zu verdanken, wenn das bäuerliche Grundeigenthum noch immer zu einem großen Theil ungetheilt und durch Erbschaftsschulden nicht übermäßig belastet innerhalb derselben Familien von einer Generation auf die andere übertragen wird.

Das Anerbenrecht ist hauptsächlich über große geschlossene Gebiete des deutschen Nordwestens und Südostens, und außerdem über kleinere zerstreute Gebiete verbreitet; die Uebertragungsverträge kommen sowohl in den Ländern des gemeinen wie des Anerbenrechts vor, haben aber ihre größte Bedeutung für die Erhaltung des Bauernstandes im Nordosten, weil sie hier fast allein das bäuerliche Grundeigenthum vor den auflösenden Wirkungen des preußischen Landrechts schützen.

Zugleich constatirten wir, auf Grund vieler, aus den verschiedensten Theilen des Reichs stammender Zeugnisse, daß dieser Zustand der Vererbung keine Garantie seines Fortbestehens in der Zukunft bietet.

Will man daher die beiden obigen Institute in ihrer Wirksamkeit auch ferner erhalten, so müssen sie, soweit sie rechtlicher Natur sind, den bestehenden socialwirthschaftlichen Verhältnissen besser angepaßt werden, als sie es gegenwärtig sind oder vielmehr um das Jahr 1870 herum waren, und, soweit sie nur auf der Macht der Sitte beruhen, die rechtliche Sanction erhalten.

Eine solche Umbildung und Befestigung dieser Institute wird sich aber nur dann rechtfertigen lassen, wenn ihre socialwirthschaftliche Zweckmäßigkeit außer Zweifel steht.

Mit der Untersuchung dieser Frage haben wir es nun in dem vorliegenden Abschnitt zu thun.

Zu diesem Zweck wenden wir uns zunächst der Betrachtung der Uebertragungsverträge zu und lassen hierauf die Besprechung des Anerbenrechts folgen.

## A. Socialwirthschaftliche Analyse der Gutsübertragungsverträge.

Auf die Erhaltung der Gutsübertragungsverträge wird namentlich seitens der Gegner des Anerbenrechts ein großes Gewicht gelegt, indem sie annehmen, daß der durch das Anerbenrecht angestrebte Zweck der ungetheilten und unbeschwerten Erhaltung des Grundeigenthums in der Familie auch durch die Gutsübergabe vollständig erreicht wird und zwar ohne daß zugleich die mannigfachen Schäden in den Kauf genommen zu werden brauchen, die dem Anerbenrecht eigen sein sollen.

Diese Ansicht ist neuerdings bei Berathung der für einzelne preußische Provinzen bestimmten Höfegesetze und Landgüterordnungen wiederholt zu Tage getreten und insbesondere auch von den Oberlandesgerichten der Provinzen Westphalen, Brandenburg und Schlesien vertreten worden. Ihren frühesten und zugleich entschiedensten Ausdruck hat sie jedoch bereits in einer aus der Feder des verstorbenen Oberlandesgerichtsraths Dr. Waldeck stammenden kleinen Schrift: „Ueber das bäuerliche Erbfolgegesetz in der Provinz Westphalen", Arnsberg 1841, sowie in zwei Voten der preußischen Minister von Mühler vom 29. Juni 1842 und von Savigny vom 20. August 1842, betreffend die Revision des Gesetzes über die bäuerliche Erbfolge in der Provinz Westphalen vom 13. Juli 1836, gefunden[1]).

Namentlich v. Savigny macht für die Gutsübertragungsverträge in dem oben erwähnten Votum Folgendes geltend.

Die Höfenachfolge in Gemäßheit der Gutsübertragungsverträge habe mit der Succession in Gemäßheit des Anerbenrechts gemein, daß durch diese beiden Successionsarten sowohl der Naturaltheilung als auch der Ueberbürdung des Hofs mit drückenden Abfindungen erfolgreich entgegengewirkt werde; v. Savigny gesteht zugleich zu, daß dieser Erfolg bei der gewöhnlichen gemeinrechtlichen u. s. w. Intestaterbfolge nicht in demselben Maße erreicht werde.

Indeß wird die socialwirthschaftliche Gleichwerthigkeit der Gutsübertragungsverträge mit dem Anerbenrecht durch die Erfahrung nicht durchweg bestätigt.

Was zunächst die Verhütung der Naturaltheilung der zum Nachlaß gehörigen ländlichen Besitzungen durch die Gutsübertragungsverträge betrifft, so findet sie allgemein nur in denjenigen Ländern statt, in denen sich die Sitte der Uebergabe der Besitzungen zu Lebzeiten der Eltern an eins der Kinder an das Anerbenrecht als Intestaterbrecht anlehnen kann. Auf dem Grunde des gemeinen u. s. w. Intestaterbrechts dagegen pflegt die Gutsübergabe sich auch wohl mit der Naturaltheilung zu verbinden, wie wir oben auf S. 191 und 192 an einer Anzahl von Beispielen gezeigt haben.

1) Diese beiden Voten finden sich abgedruckt als Anlage zu dem von der preußischen Staatsregierung dem Landtage vorgelegten Entwurf einer Landgüterordnung für die Provinz Westphalen nebst Begründung (Drucksachen des preußischen Herrenhauses, Sitz.-Per. 1882 Nr. 16).

Und noch geringer hat sich, namentlich in der jüngsten Zeit, der durch die Gutsübergabe bewirkte Schutz gegen die Ueberbürdung des Gutsübernehmers mit Erbtheilungsgeldern erwiesen. Als Beleg hierfür führen wir unten eine Reihe aus verschiedenen Theilen des Reichs bekannt gewordener Fälle von Uebernahmeverpflichtungen an. Dieselben scheinen auf den ersten Blick exceptioneller Natur zu sein, sind es aber nicht, indem in den meisten der uns vorliegenden und unten angezogenen Berichte über die zu hohen, nach dem Verkehrswerth der übertragenen Grundstücke bemessenen Verpflichtungen des Gutsübernehmers geklagt wird. Und zwar wird in vielen dieser Berichte bemerkt, daß die Uebernahmepreise selbst in Gegenden, in denen sie früher niedrig gewesen sind, neuerdings, namentlich auf Andringen der Geschwister des Gutsübernehmers, sehr hoch hinaufgeschraubt zu werden pflegen.

Sodann wird den Gutsübertragungsverträgen nachgerühmt, daß ihnen eine hohe wirthschaftliche Zweckmäßigkeit zu Grunde liege[2]). Hierdurch allein sei es auch zu erklären, daß diese Verträge früher von den Guts- und Landesherrn allgemein befördert worden sind und noch gegenwärtig von der Gesetzgebung begünstigt werden.

Diese wirthschaftliche Zweckmäßigkeit soll in folgendem bestehen.

Dem Bauer, dem die persönliche Leitung und Beaufsichtigung seiner Wirthschaft sowie größtentheils auch die Vorarbeit in derselben obliegt, ist die Erfüllung dieser seiner Aufgabe nur bei voller Rüstigkeit in körperlicher und geistiger Beziehung möglich.

Nehmen seine Kräfte ab, so liegt es im Interesse der bäuerlichen Wirthschaft, daß das Bauerngut in die jüngeren Hände des muthmaßlichen Erben übergehe, und zugleich im Interesse der Sittlichkeit, daß der Gutsnachfolger, welcher bäuerlicher Sitte gemäß gewöhnlich auf dem Gut selbst wohnt, nicht zu spät selbständig werde. Nun lasse sich die Entlastung des alternden Bauern von den Geschäften der Wirthschaft wohl auch dadurch erreichen, — und dieses Auskunftsmittel gelangt, wie wir im vorigen Abschnitt zeigten, bereits gegenwärtig bisweilen zur Anwendung — daß er seinen Hof im Alter an einen Dritten oder an seinen Nachfolger verpachtet. Indeß sei grade beim mittleren und kleinen Grundbesitz jene wunderbare Kraft nur schwer zu entbehren, die der Selbstbewirthschaftung durch den Eigenthümer innewohnt, jene Kraft, der Arthur Young nachrühmt, „daß sie Hunger und Durst, Hitze und Kälte geduldig ertragen hilft und zu unverdrossener Arbeit früh und spät anspornt". Daher sei es durch das allgemeine, volkswirthschaftliche Interesse gerechtfertigt, daß der Bauer sein Gut an seinen Nachfolger abgiebt, wenn er seine Kräfte schwinden fühlt.

Diese für die Gutsübertragungsverträge behauptete wirthschaftliche Zweckmäßigkeit kann zwar nicht bestritten, muß aber wohl etwas eingeschränkt werden.

Denn sie trifft nur für diejenigen Bauern zu, die in ihrer Wirthschaft selbst Hand anlegen und harte Arbeit thun müssen. Das sind aber in der Regel nur die kleineren Bauern, während die größeren und zum Theil wohl auch schon die mittleren Bauern sich auf die Leitung und Beaufsichtigung der inneren Wirthschaft und die Besorgung der äußeren Geschäfte beschränken. So heißt

2) Turot, L'enquête agricole de 1866—70, Paris 1871, S. 30—35.

es z. B. von den märkischen Bauern, daß sie sich zum Theil in einer Lage befinden, die es ihnen ermöglicht, sich auf die Beaufsichtigung ihrer Wirthschaft zu beschränken. Da sie selbst fast gar nicht mehr Hand anlegen, so wären sie noch in hohen Jahren geeignet, ihre Wirthschaft fortzuführen. Trotzdem pflegen auch diese gut gestellten Bauern bereits früh in den Altentheil zu gehen[3]).

Und für den engeren Kreis der bäuerlichen Bevölkerung, für den die innere Zweckmäßigkeit der Uebertragung des Hofes durch den alternden Vater an den jugendkräftigen Sohn zweifellos feststeht, muß doch auch die Kehrseite dieses Vorzugs ins Auge gefaßt werden. Denn in dem Bilde, das die Uebertragungsverträge in der Praxis der Gegenwart zeigen, lassen sich, wie ein neuerer Beurtheiler derselben sagt[4]), bisweilen nicht einmal mehr die Spuren derjenigen Idee wiedererkennen, die ihrer Entstehung zu Grunde lag.

Da die Gutsübertragungsverträge nach den obigen Ausführungen (S. 163, 171) nicht nur den Zweck haben, dem Bauer, wenn er seiner Wirthschaft nicht mehr vorstehen kann, die wohlverdiente Ruhe zu verschaffen und dem Hof zugleich eine frische Arbeitskraft zuzuführen, sondern auch — namentlich in denjenigen Ländern, in denen das allgemeine Erbrecht auch für die Bauerngüter gilt und in denen diese Verträge mithin die größte Bedeutung haben — den bäuerlichen Besitz vor unwirthschaftlicher Zerstückelung und Ueberlastung sowie vor dem Hinaustreten aus der Familie zu schützen, so kommt es vor, daß der Bauer, um die Zukunft seines Hofs vor unerwünschten Zufällen sicher zu stellen, denselben möglichst früh, zu einer Zeit, in der er noch bei vollen Kräften ist, abgiebt. Nicht selten führen auch Trägheit und Genußsucht des Bauern zur allzufrühzeitigen Uebergabe seines Guts.

Dadurch aber geht der Volkswirthschaft die Arbeitskraft des Bauern zu einer Zeit verloren, in der er bisweilen erst die nöthige Reife erlangt, um seine Erfahrungen zu verwerthen.

Haben sich die Eltern vollends bei der Gutsübertragung ein Geldcapital oder eine Geldrente ausbedungen, so werden sie dadurch nur zu leicht zu einem müßigen Rentnerleben in der Stadt verleitet, das durchaus nicht begünstigt zu werden verdient.

Während nur aus Bayern berichtet wird, daß dort die Eltern mit der Uebergabe ihres Guts so lange wie möglich zu zögern suchen, wird über die zu frühzeitige Gutsübergabe mit allen ihren verderblichen Consequenzen neuerdings aus sehr vielen Theilen des Deutschen Reiches: aus dem badischen Schwarzwalde, aus dem badischen und hessischen Odenwalde[5]) u. s. w., namentlich aber aus den Ländern mit slavischer, polnischer nnd litthauischer Bevölkerung geklagt.

So heißt es aus dem Regierungsbezirk Gumbinnen[6]), daß der Litthauer geneigt ist, sich so früh wie möglich zur Ruhe zu setzen.

---

3) v. Winterfeld-Menckin in der Sitzung des Herrenhauses vom 11. Januar 1883. Sten. Ber. S. 18.

4) O. Boldt, Die Agrarischen Fragen der Gegenwart, Berlin 1883, S. 106.

5) Vogelmann, Die Forstpolizeigesetzgebung bezüglich der Privatwaldungen im Großherzogthum Baden, Karlsruhe 1871.

6) Stöckel in Bäuerliche Zustände, Bd. 2 S. 323, 341.

Und aus den übrigen Theilen der Provinz Ostpreußen[7]) wird berichtet, daß auch unter den deutschen Bauern sich namentlich die schlecht situirten, oft noch im besten Mannesalter stehenden Wirthe beeilen, einem Erben das Grundstück zu übergeben, um durch eine reiche Heirath desselben Geld in die Wirthschaft zu bekommen.

Aehnlich lauten die Nachrichten aus Westpreußen[8]). In einem aus dieser Provinz stammenden Berichte heißt es, daß früher, bis vor etwa 30 Jahren, der bäuerliche Besitzer sich bis zu seinem 70. oder 80. Jahre in Thätigkeit hielt. Er versorgte durch Aussteuer und Vermögensmitgabe aus eigen erworbenen Mitteln seine Kinder und überließ in der Regel dem jüngsten die Wirthschaft mit der Altentheilsverpflichtung. Heute dagegen, wo die Güterpreise in die Höhe getrieben worden sind, halten sich die meisten Eigenthümer für wohlhabend, leben danach, vergessen das Erwerben und übergeben mit 40—50 Jahren, selten später, dem zuerst herangewachsenen Sohne die Wirthschaft, der dann die wenig beneidenswerthe Verpflichtung hat, den jüngeren Geschwistern ihre Erbantheile auszuzahlen und die noch jungen Altentheiler 20—30 Jahre lang zu ernähren.

Auch aus der Provinz Brandenburg[9]) heißt es, daß der Bauer noch bei voller Rüstigkeit einen Ueberlassungsvertrag abzuschließen pflegt, seine Kinder abfindet und mit seiner Frau in den Altentheil geht. Er würde im Stande sein, noch 10—20 Jahre zu wirthschaften, zieht sich aber gleichwohl bereits zurück, wenn der Sohn, dem er sein Gut übergeben will, vom Militär entlassen, nach Hause kommt.

Und aus der Provinz Posen[10]) wird berichtet, daß der polnische Bauer hier ohne den Ernst des Lebens und seine Aufgaben erfaßt zu haben zwischen dem 20. und 26. Lebensjahre zu heirathen pflegt. Seine zahlreiche Familie, der geringe Sinn für Erwerb und Sparsamkeit sowie der angeborene Zug zu einem behaglichen Müßiggang verleiden ihm bereits um das fünfzigste Lebensjahr herum die Arbeit. Das Ergebniß seiner Selbstbetrachtung ist dann: „Was soll ich mich weiter quälen, der Junge ist so alt wie ich war, als ich die Wirthschaft übernahm; er soll heirathen und ich wohne bei ihm." Um diesen Entschluß auszuführen und sich eine behagliche Existenz zu gründen, wird dann ein Ausgedinge ausgemacht, welches oft dem Werth des ganzen Reinertrags der Wirthschaft gleichkommt. So leben die Eltern sorgenlos, und die Kinder darben.

Ein fernerer mit den Gutsübergabeverträgen verbundener Mißstand besteht darin, daß durch vorzeitige Uebergabe des Bauernhofs das zu frühe Heirathen des Gutsnachfolgers befördert wird. Jeder Bauernsohn fühlt das Bedürfniß zu heirathen, sobald er „vom Militär los" ist, und er findet es durchaus in der Ordnung, daß ihm die Eltern zu diesem Zweck sofort die Wirthschaft abtreten[11]).

---

7) Kreiß in Bäuerliche Zustände Bd. 2 S. 297.

8) Oemler in Bäuerliche Zustände Bd. 2 S. 243.

9) v. Winterfeld-Menckin in der Sitzung des Herrenhauses vom 11. Januar 1883. Sten. Ber. S. 18.

10) v. Nathusius in Verhandlungen des preußischen L.O.C., Berlin 1883, S. 163.

11) O. Boldt a. a. O. S. 106.

Auch erweisen sich die Bestimmungen der Uebergabeverträge, sofern sie von den Eltern in ihren besten Jahren abgeschlossen werden, bei dem oft erst lange nachher erfolgenden Tode derselben, häufig als unangemessen. So namentlich, wenn der Gutsübernehmer sich verheirathet und noch bei Lebzeiten der Eltern stirbt. Der Hof gelangt dann, während die Eltern vielleicht noch rüstig sind, in vormundschaftliche Verwaltung oder gar in die Verwaltung des zweiten Ehemanns der angeheiratheten Ehefrau.

Ein weiterer mit den Gutsübergabeverträgen verbundener Uebelstand besteht in den hohen Verpflichtungen, welche den Gutsübernehmern namentlich in neuerer Zeit auferlegt zu werden pflegen. Und nicht überall ist diese Höhe nur eine scheinbare, so daß die Eltern nur dann von ihrem Rechte Gebrauch machen, wenn ihnen seitens der Kinder die gewünschte und erwartete Behandlung nicht zu Theil wird.

So wird aus dem Herzogthum Sachsen-Altenburg berichtet, daß das Leibgedinge allerdings in der Regel sehr hoch zu sein pflegt[12]); doch beabsichtigt der Gutsübergeber durchaus nicht immer, das Ausbedungene auch wirklich zu fordern, indem die hohe ausbedungene Verpflichtung für ihn nur die Bedeutung eines Drohmittels gegenüber dem sich undankbar zeigenden Anerben hat. Unter hundert Fällen soll hier nur einer vorkommen, in dem der Auszug vollständig gegeben werden muß. Dieser Fall tritt gewöhnlich nur dann ein, wenn der Auszügler das Gut verläßt, indem er dann seinen Anspruch auf ein Geldäquivalent für seinen Verzicht auf die Naturalbezüge geltend macht.

---

12) Wir lassen als Beleg für das im Text Gesagte folgendes aus den vierziger Jahren stammende Beispiel eines altenburgischen Uebergabevertrags folgen.

Ein Auszügler, welcher seinem Sohn ein vierspänniges Frohngut von 240 pr. Morgen für eine Summe von 24 000 Thalern (Assecuranzwerth 14 000 Thaler) übergab, hatte sich von demselben außerdem contractlich ausbedungen:

1. die alleinige Benutzung der Oberstube und Kammer eine Treppe hoch,
2. den Mitgebrauch der Küche, des Kellers und Gewölbes,
3. die Mitbenutzung der Hälfte des Gemüsegartens,
4. den vierten Theil des Obstes vom Grasgarten,
5. das unentgeltliche Waschen der Wäsche,
6. freies Brennholz und Salz,
7. alle erforderlichen Fuhren,
8. ein jährliches Taschengeld von 52 Thalern,
9. an Vieh, Getreide und sonstigen Victualien alle Jahre:

| | | | | | |
|---|---|---|---|---|---|
| an Vieh: | 2 | fette Schweine à $1^1/_5$ Ctr., | an Getreide: | 6 | Scheffel Weizen berl. Maß, |
| | 4 | Gänse, | | $16^4/_5$ | „ Roggen, |
| | 4 | Hühner, | | $7^1/_2$ | „ Gerste, |
| | 25 | Paar junge Tauben, | | 2 | „ Erbsen, |
| | 104 | Pfd. Rindfleisch; | | 10 | „ Kartoffeln; |

| | | | | | |
|---|---|---|---|---|---|
| an sonstigen Victualien: | 140 | St. Butter, | außerdem: | 540 | Quart gutes Bier, |
| | 360 | Stück Eier, | | 10 | „ Brennöl. |
| | 60 | „ Ziegenkäse, | | | |
| | 180 | „ kleine Kuhkäse, | | | |
| | 108 | Quart Sahne, | | | |
| | 130 | „ gute Milch, | | | |
| | 8 | „ Quark, | | | |
| | 60 | „ Sauerkraut. | | | |

Es hat der Anerbe somit ein unmittelbares Interesse seine Eltern gut zu halten, denn er würde sich selbst strafen, wenn er es nicht thäte. Daher pflegt es nicht selten vorzukommen, daß ein Auszügler seine zuvor übel behandelten Eltern bittet, wieder zu ihm zurückzukehren. In der Regel besteht deshalb ein freundschaftliches Verhältniß zwischen dem Auszügler und dem Anerben. Die Auszügler gehen fast durchschnittlich mit an des Gutsbesitzers Tisch, genießen dieselbe Kost wie er und nehmen dann höchstens das Kleidergeld und Obst in Anspruch.

Dagegen wird aus dem badischen Odenwalde[13]) mitgetheilt, daß sich die Bauern dort im kräftigsten Mannesalter in den Ruhestand begeben und den ältesten Sohn mit einer unerhört hohen und zwar wirklichen, nicht fictiven Pension belasten. Und auch aus den übrigen Theilen des Großherzogthums Baden mehren sich neuerdings die Klagen über die zu hohen Annahmepreise der bäuerlichen Güter. Gegenwärtig sollen die Uebernahmepreise außer allem Verhältniß zu dem Ertragswerthe stehen und sich nach den höchstmöglichen Verkaufspreisen richten, so daß das ausbedungene Leibgeding nicht selten die ganze Rente des Guts absorbirt. Nach den in neuester Zeit für 36 Hofgüter des badischen Schwarzwalds angestellten Berechnungen stellt das Leibgeding im Durchschnitt eine Belastung von 2,3 % des Kaufpreises (Uebernahmegeldes) dar. Wenn letzteres außerdem mit mindestens $3^1/_2$ % verzinst werden muß, so sind jährlich etwa 5,8 % des Uebernahmepreises an Zinsen aufzubringen. Das kann aber nach den gegenwärtigen Rentabilitätsverhältnissen kein Gut auf die Dauer leisten, es sei denn daß eine vortheilhafte Heirath des Anerben eine gänzliche oder theilweise Abtragung der Schuld ermöglicht.

Auch aus Bayern, namentlich aus Mittelfranken, aus Würtemberg, Sachsen u. s. w. wird über die steigende Höhe der von dem Gutserben übernommenen Verpflichtungen geklagt.

Desgleichen macht sich im Nordosten derselbe Uebelstand geltend.

Wird doch für die Provinz Posen[14]) namentlich hinsichtlich der kleineren polnischen Bauern constatirt, daß das von ihnen verabredete Ausgedinge eine enorme Höhe erreicht und aus einer Anzahl von Dingen besteht, die in der vereinbarten Menge und Güte gar nicht immer vorhanden sind und deshalb oft gar nicht geliefert werden können. Als Beleg für das Gesagte seien zwei Beispiele angeführt.

Zunächst berichtet der Landrath des Kreises Obornik folgendes: Ich kaufte vor mehreren Jahren eine Wirthschaft von 6,5 ha und gab für dieselbe, weil sie für mein Gut äußerst bequem lag, den an und für sich hohen Preis von 2600 Mark. Auf der Wirthschaft waren 200 Mark eingetragen und außerdem lastete auf derselben ein Ausgedinge bestehend aus 15 verschiedenen Posten (darunter jährlich: 3 fette Gänse, jede von wenigstens 11 Pfd., 10 Pfd. Butter, 12 Pfd. geräucherter Speck, das erforderliche klein gehauene Back- und Brennholz, ferner täglich $^1/_2$ Quart süße und $^1/_2$ Quart saure Milch u. s. w., außer dem üblichen Ausmaß Getreide und den Beeten zurechtgemachten Landes). Bei

13) Vogelmann, Die Forstpolizeigesetzgebung bezüglich der Privatwaldungen im Großherzogthum Baden, Karlsruhe 1870, S. 91. Buchenberger in Bäuerliche Zustände in Deutschland, Bd. 3, S. 269, 289, 176.

14) v. Nathusius in Bäuerliche Zustände, Bd. 3, S. 29, 30.

nur mäßigen Sätzen giebt dies einen jährlichen Aufwand von 186 Mark oder 7 vom 100 des sehr hohen Kaufpreises.

Diesem Beispiel fügt der Landrath des Wollsteiner Kreises ein anderes hinzu:

Auf einer ca. 9 ha großen Wirthschaft leichten Bodens ruhte ein Leibgedinge bestehend aus freier Wohnung, 11½ Scheffeln verschiedenen Getreides, 2 Vierteln gestampfter Hirse, 9 Beeten Land, Nutzung des Gartens, 3 Klaftern Holz mit freier Zufuhr, einer Kuh in freier Weide, einem gemästeten Schwein und einem Thaler zu Salz. Mit diesem Ausgedinge wurde die Wirthschaft verkauft. Der Käufer sah bald ein, daß er nicht bestehen konnte, ließ noch ein zweites Ausgedinge eintragen, bestehend aus freier Wohnung, 17 Scheffeln Getreide, ½ Scheffel Hirse, 30 Scheffeln Kartoffeln, 2 Beeten Land, einer Kuh in freier Weide, einem gemästeten Schwein und freier Wäsche, und verkaufte die Wirthschaft weiter an einen anderen Bauer. Dieser wurde in kürzester Zeit bankerott und verlor nicht nur diese, sondern auch seine ursprüngliche Wirthschaft.

Ebenso wird aus Westpreußen[15]) berichtet, daß die Altentheile oft in unerschwinglicher Höhe eingetragen werden.

Die hohen Verpflichtungen werden von den Gutsübernehmern gewöhnlich übernommen, um möglichst früh in den Besitz des elterlichen Guts zu gelangen, wobei sie von der — häufig irrigen — Voraussetzung ausgehen, daß ihnen ein Theil derselben erlassen werden, oder doch, daß in Folge des baldigen Todes der Eltern die übernommene Last nur von kurzer Dauer sein wird.

6) Tritt nun der erstere Fall gar nicht ein oder der zweite später als erwartet wurde und erweisen sich die übernommenen Verpflichtungen als sehr drückend, so macht sich nicht selten eine Verstimmung in dem Verhältniß zwischen Eltern und Kindern geltend, eine Verstimmung, die dann gelegentlich zum Streit, zu Thätlichkeiten und Prozessen, ja zu Verbrechen führt.

Freilich pflegen diese Folgen nicht überall die gleichen zu sein. Spiegelt sich doch in der Art der Uebernahme der Verpflichtungen, namentlich aber in ihrer Ausführung das wirthschaftliche, intellectuelle und sittliche Culturniveau der Bevölkerung ab.

Dieselben Verschiedenheiten, die im Großen im Deutschen Reich zu Tage treten, finden sich bisweilen auch auf engem Raum neben einander vor.

So lautet das Urtheil über unseren Gegenstand sehr verschieden für die einzelnen Theile Bayerns[16]). Während in der Oberpfalz Streitigkeiten zwischen Eltern und Kindern, die schließlich vor das Gericht gelangen, nicht häufig zu sein pflegen, pflegt in Ober- und Niederbayern die Gutsübergabe zu groben Ausbrüchen der Rohheit und des Undanks zu führen, und gehören Zwistigkeiten zwischen dem Uebergeber und Uebernehmer hier keineswegs zu den Seltenheiten.

Aus der Provinz Sachsen[17]) und aus Westphalen heißt es: Nur selten komme es vor, daß Eltern und Kinder feindselig gegen einander auftreten, gewöhnlich helfen sie einander mit Rath und That und bilden einen gemeinsamen Haushalt.

---

15) Demler in Bäuerliche Zustände, Bd. 2, S. 243.
16) Vgl. die oben auf S. 154 angeführten Citate aus der Bavaria.
17) Gerland in Bäuerliche Zustände, Bd. 2, S. 135.

Auch aus einem Theil der Provinz Ostpreußen (dem Regierungsbezirk Gumbinnen)[18]) wird berichtet, daß das Verhältniß der deutschen Altsitzer und ihrer Wirthsleute bei gegenseitigem billigen Entgegenkommen im Allgemeinen ein friedliches ist und daß der Bauer trotz mancher schlimmen Beispiele in einzelnen Fällen mit besonderer Vorliebe an dieser Einrichtung hängt.

Viel häufiger als solchen günstigen, begegnen wir dagegen ungünstigen Urtheilen über die Wirkungen der Uebergabeverträge auf das Familienleben.

So wird aus dem Herzogthum Meiningen[19]) berichtet, daß in der Gutsabtretung bisweilen eine Quelle übermäßiger Belastung der Wirthschaft des Besitzers und jedenfalls der Anlaß zu vielem Verdruß und Streit, zuweilen auch zu Rechtshändeln liegt.

In Westpreußen[20]) haben ebenfalls die sehr hohen Altentheile Unzufriedenheit unter den Parteien im Gefolge. Diese führt dann wieder leicht zu Prozessen. „Solche Verhältnisse bringen nicht allein eine starke Demoralisation des Bauernstandes mit sich; sie führen auch schwere finanzielle Schädigungen herbei, die eine gewichtige Ursache der Verschuldung und des Ruins der bäuerlichen Besitzung abgeben."

In der Provinz Ostpreußen[21]) finden die Uebergabeverträge zwar im Allgemeinen, wie wir eben erwähnten, eine günstigere Beurtheilung als in den übrigen Provinzen. Aber auch hier heißt es, daß wenn der Altentheil in der Regel von den Eltern nicht in Anspruch genommen wird, dies doch ausnahmsweise dann geschieht, wenn Zerwürfnisse in der Familie eintreten oder wenn das Grundstück zum Verkauf kommt. Solche Fälle führen dann nicht selten zu Streitigkeiten und Processen. Ja aus dem Regierungsbezirk Gumbinnen wird wenigstens über die litthauischen Bauern berichtet, daß aus ihrer Neigung, sich so früh wie möglich zur Ruhe zu setzen, zahlreiche Processe entspringen. Auch wird in den frühzeitigen Uebergaben ein Grund dafür erblickt, daß die kleinen litthauischen Bauern rasch verschwinden und die Grundstücke nach und nach in deutsche Hände übergehen. Ein gespanntes Verhältniß zwischen dem Bauer und dem Altsitzer mit all seinen unangenehmen Folgen tritt aber in der Regel namentlich dann ein, wenn der Bauer mehrere solche Altsitzer zu versorgen hat. So wird aus Ostpreußen gemeldet[22]), daß der neue Besitzer zuweilen 2—3 Altsitzer zu ernähren und von dem Grundstück mehr abzugeben hat, als er mit Mühe aufbringen kann und daß in diesem Falle sowie vollends wenn der Hof durch Todesfall oder Verkauf an eine fremde Person gekommen ist, das Verhältniß derselben zu den Altsitzern regelmäßig ein schlechtes zu sein pflegt.

Endlich wird auch aus der Provinz Posen berichtet, daß das frühe Sich-zur-Ruhe-setzen der Bauern und die sehr hohen Ausgedinge häufig den Unfrieden ins Haus bringen. Dieser giebt dann wieder Veranlassung zu Processen und selbst zu Verbrechen. Solche Processe werden nicht selten gegen den Besitzer von Juden geführt, nachdem sich diese die Leibgedinganspruche haben abtreten lassen. Der Ruin der Besitzer pflegt dann schließlich das unabwendbare Resultat zu

18) Stöckel in Bäuerliche Zustände, Bd. 2, S. 341.
19) Heim in Bäuerliche Zustände, Bd. 1, S. 9.
20) Oemler in Bäuerliche Zustände, Bd. 2, S. 283.
21) Kreiß in Bäuerliche Zustände, Bd. 2, S. 243.
22) Kreiß in Bäuerliche Zustände, Bd. 2, S. 297, 341.

sein. Die hohen Ausgedinge geben aber nicht nur Anlaß zu vielen Processen, sondern auch zu Verbrechen gegen die Gesundheit und das Leben des Auszüglers.

Der Landrath von Nathusius[23]), von dem dieses Urtheil herstammt, scheut sich denn auch nicht, auf Grund seiner in der Provinz Posen gemachten Erfahrungen, die Ausgedinge als „einen Krebsschaden des Bauernstandes" zu bezeichnen. Zu einem ähnlichen Resultate gelangt ferner Eugen Jäger[24]) auf Grund von Wahrnehmungen, die er namentlich in der bayerischen Pfalz gemacht hat, indem er das heutige Auszüglerwesen als einen „langsamen Elternmord" bezeichnet.

Sind die schlimmen Folgen der Uebergabeverträge in Ländern, in denen dieselben von der Gesetzgebung als Rechtsgeschäfte inter vivos aufgefaßt werden, auf das Verhältniß des Gutsübernehmers zu dem Auszügler beschränkt, so erstrecken sie sich unter der Herrschaft einer Gesetzgebung wie der des Code civil auch auf die Geschwister des Gutsübernehmers.

Hierüber äußert sich ein praktischer Jurist[25]) dahin, daß es ein gewagtes Unternehmen ist, wenn deutsche Bauern — in Gegenden, in denen die Gutsübergabe als successio anticipata aufgefaßt wird, wie z. B. in den Ländern des Code civil, aber auch in einigen Ländern mit gemeinem Recht, wie z. B. in Kurhessen — gegen die Consequenzen des Pflichttheilsrechts dadurch ankämpfen, daß sie ihre Stellen durch verschleierte Verträge vor der gleichen Theilung unter sämmtliche Erben zu bewahren und in der Familie zu erhalten suchen. Denn sie bringen dadurch sich und ihre Nachfolger in Gefahr, in Processe verwickelt zu werden. Und auch sonst wird aus den Kreisen rheinischer Richter und Anwälte über die vielen Processe berichtet, die aus solchen Verträgen zwischen dem Gutsübernehmer und seinen Geschwistern entspringen, und von der Schwierigkeit, die für den Richter darin besteht, solche Verträge gegen ihre Anfechtung aufrecht zu erhalten.

Aehnliche Folgen wie die Gutsübertragungsverträge in Deutschland hat der partage d'ascendants in Frankreich.

Von der unter Napoleon III. tagenden Agrar-Enquête-Commission[26]) wurde festgestellt:

1) daß der partage d'ascendants häufig Streitigkeiten zwischen den Eltern und den Gutsübernehmern, sowie zwischen diesen und ihren Geschwistern veranlaßt, namentlich weil er nur das zur Zeit der Theilung vorhandene Vermögen umfaßt und daher häufig ergänzende Theilungen nothwendig macht,

2) daß die Kinder aus Furcht, die Eltern möchten sie bei der Vertheilung der quotité disponible übergehen, ihre Zustimmung auch dann zu den Verträgen ertheilen, wenn diese ihren Interessen zuwider sind,

3) daß die Uebergabeverträge fast nur unter den unteren Classen vorkommen und den Eltern gewöhnlich ein trauriges Schicksal eintragen, indem sie

---

23) v. Nathusius in Bäuerliche Zustände, Bd. 3 S. 29. Derselbe in den Verhandlungen des preußischen L.O.C. von 1883 S. 164.

24) E. Jäger, Die Agrarfrage der Gegenwart Abth. 2, Berlin 1884, S. 371.

25) Meyersburg, Gutachten für den 14. deutschen Juristentag über die Frage, ob und in wie weit die Testirfreiheit u. s. w. beschränkt werden soll. Vgl. Verhandlungen des 14. deutschen Juristentages, Berlin 1878, S. 64.

26) Turot, L'enquête agricole de 1866—70, Paris 1871, S. 30—35.

nach der Vermögensübergabe bald bei dem einen, bald bei dem anderen ihrer Kinder zu wohnen und dort gewöhnlich wie Dienstboten rücksichtslos behandelt zu werden pflegen. Ja auch aus Frankreich wird ebenso wie aus verschiedenen Theilen Deutschlands berichtet, daß die Kinder sich ihrer auf dem Altentheil sitzenden Eltern bisweilen zu entledigen suchen, ihren Tod herbeiwünschen und es nicht immer nur bei dem Wunsch bewenden lassen.

Um diese Nachtheile der Gutsübertragungsverträge zu beseitigen oder doch zu vermindern, hat man neuerdings eine Reform der sich auf diese Verträge beziehenden Gesetzgebung in Vorschlag gebracht. Und zwar wollen die einen, indem sie an die ältere obsolet gewordene Gesetzgebung anknüpfen, für die Verträge Normativbestimmungen einführen, die anderen dagegen diese Verträge nur in der geldwirthschaftlichen Form zulassen[27]).

Die Wiedereinführung von Normativbestimmungen, durch welche bestimmt würde, daß die Gutsübertragung erst von einem bestimmten Lebensjahre des Gutsübergebers (etwa dem erreichten 60sten) an stattfinden dürfe und durch welche bestimmte Maxima für die zu übernehmenden Verpflichtungen aufgestellt würden, könnte in einer Zeit allgemeiner Verkehrsfreiheit nicht anders denn als lästige persönliche Beschränkung empfunden werden. Zudem würde durch die Schablonenhaftigkeit solcher Normativbestimmungen der den Gutsübertragungsverträgen nachgerühmte Vorzug, daß sie sich besser als das Intestaterbrecht an die Individualität jedes einzelnen concreten Falls anzuschmiegen vermögen, verloren gehen.

Die Ueberleitung der Gutsübertragungsverträge in die geldwirthschaftliche Form läßt sich durch die Gesetzgebung nicht erzwingen und würde — wenn wirklich durchgeführt — zwar manche diesen Verträgen anklebenden Mängel beseitigen oder doch vermindern, aber dafür wieder andere Mängel neu entstehen lassen. So würden die Reibungen und Zwistigkeiten zwischen dem Gutsübernehmer und Gutsübergeber durch ihre freiere Stellung zu einander zwar vermindert, aber dafür dem Gutsübernehmer noch weit drückendere Lasten auferlegt werden. Denn da der bäuerliche Betrieb den naturalwirthschaftlichen Charakter (Beschäftigung hauptsächlich von Familiengenossen, Verzehrung des größten Theils der selbsterzeugten Producte) wohl niemals ganz abschaffen wird, so werden in Geld zu leistende Verpflichtungen für den Bauer immer drückender sein als Naturalleistungen, zumal die gegenwärtig als Compensation eintretenden mancherlei Hilfeleistungen der Eltern im Hause und in der Wirthschaft dann auch meist wegfallen würden. Ferner würde die unabhängigere Stellung der Eltern dieselben noch früher zur Uebergabe ihrer Güter veranlassen als gegenwärtig. Und endlich würde eine gänzlich unproductive, die Städte um ein wenig nützliches Element bereichernde Classe von Bauernpensionären geschaffen werden.

So gelangen wir denn zu der einzig möglichen Alternative, daß die Gutsübertragungsverträge entweder in ihrer gegenwärtigen Gestalt beizubehalten, oder zu beseitigen sind, indem im letzteren Fall die Gesetzgebung ihnen die gegenwärtig bestehende Förderung und Begünstigung entziehen müßte.

Sint ut sunt aut non sint.

---

27) G. Habermann, Studien über Agrargesetzgebung und die Pflege landwirthschaftlicher Interessen in Oesterreich, Wien 1872, S. 39.

Anfänge zu einer Einengung und Beschränkung der Gutsübertragungsverträge liegen in dem Verhalten, das einige Creditinstitute ihnen gegenüber in neuerer Zeit eingeschlagen haben.

So verlangt die ostpreußische landschaftliche Darlehnscasse, daß die Altsitzer ihr wegen landschaftlicher Darlehen das Vorrecht, das sonst die Ausgedingsforderungen haben, bedingungslos einräumen. Und ferner hat eine am 13. December 1882 abgehaltene Versammlung des landwirthschaftlichen Provinzialvereins der Provinz Posen beschlossen, daß die Direction des neuen landschaftlichen Creditvereins zu ersuchen ist, durch statutarische Bestimmungen auf eine Verminderung des Leibgedingwesens hinzuwirken.

Ziehen wir — nach dieser Abschweifung — aus dem über die socialwirthschaftlichen Folgen der Gutsübertragungsverträge im Einzelnen Gesagten das Facit, so wird es dahin lauten müssen, daß die Schattenseiten dieses Instituts im Vergleich zu den Lichtseiten desselben gegenwärtig stark überwiegen, zumal die letzteren nur in beschränkter und unsicherer Weise, die ersteren dagegen in viel größerem Umfange und mit größerer Bestimmtheit zu Tage treten.

Diese Mängel scheinen auch von jeher in den betreffenden Kreisen lebhaft empfunden worden zu sein; denn bereits eine alte Bauernregel sagt: „Zieh' Dich nicht früher aus, als Du schlafen gehst", und ein viel verbreiteter Vers lautet:

„Wer seinen Kindern giebt das Brod
Und selber später leidet Noth,
Den schlagt mit einer Keule todt!"

In der Gegenwart werden die Gutsübertragungsverträge mit ihren Altentheilen seitens eines, mit dem Leben der ländlichen Bevölkerung wohl vertrauten Mannes „nicht zu der guten alten Sitte gerechnet, sondern als die unglückseligste Erfindung bezeichnet, die man sich denken kann", von einem anderen als „das Widersinnigste, was man sich nur vorstellen kann" und von einem dritten „in der Mehrzahl der Fälle als unmoralisch und wirklich schädlich" charakterisirt[28]).

Wenn die Gutsübertragungsverträge sich dennoch seit Jahrhunderten in Anwendung befunden haben und auch in der Gegenwart noch die weiteste Verbreitung finden, so läßt sich das nur dadurch erklären, daß das, was durch diese Verträge vermieden werden soll — die Anwendung des gemeinen Intestaterbrechts auf die Vererbung des bäuerlichen Grundbesitzes — mit noch größeren Nachtheilen verbunden ist, als die Gutsübertragungsverträge.

Es wird an eine Beseitigung dieser letzteren daher erst dann gedacht werden können, wenn es gelungen ist, dem bäuerlichen Erbrecht selbst eine der Natur des bäuerlichen Grundbesitzes entsprechende Form zu geben. Eine solche Reform wird sich sowohl auf das Intestaterbrecht, als auch auf das Recht der letztwilligen Verfügungen zu erstrecken haben. Den letzteren Punkt haben wir bereits in der ersten Abtheilung dieser Arbeit behandelt und werden auf denselben auch im weiteren Verlauf derselben noch zurückzukommen haben.

28) O. Boldt, Die Agrarischen Fragen der Gegenwart, Berlin 1883, S. 167. v. Winterfeld in der Sitzung des Herrenhauses vom 11. Januar 1883. Sten. Ber. S. 18. Ueber die neuesten höchst bedauernswerthen Vorgänge auf dem Gebiete der Gutsübertragungsverträge aus der Provinz Brandenburg hat im deutschen Landwirthschaftsrathe berichtet der Generalsecretär Freiherr von Canstein, vgl. Archiv des deutschen Landwirthschaftsraths, VIII. Jahrg., 1884, Heft Nr. 2—7, S. 269.

Zunächst aber ist jetzt auf die Reform des Intestaterbrechts näher einzugehen. Zu diesem Zweck haben wir zu fragen, ob und inwiefern das Anerbenrecht den socialwirthschaftlichen Bedürfnissen des Grundbesitzes entspricht.

## B. Socialwirthschaftliche Analyse des Anerbenrechts.

Wenn wir im Nachfolgenden die Bedeutung des Anerbenrechts in der Gegenwart festzustellen suchen, so thun wir dies unter zwei Voraussetzungen, von denen die eine rechtlicher und die andere thatsächlicher Natur ist.

Die rechtliche Voraussetzung besteht darin, daß wir uns das ältere Anerbenrecht soweit modificirt denken, wie es die moderne Agrarverfassung verlangt. Bestehen die Grundsätze, auf denen diese letztere ruht, in der freien Disposition des Eigenthümers über sein Gut und in der Unterwerfung der Grundeigenthümer unter ein allen gemeinsames gleiches Recht, so wird auch das ältere Anerbenrecht, um nicht die Architektonik unserer heutigen Rechtsordnung zu stören, diese beiden Elemente der geltenden Agrarverfassung in sich aufnehmen müssen. Concret gesprochen wird von allen das freie Verfügungsrecht der Grundeigenthümer durch Geschäfte unter Lebenden oder auf den Todesfall einschränkenden Bestimmungen abzusehen und das alte Zwangserbrecht consequenterweise in ein blos subsidiäres Recht umzuwandeln sein, das demnach nur dann zur Anwendung gelangt, wenn von dem Erblasser nichts anderes bestimmt ist. Auch wird das Anerbenrecht in Zukunft nicht nur für eine Kategorie von Gütern — weil eine solche sich rechtlich gar nicht mehr abgrenzen läßt — in Anwendung zu kommen haben. Endlich wird der Anerbe — dem sehr regen Sinn für Gleichheit in unserer Zeit entsprechend — in Zukunft seine Geschwister von der Succession in den Werth des Erbguts nicht mehr vollständig ausschließen dürfen, wie dies in früherer Zeit meist geschah, sondern vor diesen höchstens nur soweit zu begünstigen sein, wie die Rücksicht auf die Erhaltung des Guts in der Familie es absolut nothwendig macht. Auch wird bei der juristischen Construction dieses neueren Anerbenrechts auf die Entwickelung, welche das Erbrecht mittlerweile, namentlich in Folge der gemeinrechtlichen Einflüsse genommen hat, Rücksicht zu nehmen sein. Namentlich wird von der Singularsuccession des Anerben in das Landgut Abstand genommen werden müssen. Im Wesentlichen wird es somit darauf ankommen, folgende Rechtsgrundsätze im Erbrecht zur Geltung zu bringen:

1) daß die land- und forstwirthschaftlich benutzten Güter — soweit sie nicht durch ihre Lage in der Nähe einer Stadt, durch die Verknüpfung mit einem Gewerbebetriebe u. s. w. den ländlichen Charakter eingebüßt haben oder soweit nicht letztwillig durch den Erblasser anders über sie verfügt worden ist — bei der Erbtheilung als eine Einheit behandelt werden, daß die Naturaltheilung auf dieselben nicht angewendet, sondern eine Civiltheilung in der Art bewirkt wird, daß nur einer der Erben das Gut übernimmt, während die anderen durch Geldantheile abgefunden werden,

2) daß, sofern der Erblasser nicht ausdrückliche Bestimmung getroffen hat oder die Erben sich nicht unter einander über den Gutsnachfolger verständigt haben, durch das Gesetz eine Auswahl unter den mehreren vorhandenen Erben getroffen und einer derselben zum Gutsübernehmer bestimmt wird,

3) daß der Werth, nach welchem das Gut in der Erbmasse zu berechnen ist, nach einer geschwisterlichen Taxe festgestellt wird.

Dieser letzteren ist der durchschnittliche Ertragswerth des Guts zu Grunde zu legen, und außerdem sind die concreten Umstände des einzelnen Falls zu berücksichtigen, damit der Anerbe die Möglichkeit erhalte, sich dauernd im Besitz des Guts zu behaupten.

4) daß eine meistbietliche oder private Veräußerung des hinterlassenen Guts behufs Liquidation der Erbschaft von den Erben nur dann verlangt werden kann, wenn keiner unter ihnen sich zur Uebernahme desselben nach der geschwisterlichen Taxe bereit erklärt.

Die Frage, ob das dergestalt modificirte Anerbenrecht kraft Gesetzes auf die Vererbung des gesammten land- und forstwirthschaftlich benutzten Grundeigenthums (Intestaterbfolge nach Anerbenrecht) oder nur in Folge ausdrücklichen Willensacts des Eigenthümers für ein spezielles Gut Anwendung finden soll (System der Höferolle), und ebenso die andere Frage, ob das Anerbenrecht durch die Reichs- oder die Landesgesetzgebung zu regeln, sowie ob seine Anwendung auf das ganze Gebiet des Deutschen Reichs resp. eines einzelnen Staats auszudehnen oder auf einzelne Theile des Reichs oder der Einzelstaaten zu beschränken ist, sowie einige andere Fragen von mehr nebensächlicher Bedeutung stellen wir hier zunächst außer Discussion, indem wir erst in den nächsten Abschnitten dieser Arbeit auf dieselben näher eingehen werden.

Was die thatsächlichen Voraussetzungen für unsere Untersuchung betrifft, so haben wir hier zwei verschiedene Gruppen von Ländern zu unterscheiden.

## I.

Fassen wir zunächst die erste dieser Gruppen ins Auge.

In derselben prävaliren entweder die bäuerlichen Einzelhöfe und geschlossenen Rittergüter, wie in einem Theil des deutschen Nordwestens und Südostens, oder sind doch bei dorfweiser Ansiedelung die bäuerlichen Hufen und größeren Güter gut arrondirt, wie in einem großen Theil des Nordostens und in einzelnen Gegenden des Südens. Die Ländereien dieser Güter pflegen eine günstige Lage zum Wirthschaftshof zu haben und die Gebäude sowie die sonstigen Pertinenzen der Größe dieser Güter zweckmäßig angepaßt zu sein. Es bilden mithin diese Güter Besitz- und zugleich Wirthschaftseinheiten, die nicht ohne Schaden für ihre Besitzer und die gesammte Volkswirthschaft zerstückelt oder anderen Gutscomplexen eingefügt werden können. Da mit solchen Veränderungen in den Gütergrößen immer mehr oder minder große Verluste an Capital und Arbeitskraft verbunden sind, so ist die Erhaltung des vorhandenen Bestands der Güter um so erwünschter, je besser arrondirt dieselben sind, je harmonischer das Verhältniß der Gutsgebäude zur Gutsgröße ist und je seltener durchgreifende Veränderungen im Wirthschaftsbetriebe möglich sind. Die letztere Eigenart zeichnet namentlich die Güter von geringerer Bodenfruchtbarkeit, wie die Güter von ungünstiger klimatischer Lage und endlich die Güter inmitten einer relativ niedrigen Gesammtcultur aus.

Findet sich in der Bevölkerung dieser Länder zugleich ein lebhafter und starker Familiensinn vor, so wird derselbe darauf gerichtet sein, die Güter bei ihrer Vererbung ungetheilt in der Familie zu erhalten.

Unter solchen Verhältnissen wird das Anerbenrecht, indem es die Erhaltung der Güter in der Familie und damit zugleich ihre Erhaltung in den vorhandenen Größenverhältnissen befördert, der Gesammtheit einen nicht unwesentlichen Dienst leisten. Es wird dasselbe daher in solchen Gegenden unzweifelhaft dem gemeinen Recht vorzuziehen sein, das sowohl auf die Verdrängung des Grundeigenthums aus der Familie als auch auf die Veränderung seiner Größenverhältnisse langsam aber sicher hinwirkt. Die erforderlichen Belege für das eben Gesagte haben wir bereits in der ersten Abtheilung dieser Arbeit beigebracht und werden dieselben weiter unten noch durch neues Material ergänzen.

Wenn diese günstigen Folgen des Anerbenrechts auch allgemein anerkannt sind, so wird gegen dasselbe doch eingewendet, daß es auch wieder für die Volkswirthschaft und das Familienleben verderbliche Seiten besitze und daß diese letzteren die günstigen Folgen überwiegen. Zugleich nehmen die Gegner dieses Instituts an, daß die Erhaltung des Familienbesitzes und der bestehenden Vertheilung des Grundeigenthums sich auch auf anderem Wege und durch andere Mittel als durch das Anerbenrecht erreichen lasse.

Prüfen wir nun zuerst, ob die letztere Annahme richtig ist, und sodann, wenn sich herausstellen sollte, daß sie eine irrthümliche ist, ob die behaupteten ungünstigen Folgen des Anerbenrechts wirklich von so großer Tragweite sind, wie behauptet wird.

Es wird von manchen Seiten zwar zugegeben, daß es wünschenswerth sei, die vorhandenen Güter möglichst ungetheilt in derselben Familie von einer Generation auf die andere übergehen zu lassen, aber zugleich geleugnet, daß es zu diesem Zweck des Anerbenrechts bedürfe.

Vielmehr könne dieser Zweck bereits erreicht werden durch eine Bestimmung, wie sie früher im oldenburgischen Jeverlande galt, daß nämlich die Landgüter bei Erbtheilungen nach vorhergegangener Taxirung unter den Erben „als ein Ganzes aufgesetzt", und erst wenn das Taxat von keinem der Erben geboten wurde, als ungetheiltes Ganzes zum öffentlichen Verkauf gebracht werden mußte.

Eine solche Bestimmung würde eine partielle rechtliche Gebundenheit der Grunderbstellen enthalten. Damit wäre aber ein tieferer Eingriff in die Dispositionsfreiheit des Grundbesitzers gegeben, als er durch das mit der freiesten Dispositionsbefugniß vereinbare moderne Anerbenrecht verlangt wird. Bekämpft man das letztere aus Gründen der Rechtsgleichheit, so sprechen gegen den obigen Vorschlag die von der Gegenwart nicht minder hoch gehaltenen Rücksichten auf die Freiheit des Verkehrs. Auch würde das vorgeschlagene Expediens das Grundeigenthum wohl vor der Zerstückelung im Erbwege, nicht aber auch vor dem häufigen Uebergang in fremde Hände schützen; während die Aufgabe des Anerbenrechts doch darin besteht, nicht nur auf die ungetheilte Erhaltung der vorhandenen Güter, sondern speziell auch auf die Erhaltung derselben in der Familie, der sie angehören, hinzuwirken.

Ein anderer Weg, auf dem man den obigen Zweck erreichen zu können meint, soll sodann in einer kräftigen Vererbungssitte bestehen, welche angeblich die etwaigen Mängel des gemeinen sowohl wie des demselben nachgebildeten preußischen, sächsischen, österreichischen und französischen Erbrechts in freiester Weise zu corrigiren im Stande sei. Dieser in freier und individueller Weise, namentlich in den Gutsübertragungsverträgen, den letztwilligen Verfügungen und den Auseinandersetzungen unter den Miterben sich geltend machenden Sitte werden im Vergleich mit dem Anerbenrecht folgende Vorzüge nachgerühmt:

Sie werde den ebenso mannigfaltigen wie rasch wechselnden Verhältnissen des Lebens durch individuelle Anschmiegung an die Bedingungen des einzelnen Falls besser gerecht, als das nur auf Durchschnittsverhältnisse berechnete und daher schablonenhafte Gesetz. Etwaige Ungleichheiten bei der Vertheilung des Nachlasses, welche im Interesse der Erhaltung des Familienbesitzes auf Grund solcher Sitte durch väterliche Anordnungen begründet werden, decke ferner die sowohl in den letztwilligen Verfügungen wie in den Gutsübertragungsverträgen zu Tage tretende Autorität des Familienvaters. Und vollends Ungleichheiten, die durch die Auseinandersetzungen unter den Erben sanctionirt werden, pflegen von den Zurückgesetzten niemals als ungerecht empfunden zu werden, weil sie ein freiwillig gebrachtes Opfer der Miterben an den das Gut übernehmenden Erben enthalten. Dafür, daß die den Grundbesitz in der Familie erhaltende Vererbungssitte auch in der Gegenwart noch bei geltendem gemeinen Erbrecht eine sehr verbreitete und zugleich starke ist, beruft man sich auf die große Verbreitung der bäuerlichen Gutsübertragungsverträge, ferner auf die hier und da auch in bäuerlichen Kreisen vorkommenden letztwilligen Verfügungen und endlich auf das in manchen Gegenden vorhandene Bestreben der Erben, den väterlichen Grundbesitz durch zweckmäßige Vereinbarungen über die Nachlaßregulirung in der Familie zu erhalten.

Behufs Untersuchung des Verhältnisses, das zwischen dem Intestaterbrecht und der Erbrechtssitte besteht, haben wir zu unterscheiden, ob dieses Verhältniß ein solches ist, daß die Sitte, unter Festhaltung an dem dem Gesetzesrechte zu Grund liegenden Gedanken, denselben den concreten Verhältnissen des einzelnen Falles nur besser anzupassen. sucht, oder ob die Sitte in Widerspruch zu dem geschriebenen Recht tritt, dergestalt, daß sie den im Intestaterbrecht enthaltenen Tendenzen entgegenzuwirken bestrebt ist.

Im ersteren Fall, der z. B. überall dort eintritt, wo das Anerbenrecht ab intestato gilt und die Gutsübertragungsverträge, die letztwilligen Verfügungen u. s. w. nur benutzt werden, um dasselbe an den concreten einzelnen Fall anzupassen, wird die Vererbungssitte als willkommenes Complement des geltenden Intestaterbrechts begrüßt werden können.

Dagegen wird das Urtheil im zweiten Fall anders lauten.

Hier wird es zunächst als abnorm bezeichnet werden müssen, daß das geltende Gesetz und die Sitte sich gegenseitig befehden und daß die Sitte die Anwendung des Gesetzes auszuschließen sucht, indem sie sich an die Stelle desselben setzt.

Abnorm ist dieser Zustand, weil er den für die Normirung des Intestaterbrechts wichtigsten Grundsatz, daß dasselbe den präsumtiven Willen der Erblasser aussprechen soll, aufs Gröbste verletzt und dadurch das Rechtsbewußtsein empfindlich kränkt.

Denn muß es nicht eine Verwirrung aller Rechtsbegriffe herbeiführen, wenn z. B. in der Provinz Brandenburg[29]) die Eltern, Vormünder und die Gerichte

29) Struckmann in der Sitzung des Herrenhauses vom 11. Januar 1883. Sten. Ber. S. 28.

darin überein kommen, daß das dort geltende Pflichttheilsrecht nicht zu beobachten sei, indem Verträge geschlossen und von den Vormündern und Richtern genehmigt werden, denen vom Rechtsstandpunkt die Genehmigung eigentlich versagt werden müßte?

Sodann wird daran zu erinnern sein, daß nicht alle Formen, in denen die bäuerliche Vererbungssitte zu Tage tritt, vor der Kritik Stich halten, wie wir oben speziell für die Gutsübertragungsverträge nachgewiesen haben. Es ist demnach deren Fortbestand durchaus nicht unbedingt wünschenswerth.

Aber, so könnte man sagen, wenn die bäuerliche Vererbungssitte in denjenigen Formen, in denen sie aus dem Mittelalter auf uns gekommen ist, auch ernsten Bedenken ausgesetzt ist, so wird sich eine andere, unserer Zeit mehr entsprechende Form für das noch heute vorhandene Bestreben, den Grundbesitz ungetheilt und unüberlastet in der Familie zu erhalten, einstellen. An die Stelle der Gutsübertragungsverträge werden namentlich die letztwilligen Verfügungen treten. Und wenn der Bauernstand im Allgemeinen auch bisher eine große Abneigung gegen diese letztere Rechtsform an den Tag gelegt hat, so läßt sich doch erwarten, daß er in demselben Maße, wie sein Gesichtskreis sich erweitert und seine Bildung zunimmt, diese Abneigung ablegen werde. Und in der That ist namentlich in unseren gesetzgebenden Körperschaften wiederholt auf diesen Ausweg hingewiesen worden. Man braucht sich nicht gegen die Thatsache zu verschließen, so wird bei dieser Gelegenheit argumentirt, daß das gemeine Intestaterbrecht ungünstige Folgen für die Grundeigenthumsvertheilung haben kann, und wird sich doch damit beruhigen können, daß auch der Bauernstand *in Zukunft*, ebenso wie die anderen Stände *bisher*, diesen schlimmen Folgen durch rechtzeitig getroffene letztwillige Verfügungen vorzubeugen wissen werde.

Indeß leidet diese Argumentation an zwei Fehlern:

1) daß sie die Abnormität und Unhaltbarkeit eines dauernden Widerspruchs zwischen Recht und Sitte nicht recht würdigt,

2) daß sie das Beharrungsvermögen des Bauernstands und die Festigkeit der Formen, in denen sich seine Sitte äußert, unterschätzt; denn ehe die erwünschte Veränderung in der Sitte wirklich eintritt, kann bereits ein nicht zu verbessernder Schaden angerichtet sein,

3) daß sie die letztwilligen Verfügungen für genügend hält, um die schlimmen Folgen des gemeinen u. s. w. Intestaterbrechts zu paralysiren. Diese Annahme scheint uns namentlich durch die Erfahrung, daß auch die mittleren und höheren Stände, wenn ihre Güter nicht einem singulären Erbrecht (Lehns-, Stammguts- und Fideicommißerbfolge), sondern dem gemeinen u. s. w. Erbrecht unterworfen sind, sich nur schwer im dauernden Besitz derselben zu erhalten vermögen, als eine irrthümliche erwiesen zu sein. Was aber den dem Bauernstand an Bildung, Rührigkeit und zum Theil auch an Capitalbesitz überlegenen Ständen nicht gelingt, wird dem Bauernstande — selbst wenn er sich in Zukunft zur Errichtung von Testamenten in größerem Umfange als bisher entschließen sollte — erst recht nicht gelingen.

Und hiermit sind wir bei der Voraussetzung angelangt, von der die ganze obige Argumentation ausgeht, daß nämlich durch die bäuerliche Vererbungssitte der Grundbesitz auf die Dauer eben so sicher ungetheilt in der Familie erhalten werden kann, wie durch das Anerbenrecht.

Dieselbe darf nicht unwidersprochen hingenommen werden.

Was zunächst die Länder des Code civil betrifft, so ist bereits wiederholt hervorgehoben worden, daß die Geltendmachung einer Sitte, welche das mit der Präcision eines mechanischen Instruments auf die Zerstückelung des Grundeigenthums hinwirkende Intestaterbrecht paralysiren soll, hier mit besonderen Schwierigkeiten zu kämpfen hat. Sie vermag sich daher auch nicht auf dem Wege des partage d'ascendants ou anticipé und der Eheverträge mit derselben Leichtigkeit durchzusetzen wie in den Ländern des deutschen Rechts[30]).

Wie unzureichend diese Sitte sich in Frankreich erweist, um den bäuerlichen Grundbesitz vor dem Zerfallen in Staub zu schützen, zeigt die immer größere Verbreitung, welche dem Zweikindersystem dort gegeben worden ist, indem in diesem allein ein wirksames Mittel zur Verhütung unhaltbarer Agrarzustände allgemein erblickt wird.

Und in Deutschland haben wir uns daran zu erinnern, daß der Kampf mit dem Intestaterbrecht erst verhältnißmäßig neuen Datums ist. Denn erst seit der Reception des gemeinen Rechts, seit den neueren Codificationen, namentlich aber seit Begründung der modernen Agrarverfassung kann von einem solchen Kampf die Rede sein, indem bis dahin die gegenwärtige Sitte am Recht vielmehr eine Stütze als einen zu bekämpfenden Gegner fand.

Eine Zeit lang wird sich die alte Vererbungssitte trotz des veränderten Erbrechts wohl noch erhalten. Aber auf die Dauer ist dieser Zustand, daß das geschriebene Recht und die Vererbungssitte einander nicht decken, doch unhaltbar. Entweder wird die Sitte das geschriebene Recht verdrängen, indem sie eine entsprechendere Rechtsform findet, oder es wird, sofern dieses nicht geschieht, die Sitte allmälich von dem widersprechenden Rechte abgeschwächt und schließlich vollständig beseitigt werden. Diese letztere Eventualität steht überall dort mit Sicherheit zu erwarten, wo der Gesetzgeber das sich in der praeter und contra legem erhaltenden Sitte geltend machende socialwirthschaftliche Bedürfniß und die nach äußerem Ausdruck ringende Volksüberzeugung nicht rechtzeitig zu erkennen und zu berücksichtigen weiß.

„In dem zäh fortgesetzten Kampf zwischen Landrecht einer- und Bauernrecht sowie Bauernsitte andererseits", sagt Bluntschli[31]) treffend, „wird zuletzt doch die letztere unterliegen, weil jenes dem Sonderinteresse und dem Eigennutz der zurückgesetzten Miterben zu Gute kommt und, sobald diese nur ernstlich wollen, auch Geltung erlangt." Ja selbst wenn aus den betreffenden bäuerlichen Kreisen gegen die bäuerliche Vererbungssitte kein Widerspruch erfolgt, so wirkt der Einfluß der Vormundschafts- und Obervormundschaftsbehörden langsam aber sicher auf die Zersetzung dieser Sitte hin. So ist denn nach einem Ausspruch Helferichs „die Sitte, wo sie sich in Widerspruch zu dem bestehenden Recht setzt, allen Erfahrungen nach kein absolutes Hinderniß für die Anwendung des letzteren, sondern hat nur eine aufschiebende Wirkung und verliert einmal gebrochen mit jedem Tage an Widerstandskraft", und „das, was das Gesetz als Regel aufstellt — in unserem Fall also das Intestaterbrecht — muß, wenn

30) Leplay, La réforme sociale Bd. 1 S. 75. Petersen in den Verhandlungen des 14. deutschen Juristentags, Bd. 2 S. 63.

31) Bluntschli in der Gegenwart, J. 1879 Nr. 33.

es auch dem Einzelnen die Freiheit läßt, seinen anders gearteten Willen an die Stelle der gesetzlichen Bestimmung zu setzen, am Ende immer die Entscheidung geben: das Recht des Gesetzbuchs wird am Ende auch Recht des Volks[32]).

Und daß sich die ältere Vererbungssitte auch bei uns in der Richtung des geschriebenen Intestaterbrechts verändert, wird von allen Seiten bestätigt[33]).

Wie stark auch noch in einigen Gegenden namentlich Norddeutschlands das Streben, den bäuerlichen Grundbesitz, gegen die Dispositionen des geltenden Intestaterbrechts, in der Familie zu erhalten, sein mag, so wird doch zugleich constatirt, daß dieses Streben je länger um so mehr im Abnehmen begriffen sei, wie es denn thatsächlich in einem Theil Deutschlands, namentlich in Südwestdeutschland, wo das gemeine Erbrecht längere Zeit in Kraft ist als in Norddeutschland, bereits größtentheils verschwunden ist.

In noch viel höherem Grade als für das bäuerliche Grundeigenthum hat sich die dem Familienbesitz feindliche Richtung des gemeinen und des demselben nachgebildeten Intestaterbrechts für das größere Grundeigenthum — soweit dasselbe weder Fideicommiß noch Lehen ist — durchzusetzen vermocht.

So wird aus der Provinz Brandenburg berichtet[34]), daß die allodialen Rittergüter hier nur selten an die dritte Generation derselben Familie zu gelangen pflegen. In einem Kreise dieser Provinz befindet sich von 22 Gütern, die bereits seit dem 30jährigen Kriege Allode sind, nur ein einziges in der dritten Generation derselben Familie und den Wahlverbänden zum Herrenhause gehören nur zwei Güter, welche sich etwas über 50 Jahre in der Familie ihrer gegenwärtigen Besitzer befinden, an. Dagegen ist der Lehnsbesitz hier zum größten Theil unverschuldet geblieben und hat sich in den Familien erhalten; aber auch ihm droht mit der Allodification das Schicksal der Allodialgüter.

Dieses Resultat wird in seiner allgemeinen Giltigkeit auch dadurch nicht erschüttert, daß erwiesenermaßen in den hauptsächlich vom friesischen Volksstamme bewohnten Marschgegenden an der Nordsee (Hannover, Schleswig-Holstein, Oldenburg) die freie Theilbarkeit des Grundeigenthums und das gleiche Erbrecht (zum Theil mit Begünstigung der Männer vor den Frauen) seit Jahrhunderten gegolten hat und daß sich die Bauerngüter trotzdem dort nicht nur ungetheilt in den Familien erhalten haben, sondern theilweise sogar — wie Hanssen[35]) für einige dieser Gegenden nachweist — eine Tendenz zur Vergrößerung zeigen. Denn hier liegen exceptionelle Verhältnisse vor, die gleichsam mit einer Art Naturnothwendigkeit das obige Resultat herbeiführten. Alle diese Marschwirthschaften nämlich, mögen sie nun Körner- oder Fettweidewirthschaften sein, gedeihen nur auf großen arrondirten Bauerngütern. Nur auf solchen nämlich hat der Besitzer freie Hand, die Relation des Ackerbaus zur Viehwirthschaft nach dem Wechsel der äußeren Umstände, namentlich nach dem jeweiligen Stande der Getreide- und

32) Helferich in der tübinger Zeitschrift für die gesammte Staatswissenschaft, Jahrg. 1853 S. 202, 1854 S. 142. Leplay, La réforme sociale I S. 375.

33) Als Beweis für den harten Stand, den die Sitte hat, um sich im Widerspruch zu dem Recht zu behaupten, führt neuerdings Helferich ein drastisches Beispiel an in der Zeitschrift des landwirthschaftlichen Vereins in Bayern, November 1883, S. 223.

34) v. Winterfeld-Menckin in der Sitzung des Herrenhauses vom 11. Januar 1883, Sten. Ber. S. 18.

35) Hanssen, Agrarhistorische Untersuchungen, Leipzig 1880, S. 248.

Viehpreise, zu ändern. Was speziell die Körnerwirthschaften betrifft, so rentiren sie nur in der Hand wohlhabender Bauern, weil sie eines sehr großen Betriebs-capitals bedürfen. Denn die Bestellung des Bodens ist hier besonders schwierig und kostspielig. Es bedarf eines starken Gespanns — 6 bis 8 Pferde vor dem Pfluge —, um die Brache wiederholt zu pflügen und einer großen Zahl von Arbeitern und Zugkräften, um die rechte Zeit für die landwirthschaftlichen Arbeiten abzupassen und rasch zu benutzen, da der durch Regen erweichte Klai ebenso schwer wie der ausgetrocknete, ziegelartig verhärtete zu behandeln ist. Dazu kommt der hohe Lohn der Leute, welcher ebensosehr in klimatischen Verhältnissen, wie in eingewurzelten Lebensgewohnheiten begründet ist. So absorbiren denn die Haushaltungs- und Betriebskosten einen unverhältnißmäßig großen Theil der Bruttoeinnahme und machen das Wirthschaften hier nur großen und wohlhabenden bäuerlichen Grundbesitzern möglich. Aehnliches gilt auch von den Fettviehwirthschaften, indem die Fettgrasung auf dem Ankauf magerer Ochsen im Frühjahr beruht und für die kleinen und unbemittelten Landwirthe zu riskant ist. Denn die Preise für Fettvieh im Herbst verwerthen die Weide nicht immer hinlänglich, wenn die Ankaufspreise für das magere Vieh im Frühling unverhältnißmäßig hoch waren. Dazu kommt der stolze Sinn einer behäbigen Bauernschaft, der dahin führt, daß die Kinder, wenn sie nicht den ganzen elterlichen Hof besitzen und die Lebensweise der Eltern auf demselben fortführen können, lieber ihren Antheil in Geld nehmen, um damit etwas anderes zu unternehmen, sei es nun, daß sie eine reiche Erbtochter heirathen oder eine lohnende städtische Hantirung ergreifen. Ferner befähigen die bereits früh in diese Gegenden eingedrungene Geldwirthschaft und die hierdurch gewonnene Gewandtheit im Gebrauch des Geldes sowie die großen Summen, welche jährlich in Umsatz gelangen, die Marschbauern zur Auszahlung beträchtlicher Erbantheile an ihre Geschwister. Endlich wird die Naturaltheilung in diesen Gegenden bisweilen auch durch siel- und deichrechtliche Verhältnisse ausgeschlossen.

Etwas anders liegen die Verhältnisse in der alt-würtembergischen Gemeinde Kornwestheim[36]). In dieser Gemeinde, die nur zwei Stunden von der Hauptstadt Stuttgart und eine Stunde von der Stadt Ludwigsburg entfernt liegt und in deren Umgebung die weitgehendste Theilung des Grundeigenthums herrschend ist, hat sich ausnahmsweise der größere bäuerliche Grundbesitz in bedeutendem Umfange erhalten. Es wird das auf das Standesehrgefühl und eine Reihe moralischer Potenzen zurückgeführt, welche die wohlhabende Bauernschaft davon zurückhalten, durch weitere Theilung ihres Grundbesitzes die sichere Unterlage ihrer Existenz zu gefährden. Diese ungetheilte Erhaltung des Besitzes ist mit vielen Opfern und Entsagungen verbunden und nur möglich, weil die meisten Nachkommen der Bauern es vorziehen, fern von der Heimath ihr Glück zu versuchen, statt zu Hause auf die Stufe eines Dienstboten herabzusinken. Die Vermögenszustände der Gemeinde gehören zu den besseren, indem etwa $^1/_3$ der Bewohner bemittelt ist und sich im Orte keine Bettler finden.

Ein Beispiel dafür, daß der Grundbesitz sich, trotz der Geltung des französischen Intestaterbrechts, ungetheilt in der Familie erhalten kann, findet

36) Würtembergische Jahrbücher, Jahrgang 1881, Th. 1 Hälfte 1, S. 137, 157, 159.

sich auf der zur bayrischen Rheinpfalz gehörigen Sickinger Höhe[37]). Es ist das der breite Landrücken des südlich von Landstuhl gelegenen 450—500 Meter hohen Gebirges. Doch auch hier ist die Erhaltung der größeren Bauerngüter durch die natürlichen Verhältnisse und die Art der Bewirthschaftung dieser Güter bedingt. Die großen Entfernungen vieler Aecker vom Dorfe und der Umstand, daß dieselben oft an steilen Abhängen liegen und nur auf steilen steinigen Wegen zu erreichen sind, lassen die Bewirthschaftung mit Rindvieh nicht zu, nöthigen vielmehr zum Halten von Pferden. Auch der Mangel an einem größeren Wiesencomplex steht einer ausgedehnten Rindviehzucht im Wege. Es werden daher Getreide und Kohl, in größerem Umfange namentlich Kartoffeln gebaut. Von den größeren Grundbesitzern wird die Branntweinbrennerei betrieben. Ferner halten sich die Bauern gemeinschaftlich Schafheerden derart, daß sich die den Einzelnen treffende Zahl von Schafen nach der Größe des Grundbesitzes richtet: auf diese Weise werden die vielen an steilen Hängen liegenden Oedungen ausgenutzt. In fast allen Hochgemeinden herrscht ferner der Flurzwang vor, da die Schafheerde bei diesem leicht geweidet werden kann. Der größere Besitz wird hier aber namentlich dadurch zur Nothwendigkeit, daß die Rentabilität des Ackerbaus auf der Höhe gewissermaßen Glückssache ist, indem die Kohlernte den Reingewinn des Bauern bestimmt. Geräth der Kohl nicht, so bleibt dem Bauer zur Steuer und Zinszahlung, zu Anschaffungen, Ersparnissen u. s. w. nichts übrig, weil alles andere in der Wirthschaft aufgeht.

Alle diese Beispiele beweisen jedoch nicht, was sie beweisen sollen, daß sich nämlich trotz der Geltung des gemeinen oder eines demselben verwandten Erbrechts ein größerer spannfähiger bäuerlicher Grundbesitz auf die Dauer überall erhalten könne[37a]). Denn die angeführten Beispiele bilden nur Ausnahmen von der Regel, Ausnahmen, deren natürliche und sittliche Voraussetzungen sich nur selten vorfinden.

Ein weiteres Mittel, durch welches das durch das Anerbenrecht ins Auge gefaßte Ziel sich angeblich auch ohne dasselbe erreichen lassen soll, besteht in der Abänderung der gegenwärtigen Verschuldungsform des Grundbesitzes oder doch wenigstens in einer gründlichen Reorganisation des ländlichen Grundcredits.

Es wird nämlich von einigen hervorragenden Schriftstellern zugegeben, daß bei der heutigen Verschuldungsform des Grundbesitzes wie bei der bestehenden mangelhaften Organisation des Grundcredits das gemeine Erbrecht nothwendig zu einer unwirthschaftlichen Zerstückelung oder zu einer Ueberschuldung des Grundeigenthums hinführe. Aus dieser Thatsache wird dann aber nicht der Schluß gezogen, daß das gemeine Erbrecht durch das Anerbenrecht zu ersetzen sei, und zwar deshalb nicht, weil damit eine ungleiche Behandlung der Geschwister verbunden wäre, die man vermeiden will, sondern daß die gegenwärtige Ver-

---

37) Petersen in Bäuerliche Zustände Bd. 1 S. 243, 245.

37 a) Auch von Zuns, Einiges über Rodbertus, Berlin 1883, S. 2, der neuerdings u. A. die Wirkungen des Erbrechts auf die Vertheilung des Grundbesitzes einer scharfsinnigen Untersuchung unterzogen hat, deren kritischer Theil jedoch nicht immer von Mißverständnissen frei geblieben ist, werden die oben geschilderten Folgen des gemeinen Erbrechts für den Fall einer rapiden Vermehrung der grundbesitzenden Bevölkerung zugegeben.

schuldungsform des Grundbesitzes zu ändern oder doch der Grundcredit besser zu organisiren sei.

Erstere Ansicht wird namentlich durch Rodbertus-Jagetzow[37b]) vertreten.

Dieselbe hängt mit seiner Auffassung der Natur des Grundbesitzes aufs Engste zusammen.

Der Grundbesitz ist ihm nämlich ein Rentenfonds, weil er nur Rente abwirft und sich seinem Werthe nach nicht umsetzt.

Dennoch wird derselbe aber bei allen Rechtsgeschäften als Capital behandelt, und zwar geschieht dies in der Weise, daß man die Grundrente nach dem landesüblichen Zinsfuß capitalisirt. Dadurch verändert sich der Capitalwerth des Grundbesitzes entgegengesetzt den Schwankungen des Zinsfußes.

Während das mobile Capital, das sich seinem Werthe nach beständig erneuert und umsetzt, von den Veränderungen des Zinsfußes unverändert bleibt, unterliegt der Grundwerth durch die Variationen des Zinsfußes den größten Schwankungen.

Durch diese Variationen des Zinsfußes erhalten die Grundeigenthümer entweder unverdiente Gewinne oder sie erleiden unverschuldete Verluste, mit einem Wort, es wird der Grundbesitz zu einem Speculationsobjecte.

Besonders erheblich für den Grundbesitzer wird die Verschuldung des Grundbesitzes in der Form der kündbaren Capitalschuld.

Hinsichtlich der Folgen, welche die Verschuldung des Grundbesitzes nach dem Capitalprincip namentlich für denjenigen, welcher dasselbe im Erbwege übernimmt, nach sich zieht, äußert sich Rodbertus folgendermaßen.

Was die Besitzveränderungen durch Erbfall anbelangt, sagt er, so sind Erben eines Grundstücks eben Erben eines Grundstücks und keines Capitals. Sie haben in dem Grundstück nur ein Grundstück zu theilen und nichts Anderes. Eine solche Theilung kann reell aber auch ideell, nach dem Werthe, erfolgen. Wenn die Erben es verlangten, müßte sie eigentlich immer reell erfolgen. Aber die Theilung wird ihnen selten conveniren. Es bleibt also nur die ideelle Theilung, die Theilung nach dem Werthe des Grundstücks. Allein doch nur nach dem wirklichen Werthe eines Grundstücks. Was würden wir sagen, wenn Erben verlangen wollten, daß das Grundstück zu einem höheren Werthe, als es besitzt, getheilt werde? Wir würden doch wirklich dieses Verlangen abnorm finden. Aber noch abnormer ist es, daß das Grundstück nach einem andersartigen Werth als es wirklich besitzt, getheilt werden soll. Denn ein Grundstück hat, als ein bloßer Rentenfonds, nur Ertragswerth, aber keinen Capitalwerth. — Noch mehr! Wenn ein Grundstück bei einer Erbtheilung als Capitalwerth getheilt wird, so wird es nicht blos nach einem Werthe getheilt, den es überhaupt nicht besitzt, sondern zugleich nach einem solchen, dessen Betrag — in Folge des variabeln Mediums, mittels dessen das Grundstück „capitalisirt“ wird — auch noch Gewinn- und Verlustchancen unterstellt ist. Es

37b) Rodbertus-Jagetzow, Zur Erklärung und Abhilfe der heutigen Creditnoth des Grundbesitzes, 2 Bde., Jena 1868—69, bes. Th. II S. 72 ff. Th. Kozak, Rodbertus-Jagetzows socialökonomische Ansichten, Jena 1882, insbes. S. 256—315.

kommt nicht blos ein falscher Werth, es kommt der gefälschte auch noch als Spielwerth zur Theilung. Dann wird also, wenn der Annehmer des Grundstücks dieses Grundstück für die von ihm abzutretenden Theile obligirt, der Grundbesitz nicht blos als Capital, also in Erbfällen, als Etwas, was er nicht ist, sondern außerdem auch noch für Spielschulden obligirt. Mag es dem Annehmer immerhin erlaubt sein, wenn er die Mittel dazu hat, wirkliches Capital für die ihm von den Miterben überlassenen Grundbesitztheile hinzugeben — das Verhältniß ist dann gelöst, die Spielschuld berichtigt, der Grundbesitz bleibt frei —: aber nimmermehr dürfen Wirthschafts- oder Rechtspolitik dulden, daß der Grundbesitz des Landes, wenn er für diese Theile obligirt bleiben soll, dafür als etwas Anderes obligirt werde, als was er ist, und noch weniger darf die Staatskunst dulden, daß er in solchem Anderen auch sogar noch für Spielschulden obligirt werden dürfe.

Nach dieser Kritik der gegenwärtigen Verschuldungsform des Grundbesitzes macht Rodbertus folgende Vorschläge für eine Reform derselben.

Es soll in Zukunft die Abschätzung des landwirthschaftlichen Grundbesitzes nur nach dem Ertragswerth oder Rentengrundwerth d. h. nach dem Rentenbetrage, den derselbe abwirft, erfolgen. Dieser Rentengrundwerth ist allen den Grundbesitz betreffenden Rechtsgeschäften zu Grunde zu legen: dem Verkauf, der Verschuldung, der Vererbung u. s. w.

Insbesondere sollen Miterben in Zukunft nur Anspruch haben auf einen ihrer Erbquote entsprechenden Rentenantheil, der auf dem Grundbesitz haften bleibt (immerwährende Rentenabfindung)[37c].

Alle den Grundbesitz dinglich belastenden Obligationen sollen selbständige Rentenobligationen und die urkundliche Form dafür der Rentenbrief sein.

Diese Rentenbriefe würden in zwei Arten zerfallen, in 1) die Landrentenbriefe, welche in Inhaberform und unter solidarischer Haftung des gesammten Grundbesitzes des Landes ausgestellt werden und bis zur Höhe des behufs Grundsteuer eingeschätzten Reinertrags reichen dürfen,

2) die nach den Landbriefen eingetragenen Gutsrentenbriefe, welche den bisherigen Individualhypotheken entsprechen und nur in dem betreffenden Gute ihre Sicherheit finden.

Endlich soll nach Durchführung des Rentenprincips der Grundbesitz nach wie vor so frei vererbt, so oft verkauft, so hoch verschuldet, so viel parcellirt und so unbeschränkt bewirthschaftet werden, wie es dem Grundeigenthümer beliebt.

In einer speziell dem Erbrecht gewidmeten Schrift führt Schumacher[37d]) den Gedanken von Rodbertus näher aus. Wie Rodbertus, so hält auch Schuhmacher an dem gleichen Erbrecht fest und hofft durch Adoptirung des Rentenprincips den bisher nur durch das Anerbenrecht mit Voraus erreichten Zweck zu erreichen. „Sobald man das Capitalisationsprincip gänzlich verläßt, das Rentenprincip adoptirt und nach Anleitung der von Rodbertus gemachten

37c) Zu den Vertretern des Rentenprincips gehören außer Rodbertus und Schumacher noch Ad. Wagner, Freih. v. Vogelsang, R. Meyer, K. v. Oven, Holtz-Alt-Marrin, v. Schorlemer-Alst, G. Ratzinger, E. Jäger u. A. m.

37d) Schumacher, Grunderbrecht im Lichte des Rentenprincips, Rostock 1871, S. 39, 40.

Vorschläge mit demselben einen naturgemäßen Zustand für die landwirthschaftlichen Creditverhältnisse eintreten läßt, dann werden beide Zwecke, nämlich gleiches Erbrecht und Erhaltung des landwirthschaftlichen Grundbesitzes in der Familie, am vollkommensten erfüllt." Mit dem Rufe: „Also weg mit Capitalisationsprincip und Grunderbrecht — dafür gleiches Erbrecht und Rentenprincip" schließt Schumacher seine Arbeit.

Wenn wir auch die großartige Conception des Rodbertus'schen Reformgedankens bewundern und seinen energischen Hinweis auf die eigenartige Natur des Grundbesitzes für verdienstvoll halten, so erscheint uns doch der von Rodbertus entwickelte Plan, welcher auf die Behandlung des Grundbesitzes nach dem Rentenprincip gerichtet ist, weder als wirthschaftspolitisch zweckmäßig noch als praktisch durchführbar[37e]).

Die Begründung dieser negativen Stellung zu der von Rodbertus geplanten Reform findet der Leser in den scharfsinnigen Untersuchungen von Becker, Conrad, Knies und Zuns. Entsprechend der uns gestellten speziellen Aufgabe müssen wir uns hier darauf beschränken, im Anschluß an die obigen Kritiker den Nachweis zu führen, daß, selbst wenn es gelänge, die Abfindungen der Miterben nach dem Rentenprincip zu effectuiren, beim Fortbestehen des gemeinen Erbrechts die ungetheilte Erhaltung des Familienbesitzes doch nicht so vollständig gesichert wäre, wie beim Fortbestehen des Capitalisationsprincips, wenn das gemeine Erbrecht durch das Anerbenrecht ersetzt würde.

Zu diesem Zweck wenden wir uns zunächst gegen die von Rodbertus aufgestellte Behauptung, daß bei dem gegenwärtig geltenden gemeinen und landrechtlichen Erbrechte die reelle Theilung des Nachlaßgrundstücks zwar von den Erben immer verlangt werden könne, ihnen aber selten conveniren werde, indem diese Behauptung zwar im Allgemeinen für die Rittergüter, nicht aber in gleichem Maße für die Bauerngüter zutrifft. Auch ist nicht ausgeschlossen, daß die Gewohnheit der Naturaltheilung in Zukunft einen größeren Umfang annehme, als sie gegenwärtig besitzt. Ja wir werden zu zeigen haben, daß die Durchführung des Rodbertus'schen Plans die Naturaltheilung wesentlich fördern würde.

Wäre die Abfindung der Miterben durch Rente, statt wie bisher durch Capital, eingeführt, so würde diese Verschuldungsform, wie Conrad[37f]), dem wir die meisten gegen den Rodbertus'schen Plan einer Abfindung der Miterben durch Renten angeführten Argumente entnehmen, richtig bemerkt, bei steigendem Zinsfuß allerdings von Vortheil für den Uebernehmer des Guts, zugleich aber wieder von Nachtheil für die Miterben sein; während sich beim Sinken des Zinsfußes Vor- und Nachtheile im umgekehrten Verhältnisse auf die beiden Parteien vertheilen würden.

37e) Referate von Schumacher-Zarchlin und Imanuel Becker in dem Bericht der vom 3. Congreß norddeutscher Landwirthe eingesetzten Commission zur Prüfung der Rententheorie von Rodbertus. J. Conrad, Das Rentenprincip nach Rodbertus, Vorschlag u. s. w., in Hildebrands Jahrbüchern Bd. 14 (1870). Knies, Geld und Credit. Der Credit, 2. Hälfte, Berlin 1879. J. Zuns, Einiges über Rodbertus, Berlin 1883.

37f) Conrad, Das Rentenprincip u. s. w., a. a. O. S. 149 ff.

Auch hätte die unkündbare Rentenschuld, wie neuerdings nachgewiesen worden ist, im Vergleich mit der Amortisationshypothek den Nachtheil, daß sie, immer weiter anwachsend, naturnothwendig zur Verdrängung des Grundbesitzers aus seinem Besitz führen würde. In Zeiten stabiler oder gar sinkender Grundrente müßte dieses Resultat früher, in Zeiten steigender Grundrente später eintreten.

Endlich würde die Capitalisirung der den Miterben zugewiesenen Rente doch nicht ganz zu vermeiden sein, weil einem großen Theile der Miterben nicht mit einer regelmäßigen Rente, sondern nur mit einem Capital gedient sein wird. Sie werden demnach darauf angewiesen sein, ihre Rente zum Verkauf zu stellen und bei dieser Gelegenheit bei steigendem Zinsfuße einen Verlust erleiden und bei sinkendem Zinsfuße einen Gewinn machen.

In der Praxis würde die Einführung des Rentenprincips für die Abfindung der Miterben demnach darauf hinauslaufen, daß, während gegenwärtig der Gutsübernehmer bei eingetretener Kündigung der Capitalschuld einen neuen Gläubiger aufzusuchen hat, der in die Stelle des früheren tritt, in Zukunft dem abgefundenen Miterben der Umsatz seines Rentenbriefs zufiele.

Wenn nun gleichzeitig mit Einführung der neuen Verschuldungsform nicht auch das Erbrecht abgeändert wird, — und Rodbertus sowohl wie Schumacher wünschen ja, das gemeine gleiche Erbrecht beizubehalten, — so werden die Miterben, falls das Eintreten der für sie durch die neue Verschuldungsreform geschaffenen ungünstigen Lage zu befürchten steht, sich dieser Eventualität nach Möglichkeit zu entziehen suchen. Und zwar werden sie zu diesem Zweck einen der beiden folgenden Wege einschlagen.

Da nach Rodbertus die Auszahlung der Erbtheile in baarem Gelde nicht ausgeschlossen ist, so werden sich die Erben, um das Capital sofort bei der Erbtheilung zu erhalten und sich nicht den unsicheren Chancen eines Verkaufs der Rentenbriefe auszusetzen, wahrscheinlich in den meisten Fällen über eine Uebernahme bezw. einen Verkauf des Nachlaßgrundstücks gegen volle Auszahlung der Antheile der Geschwister bezw. des Kaufschillings einigen. Dadurch wäre allerdings erreicht, daß die Güter im Durchschnitt weniger stark mit Schulden belastet sein würden, als in der Gegenwart, wo doch ein wesentlicher Theil aller Grundschulden auf Kaufschillingsreste und schuldig gebliebene Abfindungen zurückzuführen ist. Aber andererseits würde die bereits gegenwärtig bestehende Tendenz des Grundbesitzes, in die Hände der städtischen Capitalisten zu gelangen, noch verstärkt, und die Erhaltung des Familienbesitzes noch mehr erschwert werden. Eine übertriebene Mobilisirung des Grundbesitzes ist aber auch nach der Ansicht von Rodbertus für die Nationalwohlfahrt äußerst nachtheilig.

Oder es wird — wo die Voraussetzungen dazu vorhanden sind, wie namentlich beim mittleren und kleinen Grundbesitz —, um der Abfindung durch Renten zu entgehen, die Naturaltheilung der Nachlaß-Grundstücke unter die Erben erfolgen.

Eine Bestätigung findet diese Annahme durch die von Conrad mitgetheilte Thatsache, daß, als in einem thüringischen landwirthschaftlichen Vereine die Einführung des Rentenprincips zur Discussion gestellt worden war, sich sämmtliche Vertreter des Bauernstandes dahin aussprachen, daß dadurch die Naturaltheilung des Grundbesitzes bei Erbfällen noch allgemeiner werden würde, als sie es jetzt schon ist.

Nach dem Vorausgeschickten können wir Schumacher nicht beistimmen, wenn er, in Uebereinstimmung mit Rodbertus, von der Durchführung des Rentenprincips bei „Aufrechterhaltung des gleichen Erbrechts eine wirksamere Erhaltung des landwirthschaftlichen Grundbesitzes in der Familie" erwartet, als das gegenwärtig möglich ist.

Indeß sind wir in der Gegenwart von der Verschuldung des Grundeigenthums nach dem Rentenprincip noch weit entfernt. Unter der Herrschaft einer Ordnung, in der die Verschuldung des Grundeigenthums nach dem Capitalprincip erfolgt, erkennt aber selbst Schumacher[37g]) an, daß das Anerbenrecht eine nothwendige Voraussetzung für die Realisirung des in Deutschland so weit verbreiteten Bestrebens, das Grundeigenthum möglichst ungetheilt in der Familie zu erhalten, sei. Er spricht sich hierüber folgendermaßen aus: „Wenn man den landwirthschaftlichen Grundbesitz, der nur Rentenfonds ist, nach dem laufenden Zinsfuß zum Capital schätzt und nun diesen nach Anleitung des Capitalisationsprincips ermittelten vollen Grundwerth der Erbtheilung grundleglich macht, dann ist bei gleichem Erbrechte weder ein Grundbesitzerstand zu conserviren, noch der natürliche Wunsch der einzelnen Erblasser, eigenthümlichen Grundbesitz ungetheilt in der Familie zu vererben, immer zu erfüllen. — Will man nun aus irgend einem Grunde einen Grundbesitzerstand conserviren, oder will man jenem natürlichen Wunsche immer genügen, dann kann dies unter dem Capitalisationsprincip, abgesehen von freier Vereinbarung unter den Erben, nur vermittelst eines gesetzlich oder testamentarisch bestimmten Voraus geschehen." „Die verkehrte Gewohnheit, den Ertrag des Grundbesitzes, der doch nur Rentenfonds ist, nach dem laufenden Zinsfuß zu capitalisiren und die so ermittelte Summe der Erbtheilung zu Grunde zu legen, bedingt ein Grunderbrecht mit Voraus und hat bei steigenden Bodenpreisen die Nothwendigkeit desselben noch verschärft. Weil das Erbgut nicht getheilt werden kann, darf oder soll, weil einer der Erben das Gut übernimmt und weil das Allodialvermögen selten so groß und die Zahl der Kinder selten so gering ist, daß die Auszahlung der Erbtheile aus dem beweglichen Nachlaß erfolgen kann, muß dem Grunderben ein Voraus eingeräumt werden, das mindestens groß genug ist, um denselben gegen ungünstige Chancen in Folge von Capitalkündigungen und Zinsfußerhöhungen sicher zu stellen." „Die Bestimmungsgründe für ein Voraus des Grunderben sind bei der jetzigen verkehrten Creditform für den Grundbesitz ebenso zwingend bei den größeren wie bei den kleinen Gütern."

Indem wir hiermit von diesem Zugeständniß eines der entschiedensten Vertreter des Rentenprincips Act nehmen, räumen wir unsererseits zugleich ein, daß die gegenwärtig bei Erbschaftsauseinandersetzungen übliche Eingehung kündbarer Capitalschulden seitens des Gutsübernehmers gegenüber seinen Geschwistern in allen denjenigen Fällen unzweckmäßig ist, in denen für den Gutsübernehmer nicht mehr oder minder bald nach Uebernahme des Guts baare Summen in den diesen Verpflichtungen entsprechenden Größen (Mitgift der Frau, Beerbung des Schwiegervaters oder sonstiger Verwandten, größere Erträge oder flüssig werdende Capitalien aus anderen Unternehmungen u. s. w.) disponibel werden. Aber selbst für diesen günstigsten Fall müßten die Kündigungsfristen länger

37g) Schumacher, Grunderbrecht S. 38, 11, 14.

gestreckt werden, als es in der Regel gegenwärtig geschieht. Auch wäre es Aufgabe der Gesetzgebung, solche längere Kündigungsfristen anzubahnen. In welcher Weise dieser Zweck speziell durch die Erbrechtsgesetzgebung erreicht werden kann, werden wir weiter unten näher zu untersuchen haben. Für die oben nicht vorgesehenen Fälle dagegen paßt nur die Amortisationshypothek. Daß diese aber fast alle Vortheile einer Verschuldung nach dem Rentenprincip besitzt, ist, wie wir bereits erwähnten, erst neuerdings nachgewiesen worden [37 h]). Auch wird gegenwärtig allseitig anerkannt, daß zum Zweck der allgemeinen Verbreitung der Amortisationshypothek für den mittleren und kleinen Grundbesitz entsprechende Organisationen des Immobiliarcredits geschaffen werden müssen, wo sie nicht bereits bestehen.

Eine ähnliche Stellung zum Anerbenrecht, wie Rodbertus und Schumacher, nimmt auch Schäffle [37 i]) ein, indem er, wie Rodbertus im Wege der Verschuldung nach dem Rentenprincip, so seinerseits durch Realisirung seines als „Incorporation des Hypothekarcredits" bezeichneten Reformvorschlags dasjenige zu erreichen hofft, was die „Reaction auf altes Familien- und Erbrecht erreichen will, aber ganz, am rechten Orte, zur rechten Zeit und ohne Hemmung des Fortschritts der Landwirthschaft nicht erreichen kann". Ja er bekennt sich „zu der fast ketzerischen Ansicht", daß, „wenn die Incorporation vollzogen, ein Bedürfniß für Aenderung des römischen Erb- und Familienrechts da, wo es besteht, gar nicht mehr vorhanden sein würde" (S. 104).

Der Ausgangspunkt für die „Incorporation des Hypothekarcredits" ist bei Schäffle derselbe, wie bei Rodbertus für seine Reform des ländlichen Verschuldungswesens. Auch Schäffle nimmt an, daß die Hauptursache der Bedrängniß unseres Klein- und Großbauernstandes die unproductive Ueberschuldung aus Kaufschillingsresten, aus Miterbenabfindungen und aus ungeregeltem Personalcredit ist. Und zwar soll diese Ueberschuldung nicht nur unmittelbar durch Einkommensschmälerung für den producirenden Bauer die Noth veranlassen, sondern auch mittelbar den Nothstand noch dadurch steigern und hinhalten, daß sie der Landwirthschaft das zu rationellerer und intensiver Bewirthschaftung erforderliche Betriebscapital vorenthält. Schäffle hofft nun, „ohne allen Rückfall in abgelebte Formen und ohne Einschränkung der Veräußerungsfreiheit", diese Hauptursache der Bedrängniß durch eine Neubildung des Agrarbesitz-, Agrarcredit- und Agrarconcursrechts beseitigen zu können. Das Hauptgewicht legt er dabei auf die Incorporation des bäuerlichen Realcredits, verbunden mit einer geordneten Benutzung des Personalcredits.

Unter der Incorporation des Hypothekarcredits begreift Sch. die körperschaftliche Vereinigung aller mittleren und kleinen Grundbesitzer zum Zweck der Ordnung und Sicherstellung des Hypothekarcredits.

Indem Schäffle die Grundzüge und allgemeinen Umrisse der Institution entwirft, betont er zugleich ausdrücklich, daß dieselben bei ihrer Durchführung ängstlich an die örtlichen Verhältnisse anzupassen sein würden.

---

37 h) Dieser Auffassung liegt die Ansicht zu Grunde, daß der Bodenwerth sich in normalen Zeiten, wenn auch nur langsam und unsicher, reproducire (vgl. unten S. 246), während Rodbertus' Ausführungen von der Voraussetzung ausgehen, daß sich der Werth des Grundbesitzes überhaupt niemals reproduciren könne.

37 i) Schäffle, Die Incorporation des Hypothekarcredits, Tübingen 1883, S. 2—11.

Zur Durchführung der von Schäffle geplanten Reform treten die Grundbesitzer, mit Ausnahme derjenigen, welche das Gesetz ausnimmt (privater Großgrundbesitz, Domänen, Communalland u. s. w.) zu engeren Bezirks- oder Kreis-, und diese zu Landes- oder Provinzialverbänden, zuhöchst zum Reichsverbande zusammen, und erhalten diese Verbände den Zwangscharakter. Diese zwangsverbindlichen Verbände sind zur Befriedigung der gesetzlich anerkannten Creditbedürfnisse allein berechtigt, aber auch unbedingt verpflichtet.

Der Bezirksausschuß der Corporation hat die beleihungsgemäße Verwendung des übrigens nur für bestimmte guts- und familienwirthschaftliche Bedürfnisse gewährbaren Credits zu überwachen.

Zu diesen Bedürfnissen gehören in specie: wirkliche Meliorationen, Bedürfnisse der Erholung von außerordentlichen Unfällen, Bedarfe für Versicherungseinzahlungen und für gewisse Familienzwecke. Consumtivcredit ist unbedingt nicht hypothecirbar. Credit für Abzahlung und Sicherstellung von Kaufschillingsresten und von Ansprüchen der Miterben soll gar nicht oder nur beschränkt gewährt werden.

Betriebscredite, wenn sie von allgemein und selbständig zu organisirenden „eingeschriebenen" Personalcreditgenossenschaften gewährt sind, könnten unterpfändlich sicher gestellt werden. Im Falle der Zahlungsunfähigkeit des Schuldners hat die Personalcreditgenossenschaft den Anspruch auf Ersatz ihrer vorgenannten Credite durch die Realcreditcorporation, welche dagegen den entsprechenden Hypothekarpfandrechtstitel erwirbt.

An Crediten der gesetzlich zulässigen Art darf im Ganzen höchstens bis 50 (40?) % des Schätzungswerths des Guts gewährt werden. Die Schätzung hat nach dem Reinertrage unter Capitalisirung mit einem den Zinsfuß der Pfandbriefemissionen ein wenig übersteigenden Zinsfuß zu geschehen.

Die Aufbringung der Darlehnsvaluta würde durch Ausgabe von Central-Corporationshypothekarpfandbriefen erfolgen, welche binnen spätestens 15—25 Jahren zu tilgen wären. Für die Verzinsung und Tilgung treten bei Zahlungsunfähigkeit der Bezirkscorporationen in vorschußweiser Deckung die weiteren Verbände ein.

Dem Anspruch auf Hypothekarcredit bei der Corporation kann ergänzend das weitere Recht jedes Corporationsgenossen zur Seite gestellt werden, seinen Grundbesitz an die Corporation zu einigen Procenten unter dem Taxwerth abzustoßen (offeriren), und die Pflicht der Genossenschaft, den durch Abstoßung (oblatio) oder durch Vollstreckung in Unterpfänder angefallenen Grundbesitz — Wald ausgenommen — jedem meistbietenden Landwerber zu Pacht oder zu Eigenthum abzutreten, wobei jedoch die Corporation in organischer Verbindung mit der Landescultur- und Agrarbesitz-Polizei anderen gesellschaftlichen Interessen Rechnung zu tragen hätte.

Der reine Gewinn der Corporation am Unterpfandsgeschäfte hätte den Unterpfandsschuldnern, der reine Gewinn an der Besitzwechsel-Vermittelung den Pächtern und für eine gewisse Frist den Käufern von Corporationsland zu gute zu kommen.

Die Corporation wäre im ausschließlichen Besitz des Unterpfandrechts gegen Befriedigung des Legalpfandrechts des Fiscus u. s. w. Die Unterpfänder fielen ihr zum Taxwerthe ohne weiteres Subhastationsverfahren zu, wenn der

Schuldner den Credit für beleihungswidrige Zwecke verwendet, oder wenn er das Gut deteriorirt oder wenn er mit Zinsen und Amortisationszahlungen im Rückstande bleibt, ohne Stundung erlangt zu haben.

Diese Incorporation würde natürlich nur unvollständig wirken, wenn nicht zugleich dafür gesorgt wäre, daß bäuerliche Arbeit und bäuerlicher Besitz nicht in anderer und vielleicht gefährlicherer Form gedrückt und erdrückt werden. Letzteres wäre möglich, wenn Personalcreditverbindlichkeiten in den Grundbesitz exequirt werden könnten.

Diese Gefahr wäre dadurch auszuschließen, daß in den Grundbesitz nur Forderungen der Corporation und zwar zum Corporationstaxwerthe vollstreckbar zu sein hätten.

Weiter sollen dann noch besondere Einrichtungen gegen den Mobiliarpfandwucher getroffen werden.

Auch an einen allgemeinen Schutz der nothwendigen Arbeitsmittel und Haushaltungsstücke gegen Execution, an die Unklagbarkeit anderer als der durch Personalcreditgenossenschaften vermittelten Darlehen u. s. w. könnte gedacht werden.

Da jeder in eine Personalcreditgenossenschaft eintreten könnte, so wäre damit keine Verhinderung des gesunden Credits bewirkt.

Auch wäre, damit nicht hinfort die Corporation — statt wie bisher die einzelnen Capitalbesitzer — den Bauernstand um die Frucht seiner Arbeit, um den verhältnißmäßigen Antheil an Gewinn und Rente bringe, die Wiedergutschreibung der Gewinne, welche die Corporation macht, sowie die Pflicht der Abgabe von angefallenem Land an den meistbietenden Landwerber vorzusehen.

Schälen wir den Grundgedanken dieses Reformplans heraus, so liegt er in der Begründung einer Art von Zwangslandschaften für den gesammten mittleren und kleinen Grundbesitz.

Der Gedanke, für den mittleren und kleinen Grundbesitz den Landschaften ähnliche Creditinstitute zu schaffen, wie sie bereits für den großen Grundbesitz in der größten Zahl der preußischen Provinzen bestehen, ist bereits vorher von verschiedenen Seiten in Anregung gebracht worden. Schäffle sind nur die Form und die näheren Modalitäten seines Plans eigenthümlich. Aber diese gerade sind meines Dafürhaltens nicht der Art, daß sie dem Schäffle'schen Plan große Aussichten auf Realisirung eröffnen. Vielmehr wird dem Freiheitsgefühl unserer Zeit und den Grundprincipien der modernen Agrarverfassung viel mehr Rechnung getragen werden müssen, als es bei Schäffle geschieht, um das von ihm entworfene Programm durchführbar zu machen. Zu diesem Zweck müßte namentlich der Zwangscharakter dieser neuen Creditinstitute, welcher den Beitritt aller Grundbesitzer einer bestimmten Kategorie obligatorisch macht, ferner die Monopolisirung alles hypothekarischen und indirect auch des persönlichen Credits in diesen Anstalten, das Verbot der hypothekarischen Verschuldung der incorporirten Güter über die Hälfte ihres Werthes und der Ausschluß der Bestellung einer Hypothek zum Zweck der Sicherstellung der gegenüber Verkäufern und Miterben eingegangenen Schulden in Wegfall kommen.

Was speziell die letztere Bestimmung betrifft, so müßte sie bei fortdauernder Geltung des gemeinen Erbrechts die Folge haben, daß nur die im Besitz von großen beweglichen Capitalien befindlichen Bauernfamilien ihre Güter von einer

Generation auf die andere übertragen würden, während bei allen übrigen Familien die bereits gegenwärtig hervortretenden Folgen des gemeinen Erbrechts, die in der Zwangszerstückelung und der Verdrängung der bäuerlichen Familien durch das große Capital bestehen, in Zukunft in verstärktem Maße eintreten würden.

Denn da die Sicherstellung der Kaufschillingsreste durch Verpfändung des bäuerlichen Grundbesitzes ausgeschlossen ist, so werden nur diejenigen kaufen können, die wenigstens die Hälfte des Grundstückswerths baar zu bezahlen vermögen, und da es nicht möglich ist, die Miterben durch Hypotheken abzufinden, so wird auch nur derjenige Erbe das väterliche Gut übernehmen können, der im Stande ist, die Antheile der Miterben in baarem Gelde auszuzahlen.

Diese Eventualität hat für Schäffle übrigens nichts Abschreckendes. „Denn" sagt er, theilweise im Widerspruch mit gelegentlich anders lautenden Stellen seines jüngsten Buchs, namentlich aber mit früheren Aeußerungen, „es verlangt das gesellschaftliche Interesse heute nicht mehr den Uebergang der Güter an die Kinder und Kindeskinder des Hans oder Peter, sondern an die tüchtigsten und durch die Tüchtigkeit kauf- und pachtungsfähigsten Selbstbewirthschafter, ohne sich überschulden zu können. — Nicht erbliche Bauernfamilien, sondern betriebsame unüberschuldbare Bauern und Bauernfamilien müssen gesichert werden."

Hierauf bemerkt neuerdings A. Meitzen in einer Recension des Schäffle'schen Buchs[37k]): „Wir wissen in der That nicht, ob sich Schäffle der schweren Tragweite der obigen Sätze bewußt ist." „Gewiß! Es werden in der kürzesten Zeit die Grundstücke nur noch von capitalkräftigen Händen und zwar ziemlich billig gekauft werden, und die Kinder derer, denen wir jetzt als Bauern und Kleinbesitzer helfen wollen, würden sehr froh sein müssen, wenn sie nur als Kleinpächter oder in gutsherrlichen Arbeitshäusern unterkämen."

Bestätigt findet sich dieses Urtheil Meitzens neuerdings auch von E. Jäger[37l]) Wir reproduciren dasselbe an dieser Stelle, weil es zugleich einen von Schäffle berührten, von uns aber bisher nicht erwähnten Punkt erledigt. Jäger sagt: „Schäffle's Vorschlag würde, wie uns dünkt, den Grundbesitz allmälich in die Hände der Reichen, der capitalkräftigen Baarkäufer vereinigen." Derselbe „bringt den Bauer in die Gefahr, sein Erbgut und Eigenthum ganz zu verlieren. Begünstigt wird dies durch das Verbot, die Erb- und Kaufgelder hypothekarisch einzutragen — ein Verbot, das wohl während der Uebergangszeit beschränkt wäre, aber allmälich immer schärfer gehandhabt würde. Schäffle meint allerdings, weil sein Vorschlag den Grundbesitz von Schulden entlaste und einen »capitalkräftigen« Pächter- und Besitzerstand schaffe, könnte der Vater noch bei Lebzeiten oder im Todesfalle die Nebenerben des Gutsübernehmers durch Baarzahlung abfinden oder deren Erbtheile durch Ankauf von Lebensversicherungspolicen sichern, deren Prämien innerhalb der ersten Grundstückshälfte (Grundwerthshälfte?) hypothekarisch sichergestellt werden könnten. Die Nichtverschuldbarkeit des Grundstückswerths und die Nichthypothecirbarkeit von Erbgeldern sei ein stetiger Antrieb zur Sparsamkeit des Familienvaters, der bei seiner nicht-

37 k) Deutsche Literaturzeitung 1884 Nr. 2.

37l) E. Jäger, Die Agrarfrage der Gegenwart, Abth. 2, Berlin 1884, S. 354, 355.

verschuldeten Lage auch sparen könne. Die Praxis sagt uns aber, daß der Bauer unter dem Druck der auswärtigen Concurrenz nicht sparen kann." — Könnte man nun auch sagen, daß dieser von Jäger gegenüber Schäffle erhobene Einwurf sich auf eine vorübergehende Thatsache stützt, während der Organisationsplan Schäffle's doch auf eine längere Dauer berechnet ist, so wäre immerhin in Erinnerung zu bringen, daß es dem deutschen Bauer, auch abgesehen von seiner gegenwärtigen kritischen Lage, wegen des zum Theil naturalwirthschaftlichen Charakters seines Betriebs, immer schwer fallen wird, größere Baarsummen herauszuwirthschaften, wie sie zur Abfindung der Geschwister des Gutsübernehmers unter der Herrschaft des gemeinen Rechts erforderlich sind.

Es hat dem Hinweise Schäffle's auf die Abfindung der Miterben bei Lebzeiten des Vaters wahrscheinlich das Beispiel Englands zu Grunde gelegen. Dieses ist aber nicht ohne weiteres auf Deutschland übertragbar. Denn könnte man auch davon absehen, daß die Abfindungen der jüngeren Söhne in England nicht durch das geltende Intestaterbrecht verlangt werden, sondern der Ausfluß des freien Willens der Eltern sind, so daß also auch kein Zwang bezüglich ihrer Höhe besteht, während in Deutschland in Folge Geltung des gemeinen oder eines demselben verwandten Erbrechts die Abfindungen in der Höhe des Pflichttheils verlangt werden können, so würde doch immer noch der tiefgehende Unterschied bleiben, daß die englische Sitte, die jüngeren Kinder bei Lebzeiten des Vaters abzufinden oder auszustatten, geübt wird von einer auch mit ihrem Grundbesitz tief in die Geldwirthschaft verflochtenen wohlhabenden Aristokratie, während sie in Deutschland in Aussicht genommen ist für den noch immer in der Naturalwirthschaft steckenden wenig capitalkräftigen Bauernstand.

Bei Prüfung des Schäffle'schen Vorschlags gelangt Jäger zu einem Resultat, dem wir uns anschließen können. „Schäffle's Vorschlag von der Unverschuldbarkeit der zweiten Werthshälfte, von der Nichthypothecirbarkeit der Erbgelder, der Nichteintragungsfähigkeit der Kaufgelder, dem Verbot jeglicher hypothekarischer Sicherstellung des Consumtivcredits erscheint wohl als Befreiung des Grundbesitzes von der Herrschaft des Capitals, aber seine »capitalkräftigen Wirthe«, in deren Hände der Besitz der armen und kleinen Bauern allmählich überginge, geben dem Vorschlag eine bedenkliche capitalistische Kehrseite. Die Gefahr eines neuen Feudalismus liegt dabei sehr nahe, denn Sch. bringt die Oblationstheorie wieder auf, indem überschuldete Grundbesitzer ihr Eigenthum an die Genossenschaft abtreten und — wenn sie nicht ganz von der Scholle verjagt werden — es von der Genossenschaft wieder als Pächter übernehmen würden. Es erinnert dies an die oblatio feudi, die in dem Aufgeben des Besitzes und dessen Rücknahme als Lehen bestand."

Somit haben wir die Frage, ob die von Schäffle in Aussicht genommene sogenannte Incorporation des Hypothekarcredits, ähnlich wie die Frage, ob der von Rodbertus ausgehende Vorschlag einer Verschuldung der Grundbesitzer nach dem Rentenprincip die Reform des gemeinen Erbrechts entbehrlich macht, in negativem Sinne zu beantworten.

Wenn wir somit im Vorstehenden den Nachweis erbracht zu haben glauben, daß alle bisher in Vorschlag gebrachten Einrichtungen das Anerbenrecht in seiner Wirkung auf die Erhaltung des Familienbesitzes und der Grundeigenthumsvertheilung nicht zu ersetzen vermögen, so folgt hieraus mit Nothwendigkeit, daß der Gesetzgeber, welcher der mit dem Intestaterbrecht in Widerspruch stehenden Vererbungssitte ihre Berechtigung zuerkennt und ihre Erhaltung aus socialwirthschaftlichen Gründen wünscht, nur dann consequent handelt, wenn er sich entschließt, das Erbrecht entsprechend dieser Sitte umzugestalten.

Zur Bekräftigung dieses Schlusses können wir uns auf die Autorität v. Savignys berufen. In dem bereits mehrfach erwähnten Gutachten, welches v. Savigny als preußischer Justizminister im J. 1842 über das westphälische Erbfolgegesetz vom 13. Juni 1836[38]) abgegeben hat, erklärt er:

1) daß die Beibehaltung eines Intestaterbfolgegesetzes, welches den Intentionen der Erblasser und der Sitte nicht entspricht, durch die Hinweisung auf die Befugniß des Erblassers, dasselbe durch Testament oder Vertrag abzuändern, nicht gerechtfertigt sei, und verlangt daher

2) für diejenigen Fälle, in denen der Erblasser, vom Tode übereilt, seinen Nachfolger nicht selbst bestimmt habe, angemessene, dem vermuthlichen Willen und der Sitte entsprechende Bestimmungen des Intestaterbrechts.

Indeß kann die oben gezogene Consequenz richtig sein und der Gesetzgeber sich dennoch nicht veranlaßt sehen, dieselbe zu ziehen, weil dem Anerbenrecht sonst wichtige Bedenken entgegen stehen.

Mit diesen haben wir uns jetzt zu beschäftigen.

Zunächst begegnen wir dem Einwande, daß das Anerbenrecht, weil es die Erhaltung der vorhandenen Gütergrößen unter allen Umständen begünstigt, zugleich über das Ziel hinaus schieße. Denn unter bestimmten Voraussetzungen — Fortschreiten der Gesammtcultur, Hebung der landwirthschaftlichen Technik, Einführung bestimmter Culturarten u. s. w. — erscheine eine Veränderung der vorhandenen Gütergrößen erwünscht und dürfe daher nicht verhindert, sondern müsse im Gegentheil begünstigt werden.

Indeß trifft dieser Vorwurf für das Anerbenrecht in seiner neueren Gestalt — indem dasselbe die Untheilbarkeit des Grundbesitzes nicht mehr zur Voraussetzung hat und von nur subsidiärer Natur ist, also durch Rechtsgeschäfte unter Lebenden und letztwillige Verfügungen abgeändert werden kann — nicht zu. Denn die Geltung des Anerbenrechts kann und wird den Grundbesitzer nicht hindern, seiner durch Motive der wirthschaftlichen Zweckmäßigkeit bestimmten Entschließung Folge zu geben, um die durch den gesammten Culturzustand oder die Veränderungen der landwirthschaftlichen Technik oder aus anderen Gründen gebotenen Veränderungen in dem Umfange seines Guts herbeizuführen. Das Anerbenrecht soll nur verhüten, daß durch die Erbfolge nicht Veränderungen in der Grundbesitzvertheilung herbeigeführt werden, die, weil sie nicht auf Erwägungen der wirthschaftlichen Zweckmäßigkeit beruhen, gegen das allgemeine Interesse sind. „Die Erbtheilungen", sagt L. v. Stein[39]), „sind an und für sich falsch, weil sie eine Theilung setzen, welche nicht auf wirthschaftlichen, sondern auf zufälligen Gründen beruht."

Das Anerbenrecht unterscheidet sich demnach in dieser Beziehung von dem gemeinen Intestaterbrecht dadurch, daß es dem Eigenthümer zwar vollständige

38) Entwurf einer Landgüterordnung für die Provinz Westphalen nebst Begründung, Drucksachen des preußischen Herrenhauses, Sitz.-Per. 1882 Nr. 16, S. 58.

39) L. v. Stein, Handbuch der Verwaltungslehre, 2. Aufl. Stuttgart 1876, S. 639, 640.

Freiheit läßt, sein Gut nach seinem Gutdünken zu verkleinern und zu vergrößern, zu erhalten oder in seine Bestandtheile aufzulösen resp. in einem anderen Besitzcomplex aufgehen zu lassen, daß es ihn aber nicht durch die Macht der Umstände zwingt mit seinem Gut bestimmte Veränderungen hinsichtlich seiner Größe vorzunehmen.

Diejenigen, die für das gemeine Erbrecht eintreten, gehen — sofern sie sich seiner Consequenzen für die Grundeigenthumsvertheilung bewußt sind — von folgender Auffassung aus. Sie nehmen an, daß das gemeine und noch mehr das französische Intestaterbrecht die Besitzungen im Laufe der Zeit verkleinere und finden, daß dieser Proceß der steigenden Intensität der Landwirthschaft entspreche. Sie rühmen demselben außerdem nach, daß dadurch in einer immer größeren Zahl von Personen die durch das Eigenthum erzeugte wirthschaftliche Energie entwickelt werde, sowie daß immer mehr Hände im Ackerbau Beschäftigung finden und die Erträge des Bodens vermehrt werden.

Das ist nun bis zu einem gewissen Grade richtig. Namentlich in Zeiten des Aufschwungs der Landwirthschaft, welche regelmäßig nach Ablösung der Grundlasten, nach Begründung der Freiheit des Bauernstandes, nach Aufhebung der Theilbarkeitsbeschränkungen, aber auch, abgesehen von solchen Reformen der Agrarverfassung, nach wichtigen Fortschritten in der Technik des Landbaus sowie nach einem Aufschwunge der gesammten Volkswirthschaft einzutreten pflegen, zeigt sich zugleich das Bedürfniß nach einer Veränderung und vielfach speziell nach einer Verkleinerung des Umfangs der Güter[39a]).

Aber wie die Vorbedingungen dieses Bedürfnisses sich nicht regelmäßig wiederholen, so auch nicht das Bedürfniß nach einer Verkleinerung der Güter selbst. Werden die Güter nun trotzdem in Folge des in dem Erbrecht enthaltenen directen (Naturalvertheilung) oder indirecten Zwangs (Verschuldung) immer weiter getheilt, so muß schließlich unfehlbar ein Hinabsinken der Bauern in die Classe der Klein- und Zwerggütler stattfinden. Mit vollem Recht ruft daher der Verfasser der bereits mehrfach angeführten Briefe über die Staatskunst den Vertheidigern des gemeinen Erbrechts in seiner Anwendung auf den landwirthschaftlichen Grundbesitz zu: „O ihr weich geschaffenen Seelen! Welche Thränenströme möchtet ihr vergießen, sähet ihr die Urenkel der kräftigen und wohlhabenden Bauern, die das Mark der Volksgenossenschaft sind, gerade deshalb als verarmte Zeitpächter, abhängige Tagelöhner, zerlumpte Bettler auf dem ehemaligen Boden ihrer Urväter verkommen, weil — — ihr ihnen — — gleiches Erbrecht und alle die Herrlichkeiten gegeben, die — in euren Systemen erwachsen sind“ (S. 115).

Man wende nicht ein, daß die Einsicht der Besitzer diesen Rückgang im Besitz, in der Wirthschaft und in der Lebenshaltung zu verhüten wissen werde: die Einsicht erweist sich so mächtigen Factoren gegenüber, wie die mit der Zersplitterung des Bodens regelmäßig verbundene rapide Bevölkerungsvermehrung es ist, in der Regel als machtlos.

Es wird zwar der Rückgang in der Lebenshaltung der Landwirthschaft

39a) Dieser Punkt ist neuerdings (Februar 1884) in den Verhandlungen des deutschen Landwirthschaftsraths besonders betont worden von dem Generalsecretär Freiherrn v. Canstein, und von dem Freiherrn v. Cetto-Reichertshausen. Vgl. Archiv des deutschen Landwirthschafts, VIII. Jahrg., 1884, Heft Nr. 2—7, S. 266, 186.

treibenden Bevölkerung durch besonders günstige Verhältnisse der natürlichen Ausstattung und der gesammtwirthschaftlichen Entwickelung eines Landes (große Fruchtbarkeit des Bodens, Milde des Klimas, Möglichkeit des Anbaus von Handelsgewächsen, Gemüse, Wein, — blühende Industrie, Nähe des Markts, reicher auswärtiger Absatz) für längere Zeit hinausgeschoben, aber unter den von uns vorausgesetzten Verhältnissen wohl nur ausnahmsweise vollständig vermieden werden können.

Es sei denn, daß dieser Proceß künstlich durch das städtische Geldcapital, unterbrochen wird. Das regulirende Eingreifen dieses letzteren in die Grundbesitzbewegung fällt gewöhnlich in jenes Uebergangsstadium, das sich durch eine Auswechselung der kräftigen gegen schwächere Bauern charakterisirt, ein Uebergangsstadium, das regelmäßig verbunden ist mit einer Verkümmerung der Productivität des Betriebs, sowie aller wirthschaftlichen Verhältnisse in den betreffenden Gemeinden. Unter dem Einfluß des beweglichen Capitals schlägt der Proceß der Verkleinerung des Grundeigenthums dann leicht in sein Gegentheil, nämlich in den der Zusammenballung von immer größeren Besitzmassen in wenigen Händen um.

Wenn wir gegenwärtig in denjenigen Theilen des Deutschen Reichs, die wir hier im Auge haben, diese beiden Processe erst in ihren ersten Stadien vorfinden, so ist das dadurch zu erklären, daß die Einführung des gemeinen Erbrechts und die Begründung der freien Theilbarkeit des Grund besitzes für diesen Theil des Deutschen Reichs erst spät erfolgt ist und verhältn ißmäßig kurze Zeit dauert und daß das gemeine Intestaterbrecht von seiner Anwendung auf das ländliche Grundeigenthum noch vielfach durch eine demselben entgegenstehende Sitte zurückgehalten wird.

Wurde von den Einen die zu weit gehende Wirkung des Anerbenrechts getadelt, so machen wieder Andere geltend, daß dasselbe das bäuerliche Grundeigenthum nicht unbedingt gegen Zersplitterung auf der einen und Agglomeration auf der anderen Seite schütze. Dasselbe ist namentlich bei Gelegenheit der Verhandlungen des preußischen Abgeordnetenhauses über das für die Provinz Hannover bestimmte Höfegesetz sowie über die für die Provinz Westphalen bestimmten Landgüterordnungen von dem Abgeordneten Dr. Windthorst und neuerdings auch von Schäffle in seiner Incorporation des Hypothekarcredits geltend gemacht worden.

Indeß wird derselbe Einwand gegen jede Maßregel erhoben werden können, die der Freiheit derjenigen Personen, für die sie bestimmt ist, einen weiten Spielraum läßt. Kommt es doch bei solchen Maßregeln lediglich darauf an, die Wirksamkeit der für einen bestimmten, im allgemeinen Interesse wünschenswerthen Erfolg günstigen psychologischen Momente durch äußere Veranstaltungen zu verstärken, ohne damit doch zugleich die Wirksamkeit anderer psychologischer Momente auszuschließen. Will man nicht direct, durch Einführung von Zwangsmaßregeln, auf die Erhaltung der bestehenden Grundeigenthumsvertheilung einwirken, — und ein solches Vorgehen erscheint nach unseren obigen Ausführungen gegenwärtig unmöglich — so wird man sich auf die Erzeugung und Kräftigung bestimmter, für das ins Auge zu fassende Ziel günstiger Richtungen des Gesammtwillens durch Maßregeln, wie sie z. B. im Anerbenrecht vorliegen, beschränken müssen. Das ins Auge gefaßte Ziel wird um so sicherer erreicht werden, je mehr es gelingt, die dasselbe gewährleistende Willensrichtung auch noch durch andere ähnliche Maßregeln zu verstärken.

Die Aufgabe des Anerbenrechts besteht demnach heutzutage hauptsächlich darin, den für die Erhaltung des Grundbesitzes in der Familie vorhandenen Bestrebungen eine äußere Stütze zu geben und sie dadurch im Kampfe gegen widerstreitende Tendenzen zu kräftigen[39b]).

Eine Reihe weiterer Gegner des Anerbenrechts halten zum Theil die Zeit für seine Einführung noch nicht für gekommen, zum Theil erachten sie diesen Zeitpunkt bereits als überschritten. Den Einen würde die Einführung noch zu früh, den Anderen dagegen bereits zu spät kommen.

Die erstere Ansicht ist von dem oldenburgischen Oberappellationsgerichtsrath und jetzigen Vicepräsidenten des Oberappellationsgerichts Freiherrn v. Beaulieu-Marconnay[40]) vertreten worden und wird auch von anderer Seite getheilt.

Zugegeben, so sagt Herr von Beaulieu, daß die freie Theilbarkeit und das gemeine Erbrecht Folgen haben können, wie sie in der ersten Hälfte dieser Arbeit geschildert worden sind, zugegeben auch, daß die Sitte, welche sich demselben bisher entgegengestemmt hat, nicht überall stark genug ist, um das befürchtete Resultat zu verhüten, so ist es doch erst „Sache späterer Generationen, diese Gefahren in ihrem Wesen und in ihren Ursachen zu erkennen und die Mittel dagegen aufzusuchen". Wenn es bei den bisher erwähnten Gegnern des Anerbenrechts hieß: überhaupt kein Anerbenrecht, so heißt es bei Herrn v. Beaulieu: wenigstens jetzt kein Anerbenrecht!

Wir vermögen diese Ansicht nicht zu theilen. Durch die bisher gemachten Erfahrungen sind wir genügend darüber orientirt, wohin das gemeine Erbrecht führen kann und auf die Dauer — wenn wir von einzelnen Ausnahmen absehen — regelmäßig führen muß. Wir wissen auch, daß es dort, wo die schlimmen Resultate desselben bezüglich der Mobilisirung des Familienbesitzes und der Verschlechterung der Grundeigenthumsvertheilung bereits eingetreten sind, sehr schwer hält, diesen Zustand wieder zu beseitigen. Dies wird auch von Roscher[41]) bei Gelegenheit der Besprechung der neueren Höfegesetzgebung anerkannt: „Sollen die Gesetze in der That von vielen benutzt werden, sagt er, so ist die nothwendige Voraussetzung dazu, daß es noch viele tüchtige Bauern giebt, die sich als solche behaupten wollen, viele Höfe, die für eine ordentliche Wirthschaft eben groß genug sind." Soll da der Staat nun ruhig abwarten, bis die Bauerngüter sich in Zwerggüter aufgelöst oder zu Latifundien zusammengeballt haben, und sich erst dann mit seiner Hilfe einstellen? oder soll er nicht lieber vorbauend eingreifen und soweit seine Mittel reichen, die für die Gesammtheit verderbliche Vertheilung des Grundeigenthums zu verhüten suchen?

Uns ist es nicht zweifelhaft, daß er den letzteren Weg einzuschlagen hat,

---

39b) Im obigen Sinne hat sich neuerdings auch der Freiherr v. Cetto-Reichertshausen im deutschen Landwirthschaftsrathe (Februar 1884) ausgesprochen. Vgl. Archiv des deutschen Landwirthschaftsraths, VIII. Jahrg. 1884, Heft Nr. 2—7, S. 186.

40) v. Beaulieu-Marconnay, Das bäuerliche Grunderbrecht vom Standpunkt des Gesetzgebers mit Rücksicht auf das Herzogthum Oldenburg, Oldenburg 1870.

41) W. Roscher, Betrachtungen über die neuen preußischen Gesetze zur Erhaltung des Bauernstands, in der Monatsschrift „Nord und Süd", Septemberheft 1872, S. 328 ff.

einen Weg, den der Referent des Herrenhauses über die schlesische Landgüterordnung als einen präventiven bezeichnet hat.

Dieselbe Antwort haben wir auch denjenigen zu ertheilen, die verlangen, man solle ihnen die Nothwendigkeit des Anerbenrechts ziffermäßig nachweisen. Kann erst ein solcher Nachweis erbracht werden, so ist es gewöhnlich zu spät für eine Reform des Erbrechts. Denn die von dem Erbrecht gegen den Familienbesitz gerichteten Tendenzen gelangen, soweit sie nicht sehr stark hervortreten, sondern sich in ihren ersten Anfängen befinden, nur selten zur Kenntniß der Gerichtsbehörden und lassen sich auch nur schwer zur Ziffer bringen. Wenn z. B. der verschuldete Grundbesitzer mehrere Kinder hat und nicht im Stande ist, eins derselben derart zu begünstigen, daß es sich auf dem Gute halten kann, ohne die anderen vollständig leer ausgehen zu lassen, so verkauft er dasselbe lieber und vertheilt das Capital dann unter seine Kinder; wird das Gut dann von dem Käufer dismembrirt, so fehlt der Nachweis dafür, daß das Erbrecht die eigentliche Veranlassung dieses ganzen complicirten Vorgangs gewesen ist. Und ähnlicher Beispiele ließen sich noch viele anführen, in denen das für die Veränderung in der Grundeigenthumsvertheilung wirksam gewesene Motiv verdeckt wird.

Diese einfache Thatsache, daß der Einfluß des Erbrechts sich in den meisten Fällen der Cognition des Richters sowohl wie des Statistikers entzieht, ist in den sämmtlichen Gutachten derjenigen Oberlandesgerichte, die der preußische Justizminister bei Gelegenheit der Vorbereitung der westphälischen, brandenburgischen und schlesischen Landgüterordnung befragt hat, übersehen worden[42]). Sich stützend auf die ihnen vorliegende höchst unvollkommene Statistik haben diese Gerichte das Bedürfniß nach einer „anderweiten Regelung des Erbrechts" negirt.

Wir erklären uns diese Ueberschätzung der Statistik nur aus der Gewohnheit der Juristen, den Grundsatz: quod non est in actis, non est in mundo zu befolgen und aus der den Richtern der höheren Instanzen vielfach eigenen Unkenntniß des wirthschaftlichen Lebens und seiner Bedürfnisse, indem die betreffenden Rechtsfälle, gleichsam des Fleisches und Bluts entkleidet, erst als „juristische Präparate" zu ihrer Kenntniß gelangen[42a]). Diese Ansicht findet ihre Unterstützung durch den Umstand, daß, im Gegensatz zu den Richtern der höheren Instanzen, ein großer Theil der inmitten des Lebens stehenden Landwirthe und Verwaltungsbeamten und ebenso ein nicht geringer Theil der Richter erster Instanz die Frage des Bedürfnisses nach einer Reform des Erbrechts bejaht haben.

Während die eben erwähnten Gegner des Anerbenrechts glauben, daß die Zeit für die Einführung desselben noch nicht gekommen sei, so daß diese erst abgewartet werden müsse, ehe man zu einer Reform des bestehenden Erbrechts schreiten dürfe, nehmen andere wieder den entgegengesetzten Standpunkt ein, gelangen aber von demselben zu einem ähnlichen Resultat wie die ersteren, indem sie der Ansicht sind, daß es zur Aufhaltung des Auflösungsprocesses, in dem sich der Bauernstand gegenwärtig befindet, bereits zu spät sei. Man müsse

---

42) Diese Gutachten sind den dem preußischen Landtage zugegangenen Regierungsvorlagen zu Landgüterordnungen für die Provinzen Westphalen, Brandenburg und Schlesien beigegeben.

42a) In ähnlichem Sinne hat sich neuerdings auch der Freiherr von Hammerstein-Loxten im deutschen Landwirthschaftsrathe (Februar 1884) ausgesprochen. Vgl. Archiv des deutschen Landwirthschaftsraths, VIII. Jahrg., 1884, Heft Nr. 2—7, S. 278.

die Dinge daher ihrer inneren Entwickelung überlassen, bis es zu einer gewaltsamen Reaction kommt.

Haben wir in der ersten Hälfte dieser Arbeit den Nachweis zu führen gesucht, daß in dem größten Theil des Deutschen Reichs die Vertheilung des Grundeigenthums eine gesunde ist und daß sich noch in vielen Gegenden unseres Vaterlands ein kräftiger Bauernstand erhalten hat, und findet sich das von uns gewonnene Resultat durch die Publicationen des Vereins für Socialpolitik über die bäuerlichen Zustände im Deutschen Reiche vollständig bestätigt, so können wir uns der obigen zweiten Ansicht ebensowenig wie der ersten anschließen.

Eine etwas weniger pessimistische Ansicht, als die eben erwähnte, geht sodann dahin, daß es allerdings zu spät sei, um durch eine Reform des Erbrechts allein die Erhaltung des Bauernstandes zu bewirken, daß dieses Ziel aber immerhin auch gegenwärtig noch durch einen Complex von Maßregeln, zu denen auch die Reform des Erbrechts gehört, erreicht werden könne.

Sofern unter diesen Maßregeln solche verstanden werden, die den Bauernstand in seinem Kampf um die Existenz von verschiedenen Seiten zu stützen suchen, ohne die heutige Agrarverfassung in ihren principiellen Grundlagen anzutasten, stimmen wir dieser Ansicht bei. Denn auch uns ist das Anerbenrecht nur eines von vielen Mitteln, die von der Gesetzgebung und Verwaltung, dem Vereinswesen und der Privatthätigkeit ergriffen werden müssen, um die Erhaltung des Bauernstandes zu sichern[43]). Aber freilich ist es uns das wichtigste Mittel, „das Fundament aller Maßnahmen zur Erhaltung des Mittelbesitzes", wie Oberbürgermeister Miquèl sich auf der letzten Versammlung des Vereins für Socialpolitik ausdrückte. Dagegen halten wir es im Augenblick nicht für geboten, weiter gehende Maßregeln im Sinne einer vollständigen Umbildung der bestehenden Agrarverfassung zu ergreifen, weil die Vertheilung des Grundeigenthums im Deutschen Reiche im großen Ganzen noch eine gesunde ist und die sich in den Rahmen der bestehenden Agrarverfassung einfügenden Maßregeln fürs erste genügen dürften, um unseren Bauernstand auch in Zukunft zu erhalten. Jedenfalls muß der Versuch mit diesen zuerst gemacht werden, ehe an weitergehende Maßregeln gedacht werden kann. Erst wenn sich derselbe als erfolglos erweisen sollte, wird ein tiefer einschneidendes Vorgehen des Staats an der Zeit sein.

Nachdem wir die Gründe, welche gegen die Opportunität der Einführung des Anerbenrechts in der Gegenwart angeführt werden, widerlegt haben, wollen wir uns jetzt mit den gegen das Anerbenrecht gerichteten mehr principiellen Angriffen beschäftigen.

Diese sind theils formaler, theils materieller Natur.

In ersterer Beziehung begegnen wir zunächst folgendem Raisonnement. „Wenn ein Rechtsinstitut gefallen ist, sagt Waldeck[44]), müssen auch diejenigen

43) Ueber die Maßregeln, welche unserer Ansicht nach zu diesem Zweck ergriffen werden müßten, vgl. A. v. Miaskowski, Die gegenwärtige Lage des Bauernstandes in Preußen, Referat erstattet in der Sitzung des k. preußischen Landes-Oekonomie-Collegiums vom 14. Februar 1883, in den Verhandlungen dieses Collegiums (3. Session der 2. Sitzungs-Periode).

44) B. F. Waldeck, Ueber das bäuerliche Erbfolgegesetz in der Provinz Westphalen, Arnsberg 1841, S. 8, 10. v. Beaulieu-Marconnay a. a. O. S. 55, 64, 26, 28 und Hullmann a. a. O. S. 41, 48.

Institute fallen, deren Existenz durch jenes aufs strengste bedingt war." Das Anerbenrecht nun ist eine Consequenz der unfreien Agrarverfassung und speziell der Untheilbarkeit des bäuerlichen Grundbesitzes. Hat die unfreie Agrarverfassung dem freien Spiel der Kräfte weichen müssen, so muß auch das Anerbenrecht durch das gemeine Erbrecht ersetzt werden. Gebundener Grundbesitz und Anerbenrecht, freier Grundbesitz und gemeines Erbrecht sind Institutionen, die sich gegenseitig bedingen.

Indeß ist diese gegen das Weiterbestehen des Anerbenrechts gerichtete Beweisführung, so häufig sie auch bis in unsere Tage hinein wiederholt worden ist, dennoch nicht stichhaltig.

Denn wenn wir in früheren Zeiten das Anerbenrecht auch häufig in Verbindung mit der Untheilbarkeit des bäuerlichen Grundbesitzes antreffen, indem die Untheilbarkeit gewöhnlich zum Anerbenrecht geführt hat, so stehen diese beiden Institute doch keineswegs in einer solchen inneren Verbindung unter einander, daß das eine nothwendig das andere nach sich ziehen muß oder daß das eine ohne das andere nicht zu denken ist.

Vielmehr finden wir die Gebundenheit des Grundeigenthums bisweilen mit dem gemeinen Erbrecht gleichzeitig in Geltung, wobei die rechtlich gebundenen Landgüter als untheilbare Sachen behandelt werden. Die Miterben überweisen dann das Landgut einem unter sich mit gemeinrechtlicher Abtheilung oder verkaufen es und theilen den Erlös oder besitzen das Gut auch pro indiviso zusammen. So sind im Königreich Sachsen 70—75 % des Grundeigenthums noch heute rechtlich gebunden, ohne daß dasselbe deshalb doch nach Anerbenrecht vererbt würde. Dasselbe pflegt vielmehr, wie wir oben gezeigt haben, falls es nicht durch Gutsübergabeverträge bei Lebzeiten der Eltern auf eins der Kinder oder in Folge Vereinbarung unter den Miterben an einen derselben zu einem bestimmten vereinbarten Preise übertragen wird, behufs Theilung seines Werths unter die Miterben an eine dritte Person (meist im öffentlichen Aufgebot) veräußert zu werden. Ausnahmsweise bleiben die Miterben auch wohl eine kürzere oder längere Zeit im gemeinschaftlichen Besitze des ihnen durch Erbschaft zugefallenen Grundstücks[45]). Der gleiche Fall lag — wie gleichfalls oben erwähnt wurde — früher auch in dem zu Oldenburg gehörigen Jeverland vor, indem hier die Untheilbarkeit des Grundbesitzes und das gemeine Erbrecht gleichzeitig in Kraft bestanden.

Noch häufiger findet sich das umgekehrte Verhältniß, daß nämlich die freie Theilbarkeit des Grundbesitzes mit der Vererbung desselben nach Anerbenrecht verbunden ist. Denn wenn auch mit der Beseitigung des Obereigenthums an den Bauernhöfen und mit der Katastrirung des Grund und Bodens die Untheilbarkeit und damit zugleich auch das Anerbenrecht meist beseitigt worden ist, so ist das doch keineswegs immer geschehen. So z. B. fand sich das Anerbenrecht bis zum J. 1874 in den oldenburgischen Landestheilen Landwührden, Vechta, Wildeshausen und Butjadingen, von 1836 bis 1848 in der Provinz Westphalen und findet sich neuerdings seit Erlaß der neueren Höferechtsgesetze in Hannover, Braunschweig, Bremen, Lauenburg, Westphalen und Brandenburg mit der freien Theilbarkeit des Grundbesitzes verbunden, wie denn überhaupt

---

45) Briefliche Mittheilung des verstorbenen Geh. Raths Reuning aus dem Jahre 1876.

heutigen Tages das Anerbenrecht sich nur noch ausnahmsweise (in Mecklenburg, in einigen thüringischen Staaten, in Schaumburg-Lippe u. s. w.) auf die Untheilbarkeit des Grundbesitzes stützt.

Es zeigen somit die eben angeführten Beispiele, daß wenn Untheilbarkeit des Grundbesitzes und Anerbenrecht früher auch häufig verbunden waren, es doch ein Irrthum ist anzunehmen, daß es immer so gewesen sei oder gar daß es so sein müsse.

Wir negiren somit nicht nur den häufig behaupteten inneren Zusammenhang zwischen der modernen Agrarverfassung und dem gemeinen sowie dem demselben nachgebildeten Erbrecht, sondern wir behaupten im Gegentheil, daß das letztere durch sein weitgehendes Pflichttheilsrecht einen Zwang zur Verschuldung und Naturaltheilung enthält, der dem Freiheitsprincip der modernen Agrarverfassung geradezu widerspricht. Diesen Zwang durch Erweiterung der Testirfreiheit und Einführung des Anerbenrechts beseitigen oder doch einschränken, heißt demnach nicht das Princip der modernen Agrarverfassung verletzen, sondern im Gegentheil dasselbe anerkennen und weiter entwickeln.

Mit dem obigen gegen das Weiterbestehen des Anerbenrechts in der Gegenwart gerichteten Einwande hängt aufs Engste ein anderer zusammen. Der für den Richter geltende Satz: cessante ratione legis non cessat lex ipsa, so wird geltend gemacht, ist für den Gesetzgeber in sein Gegentheil umgekehrt. Es muß demnach über kurz oder lang ein Rechtsinstitut beseitigt werden, wenn die ratio, die zu seiner Begründung geführt hat, nicht mehr besteht. Auf unseren Gegenstand angewendet ergiebt dieser Satz folgendes Resultat:

Da das grundherrschaftliche und fiscalische Interesse, welches seiner Zeit zur Schließung des bäuerlichen Grundbesitzes und zur Einführung des Anerbenrechts geführt hat, in der Gegenwart fortgefallen ist, so haben auch diese Rechtsinstitute keinen Existenzgrund mehr und müssen daher beseitigt werden.

Indeß so bündig dieser Schluß auch auf den ersten Blick erscheint, so ist er es dennoch in Wirklichkeit nicht. Denn es kann das Motiv, welches zur Entstehung einer Einrichtung geführt hat, später durch ein anderes ersetzt werden, so daß dieses das Weiterbestehen der alten Einrichtung auch dann rechtfertigt, wenn das alte Motiv aufgehört hat wirksam zu sein. Dieses Weiterbestehen wird dann entweder in vollständig unveränderter Weise oder nachdem das neue Motiv einige mehr oder minder wesentliche Veränderungen an dem alten Rechtsinstitut herbeigeführt hat, erfolgen[45a]).

An Beispielen für die Anpassung vorhandener Einrichtungen an die veränderten Bedürfnisse und Zwecke einer neuen Zeit fehlt es nicht. Es genügt wohl, wenn wir an die allmäliche Umbildung des englischen Parlaments aus einem feudalen Ständerath in eine Repräsentation der modernen staatsbürgerlichen Gesellschaft, an die Entwickelung des altständischen Landrathsamts in Preußen zu einem modernen Organ der Selbstverwaltung, endlich an die Umbildung der Zünfte in moderne Innungen (Osnabrück) erinnern.

Ein weiterer gegen das Anerbenrecht gerichteter Einwand ebenfalls formaler Natur besteht darin, daß das Anerbenrecht die Einheit des Erbrechts aufhebt,

45a) Einen ähnlichen Gedanken hat neuerdings (Februar 1884) der Freiherr v. Cetto-Reichertshausen im deutschen Landwirthschaftsrathe ausgesprochen. Vgl. Archiv des deutschen Landwirthschaftsrathes. VIII. Jahrgang, 1884, Heft Nr. 2—7 S. 259—260.

indem es für die Vererbung des land- und forstwirthschaftlich benutzten Grundeigenthums — sei es nun des gesammten Grundeigenthums dieser Kategorie oder nur eines Theils desselben — Normen aufstellt, welche von den für die Vererbung aller anderen Vermögensbestandtheile geltenden verschieden sind.

Um diesen Einwand zu entkräften, versuchen wir es zunächst, die volkswirthschaftliche Eigenart des land- und forstwirthschaftlich benutzten Bodens klar zu legen. Zu diesem Zweck stellen wir denselben dem beweglichen Capital gegenüber. Von dem fixen Capital, das eine zwischen dem land- und forstwirthschaftlich benutzten Boden und dem beweglichen Capital stehende Mischkategorie bildet, glauben wir hier absehen zu dürfen, indem wir das unzertrennlich mit dem Boden verbundene fixe Capital, nach dem Vorgange von Rodbertus und nach dem bekannten Satz: a parte potiori fit denominatio zum Grund und Boden, und das mehr oder minder leicht seine mobile Natur zurückerlangende fixe Capital zum beweglichen Capital rechnen. Was sodann noch den städtischen Grund und Boden betrifft, so nähert er sich insofern ebenfalls dem mobilen Capital, als er wie dieses, und zwar auf Kosten des ländlichen Bodens, beliebig vermehrbar ist[46]). Vollständig klar tritt die Natur des Grund und Bodens nur hervor, wenn man ihn, soweit es land- oder forstwirthschaftlich benutzt wird, dem beweglichen Capital und nur diesem gegenüber stellt.

Daß wir übrigens nur von einem Unterschied und nicht von einem Gegensatz zwischen dem land- und forstwirthschaftlich benutzten Grund und Boden und dem beweglichen Capital sprechen können, geht daraus hervor, daß bewegliche Güter durch Verbindung mit dem Grundeigenthum und durch Uebergang in dasselbe unbeweglich werden, und daß sich umgekehrt wieder die Früchte des Grund und Bodens und mit ihnen einzelne Bestandtheile desselben von dem Mutterschoße abtrennen und beweglich werden. So werden dem Boden mineralische Pflanzennährstoffe von außen zugeführt und mit demselben dann so eng verbunden, daß sie die Natur des Grund und Bodens annehmen. Indem sie aus diesem aber in die Pflanzen übergehen, erhalten sie wieder mobilen Charakter.

Wenn somit der Grund und Boden auch keinen absoluten Gegensatz zum beweglichen Capital bildet, so unterscheidet er sich von demselben doch in mehr als einer Beziehung.

Diesen Unterschied bringt denn auch, trotz aller Bemühungen einer nivellirenden Theorie ihn zu verwischen, bereits der allgemeine Sprachgebrauch zum Ausdruck, indem Wendungen wie: Verbindung des Capitals mit dem Grund und Boden, Kampf zwischen den Interessen des Capitals und des Grund und Bodens, Streben des Grund und Bodens nach Befreiung von der Herrschaft des Capitals, allgemein üblich sind.

An diesem Unterschiede festzuhalten und ihn zu immer größerer Klarheit herauszuarbeiten, ist von großer Wichtigkeit für die Wissenschaft, die ohne diese Unterscheidung bestimmte Vorgänge zu verdeutlichen gar nicht im Stande wäre. So hat z. B. Roscher darauf hingewiesen, daß man ohne diese Unterscheidung den Begriff der Capitalsintensität und -extensität der Bodencultur gar nicht definiren kann.

Von noch größerer Bedeutung ist diese Unterscheidung aber für die Volkswirthschaftspolitik. Ist doch ein Hauptgrund für manche Mängel der Gesetz-

46) Heymann, Vor dem Krach, Berlin, 1878, S. 5.

gebung darin zu suchen, daß die Gesetzgeber sich der eigenartigen Natur desjenigen Gegenstands nicht immer bewußt waren, den sie zu regeln hatten. So sind im Mittelalter für die Behandlung des Capitals häufig nur die für den Grund und Boden zutreffenden Gesichtspunkte maßgebend gewesen und in unserer Zeit wieder ist man umgekehrt nicht immer der Unbeweglichkeit und der Unzerstörbarkeit des Grund und Bodens und der durch diese Eigenschaften bedingten Stetigkeit aller Einrichtungen, die sich auf den Boden beziehen, eingedenk gewesen. Daher die vielen Mißgriffe in der Gesetzgebung der jüngsten Zeit bei Gestaltung des Verschuldungs- und Hypotheken-, des Executions- und Subhastations-, namentlich aber des Eigenthums- und des Erb-Rechts, soweit sich dieses Recht auf den land- und forstwirthschaftlich benutzten Grund und Boden bezieht.

Gehen wir nun auf die Eigenart des Grund und Bodens näher ein, indem wir sie aus der Vergleichung desselben mit dem beweglichen Capital abzuleiten suchen[47]).

Zunächst ist der Grund und Boden einer bestimmten Volkswirthschaft abgesehen von gewissen nebensächlichen Verschiebungen, eine fest gegebene Größe. Freilich läßt die modificirende Einwirkung der Cultur auf die Gestaltung der Vegetationsverhältnisse diese Grenzen nicht überall ganz starr erscheinen. So können dem Culturland z. B. durch Trockenlegung einzelner Theile des Meeres, durch Entsumpfung von Mooren, durch Cultivirung von Haiden und Gebirgen u. s. w. neue Strecken gewonnen werden. Auch bewirkt die Natur selbst gewisse Verschiebungen des Culturgeländes. Denn wie sie an der einen Stelle das Vorschreiten der Cultur gestattet, so trägt sie an der andern wieder ab. Hierher gehört z. B. die Vergletscherung der Alpen, die Ueberfluthung ganzer Landstrecken (Westküste Schleswig-Holsteins u. s. w.) auf der einen Seite und die Gewinnung anbaufähigen Landes in Folge des Zurücktretens des Meeres auf der anderen Seite. Aber immer sind diese Verschiebungen an der Peripherie des Culturlandes doch nur von untergeordneter Bedeutung, so daß das für eine bestimmte Volkswirthschaft gegebene Culturland im Ganzen als eine feste unveränderliche Größe angesehen werden kann. Anders dagegen das bewegliche Capital. Denn wenn das materielle Substrat, der Stoff vom Menschen ebensowenig geschaffen und vermehrt werden kann, wie die demselben innewohnenden Eigenschaften und Kräfte, so sind doch die aus diesem Stoff hergestellten Gebrauchsgüter und Capitalien eine Schöpfung menschlicher Cultur. Es können diese Güter demnach ihrer Qualität nach eben so sehr verändert wie ihrer Quantität nach vermehrt werden.

47) Leisewitz, Der Boden als Culturland in seinem Verhältniß zu den Productions-Factoren der Wirthschaft und nach seiner Eigenthümlichkeit als Erwerbsmittel, im Landwirthschaftlichen Centralblatt Jahrg. 26 (1876). v. Hermann, Staatswirthschaftliche Untersuchungen, 2. Aufl., München 1870. Schäffle, Gesellschaftl. System der menschlichen Wirthschaft, 3. Aufl., Tübingen 1873. Rodbertus-Jagetzow, Zur Erklärung und Abhilfe der heutigen Creditnoth des Grundbesitzes, Jena 1868—1869. Th. Kozak, Rodbertus-Jagetzow's socialökonomische Ansichten, Jena 1882. L. v. Stein, Die drei Fragen des Grundbesitzes und seiner Zukunft, Stuttgart 1881 und Bauerngut und Hufenrecht, Stuttgart 1882. Preser, Die Erhaltung des Bauernstandes und die Grundeigenthumsfrage, Prag 1884. E. Jäger, Die Agrarfrage der Gegenwart, 2 Abtheilungen, Berlin 1883, 1884.

Während die wirthschaftliche Culturgeschichte des westlichen Europas in den letzten Jahrhunderten eine nur geringe Ausdehnung des land- und forstwirthschaftlich benutzten Bodens aufweist, waren die beweglichen Capitalien und Gebrauchsgüter einem fortwährenden Formenwechsel unterworfen und haben sich in staunenerregender Weise vermehrt.

Einen theilweisen Ersatz dafür, daß der Umfang des Culturlandes für eine gegebene Volkswirthschaft nicht wesentlich erweitert werden kann, bildet allerdings die durch intensiveren Anbau ermöglichte Vermehrung seines Ertrages. Diese Steigerungsfähigkeit der landwirthschaftlichen Production auf derselben Fläche wird uns von einigen landwirthschaftlichen Schriftstellern als unendlich oder doch wenigstens als außerordentlich groß geschildert. Doch muß gegenüber dieser optimistischen Ansicht geltend gemacht werden, daß die Steigerung des Bodenertrages von einer bestimmten Grenze an nicht proportional dem gemachten Mehraufwande erfolgt. Durch landwirthschaftlich-technische Fortschritte kann diese Grenze wohl hinausgeschoben, aber niemals vollständig beseitigt werden[48]). Es hat das seinen Grund darin, daß der Erfolg der landwirthschaftlichen Production wesentlich abhängig ist von dem Vorhandensein der organischen Productionskräfte, denn nur unter ihrem Einfluß verwandelt sich der unorganische Stoff in den Pflanzen- und Thierkörper. Nun ist freilich auch bei der Veränderung und Umformung des Stoffs in der gewerblichen Production die Mitwirkung der mannigfachen Naturkräfte erforderlich. Während aber diese durch die Einwirkung des Menschen für gewerbliche Zwecke in unbeschränkter Menge hervorgerufen werden können, sind die organischen Productionskräfte in ihrer Entstehung und Wirksamkeit in gewisse Grenzen eingeschlossen, die der menschliche Einfluß nicht beliebig zu erweitern im Stande ist[49]).

Auch kann der Productionseffect im Gewerbe viel genauer vorher berechnet werden, als in der Landwirthschaft, wo die Gestaltung der Vegetationsbedingungen die Folge von berechenbaren und unberechenbaren Factoren ist, so zwar, daß die Effecte der ersteren großentheils von der günstigen Mitwirkung der letzteren abhängen[50]).

Ferner führt bei allen Arten des Capitals die wirthschaftliche Verwendung desselben rasch oder allmälich zur Zerstörung seiner Form[51]). Trotz aller Maßregeln, welche zur Erhöhung der Widerstandsfähigkeit und zur Instandhaltung des Capitals angewendet werden, ist der Verfall des Objects schließlich doch nicht aufzuhalten. Die Naturkräfte, welche an der Wandelung aller Gebilde arbeiten, vollbringen oder fördern auch hier das Werk der Zerstörung. Man hat diese Eigenschaft des beweglichen Capitals wohl auch als geringe Formbeständigkeit desselben bezeichnet. Dagegen besitzt der Grund und Boden nicht nur eine viel größere, sondern eine absolute Formbeständigkeit. Ja es pflegt, trotzdem

48) Dieses sog. Bodengesetz liegt bereits der Ricardoschen Grundrentenlehre zu Grunde und findet sich dann ausdrücklich ausgesprochen von N. Senior, J. St. Mill, Schäffle und Roscher. Vgl. auch Leisewitz a. a. O. S. 485, 489. A. Mayer, Die Quellen der wirthschaftlichen Arbeit S. 38.

49) Mithoff, Die Lehre von der Bodenrente in ihrer Beziehung zu den naturgesetzlichen Vorgängen im Landbau, im Journal für Landwirthschaft, 15. Jahrgang (1867), S. 338.

50) Leisewitz a. a. O. S. 489.

51) Leisewitz a. a. O. S. 495. Roscher a. a. O. § 42.

einige Bestandtheile des Bodens in einem ununterbrochen fortschreitenden Processe der Umbildung begriffen sind, eine Erschöpfung der zum Pflanzenwachsthum erforderlichen Stoffe bei pfleglicher Benutzung des Bodens nicht einzutreten. Und selbst der in Folge Raubbaues zeitweilig unproductiv gewordene Boden, d. h. der Boden, in welchem sich ein Mißverhältniß in dem Zusammenwirken der zum Pflanzenwachsthum erforderlichen Factoren eingestellt hat, indem der Factor Pflanzennahrung soweit reduzirt ist, daß er nicht mehr ausreicht, um die übrigen Factoren (Sonnenlicht, Wärme, Feuchtigkeit u. s. w.) zu ersprießlicher Wirksamkeit gelangen zu lassen, kann durch die an der Zerstörung der Capitalien arbeitenden Naturkräfte bedingungsweise seine Productivität wieder erlangen. So sammelt sich in dem durch Raubbau erschöpften Boden in Folge von Verwitterung, von atmosphärischen Niederschlägen, in Folge des Aufkommens und Vergehens einer wilden Vegetation u. s. w. ein neuer Vorrath von Pflanzennährstoffen an. Auch kann das erschöpfte Ackerland noch zur Forstcultur geeignet sein und durch diese wieder für den Ackerbau verwendbar gemacht werden.

Auf diese Unzerstörbarkeit oder, wenn man lieber will, große Formbeständigkeit des Grund und Bodens und insbesondere auf die natürliche oder künstliche Ersetzbarkeit seiner zum Pflanzenwachsthum erforderlichen Stoffe und Kräfte ist es zurückzuführen, wenn Conrad[52]) und Andere, trotz ihrer Anerkennung der Liebigschen Bodenerschöpfungstheorie, für den Boden keinen besonderen staatlichen Schutz gegen Raubbau verlangen. Sie nehmen vielmehr an, daß der Wiederersatz der dem Boden entzogenen mineralischen Nährstoffe bereits durch die Natur selbst erfolgen werde, indem die noch chemisch gebundenen Nährstoffe bei fortschreitender Verwitterung der Gesteine in den zur Ernährung fähigen Zustand übergehen, ein Uebergang, der durch mechanische Bearbeitung des Bodens noch beschleunigt werden könne. Sofern dieser natürliche Ersetzungsproceß jedoch zu langsam oder nicht genügend erfolgen sollte, würde das Selbstinteresse des Landwirths gleichsam von selbst dagegen reagiren, da die Möglichkeit des Wiederersatzes des dem Boden in unverhältnißmäßig großer Menge entzogenen mineralischen Nährstoffes durch Zufuhr von außen jederzeit gegeben sei. Und selbst wenn dieser Wiederersatz nicht sofort erfolgen sollte, so dürfe man dem Landwirth doch nicht eine Handlung verbieten, die für den Bergmann als erlaubt gelte. „Gerade nach der Mineraltheorie ist die Landwirthschaft mit dem Bergbau zu vergleichen. Weshalb soll es dem Landwirthe nicht gestattet sein, die Schätze seines Bodens als Mineralbestandtheile des Korns, wie die Bergwerkbesitzer das Eisen, in Bewegung und in Umlauf zu setzen? Schon ist es möglich, daß auch spätere Generationen in große Noth um Eisen durch unsere Verschwendung kommen, doch ist es Niemandem eingefallen, die Gewinnung von Eisen deshalb zu verbieten."

Wenn wir den Ansichten Conrads in diesem Punkt auch im Allgemeinen zustimmen; so bedarf der von ihm formulirte Satz doch einer gewissen Einschränkung. Wo dem Boden in seiner Eigenschaft als land- und forstwirthschaftlichem Productionsfactor ausnahmsweise für immer oder doch für eine lange Zeit die Productivität durch Raubbau oder Verwahrlosung entzogen werden kann,

---

52) Conrad, Liebigs Ansicht von der Bodenerschöpfung, Jena, 1864, S. 140—150.

da sollte unserer Ansicht nach der Staat auch berechtigt sein, demselben ausnahmsweise einen gesetzlichen Schutz angedeihen zu lassen. Ja dieses Recht wird sich zu einer Pflicht zu steigern haben in Ländern, in denen der Land- und Forstbau die einzige oder doch wichtigste Erwerbsquelle bildet, sofern nämlich der Boden hier seiner Beschaffenheit nach auf eine bestimmte Culturart ausschließlich oder doch vorzugsweise hinweist, und sofern aus der Vernachlässigung des Bodens außerdem noch Gefahren für das Leben und das Eigenthum der angrenzenden Bewohner entstehen können. Alle diese Voraussetzungen werden leicht in Gebirgsgegenden zutreffen, und hier wird der Staat denn auch nicht umhin können, Maßregeln zum Schutz der dauernden Ertragsfähigkeit des Bodens zu ergreifen, wie solches denn auch in einigen Cantonen der Schweiz geschehen ist[53]).

Abgesehen von der allmälich oder plötzlich erfolgenden naturgemäßen Abnutzung des beweglichen Capitals, unterliegen einige Arten desselben auch noch leicht des Entwerthung in Folge technischer Fortschritte. So kann z. B. durch neue technische Erfahrungen die Brauchbarkeit älterer Capitalien bedeutend herabgesetzt werden. Dagegen findet eine Entwerthung des Grund und Bodens aus diesem letzteren Grunde nicht statt. Wohl aber kommen statt dessen Entwerthungen des Grundeigenthums aus Gründen seiner immobilen Natur vor: in Folge der veränderten Richtung von Hauptstraßen, in Folge der Bildung neuer und des Verfalls älterer Bevölkerungscentren u. s. w.

Ein weiterer Unterschied zwischen dem beweglichen Capital und dem Grundeigenthum besteht darin, daß der Werth des ersteren sich in verhältnißmäßig kurzer Zeit reproducirt und der Zeitpunkt der Reproduction sich mit Sicherheit voraus berechnen läßt, während die Reproduction des Bodenwerths viel langsamer vor sich geht und viel weniger sicher ist, ja in Zeiten ungünstiger Conjuncturen auch ganz unterbleiben kann.

Während ferner viele zum beweglichen Capital gehörige Güter beliebig theilbar sind, in dem Sinne nämlich, daß die Summe der einzelnen Theile nach der Theilung denselben Werth repräsentirt, wie das Ganze vor der Theilung (Metalle, Getreide u. s. w.), wogegen andere bewegliche Güter, zu denen namentlich die organischen Wesen, aber auch manche unorganische Gebilde gehören, in diesem wirthschaftlichen Sinne untheilbar sind, (Edelsteine, Gemälde, seltene Thiere und Pflanzen u. s. w.), nimmt das Grundeigenthum eine Mittelstellung zwischen diesen beiden Extremen ein. Bis zu einer gewissen Grenze ist es nämlich im obigen Sinn theilbar; doch ist diese Grenze keine absolute, sondern nur eine relative, von Land zu Land verschiedene und von Zeit zu Zeit wechselnde. Bis zu dieser Grenze herab kann die Theilung des Grundeigenthums sogar von entschiedenem Vortheil sein, so daß die Theile in ihrer Summe von größerem Werth und zwar nicht nur größerem Tausch- sondern auch größerem Ertragswerth sind, oder doch leicht auf einen größeren Ertragswerth gebracht werden können, als das Ganze, aus dem sie hervorgegangen sind. Dagegen wird eine Theilung unter diese Grenze herab, nicht nur für die einzelnen Besitzer, sondern auch für die gesammte Volkswirthschaft, nachtheilig sein.

---

53) A. von Miaskowski, Verfassung der Land-, Alpen- und Forstwirthschaft der deutschen Schweiz, Basel 1878, S. 65—78.

Auch können die meisten beweglichen Güter (Gold, Silber, Getreide u. s. w.) sich nach geschehener Theilung ohne Werthverlust an einander schließen, während die Verbindung einzelner Grundstücke über eine gewisse Maximalgrenze hinaus eine Minderung ihres Ertragswerths zur Folge hat. Zudem muß die nach zu weit gegangener Theilung erfolgende Wiedervereinigung des Grundeigenthums häufig durch große Capitalverluste der Grundeigenthümer erkauft werden.

Ja, es giebt Gegenden, wie z. B. die Alpenländer mit ihrem rauhen Klima und ihren ungünstigen Bodenverhältnissen es sind, wo die Einzelhöfe, um ein Wort Fr. Lists zu wiederholen, schlechterdings untheilbar sind, wie ein Schaf oder ein Roß.

Aus der Theilbarkeit des beweglichen Capitals einerseits und aus der nur relativen Theilbarkeit des Grundeigenthums andererseits folgt, daß die Vermehrung kleinster Capitalien immer wohlthätig wirkt, während dasselbe nicht auch von der Zersplitterung des Grundeigenthums gilt.

Denn während in den zahlreichen Creditorganisationen (Depositenbanken, Sparkassen, Volksbanken u. s. w.) ein Mittel gegeben ist, um auch die kleinsten Capitaltheile an den Vortheilen des Großbetriebs und seines hohen Gewinnes theilnehmen zu lassen, stößt die Verbindung kleiner Grundstücke zu productiven Zwecken dagegen auf die größten Schwierigkeiten. Und zwar gilt dies ebenso sehr von der genossenschaftlichen Bewirthschaftung solcher kleiner, verschiedenen Eigenthümern gehörigen Grundstücke, wie von dem Zusammenpachten derselben zu größeren Betriebseinheiten.

Es kann somit die volkswirthschaftliche Wünschbarkeit directer oder indirecter staatlicher Maßregeln, sofern sie dem Unverstand des Grundeigenthümers die Möglichkeit entziehen oder doch erschweren, das Grundeigenthum in unwirthschaftlicher Weise zu theilen oder zu verbinden, durchaus nicht bestritten werden. Doch hält es unter der Herrschaft des Systems der freien Concurrenz außerordentlich schwer, solche Maßregeln mit der Gewähr des gewünschten Erfolges durchzuführen. Ja es muß die Bezeichnung einer Minimalgrenze, bis zu welcher hinab die Zerstückelung und einer Maximalgrenze, bis zu welcher hinauf die Vergrößerung des Grundbesitzes statthaft sein soll, geradezu als ein noch ungelöstes Problem bezeichnet werden [54]).

Eine fernere Eigenthümlichkeit des Grund und Bodens besteht sodann darin, daß derselbe schlechterdings unvertretbar ist. Und zwar ist die Rolle, die er im Productionsprocesse zu spielen hat, eine ebenso wichtige wie mannigfaltige. Doch mag es an dieser Stelle genügen, die wichtigsten dieser Functionen anzuführen [55]).

Es dient der Grund und Boden:

1) als Standort für Menschen, Thiere, Pflanzen und Gebäude. Diese Function des Bodens wird von Roscher als Tragfähigkeit desselben bezeichnet.

---

54) v. Inama-Sternegg, Verwaltungslehre in Umrissen, Insbruck 1870, S. 128.

55) Hermann, Staatswirthschaftliche Untersuchungen, 2. Aufl., S. 234—236. Roscher a. a. O. § 33 u. 35. Leisewitz a. a. O. S. 481—484, 485. Mithoff a. a. O. S. 353, 355.

2) als Reservoir für mineralische Pflanzennährstoffe, welche letzteren wieder in gelöster und ungelöster Form auftreten können. Diese Eigenschaft des Bodens, Pflanzennährungsreservoir zu sein, bezeichnet Roscher als seine Nährfähigkeit. Der Boden ist aber nicht nur ein Behälter für Pflanzennährstoffe, sondern auch für Erze, Fossilien u. s. w., in welcher letzteren Eigenschaft wir ihn hier jedoch nicht zu behandeln haben. Immerhin darf mit Roscher auf den Unterschied aufmerksam gemacht werden, der zwischen dem Boden als Pflanzennährstoffreservoir und als Kohlen-, Erz- u. s. w. -Lager besteht, indem das letztere, wenn einmal ausgebeutet, nicht weiter zu demselben Zweck benutzt werden kann, während die verbrauchten Pflanzennährstoffe, wie wir bereits oben erwähnten, ersetzbar sind.

3) Von der unmittelbaren Nährfähigkeit des Bodens unterscheidet Roscher seine Baufähigkeit und versteht darunter die physikalische Beschaffenheit des Bodens (das Absorptionsvermögen, die Capillarität, das Austrocknungsvermögen, die Cohärenz u. s. w.), die Tiefe der Ackerkrume, die Beschaffenheit des Untergrundes, die Höhenlage, die Abdachung des Bodens u. s. w.

4) Der Boden vermittelt endlich die Nutzbarmachung der kosmischen und atmosphärischen Vegetationsbedingungen für die landwirthschaftliche Production.

Die aus der Atmosphäre stammenden oder durch dieselbe vermittelten Vegetationsbedingungen sind in unerschöpflicher Menge vorhanden und ersetzen sich durch einen natürlichen Vorgang von selbst; die mineralischen Nährstoffe im Boden sind dagegen nur in einer bestimmten, beschränkten Menge vorhanden, deren Größe in den verschiedenen Bodenarten sehr verschieden ist und von der Zusammensetzung des Urgesteins abhängt.

Es können aber auch die unbeschränkt vorhandenen Vegetationsbedingungen für wirthschaftliche Zwecke nur dann realisirt werden, wenn sie mit einer entsprechenden Menge im Boden concentrirter Pflanzennährstoffe zusammentreffen.

In diesen seinen verschiedenen Functionen kann der Boden, wenn man von einzelnen unbedeutenden und deshalb nicht in Betracht kommenden Ausnahmen absieht (Benutzung schwimmender Gärten in China, Vegetation des Meeres, Vegetationskästen der Pflanzenphysiologen, Cultur der Topfgewächse im Zimmer u. s. w.), schlechterdings nicht ersetzt werden. Dasselbe gilt nicht auch von allen Arten des beweglichen Capitals, das, wenn es in der einen Form und Art nicht erhältlich ist, leicht durch eine andere Form und Art ersetzt werden kann.

Und ebenso wie der Boden selbst, so gehören auch die meisten seiner Producte, namentlich die zur Kleidung und zur Nahrung, zur Herstellung von Wohnungen und zur Heizung dienenden vegetabilischen und animalischen Producte zu den für den Menschen absolut nothwendigen und deshalb unersetzbaren Gütern, was im selben Grade durchaus nicht auch von den meisten derjenigen Güter gilt, zu deren Hervorbringung die beweglichen Capitalien gedient haben. Immerhin können die Bodenproducte eines Landes durch Zufuhr von Bodenproducten derselben Gattung oder Art aus anderen Ländern ersetzt werden. Ueber das Nähere vgl. S. 250.

Trotz dieser für die menschliche Wirthschaft wichtigen Functionen des Bodens hat derselbe auf niedriger Culturstufe und bei dünner Bevölkerung, so lange er sich demjenigen, der ihn benutzen will, noch in unerschöpflicher Fülle darbietet, den Charakter eines freien Gutes. Erst allmälich, parallel mit dem Anwachsen der Bevölkerung, gewinnt der Boden einen Seltenheitswerth, worauf er in Besitz genommen und in das Eigenthum übergeführt wird.

Je mehr sich die Bevölkerung eines bestimmten Landes und damit auch die Nachfrage nach den Producten des Bodens vermehrt, um so deutlicher tritt der Monopolcharakter des Grundeigenthums zu Tage.

Wenn gegen diese Auffassung geltend gemacht wird, daß es selbst noch in unserer Zeit in entlegenen Gebieten und Welttheilen (im Innern Nord- und Südamerikas, Afrikas und Australiens) viel culturfähiges Land giebt, welches der Appropriation und Urbarmachung durch Menschenhand harrt[56]), so ist das richtig, ändert aber an dem Monopolcharakter des Grundeigenthums in stark bevölkerten Ländern nichts. Denn nur unter außergewöhnlichen Umständen wird sich Jemand entschließen seine Heimath zu verlassen. Liegen solche Umstände nicht vor, — und das wird selbst bei den auswanderungslustigsten Völkern für den größten Theil ihrer Angehörigen doch die Regel sein —, so wird die Erwerbung von Grundeigenthum für den Einzelnen im Inlande um so mehr erschwert, je stärker die Bevölkerung anwächst. Auch das ändert an dem Monopolcharakter des Grundeigenthums nichts, daß, wie man wohl auch gesagt hat, die Grundeigenthümer heute keinen geschlossenen Stand bilden und daß der Eintritt in ihre Reihen rechtlich Jedermann freisteht[57]). Denn nicht um ein rechtliches, sondern um ein factisches Monopol handelt es sich in der Gegenwart. Factisch wird aber der Erwerb des Grundeigenthums dem Einzelnen um so schwerer werden, je höher die Nachfrage nach demselben bei gleichbleibendem Angebot steigt. Die Verkleinerung der Güter ist nun freilich ein Mittel, um dem Monopolcharakter des Grundeigenthums bei steigender Bevölkerung Einiges von seiner Schroffheit zu nehmen. Doch hat ja die Verkleinerung ihre durch das Gesammtinteresse des Volkes gezogenen Schranken. Wenn daher die Zahl der Grundbesitzer eines Landes sich bei fortschreitender Cultur auch absolut vermehren kann, — was übrigens nicht immer und überall zu geschehen braucht, wie namentlich das Beispiel Englands zeigt, — so ist dadurch doch nicht ausgeschlossen, daß ihr Verhältniß zur Gesammtzahl der Bevölkerung bei starkem Anwachsen der letzteren ein immer ungünstigeres wird.

Der Monopolcharakter des Grundeigenthums theilt sich dann auch gewissermaßen den aus der Atmosphäre stammenden oder wenigstens durch dieselbe vermittelten Pflanzennährstoffen und Vegetationskräften (Wärme, Licht, Elektrizität u. s. w.) mit, welche durch ihr Zusammenwirken mit den im Boden concentrirten Vegetationsbedingungen das Wachsthum der Pflanzen bewirken[58]).

---

56) Leisewitz a. a. O. S. 491.

57) Held, Landwirthschaft und Industrie, in den Landwirthschaftlichen Jahrbüchern Bd. 3, 1874, S. 393. Leisewitz a. a. O. S. 491.

58) Mithoff a. a. O. S. 355.

Denn ob zwar die in der Atmosphäre enthaltenen oder durch sie vermittelten Vegetationsbedingungen unerschöpflich und unzerstörbar und für Länder von gleicher geographischer Breite annähernd auch von gleicher Intensität sind, obzwar sie ferner nicht appropriirt werden können und den Charakter freier Güter haben, so können sie land- und forstwirthschaftlich doch nur von denjenigen benutzt werden, die zugleich im Besitz des Grund und Bodens sind, mit dessen Stoffen und Kräften zusammen diese freien Güter allein productiv werden. Seitdem der Boden in das Eigenthum übergegangen ist, gewähren demnach auch die freien in der Atmosphäre enthaltenen Stoffe und Kräfte nur den Grundeigenthümern land- und forstwirthschaftlichen Nutzen, d. h. es können ihre Wirkungen für die Landwirthschaft nur von ihnen aufgefangen werden.

Aus dem Monopolcharakter, den das Grundeigenthum bei steigender Bevölkerung factisch in immer höherem Grade annimmt, lassen sich folgende Postulate für die Agrargesetzgebung ableiten:

1) daß, je schärfer dieser factische Monopolcharakter hervortritt, um so dringender die Abschaffung aller etwa noch bestehenden rechtlichen Eigenthumsmonopole und -privilegien wird;

2) daß, wenn die Vertheilung des Grundeigenthums in einem bestimmten Lande eine ungünstige, die gesammte Volkswirthschaft empfindlich schädigende geworden ist, der Staat außerordentliche, unter Umständen tief in das Privateigenthum einschneidende Maßregeln ergreifen darf, um eine den Zwecken der Gesammtheit mehr entsprechende Vertheilung des Grundeigenthums zu bewirken;

3) daß der Staat im Interesse der Gesammtheit auch dort einzuschreiten berechtigt und verpflichtet ist, wo das Grundeigenthum nicht entsprechend den Bedürfnissen und Anforderungen der Gesammtheit genutzt und bewirthschaftet wird. Diese letztere Forderung wird besonders durch die Erwägung gestützt, daß die erhöhte Grundrente und der erhöhte Grundwerth eines Landes zum großen Theil dem Einfluß der gesammten Volkswirthschaft auf das Grundeigenthum zuzuschreiben ist.

Obgleich die Früchte des Bodens für die Bedürfnißbefriedigung ebenso nothwendig sind, wie der Boden selbst, dem sie entstammen, so theilen sie doch nicht immer auch den Monopolcharakter des Grundeigenthums (vgl. oben S. 249). In Zeiten ungenügenden Communications- und Transportwesens und großer Abgeschlossenheit der einzelnen Länder (Mittelalter) haftet freilich auch ihnen dieser Charakter an. Daher denn in solchen Zeiten excessiv hohe oder niedrige Preise der Bodenproducte, je nach dem Ausfall der Ernten, üblich zu sein pflegen. Nach Verbesserung des Communications- und Transportwesens, nach Niederreißung der die einzelnen Volkswirthschaften von einander trennenden rechtlichen Schranken und nach Belebung des internationalen Handels und Verkehrs können aber die Producte dünnbevölkerter Länder dem Bedürfniß stark bevölkerter Länder leicht zugänglich gemacht werden. Durch eine solche Zufuhr von Bodenerzeugnissen aus billig producirenden Ländern gelingt es dann nicht nur den Bodenfrüchten in Ländern mit hoher Cultur einen Theil ihres Seltenheitswerths zu nehmen, sondern es schwächt diese Versorgung des inländischen Markts mit ausländischen Bodenfrüchten auch den Monopolcharakter des Grundeigenthums selbst bis zu einem gewissen Grade ab. Bei dieser Gelegenheit tritt der Grund und Boden von einer anderen, von uns bisher noch nicht ins Auge gefaßten Seite hervor. Bisher lernten wir denselben als unvermehrbare immobile Größe gegenüber einer steigenden Nachfrage kennen; dadurch wurde bewirkt, daß der Monopolcharakter des Grundeigenthums immer stärker hervortrat, was in dem Steigen des Grundertrags und Grundverkehrswerths seinen Ausdruck fand. Jetzt ist aber auch auf die Kehrseite der Unvermehrbarkeit und Unbeweglichkeit hinzuweisen. In Zeiten, in denen in Folge der Concurrenz billiger producirender Länder die vom inländischen Boden bezogene Rente zu sinken beginnt, hat dieses Sinken der Grundrente — weil der Boden sich den ungünstigen Conjuncturen nicht in derselben Weise entziehen kann, wie das bewegliche Capital, auch ein entsprechendes Sinken seines Ertrags- und Verkehrswerths und damit zugleich auch die größten Erschütterungen in den Vermögensverhältnissen der Grundeigenthümer zur Folge. Wer sein Grundeigenthum einst zu hohen Preisen gekauft hat, muß jetzt nothwendig einen Theil seines Vermögens verlieren. Und wie das Steigen der Grundwerths zu intensiverer Cultur führte, so kann das Sinken desselben leicht den Rückgang der Bodencultur von intensiver zu extensiver Bewirthschaftung des Bodens zur Folge haben.

Alle diese Veränderungen des Grundwerths sind hauptsächlich — wenn auch nicht ausschließlich — eine Folge des Steigens und Fallens der Grundrente. Unter dieser verstehen wir dasjenige Einkommen, das dem Grundeigenthümer nach Abzug aller auf den landwirthschaftlichen Betrieb verwendeter Auslagen incl. Zins und Amortisation für das bewegliche und abtrennbare fixe Capital, sowie Steuern und Assecuranz-Prämien, und nach Abzug des landesüblichen Unternehmergewinnes zufällt[59]).

Diese Auffassung steht in directem Gegensatz zu jener namentlich von Carey-Bastiat und seinen Nachfolgern vertretenen Ansicht, wonach alle Werthe nur durch Arbeit erzeugt werden, so daß die Grundrente demnach ebenfalls lediglich zurückzuführen ist auf den Aufwand von Capital und Arbeit, der zur Nutzbarmachung des Bodens verwendet worden ist[60]). Sie stimmt aber auch nicht mit der Ricardoschen Theorie überein, welche ja bekanntlich in der Grundrente nur die Differenz zwischen den Erträgen aus mehr oder weniger gut situirten Grundstücken erblickt.

Wir fassen die Grundrente im Allgemeinen als Aequivalent für den von dem Boden (und dem demselben untrennbar einverleibten Capital) ausgehenden productiven Nutzeffect auf, ein Aequivalent, das, sofern der gesammte Grund und Boden eines Landes occupirt und in das Eigenthum übergegangen ist, naturgemäß dem Eigenthümer gebührt[61]). Aber wenn die Grundrente auch als

59) Wir betonen bei dieser Gelegenheit nochmals, daß wir die Grundrente nicht nur auf den Boden, wie er gleichsam aus des Schöpfers Hand hervorgegangen ist, beziehen, sondern zugleich auf alle Capitaltheile, die mit demselben untrennbar verbunden sind.

60) Noch neuerdings vertreten von Krämer, Die Fortschritte auf dem Gebiet der landwirthschaftlichen Betriebslehre, in Mentzel-Lengerkes landwirthschaftlichem Kalender für 1876.

61) Ueber die productive Rolle des Grundeigenthums: Th. Bernhardi, Kritik der Gründe, die für großes und kleines Grundeigenthum angeführt werden, St. Petersburg 1848, S. 121 ff. Hanssen im Journal für Landwirthschaft,

Aequivalent für den von dem Boden ausgehenden productiven Nutzeffect aufzufassen ist, so geht ihre Bewegung doch nicht immer parallel den Bodenerträgen. Vielmehr kann die in Geld ausgedrückte Grundrente sämmtlicher Grundbesitzer eines Landes bei wachsender Bevölkerung und steigendem Bedarf an Bodenproducten bereits in Folge schärferen Hervortretens des Monopolcharakters des Grundeigenthums steigen, ohne daß der Ertrag des Bodens sich zugleich vermehrt zu haben brauchte. Und umgekehrt kann die in Geld ausgedrückte Grundrente eines bestimmten Landes im Allgemeinen trotz gleichbleibender oder sogar gesteigerter Leistungsfähigkeit des Bodens in Folge des Preisrückgangs der Bodenproducte, der Erhebung neuer, nicht abwälzbarer Steuern u. s. w. sinken. Abgesehen von dem allgemeinen Steigen und Sinken der Grundrente pflegt auch eine partielle Veränderung derselben nur für einzelne Grundstücke vorzukommen. Dieselbe ist bedingt einestheils durch Factoren, welche auch bei nicht landwirthschaftlichen Unternehmungen ins Gewicht fallen (verschiedene Größe der Unternehmung, Geschicklichkeit des Unternehmers, Capitalverwendung, Lage zum Markt, Conjuncturen, Glück u. s. w.), anderntheils durch die Verschiedenheit der natürlichen Ausstattung der einzelnen Güter (Menge und Verhältniß der im Boden enthaltenen lösbaren mineralischen Pflanzennährstoffe, physikalische Beschaffenheit, Höhenlage, Abdachung, Klima u. s. w.). Daß übrigens der einzelne Eigenthümer von den Wandelungen der Grundrente nur dann Vortheil resp. Nachtheil hat, wenn die Veränderung in die Zeit seines Eigenthums fällt, ist selbstverständlich, da ein bereits für seinen Vorgänger entstandener Vortheil von ihm diesem in einem höheren Kaufpreise bezahlt worden und ebenso eine Minderung der Grundrente in einer Preisherabsetzung zum Ausdruck gelangt sein wird. Man hat aus diesem Grunde die oben erwähnte objective Grundrente und den subjectiven Grundcapitalzins aus einander zu halten vorgeschlagen[62]). Zu diesem Zweck wird zwischen dem Ertragswerth, als der nach dem landesüblichen Zinsfuß capitalisirten Grundrente einerseits, und dem Verkehrswerth des Grundeigenthums, als derjenigen Geldsumme, gegen die das Grundeigenthum eingetauscht worden ist oder doch eingetauscht werden kann (Tauschwerth, Kaufpreis) andererseits, unterschieden. Unter dem Grundcapitalzins wird dann derjenige Antheil verstanden, den die Grundrente von dem Kaufpreise des Grundeigenthums ausmacht, wenn man diesen gleich hundert setzt. Die Höhe des jeweilen aus der Bewirthschaftung eines Grundstücks gewonnenen Grundcapitalzinses wird dann abhängig sein nicht nur von der Höhe der aus der Wirthschaft gezogenen Grundrente, sondern auch von dem für das Grundstück bezahlten oder erhältlichen Kaufpreise. Die Höhe dieses Kaufpreises influirt demnach auf die Grundrente gar nicht, sondern wird vielmehr umgekehrt von der Grundrente und außerdem von der Höhe des landesüblichen Zinsfußes, den einschlägigen Concurrenzverhältnissen, sowie einer Anzahl anderer Factoren bestimmt. Denn bei gleichbleibender Grundrente kann der

---

Bd. 33 S. 442. Mithoff a. a. O. S. 388 und neuerdings Knies, Geld und Credit. Der Credit. 2. Hälfte. Berlin 1879. S. 40—85. Vgl. auch Schmoller, Zur Lehre vom Werth und von der Grundrente in den Mittheilungen des landwirthschaftlichen Instituts der Universität Halle, 1. Heft, Halle 1863, S. 100.

62) Hanssen a. a. O. S. 442. Held a. a. O. S. 393. Rodbertus a. a. O. II S. XII.

Grundeigenthümer einen Grundcapitalzins von 5,4 oder 3,5 % beziehen, je nachdem er sein Grundstück für 20, 25 oder 30 000 Mark gekauft hat. Wir stimmen dieser Unterscheidung gern bei, weil in der That diese verschiedenen Ausdrücke sehr verschiedene Begriffe, die nicht immer genügend aus einander gehalten werden, bezeichnen.

Im großen Ganzen der geschichtlichen Entwickelung, also abgesehen von partiellen Rückschlägen, pflegt der Ertragswerth des Grund und Bodens regelmäßig zu steigen, und zwar sowohl wegen des Steigens der Grundrente als auch wegen des Sinkens des Zinsfußes für bewegliche Capitalien, indem man bei einem durchschnittlichen Zinsfuß von 6 % den Betrag der Grundrente mit 16,66, bei 5 % mit 20, bei 4 % mit 25, bei 3 % mit 33,3 multipliciren muß, um den Grundwerth zu erhalten.

Von den Veränderungen, welche der Ertragswerth im obigen Sinne im Laufe der Zeit erleidet, können dann die Veränderungen des Verkehrswerths einigermaßen abweichen. In normalen Zeiten, zumal bei zunehmender Prosperität einer Volkswirthschaft und geringer Entwickelung der Beziehungen unter den verschiedenen Volkswirthschaften, pflegen die Kaufpreise der Grundstücke im Hinblick auf die mit Sicherheit in Aussicht stehende Steigerung der Grundrente mehr oder weniger bedeutend über dem Ertragswerth zu stehen. In Zeiten landwirthschaftlicher Krisen dagegen, wie wir eine solche im westlichen Europa eben durchleben, können die Kaufpreise dann wieder zeitweilig auch unter den Ertragswerth sinken.

In allen diesen Beziehungen unterscheidet sich das bewegliche Capital sehr wesentlich vom Grundeigenthum.

Es beginnt ferner die wirthschaftliche Kulturgeschichte gewöhnlich mit einem großen Reichthum an urbar zu machendem Boden; dagegen ist der Vorrath an beweglichem Capital anfangs außerordentlich gering. Und während im Laufe der Zeit bei steigender Cultur das Angebot von Grundeigenthum der steigenden Nachfrage immer weniger genügt, wächst die Masse des beweglichen Capitals und der beweglichen Gebrauchsgüter in scheinbar unbegrenzter Weise.

Diesem verschiedenen Gang entsprechend ist auch die Rechtsentwickelung des Mobiliarsachenrechts eine andere gewesen, als die des Immobiliarsachenrechts, wobei auch der verschiedene Ursprung des Eigenthums nicht ohne Einfluß gewesen ist. Denn während die Entstehung alles Grundeigenthums auf Eroberung, Occupation oder staatlicher Zutheilung beruht, ist der Erwerb des Mobiliareigenthums in den meisten Fällen auf Arbeit zurückzuführen, wobei übrigens nicht immer der Arbeiter selbst zugleich das Eigenthum an seinem Product zu erlangen braucht, indem er dasselbe auch derjenigen Person verschaffen kann, in deren rechtlicher oder factischer Abhängigkeit er sich befindet.

Das Eigenthum am Grund und Boden ist zuerst gewöhnlich eine Art Gesammteigenthum größerer oder kleinerer Verbände, aus dem der Einzelne dann seine Nutznießung ableitet, oder es ist ein getheiltes Eigenthum, indem Könige, Fürsten und Grundherrn das Obereigenthum, die einzelnen Nutznießer aber eine Art Untereigenthum an dem Grund und Boden erwerben. An Stelle dieses Gesammteigenthums und ebenso des getheilten Eigenthum tritt erst allmälich in dem Maße, wie der Boden des intensiveren Anbaues bedarf, um die gestiegenen Bedürfnisse der Bevölkerung zu befriedigen, das sich immer schroffer ausbildende Individualeigenthum einzelner physischer und juristischer Personen.

Dagegen gelangt das Eigenthum an Mobilien schon früh zu einer so individuellen und absoluten Ausbildung, daß in der Folge eine weitere Steigerung kaum mehr möglich ist. Wohl aber tritt umgekehrt in neuster Zeit hier und da der Versuch auf, an einzelnen Mobiliargütern eine Art Collectiveigenthum zu begründen, so daß die Nutzung derselben für den Einzelnen unentgeltlich wird. Hierher gehört die seitens des Staats neuerdings hier und da versuchte Einführung unentgeltlicher Lehrmittel in die Volksschule, die seitens gemeinnütziger Vereine bewerkstelligte unentgeltliche Lieferung von Werkzeugen und Maschinen an die in der Hausindustrie beschäftigten Arbeiter u. s. w. Wenn die letzte Phase dieser Entwickelung: die Umwandlung der beweglichen Capitalien in freie Güter, d. h. die Aufhebung des Privateigenthums an denselben, bisher nur sehr ausnahmsweise erreicht worden ist und wahrscheinlich nie vollständig erreicht werden wird, so läßt sich doch insofern eine theilweise Annäherung an diesen Zustand wahrnehmen, als das bewegliche Capital und die beweglichen Gebrauchsgüter dadurch, daß sie im Laufe der Culturgeschichte verglichen mit dem Grundeigenthum wohlfeiler werden, zugleich immer mehr an allgemeiner Zugänglichkeit gewinnen.

So bewegen sich denn der Zins und der Werth des beweglichen Capitals verglichen mit der Grundrente, dem Ertrags- und Verkehrswerth des Grundeigenthums, im großen Ganzen in entgegengesetzter Richtung[63]).

Auch pflegen bei gleichen beweglichen Capitalien so große Differenzen in den Erträgen und folgeweise in der Verzinsung nicht vorzukommen wie bei Grundstücken derselben Größe. Denn, sagt Rodbertus, die Beweglichkeit des Capitals bringt es mit sich, „daß dasselbe zu jeder Zeit einre ungünstigen Anlage entzogen und einer günstigen zugewendet werden kann; daß sich hierdurch leicht ein allgemeiner Gewinnsatz herausstellt, an dem jeder solche bewegliche Besitz theilnehmen kann; daß solcher Besitz sich nach diesem Satz von dem Gesammtertrage jedes Betriebs vorweg den Gewinn in Rechnung stellen kann; daß solcher Besitz seinen selbständigen originären Werth behält und nach diesem Werthbetrage seinen Gewinn abwirft“ [64]). Dagegen ist, wie oben ausgeführt wurde, ein gleichmäßiger Ertrag des Bodens objectiv bereits durch die verschiedene Qualität und Lage des Grundeigenthums sowie durch die örtlich verschiedenen Conjuncturen ausgeschlossen. „Die Unbeweglichkeit des Besitzes, auch desjenigen Besitzes, der durch Fixirung im Boden von beweglichem zu unbeweglichem geworden ist, sagt Rodbertus, bringt es allein mit sich, daß sich derselbe nicht mehr seiner Anlage entziehen kann, sondern in derselben beharren muß, selbst wenn sie noch so ungünstig geworden ist; daß solcher Besitz auch nicht mehr an dem allgemeinen Gewinnsatz des beweglichen Besitzes participiren kann; daß dieser Besitz sich mit dem Rest, den der vorabgezogene Gewinn des beweglichen Besitzes vom Gesammtertrage des Betriebs übrig läßt, begnügen muß“ [65]). Es ist daher auch richtig, wenn von Rodbertus bemerkt wird,

---

63) Roscher a. a. O. §§ 155—159, 184—188, namentlich aber § 42 Anm. 1.
64) Rodbertus a. a. O. II S. 116—117.
65) Rodbertus a. a. O. II S. 117.

daß von Concurrenz zwischen Grundrente und Capitalzins eben so wenig die Rede sein kann, „wie zwischen einem Roß und einem Vogel und ihren Leistungen".

Nun kann zwar das Document eines Grundwerths gleich dem Document eines Capitalwerths mobilisirt, einem Hypothekeninstrument die Indossabilität eines Wechsels oder gar die Natur eines Inhaberpapiers gegeben werden. Allein das Substrat der Hypothek, das Grundeigenthum selbst, kann niemals etwas anderes als Land werden und vermag damit nicht die Beweglichkeit des Wechselsubstrats, des Capitals, zu erreichen, das in kürzester Frist sich in alle Formen umzusetzen und alle Grenzen zu überspringen vermag [66]).

Hiermit hängt auch zusammen, daß Krisen den Grundeigenthümer viel schwerer zu treffen pflegen, als den Eigenthümer des in Handels- und Gewerbeunternehmungen verwendeten beweglichen Capitals. Denn der Landwirth kann keine Unterbrechung seines Betriebs eintreten lassen, auch wenn die Resultate desselben gering oder gleich null sind, da sonst sein im Grundeigenthum repräsentirtes Vermögen brach liegen würde, während der Capitalist bei ungünstigen Conjuncturen sein Capital — freilich nicht immer ohne mehr oder minder große Verluste — aus einer Unternehmung herausziehen und einer andern einverleiben kann [67]).

Zwischen den verschiedenen Grundeigenthümern, zumal den benachbarten, besteht sodann eine Solidarität der Interessen, wie sie den Eigenthümern des beweglichen Capitals, das im Gewerbe-, Handels- und Verkehrswesen seine Verwendung findet, unbekannt ist.

Viehseuchen, welche die Habe des einen Grundeigenthümers treffen, bedrohen das Vermögen auch seines Nachbars. Das Unkraut, das auf dem einen Acker wuchert, gelangt mittels des vom Winde getragenen Samens oder mittels der im Boden sich ausbreitenden Wurzeln auch auf den Nachbaracker. Die Maus, die Raupe und der Engerling, der Coloradokäfer, die Wanderheuschrecke und die Phylloxera breiten sich von demjenigen Grundstücke, auf dem sie sich zuerst einfinden, über eine ganze Gegend aus. Ueberschwemmungen, welche den Ernten verderblich sind, schädigen gewöhnlich die sämmtlichen Grundeigenthümer einer Gegend. Vorkehrungen gegen solche Gefahren, Maßregeln gegen das Umsichgreifen von Viehseuchen und zur Vertilgung des Ungeziefers, die Errichtung von Dämmen und Deichen, die Festlegung der Meeres- und Flußufer durch Anpflanzungen, die Bewaldung der Quellengebiete reißender Ströme u. s. w. müssen daher gemeinschaftlich von sämmtlichen Grundbesitzern einer Gegend getroffen werden oder sie sind gar nicht durchführbar. Dasselbe gilt auch von der Versehung sehr zersplitterten und im Gemenge liegenden Grundeigenthums mit Wegen, von der Arrondirung desselben u. s. w.

Aber nicht nur, daß solche Nachtheile und Gefahren den benachbarten Grundeigenthümern gemeinsam sind und daher auch nur durch gemeinsames Einschreiten abgewendet werden können. Auch das, was der einzelne Grundeigenthümer für sich auf seinem Grundstück thut oder unterläßt, kann für seine

66) Rodbertus a. a. O. II S. XVI und XVII.

67) Reuning, Die Landwirthschaft in Sachsen. Festschrift für die 25. Versammlung deutscher Land- und Forstwirthe zu Dresden 1865, S. 42.

Nachbarn von Bedeutung werden. Ist er in der Vertilgung des Ungeziefers lässig, sowie im Tödten nützlicher Thiere unbedacht, so schadet er dadurch mittelbar auch seinem Nachbar; ebenso benachtheiligt er dadurch, daß er die Wege und Stege auf seinem Grundstück in schlechtem Zustande hält, alle diejenigen seiner Nachbarn, die dieselben benutzen wollen u. s. w.

Und während die Interessen der Grundbesitzer so mannigfach verquickt sind, fällt es ihnen doch schwerer, dieselben richtig wahrzunehmen, als den Capitalisten. Und dies zwar bereits aus localen Gründen. Denn der Landbesitz führt zu räumlicher Trennung der Besitzer und erschwert ihnen die Verständigung unter einander, während das Capital die Besitzer in den Städten zusammenzieht und hier die gemeinsame Action erleichtert.

Aus dieser Solidarität der Grundeigenthümer und der Schwierigkeit sie zur Geltung zu bringen folgt dann:

1) daß sich die Grundeigenthümer in höherem Grade der Pflichten, welche ihnen gegen ihre Nachbarn erwachsen, bewußt werden müssen, als die Eigenthümer des beweglichen Capitals;
2) daß, sofern dies nicht geschieht, eine Rechtsordnung Noth thut, welche dieser Interessensolidarität Rechnung trägt und welche erforderlichenfalls die Wahrnehmung dieser gemeinsamen Interessen zur öffentlichen Angelegenheit macht, und
3) daß das Grundeigenthum, je mehr es parcellirt ist, um so weniger einer solchen von der öffentlichen Gewalt geschaffenen gemeinsamen Ordnung entbehren kann.

Ferner hängt es mit der Beweglichkeit des Capitals und mit der Unbeweglichkeit des Grundeigenthums zusammen, daß das Capital, indem es dem größten Gewinn nachgeht, leicht über die nationalen Schranken hinwegsetzen kann, während das Grundeigenthum mit einer bestimmten Volkswirthschaft unzertrennlich verbunden ist. Das Gedeihen und der Niedergang der Volkswirthschaft spiegelt sich daher eben so sehr in den Bewegungen der Grundrente und des Grundwerthes ab, wie die Schicksale der Landwirthe wieder von der größten Bedeutung für das Wohl und Wehe der Volkswirthschaft sind. Aus dem eben Gesagten erklärt sich einestheils der wesentlich kosmopolitische Zug bei den Vertretern des Capitals und anderntheils der spezifisch nationale Charakter der Grundeigenthümer. Durch die kosmopolitische Natur des Capitals wird auch die besondere Vorliebe des Judenthums, dieses Trägers kosmopolitischer Ideen in der Gegenwart, für solche Geschäfte verständlich, in denen das bewegliche Capital die Hauptrolle spielt. Es dürfte somit kein wirksameres Mittel geben, um die jüdische Bevölkerung in einen bestimmten nationalen Rahmen einzufügen, als indem man sie für die Interessen des Grundeigenthums gewinnt.

Aber noch in einem anderen als dem spezifisch wirthschaftlichen Sinne hat das Grundeigenthum einen nationalen Charakter. Dasselbe bildet nicht nur wie das bewegliche Capital einen Vermögensbestandtheil des Einzelnen und des Volks. Es repräsentirt in seiner Gesammtheit zugleich das Territorium, auf dem sich der Staat als auf einem seiner wichtigsten Elemente aufbaut. Es bildet das Vaterland, dem die Staatsbürger ihr Blut und Leben opfern. Diese Bedeutung des Grund und Bodens tritt vielleicht nie deutlicher zu Tage, als in Zeiten der höchsten Noth, nach unglücklichen Kriegen. Denn während in solchen Zeiten, wie uns die Geschichte aller Kriege und aller Friedensschlüsse lehrt, Millionen und Milliarden des beweglichen Capitals ohne Murren geopfert werden, versetzt der Verlust selbst des kleinsten Stücks vom Grund und Boden die Gesammtheit in die tiefste Trauer [68]).

Damit ist aber zugleich der eminent politisch-nationale Charakter dieses Productionsfactors gegeben. Wenn die oben charakterisirte Rolle, die das Grundeigenthum in der Volkswirthschaft spielt, eine von der Behandlung des beweglichen Capitals verschiedene Behandlung desselben durch den Staat wünschbar erscheinen läßt, so macht der politische Charakter desselben eine solche geradezu zur Nothwendigkeit [69]).

Eine auf die spezifische Natur des Grund und Bodens als Productionsfactor namentlich im Unterschied vom beweglichen Capital näher eingehende Auffassung, wie wir sie eben zu entwickeln versuchten, ist bereits seit längerer Zeit in der Wissenschaft angebahnt, findet aber doch nur sehr langsam allgemeine Anerkennung.

Namentlich steht ihr feindlich gegenüber jene von National-Oekonomen wie Graf Soden, Ganilh, Hermann, Dunoyer, Carey, Bastiat, M. Wirth, A. Meitzen u. A. vertretene Auffassung, welche die zwischen dem Grund und Boden und dem beweglichen Capital bestehenden tief greifenden Unterschiede übersieht oder doch nicht gehörig betont und nur das den beiden Productionsfactoren Gemeinsame hervorhebt.

Als solche dem Grundeigenthum und dem Capital gemeinsame Punkte werden namentlich folgende aufgeführt: daß beide zu den materiellen Productionsfactoren gehören und gegen einander ausgetauscht werden können; daß das Grundeigenthum heut zu Tage ebenso wie das bewegliche Capital erworben werden muß; daß sich das bewegliche Capital mit dem Grundeigenthum vielfach in untrennbarer Weise verbindet; daß überhaupt der Grund und Boden in der Gegenwart von den Niederschlägen der Cultur in der Form von Capital und Arbeit gleichsam gesättigt ist; daß auch in den Gewerben die den Stoffen innewohnenden Naturkräfte benutzt werden, wie andererseits der Mensch auch die Naturkräfte im Boden leitet und daß der Werth beider Güter sowie ihrer Erträge proportional der auf sie verwendeten Arbeit ist; endlich, daß die Landwirthschaft heut zu Tage immer mehr den Charakter einer capitalistischen Unternehmung annimmt und sich damit der Handels- und Gewerbe-Unternehmung nähert [70]).

Gegenüber dieser Auffassung wird unter Hinweis auf die oben geltend gemachten Unterschiede insbesondere daran festgehalten werden müssen, daß das bewegliche Capital ein Product der Arbeit ist, während der Grund und Boden seinem Wesen nach keine Schöpfung der menschlichen Cultur, sondern das Resultat großer Naturrevolutionen ist, und daß derselbe in historischer Zeit weder einen Anfang noch ein Ende hat.

Indem wir an dieser Stelle darauf verzichten müssen, uns mit den Vertretern einer von der unseren abweichenden Auffassung näher auseinander-

68) Preser, Erhaltung des Bauernstandes, Prag 1884, S. 96.

69) Bernhardi a. a. O. S. 504.

70) Schäffle, Gesellsch. Syst., 3. Aufl., Bd. 1 § 66. L. v. Stein in der Allgem. Zeitung 1877, Nr. 171. Roscher a. a. O. § 42 Anm. 1.

zusetzen, sei es uns nur noch gestattet, in aller Kürze derjenigen zu gedenken, welche für eine der unsrigen verwandte Auffassung des Grundeigenthums bahnbrechend gewesen sind.

Wenngleich in einseitiger und mit Irrthümern vermengter Weise haben zuerst die Physiokraten, wenn auch nur indirect, auf die spezifische Natur des Grundeigenthums hingewiesen.

Auf sie folgen Anderson, Malthus und Ricardo[71]), indem sie durch ihre originelle Begründung der Grundrente indirect auch auf einige Eigenthümlichkeiten des Grundeigenthums aufmerksam machten.

Während die Physiokraten bekanntlich den von ihnen der Bodencultur allein vindicirten produit net aus der Productivität der angeblich unentgeltlich arbeitenden Bodenkräfte ableiten, geht Ricardo von dem Vergleich der Erträge verschiedener Grundstücke aus[72]).

Wenn wir an dieser Stelle auch nicht übergehen wollen, was Justus Möser, der Freiherr von Stein, v. Thünen, namentlich aber Wilhelm Roscher u. A., deren Arbeiten wir oben benutzt und angeführt haben, für eine tiefere Auffassung des Grundeigenthums als Productionsfactor geleistet, so haben wir doch besonders Rodbertus' zu gedenken, von dem in letzter Zeit die Eigenart dieses Productionsfactors gegenüber dem Capital am energischsten vertreten worden ist.

Indem Rodbertus in seiner tiefsinnigen Arbeit über die heutige Creditnoth des Grundbesitzes den Ursachen dieser Noth nachgeht, gelangt er zu der ihm eigenthümlichen Auffassung des Grundeigenthums als eines Rentenfonds, einer Auffassung, der wir bereits oben gedacht haben.

Man braucht weder ein unbedingter Anhänger der Ricardoschen Grundrententheorie noch der Rodbertusschen Rentenfondslehre zu sein, man braucht namentlich von der Zweckmäßigkeit und Durchführbarkeit der von Rodbertus in Vorschlag gebrachten Verschuldungsart des Grundeigenthums in der Gegenwart durchaus nicht überzeugt zu sein, ja man kann die Auffassungen von Ricardo und Rodbertus zum Theil für irrig oder doch wenigstens für einseitig halten, und man wird ihnen doch das große Verdienst nicht bestreiten können, daß sie zu weiterem Nachdenken über die volkswirthschaftliche Natur des Grundeigenthums den Anstoß gegeben haben, und daß sodann namentlich Rodbertus jene tiefgehende agrarpolitische Bewegung theoretisch eingeleitet hat, in der wir gegenwärtig stehen.

Es erscheint uns als eine nicht unwichtige Aufgabe der Wissenschaft und der praktischen Agrarpolitik, den von den oben angeführten Schriftstellern gegebenen Anregungen zu folgen und sich der Natur des Grund und Bodens als eines eigenartigen Productionsfactors, der in der Wissenschaft eine besondere Stellung und in der Politik eine von dem Capital verschiedene Behandlung erheischt, immer mehr bewußt zu werden. Durch die obigen Ausführungen suchten wir unserentheils einen bescheidenen Beitrag zu dieser Arbeit zu liefern und behalten uns eine kritische Auseinandersetzung mit den Gegnern unserer Auffassung für eine andere Gelegenheit vor.

---

71) Leser, Untersuchungen zur Geschichte der Nationalökonomie, Jena 1881, S. 49 ff.

72) Dühring, Kritische Geschichte der Nationalökonomie und des Socialismus, 3. Aufl., S. 192.

Als eine fernere nicht minder wichtige Aufgabe der Wissenschaft sehen wir es an, daß sie die Bedeutung, welche das Grundeigenthum für den Bestand der Familie, und umgekehrt die Bedeutung, welche ein starker Familiensinn für die Erhaltung des Familieneigenthums besitzt, desgleichen auch die wichtige und nützliche Rolle, welche das Familieneigenthum in der Volkswirthschaft spielt, im Gegensatz zu dem in der Gegenwart noch immer herrschenden Individualismus in der Auffassung des wirthschaftlichen Lebens, wieder mehr betone.

Denn wie der Grund und Boden eines Landes mit der Volkswirthschaft desselben verbunden ist, so kann das einzelne Grundstück oder ein Complex von Grundstücken eine Verbindung mit einer bestimmten Familie eingehen, eine Verbindung, die freilich nach heutigen Rechtsbegriffen eine losere sein muß, als die des Territoriums mit dem Staat. Einer solchen Verbindung entspricht dann in der betreffenden Familie eine Gesinnung, welche weit davon entfernt ist, im Grundeigenthum nur eine Waare zu sehen, die man gleich jeder anderen Waare bei niedrigen Preisen kauft und bei hohen Preisen wieder verkauft, sondern welche vielmehr danach trachtet, daß das Grundeigenthum, wie es von den Vätern ererbt worden ist, so auch wieder auf die Kinder übertragen werde, und welche außerdem bemüht ist, in allen ihren bezüglich des Grundeigenthums zu treffenden Dispositionen nicht nur den Vortheil des flüchtigen Augenblicks und des einzelnen Individuums, sondern zugleich das dauernde Interesse der Familien-Gesammtheit zu wahren. In einer solchen Gesinnung ist ein nicht zu unterschätzender Hebel auch für die wirthschaftliche Cultur enthalten[72a].

Die obigen Ausführungen führen consequenter Weise zur Erhaltung und Begründung eines Sonderrechts für eine besondere Classe von Gütern, nämlich für das land- und forstwirthschaftlich benutzte Grundeigenthum[73]). Vor dieser Consequenz schrecken wir keineswegs zurück, denn sachliche Unterschiede, wie die oben hervorgehobenen, sollen auch vom Recht gehörig berücksichtigt und zum Ausdruck gebracht werden.

Auch zweifeln wir nicht daran, daß es der Zukunft vorbehalten ist, sich von dem falschen Gleichheitsbegriff, der die moderne Gesetzgebung noch vielfach beherrscht, immer mehr frei zu machen. Dafür, daß das wirklich geschehen wird, liegen einige nicht mißzuverstehende Anzeichen vor. Denn nicht nur, daß bestimmte Arten von Geschäften einem Sonderrecht und sogar einer eigenen Gerichtsbarkeit unterstellt worden sind: wir rechnen hierher das Handels-, Wechsel- und Seerecht, sowie die Handels- und Gewerbegerichte. Auch die neuere Steuergesetzgebung zeigt bei allem Streben nach Vereinfachung des Steuer-

72a) Roscher, Nat.-Oek. des Ackerbaus § 58 und Freiherr v. Cetto-Reichertshausen in den Verhandlungen des deutschen Landwirthschaftsraths (Februar 1884), vgl. Archiv des deutschen Landwirthschaftsraths, VIII. Jahrg. 1884, Heft 2—7, S. 185.

73) Freilich wird diese Consequenz nicht allerseits gezogen. So giebt Emminghaus in Fauchers Vierteljahresschrift, Bd. 31 (1871) S. 36 ff., einerseits zu, daß die Natur, die Zwecke und Functionen der beweglichen Güter innerhalb der Volkswirthschaft andere sind, als die der unbeweglichen Güter, verlangt dann aber doch wieder im Namen der „modernen Rechtsanschauung", daß der Inbegriff der Rechte, welche das Eigenthum umfaßt, durch die verschiedene wirthschaftliche Natur dieser Güter nicht alterirt werden solle.

wesens doch zugleich die Tendenz, die Vermögen und Einkommen der verschiedenen Bevölkerungsclassen und Individuen nach ihren Gegenständen, Größen und sonstigen Beziehungen zur Persönlichkeit des Steuersubjects verschieden zu behandeln. Endlich hat man in letzter Zeit, dort wo die Verhältnisse es im allgemeinen Interesse als wünschenswerth erscheinen ließen, ein eigenes, von dem allgemeinen abweichendes Recht für bestimmte Bevölkerungsclassen geschaffen. Hierher gehört der für Gesellen, Lehrlinge und Gewerbegehülfen eingeführte Krankenversicherungszwang, die für Fabrikarbeiter begründete Fabrikgesetzgebung u. s. w.

Wenn somit auch das Grundeigenthum, sofern seine spezifische Natur in Frage kommt, zum Theil einem andern Recht unterstellt werden würde, als das Capital, so hieße das nicht einmal etwas völlig Neues schaffen, sondern den bereits dem älteren Rechte zu Grunde liegenden Gedanken, daß der Unterschied in der volkswirthschaftlichen Natur der Güter auch maßgebend sein müsse für die Gestaltung der Gesetzgebung, wieder zur Anerkennung bringen. Ja es sind uns gerade für das Gebiet des Immobiliarsachenrechts nicht unwichtige Ueberreste dieser früheren Gesetzgebung erhalten. In den sonderrechtlichen Ueberresten der Vergangenheit das gemeinsame Prinzip aufzufinden und dieselben den Bedürfnissen der Gegenwart entsprechend umzugestalten, erachten wir für eine der wichtigsten Aufgaben unserer Zeit, wie dieser denn überhaupt die Aufgabe zufällt, die ältere wesentlich negative Agrargesetzgebung in positiver Richtung zu ergänzen. Die emancipatorische Gesetzgebung, sagt neuerdings v. Inama-Sternegg, „beförderte die Theilung der Güter, den Besitzwechsel und die Belastung, aber sie bot keine Handhabe, um Theilung, Veräußerung oder Belastung fern zu halten, wo diese weder im Interesse des wirthschaftlichen Betriebs noch im Interesse der Besitzer lag. — Um nun alle diese Bedingungen zu erstellen, durch welche die öffentliche Gewalt an ihrem Theile zur gedeihlichen Entwickelung der Landwirthschaft beizutragen vermag, wird der ganze Complex der sog. Landesculturgesetze zusammen mit den privatrechtlichen Bestimmungen über Eigenthum und Besitz, Schuld- und Erbrechtsverhältnisse einheitlich durchdacht und einheitlich gehandhabt werden müssen [74])."

Nachdem wir im Vorhergehenden die Unentbehrlichkeit, aber zugleich auch die Sufficienz des Anerbenrechts zur Erhaltung des Familienbesitzes und der bestehenden Vertheilung des ländlichen Grundeigenthums nachgewiesen und die gegen das Anerbenrecht ins Feld geführten formalen Bedenken widerlegt haben, soll jetzt auf die gegen das Anerbenrecht erhobenen Einwendungen materieller Art näher eingegangen werden.

Was zunächst die Bedenken socialwirthschaftlicher Natur betrifft, so gehören sie wieder theils dem Gebiete der Güterproduction, theils dem der Gütervertheilung und socialen Schichtung an.

Zu den häufigsten dem Anerbenrecht gemachten und neuerdings von dem Ministerialrath Buchenberger [75]) für Baden wiederholten Vorwürfen gehört, daß dasselbe mit Sicherheit zu einer starken Schuldenbelastung des Anerben führt.

---

74) v. Inama-Sternegg, Zur Reform des Agrarrechts, besonders des Anerbenrechts, in Grünhuts Zeitschrift f. d. Priv. u. öff. Recht der Gegenwart, Bd. 10 S. 13, 14.

75) Bäuerliche Zustände Bd. 3 S. 289, 299, 307.

Der Vorzug der ungetheilten Erhaltung des Erbes pflege durch eine schwere Schuldenlast, welche der Anerbe übernehme, erkauft zu werden. Diese könne in kritischen Zeiten leicht dessen ökonomischen Untergang herbeiführen. Somit werde also durch das Anerbenrecht der befürchtete Untergang des Bauernstandes nicht vermieden, sondern nur hinausgeschoben.

Zum Beweis für das Gesagte wird von Ministerialrath Buchenberger eine sich auf eine Anzahl badischer Gemeinden beziehende Verschuldungs-Tabelle beigebracht, aus welcher angeblich hervorgeht, daß der Antheil derjenigen auf den Bauerngütern lastenden hypothekarischen Schulden, welcher auf Erbschaftsauseinandersetzungen zurückzuführen ist, in den Landestheilen mit Anerbenrecht größer ist als in denjenigen Landestheilen, in denen das badische Landrecht zur Anwendung kommt.

Indes beweist die Tabelle bei genauer Prüfung doch nicht, was sie beweisen soll.

Geht doch auch aus der oben erwähnten Tabelle die behauptete Thatsache nicht mit voller Evidenz hervor. Denn einmal kommt auch unter den 17 Gemeinden der Tabelle, in denen das badische Landrecht gilt, in 4 Gemeinden eine sehr hohe Verschuldung des Grundeigenthums aus dem Grunde der Erbschaftsauseinandersetzung vor: so namentlich in einer Gemeinde des Höhgaus (39,22 %), in 2 Gemeinden der Rheinebene (40,28 und 42,32 %) und in einer Gemeinde des südlichen Hügellandes (46,66 %). Eine höhere Verschuldung als diese findet sich nur in 3 von den 7 Gemeinden mit Anerbenrecht vor, von denen 2 dem Schwarzwalde (mit 52,54 und 64,96 %) und 1 dem nördlichen Hügellande (61,84 %) angehören. Dagegen weisen die übrigen 4 Gemeinden eine Belastung auf, die dem Durchschnitt der Belastung der 17 Gemeinden, in denen das badische Landrecht gilt, gleichkommt.

Der Haupteinwand gegen die dem badischen Anerbenrecht zugeschriebene hohe Belastung des Grundbesitzes besteht aber wohl darin, daß diese nur von einer mißbräuchlichen Ausgestaltung des Anerbenrechts herrührt, indem für die Feststellung der Uebernahmetaxe, wie der Ministerialrath Buchenberger auf S. 289 seines Referats selbst anführt, gegenwärtig allgemein der Verkehrswerth maßgebend und die dem Anerben eingeräumte Vortheilsgerechtigkeit ($^1/_8$—$^1/_{10}$ des Verkehrswerths) bei den hohen Güterpreisen der Gegenwart zu gering ist. Ja es ist nicht einmal angegeben, ob in allen Gemeinden, die nach der obigen Tabelle als solche mit Anerbenrecht verzeichnet stehen, dem Anerben die Vortheilsgerechtigkeit zusteht oder nicht. Präsumiren läßt sich das nur für die 4 Gemeinden des Schwarzwalds, obgleich ja auch hier das Anerbenrecht nicht überall gemäß dem Edict vom 23. März 1808 gilt; in den 3 Gemeinden des Hügellandes dagegen besteht nicht einmal die Präsumtion für eine solche Bevorzugung des Anerben.

Auch müßte die obige Verschuldungsstatistik durch eine Statistik der Zwangsveräußerungen ergänzt werden: indem die höhere Belastung eines größeren wohl arrondirten Guts mit hypothekarischen Schulden nicht zugleich eine entsprechend dieser höheren Belastung bestehende Gefahr für die Existenz des Schuldners zu enthalten braucht. Vielmehr könnte man sagen, daß die breitere Creditbasis der größeren arrondirten Bauerngüter auch ohne Schaden eine nicht nur absolut sondern auch relativ stärkere Verschuldung zu tragen im Stande ist, als der aus einer Anzahl kleiner Parcellen sich zusammensetzende Besitz des Kleinbauern.

Sodann wird von einem Mitgliede der für die im Großherzogthum Baden in jüngster Zeit veranstaltete agrarische Enquête ernannten Erhebungscommission ausdrücklich hervorgehoben, daß es in der von ihm untersuchten Gemeinde viele Bewohner giebt, die neben ihren eingetragenen Schulden auch Capitalien besitzen, so daß „der baare Capitalbesitz allein den auf dem Immobiliar- und Mobiliarvermögen haftenden Schuldenstand deckt“.

Und endlich ist ein Theil der zur Sicherung von Leibgedingen dienenden Einträge nur nomineller Natur, soweit nämlich erstere nicht in Anspruch genommen werden [76]).

So kann denn aus den für Baden beigebrachten Daten kein Argument gegen das Anerbenrecht an sich, sondern höchstens nur gegen dessen Ausgestaltung im Sinne einer Annäherung an das badische Landrecht entnommen werden. Denn das Anerbenrecht vermag seine günstigen Wirkungen nur im Zusammenhange mit der Schätzung des Nachlaßgrundstücks nach dem Ertragswerthe und mit der Gewährung eines Voraus an den Anerben zu äußern. Ja es muß die niedrige Erbschaftstaxe prinzipiell als ein Bestandtheil des Anerbenrechts angesehen werden.

Mit Rücksicht auf die landwirthschaftliche Production wird sodann gegen das Anerbenrecht weiter geltend gemacht, daß die Uebernahme des mit Schulden überlasteten Guts durch den Anerben denselben auf Schritt und Tritt, also auch in der Verkleinerung seines Guts durch Abverkauf einzelner Theile desselben, hemme. Ferner reiche die Arbeitskraft des größeren Bauern und seiner Familie nicht hin, um das Gut ordnungsmäßig zu bewirthschaften. Die Anmiethung fremder Arbeitskräfte in Gegenden mit größerem bäuerlichen Besitz stoße aber auf besondere Schwierigkeiten. Ferner erhalte der Bauer bei der starken Verschuldung des Guts durch Erbtheilungsgelder nur schwer fremdes Capital geliehen. Die Folge sei dann eine so extensive Bewirthschaftung der Bauerngüter, wie sie den allgemeinen volkswirthschaftlichen Conjuncturen der Gegend nicht entspreche.

Als Beleg für dieses Urtheil werden wiederum die Hofgüter des badischen Schwarzwalds angeführt. Von denselben sagt ein früherer Oberamtmann des Amtsbezirks Villingen, Engelhorn [77]), daß sie sich in schlechtem Zustande befinden, daß die Wiesencultur auf niedriger Stufe stehe, daß Futtergewächse so gut wie gar nicht gebaut werden, sowie daß die Viehzucht sehr primitiv sei. Und ein anderer früherer Oberamtmann, Schupp [78]), bemerkt im Hinblick auf den Amtsbezirk Wolfach, dem er eine Reihe von Jahren vorgestanden hat, daß die Fahrnißeinrichtung der Hofgüter, sowie namentlich die Geräthe der Bauern nur geringen Werth haben, sowie daß der Obstbau, für dessen Gedeihen im unteren Bezirk alle Vorbedingungen vorhanden seien, sehr vernachlässigt werde. Auch sonst wird im badischen Schwarzwalde über den Mangel an Arbeitskräften und Capital geklagt, der sich angeblich in der Beibehaltung von Culturarten und Betriebssystemen äußert, die nach dem dermaligen Zustande der Volks-

---

76) Ergebnisse der Erhebungen über die Lage der Landwirthschaft im Großherzogthum Baden 1883, S. 105.

77) Engelhorn, Gutachten über die Theilbarkeit der seither geschlossenen Hofgüter des Schwarzwalds, S. 82.

78) Schupp, Das Hofgüterwesen im Amtsbezirk Wolfach, Karlsruhe 1870, S. 23, 40.

wirthschaft einem intensiveren Betrieb weichen sollten. Daß dieses aber nicht geschehe und die Cultur des Schwarzwaldes eine verhältnißmäßig niedrige sei, daran trage — so wird weiter geschlossen — der ungetheilte Uebergang der großen Hofgüter an einen Erben, den sog. Vorzugserben, für dessen Capital und Arbeitskraft sie zu groß seien, die Hauptschuld.

Es kann zugestanden werden, daß die Hofgüter in einigen Gegenden des badischen Schwarzwalds bei besserer Cultur zwei und drei Familien ebenso gut ernähren könnten, wie gegenwärtig eine. Aber es gilt das doch nur ausnahmsweise für einige derjenigen Güter, die in den weiteren Thälern der dem Rhein zuströmenden Nebenflüsse gelegen sind. Und selbst für diese bäuerlichen Besitzungen ist trotz bestehender Gebundenheit derselben ein nicht unerheblicher Fortschritt der Cultur in den letzten Jahrzehnten nachgewiesen worden. Wo am Anfange des Jahrhunderts an den steilen und zum Theil wenig fruchtbaren Abhängen sich fast nur sog. Reutfelder[79]) fanden, da findet man jetzt nicht selten Eichenschälwaldungen, die alle 14—16 Jahre einen sehr reichen Ertrag abwerfen. Auch werden bereits vielfach an den steilsten Abhängen der Hofgüter Reben gepflanzt, die einen guten Wein geben. Ferner ist neuerdings in vielen Hofgütergemeinden der Obstbau eingeführt worden. Und endlich hat sich die Viehzucht allgemein gehoben und sind die landwirthschaftlichen Geräthe und Maschinen besser geworden[80]).

Aber wenn trotz der sichtlich im Fortschreiten begriffenen landwirthschaftlichen Cultur für die Flußthäler des Schwarzwaldes auch zugegeben werden kann, daß die Hofgüter hier theilweise noch immer einen zu großen Umfang haben und bei geringerem Umfange besser bebaut werden würden, so ist es doch unrichtig, diesen Mangel, wo er wirklich begründet ist, auf die für die Hofgüter geltende Vortheilsgerechtigkeit zurückzuführen[81]). Schon begründeter wäre es, die Gebundenheit der Hofgüter dafür verantwortlich zu machen. Doch würde das ebenfalls nur für die Vergangenheit d. h. die Zeit vor dem Anfang der siebenziger Jahre zutreffen. Dagegen verhindert in der Gegenwart selbst die rechtliche Gebundenheit der Hofgüter ihre Verkleinerung und Vertheilung nicht mehr. Denn wie wir bereits oben erwähnt haben, pflegen die Verwaltungsbehörden die an sie gelangenden Gesuche um Zertheilung der Hofgüter und um Abverkauf

---

79) Unter Reutfeldern oder Reutbergen werden diejenigen Flächen der Gebirgsgegenden verstanden, welche während einer verhältnißmäßig kurzen Zeit (2—3 Jahre) als Acker benutzt, in der längeren Zwischenzeit (ca. 15 Jahre), bis sie wieder zu Acker umgebrochen werden, aber dem natürlichen Pflanzen- und Holzwuchs überlassen zu werden pflegen; während dieser Zeit werden sie theils wegen Ueberwucherung mit Gräsern, Gestrüpp u. s. w. auch gar nicht benutzt. Beiträge zur Statistik der inneren Verwaltung des Großherzogthums Baden, Karlsruhe 1876, Heft XXXVII S. XIII.

80) Wir entnehmen diese Daten außer der eigenen Anschauung besonders dem Werke Vogelmanns über die Forstpolizeigesetzgebung bezüglich der Privatwaldungen im Großherzogthum Baden, Karlsruhe 1871, S. 75 ff. Von einigen dieser Verbesserungen, namentlich von der Umwandelung der Reutberge in Eichenschälwaldungen wird sodann bemerkt, daß sie, weil sie einen großen Capitalaufwand voraussetzen und der Besitzer 12—14 Jahre lang ohne Ertrag bleibt, nur von Hofbauern, nicht aber auch von Kleingütlern ins Werk gesetzt werden können.

81) Beiträge zur Statistik der inneren Verwaltung des Großherzogthums Baden Heft XXXVII S. XIV.

einzelner Stücke regelmäßig zu genehmigen. Höchstens daß durch die Procedur der Genehmigung die Abwickelung der auf die Parcellirung oder auch nur auf die Verkleinerung der Hofgüter gerichteten Geschäfte etwas verlangsamt und vertheuert wird.

Aber selbst zugegeben, daß dem Anerbenrecht, auch bei freiester Dispositionsbefugniß des Grundeigenthümers, die Tendenz auf Erhaltung der Güter in Größenverhältnissen, die vielleicht nicht mehr vollständig den allgemeinen volkswirthschaftlichen Zuständen entsprechen, innewohnt, so ist dieser Mangel doch weniger groß, als der mit dem gemeinen Erbrecht verbundene, daß die Bauerngüter nothwendig im Laufe der Zeit zu Zwerg- und Tagelöhnergütern zersplittert werden.

Was übrigens oben für die breiten Flußthäler des Schwarzwaldes zugegeben worden ist, gilt jedoch nicht auch für die Hofgüter der rauheren Gegenden des Schwarzwaldes.

Für diesen Theil des Schwarzwaldes wird von den Gegnern des Hofgüterwesens mit seiner rechtlichen Gebundenheit und seiner Vortheilsgerechtigkeit die Möglichkeit einer intensiveren Cultur vielfach übertrieben. Terrainbeschaffenheit, Höhenlage, Ungunst des Klimas und Bodenart legen hier einer größeren Intensität des Betriebs oder gar einer Veränderung der Culturarten unübersteigliche Schranken in den Weg: so daß — wie selbst eine officielle Arbeit noch neuerdings ausgesprochen hat — die auf große Flächen angewiesene und dieselben erheischende Wald- und Weidewirthschaft wohl für alle Zeiten die naturgemäße Culturart in dem bei weitem größten Theil des Schwarzwaldes bleiben wird. Ein Fortschritt in der Landwirthschaft wird daher hier der Regel nach — anders als bei den oben angeführten Beispielen — nur in der sorgfältigeren Behandlung der vorhandenen, nicht aber in dem Uebergang zu neuen Culturarten möglich sein[82].

Einer sorgfältigeren Behandlung gerade dieser Culturarten legt nun aber das hier geltende Anerbenrecht, indem es das Zusammenhalten großer Flächen in der Familie begünstigt, gewiß weniger Hindernisse in den Weg, als das gemeine Erbrecht. Sofern nämlich dieses eine Zerstückelung der großen Hofgüter zur Folge hätte, würde die hier von der Natur gebotene Wald- und Weidewirthschaft auf den kleinen Flächen in der Hand von wenig vermögenden Bauern und Kleingütlern gewiß noch viel schlechter betrieben werden als jetzt[83].

Wohin das gemeine oder ein demselben nachgebildetes Erbrecht mit seinem Zwang zur Naturaltheilung in solchen rauhen Gegenden mit kurzer Vegetationsdauer und Mangel an sonstiger Erwerbsgelegenheit führen kann, das zeigt der südliche Schwarzwald, wo nicht das Anerbenrecht sondern das Erbrecht des

82) Insbesondere Vogelmann, Die Reutberge des Schwarzwaldes, Karlsruhe 1870, zeigt die Schwierigkeiten, welche fast überall im Schwarzwalde, nur mit Ausnahme der großen Hochebenen, der Erweiterung und Vervollkommnung des Ackerbaues entgegenstehen; er weist nach, daß nur von der Viehzucht durch Verbesserung der Wiesen und Weiden sowie durch Vermehrung des Futterbaues eine Rente zu erwarten sei und daß die ökonomischen Zustände des Schwarzwalds nicht durch eine intensive Landwirthschaft, sondern durch Verbesserung des extensiven Betriebs und durch ausgedehnte Waldculturen gebessert werden können.

83) Noch neuerdings mit Beziehung auf die Verhältnisse des Amtsbezirks Wolfach bestätigt von Buchenberger in Bäuerliche Zustände Bd. 3 S. 268.

badischen Landrechts gilt. Dort hat sich, wie der jüngste officielle Bericht über die Lage der Landwirthschaft im Großherzogthum Baden[84]) ausführt, bei ungünstigen natürlichen Verhältnissen und „beständiger Zunahme der Bevölkerung im Laufe der Zeiten allmählich eine große Anzahl Kleinwirthschaften herausgebildet, welche unter kümmerlichen Verhältnissen zu leben genöthigt sind und bei jedem Ausfall der Kartoffel- oder Roggenernte in eine höchst bedenkliche Lage gerathen, zumal es in diesen Gegenden an Industrie fehlt, Gelegenheit zum Nebenverdienst im Walde u. s. w., zur hinreichenden Beschäftigung aller dieser Kleinwirthe selten in ausreichendem Maße vorhanden ist" u. s. w. Die Verhältnisse dieser Gemeinden werden als „notorisch ärmliche und unbefriedigende" geschildert.

Aehnliche Zustände finden sich auch in einigen im Quellengebiet der Donau gelegenen schwarzwälder Gemeinden, in denen die früheren Hofgüter und Waldcomplexe zu kleinen Gewerbegütern im Umfange von 2—10 Morgen zerschlagen worden sind. Die zu den Hofgütern gehörig gewesenen Gebäude werden hier jetzt von Gewerbtreibenden benutzt und befinden sich zum Theil in einem sehr vernachlässigten Zustande. Ueberhaupt gewährt die Bewirthschaftung dieser kleinen Güter hier einen sehr traurigen Anblick. Die fast ausschließlich oder doch hauptsächlich gewerbtreibende Bevölkerung dieser Ortschaften lebt in großer Dürftigkeit, da die von ihr betriebenen Gewerbe weder einen hohen noch auch einen sicheren und dauernden Verdienst gewähren. Sie bieten zugleich das Bild wirthschaftlicher Verkümmerung und sittlicher Verlotterung und sind somit ein warnendes Beispiel dafür, wie verhängnißvoll es werden kann, wenn in Gegenden, welche durch die Natur auf extensive land- und forstwirthschaftliche Cultur und eine undichte Bevölkerung angewiesen sind, der Boden in kleine Parcellen zerlegt und dadurch Anlaß zu dauernder Niederlassung einer Bevölkerung gegeben wird, die den Spielraum der vorhandenen Unterhaltsmittel leicht übersteigt.

Ein weiterer gegen das Anerbenrecht erhobener Vorwurf, der mit dem eben behandelten zum Theil zusammenhängt, besteht darin, daß das Anerbenrecht eine ähnlich ungünstige Vertheilung des Grundeigenthums zur Folge habe, wie das starke Vorwiegen von Fideicommißgütern. Es wiederholen sich bei dieser Gelegenheit, sagen Turban und Schupp[85]), im Mikrokosmus des Dorfs die Erscheinungen solcher Industriestaaten, in denen eine kopfreiche Proletariermasse wenigen Ueberreichen gegenübersteht.

Als Beleg für das eben Gesagte wird auf einige Theile des badischen Schwarzwalds[86]) hingewiesen, wo die Bevölkerung fast nur aus einigen

84) Ergebnisse der Erhebungen über die Lage der Landwirthschaft im Großherzogthum Baden 1883, S. 26. Buchenberger in Bäuerliche Zustände Bd. 3 S. 268.

85) Turban, Der Gesetzentwurf über geschlossene Hofgüter, im Magazin für badische Rechtspflege und Verwaltung, Bd. 2 (1856). Schupp, Hofgüterwesen im Amtsbezirk Wolfach S. 109.

86) Vgl. für den ganzen folgenden Abschnitt v. Rüdt in der Festschrift für die Mitglieder der 21. Versammlung deutscher Land- und Forstwirthe, Heidelberg 1860, S. 197, 202. Vogelmann, Die Forstpolizeigesetzgebung bezüglich der Privatwaldungen im Großherzogthum Baden, Karlsruhe 1871, S. 86. Schupp, Hofgüterwesen des Amtsbezirks Wolfach S. 38, 39, 42. Trenkle, Geschichte der schwarzwälder Industrie, Karlsruhe 1874, passim und eigene Beobachtungen des Verfassers.

Hofbauern, welche Hofgüter von mehreren hundert Morgen besitzen, und dem in ihrem Hause Aufnahme findenden zahlreichen Gesinde sowie aus den wenigen in den Dörfern lebenden Tagelöhnern besteht. Die hier und da auf den Hofgütern sitzenden Ueberreste früherer „Tod- und Erbbestände“ sowie einige wenige Handwerker, Gast- und Schankwirthe sowie Kleinhändler vermögen die große Monotonie der socialen Gliederung nicht zu beseitigen. Von der weiten socialen Kluft, die hier zwischen den beiden großen Bevölkerungsgruppen — den wohlhabenden Hofbauern und den Besitzern — besteht, wird dann ausgesagt, daß sie für beide Theile verderblich sei. Der Bauer habe die Gewohnheit gut zu leben. Auf Märkten und Hochzeiten verprasse er seine Einnahmen beim Kegeln und Würfeln um Kronenthaler; auch habe diese Völlerei häufig nicht unbedenkliche Excesse zur Folge. Der von den Hofbauern angeschlagene Ton werde dann nicht selten auch von den Knechten und Arbeitern nachgeahmt, indem auch sie ihren Lohn bei Wein und Spiel verthun. Weil dieser zahlreichen dienenden Classe jede Aussicht fehle, durch Erwerbung eines Besitzthums in der Heimath vorwärts zu kommen, so fehle es ihr vollständig an jenem den Kleingütlern eigenen Geist der Sparsamkeit, der Arbeitsamkeit und Nüchternheit, der zugleich die Fähigkeit erzeuge, unverdrossen vom Morgen bis zum Abend auf der eigenen Scholle zu arbeiten und zugleich nöthigenfalls die größten Entbehrungen zu ertragen.

Es kann zugegeben werden, daß die Grundbesitzvertheilung in denjenigen Theilen des Schwarzwalds, in denen fast nur große Bauerngüter vorkommen, wie z. B. im Amtsbezirk Wolfach und einigen anderen Amtsbezirken, durchaus keine ideale ist. Zugleich ist aber bereits früher darauf hingewiesen worden, daß die Möglichkeit einer intensiveren Bewirthschaftung der rauhen Gegenden des Schwarzwalds nur ausnahmsweise vorliegt. Damit ist aber zugleich die Berechtigung, ja die Nothwendigkeit größerer Güter für jene Gegenden nachgewiesen. So müssen nach den Erfahrungen von Pfarrer Vogelbacher[87]) Höfe in einer Höhe von 1500′ über dem Meere 50 Morgen enthalten; 500′ höher sind 100 Morgen unumgänglich nöthig, bei 3000′ Höhe aber 300 Morgen.

Ist aber der dauernde Fortbestand großer Bauerngüter in den rauheren Theilen des Schwarzwaldes gleichsam durch die Natur bedingt, so muß auch die damit im engsten Zusammenhang stehende aristokratische Gliederung der Gesellschaft mit in den Kauf genommen werden.

Handelt es sich doch bei der natürlichen Ausstattung des Schwarzwaldes schließlich — denn die Zerlegung des Bodens in lauter kleine Gütchen halten wir nur für einen Uebergangszustand, wenngleich vielleicht für einen sehr lange Zeit dauernden — nur um die Alternative, ob die spannfähigen Bauerngüter oder die Latifundien der todten Hand die Oberhand gewinnen werden. Wenn nun auch die Cultur, namentlich die Waldcultur, auf den Latifundien keinen Schaden leiden, sondern im Gegentheil willkommene Förderung erfahren würde, so ist das Verschwinden des Bauernstandes doch ein zu theurer Preis für diese möglichen Culturverbesserungen. Wohin die Verhältnisse bereits gegenwärtig treiben, sagt uns auch der neueste Enquête-Bericht[88]), indem er für einige Gemeinden

---

87) Vogelmann, Die Forstpolizeigesetzgebung S. 74.

88) Ergebnisse der Erhebungen über die Lage der Landwirthschaft im Großherzogthum Baden 1883, S. 28.

des Amtsbezirks Wolfach eine ungünstige Vermehrung des Besitzes der todten Hand constatirt. Durch fortgesetzte Aufkäufe von Hofgütern ist dort allmählich an die Stelle eines wohlhabenden Bauernstandes ein leistungsunfähiges Proletariat getreten, so daß nunmehr die Gemeindeumlagen allzu hart auf die wenigen übrig gebliebenen Besitzenden drücken.

Auch bezieht sich die obige Darstellung, soweit sie wenigstens die Ueppigkeit des Lebens betrifft, auf eine Zeit, in der die Lage der Landwirthschaft eine günstigere und die des Vorzugserben eine bequemere war, als in der Gegenwart. War es doch eine Zeit steigender Grundrente und zugleich sehr niedriger Abfindungen der Geschwister des Vorzugserben. Bei meinen wiederholten Besuchen des Schwarzwaldes in den letzten Jahren habe ich von dem oben geschilderten Ueberflusse nicht viel entdecken können, wohl aber die großen Schwierigkeiten kennen gelernt, die der Bauer zu überwinden hat, um sich auf seinem Hof erhalten zu können. Auch die Erbantheile, die er seinen Geschwistern auszuzahlen hat, sind in den letzten Jahrzehnten weit höhere, ja, wie wir wiederholt erwähnt haben, zu hohe geworden. Endlich pflegt es — ebenfalls nach neueren Berichten — bei den Hochzeiten und auf den Märkten, die das harte und arbeitsame Leben des Hofbauern doch nur selten unterbrechen, nicht mehr so hoch herzugehen wie ehemals. Ob diese Veränderung zum Besseren mehr auf die schlechten Zeiten oder die aus anderen Gründen einfacher gewordene Sitte zurückzuführen ist, wage ich nicht zu entscheiden.

Ferner ist, wie dies noch speziell hervorgehoben zu werden verdient, die von Turban und Schupp gerügte einseitige Vertheilung des Grundeigenthums keinesfalls auf das Vorzugsrecht als ihre hauptsächliche oder gar einzige Ursache zurückzuführen. Viel eher könnte als solche die hier noch immer bestehende Gebundenheit der Bauernhöfe angesehen werden, wenn nicht die sehr milde Praxis der Verwaltungsbehörden diese namentlich in den letzten Jahrzehnten so gut wie illusorisch gemacht hätte.

Auch muß erwähnt werden, daß sich eine ähnlich einseitige Vertheilung des Grund und Bodens in lauter größere Bauerngüter auch in solchen Landstrichen vorfindet, in denen von jeher oder doch seit lange die freie Theilbarkeit des Grundeigenthums bestand und das Anerbenrecht nicht gilt. Das gilt namentlich von demjenigen Theil der Küstengegenden Schleswigs und Holsteins, Hannovers und Oldenburgs, der vom friesischen Volksstamme bewohnt wird, so namentlich von Ostfriesland. Wie es hier — nach der oben auf S. 221—223 gegebenen Darstellung — hauptsächlich die natürliche Beschaffenheit des Landes (Boden und Klima) war, die gleichsam naturnothwendig zur Ausbildung und Erhaltung größerer Bauerngüter hindrängte, so auch in einem Theil des badischen Schwarzwalds.

Endlich ist die erwähnte Einseitigkeit in der Vertheilung des Grundeigenthums durchaus nicht dem gesammten badischen Schwarzwalde oder auch nur dem Hofgüterbezirke desselben eigen, sondern nimmt nur einen Theil und zwar namentlich den rauheren Theil des letzteren ein. Außerhalb desselben findet sich — trotz des auch hier geltenden Anerbenrechts — sowohl eine mannigfache Abstufung der verschiedenen Gütergrößen, wie auch eine reiche sociale Gliederung der Bevölkerung.

Es möge genügen, an dieser Stelle auf einige der socialen Elemente hinzuweisen, welche im übrigen Schwarzwalde zu den Hofgutsbesitzern und ihrer Familie, zum Gesinde und zu den Tagelöhnern hinzutreten.

Vorher muß aber noch hervorgehoben werden, daß die Hofgüter selbst durchaus nicht überall eine gleich oder ähnlich große Ausdehnung haben, indem sich auch im badischen Schwarzwalde noch vielfach die alte Eintheilung der Güter in Bauern=, Halbbauern= und Söldner=Güter erhalten hat.

Neben den Hofgütern finden sich auf der einen Seite die größeren Grundbesitzungen des Staats (des Domänen= und Forstärars), des Fürstenhauses, der Kirche, der Gemeinden, der standesherrlichen Familien und des niederen Adels, und andrerseits schließt sich an dieselben eine nicht unerhebliche Zahl von sog. Gewerbe= und Tagelöhnergütern an.

Die sog. Gewerbegüter verdanken ihren Ursprung der in vielen Gegenden des Schwarzwaldes verbreiteten Industrie, sofern sie als Hausindustrie betrieben wird. Als solche kommt noch vielfach die Uhrmacherei mit den sich an dieselbe anschließenden Nebengewerben der Schildgehäuse= und Kistenmacher vor, so namentlich in ca. 100 Gemeinden der Aemter Tryberg, Villingen, Neustadt, Waldkirch und Freiburg, wogegen die Uhrenindustrie in den Aemtern Lenzkirch, St. Georgen, Neustadt und Villingen meist fabrikmäßig betrieben wird. Außer der Uhrmacherei findet sich als Hausindustrie in den Hofgüterbezirken, namentlich in Lenzkirch, Neustadt, Kirnach, Vöhrenbach, Furtwangen, Tryberg, Waldkirch u. a. O., noch die Korbflechterei, Holzschnitzerei, Spieluhrenfabrication, Draht= und Drahtstiftfabrication und sonstige Metallbearbeitung, die Anfertigung von Wieden für das Einbinden der Flöße oder von Reifen für die Kübler u. a. m. Die in diesen Industrien beschäftigten Arbeiter wohnen in gemietheten oder — dem Ideal jedes verheiratheten Arbeiters — eigenen Häuschen, zu denen meist auch ein Stück Land gehört. Dasselbe wird theils als Garten oder zum Kartoffelbau benutzt, theils dient es dazu, das nöthige Heu zu Ernährung einer Kuh oder einiger Ziegen hervorzubringen. Ein Bild der Lebenshaltung eines solchen kleinen Industriearbeiters hat uns neulich die verdienstvolle Arbeit Schnappers [89]) geliefert.

Außer den Gewerbegütern giebt es dann in den Hofgüterbezirken noch sog. Tagelöhnergütchen, deren Ertrag ebenfalls nicht hinreicht, um eine Familie vollständig zu ernähren, und die sich von den Bauergütern der verschiedenen Größen auch dadurch unterscheiden, daß sie keinen eigenen Namen führen. Ihren Nebenverdienst erwerben sich die Besitzer dieser Güter durch Arbeiten bei den Hofbauern oder bei den größeren Waldbesitzern. Diese Güter stammen zum Theil bereits aus alter Zeit oder sind erst in unserem Jahrhundert durch Absplitterung von den Hofgütern entstanden [90]).

Endlich gehören hierher auch die sog. Tod= oder Erbstände, deren Inhaber den Heuerlingen im Nordwesten und den Instleuten im Nordosten nicht un=

89) Schnapper, Beschreibung der Wirthschaft und Statistik der Wirthschaftsrechnungen der Familie eines Uhrschildmachers im badischen Schwarzwalde, in der tübinger Zeitschrift für die ges. Staatswissenschaft 1880 Bd. 36 S. 133 ff.

90) Vogelmann, Die Forstpolizeigesetzgebung S. 26.

ähnlich sind, nur daß ihr Verhältniß zu den Hofbauern von längerer Dauer und zwar gewöhnlich ein lebenslängliches oder sogar erbliches zu sein pflegt [91]).

Aus dieser Darstellung folgt, daß die Vortheilsgerechtigkeit selbst dort, wo sie mit der Gebundenheit der Güter verbunden ist, nicht nothwendig zu der oben geschilderten einseitigen Vertheilung des Grundeigenthums in lauter große Bauerngüter zu führen braucht, da ja beim Vorhandensein eines wirklichen Bedürfnisses nach einer Verkleinerung dieser Güter die Genehmigung dazu leicht ertheilt wird.

Mit dem eben erwähnten Vorwurf, welcher dem Anerbenrecht gemacht zu werden pflegt, hängt ein anderer eng zusammen. Derselbe besteht darin, daß die Erhaltung des mittleren Grundbesitzes um den Preis der Zurücksetzung der Geschwister des Anerben erfolge und daß diese leicht das Proletariat vermehren [92]).

Eine besonders scharfe Beleuchtung hat dieses Bedenken durch den landwirthschaftlichen Verein von Elbing erhalten in einer Petition, die derselbe am 6. März 1880 an den westpreußischen Provinziallandtag gerichtet hat. Diese Petition führt aus, daß in Westpreußen die Kinder des Bauern von ihrer Jugend bis in das spätere Alter durch schwere körperliche Arbeit auf dem väterlichen Grundstück mit dazu beitragen, den Werth desselben zu erhöhen. In Folge dieser ausschließlichen Beschäftigung im landwirthschaftlichen Betriebe des Vaters fehlt den Söhnen, welche nur die Dorfschule besucht haben, in der Regel die nothwendige Vorbildung, um nach dem Tode des Vaters ihr Fortkommen in anderen Erwerbszweigen zu ermöglichen. So seien sie denn darauf angewiesen, nach dem Tode des Vaters einen Theil seines Grundstücks zu übernehmen, auf dem sie sich bereits während seines Lebens abgemüht haben. Wollte man nun, sagt das Gutachten, in jenen Gegenden das Anerbenrecht einführen, so würde den Geschwistern des Anerben kein anderer Ausweg bleiben, als auszuwandern oder im Heimathort zu bleiben und Proletarier zu werden.

Wir meinen, daß es für die Geschwister des Anerben noch eine dritte Möglichkeit giebt, nämlich die, sich als landwirthschaftliche und häusliche Gehilfen beim Bruder oder bei einer dritten Person zu verdingen. Bei dem notorischen Arbeitermangel jener Gegenden dürfte es an Gelegenheit hierfür nicht fehlen. Auch ließe sich der Uebergang zu anderen Gewerben durch eine bessere Schulbildung erleichtern.

Was speziell die erstere Eventualität, — das Verbleiben im Hause des Bruders und seiner Frau als ihre Gehilfen auf dem Felde, im Viehstall oder in der Küche betrifft, — so können wir die vielfach verbreitete Abscheu gegen ein solches Verhältniß durchaus nicht theilen. Ja für den Bauernstand ist es gradezu wünschenswerth, daß die Brüder, namentlich aber die Schwestern des Anerben eine zeitlang, nämlich bis zu erlangter Volljährigkeit, auf dem elter-

---

91) Das Nähere über diesen Gegenstand findet sich in der ersten Abtheilung dieser Arbeit auf S. 96 angegeben.

92) Abg. Hänel in der Sitzung des preußischen Abgeordnetenhauses vom 26. November 1879. Sten. Ber. S. 268. F. Wisser, Ueber Lage und Verhältnisse des ländlichen Grundbesitzes u. s. w., Gotha 1883, S. 34, 35. Die wohlwollende Besprechung meines im J. 1883 im pr. Landes-Oekonomie-Collegium erstatteten Referats in der Weser-Zeitung vom 18. Juli 1883.

lichen Hofe bleiben und dem Vater oder Bruder helfen. Man muß bei Beurtheilung dieses Verhältnisses sich jener sentimentalen Anwandelungen entschlagen, die bei vorzugsweise von städtischen Vorstellungen beherrschten Politikern häufig anzutreffen sind. Seinem Vater und seinem Bruder untergeben sein, ist in Kreisen, in denen man nicht empfindsam zu sein pflegt, durchaus nicht demüthigender als sich einem fremden Lehr- oder Brodherrn oder gar dem Unteroffizier unterzuordnen. Und dieses Verhältniß, so hart und rauh es auch bisweilen erscheinen mag, birgt für die Geschwister des Bauern einen sittlichen Gehalt in sich, dessen ganze Bedeutung uns erst dann völlig zum Bewußtsein kommt, wenn wir an die einzelnen, aus der Bauernfamilie zu früh losgelösten und in die Stadt verschlagenen Glieder und die ihnen inmitten einer fremden Umgebung drohenden Gefahren denken.

Vollends die in der Elbinger Petition erwähnte Gefahr, daß die Geschwister des Anerben am Orte bleiben und hier zu Proletariern herabsinken, scheint überaus gering zu sein in einer Zeit, in der der Selbständigkeitstrieb die Angehörigen des Hofbauern — wie u. A. aus dem badischen Schwarzwalde berichtet wird[93]) — bereits früh in die weite Welt treibt, so daß Tagelöhner und Dienstboten in jenen Gegenden entweder gar nicht oder nur um hohen Lohn zu haben sind. Und was über den starken Wandertrieb der schwarzwälder Bauernsöhne, die nicht durch eigenen Grundbesitz in der Heimath zurückgehalten werden, berichtet wird, findet auch seine Bestätigung für andere Theile Deutschlands.

Und wenn dann andrerseits die centrifugale Wirkung des Anerbenrechts zwar zugestanden, aber zugleich mit Hinweis auf die Verhältnisse der Lippeschen Fürstenthümer getadelt wird[94]), so erlauben wir uns, gegenüber diesem Tadel die Frage aufzuwerfen, ob denn die Lage der jüngeren Söhne der lippischen Bauern, welche als Tagelöhner, Fabrikarbeiter, namentlich aber als Ziegler und Maurer ganz Norddeutschland durchstreifen, um im Herbst zum Theil mit reichlichem Verdienst in die Heimath zurückzukehren, nicht eine günstigere ist, als die jener Schollenkleber, die in Ländern mit unbegrenzter Theilung des Grund und Bodens, auf eigenem Zwerggut sitzend, sich zu immer größeren Entbehrungen genöthigt sehen.

Mit Rücksicht auf den badischen Schwarzwald ist auf diesen Unterschied namentlich von Vogelmann[95]) aufmerksam gemacht worden. Derselbe weist darauf hin, daß bei der gegenwärtigen Hofverfassung des Schwarzwaldes die überschüssige ländliche Bevölkerung sich entweder der Hausindustrie zuwendet oder den Schwarzwald für immer oder zeitweise verläßt, um sich anderwärts durch Fleiß und Intelligenz Vermögen zu erwerben. Würde die Theilung der Hofgüter aber erst in Gang kommen, so ginge kein Schwarzwälder mehr aus seinen Bergen hinaus, und wo gegenwärtig stattliche Bauernhöfe inmitten hoher Wälder und üppiger Wiesen stehen, da würden dann von Kartoffelfeldern umgebene Kleingütlerhäuser zu sehen sein, deren Inhaber sich hinsichtlich ihrer Lebens-

93) Vogelmann, Forstpolizeigesetzgebung S. 86. Engelhorn, Gutachten über die Theilbarkeit der seither geschlossenen Hofgüter des Schwarzwalds und Aufhebung des sog. Vortheilsrechts, in der Zeitschrift für badische Verwaltung und Verwaltungsrechtspflege 1869 S. 67 ff., 80 ff.

94) Walbeck, Ueber das bäuerliche Erbfolgegesetz in der Provinz Westphalen, Arnsberg 1841, S. 13.

95) Vogelmann, Forstpolizeigesetzgebung S. 86.

haltung weder mit den jetzigen Hofbauern noch auch mit deren Gesinde messen könnten.

Freilich ist das Vorhandensein günstiger Erwerbsgelegenheiten eine nothwendige Voraussetzung für diesen günstigen Zustand.

Wie die Vererbung der Lehn-, Stamm- und Fideicommißgüter an eins der Kinder in früheren Jahrhunderten nur dann zu günstigen Resultaten führte, wenn die übrigen Kinder in der Kirche, im Militär, im Hof- und Staatsdienst ein Unterkommen fanden; wie die Succession der ältesten Söhne in die englischen Entails auch noch heutigen Tags ihre wesentliche Voraussetzung in dem Uebergang der Geschwister des Entailerben in die Handel und Gewerbe treibenden Classen sowie in dem Abfluß derselben in die Colonien hat und wie endlich die starke Absorption der jüngeren Söhne des preußischen Adels durch die Armee die Erhaltung der nicht durch Fideicommisse an bestimmte Familien geknüpften Güter in der Familie erleichtert, so wird auch in Zukunft, je weiter das Anerbenrecht in seiner Anwendung auf den land- und forstwirthschaftlichen Grundbesitz ausgedehnt wird, um so mehr die Schaffung neuer Erwerbsgelegenheiten für die Geschwister des Anerben ins Auge zu fassen sein. Somit führt auch unser Gegenstand zur Forderung möglichster Entwickelung der nationalen Volkswirthschaft sowie zur Förderung der Ableitung ihrer überschüssigen Kräfte nach zu erwerbenden Colonien[96]).

In keinem Fall aber darf man sich der Illusion hingeben, als ob mit Beibehaltung des Anerbenrechts zugleich auch die Zustände unverändert bleiben werden, die sich früher an dasselbe knüpften. Wenn daher auch heute noch die Bauern in ihren Söhnen vielfach nur ihrer Wirthschaft dienstbare Arbeitskräfte erblicken, die ihnen um so sicherer erhalten bleiben, je weniger sie zu anderen Beschäftigungen und überhaupt zum Fortkommen außerhalb des elterlichen Hauses tauglich sind, so müssen der Staat und die Gemeinde sich auf einen höheren Standpunkt stellen und dafür sorgen, daß die zum Fortziehen jeder Zeit Berechtigten auch in den Besitz der nöthigen Kenntnisse und Fertigkeiten gelangen, die ihnen das Fortkommen außerhalb des elterlichen Hauses und der Heimathgemeinde ermöglichen.

Daß die obigen Postulate übrigens zum Theil schon gegenwärtig realisirt sind, zeigt das Beispiel des Regierungsbezirks Gumbinnen, wo die Verhältnisse des Bodens, des Klimas und der Volkswirthschaft doch nicht günstiger sind als die Westpreußens. Wir stellen daher die nachfolgende, auf den Regierungsbezirk Gumbinnen bezügliche Schilderung der in der Petition der westpreußischen Landwirthe enthaltenen gegenüber. Sie mag zugleich zur Widerlegung der dort geäußerten Bedenken dienen. Im Regierungsbezirk Gumbinnen, so wird uns berichtet, bleibt ein Theil der Geschwister des das elterliche Gut übernehmenden

96) Denselben Gedanken hat bereits J. G. Schlosser in einer Note (68) zu Aristoteles, Politik und Fragment der Oekonomik, Lübeck und Leipzig 1798, erste Abtheilung, ausgesprochen: „Es ist in vielen Orten Deutschlands eingeführt, sagt er, daß nur ein Kind, bald das jüngste, bald das älteste, die Liegenschaften erbe und die anderen nach billiger Schätzung abfinde. In Ackerbaustaaten sollte es nicht anders sein, nur sollte da gesorgt werden, daß die Höfe nicht zu groß werden und daß durch Begünstigung der Städte die anderen Kinder Nahrungsmittel finden.“

Bauern und unter ihnen namentlich die Schwestern, sofern sie nicht heirathen, in der Regel noch längere Zeit im Elternhause und arbeitet mit in der Wirthschaft, während von den übrigen Geschwistern ein Theil in fremde Dienste geht. Dieselben gelten auf dem Lande und in den Städten, wie bereits erwähnt, als die besten, zuverlässigsten Dienstboten. Ein anderer Theil der Geschwister des Gutsübernehmers dient beim Militär als Unteroffizier weiter, später werden sie Subalternbeamte oder Handwerker. Auch sind aus den wirklich wohlhabenden Bauernkreisen die Beispiele nicht mehr selten, daß einzelne Söhne das Gymnasium absolviren und studiren. Ueberhaupt führt der Bauernstand den übrigen Ständen fortwährend Arbeitskräfte zu, indem er sie zugleich ergänzt und verjüngt [97]). Das was hier durch die bäuerliche Sitte bewirkt wird, das würde durch Einführung des Anerbenrechts keine wesentliche Veränderung erleiden.

Und über ähnlich günstige Resultate, welche der ungetheilte Uebergang des Bauerngutes von einer Generation auf die andere aufweist, wird aus dem Königreich Sachsen [98]) berichtet. Hier nöthigt nicht das Anerbenrecht, wohl aber die Geschlossenheit des Grundeigenthums nicht nur die Geschwister des Gutsübernehmers, sondern bisweilen auch sämmtliche Kinder des Erblassers (wenn nämlich das erforderliche Capital zur Uebernahme des väterlichen Guts bei keinem derselben vorhanden ist) zum Verlassen des väterlichen Grundstücks, ohne daß doch die Ausbildung eines ländlichen Proletariats die Folge davon wäre. Dieselben wenden sich vielmehr anderen Berufen zu oder heirathen auf andere Güter, deren Besitzer keine männlichen Nachkommen haben. So bleibt denn die Agrarverfassung und Grundbesitzvertheilung trotz der dichten Bevölkerung dieses Industrielandes eine gesunde.

Wie sich die Verhältnisse der Geschwister des Anerben — unter im allgemeinen sehr günstigen Bedingungen des Wohlstands und der Sittlichkeit — im Einzelnen gestalten, darüber giebt uns endlich eine in 2 Dorfgemeinden des östlichen Kreises des Herzogthums Altenburg [99]) im J. 1843 veranstaltete Enquête Aufschluß, wobei hervorgehoben zu werden verdient, daß die beiden Dörfer für die Gestaltung der bäuerlichen Verhältnisse im ganzen Kreise typisch gewesen sein sollen. Das Resultat der Enquête war, in wenige Worte zusammengefaßt, folgendes: Was zunächst die Bauernsöhne betrifft, die nicht in den Besitz des väterlichen Hofs gekommen waren, so hatten die meisten davon in fremde Höfe geheirathet, einige waren unverheirathet bei ihren Geschwistern geblieben, wieder andere hatten Häuser in benachbarten Städten gekauft und trieben daselbst eine bürgerliche Nahrung. Den älteren Söhnen wurde das Auffinden eines erwünschten Unterkommens dadurch erleichtert, daß Vater und Mutter zu dieser Zeit in der Regel noch lebten und gern mit einem größeren Beitrage als dem wirklichen Erbtheil aushalfen. Dieses Plus wurde dann gewöhnlich aus dem Selbsterworbenen zurückbezahlt. Starben die Eltern früher, so erhielten die älteren Geschwister freilich keine solche Unterstützung, dafür wurde ihnen aber ihr Erbtheil sofort ausgezahlt. Die weiblichen Geschwister hatten

---

97) Stöckel in Bäuerliche Zustände Bd. 2 S. 328.

98) v. Langsdorff in Bäuerliche Zustände Bd. 2 S. 220. Oemler das. S. 243.

99) W. Hager, Beiträge zum Protokoll der siebenten Versammlung deutscher Land- und Forstwirthe von 1843 S. 276.

meist bis zum 30. Jahre geheirathet. Die nach Antritt des Hofs durch den Jüngstgeborenen bei diesem verbliebenen oder zu demselben später zurückgekehrten Geschwister männlichen und weiblichen Geschlechts deckten mit den Zinsen ihres Erbantheils ihre Geldausgaben und verdienten sich den Unterhalt durch Hilfsleistungen in der Wirthschaft. Zu diesem Zweck übernahmen sie in jüngeren Jahren in der Regel die Arbeit von Knechten und Mägden, in höherem Alter dagegen versahen sie die Stelle eines Verwalters oder Aufsehers resp. einer Wirthschafterin oder führten die Aufsicht über die Kinder. Nebenbei verrichteten sie wohl auch leichtere Arbeiten im Garten und im Hofe. Fielen ihnen auch diese Arbeiten zu schwer, so sorgte der Besitzer in der Regel für gute Pflege. Ueberhaupt werden die Geschwister fast ohne Ausnahme rücksichtsvoll behandelt. In Folge seiner Wohlhabenheit befand sich der Kürerbe in der Lage, ihnen Logis und Speise zu geben und den Schwestern später auch bei einer etwaigen Verheirathung zu helfen. Im Uebrigen erhielten diese ihre Antheile von ihren Eltern, welche sich bei Uebergabe des Guts zu diesem Zweck eine bestimmte Summe auszubedingen pflegten. Diese blieb gewöhnlich auf dem Gut radicirt und wurde erst ausbezahlt, wenn die betreffende Schwester heirathete oder der Bruder selbständig wurde. Blieben die Geschwister dagegen bis zu ihrem Tode im Hause des Bruders, so pflegten sie ihm in der Regel ihr im Gute stehendes Vermögen zu vermachen.

Ob diese den vierziger Jahren angehörende Schilderung auch noch heute für Altenburg zutrifft, vermögen wir nicht anzugeben. Sicher aber ist, daß sich noch in einem großen Theil unseres Bauernstandes ähnliche Verhältnisse erhalten haben. Es ist das bei Gelegenheit der Berathung über die neueren Höfegesetze und Landgüterordnungen von verschiedenen Seiten bestätigt worden. Ja wir können, — wenn wir die wenigen Gegenden, in denen sich nur große Bauerngüter vorfanden, wie z. B. einige Theile des Schwarzwalds, Ostfrieslands u. s. w. ausnehmen — geradezu behaupten, daß die Länder, in denen sich ein gesunder größerer und mittlerer Bauernstand mit mannigfach abgestuften Gütergrößen befindet, zugleich die befriedigendsten socialen Verhältnisse aufweisen, und daß namentlich der ländliche Arbeiterstand sich nirgends in so günstiger Lage befindet wie grade hier. Den Beweis für diese Behauptung haben wir in der ersten Abtheilung unserer Arbeit auf S. 93—98 zu führen versucht.

Neuerdings ist im Anschluß an den oben dem Anerbenrecht gemachten Vorwurf noch darauf aufmerksam gemacht worden, daß das Anerbenrecht eine erhebliche Stärkung der Socialdemokratie zur Folge haben werde. So sagt der in letzter Zeit häufig genannte Publicist des Eisenacher Bauernvereins, F. Wisser[100]): „Die wichtigste Seite dieser Erbrechtsfrage (d. h. der Frage des Anerbenrechts) für die organische Fortentwickelung unserer wirthschaftlichen und staatlichen Verhältnisse bleibt jedoch immer die sociale; die breiten Schichten der durch die Uebermasse des bäuerlichen Besitzes nach Einführung des Anerbenrechts abzustoßenden Massen werden unbedingt dem Proletariat in sehr beschleunigter Weise zugedrängt, und die Vereinigung solcher durch die Enterbung verbitterter Menschen an den Arbeitscentren muß sich bald als eine drohende

100) F. Wisser, Ueber Lage und Verhältnisse des ländlichen Grundbesitzes, Gotha 1883, S. 34, 35.

Belastung für die gesunde Entwickelung der staatlichen Verhältnisse herausstellen. Diese in ihrem Rechtsbewußtsein gekränkten Volksschichten würden einen empfänglichen Boden bilden zur Aufnahme der Saaten, die durch Socialdemokraten und Nihilisten rege genug ausgestreut werden; die Bitterkeit des durch staatliche Einrichtungen gekränkten Rechtsbewußtseins des vom väterlichen Erbe verdrängten Menschen verleiht jenen socialistischen Bestrebungen nicht allein größeren Umfang und größere Kraft, sondern auch das bis jetzt fehlende, sittliche Moment."

Diese ganze Argumentation besteht aus einer Reihe von Sätzen, von denen jeder einzelne bestreitbar ist.

So ist überhaupt von einer Enterbung der Geschwister des Anerben im modernen Anerbenrecht nicht die Rede, sondern allenfalls nur von kleineren Erbtheilen im Vergleich zu denjenigen, die sie erhalten würden, wenn man das hinterlassene Gut zum höchsten Verkaufswerth schätzen wollte. Sodann ist nicht abzusehen, weshalb die Verbitterung der Miterben größer sein soll, wenn die Verringerung ihrer Erbportionen durch das Gesetz (wie die Vertreter des Anerbenrechts wollen), als wenn sie durch die Umgehung des Gesetzes (wie gegenwärtig meist geschieht) erfolgt. Denn den letzteren Weg will ja auch Wisser dem Bauernstande nicht verlegen, indem er im Hinblick auf die „Experimente auf dem Gebiete des Erbrechts" sagt: „Man lasse auch in der Zukunft die Verhältnisse dieses Besitzes sich regeln nach den Bedürfnissen jedes Landes, Gaues oder Dorfes." Zu diesen „localen Verhältnissen" gehören aber auch die Gutsübertragungsverträge sowie die anderen gegen das bestehende Intestaterbrecht gerichteten Hilfsmittel, durch welche der Gutsübernehmer vor seinen Geschwistern begünstigt wird. Es dürfte vielmehr das Gegentheil richtig sein. Denn wird das Intestaterbrecht geändert, dann braucht der Einzelne, dem dasselbe nach dem Sinn ist, keinen Gutsübertragungsvertrag einzugehen, kein Testament zu errichten, und es dürfte viel weniger verletzend und kränkend für die Geschwister des Anerben sein, wenn der Vater es bei dem Intestaterbrecht läßt, als wenn er durch seine Disposition in das Recht der Familie eingreift. Was endlich die Behauptung, daß das Anerbenrecht ein Proletariat erzeugen werde, anlangt, so haben wir bereits an mehreren Beispielen gezeigt, daß weder das Anerbenrecht noch die demselben hinsichtlich der Zurücksetzung der Geschwister des Gutsübernehmers gleichwerthigen individuellen Dispositionen diesen Einfluß gehabt haben, ja daß in denjenigen Theilen des Deutschen Reiches, in denen sich ein zahlreicher und kräftiger Bauernstand mit Hilfe des Anerbenrechts erhalten hat, sich zugleich die gesundesten socialen Verhältnisse vorfinden.

Wir wollen dem oben Gesagten nur noch hinzufügen, daß die Erhaltung unseres Bauernstandes zugleich die Erhaltung mehrerer Millionen mit der bestehenden Wirthschaftsordnung aufs Engste verknüpfter Familien bedeutet, deren gesunder und kräftiger Geist sich nicht nur auf die Anerben, sondern auch auf ihre Geschwister überträgt und in diesen einen starken Wall gegen die Verführungen der Socialdemokratie und den Anarchismus bildet. Eine Statistik der Provenienz unserer Sozialdemokraten und Anarchisten dürfte ergeben, daß nur ein verschwindender Theil der Anhänger dieser Parteien auf unseren größeren und mittleren Bauernhöfen aufgewachsen ist.

Ein weiterer gegen das Anerbenrecht gerichteter Angriff wird vom Standpunkt und im Namen der Gerechtigkeit geführt[101]). Diese verlange nämlich, so wird gesagt, daß die in gleichem Grade mit dem Erblasser verwandten Personen auch gleiche Antheile an seinem Nachlaß erhalten. Die Antheile werden dann wieder entweder als gleiche Portionen an dem Geldwerth des Nachlasses oder an den einzelnen Nachlaßgegenständen in specie gedacht; so daß beispielsweise nach der ersten Auffassung der Gerechtigkeit bereits genügt wäre, wenn der Verkehrswerth eines nachgelassenen Landguts unter sämmtliche Kinder zu gleichen Theilen vertheilt würde, während nach der zweiten Auffassung jeder Erbe einen gleichwerthigen Antheil an dem Gut selbst zu erhalten hätte. Durch Bevorzugung eines der Erben vor allen anderen verletze das Anerbenrecht das Gleichheitsprincip und widerspreche somit der Gerechtigkeit.

Indem wir uns jetzt zu einer Prüfung dieses dem Anerbenrecht gemachten Vorwurfs wenden, haben wir zunächst daran zu erinnern, daß alles Privatrecht eine doppelte Grundlage hat. Die eine gehört dem sittlichen Leben an und äußert sich, wenn auch nicht ausschließlich, so doch vorwiegend auf dem Gebiet des Personen- und Familienrechts. Die andere dagegen gehört dem wirthschaftlichen Leben an und tritt namentlich im Sachen- und Obligationenrecht zu Tage. Im Erbrecht laufen die Fäden von beiden Gebieten zusammen, so zwar, daß je nach der verschiedenen Gestaltung dieses Rechtsgebiets bald die Forderungen des sittlichen, bald die des wirthschaftlichen Lebens größere Berücksichtigung gefunden haben. Während das römische und das demselben nachgebildete Erbrecht die aus der abstracten Natur des Menschen sowie aus der blutsgemeinschaftlichen Verbindung desselben abgeleiteten Forderungen ohne Rücksicht auf die verschiedene wirthschaftliche Natur der Güterwelt zur Geltung bringt, ist das mittelalterliche Erbrecht der Ausdruck der bestehenden ständischen Gesellschaft und Naturalwirthschaft und wird von demselben auf die aus der sittlichen Natur des Menschen für das Recht abzuleitenden Forderungen weniger Rücksicht genommen.

Das ist nun ebenso sehr eine Einseitigkeit, wie wenn das gemeine Erbrecht den wirthschaftlichen Bedürfnissen der verschiedenen Güterarten und socialen Classen gar keine Rechnung trägt.

Wenn wir es als einen Mangel des gemeinen Rechts bezeichnen müssen, daß dasselbe auf das wirthschaftliche Moment nicht genügend Rücksicht nimmt, so soll damit nicht zugleich gesagt sein, daß dieses gleiche Recht nicht doch verschiedenen Güterarten und Personenclassen in sehr ungleicher Weise zu Gute kommt. Dasselbe wird vielmehr, — ohne daß dies der Intention des Gesetzgebers nach beabsichtigt worden wäre, — den Interessen des beweglichen Capitals und der auf dem Besitz desselben ruhenden Classen ungleich mehr gerecht, als den Bedürfnissen der auf der Basis des unbeweglichen Vermögens ruhenden Classen. Diese letzteren haben sich bisher vielfach durch singuläre Rechtsbildungen zu helfen gesucht, welche im öffentlichen Agrarrecht ihren festen Kern haben und von hier auch in das Gebiet des privaten Sachen- und Erbrechts hinübergreifen.

Uns scheint nun, daß diejenigen Gesichtspunkte, welche bisher ihre Geltung

---

101) Hierher gehören namentlich die Vertreter des französischen Rechts. Aber auch v. Beaulieu-Marconnay, Das bäuerliche Grunderbrecht S. 30 f., und andere auf gemeinrechtlichem Standpunkte stehende Juristen.

im Erbrechte nur auf Umwegen und ausnahmsweise durchzusetzen wußten, in Zukunft bei Feststellung des Erbrechts stärkere Berücksichtigung verdienen, sei es auch auf die Gefahr hin, daß das Recht sich dadurch weniger einheitlich als bisher gestalten sollte.

Diese Gesichtspunkte gehören namentlich den Gebieten des wirthschaftlichen Lebens an. Eine gesunde Wirthschaftspolitik verlangt gebieterisch, daß dort, wo die Vertheilung des ländlichen Grundeigenthums eine im Ganzen gesunde ist, wie gegenwärtig im Deutschen Reiche, dieselbe auch in Zukunft möglichst unverändert erhalten werde. Das gemeine Erbrecht bewirkt aber, wie wir in der ersten Abtheilung dieser Arbeit zu zeigen suchten, auf die Dauer regelmäßig eine Ausartung dieser gesunden Vertheilung. Dagegen übt das Anerbenrecht, welches das zum Nachlaß gehörige Landgut ungetheilt auf eins der Kinder zu einem mäßigen Anschlage überträgt, seinen Einfluß im Sinn der Erhaltung der bestehenden Grundeigenthumsvertheilung aus.

Das Anerbenrecht dient aber nicht nur der Erhaltung der vorhandenen Güter überhaupt, sondern auch der Erhaltung derselben in denjenigen Familien, denen sie angehören.

Wenn der Nutzen des Fortbestehens der vorhandenen Bauerngüter und damit auch des Bauernstandes in seiner Gesammtheit als erwiesen und allgemein anerkannt angesehen werden kann, so dürfte das Gleiche nicht ohne Weiteres auch für die Erhaltung dieser Güter in derselben Familie gelten. Hier könnte gesagt werden, und es ist häufig gesagt worden, daß es für die Gesammtheit gleichgiltig sei, ob das Bauerngut der einen oder anderen Familie angehöre. Das ist indeß nicht richtig. Vielmehr liegt die Gefahr sehr nahe, daß wenn die Bauernfamilie von ihrem Gut getrennt wird, sie auch aufhört, eine bäuerliche, und das Gut, ein Bauerngut zu sein, indem die frühere Bauernfamilie in die Stadt zieht und das von ihr veräußerte Gut entweder in Zwerggüter zerlegt oder mit größerem Besitz vereinigt wird. Denn das, was ein Bauerngut als solches erhält, ist nicht zum geringsten Theil der an demselben zäh festhaltende Sinn der Bauernfamilie. In der von dieser ausgehenden Werthschätzung des ererbten, durch unablässige Arbeit und unermüdliche Sorge erhaltenen und verbesserten Guts ist in einer Zeit, in der die Gesetzgebung einen directen Schutz der Bauerngüter nicht kennt, der einzige oder doch wesentliche Schutz der Bauerngüter und des Bauernstands zu suchen. Denn nur die Liebe zur Scholle läßt den Besitzer die vielen Mühen, ja die Noth und Plage ertragen, die namentlich in einer kritischen Zeit, wie die gegenwärtige es ist, keinem Landwirth erspart bleiben.

Mit dem Familienbesitz sind aber auch — wie wir bereits oben bei Besprechung des Familienfideicommisses ausgeführt haben — noch andere Momente verknüpft, die denselben für die Gesammtheit besonders werthvoll erscheinen lassen. Nur wenn der Besitzer eines Guts mit Sicherheit darauf rechnen kann, daß dasselbe auf seine Kinder kommen werde, wird er sich zu solchen Culturen (Waldwirthschaft mit langen Betriebsperioden) und Bodenmeliorationen (weit aussehende Bodenverbesserungen, wie Ent- und Bewässerungen) verstehen, die viel Capital verlangen und erst nach längerer Zeit einen Ertrag geben bez. sich bezahlt machen. Bei solchen Besitzern verbindet sich dann das Interesse an der Gegenwart mit dem an der Vergangenheit und Zukunft zu einer untrennbaren Einheit, so daß von denselben mehr auf die Erhöhung des dauernden Ertragswerths, als des augenblicklichen Verkaufswerths des Guts gesehen wird. Es sind mit einem Worte dem Egoismus eines solchen Besitzers gemeinnützige Elemente beigemischt, die für das Volkswohl von der größten Bedeutung sind. Wo dagegen dieser Familiensinn nicht vorhanden ist, da nimmt der Egoismus eine ausschließlich auf die Befriedigung augenblicklicher, rein individueller Bedürfnisse abzielende Richtung. Unter solchen Umständen wird das Gut leicht zu einer reinen Handelswaare, die dem Eigenthümer jeden Augenblick feil ist.

Als Beleg für das Gesagte dient ein großer Theil der westphälischen Bauerngüter, deren Eichenholzungen wie eine Art Fideicommiß behandelt und auf die Erben übertragen werden. Wo der Familiensinn der Bauern dagegen zu schwinden beginnt, da werden diese Holzungen herunter gehauen, und es verliert der Bauer damit nicht nur einen Theil seines Reservefonds, der ihn in Zeiten der Noth vor dem Untergang schützen kann, es verliert auch die Landschaft ihren charakteristischen Reiz und es werden die Anforderungen, welche die Gesammtheit aus klimatischen Gründen an die Erhaltung der Wälder und Holzungen stellt, nicht erfüllt. Die Folge ist dann, daß der Staat entweder durch Zwangsgesetze eingreifen oder auf seinem eigenen Besitz Waldculturen herstellen muß, zu deren Erhaltung sich der Privatbesitz als untauglich erweist. Auch von den Wäldern auf den Schwarzwälder Hofgütern wird berichtet, daß sie ihren Schutz finden in dem Stolz der Familien auf ihren alten Stammsitz und speziell in ihrer Vorliebe für den Waldbesitz[102]). Dadurch ist aber nicht ausgeschlossen, daß nicht auch gelegentlich in den Wäldern der Hofbauern die für jene Gegenden besonders verderblichen Kahlschläge vorkommen. Doch erfolgen sie meist nicht um des Gewinnes wegen, sondern aus Noth, wenn der Bauer sich nicht anders zu helfen weiß. In solchem Fall leistet ihm der Wald den Dienst einer Sparkasse, die er in guten Zeiten füllt und nur in schlechten Zeiten angreift.

Als weiterer Beleg für die Bedeutung des Familienbesitzes können auch die Marschgüter des nordwestlichen Deutschlands angeführt werden[103]). In den alten Fettweiden derselben steckt ein großes Capital, das der nur sein augenblickliches Interesse im Auge habende Besitzer durch Umwandlung des Graslandes in Acker und raubbauartige Entnahme mehrerer reicher Ernten leicht aus dem Boden ziehen wird. Dafür müssen aber dann seine Nachfolger im Besitz büßen; denn wenn der durch den Anbau erschöpfte Boden wieder zu Gras gelegt wird, erlangt er erst nach vielen Jahren die Qualität vorzüglicher Fettweide wieder. Dagegen wird derjenige Eigenthümer, welcher in seinem Gut einen Familienbesitz sieht, die Fettweiden nicht aufbrechen, sondern dieselben durch die Graslegung von Ackerländereien noch gern vermehren, um auf diese Weise für seine Erben ein Bodencapital nach der Zinseszinsrechnung anzuhäufen.

Endlich legen sowohl die vom Verein für Socialpolitik veranlaßten Publicationen über die bäuerlichen Zustände Deutschlands als auch die von dem preußischen Minister für Landwirthschaft veranstaltete Enquête über die bäuerlichen Verhältnisse Preußens fast auf jeder Seite Zeugniß dafür ab, daß diejenigen bäuerlichen Grundeigenthümer, welche ihre Höfe ererbt und zwar nament-

---

102) Vogelmann, Forstpolizeigesetzgebung S. 85.

103) Hanssen, Agrarhistorische Abhandlungen, Leipzig 1880, S. 250, 251.

lich nach Anerbenrecht ererbt, oder doch durch günstige Uebertragungsverträge überkommen haben, die Krisis der letzten Jahre viel leichter zu überstehen vermochten, als diejenigen Grundeigenthümer, die ihren Besitz im Wege des Kaufs zu hohen Preisen erworben haben.

Und hiermit hängt aufs Engste ein weiterer Vorzug der sich in der Familie ungetheilt nach Anerbenrecht oder einer demselben verwandten Sitte vererbenden Güter zusammen: Gegenden, in denen solche Güter prävaliren, weisen im Durchschnitt bessere Wohlstandsverhältnisse auf, als solche mit sehr zersplittertem oder sehr ausgedehntem Grundeigenthum.

Zum Beweise für das Gesagte verweisen wir auf unsere in der ersten Abtheilung dieser Arbeit S. 19 ff. enthaltenen Ausführungen und ergänzen dieselben noch durch die in der zweiten hessen-darmstädtischen Kammer anläßlich der Berathung des Gesetzes über die landwirthschaftlichen Erbgüter im Jahre 1858 geführten Verhandlungen[104]).

Hier berichtete der Gießener Professor W. Stahl auf Grund von Untersuchungen, die er auf einer im Auftrage der Regierung unternommenen Reise in dem hessischen Theil des Odenwaldes angestellt hatte, daß der Wohlstand der dortigen Bauern seit Aufhebung der ungetheilten Vererbung ihrer Güter erhebliche Rückschritte gemacht habe. Gemeinden, welche bis 1820 zu den wohlhabendsten gehörten, waren in unmittelbarer Folge der Gütertheilung im Erbwege verarmt, während umgekehrt andere Gemeinden, unter ganz gleichen klimatischen und Bodenverhältnissen, bei geschlossener Vererbung ihrer Güter sich zugleich Wohlstand und Sittlichkeit erhalten hatten. Ergänzt und bestätigt wurde dieses Urtheil durch eine Schilderung, welche der Advocat Süß von den Gemeinden zweier Thäler entwarf, wovon sich in dem einem, dem Schlierbacher Thal, die Güter geschlossen vererbt hatten, während in dem anderen, dem Weschnitzer Thal, die Güter durch Geschäfte unter Lebenden und auf den Todesfall zur Vertheilung gelangt waren: das Schlierbacher Thal hatte keine Zwangsverkäufe aufzuweisen, die Bauerngüter waren daselbst unverschuldet, neben den Bauern fanden sich Taglöhner und Handwerksleute, überall herrschte Einfachheit, aber zugleich eine gewisse Behäbigkeit, im Weschnitzer Thal dagegen fanden sich trotz des großen Fleißes der Bevölkerung viele Zwangsverkäufe und viele Arme. Eine zweite Parallele dieser Art zog der Hofgerichtsadvocat Reatz aus Darmstadt zwischen einer in der Nähe der Residenz in einer der besten Gegenden liegenden Gemeinde, in der zufolge Theilung des Gemeindeeigenthums und Zerreißung der Bauernhöfe viele Häuser leer standen, während in dem Orte Kleinrohrheim, wo sich seit 600 Jahren 11 Bauernhöfe erhalten hatten, ein außerordentlicher Wohlstand herrschte. Diesen Angaben fügte der Staatsanwalt Zentgraf aus Gießen noch hinzu, daß in den hessischen Bezirken mit geschlossenen Gütern strenge Rechtlichkeit, geringe Schuldenlast u. s. w. herrschen, während die Gegenden mit freier Theilbarkeit und weit getriebener Theilung des Grundbesitzes sich durch zahlreiche Processe, Criminaluntersuchungen u. s. w. auszeichnen. Und ähnlich berichtete auch der Landrichter Klingelhofer aus Biedenkopf von seinem früheren Amtskreise Alsfeld, daß er dort bei geschlossenen

104) Stenographischer Bericht über die Verhandluugen der zweiten hessen-darmstädtischen Kammer, betreffend die landwirthschaftlichen Erbgüter, vom 2. bis 4. März 1858.

Gütern Wohlstand und einen tüchtigen Bauernstand gefunden habe, während wo die Bauerngüter getheilt worden wären, die Bauern größtentheils — mit nur wenigen Ausnahmen — arm seien.

Die für Hessen gezogene Parallele ließe sich durch zahlreiche andere ergänzen und bestätigen. Es möge jedoch genügen, dem hessischen Beispiel wenigstens ein anderes aus Thüringen hinzuzufügen.

So wird neuerdings aus dem Eisenacher Oberlande berichtet[105]), daß in denjenigen Ortschaften, in welchen sich der Erbgang in Folge althergebrachter Gewohnheit und Sitte, abweichend vom gemeinen Recht, vollzieht, die Wohlhabenheit eine größere und die wirthschaftliche Lage der Bauern eine bessere und gesundere ist als in denjenigen Ortschaften, in welchen die Vertheilung des Grundbesitzes gleichmäßig unter sämmtliche Kinder erfolgt.

Wenn nicht alle über unseren Gegenstand vorliegenden Mittheilungen mit diesem Resultate übereinstimmen, so ist der Grund dafür darin zu suchen, daß man Zustände, die keinen Vergleich unter einander zulassen, dennoch mit einander verglichen hat. Denn um die nach Anerbenrecht vererbten und deshalb größeren geschlossenen Güter mit dem unter dem gemeinen Erbrecht stehenden zerstückelten und zersplitterten Besitz bezüglich der Wirkungen des Erbrechts unter einander vergleichen zu können, dürfen die zu vergleichenden Güter nur in diesem einen Punkt von einander abweichen und müssen in allen übrigen Beziehungen (Höhenlage, Klima, Bodenbeschaffenheit, Entfernung vom Markt u. s. w.) dagegen gleich oder ähnlich sein. Das ist nun aber keineswegs immer der Fall. Wenn z. B. gesagt wird, daß auf der Sickinger Höhe bei unvertheiltem Uebergange des Grundbesitzes weniger Wohlhabenheit zu finden ist als in denjenigen Gegenden der bayerischen Pfalz, in denen der Grundbesitz nach den Regeln des französischen Erbrechts in natura getheilt wird, so erklärt sich das einfach daraus, daß auf der Höhe die Rentabilität des Grundbesitzes durch den jeweiligen Ausfall der Kohlernte bedingt und gewissermaßen Glückssache ist, während der „Ueberbrücher" in der Ebene sich auf die Viehmästung verlegt und dabei viel sicherer geht. Die verschiedene Benutzung des Bodens auf der Höhe und im Thal ist aber wieder durch die Bodenbeschaffenheit, das Klima u. s. w. bedingt[106]).

Somit verlangt also die Sicherstellung der im Ganzen normalen Vertheilung des Grundeigenthums im Deutschen Reiche für die Zukunft, namentlich aber die Erhaltung des Grundeigenthums in den Händen der bäuerlichen Familien, sowie die Conservirung und Erhöhung des Wohlstands auf dem Lande den ungetheilten Uebergang der Landgüter auf eins der Kinder des Erblassers zu einem mäßigen Anschlage, was der Bevorzugung des Gutsübernehmers vor seinen Miterben gleichkommt.

Diese mit Rücksicht auf eine gesunde Entwickelung unserer Socialwirthschaft gestellte Forderung soll aber angeblich in Collision mit den Postulaten treten, welche vom sittlichen Standpunkt an die Ausgestaltung des Erbrechts gestellt werden. Wie verhält es sich nun mit dieser angeblichen Collision? Ist sie wirklich vorhanden, und wenn ja, in welcher Weise ist sie zu beseitigen? Etwa so, daß der sittliche Gesichtspunkt hinter den wirthschaftlichen oder der wirthschaftliche hinter den sittlichen zurücktrete? Oder daß man beide ins Gleichgewicht zu setzen versucht?

105) Gau in Bäuerliche Zustände Bd. 1 S. 55.
106) Petersen in Bäuerliche Zustände Bd. 1 S. 245.

Die ausschließliche Betonung des wirthschaftlichen Gesichtspunkts würde zu einer einseitigen Uebertragung des land- und forstwirthschaftlichen Grundeigenthums der Eltern an eines der Kinder, unter vollständigem Ausschluß oder doch unter mäßiger Abfindung der übrigen führen.

Gegen eine solche Gestaltung des Erbrechts, die dem älteren Anerbenrecht der deutschen Bauernhöfe und dem noch heute in England für allen Grundbesitz in Geltung befindlichen Erbrecht ähnlich sehen würde, haben wir uns schon in den Abschnitten über das Familienfideicommiß und die landwirthschaftlichen Erbgüter sowohl aus Rücksicht auf eine gesunde Güterverteilung wie aus Gründen der Gerechtigkeit erklärt.

Dagegen verlangen wir eine Begünstigung des Anerben nur in dem Maße, wie sie durch die Rücksicht auf die Erhaltung des Hofs in der Familie geboten ist, und wünschen zugleich, daß den Interessen der übrigen Geschwister möglichst Rechnung getragen werde. Das führt aber nothwendig zu einer größeren Ausgleichung der Erbportionen, als sie früher üblich war.

Eine solche Ausgleichung unter den Erbtheilen der Geschwister hat sich denn auch in der jüngsten Vergangenheit gleichsam von selbst, in Folge veränderter Anschauung und Sitte, durchzusetzen vermocht.

Die Geschichte der allmählichen Veränderungen, welche mit der Vortheilsgerechtigkeit im badischen Schwarzwalde vor sich gegangen sind, liefert den besten Beleg hierfür.

Aus der ersten Hälfte des Jahrhunderts sind nämlich verschiedene Fälle bekannt geworden, welche beweisen, daß der Anerbe gegenüber seinen Miterben im badischen Schwarzwalde außerordentlich begünstigt war.

Als Beweis dafür, wie weit man in der Begünstigung des Anerben damals gegangen ist, werden 4 der Rechtspraxis des Großherzogthums Badens entnommene Fälle angeführt[107]).

In 2 Fällen lagen die betreffenden Güter A und B in rauher Berggegend und wurden

| | A | B |
|---|---|---|
| | fl | fl |
| für den Vortheilserben geschätzt auf . . . . . . . . | 5 000 | 6 700 |
| im Steuerkataster waren sie angesetzt mit . . . . . . | 10 771 | 9 000 |
| und von dem Vortheilserben wurden sie weiter verkauft für | 185 000 | 97 000 |

In den beiden andern Fällen lagen die beiden Güter C und D in einer fruchtbaren Thalebene des Breisgaus. Sie waren

| | C | D |
|---|---|---|
| | fl | fl |
| für den Vortheilserben geschätzt auf . . . . . . . . | 4 700 | 8 700 |
| im Steuerkataster angesetzt mit . . . . . . . . . . | 26 240 | 15 900 |
| und wurden von dem Vortheilserben weiter verkauft für . | 29 125 | 34 000 |

Zu bedauern ist, daß nicht zugleich mitgetheilt wird, aus welchen Jahren diese Zahlen stammen, sowie namentlich, welcher Zeitraum zwischen der Guts-

107) Mayer in den Blättern für Justiz und Verwaltung im Großherzogthum Baden, 2. Jahrg. 1842, S. 571 ff.

übernahme seitens des Vortheilserben und dem Weiterverkauf verstrichen ist, ferner ob in diesen Zeitraum erhebliche Meliorationen des Guts fallen oder irgend welche sonstige den Werth des Guts bedeutend erhöhende Ereignisse gefallen sind, und wenn ja, welcher Art diese waren. Ohne Angabe dieser Nebenumstände ist die Tragweite der obigen Zahlen nur schwer zu beurtheilen. Aber soviel dürfte aus dem Umstande, daß die Uebernahmetaxe dieser Güter beträchtlich hinter dem Werthansatze im Steuerkataster zurückblieb, doch jedenfalls hervorgehen, daß in den obigen 4 Fällen eine außerordentlich weit gehende Begünstigung des Anerben stattgefunden hat.

Das ist nun in letzter Zeit anders geworden, wie die im Jahre 1872 angestellte Enquête über die Verbreitung der badischen Hofgüter zeigt. So niedrige Schätzungen der Hofgüter, wie die oben angeführten, pflegen heutzutage überhaupt gar nicht mehr vorzukommen. Im Gegentheil, der neueste uns über diesen Gegenstand vorliegende Bericht des Ministerialraths Buchenberger [108]) klagt über die Höhe der Gleichstellungs- oder Kindskaufsgelder in den Anerbenrechtsdistricten, indem er darauf aufmerksam macht, daß der Gutswerth bei Uebergabe des Guts gegenwärtig nicht nach dem Ertrags-, sondern nach dem laufenden Verkehrswerthe festgestellt zu werden pflegt, so daß die Zinsen des Uebernahmepreises trotz des dem Anerben gebührenden „kindlichen Anschlags“ die aus der Bewirthschaftung zu erzielende Rente nicht selten übersteigen.

Hier ist man also aus dem einen Extrem in das andere verfallen. Ministerialrath Buchenberger erwartet daher eine Besserung dieser Verhältnisse nur von der Anwendung besserer Taxprincipien bei den Erbschaftsauseinandersetzungen, so zwar, daß hinfort allein der Ertragswerth des Liegenschaftsbesitzes den Auseinandersetzungen zu Grunde gelegt werde. Damit sind auch wir vollständig einverstanden.

Liegt somit in der Gegenwart eine entschiedene Tendenz zur Ausgleichung der Erbtheile des Anerben und seiner Geschwister vor, so wird doch principiell daran festgehalten werden müssen, daß eine gewisse Bevorzugung des Anerben die conditio sine qua non der Erhaltung des Familienbesitzes ist. Daß diese Bevorzugung sowohl in der verhüllten Form einer niedrigen Uebergabetaxe, wie in der eines ausdrücklich ausgeschiedenen Voraus erfolgen kann, wird weiter unten zu erwähnen sein.

Eine solche Bevorzugung läßt sich aber auch leicht begründen, wenn man nur nicht einen einseitigen individualistischen Standpunkt einnimmt, sondern von der Familie als einem für das Wohl des Einzelnen sowohl wie der Gesammtheit wesentlichen Verbande ausgeht.

Wie jede sociale Organisation, so fordert auch die Familie die Unterordnung der einzelnen Glieder unter die Zwecke der Gesammtheit. Diese Unterordnung bedingt aber wieder, daß das eine Glied der Gemeinschaft zu Gunsten des andern Opfer bringe, Opfer, die allerdings nur beim Vorhandensein eines starken, alle Glieder durchdringenden Familiensinns von den einen eben so gern gebracht, wie von den andern zum Wohl der gesammten Familie verwendet werden.

Zwar wird in letzter Zeit häufig geltend gemacht, daß diese Voraussetzung

---

108) Bäuerliche Zustände Bd. 3 S. 289.

des Anerbenrechts, ein in allen Gliedern der Familie lebendiger Familiensinn, in der Gegenwart nur noch ausnahmsweise anzutreffen sei.

So ist z. B. nach der Ansicht Bluntschlis „in den großen Volksclassen der Bauern wie der Bürger die Liebe zur modernen Rechtsgleichheit und der Haß aller Vorzugsrechte und Privilegien so mächtig geworden, daß eine Aufhebung des gleichen Erbrechts auf einen unüberwindlichen Widerspruch stoßen würde". Und auch Helferich bestätigt für Würtemberg, daß, abgesehen „von einigen wenigen Strichen im Süden und Nordosten des Landes", „die Empfindung von der natürlichen Berechtigung der gleichen Erbtheilung überall herrsche" [109]).

Wir gestehen gern zu, daß das Anerbenrecht ohne entsprechenden Familiensinn einem Uhrwerk gleicht, in dem die Feder zerbrochen ist, und daß dasselbe unter dieser negativen Voraussetzung im besten Fall nichts nützen, häufig aber geradezu schaden wird. Wir räumen auch gern ein, daß das in der Familie lebende Gemeinschaftsgefühl überall in Deutschland innerhalb einzelner Classen und in einigen Gegenden innerhalb der ganzen Bevölkerung einem sich auf die Gleichheitsidee stützenden Individualismus gewichen ist. Indeß gehen wir in der Negation dieses Familensinns doch viel weniger weit als Bluntschli, indem wir nur zugeben können, daß diese Voraussetzung des Anerbenrechts einem großen Theil der städtischen Bevölkerung und sodann den ländlichen Kreisen derjenigen Länder abhanden gekommen ist, die wir oben, fürs erste wenigstens, von unserer Betrachtung ausgeschlossen haben und erst weiter unten behandeln werden. Dagegen behaupten wir, daß in der ländlichen Bevölkerung von Deutschland das Bewußtsein von der Nothwendigkeit, das Grundeigenthum in der Familie zu erhalten, und von der Gerechtigkeit der Opfer, welche zu diesem Zwecke von einzelnen Gliedern der Familie gebracht werden müssen, noch immer lebendig ist.

Daß der Familiensinn, wie wir ihn als nothwendige Voraussetzung einer gedeihlichen Wirksamkeit des Anerbenrechts hinstellten, in der That noch in den weitesten Kreisen unserer ländlichen Bevölkerung anzutreffen ist, das strict zu beweisen, ist freilich außerordentlich schwierig.

Wir müssen uns daher darauf beschränken, durch Anführung einiger Thatsachen unsere Behauptung wenigstens wahrscheinlich zu machen.

Zuerst sei auf die oben im Abschnitt VII erwähnte Verbreitung des Instituts der Stammgüter, namentlich aber der Familienfideicommisse in den Kreisen des hohen und niederen Adels und der diesem gleichstehenden Classen hingewiesen, welche das Vorhandensein eines starken Familiensinns wenigstens in diesen Kreisen documentirt. In der Ausbreitung der Familienverbände und der Familientage, welche zum Theil in die letzten Jahrzehnte fällt, glauben wir ferner, wenigstens in den Kreisen des Adels, ein Symptom für das Wachsen und Erstarken des Familiengeistes erblicken zu können.

Sodann erblicken wir einen Beweis für die Stärke des Familiensinns in dem Bauernstande einer Anzahl von Staaten und Provinzen des deutschen Nordwestens in dem Umstande, daß der Bauernstand sich das dort geltende Anerbenrecht bisher nicht hat entreißen lassen. Es hat sich dieses zu behaupten gewußt

109) Bluntschli in der Gegenwart 1879 Nr. 33 und Helferich in der tübinger Zeitschrift für die gesammte Staatswissenschaft 1854 S. 151.

sowohl trotz der rechtlichen Gleichstellung des bäuerlichen Grundeigenthums mit allem übrigen Grundeigenthum wie trotz der wiederholt gemachten Versuche, das gemeine Erbrecht und das Erbrecht des preußischen Landrechts auch auf die Vererbung der Bauernhöfe auszudehnen.

Dieser Familiensinn tritt auch in dem energischen Kampf, den der Bauernstand in einem großen Theil des übrigen Deutschlands mit den Satzungen des gemeinen und des demselben nachgebildeten Intestaterbrechts führt, zu Tage. Zweck dieses Kampfes ist, die Regelung des Immobiliarnachlasses dem letzteren, wenn irgend möglich, zu entziehen. Der Mittel, welcher sich der Bauernstand in diesem Kampf bedient, haben wir oben im Abschnitt IX ausführlich gedacht.

Dieser Familiensinn tritt in den östlichen Provinzen der preußischen Monarchie vorzugsweise in der von der ländlichen Bevölkerung festgehaltenen Sitte der Uebertragungsverträge, in dem gemeinsamen Haushalten der Eltern mit den Kindern auch nach geschehener Uebergabe des Guts, und endlich in den Opfern, welche die Geschwister des Gutsübernehmers für die Erhaltung des Familienbesitzes zu bringen pflegen, hervor.

Wir können somit die Ansicht derjenigen nicht theilen, die, wie Professor Neumann[110]) in Tübingen, Landrath v. Nathusius[111]) in Obornik und Andere, die Einführung des Anerbenrechts als Intestaterbrecht in den östlichen Provinzen für unstatthaft halten, weil „eine solche Einrichtung dem gegenwärtigen Rechtsbewußtsein vollständig widersprechen würde".

Denn wenn für die Provinz Posen behauptet wird, daß hier von einer bestehenden Gewohnheit und Sitte bei dem Erbgange weniger als in andern Theilen der preußischen Staats, wie z. B. namentlich in Hannover und Westphalen, die Rede sein kann, aber gleichwohl constatirt wird, daß in dem größten Theil der Provinz die Naturaltheilung des Hofs nicht üblich zu sein pflegt, sondern daß „je deutscher eine Gegend ist, und je besser es den Bauern geht", eine um so größere Bevorzugung des Anerben den Miterben gegenüber stattfindet, so wollen wir zwar nicht soweit gehen, wie der Referent des Herrenhauses für die brandenburgische Landgüterordnung[112]), welcher meinte, daß beim Vorhandensein einer solchen zähen Sitte das Anerbenrecht factisch bereits existire, wohl aber scheint uns mit einer solchen Sitte die für eine gedeihliche Wirksamkeit eines künftig einzuführenden Anerbenrechts erforderliche Voraussetzung gegeben zu sein. Von dem eigentlichen Anerbenrecht unterscheiden sich diese Uebertragungsverträge, wenn man von der verschiedenen juristischen Natur der beiden Institute absieht und nur ihre wirthschaftliche Bedeutung ins Auge faßt, dadurch, daß die Norm für die Vererbung des Guts in dem ersten Fall in dem objectiven Recht gegeben ist, während sie in dem zweiten Fall durch eine Willenserklärung des Eigenthümers ersetzt wird. Dieser Unterschied ist aber ein wesentlich formaler, da der Inhalt der Uebertragungsverträge im großen

110) J. Neumann in den Verhandlungen des Vereins für Socialpolitik vom 9. October 1882, Leipzig 1882, S. 55.

111) v. Nathusius in Bäuerliche Zustände in Deutschland Bd. 3 S. 30.

112) v. Winterfeld in der Sitzung des Herrenhauses vom 11. Januar 1883. Stenogr. Ber. S. 21.

Ganzen — bis auf einen einzigen Punkt — den Vorschriften des Anerbenrechts entspricht.

Der materielle Differenzpunkt zwischen Anerbenrecht und Gutsübergabevertrag besteht aber darin, daß das erstere einen bestimmten Erben unter mehreren, den Aeltesten, Jüngsten u. s. w. als Anerben designirt, während die Bestimmung des Gutsübernehmers bei der Gutsübergabe — soweit nicht auch hier die Sitte auf eines der Kinder hinweist — durch freie Auswahl der übergebenden Eltern geschieht.

Indeß bildet auch dieser Punkt für die Ersetzung des Uebertragungsvertrags durch das Anerbenrecht kein unübersteigliches Hinderniß.

So hat neuerdings eine von dem Communallandtage des Regierungsbezirks Kassel niedergesetzte Commission den Versuch gemacht[113]), die in Rede stehende Schwierigkeit auf folgende Weise hinwegzuräumen. Es ist nämlich vorgeschlagen worden, daß der Anerbe, sofern er nicht durch den Erblasser letzwillig ernannt worden ist, durch die nächsten unbetheiligten Verwandten mit Zustimmung des zuständigen Amtsgerichts, unter thunlichster Berücksichtigung des männlichen Geschlechts und des höheren Alters, nach pflichtmäßigem Ermessen bestimmt werde, wobei die dauernde Erhaltung der Einheit des Guts in der Hand eines Familienglieds den für die Wahl ausschlaggebenden Gesichtspunkt zu bilden hätte. Bei Bestimmung der die Wahl des Anerben vornehmenden Personen könnten die Grundsätze des § 72 der preußischen Vormundschaftsordnung vom 5. Juli 1875 bezüglich der Zusammensetzung des Familienraths für maßgebend erklärt werden. Das Gesetz soll den Anerben nur für den Fall designiren, daß die durch die Verwandten in Aussicht genommene Wahl binnen bestimmter Frist nicht zu Stande kommt.

Wenn wir auf S. 201 auch ausdrücklich anerkannt haben, daß das Familienbewußtsein durch die Einwirkungen des gemeinen Erbrechts der äußersten Gefährdung ausgesetzt ist, so nehmen wir doch an, daß es dem an die Stelle des gemeinen Erbrechts tretenden Anerbenrecht gelingen werde, das momentan zurückgedrängte und geschwächte Familienbewußtsein zu stützen und zu kräftigen.

Indem wir das gemeine Erbrecht durch das Anerbenrecht ersetzt zu sehen wünschen, wollen wir dem Individualismus dort, wo er sich in den Gemüthern festgesetzt hat, übrigens keineswegs Zwang anthun. Wer seinen Besitz unter seine Kinder zu gleichen Theilen vertheilen will, mag es auch unter der Herrschaft des Anerbenrechts immerhin thun. Denn das Anerbenrecht soll ja nur subsidiäre Bedeutung haben, d. h. also durch Verfügungen unter Lebenden oder auf den Todesfall ausgeschlossen werden können. Wir verlangen demnach nur, daß derjenige, der seinen Grundbesitz unter seine Kinder in gleiche Theile theilen will, seinen Entschluß durch einen entsprechenden Willensact manifestiren soll. Das Gesetz soll ihn nur zwingen, sich die Sache genau zu überlegen, aber es soll ihn nicht hindern, seinen Nachlaß zu vollständig gleichen Portionen zu vertheilen, wenn er es für gut hält. Es wird somit nur die Unterstützung, welche

113) Anträge und Bericht der für die Abänderung der Intestaterbfolge in Bauerngüter niedergesetzten Commission des communalständischen Landtags des Regierungsbezirks Kassel und Antrag des Abgeordneten Dr. Renner, die gutachtliche Aeußerung des Comunallandtages über Abänderung u. s. w. betreffend, vom 10. December 1881.

das gemeine Erbrecht der Gleichheitsidee gewährt, dieser entzogen, ohne daß es ihr doch benommen wäre, sich zur Geltung zu bringen.

Nachdem wir im Vorhergehenden gezeigt haben, daß die Interessen der Volkswirthschaft und der Familie in einem Anerbenrecht mit mäßiger Begünstigung des Anerben gleichmäßig zu ihrem Rechte gelangen, haben wir noch mit einigen Worten auf die Frage zurückzukommen, ob denn, wie diejenigen, die auf dem rein individualistischen Standpunkt stehen, häufig behaupten, eine solche Gestaltung des Erbrechts wirklich der Gerechtigkeit widerspreche.

Diese Behauptung geht von der Voraussetzung aus, daß zwischen den durch gleiche Blutsgemeinschaft Verbundenen dieselbe Gesinnung und dasselbe Gefühl herrschen, so daß also z. B. dem Vater seine sämmtlichen Kinder, dem Onkel seine sämmtlichen Nichten und Neffen gleich nahe stehen.

Nun ist aber factisch weder die Liebe der Eltern zu allen ihren Kindern, geschweige denn der Erblasser zu ihren entfernten Verwandten gleichen Grades immer eine gleiche. Und selbst wenn man sich auf den idealen Standpunkt stellt, nach welchem sie es sein sollte, so wird die gleiche Liebe verschieden gearteten Kindern gegenüber doch häufig zu ungleichen Mitteln zu greifen veranlaßt sein, um sich in gleicher Weise zu bethätigen. Eltern, welche alle ihre Kinder mit derselben Liebe umfassen, werden bei der Vertheilung ihres Nachlasses zwischen den wohlgerathenen und mißrathenen, zwischen den von der Natur begabten oder vom Glück begünstigten und den von der Natur und dem Leben vernachlässigten, zwischen den bereits selbständig gewordenen und den noch auf die Erhaltung aus dem elterlichen Nachlasse angewiesenen unterscheiden zu können wünschen. Und nur soweit ihnen dieses nicht unbenommen ist, werden sie glauben, vollständig gerecht handeln zu können.

Die Durchführung einer rein äußerlichen, gleichsam formalen Gleichheit bei der Vertheilung des Nachlasses kann daher beim Vorhandensein von solchen factischen Ungleichheiten unter Umständen zur größten Ungerechtigkeit führen.

Diese Erwägungen führen zu dem Resultate, daß die von dem Intestaterbrecht angeordnete Vertheilung der Erbschaft unter sämmtliche im selben Grade mit dem Erblasser verwandte Personen zu gleichen Theilen nicht immer zugleich der Gerechtigkeit entspricht. Daraus folgt dann weiter die Wünschbarkeit, jedem Erblasser die Correctur dieses auf dem Princip einer formalen, rein rechnerischen Gleichheit beruhenden Intestaterbrechts einzuräumen, was wieder nichts anderes heißt, als den Zwangscharakter desselben in einen blos subsidiär wirksamen umzuwandeln.

Aus dem Obigen folgt aber auch weiter, daß einer Gestaltung des Intestaterbrechts, die den Intentionen des Erblassers entspricht, auch vom Standpunkt der Gerechtigkeit nichts im Wege steht, wenn diese Intentionen um eines höheren Zwecks willen — also beispielsweise um der Familie ihren Besitz und damit „den Schauplatz ihrer Geschichte" zu erhalten — auf die Bevorzugung eines der Erben vor den übrigen gerichtet sind und für die übrigen Kinder sonst nach Möglichkeit gesorgt ist.

Wollte man aber die Forderung nach gleicher Erbtheilung des Nachlasses unter sämmtliche Kinder nicht auf das gleiche Gefühl und die gleiche Gesinnung, sondern auf die gleiche Pflicht des Vaters gegenüber seinen Kindern begründen, so wäre dieser Beweisführung immer entgegenzuhalten, daß die von dem Vater nach seinem Tode auf sein Vermögen übergehenden Pflichten doch nicht größer sein können, als sie bei seinen Lebzeiten waren. Demnach läßt sich auf diese Weise wohl ein Recht der Kinder auf standesmäßige Erziehung, auf Ausstattung und Erhaltung im erwerbsunfähigen Alter aus den Mitteln des Erbschaft, nicht aber ein Recht aller Kinder auf einen gleichen Antheil an der Erbschaft ableiten.

Zudem erweist sich die Bevorzugung des Anerben vielfach nur als eine scheinbare, nicht aber als eine wirkliche Ungleichheit in der Behandlung der Erben.

Dies wird klar, wenn man erwägt, daß nur durch die wirthschaftliche Thätigkeit des Anerben der Reinertrag gewonnen wird, aus dem die Verzinsung resp. Rückzahlung der Erbantheile der Geschwister erfolgt, während diese ein Einkommen beziehen, das ihnen ihre Arbeitskraft vollständig frei läßt.

Auch muß in Betracht gezogen werden, daß bei Anwendung des gemeinen Erbrechts die gleichen Antheile der Erben in Folge zu hoher Taxation des Nachlaßguts nach dem Verkehrswerthe häufig nur nominell vorhanden sind. Lassen nämlich die Miterben ihre Antheile auf dem Gute stehen — was sie in der Regel thun müssen, wenn das Gut nicht an Fremde verkauft werden soll — und gehen die Vermögensverhältnisse des Gutsübernehmers aus irgend einem Grunde zurück, ja kommt es schließlich zur Subhastation des Guts, so gehen bei dieser Gelegenheit die Guthaben der Miterben häufig ganz oder zum Theil verloren. Eine Bevorzugung des Anerben liegt daher auch im Interesse der Miterben und zwar nicht nur deshalb, weil dadurch die Lage des Gutsübernehmers eine bessere ist und die Miterben mit größerer Sicherheit auf die Verzinsung und Auszahlung ihrer Antheile rechnen können, sondern auch weil sie nur bei dauernder Erhaltung des Familienbesitzes in Zeiten der Noth auf dem väterlichen Gute eine Zufluchtsstätte finden. Es erscheint mithin die Bevorzugung des Anerben — immer in der oben von uns angegebenen Beschränkung — als ein Aequivalent für die Pflichten, die mit der Uebernahme eines Familienguts verbunden sind, Pflichten, die namentlich den noch nicht, sowie den nicht mehr erwerbsfähigen Geschwistern gegenüber zu Tage treten.

Und wenn man bestreiten wollte, daß diese Pflichten auch heute noch anerkannt und ausgeübt werden, so dürfen wir uns zur Widerlegung dieser Zweifel auf die aus verschiedenen Theilen des Reichs stammenden Berichte berufen, welche gleichmäßig bezeugen, daß einerseits auch noch gegenwärtig im bäuerlichen Stande das väterliche Haus nach dem Tode des Vaters das Centrum für die Geschwister des Gutsübernehmers bleibt und daß andererseits die Geschwister die Erhaltung des väterlichen Hofs genügend zu schätzen und wenn erforderlich für dieselbe Opfer zu bringen wissen[114]).

So wird aus der Mark Brandenburg mitgetheilt: Daß das väterliche Gut und das väterliche Haus in der Hand des bevorzugten Sohnes der Vereinigungspunkt der Familie bleibt, ist ein Stück patriarchalischen Lebens, welches sich der Bauernstand fast instinctiv erhält.

114) Freiherr v. Canstein in den Verhandlungen des pr. L.O.C. f. 1883 S. 63.

Und aus Ostpreußen (Regierungsbezirk Gumbinnen)[115]) wird berichtet, daß Dank dem dort allgemein herrschenden Familiensinne der Bauernstand sich intact erhalten hat. Denn allein die Opferbereitschaft aller Familienglieder ermöglicht es in den meisten Fällen, daß das Gut in der Familie bleiben kann. Dieser Familiensinn scheint am schärfsten ausgeprägt zu sein bei den eingewanderten west- und süddeutschen Stämmen; aber auch aus lithauischen Kreisen wird berichtet, daß Beispiele von überhundertjährigem Besitz der Hufe in derselben Familie sich in großer Menge vorfinden.

Zwei weitere gegen das Anerbenrecht erhobene Bedenken nehmen ihren Ausgangspunkt ebenfalls vom Individualismus, den man sich als überall in den Bauernstand eingedrungen denkt. Mit der Zurückweisung der letzteren Annahme sind somit auch diese Einwände selbst widerlegt.

Das Anerbenrecht, so wird gesagt, verletze die Familienliebe, welche die Basis alles Erbrechts sein sollte: und zwar geschieht dies dadurch, daß das Anerbenrecht die dem Erblasser gleich nahe stehenden Kinder bei der Vertheilung des Nachlasses ungleich behandelt und den Miterben im Interesse der Familie Opfer zumuthet, die allein dem Anerben zu Gute kommen. Weit entfernt die Familienzusammengehörigkeit zu stärken, diene das Anerbenrecht heutzutage nur dazu, Neid und Zwietracht in der Familie zu säen und dadurch eine Lockerung, ja eine vollständige Lösung der Familienbande zu bewirken. Vollends verderblich zeige sich namentlich die Ernennung des Anerben durch die Eltern, indem dadurch der Ränkesucht und Heuchelei Thür und Thor geöffnet werde.

Diese im Allgemeinen gegen das Anerbenrecht vorgebrachten Einwendungen sucht man dann durch spezielle Erfahrungen aus dem badischen Schwarzwald zu stützen, indem die sog. Vortheilsgerechtigkeit dort angeblich Neid und Haß unter den Geschwistern, von denen der eine der reiche Bauer und Rathsherr, der andere vielleicht Knecht, Waldhüter oder Polizeidiener ist, erzeugen soll[116]).

Was zunächst die aus dem badischen Schwarzwald angeführte Thatsache betrifft, so wird sie durch die neuesten Erhebungen über die Lage der Landwirthschaft im Großherzogthum Baden nirgends bestätigt und dürfte jedenfalls nur vereinzelt anzutreffen sein, da — bei einer allgemeinen Verbreitung dieses für das Familienleben des Bauernstandes jedenfalls verderblichen Umstandes — der Leiter dieser Ermittelungen, Ministerialrath Buchenberger, der an sich dem Anerbenrecht gar nicht besonders geneigt zu sein scheint, sich zur Empfehlung der Beibehaltung, ja der Ausdehnung desselben wohl kaum entschlossen haben würde.

Daß die Trübung der Beziehungen unter den einzelnen Familiengliedern keineswegs eine nothwendige Folge der ungleichen Behandlung der Geschwister durch das Erbrecht ist, zeigt auch folgendes Beispiel. Durch die in zwei Dörfern der östlichen Hälfte des Herzogthums Altenburg[117]) im J. 1843 veranstaltete Enquête ist nachgewiesen worden, daß die Bevorzugung des

---

115) Stöckel in Bäuerliche Zustände Bd. 2 S. 329.

116) Turban im Magazin für badische Rechtspflege und Verwaltung, Bd. 2 1856, S. 309.

117) Beilage zum Protokoll über die Verhandlungen der Versammlung deutscher Land- und Forstwirthe in Altenburg 1843, S. 251. Votum Löbes daselbst S. 248.

Kürerben, welche namentlich in der sehr niedrigen Taxation des Guts bestand, damals eine bedeutende gewesen ist. Dessen ungeachtet haben die Miterben die Taxation nicht nur ohne Widerrede anerkannt, sondern es bestand auch durchweg ein freundliches Verhältniß zwischen dem Kürerben und seinen Geschwistern. Namentlich gehörten Erbschaftsprocesse in den beiden Dörfern zu den Seltenheiten.

Wo sich ein kräftiger Familiensinn erhalten hat, da sehen die mit geringeren Summen abgefundenen Geschwister des Anerben wohl auch außerhalb Altenburgs das von ihnen der Familie gebrachte Opfer in der Regel als etwas Selbstverständliches an.

Daß aber auch unter im Allgemeinen gesunden Familienverhältnissen Neid und Mißgunst als Folge der Bevorzugung des Anerben nicht immer ausbleiben werden, kann zugegeben werden.

Nur ist andererseits auch wieder nicht zu übersehen, daß das gemeine, namentlich aber das französische Recht mit seiner gleichen Erbtheilung und namentlich seinen hohen Pflichttheilsrechten ebenfalls leicht zum Unfrieden in der Familie führen kann. So wird z. B. die letztwillige Begünstigung eines der Kinder, wie sie aus dem Wunsch der Eltern, ihren Grundbesitz in der Familie zu erhalten, entspringt, häufig zur Veranlassung für die Anstrengung der actio ad supplendam legitimam seitens der sich für benachtheiligt haltenden Kinder. Sind aber erst einmal die Glieder einer Familie in einen Proceß gegen einander verwickelt, so ist es mit der Einigkeit und dem Frieden in derselben gewöhnlich zu Ende. Erbschaftsprocesse aber sind nach dem Ausspruch juristischer Praktiker in Ländern, in denen das Anerbenrecht gilt, seltener, als in Ländern mit gleichem Erbrecht und weitgehenden Pflichttheilsrechten.

Endlich verdient noch erwähnt zu werden, daß selbst dort, wo in Folge der Geltung und genauen Durchführung des gemeinen Rechts die Miterben des Gutsübernehmers auf Grundlage einer hohen Schätzung des Nachlaßguts gleiche und hohe Erbtheile erhalten, der Familienfriede ebenfalls nicht immer gesichert ist. Bleiben nämlich die Antheile auf dem Gute stehen, und gehen die Vermögensverhältnisse des Uebernehmers zurück, ja, kommt es zur Subhastation des Guts, — Fälle, die in den letzten 10—15 Jahren häufig gewesen sind, — so verlieren die Miterben nicht selten einen Theil oder das Ganze ihres Guthabens. Der Verlust des Vermögens pflegt dann aber zugleich auch das geschwisterliche Verhältniß zu trüben.

Ein weiteres gegen das Anerbenrecht geltend gemachtes Argument von nicht gering zu schätzender Bedeutung besteht darin, daß der Anerbe den Zweck der ihm zu Theil gewordenen Begünstigung: nämlich die Erhaltung des Guts in der Familie, durch Veräußerung des zu einer mäßigen Taxe erworbenen Guts zu einem hohen Preise an dritte Personen vereiteln und sich einen von dem Gesetz nicht vorgesehenen Geldgewinn auf Kosten seiner Geschwister verschaffen kann.

Diesen Einwand könnte man ebenfalls durch den Hinweis darauf zu entkräften suchen, daß die Erhaltung und Wiederbelebung des Anerbenrechts unsererseits abhängig gemacht worden ist von dem Vorhandensein eines die erfolgreiche Wirksamkeit des Anerbenrechts bedingenden Familiensinns, sowie einer starken Anhänglichkeit der gesammten Familie an die ererbte Scholle, und daß, wo diese sittlichen Factoren vorhanden sind, dieselben gegen eine egoistische Ausbeutung des Anerbenrechts wirksam reagiren und dieselbe verhindern werden.

Dieses Argument ist denn auch bei Berathung fast aller bisher erlassenen Höfegesetze und Landgüterordnungen gegen die Gegner desselben angeführt worden, freilich ohne daß diejenigen, die das obige Argument vorgebracht haben, von der Stichhaltigkeit desselben immer vollständig überzeugt gewesen wären.

Denn es läßt sich nicht leugnen, daß der Familiensinn und die Anhänglichkeit an die Scholle bei den Gliedern eines Standes von sehr verschiedener Intensität sein und bei einzelnen derselben auch vollständig fehlen können, trotzdem daß im Allgemeinen bei diesem Stande die Voraussetzungen für die gedeihliche Wirksamkeit des Anerbenrechts vorhanden sind. Ja man wird zugeben müssen, daß in der Möglichkeit, durch die Veräußerung des nach Anerbenrecht zu einer niedrigen Taxe ererbten ländlichen Grundbesitzes sich einen großen Gewinn zu verschaffen, für den Anerben eine große Versuchung gegeben ist, in dem obwaltenden Streit zwischen dem individuellen Interesse und dem Familieninteresse sich durch das erstere bestimmen zu lassen. Und zwar wird dieser Versuchung um so seltener widerstanden werden, je schwächer die Stütze ist, die der in dem einzelnen wirksame Familiensinn an dem Urtheil der Familie, der Standesgenossen und Nachbarn findet. Und selbst wo dieses noch stark genug ist, um gegen das egoistische Treiben des Anerben zu reagiren, da kann sich der Einzelne gegenwärtig dem ihm unbequemen Urtheil leicht durch Veränderung seines Wohnortes, namentlich indem er vom Lande in die Stadt, in eine ihm fremde Umgebung übersiedelt, entziehen.

Erwägungen dieser Art mögen es gewesen sein, welche den westphälischen Provinziallandtag im J. 1880 bestimmt haben die Aufnahme folgender Bestimmung in den sog. v. Schorlemerschen Gesetzentwurf in Vorschlag zu bringen. Es sollte der Anerbe, wenn er das Landgut innerhalb der ersten 10 Jahre, nachdem ihm dasselbe zugefallen, verkauft, ohne ein anderes gleichwerthiges an die Stelle zu setzen, gehalten sein, außer der bereits festgesetzten Abfindung den zehnfachen Katastralreinertrag des verkauften Guts an seine Geschwister resp. deren Erben auszuzahlen (§ 6). Ein weiter gehender Vorschlag, welcher den Anerben verpflichten wollte, bei Uebernahme des Guts die Miterben für den Fall einer solchen Eventualität durch eine entsprechende Caution sicher zu stellen, wurde von dem Provinziallandtag verworfen, weil man die Creditfähigkeit des Anerben nicht schmälern wollte. Aber auch den ersten Vorschlag ließ der Provinziallandtag, nachdem er sich von der Schwierigkeit seiner Durchführung überzeugt hatte, später fallen.

Dieselben Motive haben später auch den brandenburgischen Provinziallandtag — trotz der im westphälischen Provinziallandtage hervorgetretenen Bedenken — bewogen, den Versuch, auf gesetzlichem Wege die Ausbeutung der Miterben durch den Anerben zu verhüten, zu machen. Zu diesem Zweck wurde im § 9 des vom brandenburgischen Provinziallandtage angenommenen Entwurfs zu einer für diese Provinz bestimmten Landgüterordnung dem Anerben die Verpflichtung auferlegt, für den Fall, daß er das ihm nach Anerbenrecht zugefallene Gut vor Ablauf von 10 Jahren verkauft, den Verkaufpreis, soweit derselbe den Uebernahmewerth übersteigt, bis zur Höhe von 30 % des letzteren, zur Nachvertheilung in die Erbschaftsmasse einzuschießen.

Die zehnjährige Frist sollte vom Tode des Erblassers ab, und falls zu der Zeit der Anerbe noch minderjährig gewesen war, von dessen Großjährigkeit an gerechnet werden. Zur Sicherung der Miterben sollte auf das betreffende Gut eine Cautionshypothek eingetragen werden. Dieselbe wäre nach dem Tode des Anerben oder nach Verlauf der zehnjährigen Frist, falls bis dahin eine Auflassung nicht stattgefunden hätte, auf den Antrag des Gutseigenthümers zu löschen gewesen.

Auch der schlesische Provinziallandtag hat in seinen im Jahre 1882 beschlossenen Gesetzentwurf § 12 eine ähnliche Bestimmung aufgenommen.

Indeß hat die Staatsregierung diese Bestimmungen in den ihrerseits für die Provinzen Brandenburg und Schlesien ausgearbeiteten Gesetzentwürfen nicht berücksichtigt, und auch der Landtag der preußischen Monarchie ist auf dieselben nicht wieder zurückgekommen.

Für die Entscheidung der Staatsregierung sind — wie sie selbst in den Motiven zu der für die Provinz Brandenburg gemachten Vorlage vom 16. Nov. 1882 anführt — nachstehende, von dem Kammergericht gegen die in Aussicht genommene Vorschrift geltend gemachten Bedenken maßgebend gewesen.

Zunächst ist, wie das Kammergericht ausführt, 1) zu befürchten, daß die in Rede stehende Bestimmung eine besonders ergiebige Quelle von Processen sein werde. Denn ihre Anwendung ist zweifelhaft in folgenden Fällen:

a. wenn kein reiner Verkauf vorliegt, der Anerbe vielmehr den Hof vertauscht oder gegen einen Altentheil bezw. eine Leibrente veräußert; wenn der Verkauf im Wege der Zwangsvollstreckung stattfindet; wenn der Anerbe über den Annahmepreis hinausgehende Schulden übernommen hat; wenn die Veräußerung nicht durch ihn, sondern durch seine Erben erfolgt u. s. w.

b. namentlich aber im Fall von Parcellenverkäufen, indem eine sachgemäße Regelung dieses Punktes erhebliche Schwierigkeiten bietet.

Die in Aussicht genommene Nachtheilung würde ferner 2) zu Härten führen, wenn der Anerbe das Gut meliorirt und nur in Folge dessen einen höheren Preis erzielt hat.

Es würde sich 3) die zur Sicherheit der Ansprüche der Miterben dienende Cautionshypothek auch wirthschaftlich als schädlich erweisen, wenn sie den Anerben in der Ausnutzung seines Realcredits beschränken könnte.

Es würde diese Vorschrift ferner 4) zur Folge haben, daß vielfach durch den Abschluß simulirter Verträge die Geltendmachung der Ansprüche der Miterben vereitelt wird.

5) Endlich hat sich das Surplusreservat des allgemeinen Landrechts nicht bewährt und sind Vorbehalte, wie die oben in Aussicht genommenen, weder bei Gutsüberlassungen unter Lebenden noch in letztwilligen Verfügungen noch endlich bei Erbtheilungen in Fällen der Intestaterbfolge bisher gebräuchlich gewesen.

Aus der obigen Kritik des von dem Provinziallandtage der Provinz Brandenburg gemachten Vorschlags folgt jedoch nur, daß dieser Vorschlag bei seiner Durchführung mancherlei Schwierigkeiten begegnen würde, keineswegs aber, daß sich diese Schwierigkeiten nicht durch eine andere rechtliche Formulirung des dem Vorschlage zu Grunde liegenden Gedankens beseitigen oder doch erheblich reduciren lassen würden.

Es seien daher an dieser Stelle noch einige weitere Versuche erwähnt, den in Rede stehenden Uebelstand zu beseitigen.

Um der Ausbeutung der Miterben durch den Anerben vorzubeugen, hatte bereits der brandenburgische Provinziallandtag im J. 1842, aus Anlaß des ihm im J. 1841 von der Staatsregierung zur Begutachtung vorgelegten Gesetzentwurfs über die bei Erbtheilungen anzuwendenden gemäßigten Taxen ländlicher Nahrungen [117a]), vorgeschlagen, diesem Gesetz folgende Bestimmungen einzufügen: „Innerhalb der ersten 5 Jahre nach dem Ableben des Erblassers darf der Gutsannehmer dasselbe nicht freiwillig verkaufen, ohne es vorher den sämmtlichen abgefundenen Miterben in derselben Reihenfolge, wie sie nach den Bestimmungen dieses Gesetzes zur Annahme des Guts berufen werden, für den Annahmepreis angeboten zu haben. Erklärt einer der Erben sich innerhalb einer zweimonatlichen Frist zur Annahme des Guts nicht bereit, so wird angenommen, er wolle auf sein Recht verzichten. — Das Gut darf innerhalb der fünfjährigen Frist nur im Wege öffentlichen Verkaufs veräußert werden; die abgefundenen Erben erhalten den nach Abzug etwa verbleibenden Ueberschuß, nachdem die erweislichen Meliorationskosten dem bisherigen Besitzer zu Gute gerechnet worden. Die hypothekarische Verschuldung des Guts über den Annahmepreis hinaus ist innerhalb dieser Frist ebenfalls unstatthaft. Mit Ablauf der 5jährigen Frist sowie mit dem Tode des Annehmers erlischt die Beschränkung von selbst." (P. VII.) Doch führte wie der ganze Entwurf, so auch dieses Amendement damals zu keinem positiven Resultat.

Endlich sei noch erwähnt, daß die mecklenburg-schwerinsche Verordnung, betreffend die Intestaterbfolge in die Bauerngüter des Domaniums vom 24. Juni 1869 § 11 und 12 wenigstens zu verhindern sucht, daß durch den Verkauf der Grunderbstelle dieselbe aus der Familie komme. Zu diesem Zweck räumt diese Verordnung den Miterben des Gutsnachfolgers für den Fall, daß dieser das von ihm unter günstigen Bedingungen angetretene Bauerngut verkaufen sollte, ein Vorkaufsrecht vor der Domanialverwaltung ein [117b]).

Die Hauptaufgabe bei Reconstruirung des Anerbenrechts wird aber immer darin bestehen, zugleich auch die Grundlagen wieder zu beleben, auf denen das Anerbenrecht ruht. Daß eine solche Wiederbelebung und Kräftigung des Familienbewußtseins nicht allein vom Gesetzgeber ausgehen kann, ist eben so sicher, wie daß die Gesetzgebung von erheblichem Einfluß auf diesen Gegenstand sein kann. Ist doch die Schwächung des Familiensinns zum Theil ein Product der Gesetzgebung, die im Lauf des letzten Jahrhunderts alles nur Denkbare gethan hat, um die Autonomie des Individuums auf Kosten der Familie, der Genossenschaft

---

117 a) Schreiben des Landesdirectors der Provinz Brandenburg an den brandenburgischen Provinziallandtag, betreffend die anderweitige gesetzliche Regelung der Erbfolge in den Bauernhöfen vom 4. März 1880 (Br. Pr.-Landtag, 6. Sitzungsperiode Nr. 8) S. 11, 12.

117 b) Auch ist durch diese Verordnung insofern ein weiteres Mittel gegeben, um die egoistische Ausnutzung des Anerbenrechts zu verhindern, als den Besitzern dieser Höfe gestattet ist, ihren Nachkommen die Veräußerung derselben für eine oder mehrere Generationen zu untersagen. Vgl. oben S. 94, wo zugleich das Datum dieser Verordnung in den 24. Juni (und nicht Juli) 1869 abzuändern ist. Paasche in Bäuerliche Zustände Bd. 3 S. 358.

und der Gemeinde zu stärken, und ist doch der Staatssocialismus nichts anderes als eine naturnothwendige Reaction gegen den durch die Gesetzgebung großgezogenen Individualismus, eine Reaction, deren Fehler nur darin besteht, daß sie einseitig von dem Staate ausgeht.

Indem wir uns leider an dieser Stelle versagen müssen, im Einzelnen auf die Mittel näher einzugehen, welche die Gesetzgebung zur Wiederbelebung des Familiensinns zu ergreifen hätte, weil eine solche Digression uns zu weit von unserem eigentlichen Thema ablenken würde, wollen wir doch wenigstens auf einen Punkt hinweisen.

Wir meinen nämlich, daß die Rücksicht auf die Erhaltung des Familienbesitzes verlangt, daß die von dem Anerben als Schulden übenommenen Erbantheile der Geschwister nur unter bestimmten, für ihn erfüllbaren Bedingungen kündbar und rückzahlbar sein sollen. Der Beschränkung des Rechts der Miterben müßte aber ihre Grenze durch den Zweck vorgezeichnet werden, der durch die Beschränkung erreicht werden soll. Dieser Zweck aber besteht in der möglichsten Erhaltung des Grundbesitzes in der Familie. Verkauft der Anerbe daher das von ihm übernommene Gut, so sollten die Erbantheile seiner Geschwister sofort fällig werden. Auch müßte den letzteren für diesen Fall ein Vorkaufsrecht eingeräumt werden. Eine solche Gestaltung des Anerbenrechts würde, wie wir glauben, der Veräußerung der nach Anerbenrecht erworbenen Güter an dritte Personen in sehr wirksamer Weise entgegenwirken[118]).

Hinsichtlich der Wirkungen, welche das Anerbenrecht auf die Person des Anerben zu haben pflegt, wird geltend gemacht, daß wenn eins der Kinder von Jugend auf weiß, daß es der künftige Herr des Hofs sein wird, es nur zu leicht in Sorglosigkeit, Leichtsinn und Opposition gegen die Eltern aufwächst. Namentlich aus Hannover[119]) wurde noch unlängst, unter Bezugnahme auf das ältere Anerbenrecht, welches in einigen Gegenden Hannovers einen absoluten Zwangscharakter hatte, berichtet, daß die Anerben, weil sie wüßten, daß der Vater ihnen den Hof nicht entziehen könne, ganz unbotmäßig geworden seien und kaum noch etwas lernten, so daß die Bildung der Bauerngutsbesitzer entschieden zurückgehe.

Soweit dieser Vorwurf überhaupt begründet ist, — und er ist es nur, so lange das Anerbenrecht seinen älteren Zwangscharakter nicht gegen den neueren subsidiären Charakter vertauscht hat, — trifft er den Anerben in Gegenden, in denen die Minoratserbfolge gilt, in viel geringerem Grade als in Gegenden mit Majoratserbfolge, da der präsumtive Anerbe im ersteren Fall lange nicht wissen kann, ob er nicht in dieser Eigenschaft durch einen nachgeborenen Bruder beseitigt werde.

Zieht man aber in Betracht, daß im Bauernstande die individuelle Entwickelung und Differenzirung der Persönlichkeit eine viel geringere Rolle spielt, als in den anderen Ständen, indem im Bauernstande für den Einzelnen meist

118) v. Inama-Sternegg, Zur Reform des Agrarrechts, besonders des Anerbenrechts, in Grünhuts Zeitschrift für das Privat- und öffentliche Recht Bd. 10 S. 15 ff. Boldt, Die Agrarischen Fragen der Gegenwart, Berlin 1883, S. 108, 109.

119) Abg. Gumbrecht in der Sitzung des preußischen Abgeordnetenhauses vom 20. Dec. 1879.

der Geist der Familie und des Standes entscheidend ist, so wird dem obigen Einwande überhaupt kein großes Gewicht beizulegen sein.

Immerhin kann zugegeben werden, daß wenn das Anerbenrecht den Zwangscharakter hat, so daß der Anerbe durch letztwillige Verfügungen des Erblassers von der Nachfolge in den Hof nicht ausgeschlossen werden kann, und wenn die Annahmetaxe der Bauernstelle sehr niedrig ist oder dem Anerben sonstige große materielle Vortheile eingeräumt sind, dieser leicht zur Sorglosigkeit und schlaffen Wirthschaftsführung verleitet werden kann. Darunter leidet dann zunächst die einzelne Privat-, dann aber auch die Volkswirthschaft. So war nach einer brieflichen Mittheilung Professor Hanssens in Göttingen unter den Bauern der Umgegend Kiels in den dreißiger Jahren die Ansicht verbreitet, daß der Anerbe nicht allzu bequem sitzen dürfe, weil er sonst faul werde; die Uebernahme der Pflicht, seinen Geschwistern größere Erbantheile auszuzahlen, werde für den Anerben zum Anlaß, seine wirthschaftliche Energie anzuspannen, was dann nicht nur ihm, sondern auch der Gesammtheit zu Gute kommt.

Man kann diese Bedenken theilen und braucht damit doch nicht zugleich zu einem Vertreter des gemeinen Erbrechts zu werden.

Denn aus Furcht, es dem Anerben zu leicht zu machen, darf man nicht in das Bestreben verfallen, das Nachlaßgut so hoch zu schätzen, daß dieser sich auf dem ererbten Gut nicht mehr halten kann. Die richtige Mitte wird vielmehr dann eingehalten, wenn man das Präcipuum des Anerben nur so hoch stellt, wie erforderlich ist, um ihm die Existenz auf dem Gute auch dann zu ermöglichen, wenn er nicht durch besonders glückliche Umstände (wie z. B. eine reiche Heirath, ausnahmsweise günstige Ernten und hohe Getreide- und Viehpreise) begünstigt ist. Dieser Grundsatz wird im einzelnen Fall einen sehr verschiedenen zahlenmäßigen Ausdruck erheischen: je nachdem das nöthige Geldcapital zur Abfindung der Geschwister mehr oder minder leicht beschafft und je nachdem eine Rückzahlung aus den Revenüen in kürzerer oder längerer Frist bewerkstelligt werden kann und je nachdem es sich um eine Zeit wachsender Prosperität oder um eine kritische Lage der Landwirthschaft handelt. Ein Präcipuum, das bei der schnell und stark steigenden Grundrente der dreißiger Jahre und der leichten Zugänglichkeit des Privatcredits für landwirthschaftliche Zwecke den Anerben in Sorglosigkeit und Indolenz gewiegt hat, wird gegenwärtig unter den ungünstiger gewordenen Verhältnissen vielleicht gerade nur hinreichen, um die Erhaltung des Grundbesitzes in der Familie bei größter Anstrengung des Besitzers zu ermöglichen.

Sodann wird von den Gegnern des Anerbenrechts eine Reihe von Thatsachen angeführt, welche angeblich den schlimmen Einfluß desselben auf das sittliche Leben des Bauernstandes darthun sollen.

So berichtet Riehl aus dem untern Maingrunde, daß dort inmitten der größten Parcellirung des Grundbesitzes einige Gemeinden sich ihre großen Bauerngüter erhalten haben. Mit Macht kämpfen diese Dörfer gegen die Zwerggütlerei. Es ist in denselben aber auch unerhört, daß einer Ehe mehr als zwei Kinder entsprießen. Um die Sitte der ungetheilten Vererbung der Bauernhöfe aufrecht zu erhalten, hat man die Moral geopfert: die Gemeinden sind reich und blühend, und die Pfarrer predigen gegen die Abtreibung der Leibesfrucht.

Auch für die oberfränkische Gemeinde Gosberg wird constatirt, daß bei den größeren Bauern dort etwas dem Zweikindersystem Aehnliches hergebracht sei.

Ferner berichtete das fränkische Wochenblatt, daß die Einwohner des unterfränkischen Dorfes Billingshausen an einer schlimmen erblichen Krankheit, einer Art Starrsucht, leiden. Dieselbe wird auf die in diesem und in anderen wohlhabenden Dörfern Unterfrankens herrschende Sitte, daß die Dorfbewohner immer nur unter einander heirathen, sowie auf die mit dem Zweikindersystem verbundenen Praktiken zurückgeführt: ein Zusammenhang, über den wir hier nur referiren, ohne die Gewähr für dessen wirkliches Bestehen zu übernehmen[120]).

Endlich fällt auch in Oberschwaben, so wird von anderer Seite berichtet, die geringe Geburtenzahl, namentlich aber die große Kindersterblichkeit bei den größeren Bauern auf. Diese Thatsachen werden folgendermaßen erklärt. Ein Vater, der nur einen Sohn haben darf, wenn der Hof in der Familie erhalten werden und der Sohn reich sein soll, wird auch nur einen zu haben wünschen, da er in den anderen nur Bürden für die Familie erblickt. An die Durchführung dieses Wunsches knüpfen sich dann allerhand Praktiken, die in jenen Gegenden ein allgemeines Geheimniß sind, und die das Urtheil des Volkes als unsittlich oder doch wenigstens als unerlaubt bezeichnet. Auch pflegt in jenen Gegenden nur ein geringer Werth sowohl auf die Leibesfrucht wie auf das Leben der bereits geborenen Kinder gelegt zu werden, sofern nur die Nachfolge in den Hof gesichert ist. Beim Anblick der elenden, abgezehrten, weil schlecht gehaltenen Kinder soll man dort nicht selten von den Müttern die harten Worte vernehmen[121]): „Wir gehrnt's nit aufz'ziehnt." (Wir begehren das Kind nicht aufzuziehen.)

Diese letztere, einer Privatquelle entnommene Thatsache wird auch von dem Bearbeiter der amtlichen Statistik für das Königreich Würtemberg bestätigt, wenn er von Gegenden und Bevölkerungen spricht, in denen die Vermeidung einer größeren Kinderzahl als sociale Pflicht erscheint und die Erzeugung von mehr als 2—3 Kindern nicht üblich ist. Diese Pflicht, heißt es, wird um so strenger geübt, in je günstigeren Verhältnissen sich die Bevölkerung befindet[122]).

Indeß beweisen die oben angeführten Thatsachen durchaus nicht, was sie nach der Absicht derjenigen, die sie anführen, beweisen sollen. Denn nicht weil das Anerbenrecht als Intestaterbrecht in diesen Gegenden gilt, sondern im Gegentheil: weil es nicht mehr gilt, deshalb haben die bäuerlichen Grundeigenthümer zu jenen Mitteln einer künstlichen Bevölkerungsregulirung gegriffen, um ihre Güter ungetheilt in der Familie zu erhalten. Während im Kampf gegen das gemeine Erbrecht die bäuerliche Bevölkerung anderer Gegenden zur Uebertragung ihrer Güter bei Lebzeiten oder zu Begünstigungen eines der Erben vor den übrigen durch niedrige Erbschaftstaxen greift, bedient der oberschwäbische und ausnahmsweise auch der fränkische Bauer sich des Zweikindersystems, um zu demselben Zweck zu gelangen. Dieselben Ursachen erzeugen dieselben Wirkungen, und so sehen wir denn den in Frankreich allgemein verbreiteten Brauch hier auf einen Stück deutschen Bodens übertragen.

---

120) Riehl, Die bürgerliche Gesellschaft, Augsburg 1861, S. 68. Bäuerliche Zustände in Deutschland Bd. 3 S. 157.

121) Würtemberg. landwirthsch. Wochenbl. f. 1879 Nr. 31.

122) Würtembergische Jahrbücher f. 1874, Theil 1 S. 124, 129.

Ueber den Ursprung und die Verbreitung dieser Sitte in Frankreich äußert sich ein neuerer französischer Schriftsteller folgendermaßen: In Frankreich, sagt Charles Richet[123]), ist die Kinderzahl der höheren und niederen Bourgeoisie eine geringe, weil der Hang zum Wohlleben und zur Bequemlichkeit auf die Dauer nur bei einer kleinen Kinderzahl befriedigt werden kann. Von diesen Classen hat sich das Zweikindersystem auch auf die sog. arbeitenden Classen, die ouvriers und den Bauernstand verbreitet. Die Kinderzahl in den arbeitenden Classen ist eine geringe, weil der Arbeiter sich bewußt ist, nur 1—3 Kinder erziehen zu können. Es hängt das Zweikindersystem hier mithin zusammen mit dem Bestreben und der Möglichkeit, bis zu einem gewissen Grade an den Errungenschaften der höheren Classen theilzunehmen und spricht zugleich für das Gefühl der Selbstverantwortlichkeit, das dem französischen Arbeiter durch eine hundertjährige Geschichte, namentlich aber durch das französische Armenrecht anerzogen ist. Als Kehrseite der geringen Zahl ehelicher Geburten erscheint dann freilich in dieser Classe eine hohe Zahl unehelicher Geburten.

Ausschlaggebend für die langsame Bevölkerungsvermehrung in Frankreich sind aber weder die Bourgeois noch die Ouvriers, sondern die Bauern, denn von 37 Millionen Franzosen kommen allein 25 Millionen auf diesen Stand. Während in anderen Ländern vorzugsweise die ländliche Bevölkerung berufen ist, durch ihren starken Nachwuchs die Lücken, welche in den oberen sowie überhaupt in den städtischen Classen entstehen, auszufüllen, ist sie in Frankreich nicht in der Lage, diese Aufgabe zu erfüllen.

Der sehr zerstückelte Besitz des französischen Bauern genügt wohl noch meist zum Unterhalt einer Familie von 4, nicht aber auch zum Unterhalt einer solchen von 8 und mehr Personen. Wäre die Familie so groß, so müßte entweder eins der Kinder das Grundstück gegen eine mäßige Taxe erhalten, oder es müßte dasselbe verkauft oder in gleiche Theile zerschnitten werden. Die erstere Eventualität ist durch das Erbrecht des Code civil sowie durch den Gleichheitssinn und den „goût excessif de logique et d'équité, qui est l'apanage de tout citoyen français", wie unser Gewährsmann sich ausdrückt, ausgeschlossen; gegen die zweite revoltirt die Anhänglichkeit des Bauern an seine Scholle und gegen die dritte seine Einsicht, daß eine weitere Naturaltheilung des bäuerlichen Kleinbesitzes meist zum Ruin der Landwirthschaft und des bäuerlichen Familienbesitzes führen würde. So hat denn das Erbrecht des Code civil in Verbindung mit dem Wunsch des Bauern, seinen Grundbesitz in der Familie zu erhalten und doch nicht zugleich zum Zwerggütler herabzusinken, dahin geführt, daß auch innerhalb des Bauernstandes das Zweikindersystem gegenwärtig die weiteste Verbreitung findet. Von der Normandie aus hat „ce fléau plus déstructif que la peste et le choléra", wie Richet das Zweikindersystem bezeichnet, sich über die schönsten Provinzen Frankreichs: Languedoc, Provence, Champagne, Burgund u. s. w. verbreitet. Ja über Frankreich hinaus, so können wir hinzufügen, beginnt das Zweikindersystem auch auf demjenigen Theil des deutschen Bodens, auf dem das Erbrecht des Code civil oder des gemeinen Rechts gilt, wie z. B. in der

123) C. Richet, L'acroissement de la population française in der Revue des deux mondes vom 15. April und 1. Juni 1882.

bayrischen Pfalz und den oben erwähnten Theilen des rechtsrheinischen Bayern und Würtembergs Verbreitung zu finden.

Aus dem Vorhergehenden ziehen wir den Schluß, daß in dem Bauernstande auch dieser Gegenden das Bestreben verbreitet ist, den Grundbesitz ungetheilt in der Familie zu erhalten. Wo das geltende Erbrecht solches nicht durch Vererbung des Hofs an eines der Kinder zu einer mäßigen Taxe gestattet oder eine diesem Bedürfniß entsprechende Sitte sich entweder nicht gebildet hat oder sich nicht zu erhalten vermag, da wird der Bauer das von ihm ins Auge gefaßte Ziel durch das Zweikindersystem verbunden mit allen seinen sittlichen Gefahren zu erreichen suchen.

Will man diese daher vermeiden, so schaffe man dadurch, daß man das gemeine Erbrecht durch das Anerbenrecht ersetzt, dem Bauern die Möglichkeit, seinen Zweck auf legitime Weise zu erreichen.

Wenn es wahr ist, daß des Bauern Interesse sich direct und unmittelbar auf das Gut, den Gegenstand seiner Mühen und Sorgen richtet, und daß er dasselbe als Ganzes, als Einheit zu erhalten bemüht ist, und wenn es ferner wahr ist, daß der Bauer weniger als irgend ein anderer Stand von dem Streben erfüllt ist, seine Kinder alle in gleiche Lage — wieder als begüterte Bauern — zu bringen, so liegt für ihn, sofern nur die Erhaltung des Guts in der Familie nach der bestehenden Erbordnung gesichert ist, gar keine Veranlassung vor, zu jenen unsittlichen oder wenigstens künstlichen Mitteln zu greifen, welche bewirken, daß der Hof ungetheilt bleibt, weil keine Kinder zum Theilen vorhanden sind. Im Gegentheil! Es ist dem Bauern eine größere Anzahl von Kindern erwünscht, weil ihm in denselben für seine Wirthschaft nutzbare, wohlfeile und bequeme Arbeitskräfte erwachsen.

Im Vorhergehenden suchten wir auszuführen, daß die Geltung des Anerbenrechts, oder einer demselben verwandten Vererbungssitte, das Zweikindersystem entbehrlich macht, daß dieses sich dagegen dort, wo das gemeine Erbrecht oder ein demselben ähnliches Intestaterbrecht zur unbedingten Anwendung gelangt, der Bauernstand sich aber vor dem Hinabsinken in das Zwerggütlerthum schützen will, leicht einstellt.

Damit sollte aber nicht zugleich gesagt sein, daß das Anerbenrecht und das durch dasselbe beförderte behäbige Bauernthum zu einer rapiden Bevölkerungsvermehrung führt. Vielmehr unterscheidet sich das Anerbenrecht in dieser Beziehung sehr wesentlich von dem gemeinen Erbrecht und dem durch dasselbe hervorgerufenen Kleinbauern- und Zwerggütlerthum. „Der unzureichende Kleinbesitz wird, wie ein bereits mehrfach citirter Schriftsteller richtig bemerkt[124]), nicht schon an sich durch die steigende Bevölkerung gefördert, sondern er bringt sie vielmehr erst recht hervor und hält sie fest im Lande." „Wer Weib und Kind mit 30 Jahren nicht besser ernähren kann, als mit 20, wird seine Verehelichung keine zehn Jahre aufschieben, und je kürzere Zeit bei schwacher und schlechter Nahrung die Mütter im Stande sind, ihre Kinder selbst zu stillen, um so schneller werden dieselben einander folgen. Für viele Entbehrungen sucht der Arme Ersatz in der Ehe, dem Einzigen, das er ebenso genießen kann, wie der Reichste, zu dem er sich daher um so früher, um so eifriger drängt. Da-

124) Briefe über Staatskunst S. 118.

her denn auch der Arme weit seltener unverehelicht bleibt, als derjenige, der im verhältnißmäßigen Wohlstande lebt." Dagegen liegt der Hauptgrund für die langsamere Bevölkerungsvermehrung in Gegenden mit einem größeren und mittleren Bauernstande im Vergleich mit solchen, in denen die Klein- und Zwerggütler prävaliren, in der vorsichtigeren und namentlich späteren Eheschließung. Besonders deutlich tritt dieses Moment in seiner Wirksamkeit in denjenigen Ländern zu Tage, in denen die Bauerngüter nach dem Erstgeburtsrecht vererbt werden. Auf diesen Unterschied im Tempo der Bevölkerungsvermehrung einerseits bei den Hofbesitzern, andererseits bei den Heuerlingen Westphalens hat bereits vor hundert Jahren Justus Möser[125]) hingewiesen. Während die Heuerlinge hier oft schon mit 20 Jahren heirathen, erfolgt die Eheschließung bei den Bauern gewöhnlich viel später.

Ein weiterer gegen das Anerbenrecht gerichteter, gleichfalls dem sittlichen Gebiet angehöriger Vorwurf geht dahin, daß dort, wo sich mit dem Anerbenrecht eine aristokratische Vertheilung des Grundeigenthums erhalten hat, die Zahl der unehelichen Geburten eine größere zu sein pflegt, als in Gegenden mit gleichem Erbrecht und einer gleichmäßigeren Vertheilung des Grund und Bodens. Diese Erscheinung sucht man zu erklären durch das häufig üppige Leben der größeren Bauern, die späten Heirathen derselben und die für die übrige ländliche Bevölkerung gegebene Schwierigkeit, sich niederzulassen und einen eigenen Hausstand zu gründen.

Speziell für den badischen Schwarzwald wird noch auf die großen Gefahren des Nahebeieinanderschlafens der unverheiratheten Knechte und Mägde, deren Kammern nicht selten an einander stoßen und unverschließbar sind, sowie auf die Versuchung, welche aus der großen Gewalt des Hofbauern über sein Dienstpersonal entspringt, hingewiesen.

Als Beleg für das oben Gesagte werden folgende Zahlen angeführt.

Es kamen in den Jahren 1856—63 auf 100 Geburten

| | uneheliche Geburten mittlere Zahl |
|---|---|
| im Großherzogthum Baden . . . | 16,6 |
| im Amtsbezirk Wolfach . . . . | 25,3 |
| in der Gemeinde Oberwolfach . . | 38,6 |

Zur Erklärung dieser Zahlen wird dann daran erinnert, daß während in dem größten Theil des Großherzogthums — mit Ausnahme nur eines Theils des Schwarzwalds — die Güterzerstückelung ziemlich weit geht und das Erbrecht des dem französischen Code civil nachgebildeten badischen Landrechts gilt, in dem zum Schwarzwalde gehörigen Amtsbezirke Wolfach und namentlich in der Gemeinde Oberwolfach sich größtentheils große spannfähige Bauernhöfe erhalten haben, welche rechtlich gebunden sind und für die die sog. Vortheilsgerechtigkeit gilt[126]).

Auch für Würtemberg ist darauf hingewiesen worden, daß der südliche und nordöstliche Theil, mit seinen geschlossenen, sich trotz des gemeinen Erbrechts

125) Justus Möser, Patriotische Phantasien, 1842, Theil 1 S. 180.

126) Schupp, Hofgüterwesen im Amtsbezirk Wolfach S. 55, 57, 58. Turban im Magazin für badische Rechtspflege und Verwaltung Bd. 2, 1856, S. 309. Mayer in den Blättern für Justiz und Verwaltung im Großherzogthum Baden, Jahrg. 2, 1842, S. 90.

in der Familie erhaltenden Höfen mehr uneheliche Geburten aufweist, als der altwürtembergische Landestheil mit seiner Naturaltheilung der Güter im Erbwege und seiner weitgehenden Parcellirung des Grundbesitzes. Denn dort machten die unehelichen Geburten in einigen Aemtern bis zu 20 %, hier mit wenigen Ausnahmen zwischen 5 und 12 % sämmtlicher Geburten aus[127]).

Um die eben angeführten Thatsachen richtig zu würdigen, muß jedoch berücksichtigt werden, daß die Zahl der unehelichen Geburten nur einen mit höchster Vorsicht zu benutzenden Maßstab für die sittlichen Zustände eines Volks abgiebt. Haben doch Gegenden, in denen die abscheulichsten Abirrungen des Geschlechtstriebs sowie die gewerbsmäßige Unzucht herrschen, gewöhnlich keine große Anzahl unehelicher Geburten aufzuweisen. Eine starke uneheliche Progenitur spricht jedenfalls für eine gewisse Naivität im geschlechtlichen Verkehr, wenngleich allerdings auch zugleich für eine Schwäche des öffentlichen Urtheils und für eine geringe Enthaltsamkeit der Bevölkerung.

Die Vorwegnahme des ehelichen Rechts ist überhaupt im deutschen Bauernstande sehr verbreitet und in manchen Gegenden zu einer festen Uebung geworden.

Daher ist es durchaus unbegründet, die große Zahl der unehelichen Geburten in den oben angeführten Fällen in directen Zusammenhang mit dem Anerbenrecht zu bringen. Denn wenn auch nicht geleugnet werden kann, daß die größere Schwierigkeit, eine Ehe einzugehen, — wie sie durch die Agrarverhältnisse derjenigen Gegenden, in denen das Anerbenrecht gilt, begründet sein kann, — die Zahl der unehelichen Geburten leicht befördert, so muß doch andererseits auch auf die sittlichen Gefahren hingewiesen werden, die mit einer weitgehenden Zersplitterung des Grundeigenthums und einer sinkenden Lebenshaltung der Bevölkerung, — wie sie häufig als Folge des gemeinen Erbrechts erscheinen, — verbunden zu sein pflegen. Eine Bevölkerung, deren Lebenshaltung immer mehr sinkt, verliert nur zu leicht das Selbstgefühl und die Widerstandskraft gegen sittliche Versuchungen, wie wir in der ersten Abtheilung dieser Arbeit S. 64—65 zu zeigen suchten.

Vor allem muß aber betont werden, daß das Erbrecht und die durch dasselbe bedingte Vertheilung des Grundeigenthums immer nur eins der vielen Momente ist, von denen der sittliche Zustand der Bevölkerung abhängig ist.

So wird es denn auch erklärlich, daß Gegenden mit gleichem Erbrecht und ähnlicher Vertheilung des Grundeigenthums sehr ungleiche sittliche Zustände aufweisen, und umgekehrt, daß Gegenden mit sehr verschiedenen Agrarverhältnissen sich hinsichtlich der Zahl der unehelichen Geburten ähnlich sehen[128]).

Einige Beispiele mögen das Gesagte näher belegen. Es sind uns zahlreiche agricole Gemeinden Westphalens bekannt, in denen die Bauerngüter zufolge einer festen Sitte regelmäßig ungetheilt an einen der Söhne übergehen

---

127) Helferich in der tübinger Zeitschrift für die gesammte Staatswissenschaft 1853 S. 439.

128) Bereits der Freiherr von Stein hat die Ansicht widerlegt, daß die Geschlossenheit der Höfe die Unsittlichkeit befördert, indem sie die Ehelosen vermehrt. Vgl. seine Denkschrift über die Vererbung und Zersplitterung der Bauernhöfe in Westphalen bei Pertz, Leben des Freiherrn von Stein, Bd. 6, Beilagen, S. 263 ff.

und in denen seit Jahrzehnten gleichwohl gar keine oder nur einzelne wenige unehelichen Geburten vorgekommen sind.

Ebenso sprechen die Erfahrungen Hannovers gegen die oben behauptete Annahme eines festen Zusammenhangs zwischen dem Anerbenrecht und der Häufigkeit unehelicher Geburten. Denn im Fürstenthum Lüneburg betrug die Zahl der unehelichen Geburten im Durchschnitt der Jahre 1848—55 bei strengem Anerbenrecht und Geschlossenheit der Höfe nur 11 %, im Göttingenschen dagegen bei gleicher Erbtheilung und großer Zersplitterung des Grundbesitzes 17,1 % der Lebendgeborenen. Aehnliche Verhältnisse finden sich auch in den Marsch- und Geestdistricten der Landdrostei Stade. In den Marschdistricten (Land Hadeln und Kehdinger Land) bildete von jeher das freie Bauerngut die Regel; dasselbe durfte nach Belieben durch Rechtsgeschäfte unter Lebenden und auf den Todesfall getheilt werden. Gleichwohl suchten die Bauern der Naturaltheilung ihrer Höfe im Erbwege entgegenzuwirken. Dabei führten sie ein verschwenderisches, oft übermüthiges und üppiges Leben — das dann auch auf die dienende Classe demoralisirend einwirkte. Dagegen haben sich auf der bremischen und verdenschen Geest vielfach geschlossene Güter erhalten, die nach Anerbenrecht vererbten. Hier waren aber die Erwerbsverhältnisse nicht derart, daß sie zur Verschwendung verleitet hätten. Und wie unter der Bauernschaft, so hatte sich unter den Dienstboten die alte einfachere Sitte erhalten. In der Zahl der unehelichen Geburten spiegeln sich diese verschiedenen Zustände derart ab, daß bei einem mittleren Verhältniß der unehelich Geborenen im ganzen Landdrosteibezirk von 6,6 % der Lebendgeborenen dieses Verhältniß in den einzelnen Theilen des Bezirks folgender war:

| | |
|---|---|
| auf der Geest des Herzogthums Verden . . | 5,7 % |
| Bremen . . | 6,4 % |
| im Lande Hadeln . . . . . . . . . . | 11,2 % |
| im Lande Kehdingen . . . . . . . . . | 14,8 % |

Es haben demnach die Gegenden mit gesichertem Anerbenrecht eine geringere Anzahl unehelicher Geburten aufzuweisen, als die Gegenden, in denen der ungetheilte Uebergang der Höfe gegen das geltende gemeine Intestaterbrecht künstlich durchgesetzt werden mußte[129]).

Dieselben Unterschiede in der Zahl der unehelichen Geburten wie in Hannover zeigen sich denn auch im badischen Schwarzwalde. So wird berichtet, daß während im ganzen Großherzogthum Baden im Durchschnitt der Jahre 1856—1863 die unehelichen Geburten 16,6 % der Geburten überhaupt ausmachten, die relative Zahl der unehelichen Geburten in den beiden folgenden Hofgüterbezirken zum Theil über, zum Theil aber auch wieder unter dem Landesdurchschnitt stand, indem

| | |
|---|---|
| der Amtsbezirk Wolfach . . | 25,3 % |
| " " Oberkirch . . | 12,9 % |

unehelicher Geburten aufwies[130]).

129) Wappäus, Allgemeine Bevölkerungsstatistik, Theil 2, Leipzig 1861, S. 389—391.

130) Schupp, Hofgüterwesen im Amtsbezirk Wolfach S. 104—105.

Auch war im J. 1850 vor der großen auf Staatskosten bewirkten Auswanderung in denjenigen Bezirken des badischen Schwarzwalds, in denen bereits unter österreichischer Herrschaft die freie Theilbarkeit der Güter bestanden hatte, die Zahl der unehelichen Geburten verhältnißmäßig viel bedeutender als in jedem anderen Theil des Schwarzwalds. Und auch in anderen Theilen des Großherzogthums Baden, in denen der bäuerliche Grundbesitz unter Lebenden wie auf den Todesfall getheilt wird, wie z. B. in einigen Theilen des badischen Odenwalds, im sog. Hotzenlande u. s. w., sind die sittlichen Zustände zum Theil viel schlimmer als in den Hofgüterbezirken des badischen Schwarzwalds[131]).

Endlich haben in Würtemberg die beiden ärmsten Gemeinden des Amtsbezirks Schorndorf, in denen die Parcellirung des Bodens unter der Herrschaft des gemeinen Erbrechts sehr weit fortgeschritten war, auch den größten Procentsatz unehelicher Geburten aufzuweisen gehabt[132]).

Auch ist nicht zu übersehen, daß in Gegenden, in denen die geschlossenen Bauerngüter vorherrschen und die Söhne erst nach dem Tode der Eltern zur Ehe schreiten können, die von ihnen erzeugten unehelichen Kinder vielfach durch spätere Trauung legitimirt, einstweilen aber in der Familie des Vaters auferzogen werden. Es bezeichnet demnach eine hohe Zahl unehelicher Geburten in solchen Gegenden lange nicht dieselbe Lüderlichkeit und dasselbe Kinderelend, wie in ländlichen Gegenden mit weit zerstückeltem Grundbesitz, namentlich aber auch in Fabrikdistricten, wo kein gleiches Hemmniß der frühen Ehen besteht und die unehelichen Geburten größtentheils die Folge leichtsinnig angeknüpfter und abgebrochener Bekanntschaften sind[133]).

Endlich darf nicht außer Acht gelassen werden, daß die mancherlei sittlichen Schäden, die sich in Gegenden mit vorwiegend bäuerlichem Grundbesitz finden, — wir rechnen hierher die naturwüchsige Rohheit der Bevölkerung, die sich nicht immer von dem Mißbrauch der Gewalt frei zu halten weiß, die Genußsucht auf Märkten und Hochzeiten, ihren Geldstolz, ihre Geringschätzung der Schulbildung, ihre Herzenshärte gegen Untergeordnete und Arme u. s. w. — doch immer nur aus dem Uebermaß einer elementaren, ungezügelten Kraft entspringen, einer Kraft, die andererseits aber wieder, wie wir oben wiederholt hervorgehoben haben, von unschätzbarem Werth für ein Volk ist. Diese Schattenseiten bilden gleichsam die Kehrseite einer Anzahl von Vorzügen und können bei richtiger Volkserziehung, wenn auch nicht vollständig beseitigt, so doch gemildert werden. Dagegen sind die sittlichen Schäden einer in Folge des gemeinen Erbrechts zu lauter Klein- und Zwerggütlern herabgesunkenen Bevölkerung als Ausflüsse der Schwäche, Armuth, Noth und Verkommenheit anzusehen. Ihnen stehen keine entsprechenden Vorzüge gegenüber, und sie sind auch viel schwerer zu beseitigen, als die Mängel eines kräftigen Bauernstandes.

Endlich werden einige weitere Mängel des Anerbenrechts, die nicht prin-

---

131) Türckheim in den Verhandlungen der zweiten Session des Landesculturraths in Karlsruhe, Karlsruhe 1871, S. 165. Briefe über Staatskunst S. 118. Vogelmann, Die Forstpolizeigesetzgebung, S. 72.

132) Helferich in der tübinger Zeitschrift für die gesammte Staatswissenschaft 1853 S. 439.

133) Wappäus, Allgemeine Bevölkerungsstatistik, Theil 2 S. 388.

cipieller Natur sind, weiter unten, bei Gelegenheit der Besprechung der neueren Höfegesetze und Landgüterordnungen, zu erwähnen sein.

Ueberblicken wir zum Schlusse nochmals die gegen das Anerbenrecht vorgebrachten Bedenken, so glauben wir nach ihrer eingehenden Prüfung aussprechen zu dürfen, daß sie, soweit sie nicht überhaupt auf einem Mißverständniß beruhen, sondern wirklich fundirt sind, gegenüber den großen Vortheilen, welche das Anerbenrecht den einzelnen Familien und der Gesammtheit des Volks bietet, nicht schwer wiegen.

Es stehen mithin die Licht- und Schattenseiten bei dem Anerbenrecht zu einander im umgekehrten Verhältniß wie dasjenige, welches wir oben für die Gutsübertragungsverträge constatirten.

Dieses Resultat sollte demnach den Gesetzgeber veranlassen, die Anwendung des Anerbenrechts ebenso sehr zu erleichtern und zu begünstigen, wie er den Uebertragungsverträgen seine Förderung zu entziehen hätte.

Das aber würde dahin führen, daß das Anerbenrecht dort, wo die obigen Voraussetzungen vorhanden sind, zum Intestaterbrecht gemacht wird. Denn findet der Staat, daß der Einfluß des Anerbenrechts ein socialwirthschaftlich günstiger ist und daß die demselben anhaftenden Mängel gegenüber diesem Vorzuge verschwindend geringe sind, so darf er seine Anwendung nicht von einer besonders abzugebenden Willenserklärung des Einzelnen (System der Höferolle) abhängig machen, sondern wird sie in allen Fällen eintreten lassen müssen, in denen der Erblasser nicht ausdrücklich das Gegentheil bestimmt hat. Denn sonst würde in einer nicht geringen Anzahl von Fällen die Regelung des Immobiliarnachlasses doch nach dem gemeinen Recht erfolgen und zwar nicht etwa aus besonderer Vorliebe des Erblassers für dasselbe, sondern aus Unkenntniß, Schwerfälligkeit, Saumseligkeit u. s. w. Die Gutsübertragungsverträge aber müßten — um sie möglichst zu beseitigen — als successio anticipata behandelt und die Befreiung derselben von Stempeln und Sporteln, wo eine solche besteht, beseitigt werden.

An der Hand dieses Resultats könnten wir jetzt zur Besprechung der neueren, seit dem J. 1870 aufgetretenen Bestrebungen zur Begründung eines mit der heutigen Agrarverfassung im Einklang stehenden Anerbenrechts und seiner einzelnen Bestimmungen übergehen, wollen aber vorher noch in aller Kürze die Frage untersuchen, ob und wie weit sich die Einführung des Anerbenrechts auch in denjenigen Ländern rechtfertigen läßt, in denen die Zustände andere sind, als wir bisher angenommen haben.

## II.

Unsere bisherige Untersuchung über das Anerbenrecht ging von folgenden Voraussetzungen aus. Die Güter waren vollständig oder doch bis zu einem gewissen Grade arrondirt und ihr Umfang stand in einem angemessenen Verhältniß zu den Gebäuden und anderen Pertinenzen, so daß sie nicht ohne Schaden für die Gesammtheit in einzelne Theile zerlegt werden konnten. Die Besitzer dieser Güter hatten vielfach — wenn auch nicht allgemein — mit der Ungunst des Bodens und Klimas zu kämpfen, die Industrie dieser Gegenden war bei einer verhältnißmäßig dünnen Bevölkerung wenig entwickelt und endlich hatte sich bei den Besitzern dieser Güter noch vielfach ein starker Familiensinn erhalten.

Unter diesen Voraussetzungen ist die Sanctionirung des Anerbenrechts durch den Gesetzgeber nichts anderes, als die Anerkennung und gesetzliche Formulirung einer Vererbungssitte, die sich freilich bisher zum Theil nur gegen die Bestimmungen des geschriebenen Rechts durchsetzen konnte.

Bei solcher Beschränkung des Anwendungsgebiets des Anerbenrechts sind übrigens selbst manche Gegner desselben mit seinem Fortbestehen und seiner Neuregelung einverstanden. So gesteht z. B. der gegenwärtige badische Staatsminister Dr. Turban[134]) in einer Arbeit, die er vor einer Reihe von Jahren veröffentlicht hat, zu, daß es nicht frommen würde, „eine tief eingewurzelte Sitte zu zerstören", und erklärt sich nur gegen eine Uebertragung des Anerbenrechts auf Gegenden, in denen die Voraussetzungen für dasselbe fehlen.

Dagegen trifft die obige Beweisführung nicht zu für Länder, in denen der Grundbesitz manches von der Natur des beweglichen Capitals angenommen hat. Es sind das zugleich meist Gegenden mit günstigen Verhältnissen des Bodens, Klimas und Verkehrs, in denen die Industrie und das städtische Leben mit ihren Einflüssen zum Theil auch in das ländliche Leben hineinragen und die gesammte Volkswirthschaft bei dichter Bevölkerung eine hohe Entwickelung zeigt. Hier pflegen die einzelnen Parcellen fast in jeder Generation zu neuen Besitzcombinationen zu führen, indem zu den aus dem elterlichen Nachlaß an die einzelnen Söhne gelangten Parcellen durch den Zukauf und die Mitgift der Frau neue Parcellen hinzutreten. Ja selbst die größeren Güter, die in diesen Regionen größtentheils dem Staat, der Kirche, den Stiftungen, den Standesherrn und den Gemeinden gehören, lösen sich vielfach in einzelne, pachtweise benutzte Stücke auf.

Während die ländliche Bevölkerung in der ersten Ländergruppe alles daran setzt, um das ererbte Gut ungetheilt in der Familie zu erhalten und dasselbe zu diesem Zweck an ein Glied derselben übergehen läßt, wünschen in den Ländern mit sehr parcellirtem Besitz die Kinder der verstorbenen Grundbesitzer womöglich alle an dem elterlichen Nachlaß in natura zu participiren. In dem Rechtsbewußtsein jener tritt die Familie als Einheit noch stark hervor, und ihr ordnet sich der einzelne unter; in dem Rechtsbewußtsein dieser dagegen spielen der Individualismus und das Gleichheitsprincip eine viel bedeutendere Rolle. Während sich dort die Geschwister die Bevorzugung des einen oder anderen als etwas Selbstverständliches gefallen lassen, sagt man von dem Bevorzugten hier, daß „er seine Geschwister um ihren Erbtheil betrüge". Auf diese letzteren Verhältnisse bezogen — aber auch nur auf diese — ist es daher richtig, wenn Bluntschli sagt: „Die Liebe zur modernen Rechtsgleichheit und der Haß gegen alle Vorzugsrechte und Privilegien sei so mächtig geworden, daß eine Aufhebung des gleichen Erbrechts im Princip auf einen unüberwindlichen Widerspruch stoßen würde"[135]).

Das Rechtsbewußtsein verlangt hier nicht nur die gleiche Theilung des Immobiliarnachlasses nach seinem Verkehrswerth (der in diesen Gegenden nicht

---

134) Turban im Magazin für badische Rechtspflege und Verwaltung Bd. 2, 1856, S. 310.

135) Bluntschli, Gegenwart 1879 Nr. 33.

selten hoch über dem Ertragswerth steht), sondern meist auch die Naturaltheilung der Güter, und zwar läßt man sich nicht immer daran genügen, daß der eine Erbe die eine, der andere eine zweite Parcelle u. s. w. erhält, sondern es werden die einzelnen Parcellen vielfach in ebenso viele Streifen zerlegt wie es Erben giebt. Wir haben in dem Abschnitt IX dieser Schrift auf S. 198 ff. mehrere Beispiele für dieses Verfahren angeführt.

Wo ähnliche Verhältnisse der Grundbesitzvertheilung und Grundbesitzbewegung, sowie ähnliche Rechtsüberzeugungen bestehen, da ist die Einführung des Anerbenrechts als Intestaterbrecht weder möglich noch auch wünschenswerth.

Nicht möglich, weil eine solche Abänderung des Intestaterbrechts entschieden nicht den Intentionen der Erblasser entsprechen würde. Sagt doch noch der Bericht über die neueste badische Agrarenquête, „daß die bäuerliche Bevölkerung in denjenigen Landestheilen, in denen die naturale Theilung seit langer Zeit in Uebung ist, jeder Aenderung dieser Art des Erbrechts auf das entschiedenste widerstrebt“.

Aber es ist die allgemeine Einführung des Anerbenrechts hier auch nicht einmal allgemein wünschenswerth, weil — wie die obige Enquête gleichfalls constatirt — in einer Anzahl von Gegenden dieser Ländergruppe „eine weitgehende und in ihren Folgen sich schädlich erweisende Zerstückelung des Besitzes um sich gegriffen hat“ [136]).

Auf solche Verhältnisse das Anerbenrecht allgemein anzuwenden ist aber deshalb unthunlich, weil es diese krankhafte Besitzvertheilung nicht zu conserviren, sondern abzuändern gilt.

Einer Anwendung des Anerbenrechts — selbst in facultativer Form — müßte demnach erst eine radicale Zusammenlegung (Verkoppelung, Separation) der im Gemenge liegenden Parcellen und eine Vergrößerung der Besitzeinheiten vorhergehen.

Indeß wird auf die allgemeine Erreichung dieses letzteren Ziels unter den gegenwärtigen Verhältnissen verzichtet werden müssen. Das Aeußerste, was ohne das Widerstreben der Bevölkerung zu erreichen wäre, ist eine Feldweg- und Gewannregulirung d. h. eine Zusammenlegung und bessere Zugänglichmachung der einem Besitzer gehörigen Parcellen innerhalb eines und desselben Gewanns.

Aber selbst die Erreichung dieses bescheideneren Ziels setzt eine große Energie und Ausdauer seitens der Regierung, Muth und Selbstverleugnung seitens der Volksvertretung und vor allem eine unablässige belehrende Agitation unter den Kleingütlern voraus. Die langjährigen und nur zum Theil erfolgreichen Bemühungen zur Durchführung der Feldweg- und Gewannregulirung in Baden,

---

136) Von denjenigen Orten, in welchen sich die naturale Vertheilung der Liegenschaften zu vollziehen pflegt, sagt der badische Enquêtebericht, daß sie theils eine ausgesprochen günstige, theils eine ausgesprochen ungünstige Besitzvertheilung haben, theils in der Mitte zwischen diesen beiden Extremen liegen. Die schlimmsten Folgen der ungünstigen Besitzvertheilung lassen sich durch ausreichenden Nebenverdienst der Besitzer, durch sehr intensiven, unter Umständen gartenmäßigen Anbau des Culturlands, wie in Orten mit ausgesprochenem Handelsgewächsbau, sowie durch ein besonderes Maß von Rührigkeit und Genügsamkeit der Landwirthe bis zu einem gewissen Grade mildern. Doch finden sich diese mildernden Umstände nicht überall vor. Ergebnisse der Erhebungen über die Lage der Landwirthschaft im Großherzogthum Baden 1883, S. 24—25, 26—27.

Würtemberg, Bayern, in der Rheinprovinz, in Oesterreich und in der Schweiz liefern einen vollgiltigen Beweis für das oben Gesagte[137]).

Wo eine solche partielle Arrondirung wirklich erreicht ist, da wird consequenterweise auch dafür zu sorgen sein, daß die zusammengelegten Grundstücke beisammen bleiben, weil sonst das mit großem Aufwande an Mühe und Kosten Zusammengebrachte nach 2 oder 3 Generationen wieder aus einander gefallen sein wird. Die Zusammenhaltung kann geschehen durch das Verbot, die einzelnen Parcellen unter ein bestimmtes Mindestmaß zu verkleinern. Solche Stückminima bestehen bereits gegenwärtig in Hessen, Nassau und Baden.

Indeß ist die Verallgemeinerung der Bestimmungen über die Stückminima doch ebenfalls nicht leicht, wie u. A. aus den Verhandlungen der Versammlung deutscher Land- und Forstwirthe in München (1872), — wo Graf Borries und Prof. Richter-Tharandt für, Director v. Rau gegen solche Minima eintraten, — hervorgeht. Doch scheint sich neuerdings — wie namentlich bei der Gelegenheit der Besprechung des westphälischen Gesetzentwurfs der Landgüterordnung und bei anderen Gelegenheiten zu Tage trat — in der Rheinprovinz mehr Geneigtheit zur Einführung solcher Stückminima für zusammengelegte Parcellen zu zeigen. Und auch für den fränkischen Theil Bayerns, für Würtemberg und andere süd- und mitteldeutsche Länder wird bereits hier und da nach einer ähnlichen Maßregel verlangt.

Uebrigens werden die Gewannregulirungen und wird der Schluß der regulirten Grundstücke allein nicht immer genügen, um in denjenigen Gegenden, in denen die zu weit getriebene Zerstückelung und Parcellirung des Grundeigenthums unhaltbare Zustände geschaffen hat, die sehr niedrige Lebenshaltung der Bevölkerung zu heben und die periodisch wiederkehrenden Nothstände zu beseitigen. Hier wird der Staat den Heilungsproceß selbst in die Hand nehmen müssen, wie er dies wiederholt in den 50er Jahren im deutschen Süden gethan hat und noch fortgesetzt in den Quellgebieten der größeren Ströme auf dem badischen Schwarzwald thut. Dieser Heilungsproceß der ungesund gewordenen Vertheilung des Grundeigenthums würde darin bestehen, daß der Staat oder in seinem Auftrage die Gemeinde die zur Subhastation kommenden Güter ersteht, durch Zusammenlegung der aus einander liegenden Parcellen und durch Vereinigung der Zwerggüter leistungsfähige Bauerngüter schafft und dieselben dann tüchtigen Landwirthen zu Erbpacht oder zum Eigenthum übergiebt. Im letzteren Fall würde wenigstens zeitweilig die Zerstückelung zu untersagen und in beiden Fällen die Vererbung dieser Güter dem Anerbenrecht zu unterstellen sein.

Im Obigen haben wir nachzuweisen versucht, daß in manchen Gegenden des zerstückelten und parcellirten Grundbesitzes die Voraussetzungen einer gesunden Grundbesitzvertheilung erst geschaffen werden müßten, ehe die Anwendung des Anerbenrechts hier als zweckmäßig angesehen werden könnte.

Aber selbst dann würde die Ausdehnung desselben auf Südwest- und Mitteldeutschland doch erst möglich erscheinen, wenn es gelänge, in dem Rechtsbewußtsein der Bevölkerung eine diesem Erbrecht günstige Aenderung herbeizuführen.

---

137) Miquél in den Verhandlungen des Vereins für Socialpolitik vom 9. October 1882 S. 37.

Denn gegenwärtig bildet das Rechtsbewußtsein der Bevölkerung in einem großen Theil von Süd-, West- und Mitteldeutschland eine unübersteigliche Schranke für jede Veränderung des Erbrechts, welche die formale Gleichheit bei Behandlung der Erben antasten wollte [138]).

Doch möchten wir annehmen, daß die Ueberzeugung von der Unhaltbarkeit der zum Theil krankhaft gewordenen Grundbesitzvertheilung umbildend auch auf die Rechtsüberzeugung einwirken werde. Vielleicht daß es dazu noch größerer Noth bedarf, als sie gegenwärtig periodisch in den Klein- und Zwerggüterbezirken aufzutreten pflegt. Gewiß aber wäre es für die Förderung besserer Einsicht bereits sehr förderlich, wenn die Kenntniß der thatsächlichen Zustände, die sich aus den verschiedenen Erbrechtssystemen mit Nothwendigkeit ergeben, immer weitere Verbreitung fände.

Unsere Hoffnung, daß die Belehrung durch Wort und Beispiel auch in den Kleingüterbezirken allmählich eine bessere Einsicht und damit auch die Vorbedingung für einen Wandel in der Rechtsüberzeugung bewirken werde, stützt sich auf die Thatsache, daß diese Rechtsüberzeugung unter dem Einfluß veränderter thatsächlicher Lebensbedingungen und Einsichten eine Umwandlung erfahren kann und hier und da bereits erfahren hat.

So pflegen die den südwestdeutschen Stämmen angehörigen Colonisten, deren Vorfahren und Stammesbrüder im Südwesten noch gegenwärtig ihren Grundbesitz in natura bis ins Unendliche theilen, im deutschen Osten mit großer Zähigkeit an der ungetheilten Erhaltung ihres Besitzes in der Familie festzuhalten und denselben immer nur an einen ihrer Söhne unter Hintenansetzung der übrigen Kinder zu vererben. Hierher gehören namentlich die Salzburger, Nassauer und Würtemberger in West- und Ostpreußen [139]).

Und von ähnlichen Veränderungen in der Vererbungssitte wird auch noch aus der jüngsten Zeit berichtet.

So führt Roscher [140]) auf Grund einer ihm von dem Amtsrichter Münchmeyer zu Reinhausen in Hannover zugegangenen Mittheilung an, daß auch in denjenigen Landestheilen Hannovers, wo früher kein gesetzliches Anerbenrecht bestanden hatte, die Eintragungen in die Höferolle häufiger zu werden beginnen. Namentlich soll es auf die Nachbarn wie ein Sporn zur Benutzung der Höferolle wirken, wenn ein vorher angesehener Hof zur Auflösung gebracht und

---

138) Wir können Prof. v. Helferich (Zeitschrift des landwirthschaftlichen Vereins in Bayern, November 1883, S. 233) nicht beistimmen, wenn er sagt, „daß es ein Irrthum sei, zu glauben, man müsse das Intestaterbrecht so gestalten, wie es voraussichtlich den Privatmeinungen der einzelnen Erblasser entspricht ... Ich habe immer als den besseren Grundsatz angesehen, daß das Intestaterbrecht das festsetzen solle, was das öffentliche Interesse verlangt, sei es auch im Widerspruch mit den persönlichen Wünschen der Einzelnen.“ Wenn der Gesetzgeber sich auch nicht nach den „Privatmeinungen“ aller „einzelnen Erblasser“ zu richten braucht, so wird er sich doch auch nicht in stricten Widerspruch zu den allgemeinen Rechtsüberzeugungen der Bevölkerung setzen dürfen, sondern vielmehr in denselben seine Stütze suchen müssen. Thut er das nicht, so wird er riskiren, daß sich die Praxis gegen das geschriebene Recht auflehnt und dasselbe zu umgehen sucht.

139) Stöckel in Bäuerliche Zustände Bd. 2 S. 329 und Oemler daselbst S. 243.

140) Roscher, Betrachtungen über die neuen preußischen Gesetze zur Erhaltung des Bauernstands, in der Monatsschrift „Nord und Süd“, Septemberheft 1882.

dadurch in der Umgegend ein heilsamer Schreck verbreitet wird. Sehr häufig wird bereits gegenwärtig in den Ehe- und Erbverträgen der jungen Eheleute die Eintragung in die Höferolle begehrt und die Beerbung durch die Ehegatten mit dem Höferecht in Einklang gebracht.

Und auch für das Herzogthum Oldenburg wird constatirt, daß in Gegenden, in denen das Anerbenrecht früher nicht gegolten hat, neuerdings — d. h. nach Erlaß des Gesetzes vom 24. April 1873 — das Bedürfniß nach „Errichtung von Erbstellen" empfunden wird. Namentlich in einigen Münsterländischen Gemeinden sind Besitzungen, welche früher nach gemeinem Erbrecht vererbt wurden, neuerdings in größerer Zahl seitens ihrer Besitzer dem sog. Grunderbrecht unterworfen worden[141].

Endlich meinen wir bereits untrügliche Symptome dafür wahrzunehmen, daß die für die Bildung einer dem Anerbenrecht günstigen Rechtsüberzeugung nothwendige Einsicht sich in einem Theil der süd- und westdeutschen Bevölkerung Bahn zu brechen beginnt.

So hat der Provinziallandtag derjenigen preußischen Provinz, in der die Sympathie und Anhänglichkeit an das französische Recht außerordentlich stark ist, wir meinen hier die Rheinprovinz, im November 1881 mit einer sehr starken Majorität den Beschluß gefaßt: „die Frage der Staatsregierung, ob in der Rheinprovinz ein Bedürfniß nach anderweiter Regelung der Erbfolge in den Bauernhöfen hervorgetreten ist, für einen Theil des Grundbesitzes in der Rheinprovinz zu bejahen".

Auch verdient hier registrirt zu werden, daß, während noch im Anfang der siebenziger Jahre die öffentliche Meinung der Beseitigung der Vorzugsgerechtigkeit im Großherzogthum Baden günstig war und auch in den Regierungskreisen die Neigung dazu nicht zu fehlen schien, sich gegenwärtig sämmtliche an der neuesten badischen Agrarenquête betheiligten Regierungscommissare „für den Fortbestand des Anerbenrechts, da wo es in Geltung ist," ausgesprochen haben. Speziell derjenige badische Staatsbeamte, der den hervorragendsten Antheil an der Durchführung dieser Agrarenquête gehabt hat[142]), äußert sich über unseren Gegenstand dahin, daß „für den Schwarzwald, den Odenwald, für einzelne Theile des nördlichen und südlichen Hügellandes das Anerbenrecht am Platze und nothwendig sein mag, worauf ja auch der Umstand, daß es in einer Anzahl Gemeinden lediglich kraft Herkommens und Sitte zur Anwendung gelangt, deutlich hinweist; auch ist ernster Erwägung werth, ob für diese letzteren Gebiete nicht die Conservirung der bestehenden Sitte durch ein entsprechendes Anerbenrecht (facultatives Anerbenrecht) anzustreben ist". Diesem Gedanken ist neuerdings auch Geh. Rath Prof. Dr. H. Schultze in seinem an die für die Erhebungen über die Landwirthschaft von der ersten badischen Kammer niedergesetzten Commission erstatteten Berichte beigetreten, indem er diesen Gedanken bereits zu bestimmten positiven Vorschlägen formulirt hat.

---

141) Das bevorzugte Erbrecht von Grundeigenthum im Herzogthum Oldenburg. Statistische Darstellung der Reformen des Erbrechts am Grund und Boden und ihrer Wirkungen, herausgegeben vom großherzogl. statist. Bureau, Oldenburg 1875, S. 110.

142) Buchenberger in Bäuerliche Zustände Bd. 3 S. 301 u. 302. Ergebnisse der Erhebungen über die Lage der Landwirthschaft im Großherzogthum Baden 1883, S. 24, 25, 28.

Wenn Prof. v. Helferich ferner noch im J. 1854 den Versuch einer Ausdehnung des Anerbenrechts auf den deutschen Süden als hoffnungsloses Beginnen bezeichnen konnte, so scheinen doch die Erfahrungen der fünfziger Jahre und die Noth der letzten Zeit auch in Würtemberg und in Bayern vielen Leuten die Augen über die Folgen des gemeinen Erbrechts geöffnet zu haben. Bereits im Jahre 1866 befürwortete der Hohenheimer Prof. Voßler[143]), ein geborener Würtemberger, die Zusammenlegung der zerstreuten Parcellen und die Einführung des Anerbenrechts für die arrondirten Besitzungen. Und wieder neuerdings äußert der Reutlinger Rechtsanwalt O. Hahn: „Wenn man nicht von der scheinbaren Gleichheit und Billigkeit — er versteht darunter die durch das würtembergische Landrecht von 1610 angeordnete gleiche Erbtheilung des Grundbesitzes — abgeht, so werden Alle Lumpen, und so bleibt die Gerechtigkeit, aber blos auf dem Papier." „Hätte ein Gesetz bestanden, welches die Familiengüter erhalten, oder wenigstens ein Gesetz, welches die Theilung eines Guts unter einem gewissen Maß gar nicht gestattet hätte, so hätten die Ueberzähligen bei Zeiten denken, also gehen (d. h. auswandern oder in die Städte, Industriebezirke u. s. w. fortziehen) müssen, vorausgesetzt daß sie nicht als Gehilfen einer Landwirthschaft Beschäftigung gefunden hätten." Ohne solche vorbauende Gesetze „denken die Leute erst, wenn sie nichts mehr haben, also wenn ihnen das Denken nichts mehr hilft. Nun erst gehen ihnen die Augen auf, daß sie sich bei Zeiten hätten vorsehen sollen[144])." Nach Hahn giebt es nur zwei Mittel gegen die immer weiter um sich greifende Zwergwirthschaft: den Erlaß eines Erbrechtsgesetzes, welches die Theilung des Bodens nicht ebenso gestattet, wie die Theilung von Most und Wein, und die Beförderung der Auswanderung.

Endlich hat in neuester Zeit — am 9. October 1883 — auf Anregung desselben Professors v. Helferich, der noch vor 30 Jahren bezüglich der Möglichkeit einer Wiederbelebung des Anerbenrechts sich sehr skeptisch äußerte, die Generalversammlung des bayerischen landwirthschaftlichen Vereins folgende Resolution gefaßt:

„Das Generalcomité des landwirthschaftlichen Vereins in Bayern erblickt in der Einrichtung des alten deutschen Anerbenrechts an Stelle des bisherigen römischen Erbrechts eine nothwendige Forderung im Interesse der Erhaltung des Bauernstandes."

Gegenüber solchen spontanen und energischen Aeußerungen des Volks werden die Regierungen der süd- und mitteldeutschen Staaten sich auf die Dauer nicht ablehnend verhalten können, sondern über kurz oder lang mit diesbezüglichen Gesetzentwürfen hervortreten müssen.

Im Gegensatz zu der früher sub I behandelten Gruppe von Ländern, in der dem Anerbenrecht die Natur des Intestaterbrechts zu geben wäre, müßte sich die Gesetzgebung aber für einen großen Theil von Süd- und Mitteldeutschland darauf beschränken, das System der Höferolle durchzuführen, so daß die einzelnen Grundbesitzungen hier erst in Folge ausdrücklicher Willenserklärung ihrer Besitzer dem

143) O. Voßler, Die gegenwärtige Lage der Landwirthe Würtembergs, Hohenheimer Programm, Stuttgart 1866.

144) O. Hahn, Die Noth der Bauern und ihre Ursachen, Reutlingen 1880, S. 17, 19.

Anerbenrecht unterstellt werden würden. Durch dieses System der Höferolle würde der Eigenthümer in seiner Dispositionsfreiheit durchaus nicht eingeengt werden, indem es demselben jederzeit freistände, sein Grundstück dem Anerbenrecht wieder zu entziehen. Auf diese Weise würde also nur, nach Maßgabe erweiterter Einsicht und dem Anerbenrecht günstig gewordener Rechtsüberzeugung, die Anwendung desselben in diesen Gegenden Verbreitung finden[145]).

Nach Erlaß solcher in ihrer Anwendung durchaus facultativer Gesetze wäre es Aufgabe der Verwaltungs- und Justizbeamten, die Bevölkerung über die Bedeutung der Unterstellung der zusammengelegten Grundstücke unter das Anerbenrecht aufzuklären, wobei der facultative Charakter der Eintragung in eine zu diesem Zweck zu führende Rolle immer wieder betont werden müßte, damit diese Maßregel nicht etwa zum Hemmniß der Parcellenzusammenlegung werde.

Sache der landwirthschaftlichen Vereine und den Presse wäre es sodann, in immer weitere Kreise das Verständniß für die Nothwendigkeit der Schaffung und Erhaltung des bäuerlichen Grundbesitzes zu tragen.

Endlich könnte der Bauernstand auch durch eine Reform der Landgemeindeordnung für die Zusammenlegung und Zusammenhaltung des Grundbesitzes dadurch interessirt werden, daß den größeren Bauern in solchen Kleingüterbezirken ein Virilstimmrecht in der Gemeindevertretung eingeräumt würde.

Auf diese Weise könnte es vielleicht im Laufe der Zeit gelingen, irrthümliche Anschauungen und Sitten, welche dem Gemeinwesen in ihren Consequenzen verderblich sind, zu beseitigen und eine auf eine bessere Vertheilung des Grundbesitzes hinwirkende Erbrechtssitte zu erzeugen. —

Somit sind wir, am Schluß unserer Untersuchung stehend, zu dem Resultat gelangt, daß für einen großen Theil des Deutschen Reichs das Anerbenrecht zur gesetzlichen Regel der Intestaterbfolge für den land- und forstwirthschaftlichen Grundbesitz zu machen, für den übrigen Theil dagegen den Grundbesitzern nur die Freiheit zu gewähren sein möchte, ihren Grundbesitz durch einen persönlichen Act (Eintragung in die zu diesem Zweck zu führende Rolle) dem Anerbenrecht zu unterstellen. Es würde demnach im ersteren Gebiet die Vererbung des Grundbesitzes nach dem Anerbenrecht die Regel und die nach dem gemeinen Erbrecht nur eine durch ausdrücklichen persönlichen Willensact zu begründende Ausnahme bilden; im zweiten Gebiet dagegen würde umgekehrt die Vererbung nach gemeinem Recht die Regel sein, und diese Regel nur durch ausdrücklichen Willensact

---

145) Dieselbe Erwartung findet sich auch in der Vorlage des Ausschusses der Provinz Sachsen, betreffend die anderweite Regelung der Erbfolge, vom J. 1882 ausgesprochen: „In den an Theilung gewöhnten Kreisen der Provinz, so es heißt auf S. 3—4 der Vorlage, läßt sich nicht ohne weiteres der ganz entgegengesetzte Grundsatz erzwingen. — Dagegen kann allerdings erwartet werden, daß auch in diesen Theilen der Provinz ein allmähliches Uebergehen zu besseren erbrechtlichen Gewohnheiten stattfinden wird, wenn durch die Gesetzgebung dazu Anregung gegeben wird. Wenn das Institut der Höferolle erst in denjenigen Theilen der Provinz, deren schon jetzt bestehender Vererbungsmodus demselben entspricht, Anklang gefunden haben und seine guten Erfolge zeigen wird, so werden nach und nach auch in den übrigen Theilen vereinzelte Eintragungen vorgenommen werden, die zur Nachfolge ermuthigen, es werden sich Mittelpunkte bilden, von denen aus sich die Einsicht verbreiten wird, welche großen Vorzüge die Erhaltung ungetheilter Güter gegenüber der maßlosen Parcellirung hat."

für ein bestimmtes Grundstück zu Gunsten des Anerbenrechts ausgeschlossen werden können[146]).

Allerdings wird es nicht ganz leicht sein, eine scharfe Grenzlinie zwischen diesen beiden, nach Natur, Wirthschaft und Rechtsüberzeugung verschiedenen Ländergruppen zu ziehen. Hier kann nur angedeutet werden, daß im Allgemeinen die Länder der ersten Gruppe im Nordwesten sowie im Nord- und Südosten, die Länder der zweiten Gruppe im Süden und Südwesten sowie zum Theil auch in Mitte des Deutschen Reichs zu finden sind. Der Gesetzgebung und Verwaltung muß es überlassen werden, auf Grund weiterer Untersuchungen im Einzelnen die beiden Gruppen von einander zu sondern.

Wir aber haben uns jetzt den in das letzte Jahrzehnt fallenden Gesetzgebungsversuchen zuzuwenden, durch welche die einzelnen deutschen Staaten dem immer lauter erschallenden Ruf nach einer Reform des Anerbenrechts gerecht zu werden versucht haben.

Zu diesem Zweck wollen wir zuerst den Gang der bisherigen Reformgesetzgebung kurz skizziren, um dann die bisher erzielten Resultate derselben vergleichend zusammenzustellen und zu besprechen.

## 2. Zur Entstehungsgeschichte des neueren Anerbenrechts.

Die auf eine zeitgemäße Umgestaltung des älteren Anerbenrechts gerichteten Bestrebungen waren bisher fast nur auf den Norden Deutschlands beschränkt[147]).

Ueber die ausnahmsweise auch im deutschen Süden hervorgetretenen Versuche dieser Art haben wir zum Theil bereits oben berichtet (landwirthschaftliche Erbgüter in Bayern, Hessen und Baden), zum Theil werden wir derselben noch am Schluß dieses Abschnitts kurz zu gedenken haben (Baden, Bayern, Oesterreich).

Im Norden treten diese Bestrebungen zuerst in demjenigen Staat auf, dessen neuere Agrargesetzgebung mit der Durchführung der beiden Principien der Freiheit der Person und des Eigenthums am radicalsten vorgegangen ist und der zugleich bei Gelegenheit der Grundentlastung das sämmtliche ländliche Grundeigenthum, soweit es nicht ausnahmsweise durch Familienfideicommisse oder durch den Lehnsverband vinculirt ist und nach den Grundsätzen dieser Institute vererbt wird, dem allgemeinen Erbrecht unterworfen hat. Dieser

146) Gegenüber der Besprechung der ersten Abtheilung dieses Buchs in der tübinger Zeitschrift für die gesammte Staatswissenschaft, Jahrg. 39, 1—2, S. 895, möchte ich darauf aufmerksam machen, daß ich bereits in meinem in der Versammlung des Vereins für Socialpolitik vom 9. October 1882 — also vor der Schäffleschen Recension — erstatteten Referate die Nothwendigkeit des Dualismus im Erbrechte ausdrücklich betont habe (Verhandlungen des Vereins für Socialpolitik, Leipzig 1882, S. 27).

147) „Wie früher gegen die Reception des römischen Rechts", sagt ein eifriger Vertheidiger unseres Bauernstands (Preser, Erhaltung des deutschen Bauernstands S. 135), „so geht auch jetzt wieder von dem germanischen Norden, von den dortigen Adelshöfen, Rittergütern und Bauernsitzen die lebhafteste Opposition aus gegen das fremde, uns mit Verderben bedrohende Erbrecht, sowie gegen die Gleichstellung des Grundeigenthums mit der fahrenden Habe."

Staat ist, wie wir in der ersten Abtheilung dieser Arbeit S. 190 ff. näher ausgeführt haben, das Königreich Preußen[148]).

Hier wurde bei der Unterwerfung der in das uneingeschränkte Privateigenthum ihrer Besitzer übergegangenen bäuerlichen Nahrungen unter das allgemeine Erbrecht eine gemäßigte Taxe bei der Erbtheilung ausgeschlossen und theilungshalber sowohl die Naturaltheilung des hinterlassenen Guts als auch die Subhastation desselben gestattet. Ja es wurde sogar, „um die Vereinzelung (Theilbarkeit) der Höfe nicht durch hypothekarische Schulden zu erschweren", durch das Regulirungsedict vom 14. September 1811 §§ 29 und 54 die Belastung der regulirten bäuerlichen Höfe mit dergleichen Schulden über den vierten Theil ihres Werthes untersagt.

Aber bereits sehr bald nach Erlaß dieser Bestimmungen zeigte sich die Staatsregierung von der Besorgniß erfüllt, daß die Vererbung des bäuerlichen Grundbesitzes nach den Regeln des allgemeinen Rechts das Fortbestehen eines kräftigen Bauernstandes auf die Dauer ernstlich gefährden könne.

Diese Befürchtungen wurden nach Errichtung der Provinzialstände (1823 und 1824) auch von einigen Landtagen, so u. A. von dem westphälischen und dem sächsischen Provinziallandtage getheilt.

Bereits im J. 1827 forderte die Staatsregierung die Provinziallandtage der östlichen Provinzen zu gutachtlicher Meinungsäußerung über einige denselben mitgetheilte Grundsätze wegen der landespolizeilichen Beschränkung der Parcellirung bäuerlicher Grundstücke, desgleichen wegen Verschuldung und Vererbung der letzteren auf. Indem wir an dieser Stelle die auf die Beschränkung der eben errungenen Dispositionsfreiheit abzielenden Bestrebungen übergehen, sei hier nur der auf das Erbrecht bezüglichen Vorschläge gedacht.

Der 9. der aufgestellten Grundsätze lautete:

„Bei der Auseinandersetzung mehrerer Erben ist der Hof dem Annehmer zu einem ermäßigten Preise zu überlassen."

In den Erläuterungen zu diesem Grundsatze waren die verschiedenen Modalitäten einer Bevorzugung desjenigen Erben, welcher den Hof übernimmt, erörtert und wurde besonders eingehend die Frage erwogen: ob dem Gutsübernehmer der Hof nach einer ein für allemal bestimmten Erbtaxe überlassen oder aber demselben ein aliquoter Theil von dem jedesmaligen Taxwerth des Hofs als Voraus zuerkannt werden solle. Zugleich war bezüglich Bestimmung des Gutsübernehmers der Vorschlag gemacht, in Ermangelung besonderer Dispositionen des Erblassers demjenigen Miterben den Vorzug zu geben, dem der größte Erb-

---

148) Verhandlungen der einzelnen preußischen Provinziallandtage, des vereinigten Landtags, sowie des Herrenhauses und des Hauses der Abgeordneten nebst den Regierungsvorlagen und Commissionsberichten. Resümirt findet sich dieses Material u. A. in dem Entwurf eines Gesetzes, betreffend das bäuerliche Recht in der Provinz Hannover nebst Begründung (als Manuscript gedruckt), Berlin, Königliche Geheime Oberhofdruckerei 1872, und in dem Memorial des Landesdirectors der Provinz Brandenburg, betreffend die anderweite gesetzliche Regelung der Erbfolge in Bauernhöfe (Denkschriften des brandenburgischen Provinziallandtags: 6. Sitzungsperiode 1880 Nr. 8). A. Lette und L. v. Rönne, Die Landesculturgesetzgebung des preußischen Staats, Berlin 1853. Lette, Die Vertheilung des Grundeigenthums im Zusammenhang mit der Geschichte, der Gesetzgebung und den Volkszuständen, Berlin 1858.

theil zustehe, also das Wenigste darauf herauszuzahlen obliege, unter gleichberechtigten aber das Loos entscheiden zu lassen. Auch sollten die übrigen Erben dem Annehmer rücksichtlich Auszahlung ihrer Erbantheile billige (bis zehnjährige) Terminalzahlungen gestatten, wogegen dieser dem nachgebliebenen Ehegatten des Erblassers, dessen Eltern und Kindern erforderlichen Falls billige Beihilfen zu ihrem Unterhalt zu gewähren hätte.

Diese Anregungen der Staatsregierung wurden von den Provinziallandtagen und innerhalb derselben wieder besonders von den Vertretern der Landgemeinden im Ganzen nicht günstig aufgenommen. Insbesondere gilt dies von den Vorschlägen bezüglich der Beschränkung der Dispositionsfreiheit, die dem durch die eben errungene Freiheit gesteigerten Bewußtsein des Bauernstandes nicht entsprachen. Was sodann speziell die das Erbrecht berührenden Vorschläge betrifft, so glaubte der Bauernstand etwaigen Nachtheilen, die aus dem allgemeinen Erbrecht für denselben entstehen konnten, allein durch Festhaltung an der Sitte, die Wirksamkeit des Intestaterbrechts, wenn erforderlich, durch Uebergabeverträge und letztwillige Verfügungen zu paralysiren, mit Erfolg begegnen zu können.

Angesichts dieser Voten gab die Staatsregierung den Plan, die Dispositionsfähigkeit des bäuerlichen Grundbesitzes gesetzlich einzuschränken, auf. Dagegen hielt sie, wie u. A. aus den Allerhöchsten Cabinetsordres vom 28. October 1834 und vom 25. Januar 1835 hervorgeht, an der Nothwendigkeit, der durch das bestehende Erbrecht begünstigten Dismembration der Höfe Einhalt zu thun, fest.

Nach geschehener Einziehung von Gutachten und Nachrichten durch die Verwaltungsbehörden und nach gepflogener Berathung über dieselben wurde den versammelten Provinzialständen der östlichen Provinzen im J. 1841 eine Denkschrift vorgelegt, deren wesentlicher Inhalt folgender ist.

Die gleiche Erbtheilung des Grundeigenthums sei, so heißt es in derselben, nur nominell eine gleiche, reell aber eine sehr ungleiche, indem der Erbe, der seinen nach einer Taxe ermittelten Erbtheil in Grundbesitz und mit der Verpflichtung, die Erbtheile der Miterben auszuzahlen, erhalte, auch dann, wenn der Werth richtig ermittelt worden, immer lädirt sei, indem alle Gefahren und Lasten auf seinem Erbtheile haften bleiben und er allein durch seinen Fleiß und seine Arbeit den Ertrag des Ganzen erringen müsse.

Es trete ferner, sobald mehrere Erben vorhanden seien, stets eine so hohe Verschuldung ein, daß die Conservation des Hofs in der Familie in vielen Fällen unmöglich werde und der Verkauf des Hofs erfolgen müsse.

Wenn diese Fälle bis jetzt noch nicht mehr überhand genommen haben, und die Verschuldung der Bauernhöfe, obwohl sie unleugbar sehr gestiegen sei, noch keinen verderblichen Grad erreicht habe, so liege dies lediglich daran, daß einestheils in der seit Verleihung des Eigenthums und Herstellung eines gleichen Erbrechts verflossenen kurzen Periode Vererbungsfälle nur bei einem Theil der Höfe vorgekommen seien, und anderentheils daran, daß der Bauernstand selbst, älterer Ansicht und Gewohnheit folgend, dem Eintreten jener Uebelstände entgegen zu arbeiten suche. Dies geschehe entweder durch letztwillige Dispositionen, welche der Bauer indeß nur selten treffe, und durch Vereinbarung der Erben unter einander ohne gerichtliche Einmischung, oder durch vertragsmäßige Uebertragung des Hofes bei Lebzeiten des Besitzers auf einen der Erben, unter Bestimmung eines mäßigen Auszugs für die Geschwister, wenn solche vorhanden seien. Aber auch diesen Bestrebungen gewähre die Gesetzgebung nicht den nöthigen freien Spielraum, indem einerseits die letztwilligen Verfügungen durch die Bestimmungen über den Pflichttheil beschränkt seien, und andererseits die Praxis der Gerichte der vorhandenen Sitte entgegenarbeite, indem sie überall, wo ihr eine Einmischung zukomme, das Princip der formell gleichen Erbtheilung möglichst durchzuführen bestrebt sei. Es könne aber nicht fehlen, daß dieses Princip, obschon dem Bauernstande ursprünglich ganz fremd, auf diese Art nach und nach auch in die Gesinnung desselben eindringen und die alten Gewohnheiten und Ansichten verdrängen werde.

Dem müsse entgegen gewirkt werden, und zwar dadurch,

1) daß man die durch die neuere Gesetzgebung aufgehobene Anwendung gemäßigter Erbschaftstaxen, wie sie im Allgemeinen Landrecht (II 7 §§ 280—285) vorgesehen ist, wieder gestatte und bei der Intestaterbfolge einführe;

2) daß man dem Bauernstande die Befugniß gebe, sich in letztwilligen Dispositionen frei und ohne Einschränkung durch die Gesetze über den Pflichttheil zu bewegen.

Wenn man auf diese Weise dem Bauer die Mittel gäbe, den Besitz in der Familie zu erhalten und der Verschuldung vorzubeugen, so könne man das Uebrige dem ihm innewohnenden Sinne für die Conservirung seines Besitzes ruhig überlassen.

Demgemäß war ein Gesetzentwurf beigefügt worden, betreffend die bei der Erbtheilung anzuwendenden gemäßigten Taxen ländlicher Nahrungen und erweiterten Befugnisse, Bauerngüter hypothekarisch zu verschulden, der sich vollständig frei hielt von beschränkenden Bestimmungen in Beziehung auf die Veräußerung bäuerlichen Grundbesitzes, wie sie mit den früheren Vorschlägen durchgängig verbunden waren und damals hauptsächlich den eifrigen Widerspruch gerade der Abgeordneten der Landgemeinden hervorgerufen hatten.

Auch sollte 3) das aus römisch-rechtlicher Wurzel erwachsene Intestaterbrecht, weil es gegen den Willen und die Sitte des Landmanns Theilungen und Veräußerungen der Güter herbeiführe, aufgehoben, und dafür dem Bauernstande eine seiner Gewohnheit und seinem Bedürfniß entsprechende Intestaterbfolge unter Vermeidung jeder Beschränkung der Dispositionsbefugniß geboten werden.

Wir setzen die einzelnen Bestimmungen dieses an das A.L.R. II 2 §§ 280 ff. anknüpfenden Gesetzentwurfs hierher, weil er bereits alle diejenigen Gedanken und zwar zum Theil in musterhafter Formulirung enthält, die in die späteren preußischen und außerpreußischen Gesetze theils schon Eingang gefunden haben, theils aber noch Eingang finden sollten.

Diese Bestimmungen sind:

1) Die Befugniß der ländlichen Einsassen, über ihr bewegliches und unbewegliches Grundeigenthum unter Lebenden und von Todeswegen zu verfügen, wird durch dieses Gesetz nicht beschränkt.

2) Geht in den Besitzverhältnissen eines ländlichen Guts durch Todesfall eine Aenderung vor, ohne daß ein dazu befugter Erblasser den Annahmepreis auf giltige Weise bestimmt hat, so soll, wenn Miterben von dem Gutsübernehmer abzufinden sind, der Werth der Besitzung und des zur Bewirthschaftung erforderlichen Inventariums nach einer gemäßigten Taxe, wie weiter unten bestimmt wird, angeschlagen werden.

3) Die Schlußbestimmung des Art. 72 der Declaration vom 29. Mai 1816, wonach die in Folge des Regulirungsedicts vom 14. März 1811 als Eigenthum erworbenen Bauerngüter bei Erbtheilungen nach dem wirklichen Ertrage abgeschätzt werden sollen, wird hierdurch aufgehoben.

4) Ländliche Güter, im Sinn des P. 2, sind solche Grundstücke, deren Besitzer im Stande der Landgemeinden vertreten sind.

5) Ist vom Erblasser eine giltige Bestimmung über den Annahmepreis der Besitzung nicht getroffen worden, bestimmen Local- und Provinzialgesetze nicht einen für den Gutsübernehmer günstigeren Preis, als er nach den nachstehenden Anordnungen zu ermitteln ist und findet über den Annahmepreis eine gütliche Einigung unter den Erben nicht statt, so wird derselbe auf folgende Weise festgestellt:

Der Gutsübernehmer einerseits und die Miterben andererseits wählen je einen Gutachter und beide Theile gemeinschaftlich einen Obmann, welche sämmtlich Standesgenossen des Erblassers (4) sein müssen; diese bestimmen zum gerichtlichen Protokoll, ohne zur Angabe von Gründen verpflichtet zu sein, die gemäßigte Taxe so, daß nach ihrer Schätzung der Gutsannehmer dabei wohl bestehen und die Wirthschaft in bisher üblicher Weise fortführen kann, und setzen fest, was er darnach an die abzufindenden Miterben zu gewähren hat und welche Termine die letzteren bei Herauszahlung ihrer Abfindungen sich gefallen lassen müssen. Diese Termine sind so abzumessen, daß dabei sowohl die Conservirung des Gutsübernehmers als auch die Verhältnisse und Bedürfnisse der abzufindenden Miterben berücksichtigt werden.

Vor Ablauf der bestimmten Fristen dürfen die Abfindungen nur dann gekündigt werden, wenn der Gutsübernehmer durch schlechte Bewirthschaftung erweislich die bei Uebernahme der Nahrung vorhandene Sicherheit verringert.

6) Will der Annehmer oder einer der Miterben sich bei diesem Ausspruche nicht beruhigen, so steht es dem, welcher sich verkürzt glaubt, frei, auf gerichtliche Abschätzung der Besitzung anzutragen; dann wird die Taxe, nach welcher der Gutsübernehmer das Gut erhält, in der Weise festgestellt, daß von dem ermittelten Werthe der Nahrung nebst Inventarium ein Drittel dem Gutsübernehmer zu Gute gerechnet und zu der zu theilenden Erbmasse nur zwei Drittel des Taxwerths conferirt werden.

Die Kosten eines solchen Verfahrens werden, wenn auf Grund desselben nach den Anträgen des Provocanten eine Aenderung des Annahmepreises erfolgt, von der Erbschaftsmasse, anderenfalls vom Provocanten getragen; kommt es auf Berechnung des Pflichttheils der Miterben an, so werden, wenn der Betrag, um welchen das Pflichttheil beschränkt worden, dem Gutsübernehmer zugewandt worden ist, nur zwei Drittel des ermittelten Gutswerths in Anrechnung gebracht, wogegen, wenn es sich um Ermittelung des dem Gutsübernehmer zustehenden Pflichttheils handelt, der volle Werth der Besitzung zu Grunde gelegt wird.

7) Den auf diese Art abgefundenen Miterben steht rücksichtlich ihrer desfallsigen Forderung ein gesetzlicher Titel zum Pfandrecht zu, welchen sie ohne besonderen Consens des Gutsannehmers auf die Besitzung eintragen zu lassen befugt sind.

8) Wenn weder vom Erblasser auf giltige Weise der Gutsübernehmer des Guts bestimmt, noch derselbe durch Provinzial- oder Localrecht berufen, noch durch gütliche Einigung der Betheiligten gewählt worden ist, so giebt unter mehreren Erben das männliche Geschlecht und bei Gleichheit des Geschlechts das höhere Alter ein Vorzugsrecht, die Annahme der Besitzung nach den Bestimmungen des gegenwärtigen Gesetzes verlangen zu können.

Hiervon werden jedoch, bezüglich der Rechte des überlebenden Ehegatten, Ausnahmen gemacht:

a. Wenn Eheleute in Gütergemeinschaft gelebt haben, so kommen dem überlebenden Ehegatten die Rechte und Vortheile, welche den Gutsübernehmern der Besitzung nach dieser Verordnung zustehen, zu statten;

b. wenn keine Gütergemeinschaft bestanden hat, so steht dem überlebenden Ehegatten, wenn er mit Kindern, welche über 24 Jahre alt sind, concurrirt, kein Anerbenrecht zu; er hat aber ein solches gegenüber minderjährigen Kindern und allen übrigen Verwandten.

Ausgeschlossen von dem Vorrechte, nach den Bestimmungen des Gesetzentwurfs zu erben, sind Blöd- und Schwachsinnige, sowie gerichtlich erklärte Verschwender und die, welche wegen eines Verbrechens zu zweijähriger oder längerer Zuchthaus- oder gleich harter Strafe, oder wegen Meineids, Diebstahls oder qualificirten Betrugs zu einer Criminalstrafe rechtskräftig verurtheilt sind.

9) Die nach P. 8 einzelnen Miterben beigelegte Bevorzugung hat den Erfolg, daß, so lange ein Miterbe vorhanden, auf welchen eines der angegebenen Merkmale paßt, keiner der übrigen Miterben gegen die Ueberlassung der Besitzung an denselben nach den Bestimmungen des Gesetzes Einspruch erheben kann, und der Antrag, dieselbe unter die einzelnen Erben stückweise zu vertheilen oder theilungshalber sub hasta zu stellen, unstatthaft ist.

10) Wenn nach vorstehenden Vorschriften ein zur Wirthschaftsführung geeigneter Miterbe die Besitzung zu der gemäßigten Taxe annehmen will, so dürfen die Vormünder oder vormundschaftlichen Behörden Namens der von ihnen vertretenen Minderjährigen ihre Genehmigung hierzu nur deshalb, weil die Curanden durch die gemäßigte Erbtaxe beeinträchtigt werden, oder weil der Gutsübernehmer angeblich die gehörige Sicherheit für den Erbtheil des Curanden nicht gewähren kann, nicht versagen, noch auf Subhastation des Grundstückes dringen, vielmehr sind die Forderungen, welche minorennen Erben in Folge einer nach gegenwärtigem Gesetze ausgeführten Erbtheilung zustehen, durch die ihnen im P. 7 eingeräumten Vorrechte als genügend gesichert zu erachten.

11) Die Bestimmung der §§ 29 und 54 des Regulirungsedicts vom 14. September 1811, wonach Bauerngüter, wenn das Eigenthum erst in Folge dieses Gesetzes erworben, nur bis zu einem Viertel des Taxwerths mit Hypothekenschulden belastet werden dürfen, wird hierdurch aufgehoben, desgleichen der hierauf bezügliche Artikel 65 der Declaration vom 29. Mai 1816.

Dieser Entwurf fand nicht den allgemeinen Beifall der Provinzialstände in den 6 östlichen Provinzen. Nur der Landtag der Provinz Sachsen hieß die ihm gemachte Regierungsvorlage fast einstimmig willkommen. In den Landtagen der Provinzen Schlesien und Brandenburg vermochte dieselbe jedoch nur unbedeutende Majoritäten zu erzielen, und vollends die Landtage der Provinzen Pommern, Preußen und Posen negirten sowohl das Bedürfniß als auch die Gerechtigkeit und Zweckmäßigkeit der gemachten Vorschläge.

Auch die Regierungspräsidenten der Provinzen Brandenburg, Pommern, Schlesien, Posen und Preußen sprachen sich gegen den Entwurf aus.

Die Gegner des obigen Entwurfs waren übrigens durchaus nicht zugleich auch Gegner des Zwecks, den derselbe zu erreichen suchte. Indem sie diesem zum Theil zustimmten, vermochten sie nur nicht die Mittel zu billigen, durch welche er erreicht werden sollte.

Durch diesen Mißerfolg ließ sich übrigens die Staatsregierung von dem von ihr verfolgten Ziel nicht vollständig abbringen, sondern änderte nur die Art der Verfolgung desselben.

Zunächst beseitigte sie mittels Verordnung vom 29. December 1843 (Ges.S. 1844 S. 17) die in den §§ 29 und 54 des Regulirungsedicts vom 14. September 1811 enthaltene, der Conservation der Güter in den Bauernfamilien nachtheilig gewordene Beschränkung, wonach Bauerngüter nicht über ein Viertel des Werthes mit Hypothekenschulden belastet werden sollten.

Sodann legte sie im J. 1847 dem vereinigten Landtage den von einer Denkschrift begleiteten Entwurf einer Verordnung „betreffend die Abschätzung bäuerlicher Grundstücke und die Beförderung gütlicher Auseinandersetzungen über den Nachlaß eines bäuerlichen Besitzers" vor. In dieser Denkschrift desavouirte die Staatsregierung selbst die auf die Beschränkung der Freiheit gerichtete Tendenz ihrer Propositionen vom J. 1827 und erklärte ausdrücklich, daß sie die Absicht, auf die Conservirung des Bauernstandes und seines Familienguts durch directe, in die individuelle Freiheit und in bestehende Rechte eingreifende Mittel hinzuwirken, als schädlich und unnöthig aufgegeben habe. Ja, noch mehr! Sie wollte fortan an dem bestehenden Intestaterbrecht nicht mehr rütteln, indem sie das in dem Bauernstande vielfach hervortretende Bedürfniß nach Conservirung seiner Höfe lediglich auf das Mittel der letztwilligen Verfügungen und der Gutsübertragungsverträge verwies. Auf die Einnahme dieses Standpunktes, an dem die Staatsregierung bis zur Stunde festhält, scheinen namentlich zwei am Anfange der fünfziger Jahre von den beiden Justizministern von Mühler und Savigny abgegebene Gutachten, deren wir bereits oben auf S. 204 erwähnt haben, von Einfluß gewesen zu sein.

Es läßt sich nicht verkennen, so heißt es in der Denkschrift, daß es einen großen Unterschied mache, ob der Erblasser selbst die auf Erhaltung seines Nachfolgers im Nahrungsstande und des Guts in der Familie abzweckenden Dispositionen trifft, oder ob das Gesetz die fehlende Verfügung supplirt. Der Erblasser verfüge mit Berücksichtigung der individuellen Verhältnisse, der Eigenschaften, selbst der Wünsche und Neigungen seiner Kinder; ihm sei der wahre Werth des Hofs, der Preis, bei welchem der Hofannehmer, ohne vor den Miterben ungerecht bevorzugt zu werden, bestehen könne, bekannt; er sei im Stande eine zweckmäßige Wahl seines Nachfolgers zu treffen und die Bedingungen der Uebernahme in billiger, alle Theile zufriedenstellender Weise festzusetzen; alles dies könne beim Mangel einer giltigen Willenserklärung des Erblassers nicht das Gesetz, welches nur abstracte Normen aufstelle, sondern weit eher die Bestimmung der Erben im Wege gütlicher Uebereinkunft ersetzen. Daraus erkläre sich die entschiedene Abneigung, mit welcher der frühere Gesetzentwurf in der Mehrzahl der Landgemeinden aufgenommen worden sei.

Der dem vereinigten Landtage jetzt vorgelegte Gesetzentwurf hatte übereinstimmend mit einer für die Provinz Westphalen im J. 1844 erlassenen Verordnung nur den Zweck ins Auge gefaßt, „einem praktischen Bedürfniß zu genügen, einestheils namentlich mehr Sicherheit und Wahrheit in das Taxationswesen der kleineren ländlichen Grundstücke und Besitzungen zu bringen, anderentheils die Hindernisse zu beseitigen, welche einzelne Bestimmungen des preußischen Vormundschaftsrechts einer den Verhältnissen der Minorennen, wie der Familie oft weit mehr zusagenden gütlichen Auseinandersetzung entgegen stellten".

Dennoch begegnete auch dieser Entwurf einer wenig günstigen Aufnahme, und wieder waren es namentlich die Vertreter des Bauernstandes, welche sich gegen denselben erklärten. Dieselben glaubten sich — in Folge der im Allgemeinen sehr günstigen Folgen, welche im Zusammenhang mit noch anderen Umständen die Befreiung des bäuerlichen Grundbesitzes von Lasten und rechtlichen Fesseln gehabt hatte — in einem so günstigen Zustande zu befinden und waren so sehr von der ewigen Dauer dieses Zustands überzeugt, daß sie die in den Motiven zum vorgelegten Gesetzentwurf enthaltenen Worte: „zur Erhaltung eines kräftigen Bauernstandes" als Hohn auffaßten.

Unterstützt wurde der Bauernstand in seiner ablehnenden Haltung von dem preußischen Beamtenthum, das von dem Ideenkreise der Stein-Hardenbergschen Gesetzgebung beherrscht und in demselben befangen war, sowie von allen denjenigen, welche auf den damals in hellstem Glanze strahlenden Ehrentitel des wirthschaftspolitischen Liberalismus Anspruch machten.

So wurde denn der Gesetzentwurf, betreffend die Abschätzung bäuerlicher Grundstücke u. s. w., von der Dreiständecurie (gegen eine sehr kleine Minorität) verworfen. Psychologisch betrachtet erscheint uns die herrschende Ansicht der damaligen Zeit, welche freie Dispositionsbefugniß und allgemeines Erbrecht als ein untrennbares Ganze auffaßte, leicht begreiflich, wenngleich wir die Existenz dieses Zusammenhangs entschieden bestreiten müssen (vgl. S. 241). Wie Adam Smith angesichts des großartigen Aufschwungs, den die schottische Volkswirthschaft seit ihrer Befreiung von mittelalterlichen Fesseln im vorigen Jahrhundert genommen hatte, dahin gelangte, die schrankenlose Durchführung des Princips des laissez faire als ein Universalheilmittel für alle volkswirthschaftlichen Uebel zu empfehlen, weil er die Kehrseite dieser Freiheit aus der Erfahrung noch nicht kannte, so konnten diejenigen, welche den großartigen Erfolg der Entfesselung des preußischen Bauernstandes mit erlebt hatten, leicht zu dem Irrthum verleitet werden, daß die Stein-Hardenbergsche Gesetzgebung eine Einheit sei, von der auch nicht das geringste Partikelchen angetastet werden dürfe. Indem man dergestalt Wesentliches und Unwesentliches, Richtiges und Falsches zusammenwarf, übersah man, daß der zunächst von den besten Folgen begleiteten Gesetzgebung einzelne Mängel anhafteten, welche diese Errungenschaften in Zukunft in Frage stellen konnten. Dazu kam speziell bei dem Bauernstande noch eine hochgradige Reizbarkeit gegenüber allen Vorschlägen, die denselben, wenn auch nur entfernt, an die Zeiten früherer Unfreiheit erinnerten, zumal wenn sie von Vertretern der Ritterschaft ausgingen oder doch von ihnen unterstützt wurden. Dieser Stimmung entsprach es, wenn Friedrich Harkort noch im J. 1855 in einer von ihm über das Proletariat veröffentlichten Broschüre (Hagen 1855, S. 9) ausrief: „Die Vorschläge der Ritter im angeblichen Interesse der Bauern haben noch nie ein gutes Ende genommen!"

Auch die oben erwähnten von der Staatsregierung ausgehenden Gesetzentwürfe glaubte man auf den Einfluß der früheren Gutsherrn, die auf diesem Wege angeblich das ihnen verloren gegangene Terrain wieder zu gewinnen suchten, zurückführen zu sollen.

Aus ähnlichen Gründen, weil nämlich alles, was aus der Revolution von 1789 stammt, in den Augen der meisten Franzosen noch immer mit einem Heiligenschein umgeben ist, wagt man auch in Frankreich nicht, flagrante Mängel der Agrar- und Civil-Gesetzgebung, die von den durch dieselben betroffenen Personen längst als solche anerkannt worden sind, trotz wiederholt gemachter Vorstellungen der landwirthschaftlichen Vereine, Enquête-Commissionen und der gesetzgebenden Körperschaften, abzustellen. Es gehört das in das Capitel vom wissenschaftlichen und politischen Aberglauben!

Seit jenem Mißerfolge vom J. 1847 hat die Staatsregierung die Frage der Revision des bäuerlichen Erbrechts ihrerseits während der nächsten Jahrzehnte vollständig ruhen lassen und sich erst nach einer zwanzigjährigen Pause, und auch dann nur gedrängt zuerst vom preußischen Herrenhause und dann vom hannoverschen Provinziallandtage sowie vom preußischen Abgeordnetenhause, mit derselben beschäftigt.

Die nächsten Schritte in dieser Angelegenheit geschahen, wenn man von den in Westphalen zwischen 1836 und 1856 gemachten Versuchen einer theilweisen Abänderung des sich auf ländliche Grundstücke beziehenden Erbrechts absieht, erst nach einer fast zehnjährigen Pause und gingen von dem Herrenhause aus.

Von dem für Westphalen erlassenen Gesetze über die bäuerliche Erbfolge vom 13. Juli 1836, seiner Suspendirung im J. 1844 und seiner Aufhebung im J. 1848 wird weiter unten gehandelt werden. Des gleichfalls für die Provinz Westphalen erlassenen Gesetzes, betreffend die Abschätzung von Landgütern zum Behuf der Pflichttheilsberechnung, vom 4. Juli 1856 ist bereits in der ersten Abtheilung dieser Arbeit S. 191 ff. eingehend gedacht worden.

Bei Gelegenheit der Berathung des westphälischen Gesetzes vom 4. Juni 1856 kam auch die Erstreckung desselben auf die östlichen Provinzen zur Sprache.

Am 26. April 1856 wurde von dem Herrenhause beschlossen: die Regierung um Vorlegung eines Gesetzentwurfs für die 6 östlichen Provinzen zu ersuchen, durch welchen

1) jeder Besitzer von ländlichem freien Grundeigenthum berechtigt wird, dasselbe mittels Testaments zu einer ermäßigten Taxe einem oder mehreren Erben zu hinterlassen, ohne an die etwa entgegenstehenden Pflichttheilsrechte gebunden zu sein, und

2) die Intestaterbfolge in freies ländliches Grundeigenthum dergestalt geordnet wird, daß ländliches Grundeigenthum sammt Gebäuden, Saaten, Vieh u. s. w., welches einer Singularsuccession nicht unterliegt, nach einer billigen Taxe geschätzt und einem der Erben zur Anrechnung gebracht wird, ohne daß diese Taxe von den übrigen Pflichttheilsberechtigten angefochten werden darf. Der Taxwerth soll dadurch gefunden werden, daß der nach

festzustellendem mehrjährigen Durchschnitt oder nach landwirthschaftlichen Grundsätzen zu ermittelnde Ertrag desselben mit einem billigen Multiplicator, etwa der Zahl 16, vervielfältigt wird. Mehrere Grundstücke sind auf so viele Erben zu vertheilen, wie Grundstücke vorhanden sind. Der Gutsübernehmer ist entweder durch Vereinbarung unter den Miterben oder durch das Loos zu bestimmen. Wird das Gut innerhalb 10 Jahren nach dem Tode des Erblassers von dem Annehmer freiwillig verkauft, so hat der Verkäufer die Differenz zwischen dem Annahmewerthe und dem wahren Werthe mit seinen Erben resp. deren Rechtsnachfolgern nachträglich zu theilen.

Am 10. März 1857 wurde dieser Beschluß vom Herrenhause erneuert und gleichzeitig beschlossen, die Staatsregierung zu ersuchen, in Beziehung auf die Provinz Westphalen das Gesetz vom 4. Juni 1856 hinsichtlich der Intestatsuccession im Sinne des obigen Punkts 2, unter Berücksichtigung der in der Provinz geltenden ehelichen Gütergemeinschaft, auszubauen.

Ferner gelangten in der Sitzung des 19. März 1858, gleichzeitig mit einem Antrag auf Vorlage eines Gesetzentwurfs über Fideicommisse und Familienstiftungen, Anträge auf Anfertigung von Matrikeln der in den sechs östlichen Provinzen der Monarchie und in Westphalen vorhandenen bäuerlichen Nahrungen sowie auf Vorlegung eines Gesetzentwurfs wegen Feststellung ermäßigter Annahmetaxen für die in Erbgang kommenden ländlichen Grundstücke zur Berathung.

Mittlerweile hatte sich die Staatsregierung durch Befragung der Justiz- und Verwaltungsbehörden das nöthige Material zur Erledigung der obigen vom Herrenhause gestellten Anträge beschafft.

Die Resultate dieser Ermittelungen wurden in der Erklärung mitgetheilt, die der damalige Justizminister auf die Interpellation eines Gliedes des Herrenhauses in dem letzteren abgab.

Diese Erklärung gipfelte in dem Satze, daß die Staatsregierung den gewünschten Gesetzentwurf nicht einbringen werde und zwar, weil sich aus den eingezogenen Berichten ergebe, daß die Voraussetzungen, von denen die Beschlüsse des Herrenhauses ausgegangen sind, nicht zutreffen. Denn weder lasse sich, wie damals angenommen wurde, eine besorgnißerregende Zersplitterung, noch eine übermäßige Verschuldung des Grundbesitzes nachweisen.

Die Zahl der spannfähigen Güter habe sich entweder gar nicht oder doch nicht in gefahrdrohender Weise verringert. Dabei sei der Wohlstand des Bauernstands im Allgemeinen gestiegen. Auch habe seine Anhänglichkeit an den Grundbesitz nicht abgenommen.

Und wo Güterzersplitterungen wirklich vorgekommen sind, da seien sie nur zum geringsten Theil auf das bestehende Erbrecht zurückzuführen. Verkäufe zum Zweck der Erbtheilung seien nur dann erfolgt, wenn entweder Erbstreitigkeiten bestanden oder kein tauglicher Hofannehmer vorhanden war, oder wenn das gemeinschaftliche Interesse aller Erben den Verkauf räthlich oder Schulden des Erblassers ihn nothwendig machten.

Ebenso seien Fälle, in denen in Folge allzustarker Beschwerung des Guts mit Abfindungen Verkäufe nothwendig geworden seien oder in denen Grundbesitzer ihre Güter bei Lebzeiten aus dem Grunde verkauft hätten, um einem nothwendig werdenden Verkaufe im Wege der Erbtheilung zuvorzukommen, den Gerichten nicht bekannt geworden.

Der Wunsch des Bauernstandes, sich seinen Grundbesitz zu conserviren und die auf dieses Ziel gerichtete Sitte, wie sie sich in den Uebertragungsverträgen, den Testamenten, den Abtretungen des Guts seitens der Erben an einen unter sich manifestirt, haben sich bisher als genügend wirksam erwiesen, um den behaupteten, aber nicht erwiesenen Gefahren vorzubeugen.

Diese erfolgreich wirkende Sitte zum zwingenden Gesetz zu erheben, erscheine der Staatsregierung aber nicht rathsam, weil das Streben nach Verhinderung jeder weiteren Theilung des Grundbesitzes nicht zum ausschließlichen Fundament einer Abänderung des bestehenden Erbrechts gemacht werden dürfe, weil ferner der Bauernstand ein solches Gesetz als eine unverdiente Bevormundung ansehen würde, und endlich, weil die Verschiedenartigkeit der Verhältnisse allgemein zutreffende Normen gar nicht zulasse.

Ob und wie weit die von dem damaligen Justizminister geäußerte Ansicht stichhaltig ist, ist bereits oben näher geprüft worden. An dieser Stelle sei nur noch darauf hingewiesen, daß die von dem Herrenhause in Vorschlag gebrachte Modification des bestehenden Erbrechts alle Theilungen des Grundbesitzes weder beseitigen wollte noch auch beseitigen konnte, sondern lediglich den Zweck verfolgte, diejenigen Veräußerungen des Grundbesitzes aus der Familie und diejenigen Theilungen desselben innerhalb der Familie, die nicht aus freier Zweckmäßigkeit, sondern in Folge eines durch das Erbrecht ausgeübten Zwangs erfolgen, möglichst zu reduciren.

Seit dieser Erklärung des Justizministers ruhte die Frage einer Reform des Erbrechts sowohl in den Kreisen des Staatsministeriums, wie in denen der Stände noch ein weiteres Jahrzehnt, um dann durch eine der neu gewonnenen Provinzen wieder in Fluß gebracht zu werden.

Bevor wir auf diese letzte Phase der Erbrechtsreform näher eingehen, soll hier noch eine bemerkenswerthe Thatsache registrirt werden.

Sowohl die bis zum J. 1847 von der preußischen Staatsregierung, als auch die seit dieser Zeit von dem preußischen Herrenhause ausgehende Anregung zur Reform des bäuerlichen Erbrechts im Sinn der Wiedereinführung eines den Zeitverhältnissen angepaßten Anerbenrechts findet keinerlei nennenswerthe Unterstützung, ja selbst kaum ein Echo in der zeitgenössischen Literatur. Das damals in Theorie und Praxis der Agrarpolitik herrschende Manchesterthum that diese Verhältnisse brevi manu ab, indem es sie als Erzeugnisse der Reaction denuncirte und damit dem allgemeinen Haß und der allgemeinen Verachtung preisgab.

Wie das Jahr 1866 große Veränderungen auf politischem Gebiete brachte, so leitete es auch eine tiefgehende geistige Bewegung ein, in deren Mitte wir uns noch gegenwärtig befinden. Mag über den Werth ihrer positiven Schöpfungen auf dem Gebiet der innern Politik auch noch lange gestritten werden, so viel steht doch schon jetzt fest, daß sie uns von dem Bann einer einseitigen Theorie und Praxis erlöst hat.

Dieser Umschwung in der Richtung der Geister sollte sich sehr bald auch auf dem Gebiet des Erbrechts äußern.

Die Anerbenrechtsfrage trat jetzt in eine ganz neue Phase.

Die erste Anregung zur Wiederaufnahme ihrer gesetzgeberischen Behandlung ging von der neuen Provinz Hannover aus.

Bevor wir auf die vielfach verschlungene Entstehungsgeschichte des hannoverschen Höferechts näher eingehen, sei hier nur noch der Gesetzgebung eines kleinen deutschen Staats erwähnt.

Im Fürstenthum Schaumburg-Lippe wurden die Rechtsverhältnisse der Bauernhöfe durch ein sehr ausführliches Gesetz vom 11. April 1870 (Sch.-lipp. Verord.-Bl. J. 1870 Nr. 7) geregelt. Die bedingte Untheilbarkeit der Bauernhöfe (dieselben dürfen nur mit Genehmigung des Amts getheilt werden) war in diesem Gesetz beibehalten, dem Anerbenrecht aber zugleich der frühere Zwangscharakter genommen, sodaß es sowohl durch letztwillige Verfügungen als auch durch Verträge unter Lebenden abgeändert oder ganz ausgeschlossen werden kann. Und auch sonst sind die Bestimmungen des Anerbenrechts den veränderten Rechtsbegriffen der Gegenwart angepaßt worden. In diesem Gesetze, soweit sich dasselbe auf das Anerbenrecht bezieht, fand das hannoversche Höferecht sein Muster und Vorbild. Die wesentlichsten Abweichungen des hannoverschen Höfegesetzes und der späteren preußischen Landgüterordnungen von dem schaumburg-lippeschen Gesetze bestehen darin, daß dieses das Anerbenrecht als directes Intestaterbrecht für die Vererbung des bäuerlichen Grundbesitzes einführt, während die neueren preußischen Höfegesetze und Landgüterordnungen das Institut der Höferolle acceptirt haben und für die Vererbung der in die Höferolle eingetragenen Grundstücke — die neuerdings nicht mehr auf den bäuerlichen Grundbesitz beschränkt wird — bestimmte singuläre Normen aufstellen. Für den Antragsteller ist die Eintragung in die Höferolle nichts weiter als eine erleichterte Form der letztwilligen Verfügung. Für die Besitznachfolger desselben aber hat die Höferolle eine ähnliche Bedeutung, wie wenn ihre Höfe einem singulären Intestaterbrecht unterworfen wären. Man kann also hier im Gegensatz zum directen Intestaterbrecht von einem indirecten Intestaterbrecht sprechen. Der eigenthümliche Charakter der Höferolle spricht sich darin aus, daß das dem Höferecht unterworfene Grundstück nicht nur durch letztwillige Verfügung für einen einzelnen Vererbungsfall, sondern durch Löschung aus der Höferolle für die Dauer der Einwirkung des singulären Erbrechts entzogen und dem allgemeinen Intestaterbrecht unterstellt werden kann.

Die ersten Anregungen zur Reform des älteren hannoverschen Höferechts sind freilich viel älter als das schaumburg-lippesche Gesetz[149]).

149) v. Bothmer, Die Verhältnisse der Bauernhöfe, Hannover 1855. Stüve, Wesen der Landgemeinden und des ländlichen Grundbesitzes in Niedersachsen und Westphalen, Jena 1851. Bening, Die Bauernhöfe und das Verfügungsrecht darüber, Hannover 1862. Frank, Ueber das Recht der Nachfolge in Meiergüter des Fürstenthums Lüneburg und der Grafschaft Hoya, Hannover 1862. Braun, Das Anerbenrecht, ein Beitrag zur Abwehr von Angriffen gegen die Grundlagen der bäuerlichen Höfeverfassung in der Provinz Hannover, Hannover 1872. Braun, Die Gesetzgebung und das Pflichttheilsrecht, in den preußischen Jahrbüchern Bd. 42, nebst Nachtrag von André daselbst Bd. 42. Meyersburg, Gutachten über die Frage: ob und wie weit die Testirfreiheit mit Rücksicht auf eine Pflichttheilsberechtigung eingeschränkt werden soll? erstattet für den 14. deutschen Juristentag, in den Verhandlungen des 14. Juristentags, Bd. 1, Berlin 1878, S. 50—71. Meyersburg, Erläuterungen des hannoverschen Höferechts, unter Mitwirkung von Dr. André verfaßt, Hannover 1875. Wilhelm Roscher, Betrachtungen über die neuen preußischen Gesetze zur Erhaltung des Bauern-

Bereits oben ist erwähnt worden, daß im ehemaligen Königreich Hannover, zu Folge der Gesetze vom 10. November 1831 und vom 23. Juli 1833 über die Ablösung der grund- und gutsherrlichen Lasten, die Untheilbarkeit für die von den gutsherrlichen Lasten befreiten Höfe in denjenigen Gegenden fortbestehen blieb, in denen sie auch für die freien Bauernhöfe bisher bestanden hatte. Auch sollten hinsichtlich des Anerbenrechts die frei gewordenen Höfe fortan nach denselben Grundsätzen beurtheilt werden, welche während der Abhängigkeit derselben gegolten hatten.

Der durch diese beiden Gesetze geschaffene Rechtszustand war übrigens keineswegs ein befriedigender und wurde daher allgemein nur als ein vorübergehender angesehen, zumal der § 34 des Gesetzes vom 10. November 1831 ausdrücklich den Erlaß eines eigenen, die Rechtsverhältnisse der Bauernhöfe regelnden Gesetzes verheißen hatte.

Da die Ausführung dieses Paragraphen aber auf sich warten ließ, so erfolgten vom J. 1836 ab wiederholte Anträge der Ständeversammlung auf Vorlage des verhießenen Gesetzentwurfs. In diesen Anträgen wurde auf die Zweifel, Ungewißheiten und sonstigen Nachtheile des provisorischen Zustands hingewiesen und namentlich auch auf die Verwickelungen aufmerksam gemacht, die aus dem immer unsicherer werdenden Zustande des Gewohnheitsrechts und aus den sich widersprechenden Entscheidungen der Gerichte entstünden. Nach dem Wunsche der Majorität des Landtags sollte die freie Theilbarkeit des bäuerlichen Grundbesitzes eingeführt — übrigens war eine nicht unbedeutende Minorität für Aufrechterhaltung gewisser Schranken der Theilbarkeit —, zugleich aber das Anerbenrecht beibehalten, codificirt und zum Theil auch modificirt werden. Im J. 1854 wurde von der Ständeversammlung als Vorbereitung zu einem künftig zu erlassenden Gesetze die Sammlung und Sichtung des geltenden Rechtsmaterials durch besondere Provinzialcommissionen in Vorschlag gebracht. Auch entschied man sich für eine provinzielle Regelung des Höferechts; ja es wurde seitens des Osnabrücker landwirthschaftlichen Vereins von einer unter Stüves Vorsitz niedergesetzten Commission ein entsprechender Entwurf ausgearbeitet.

Wie die Stände, so beschäftigte sich auch die hannoversche Staatsregierung wiederholt und eingehend mit der schwierigen Frage einer Umgestaltung der in

stands, in der Monatsschrift „Nord und Süd", September 1882 S. 328 ff. Entwurf eines Gesetzes, betreffend das bäuerliche Recht in der Provinz Hannover (als Manuscript gedruckt), Berlin 1872. Schreiben des ständischen Verwaltungsausschusses an den Provinziallandtag der Provinz Hannover vom 3. October 1873, die Vorlegung eines Gesetzes über das Höferecht in der Provinz Hannover betreffend. Protokolle des fünften hannoverschen Provinziallandtags vom 4. Juli 1871, des sechsten hannoverschen Provinziallandtags vom 4. October 1872 und des siebenten hannoverschen Provinziallandtags vom 14. und 15. October 1873. Entwurf eines Gesetzes, betreffend das Höferecht in der Provinz Hannover, nebst Motiven vom 23. April 1874 (Drucksachen des preuß. Abgeordnetenhauses Session 1874 Nr. 306). Stenographischer Bericht über die Verhandlungen des preuß. Abgeordnetenhauses vom 12. und 13. Mai 1874, des preuß. Herrenhauses vom 18. und 19. Mai 1874. Entwurf eines Gesetzes, betreffend das Höferecht in der Provinz Hannover, vom 14. Januar 1880 (Drucksachen des Abgeordnetenhauses Session 1879/80 Nr. 143). Stenographischer Bericht über die Verhandlungen des preuß. Abgeordnetenhauses vom 4. und 6. Februar 1880.

den einzelnen Landestheilen zu Recht bestehenden Anerbenrechtssysteme im Geist der neuerdings in die Agrargesetzgebung aufgenommenen Principien. Doch gelangten alle diese Arbeiten nicht zur Vorlage an die Ständeversammlung. Innerhalb der 30 Jahre, während deren sich die Regierung mit dieser Frage beschäftigte, löste eine Commission die andere ab. Sie hatten alle ein umfangreiches Material gesammelt, das schließlich seine wohlverdiente Ruhe unter dem Staub der Archive fand.

Mittlerweile hatte das Königreich Hannover als selbständiger Staat zu existiren aufgehört, indem dasselbe dem Königreich Preußen eingegliedert wurde. Angesichts der Gefahr, daß die Bauernhöfe hinsichtlich ihrer Vererbung jetzt dem allgemeinen Recht unterstellt werden würden, wurde in dieser durch eine Reihe hervorragender Staatsmänner sowie durch einen kräftigen Bauernstand ausgezeichneten Provinz der Wunsch, ja das Verlangen nach einer Reform und Consolidation des bestehenden Anerbenrechts immer lauter und dringender.

Auf einem verhältnißmäßig kleinen Gebiete fand sich hier ein abschreckendes Chaos verschiedenartiger dunkler und vielfach bestrittener Rechtsbestimmungen vor. Nicht nur daß die einzelnen Provinzen ein verschiedenes Recht besaßen, nicht nur daß innerhalb der einzelnen Provinzen in verschiedenen Gegenden wiederum verschiedene Rechte galten; es hatte sich sogar für die verschiedenen Höfeclassen, ja selbst für einzelne Höfe ein und derselben Gegend ein besonderer Rechtszustand herausgebildet. In diesem Chaos reichte die vorhandene Gesetzgebung nicht aus, war das Gewohnheitsrecht ungewiß, die Theorie zweifelhaft und die Praxis schwankend. Verwaltung und Gerichte widersprachen sich häufig, indem die Entscheidungen der Gerichte bei Auslegung der alten Gesetze nach der Seite der Freiheit und des allgemeinen Erbrechts hinneigten, die der Verwaltungsbehörden dagegen mehr an der Gebundenheit und dem Anerbenrecht festhielten. In den Familien aber wurde durch diese Rechtsunsicherheit Hader und Streit hervorgerufen. Dieser Zustand wurde um so unhaltbarer, je häufiger die Einzelrichter, welche in erster Instanz über die Anwendung des Anerbenrechts zu entscheiden hatten, aus einem Ort an den anderen versetzt wurden und je weniger sie deshalb in der Lage waren, sich in die ihnen zum Theil fremden Rechtsverhältnisse einzuleben.

Die Folge dieser Rechtsunsicherheit hinsichtlich des Anerbenrechts war, daß sich fast unbemerkt aber stetig das allgemeine Erbrecht (gemeine Recht, preußische Landrecht) wie ein Keil in den bestehenden Rechtszustand hineinschob.

Diesem abnormen Verhältniß, das zwischen dem allgemeinen und dem bäuerlichen Singularrecht bestand, mußte nothwendig ein Ende gemacht werden. Es fragte sich nur, auf welchem Wege dies zu geschehen habe: ob durch Aufhebung des bäuerlichen Anerbenrechts und Ersetzung desselben durch das allgemeine Recht, was allerdings der leichtere Weg gewesen wäre, oder durch Unificirung der verschiedenen Anerbenrechtssysteme und ihre theilweise Umgestaltung, ein Weg, dessen Betreten manchem erfolglos und allen sehr schwierig schien.

Nichtsdestoweniger wagte man es denselben zu betreten.

Die Initiative hierzu ging von dem hannoverschen Provinziallandtage aus. Am 30. September 1867 sprach er auf Antrag des Abgeordneten Miquél der Staatsregierung gegenüber den Wunsch nach einer baldigen Reform des Bauernerbrechts aus.

Nachdem auch das preußische Haus der Abgeordneten am 28. Februar 1868 einen diesem Wunsch entsprechenden Beschluß bezüglich einer Reform des hannoverschen Bauernrechts gefaßt hatte, berief die Staatsregierung im Mai 1868 eine aus Justiz- und Verwaltungsbeamten der Provinz Hannover gebildete Commission behufs Ausarbeitung des gewünschten Gesetzentwurfs. Da die Vorarbeiten dieser Commission sich in die Länge zu ziehen drohten und es zweifelhaft wurde, ob der Gesetzentwurf den gehegten Erwartungen entsprechen würde, nahm der hannoversche Provinziallandtag am 6. Juli 1871 auf Veranlassung einer Petition des Amtsgerichts Celle Gelegenheit, sich in eingehender Weise über die Richtung zu äußern, in welcher seiner Ansicht nach die gesetzliche Regelung der bäuerlichen Verhältnisse werde erfolgen müssen. Es beschloß nämlich derselbe, die Staatsregierung erneuert und dringend um die baldige Ausarbeitung eines Gesetzentwurfs zu bitten, in dem „der ungetheilte Uebergang eines bis dahin der bäuerlichen Erbfolge unterliegenden Hofs auf den Anerben unter Bevorzugung desselben bei der Abfindung der Miterben zwar als Regel für die Intestaterbfolge beibehalten, im Uebrigen aber dem Besitzer ein unbeschränktes Verfügungsrecht über den Hof im Ganzen und im Einzelnen sowohl unter Lebenden als von Todeswegen eingeräumt und nur die gehörige Regulirung der Hofeslasten als gesetzliches Erforderniß hingestellt werden möge".

Ein im preußischen Justizministerium ausgearbeiteter Gesetzentwurf betreffend das bäuerliche Recht in der Provinz Hannover, welcher im J. 1872 den Justiz- und Verwaltungsbehörden der Provinz Hannover zur Begutachtung mitgetheilt wurde, wollte das seiner Zeit für die 8 alten Provinzen der preußischen Monarchie in Anwendung gebrachte Verfahren auch auf die Provinz Hannover anwenden, d. h. alle Besonderheiten des geltenden bäuerlichen Rechts aufheben und das allgemein geltende Recht an seine Stelle setzen. Damit hätte denn auch das Anerbenrecht, das der hannoversche Provinziallandtag conservirt zu sehen wünschte, dem allgemeinen Erbrecht weichen müssen. Diesem Gesetzentwurf war außer einer eingehenden Begründung noch eine Denkschrift, betreffend die Gesetzgebungsversuche zur Neugestaltung des bäuerlichen Erbrechts in den alten Provinzen der preußischen Monarchie, beigegeben. Entwurf und Denkschrift athmeten den einem großen Theil der preußischen Bureaukratie und namentlich der preußischen Juristenwelt eigenen Geist, welcher die Stein-Hardenbergsche Agrargesetzgebung nicht nur im Ganzen, sondern auch in allen ihren Einzelheiten für ein unübertroffenes und unfehlbares Werk ansieht, das ohne Weiteres auch auf die neuerworbenen Provinzen übertragen werden müsse. Um jenes Elaborat übrigens gerecht zu beurtheilen, wird man sich noch vergegenwärtigen müssen, daß dasselbe einer Zeit entstammt, in der dem freihändlerischen Liberalismus die ausschließliche Herrschaft gehörte und Niemand hinter den „Fortschritten der Jetztzeit" zurückbleiben wollte.

Obzwar die Staatsregierung diesen Gesetzentwurf den Provinzialständen noch nicht vorgelegt hatte, so erzeugte schon die Kunde von seinem Inhalte in der Provinz große Aufregung.

Daß das Interesse für die Erhaltung des Anerbenrechts in Hannover viel tiefer ging und in viel weitere Schichten drang, als seiner Zeit das Interesse für die Einführung desselben in den alten Provinzen Preußens, zeigt unter Anderem der rege Antheil, den die Literatur an diesen Vorgängen in Hannover nahm, während sie, wie wir bereits oben erwähnten, in Altpreußen die parlamentarischen Vorgänge fast gar nicht begleitet hatte.

In Hannover hatten bereits in den fünfziger und sechziger Jahren die Arbeiten von Stüve, Bothmer, Bening und Frank sich u. A. auch eingehend mit dem bäuerlichen Erbrecht beschäftigt, und auch diese neueste Phase der Anerbenrechtsfrage veranlaßte mehrfache Aeußerungen der Presse und Literatur.

Im Sinn der Nichtanwendbarkeit des allgemeinen Erbrechts auf die hannoverschen Bauernhöfe sprach sich jetzt namentlich der Gerichtsassessor Th. Braun in der oben citirten Arbeit aus. Derselbe wurde aufs lebhafteste unterstützt von dem Syndikus Dr. André und dem Obergerichtsanwalt Meyersburg, sowie von mehreren anderen hervorragenden Juristen und Verwaltungsbeamten der Provinz.

Auch konnte man sich auf die Autorität Benings, eines älteren, in den Traditionen des Liberalismus aufgewachsenen hannoverschen Beamten, stützen. Derselbe war früher eine lange Reihe von Jahren hindurch in den Ministerien angestellt und war mit der Bearbeitung mehrerer Fragen der landwirthschaftlichen Gesetzgebung, sowie mit der Vertretung dieser Gesetzgebung in der hannoverschen Ständeversammlung betraut gewesen und lebte und wirkte hierauf eine Zeitlang unter dem Bauernstande. Während er früher die Agrarverhältnisse von oben und aus der Ferne gesehen hatte, sah er sie jetzt von unten und in der Nähe. Auf Grund seiner Studien und Erfahrungen hat auch er sich im J. 1862 für freie Theilbarkeit des bäuerlichen Grundbesitzes, aber zugleich für Beibehaltung des Anerbenrechts ausgesprochen.

Ihren deutlichsten Ausdruck fand die über das beabsichtigte Vorgehen der Staatsregierung im Lande herrschende Mißstimmung in 230 an den hannoverschen Provinziallandtag gerichteten, meist aus bäuerlichen Kreisen stammenden Petitionen, welche sich gegen die Beseitigung des Anerbenrechts erklärten, sowie in den Verhandlungen und Beschlüssen dieses Landtags selbst.

Dieses Mal ließ der Provinziallandtag es jedoch nicht dabei bewenden, wiederum nur eine Resolution zu fassen, sondern veranlaßte zugleich die Ausarbeitung eines eigenen Gesetzentwurfs. Am 4. October 1872 beschloß nämlich der Provinziallandtag:

1) die Petitionen der königlichen Regierung zu überweisen unter Bezugnahme auf den Beschluß des Provinziallandtags vom 6. Juli 1871 und

2) den ständischen Verwaltungsausschuß zu beauftragen, für den nächsten Provinziallandtag einen Gesetzentwurf auszuarbeiten bez. ausarbeiten zu lassen, welcher dem ständischen Beschluß vom 6. Juli 1871 entsprechend sei.

Ehe wir auf die weiteren Schicksale dieses Antrags näher eingehen, sei erwähnt, daß der Beschluß des hannoverschen Provinziallandtags vom 6. Juli 1871, soweit er sich auf die Gewährung des freien Verfügungsrechts an die Eigenthümer der Bauernhöfe bezog, seine Erledigung bereits durch den § 8 des am 1. October 1873 in Kraft getretenen Gesetzes über das Grundbuchwesen in der Provinz Hannover vom 28. Mai 1873 gefunden hatte.

Der § 8 dieses Gesetzes bestimmt nämlich: „Die bestehenden Rechtsnormen, nach welchen die Theilung eines Bauernhofs, die Veräußerung einzelner Theile desselben, die Vereinigung eines Bauernhofs mit anderen Grundstücken . . . verboten oder an die Genehmigung einer Regiminal- oder Gerichtsbehörde gebunden sind, werden, soweit sie von dem sonst geltenden Recht abweichen, aufgehoben. Außerdem werden die für die sog. Höfecontracte (Hofübertragungs-, Ehe-, Abfindungs-, Altentheils-, Interimswirthschafts-Contracte &c.) bestehenden besonderen Rechtsnormen, nach welchen dieselben zu ihrer Giltigkeit der Mitwirkung oder Genehmigung durch eine Behörde oder der öffentlichen Beurkundung bedürfen, aufgehoben." Auch gingen parallel mit diesen Vorgängen im hannoverschen Provinziallandtage und im preußischen Abgeordnetenhause im J. 1872 Besprechungen desselben Themas im preußischen Landes-Oekonomie-Collegium. Sie waren durch den Antrag eines Hannoveraners, des ehemaligen Staatsministers Grafen v. Borries veranlaßt (vgl. oben S. 98).

Was sodann den von dem hannoverschen Provinziallandtage dem Provinzialausschusse am 4. October 1872 ertheilten Auftrag betrifft, so wurde in Ausführung desselben dem Syndikus André, dem Oberappellationsgerichtsanwalt Meyersburg und dem Gerichtsassessor Braun die Aufgabe gestellt, einen Gesetzentwurf über das Höferecht auszuarbeiten. Die von denselben entworfene Arbeit wurde sodann von einer eigenen Commission geprüft, hierauf von dem provinzialständischen Verwaltungsausschusse, nach vorgängiger Berathung mit dem Landesdirectorium, festgestellt und im October 1873 dem Provinziallandtage zur Berathung vorgelegt.

Zunächst beseitigte der Entwurf, der den in der preußischen Bureaukratie und in dem preußischen Abgeordnetenhause damals herrschenden Anschauungen so viel, wie nur irgend thunlich erschien, Rechnung trug, die bisherige locale Verschiedenheit des Anerbenrechts. Sodann machte er den Versuch einer Neubildung des Anerbenrechts auf bisheriger historischer Grundlage, aber mit Aufnahme des Princips der Dispositionsfreiheit des Grundeigenthümers, ja mit Ausdehnung desselben über die gemeinrechtlichen Schranken hinaus. Auch wurde demselben das System des indirecten Intestaterbrechts resp. der Höferolle zu Grunde gelegt d. h. es gestattete das Gesetz einem Hofbesitzer die Eintragung seines Hofs in die Höferolle, mit der Wirkung, daß auf solche eingetragene Höfe das gesetzlich formulirte Anerbenrecht Anwendung zu finden hatte. Dieses Anerbenrecht hat keinen absoluten Charakter, so daß nicht nur einzelne Bestimmungen des Anerbenrechts modificirt werden können, sondern daß auch die Eintragung eines Hofs in die Höferolle jederzeit gelöscht und damit der Hof der Wirkung des Anerbenrechts wieder entzogen werden kann.

Dieser Entwurf entsprach den Anschauungen der überwiegenden Mehrheit des hannoverschen Bauernstands. Auch die meisten Amtsrichter erklärten sich mit demselben einverstanden. Ebenso die meisten Anwälte. Dagegen waren die oberen Gerichte mehr für Einführung des gemeinen Rechts, und in der hannoverschen Ständeversammlung wiederum wurden einige Stimmen laut, welche nur die Disposition über die Bauernhöfe durch Rechtsgeschäfte unter Lebenden (Theilung, Zusammenlegung u. s. w.) freigeben, im Uebrigen aber den gesammten früheren Rechtszustand erhalten wollten. Indessen blieben diese Stimmen in der Minorität, indem der Provinziallandtag den ihm vorgelegten Entwurf in der Sitzung vom 25. October 1873 mit sämmtlichen gegen 3 bez. 2 Stimmen annahm. Insbesondere haben die Vertreter des Bauernstands ohne Ausnahme für denselben gestimmt. Der solchergestalt angenommene Entwurf wurde der Staatsregierung nebst einer demselben angehängten Begründung zur Erledigung auf verfassungsmäßigem Wege übergeben.

Obgleich damals wie überhaupt seit 1848 in den Regierungskreisen wenig Geneigtheit für dergleichen Sondergesetze, die den Bestimmungen der Stein-Hardenbergschen Agrargesetzgebung zuwiderliefen, bestand, so legte dennoch der damalige Justizminister Dr. Leonhardt am 23. April 1874 dem preußischen Landtage einen dem Entwurf des Provinziallandtags wesentlich conformen, nur in einigen Punkten im Sinne des allgemeinen Rechts noch abgeschwächten Gesetzentwurf über das hannoversche Höferecht vor.

Der Standpunkt, den der Justizminister damals einnahm, war folgender. Es sollte der Gesetzentwurf seiner Ansicht nach nichts anderes sein, als eine historische Fortentwickelung gegebener Verhältnisse im Sinne ihrer weiteren Anpassung an das allgemeine Recht. Auch wurde das Fortbestehen des Anerbenrechts abhängig gemacht von dem Bestehen einer entsprechenden Anschauung und Sitte des Bauernstandes. Mit dieser sollte es stehen und fallen. Eine Consequenz dieses Standpunktes war es denn auch, daß das reformirte Höferecht nur Anwendung finden sollte auf diejenigen Höfe, für die bereits früher das Anerbenrecht gegolten hatte, und daß auch den Besitzern dieser das Aufgeben des Anerbenrechts möglichst erleichtert wurde.

Uebrigens verdient immerhin dankbar anerkannt zu werden, daß die Geltendmachung selbst dieses sehr verclausulirten Standpunkts im J. 1874 viel mehr Selbständigkeit und Muth erforderte, als die Vertretung viel weiter gehender Eingriffe in das gemeine Recht in den folgenden Jahren. C'est le premier pas qui coûte!

Der dem Landtage vorgelegte Entwurf kam bereits im Mai 1874 sowohl im preußischen Hause der Abgeordneten, wie im Herrenhause bei schwach besetzten Bänken zur Berathung und Annahme, freilich nicht ohne daß derselbe im Abgeordnetenhause einige neue Abschwächungen erlitten hätte. Die königliche Sanction erhielt das Gesetz am 2. Juni 1874.

Die Punkte, in denen sich das Gesetz von der ursprünglichen Gesetzesvorlage des hannoverschen Provinziallandtags unterschied, waren folgende:

1) Die Eintragung in die Höferolle sollte nach dem Gesetz nur für diejenigen Höfe zulässig sein, für welche es dem Eigenthümer gelingen würde, dem zuständigen Amtsgerichte wenigstens „wahrscheinlich" zu machen, daß sie bereits früher unter der Herrschaft des Anerbenrechts gestanden hätten, während die Vorlage des Provinziallandtags zwar einzelne Landestheile von der Wirksamkeit des Gesetzes vollständig ausgenommen wissen wollte, in dem übrigen Lande aber die Anwendung des Höferechts auf sämmtliche Höfe ohne Ausnahme zuließ.

2) Ferner sollte nach dem Gesetz die Eintragung in die Höferolle überhaupt nur statthaft sein bis zum 1. Juli 1885, von welchem Tage an bereits eingetragene Höfe wohl gelöscht, aber noch nicht eingetragene Höfe nicht mehr eingetragen werden durften, wogegen die Vorlage des Provinziallandtags von einer solchen Beschränkung nichts wußte.

3) Endlich sollte das Anerbenrecht auf die in die Höferolle eingetragenen Höfe auch nur dann zur Anwendung kommen, wenn der Erblasser bei seinem Tode auf seinem Hofe oder beim Vorhandensein mehrerer Höfe auf einem derselben anwesend wäre, während die Vorlage des Provinziallandtags das Anerben-

recht nur dann nicht eintreten ließ, wenn der Erblasser bei seinem Tode seinen Wohnsitz nicht im Geltungsgebiete dieses Gesetzes hatte.

Das Verhältniß der Parteien im preußischen Landtage zu dem Gesetzentwurf war folgendes: Sämmtliche Hannoveraner ohne Unterschied der Partei stimmten für dasselbe. Ebenso die Conservativen und ein Theil des Centrums. Auch ein Theil der Nationalliberalen votirte, hauptsächlich unter dem Einfluß des hannoverschen Landesdirectors R. v. Bennigsen, der sich um das Zustandekommen des Gesetzes überhaupt große Verdienste erwarb, für dasselbe. Gegen das Gesetz stimmte die Fortschrittspartei.

Die Erwartungen und Hoffnungen, welche die für das Gesetz Stimmenden an die Ausführung desselben knüpften, waren sehr verschieden.

So äußerte der Abgeordnete Dr. Windthorst die Befürchtung, daß nach Einführung des gemeinen Rechts auch für den bäuerlichen Grundbesitz es nur schwer möglich sein werde, die Bauernhöfe auf die Dauer aufrecht zu erhalten, da es sehr unsicher sei, in welchem Umfange der Bauernstand von der ihm gewährten Befugniß, seinen Besitz dem Höferecht zu unterwerfen, Gebrauch machen werde. Das Andringen der nachgeborenen Kinder könne leicht dahin führen, daß der Bauer seinen Hof nicht in die Rolle eintragen oder ihn doch wieder aus derselben löschen lassen werde. Jedenfalls stehe zu erwarten, daß durch dieses Gesetz eine Unruhe in die Bauernfamilien getragen werde, welche denselben bisher fremd war. Immerhin hoffte er, daß die Sitte sich stark genug erweisen werde, den Zerstückelungsproceß des bäuerlichen Grundbesitzes wenigstens zu verlangsamen. Noch weniger erwartete der frühere preußische Justizminister, Graf zur Lippe, von dem durch das in Rede stehende Gesetz in dem bäuerlichen Recht begründeten Dualismus für die Erhaltung der Bauernhöfe.

Dagegen hoffte der Landesdirector v. Bennigsen, daß das Gesetz, indem es sich an die eigene Erfahrung, den freien Willen und den gesunden Sinn der gebildeten bäuerlichen Grundbesitzer wende, in seinen Wirkungen jene gute Sitte befestigen und in dem Bauernstande eine Kraft der Ueberzeugung hervorrufen werde, welche eine stärkere Garantie für dessen Erhaltung biete, als der vormalige Zwang, so daß es demselben gelingen werde, die Sicherstellung des mittleren und kleineren Grundbesitzes namentlich in Gegenden mit leichterem Boden gegen Zersplitterung und Aufsaugung zu bewirken.

Uebrigens entsprach das zuerst durch die Staatsregierung und dann durch das Abgeordnetenhaus verwässerte Gesetz nicht vollständig den Wünschen des Landesdirectors v. Bennigsen und der übrigen Hannoveraner. Doch sagten sie sich, daß bei der damals im preußischen Landtage und Ministerium herrschenden Strömung nicht mehr zu erreichen sei, und hielten zugleich an der Hoffnung fest, daß sich das verstümmelte Gesetz zu geeigneter Zeit werde ergänzen lassen.

Durch das hannoversche Gesetz von 1874 war auf der einen Seite jenes unhaltbare, weil höchst mannigfaltige und in der Anwendung unsichere, in einzelnen seiner Bestimmungen außerdem mit der gegenwärtigen Cultur nicht harmonirende ältere Anerbenrecht aufgehoben und auf der anderen Seite war ein neues Institut geschaffen worden, in welchem sich außer dem Namen des alten Anerbenrechts noch der von vergangenen Zuständen und Verhältnissen losgelöste Grundgedanke, daß die bäuerlichen Besitzungen gegen die bei Erbtheilungen häufig eintretenden Zersplitterungen möglichst zu sichern seien, erhalten hatte.

Diesem Grundgedanken entsprechend ist, unbeschadet der vollen Verfügungsfreiheit des jeweiligen Eigenthümers, eine einfache und leichte Form der Disposition mittels Eintragung in die Höferolle geschaffen worden, welche zur Folge hat, daß die solchergestalt eingetragenen Höfe nicht nach allgemeinem Recht, sondern nach dem besonderen Höferecht vererbt werden. Soweit die Besitzer von der Höferolle aber keinen Gebrauch machen, fällt ihr Grundbesitz allerdings unter die Regeln des allgemeinen Erbrechts.

Das größte Verdienst dieses Gesetzes besteht darin, daß dasselbe die zahlreichen Bedenken, welche bisher in den juristischen Collegien, in den Landtagen, in den Ministerialbureaux und in der Literatur gegen die Möglichkeit, das Anerbenrecht mit den Grundsätzen der neueren Agrargesetzgebung in Einklang zu bringen, bestanden, mit einem Schlage beseitigt hat.

Bereits in den ersten Jahren der Geltung des hannoverschen Höfegesetzes traten manche Mängel desselben hervor, Mängel, welche in mehreren an den hannoverschen Provinziallandtag und das preußische Abgeordnetenhaus gerichteten Petitionen zum Ausdruck gelangten.

Diese Petitionen faßten namentlich folgende Punkte ins Auge:

Nach dem hannoverschen Höfegesetz vom 2. Juni 1874 durften nur solche landwirthschaftliche mit einem Wohnhause versehene Besitzungen in die Höferolle eingetragen werden, für die das Bestehen des Anerbenrechts nach bisherigem Recht wahrscheinlich gemacht werden konnte. Nun wurde darüber geklagt, daß die Amtsrichter, welche über die Eintragungsfähigkeit der Höfe zu entscheiden hatten, in zweifelhaften Fällen zu peinlich seien. Aber auch wo die Amtsrichter eine mildere Praxis übten, fiel es doch in manchen Fällen außerordentlich schwer, für diejenigen Höfe, für die früher das Anerbenrecht gegolten hatte, den Nachweis dieses Rechtszustands zu erbringen.

Ein anderer Mißstand kam in einer aus dem Amt Osterode stammenden Petition zur Sprache[150]). Dieselbe hatte folgenden Inhalt: In den ehemaligen Fürstenthümern Göttingen und Grubenhagen, im Eichsfelde und in der Grafschaft Hohenstein kommen zahlreiche Meierhöfe vor, die dem zur Eintragung in die Höferolle aufgestellten Requisit einer landwirthschaftlichen Besitzung mit eigenem Wohnhause insofern nicht ganz entsprechen, als die Wohnhäuser und sonstigen Gebäude dort rechtlich nicht zu den allein aus Aeckern und Wiesen bestehenden Meierhöfen gehören. Eine Consequenz dieses eigenartigen Verhältnisses zwischen Gebäuden und Liegenschaften ist es nun, daß während für den Meierhof das Anerbenrecht gilt, so daß beim Tode des Besitzers eines Meierhofs der jüngste Sohn, eventuell die jüngste Tochter, ausschließlich in denselben succedirt, ohne zur Leistung einer Abfindung an die übrigen Geschwister verpflichtet zu sein, die Gebäude dagegen beim Tode des Eigenthümers nach gemeinem Recht zu gleichen Theilen auf alle vorhandenen Kinder vererben. Indessen sollen erfahrungsmäßig aus diesem anscheinend unzweckmäßigen Verhältnisse keinerlei Uebelstände erwachsen sein, da in der Regel entweder der Hofbesitzer dem Anerben die Gebäude gegen eine Abfindung seiner Geschwister durch letz-

150) An das Herrenhaus bez. Haus der Abgeordneten gerichtete Petition von Seiten der Amtsversammlung des Amts Osterode, betreffend das Gesetz über das Höferecht in der Provinz Hannover, vom 20. September 1879.

willige Verfügung vermacht oder, sofern dies nicht geschehen ist, die Miterben dem Anerben die Gebäude, von denen sie selten selbst Gebrauch machen, gegen Auszahlung ihres Werthes überweisen. Nach Erlaß des Höfegesetzes vom 2. Juni 1874 wurde die Eintragung dieser Meierhöfe, weil sie nicht als landwirthschaftliche mit einem Wohnhause versehene Besitzungen angesehen werden konnten, verweigert. Die Petenten wünschten nun, die eben erwähnte Bestimmung des hannoverschen Höfegesetzes möge durch eine authentische Declaration oder einen Zusatz dahin ergänzt werden, daß die in Rede stehenden landwirthschaftlichen Besitzungen für eintragungsfähig erklärt würden.

Aber auch sonst machte sich in weiteren Kreisen die Einsicht geltend, daß wenn das Hauptmotiv für den Erlaß des hannoverschen Höfegesetzes der Wunsch war, eine angemessene Zahl von mittleren und kleineren Besitzungen zu erhalten, kein genügender Grund vorläge, die Wirkungen des Gesetzes auf diejenigen bäuerlichen Besitzungen zu beschränken, die zufällig früher unter der Herrschaft eines — zudem ganz anderen und in seinen einzelnen Bestimmungen höchst verschiedenartigen — Anerbenrechts gestanden haben, und die sonstigen Höfe, deren Besitzer sich gleichfalls dem Gesetz unterwerfen wollen, von dieser Möglichkeit auszuschließen, zumal nachdem in Folge der Ablösungen unter den früher so sehr von einander abweichenden Rechtsverhältnissen fast überall eine Ausgleichung stattgefunden hat. Freilich entfernte man sich mit dieser Argumentation vollständig von dem Standpunkte, den im J. 1874 die Staatsregierung (insbesondere der Justizminister Dr. Leonhardt) und das preußische Abgeordnetenhaus eingenommen hatten. Indeß war die Festhaltung dieses Standpunkts überhaupt auf die Dauer unmöglich, indem man sich entweder nach einer weiteren Basis für das Fortbestehen des Anerbenrechts umsehen oder dasselbe der Verdrängung durch das gemeine Recht preisgeben mußte.

Auf welche Seite sich am Schluß der siebziger Jahre die Wagschale neigen werde, konnte nach dem großen Umschwung, der sich mittlerweile in den Anschauungen der leitenden und zum Theil auch der parlamentarischen Kreise vollzogen hatte, nicht zweifelhaft sein.

Während noch im J. 1874 der preußische Justizminister dem hannoverschen Höfegesetze gegenüber streng den historischen Standpunkt einnahm, indem er das Anerbenrecht nur als Consequenz bisheriger Rechtszustände in seiner dem gemeinen Recht angenäherten Form anerkennen wollte, betonte man jetzt mehr den rationellen, socialwirthschaftlichen Standpunkt und scheute nicht davor zurück, das Anerbenrecht, weil dasselbe einem socialwirthschaftlichen Bedürfniß entspricht, auch dort, wo es bisher nicht gegolten hat, neu einzuführen und für die Dauer zu befestigen.

In diesem Sinne beschloß der hannoversche Provinziallandtag am 28. October 1879 einstimmig, die Zurückführung des Höferechts, wie dasselbe in dem Gesetz vom 2. Juni 1874 formulirt vorlag, auf den Grundgedanken der Landtagsvorlage vom October 1873 zu beantragen.

Getragen von der oben gekennzeichneten Stimmung erwiesen sich die beiden Minister der Justiz und für die landwirthschaftlichen Angelegenheiten jetzt sehr entgegenkommend, und so wurde bereits am 14. Januar 1880 dem Hause der Abgeordneten der Entwurf einer Novelle zum Höfegesetz vom 2. Juni 1874 vorgelegt. In diesem Entwurfe ging die Staatsregierung sogar über das von den hannoverschen Provinzialständen Beantragte hinaus, indem sie nicht nur — wie von den Ständen gewünscht wurde — die Hofbesitzer in denjenigen Bezirken, in denen im Allgemeinen das Höferecht gegolten hatte, sondern überhaupt die sämmtlichen Hofbesitzer der Provinz, soweit ihre Besitzungen nur nicht in städtischen Feldmarken liegen oder Fideicommisse, Stamm-, Lehen- oder sonst landtagsfähige Rittergüter sind, bei Eintragung ihrer Höfe in die Höferolle von dem Beweise dispensirte, daß ihre Höfe bereits früher nach Anerbenrecht vererbt worden seien. Auch hinsichtlich der übrigen Punkte schloß sich die Staatsregierung den Wünschen des Provinziallandtags an, indem sie die Bestimmungen des Höfegesetzes, durch welche ein terminus ad quem für die Eintragung in die Höferolle festgestellt, und ferner die Bestimmung, durch welche für die Anwendung des Höferechts auf einen bestimmten Hof verlangt wurde, daß der Erblasser vor seinem Tode auf demselben gelebt habe, aufzuheben vorschlug.

Im Februar 1880 wurde der Entwurf im Abgeordnetenhause und im Herrenhause durchberathen und darauf von beiden Häusern — dieses Mal mit großer Majorität — angenommen. Am 24. Februar 1880 erhielt er die landesherrliche Sanction.

Jetzt ist es möglich, auch in denjenigen Theilen der Provinz Hannover, in denen früher das Anerbenrecht nicht gegolten hat, den bäuerlichen Grundbesitz durch Eintragung desselben in die Höferolle vor weiterer Zersplitterung im Erbwege zu bewahren. Daß von dieser Erlaubniß auch wirklich Gebrauch gemacht werden würde, ließ sich nach den im Herzogthum Oldenburg gemachten Erfahrungen mit Sicherheit erwarten.

Neuerdings ist dann noch ein weiterer Schritt zur Erweiterung des Anwendungsgebiets der Höferolle gethan worden.

Nach dem Höfegesetz vom 24. Februar 1880 war die Fähigkeit der Eintragung in die Höferolle zwar auf alle landwirthschaftlichen, mit einem Wohnhause versehenen Besitzungen ausgedehnt worden; doch blieben außer den Fideicommiß-, Lehen- und Stamm-Gütern auch die landtagsfähigen Rittergüter noch von dieser Regel ausgeschlossen.

Der 17. hannoversche Provinziallandtag hat nun am 8. November 1883 mittels einstimmigen Beschlusses die Beseitigung auch dieser beschränkenden Bestimmung beantragt. Diesem Antrage entsprechend hat die Staatsregierung den beiden Kammern eine Vorlage zugehen lassen, nach welcher hinfort in der Provinz Hannover auch Rittergüter in die Höferolle eingetragen werden dürfen. Dabei soll indeß die Bestimmung des Gesetzes vom 2. Juni 1874, wonach Fideicommiß-, Lehen- und Stamm-Güter nicht eingetragen werden dürfen, in Kraft bleiben. Das Herrenhaus ebensowohl wie das Abgeordnetenhaus haben diesem Entwurf beigestimmt, worauf derselbe am 20. Februar 1884 die königliche Sanction erhalten hat. Demnach ist das für Hannover geltende Gesetz jetzt nachträglich den für die Provinzen Westphalen und Brandenburg erlassenen Landgüterordnungen insofern gleichgestellt worden, als bezüglich des Rechts zur Eintragung der land(- und forst)wirthschaftlich benutzten Grundstücke in die Höferolle kein Unterschied mehr zwischen Bauern- und Rittergütern, zwischen großem und mittlerem Grundeigenthum gemacht wird.

Theils in Folge der von Hannover ausgehenden Anregung, theils unabhängig von derselben waren bereits früher andere Staaten zum Erlaß entsprechender Gesetze gelangt. Zu diesen gehören das Fürstenthum Schaumburg-Lippe, dessen wir bereits oben gedacht haben, und das Herzogthum Oldenburg.

Aehnliche Motive wie im früheren Königreich Hannover drängten auch im Großherzogthum Oldenburg[151]) nach einer neuen Regelung des Anerbenrechts, welches hier den Namen Grunderbrecht führt. Bei dieser Regelung wurde jedoch zuerst nur das Herzogthum Oldenburg — das Hauptbesitzthum des außerdem aus den beiden Fürstenthümern Lübeck und Birkenfeld bestehenden gleichnamigen Großherzogthums — ins Auge gefaßt. Hier heischte insbesondere die sehr starke Zurücksetzung, welche die Abfindlinge im Gebiet der sog. Brautschatzordnungen erfuhren, dringend eine Abänderung des bestehenden Rechtszustandes. Dieser litt außerdem unter der großen Buntscheckigkeit der Bestimmungen und zeichnete sich dadurch aus, daß seine Quellen in dürftigen Gesetzen, überwuchernden Gewohnheiten und zahlreichen, meist in vergilbten Akten vergrabenen Präjudicien enthalten waren. Auch in Oldenburg wie in Hannover bereitete daher die Anwendung des alten Grunderbrechts den Gerichten bedeutende Schwierigkeiten. Die Folge davon war eine große Rechtsunsicherheit. War somit der bestehende Rechtszustand unhaltbar, so mußte die Frage entschieden werden, ob man tabula rasa machen und die gemeinrechtliche Erbfolge mit ihrer Gleichstellung aller Erben auch für den ländlichen Grundbesitz einführen, oder ob man auch in Zukunft für die Vererbung des Grundbesitzes den Vorzug eines Miterben, des sog. Grunderben, beibehalten wolle. Für den Fall, daß man sich für die letztere Eventualität entschied, standen wieder zwei Wege offen: nämlich der leichtere der Beibehaltung und theilweisen Revision der bestehenden mannigfachen Rechte und der schwierigere der Consolidation und gründlichen Umgestaltung der verschiedenen Rechte zu einem einheitlichen Recht.

Einen äußeren Anstoß erhielt die Reform des Grunderbrechts zunächst durch die Frage nach Aufhebung der Gebundenheit des Grundbesitzes, mit der sie in engem, wenn auch nicht in unauflöslichem Zusammenhange steht.

151) v. Beaulieu-Marconnay, Das bäuerliche Grunderbrecht vom Standpunkt des Gesetzgebers mit Rücksicht auf das Herzogthum Oldenburg, Oldenburg 1870. Hullmann, Die Reform des Grunderbrechts im Herzogthum Oldenburg, Oldenburg 1870. v. Heimburg, Das Grunderbrecht in seinem Verhältniß zum Geist unserer Zeit und in seinem Einfluß auf den Bauernstand im Herzogthum Oldenburg, Oldenburg 1871. Das bevorzugte Erbrecht am Grundeigenthum im Herzogthum Oldenburg, statistische Darstellung der Reformen des Erbrechts am Grund und Boden und ihrer Wirkungen, herausgegeben vom oldenburgischen statistischen Bureau, Oldenburg 1875. Kollmann, Das Herzogthum Oldenburg in seiner wirthschaftlichen Entwickelung während der letzten fünfundzwanzig Jahre, auf statistischer Grundlage dargestellt, Oldenburg 1878. Kollmann, Die Anwendung des bevorzugten Erbrechts am Grundeigenthum im Herzogthum Oldenburg zu Anfang des Jahres 1880, Oldenburg 1883. Kollmann, Die Reform des Erbrechts am Grund und Boden und ihre Wirkungen auf die Erhaltung des Bauernstandes im Herzogthum Oldenburg, in Schmollers Jahrbuch für Gesetzgebung u. s. w., Jahrgang 7 (1883), Heft 2, S. 209 ff. Entwurf der Gesetze für das Herzogthum Oldenburg, betreffend das Erbrecht, nebst Motiven: Vorlage für den 17. Landtag des Großherzogthums Oldenburg, Oldenburg 1872. Bericht des Justizausschusses über diesen Entwurf, Protokolle über die Sitzungen des 17. Landtags des Großherzogthums Oldenburg.

Bereits das erste Staatsgrundgesetz vom 18. Februar 1849 hatte, unter principieller Anerkennung der freien Verfügung über das Grundeigenthum, die nähere Ausgestaltung dieses Princips der Gesetzgebung vorbehalten. Das revidirte Staatsgrundgesetz vom 22. November 1852 Art. 16 hielt an dem Princip der Dispositionsfreiheit fest, behielt jedoch „aus Rücksichten des allgemeinen Wohls und aus staatswirthschaftlichen Gründen" der künftigen Gesetzgebung die Statuirung von Beschränkungen hinsichtlich der freien Verfügung und Theilbarkeit vor. Als der oldenburgische Landtag dann auf die Ausführung dieser verfassungsmäßigen Bestimmung drängte, übertrug die Staatsregierung durch eine Verordnung vom 6./22. Juli 1869 die Consensertheilung zur Zerstückelung des Grundbesitzes den Aemtern und wies diese zugleich an, dergleichen Gesuche stets zu bewilligen. Zugleich beauftragte sie den Oberappellationsgerichtsrath von Beaulieu mit der Ausarbeitung eines bezüglichen Gesetzentwurfs, in dem auch die Frage des Grunderbrechts geregelt werden sollte. In seinem ausführlichen Gutachten befürwortete der Verfasser die uneingeschränkte Freigebung des Verkehrs mit Grundstücken und die Ersetzung des Grunderbrechts durch das gemeine Erbrecht. Seine Beweisführung war die des landläufigen Liberalismus in wirthschaftlichen Fragen, indem auch er an dem Dogma festhielt, daß wirthschaftliche Freiheit und gemeines Erbrecht von einander unzertrennlich seien. Doch fehlte ihm der optimistische Schwung der meisten Chorführer dieser Richtung, indem er sich nur mit einer gewissen Resignation zu ihren Postulaten bekannte. „Es mag ein Irrthum sein," sagt er in seinem oben angeführten Buche[152]), „in der Freiheit des Verkehrs ein Universalheilmittel für materielles Volkswohl zu erblicken. Dennoch wird man nicht umhin können, die Freiheit als etwas Lebendiges, als eine Wohlthat anzuerkennen und sie immmer wieder ins Leben einzuführen. Und wenn sich ihre Gefahren zugleich mit einbürgern, so ist es Sache späterer Generationen, dieselben in ihrem Wesen und in ihren Ursachen zu erkennen und die Mittel dagegen aufzusuchen." Die v. Beaulieusche Arbeit blieb indessen nicht ohne Widerspruch, indem sowohl der Oberappellationsgerichtsrath Hullmann als auch der Amtsverwalter von Heimburg sich gegen die Beseitigung und für eine Reform des bestehenden Grunderbrechts in dem Sinn erklärten, daß das bevorzugte Anerbenrecht in Zukunft auf entsprechende Erklärung des Grundeigenthümers Anwendung finden sollte. Dieser Ausweg wurde in Oldenburg wie in Hannover in Vorschlag gebracht, weil mit Einführung der freien Theilbarkeit — der übrigens auch die beiden Opponenten v. Beaulieus zustimmten — der Begriff der geschlossenen Stelle und damit das Kennzeichen wegfallen sollte, nach welchem sich in den bisherigen Rechten für den größten Theil des Landes die Objecte des Grunderbrechts bestimmten. Die Staatsregierung ging jedoch über den von Hullmann gemachten Vorschlag hinaus, und legte dem Landtage im Herbst 1872 Gesetzentwürfe über die Theilbarkeit der Grundbesitzungen, über das eheliche Güterrecht und über die Vererbung des Grundbesitzes vor, in welchem letzteren Entwurfe das Erbrecht einheitlich für alle Grunderbstellen d. h. alle behausten Grundbesitzungen, soweit sie mindestens einen Umfang von 3 Hektaren hatten, in der Weise normirt wurde, daß

152) v. Beaulieu-Marconnay, Das bäuerliche Grunderbrecht vom Standpunkt des Gesetzgebers, Oldenburg 1870, S. 24.

dieselben von Gesetzeswegen dem Grunderbrecht unterliegen sollten (System des directen Intestaterbrechts). Von dem Referenten des Justizausschusses des oldenburgischen Landtags, an den die Gesetzentwürfe zunächst gelangten, wurde die Annahme derselben mit einigen mehr oder minder wesentlichen Abänderungen, zu denen, in Anknüpfung an den Hullmannschen Vorschlag, die Ersetzung des Systems des directen durch das des indirecten Intestaterbrechts gehörte, empfohlen. Nur sollte in Oldenburg die Anmeldung der Höfe, hier Grunderbstellen genannt, nicht, wie in Hannover, Lauenburg u. s. w., bei dem Richter, sondern bei der Verwaltungsbehörde, dem Verwaltungsamt, stattfinden. Auf Grund dieses Referats erfolgte dann in dem oldenburgischen Landtage die Berathung und schließlich die Annahme der Regierungsvorlage mit den von dem Justizausschusse vorgeschlagenen und den aus der Mitte des Landtags hervorgegangenen Abänderungen, welche hauptsächlich auf eine Erweiterung der Dispositionsfreiheit des Einzelnen und eine weitere Ausdehnung der Geltung gemeinrechtlicher Bestimmungen gerichtet waren. Am 24. April 1873 erhielten die 3 Gesetze die landesherrliche Sanction. Hinsichtlich der Freiheit des Verkehrs mit Grundeigenthum besteht in Oldenburg fortan nur noch eine Ausnahme. Dieselbe bezieht sich auf diejenigen Anbauerstellen, welche auf uncultivirten Staatsgründen angewiesen sind. Ihre Zerstückelung sowie die Abtrennung einzelner Theile derselben darf, während eines Zeitraums von 30 Jahren nach erfolgter Anweisung der Stelle, nur nach vorhergegangener Genehmigung der zuständigen Verwaltungsbehörde erfolgen. In dem Gesetz über das Grunderbrecht sind die Voraussetzungen der Geltung eines bevorzugten Erbrechts sowie dieses selbst in einer Weise normirt, daß zugleich die Interessen der minder begünstigten Erben in höherem Grade als früher berücksichtigt und die Gewohnheiten der verschiedenen Landestheile zugleich thunlichst beachtet worden sind.

An die Regelung des Grunderbrechts im eigentlichen Herzogthum Oldenburg hat sich dann im J. 1879 die Regelung desselben Gegenstandes in dem gleichfalls zum Großherzogthum Oldenburg gehörigen Fürstenthum Lübeck angeschlossen. Das für das Fürstenthum Lübeck erlassene Gesetz vom 10. Januar 1879 betreffend das Erbrecht schließt sich, abgesehen von einigen unwesentlichen Punkten, genau an das für das Herzogthum Oldenburg erlassene Gesetz vom 24. April 1873 betreffend die Vererbung des Grundbesitzes an.

Auch im Herzogthum Braunschweig[153]) knüpfte die Reform des Anerbenrechts an die Freigebung des bäuerlichen Grundbesitzes an. Hier hatte sich trotz der Ablösung des Meierverhältnisses und der Reallasten und trotz Umwandlung des bäuerlichen Besitzes in volles und freies Eigenthum die Gebundenheit desselben, d. h. die Unveräußerlichkeit der Pertinenzien sowie das Verbot, mehrere Bauerhöfe in einer Hand zu vereinigen, und zugleich das Anerbenrecht, die Interimswirthschaft und die Leibzucht bis auf unsere Tage erhalten. Die Frage, ob die Beibehaltung der Eigenthumsbeschränkungen und des Bauernrechts durch die Rücksicht auf die Erhaltung eines wohlhabenden

153) Theilbarkeit oder Geschlossenheit der Bauerngüter. Gutachten des Plenums des herzoglichen Obergerichts zu Wolfenbüttel, Braunschweig 1872. R. Lüderssen, Die Befreiung und Mobilisirung des Grundbesitzes im Herzogthum Braunschweig, Braunschweig 1881, S. 73—85. Protokolle über die Verhandlungen des 11.—14. Landtags des Herzogthums Braunschweig.

Bauernstandes auch ferner geboten sei, hatte die öffentliche Meinung des Herzogthums seit den 60er Jahren lebhaft beschäftigt. Auf vier nach einander folgenden Landtagen ist die Frage Gegenstand der sorgfältigsten und ausführlichsten Erörterungen gewesen. Auf dem elften ordentlichen Landtage von 1863/64 ward auf Antrag eines Abgeordneten beschlossen, die Regierung um Erwägung der Frage zu ersuchen, ob nicht die gesetzlichen Bestimmungen aufzuheben seien, welche der freien Verfügung des Eigenthümers über bäuerliche Grundstücke im Wege stehen. Eine dem zwölften ordentlichen Landtage von 1866/67 mitgetheilte Denkschrift legte die Erwägungen der Regierung dar und kam zu dem Resultate, daß keine Veranlassung vorläge, an dem bestehenden Zustande zu rütteln. Der Landtag war jedoch anderer Ansicht und ersuchte die Regierung um die Vorlegung eines Gesetzes, durch welches den Eigenthümern freie Verfügung über die Bauerngüter zugestanden werde. Die dem dreizehnten ordentlichen Landtage von 1869/71 hierauf ertheilte Antwort der Regierung hielt indeß an der ablehnenden Haltung fest und motivirte diese u. A. auch damit, daß die zu Rathe gezogenen Landesbehörden, das Obergericht, die Landes-Oekonomie-Commission und die Mehrheit der Kreisdirectionen entschieden von der Aufhebung der Verkehrsbeschränkungen in Bezug auf den bäuerlichen Grundbesitz abgerathen hätten, das Obergericht mit dem Nachweise, daß die freie Theilbarkeit und Dispositionsbefugniß von selbst auch zur Beseitigung des bäuerlichen Erbrechts und der übrigen bauernrechtlichen Institutionen, sowie zu der Nothwendigkeit führe, gleichzeitig das gesammte Hypothekenwesen des Landes umzugestalten. Also auch hier dieselbe Befürchtung, daß sich das Anerbenrecht mit der freien Theilbarkeit des Grundbesitzes nicht vereinigen lassen werde, wie in Preußen, Hannover und anderen Ländern! Aber auch hier sollte man sich schließlich von dem Gegentheile überzeugen. Aus den Berathungen des dreizehnten ordentlichen Landtags ging zunächst ein Beschluß hervor, welcher, zum Zweck der Vereinigung der sich gegenüberstehenden Standpunkte, einen Vermittelungsweg, ein Uebergangsgesetz empfahl, des Inhalts, daß die Geschlossenheit der Bauerngüter im Princip bestehen bleiben, die Erlaubniß zu Veränderungen ihres Bestands aber nicht mehr von Regierungsbehörden, sondern von Organen der Selbstverwaltung ertheilt werden sollte. Die Regierung acceptirte diesen Vermittlungsvorschlag, der darauf hinausging, dem Bedürfniß der freien Bewegung im Verkehr Rechnung zu tragen, ohne zugleich die Fortdauer des bäuerlichen Familienrechts zu gefährden, und legte dem vierzehnten ordentlichen Landtage von 1873/74 einen entsprechenden Gesetzentwurf vor. Trotzdem die Regierung den Beschluß des dreizehnten Landtags zur Ausführung gebracht hatte, ging der vierzehnte Landtag dennoch über denselben hinaus. Unter dem Eindruck der sich in dem benachbarten Hannover vollziehenden Reform beschloß derselbe[154]) am 21. März 1873, das Staatsministerium aufzufordern, es möge die oben skizzirte Gesetzesvorlage zurückziehen und einen neuen Gesetzentwurf vorlegen, welcher einerseits von dem Grundsatze freier Veräußerlichkeit,

154) In der Sitzung der braunschweigischen Landesversammlung vom 12. Februar 1874 wurde von einem Abgeordneten sogar der Antrag auf eine einfache Ausdehnung des künftigen hannoverschen Höfegesetzes auf das Herzogthum Braunschweig gestellt, aber freilich auch mit großer Majorität verworfen!

freier Theilbarkeit und freier Vereinigung alles ländlichen, nicht zum Familienstammgut erklärten Grundbesitzes, andrerseits aber in allen Erbfällen, in welchen vom Erblasser nicht das Gegentheil angeordnet worden, von der Geschlossenheit des gesammten von einem behausten Hofe bewirthschafteten Landes ausgehen und die Grundlagen des Bauernrechts (das Anerbenrecht, die Interimswirthschaft und die Leibzucht) soweit als thunlich aufrecht zu erhalten habe. Es wagten somit in Braunschweig auch die energischsten Vertreter der Veräußerungs- und Theilungsfreiheit des Grundbesitzes nicht das Anerbenrecht preiszugeben. Die Landesregierung kam auch dieses Mal der Forderung des Landtags nach, indem sie am 30. October 1873 dem Landtag eine dem obigen Beschluß im Allgemeinen entsprechende Gesetzesvorlage zugehen ließ.

Diese führte zum Gesetz vom 28. März 1874, den bäuerlichen Grundbesitz betreffend, welches alle gesetzlichen Beschränkungen in der Disposition über Bauerngüter aufhebt, unbeschadet jedoch des Anerbenrechts und der mit demselben zusammenhängenden Institute. Die vorhandenen Bauerngüter, auch die durch Abtretungen reducirten, bleiben also Bauerngüter hinsichtlich der Geltung des Anerbenrechts, welches hier den Charakter eines directen Intestaterbrechts behalten hat. Diese Eigenschaft nehmen auch die künftig entstehenden, landwirthschaftlichen Zwecken dienenden, bebauten Wirthschaftsstellen, sofern sie nicht in die Kategorie des Großgrundbesitzes fallen, ohne Weiteres an. Außer dieser Regulirung des Anerbenrechts, durch welche die mancherlei Verschiedenheiten des Gerichtsgebrauchs und der Observanz beseitigt werden, und zwar ohne daß das gemeine Recht hier so tief eingedrungen wäre wie in Hannover, Bremen u. s. w., läßt sich das Gesetz vom 28. März 1874 auf die Codification des Bauernrechts nicht ein. Wenn man in Braunschweig den ganzen bäuerlichen Grundbesitz bereits Kraft des Gesetzes und nicht erst in Folge einer ausdrücklichen Willenserklärung des Eigenthümers dem bäuerlichen Anerbenrechts unterwarf, so geschah dies, weil man hier mit dem System der Freiwilligkeit — wie es auch dem hannoverschen Höferecht zu Grunde liegt — schlechte Erfahrungen gemacht hatte. In Folge des Gesetzes vom 20. Mai 1858 Nr. 28 konnten nämlich in Braunschweig die sog. Ritter-, Schrift-, Freisassen- und sonstigen mit Wohn- und Wirthschaftsgebäuden zur selbständigen Bewirthschaftung versehenen Güter d. h. alle Güter, die weder zu den Bauerngütern noch zu den Familienstammgütern gehören, durch ausdrücklichen Willensact ihrer Eigenthümer für geschlossen d. h. untheilbar erklärt und einem durch dasselbe Gesetz normirten besonderen Anerbenrecht unterworfen werden. Von diesem Gesetz wurde jedoch fast gar kein Gebrauch gemacht, so daß es gegenwärtig im ganzen Herzogthum nur 5 solcher Pertinenzgüter — wie man der Kürze halber die dem Gesetz vom 20. Mai 1858 Nr. 28 unterworfenen Güter bezeichnet — mit einem Areal von zusammen 1300 ha giebt; dieselben nehmen nur 0,6 % des im Privateigenthum befindlichen Landes ein. Dagegen umfassen die dem Anerbenrecht unterworfenen bäuerlichen Besitzungen ein Gesammtareal von 159 600 ha = 78,1 % des privaten Grundeigenthums.

In den leitenden Senatskreisen der Hansestadt Bremen[155]) war man Anfangs der siebziger Jahre weniger conservativ gesinnt, als in dem Herzogthum

155) Verhandlungen der bremer Bürgerschaft vom 8., 15. und 29. December 1875, betreffend die Rechtsverhältnisse des Grundbesitzes im Landgebiet, der Bericht

Braunschweig, indem man damals beabsichtigte, alle Beschränkungen der Theilbarkeit und ebenso das Anerbenrecht, wie es im bremischen Landgebiet, zufolge der Verordnung vom 23. Januar 1836, bestand, mit einem Schlage aufzuheben. Angesichts der Vorgänge in den Nachbarstaaten wurde es aber schließlich doch für „politisch unrichtig" gehalten, „gegen die lebhaften Wünsche der Landbevölkerung selbst so radical vorzugehen". Es wurde daher von der bremer Bürgerschaft einer zu diesem Zweck gewählten Deputation der Auftrag ertheilt, die Verordnung vom 23. Januar 1836 einer Revision zu unterziehen und zu diesem Zweck einen eigenen Gesetzentwurf fertig zu stellen. Der in dieser Veranlassung ausgearbeitete Entwurf wurde dann zuerst von der Kammer für Landwirthschaft, hierauf vom Senat eingehender Berathung unterzogen und endlich der Bürgerschaft zur Beschlußfassung vorgelegt. Nachdem die Bürgerschaft diesen Entwurf im December 1875 durchberathen hatte, nahm sie ihn mit einigen nicht gerade wesentlichen Modificationen an. Das Gesetz vom 14. Januar 1876, betreffend die Rechtsverhältnisse des Grundbesitzes im Landgebiet der Stadt Bremen, lehnt sich im Wesentlichen fast wörtlich an das für die Provinz Hannover erlassene Gesetz vom 2. Juni 1874 an und unterscheidet sich von demselben nur dadurch, daß es die Miterben gegenüber dem Anerben erheblich günstiger stellt.

Dem hannoverschen Höferecht ist ferner auch das für den preußischen Kreis Herzogthum Lauenburg erlassene Höfegesetz nachgebildet worden[156]).

Die erste Anregung zu diesem Gesetz ist von der Ritter- und Landschaft Lauenburgs selbst ausgegangen. Der Anlaß dazu war folgender. Die bäuerlichen Besitzungen im Herzogthum Lauenburg unterlagen früher zum überwiegend größten Theil ebenso wie die Bauernstellen der angrenzenden Länder dem Meierrecht. In diese bäuerlichen Verhältnisse hatte das für den Kreis Lauenburg erlassene preußische Gesetz vom 14. August 1872, betreffend die Umwandlung des Meier-, Erb-, Zins- und Erbpachtverhältnisses und die Ablösung der daraus herrührenden Leistungen, insofern eingegriffen, als es nach geschehener Ablösung der auf diesen Grundstücken ruhenden Leistungen, welche bis zu einem bestimmten, vom Gesetze festgestellten Termine geschehen sein mußte, die Grundstücke in das volle Eigenthum ihres Besitzers übergehen ließ. Während der Ausführung des Gesetzes waren nun aber Zweifel darüber entstanden, ob mit der Aufhebung des meierrechtlichen Verbands zugleich der Grundsatz der Geschlossenheit der Höfe sowie das Anerbenrecht beseitigt seien oder nicht. Diese Zweifel verlangten um so dringender nach einer Entscheidung, als am Schluß der siebziger Jahre das genannte Gesetz bereits im größten Theil des Kreises durchgeführt war.

Die Ritter- und Landschaft des Kreises Lauenburg hat daher wiederholt beantragt, die durch die neuere Gesetzgebung entstandene Rechtsunsicherheit bezüglich der Vererbung der bäuerlichen Stellen, sowie die in Erbfällen zu be-

---

der Deputation zur Revision des Gesetzes vom 23. Januar 1826, vom 9. April 1875, die auf diesen Gegenstand bezüglichen Anträge der juristischen Commission, die Mittheilungen des Senats u. s. w.

156) Gesetzentwurf, betreffend das Höferecht im Kreise Herzogthum Lauenburg, nebst Motiven (Druckschriften des Herrenhauses Sitzungsperiode 1880/81 Nr. 8). Stenographischer Bericht über die Verhandlungen des preußischen Herrenhauses vom 14. December 1880, 28. Januar und 11. Februar 1881 und über die Verhandlungen des preußischen Abgeordnetenhauses vom 13. Januar 1881.

fürchtende Gefahr der Zersplitterung der bäuerlichen Stellen und folgeweise der Schwächung des Standes der mittleren Grundbesitzer im Wege der Gesetzgebung zu beseitigen. Und zwar wünschte sie zu diesem Zweck die Ausdehnung des Gesetzes, betreffend das Höferecht in der Provinz Hannover, vom 2. Juni 1874 mit den durch das Gesetz vom 24. Februar 1880 getroffenen Veränderungen auf den Kreis Herzogthum Lauenburg.

In Anbetracht der Gleichartigkeit der Verhältnisse des ehemaligen Herzogthums Lauenburg und des ehemaligen Königreichs Hannover entschloß sich die Staatsregierung denn auch im J. 1880, dem obigen Antrage Folge zu geben. Am 27. October 1880 ging dem preußischen Landtage der Entwurf eines für Lauenburg bestimmten, dem hannoverschen Höfegesetz fast wörtlich nachgebildeten Höfegesetzes zur Beschlußfassung zu. In demselben weichen nur wenige Bestimmungen von dem hannoverschen Gesetz unwesentlich ab. Im Uebrigen ist auch in Lauenburg dem bäuerlichen Hofeigenthümer die volle Dispositionsfreiheit gewährt und soll das Anerbenrecht nur auf diejenigen Höfe Anwendung finden, welche in die Höferolle eingetragen werden. Der Entwurf gelangte zuerst an das Herrenhaus und wurde von diesem mit nur einer einzigen Abänderung fast einstimmig angenommen. Diese betraf den § 5 des Entwurfs: danach sollte die nach dem Vorbilde der hannoverschen Novelle vom 27. October 1880 auch für Lauenburg in Aussicht genommene Bestimmung, daß landtagsfähige Rittergüter nicht in die Höferolle eintragungsfähig seien, gestrichen werden.

Im Abgeordnetenhause wurde der Entwurf im Januar 1881 durchberathen und fast einstimmig angenommen, nachdem die von dem Herrenhause beliebte Abänderung des § 5 verworfen und der ursprüngliche Text der Regierungsvorlage wieder hergestellt worden war. Schließlich stimmte dann auch das Herrenhaus dem Entwurf in der vom Abgeordnetenhause angenommenen Fassung zu, da die von dem Herrenhause beschlossene, von dem Abgeordnetenhause aber verworfene Veränderung nur von geringer thatsächlicher Bedeutung gewesen wäre. Denn von den im Kreise Lauenburg befindlichen 22 Rittergütern sind allein 15 Lehne und auf dieselben kann bereits zufolge § 23 des in Rede stehenden Gesetzentwurfs das Anerbenrecht keine Anwendung finden, so daß es sich bei Annahme oder Verwerfung des von dem Herrenhause beschlossenen Zusatzes nur um 7 im Allodialbesitze befindliche Rittergüter handelte. Die Debatten boten sonst nichts Bemerkenswerthes dar. Auch dieses Mal waren unter denjenigen, welche für das Gesetz stimmten, verschiedene Standpunkte vertreten. So bedauerte z. B. der Abgeordnete Dr. Windthorst wieder, wie er schon 1874 bei Gelegenheit der Berathung des hannoverschen Höfegesetzes gethan hatte, daß die Geschlossenheit der Höfe nicht beibehalten und die Geltung des Anerbenrechts vom Gutdünken des Hofeigenthümers abhängig gemacht sei, und andrerseits erklärte der Abgeordnete Dr. Hänel, daß der Gesetzentwurf die äußerste Grenze bezeichne, bis zu welcher die Fortschrittspartei, welche dieses Mal zum Theil für das Gesetz stimmte, in dieser Frage gehen könne. Während der erstere sich mit dem Gesetz in dieser Beschränkung nur „zur Zeit“ einverstanden erklärte, „weil nicht mehr zu erreichen sei“, acceptirte der letztere das Anerbenrecht für seine Partei nur unter der doppelten Voraussetzung, daß dem Gesetz eine wirklich befestigte Sitte entspräche und daß die Dispositionsfreiheit der Grundeigenthümer ganz und voll gewahrt bleibe.

Im J. 1879 wurde ferner dem preußischen Hause der Abgeordneten seitens des Abgeordneten v. Schorlemer-Alst der Entwurf eines Gesetzes über die Vererbung der Landgüter in der Provinz Westphalen[157]) und in den rheinischen Kreisen Rees, Essen, Duisburg und Mühlheim an der Ruhr (sog. v. Schorlemerscher Gesetz-Entwurf) zur Beschlußfassung vorgelegt. Dieser Entwurf knüpft an eine lange Reihe verwandter Bestrebungen an, deren hier zum vollen Verständniß desselben in Kürze gedacht werden muß.

Bereits oben auf S. 175 ff. wurde erwähnt, daß in den meisten Landestheilen, welche die jetzige Provinz Westphalen bilden, namentlich im Münsterlande, im Minden-Ravensbergischen, im Paderbornischen und in manchen kleineren Districten bis zum Anfang des Jahrhunderts vom allgemeinen Rechte abweichende Successionsordnungen für die größtentheils geschlossenen Höfe gegolten haben. Nach diesen Successionsordnungen stand nur einem der Erben die Nachfolge in das Gut zu, und es mußten sich die übrigen Erben mit mäßigen, von dem Uebernehmer des Guts zu zahlenden Abfindungen begnügen. Auch wurde dort angeführt, daß dieses singuläre Erbrecht und ebenso die Geschlossenheit der Bauernhöfe in den Jahren 1808 bis 1810 durch das französische Recht und theilweise auch durch eine großherzoglich hessische Verordnung beseitigt worden waren.

Wenn diese älteren Ordnungen zum Theil auch wieder auflebten, sobald die Fremdherrschaft ihr Ende erreichte, so hinterließ diese doch eine bedenkliche Unsicherheit des Rechtszustands.

---

157) (v. Vincke,) Bericht an den Herrn Minister des Innern Exc. über die Zerstückelung der Bauernhöfe und die Zersplitterung der Grundstücke in der Provinz Westphalen, (als Manuscript gedruckt) 1824. Waldeck, Ueber das bäuerliche Erbfolgegesetz in der Provinz Westphalen, Arnsberg 1841. v. Schorlemer-Alst, Die Lage des Bauernstandes in Westphalen und was ihm Noth thut, Münster 1864. v. Schorlemer-Alst, Die Lage des ländlichen Grundbesitzes in Westphalen bezüglich der Verschuldung und Creditnoth, Münster 1868. Die Vererbung der Bauernhöfe im alten Münsterlande, mit Bezugnahme auf den Entwurf eines neuen Erbrechtsgesetzes (als Manuscript gedruckt). Beleuchtung der Vorurtheile wider den Entwurf eines Gesetzes über die Vererbung der Landgüter in der Provinz Westphalen (von einem Mitgliede des westphälischen Bauernvereins. aus dem mittleren Bauernstande). Einige Notizen über die Entstehungsgeschichte und das Schicksal des ständischen Gesetzentwurfs über die bäuerliche Erbfolge in Westphalen vom J. 1844 (als Manuscript gedruckt). Antrag des Freih. v. Schorlemer-Alst und Genossen nebst Entwurf eines Gesetzes über die Vererbung der Landgüter in der Provinz Westphalen und in den rheinischen Kreisen Rees, Essen, Duisburg und Mühlheim a. d. Ruhr, nebst Motiven, vom 14. November 1879 (Drucksachen des Abgeordnetenhauses, Session 1879/80 Nr. 35). Stenographischer Bericht über die Verhandlungen des preußischen Abgeordnetenhauses vom 26. November und 3. December 1879. Protokoll der Sitzung des westphälischen Provinzialausschusses vom 8. April 1880. Protokoll der 9. Plenarsitzung des 24. westphälischen Provinziallandtags vom 24. April 1880. Entwurf einer Landgüterordnung für die Provinz Westphalen, nebst Motiven, vom 24. Januar 1882 (Drucksachen des Herrenhauses, Sitzungsperiode 1882 Nr. 16). Entwurf einer Landgüterordnung für die zur Rheinprovinz gehörigen Kreise Rees, Essen, Duisburg und Mühlheim a. d. Ruhr, nebst Begründung, vom 15. Februar 1882 (Drucksachen des Herrenhauses, Sitzungsperiode 1882 Nr. 41). Bericht der verstärkten Agrarcommission des Herrenhauses über den Entwurf einer Landgüterordnung u. s. w. (Drucksachen des Herrenhauses, Sitzungsperiode 1882 Nr. 52). Stenographischer Bericht über die Verhandlungen des Herrenhauses vom 25. Februar und des Abgeordnetenhauses vom 7. März, 22. und 25. April 1882.

Die Folgen dieser Neuerungen und unter ihnen wieder namentlich der Veräußerungs- und Theilungsfreiheit des Grundbesitzes ließen nicht lange auf sich warten und zeigten sich u. A. in dem gewerbsmäßigen Ausschlachten der Bauernhöfe. In einem aus dem J. 1824 stammenden, an den Minister des Innern gerichteten Berichte des damaligen Oberpräsidenten Freiherrn v. Vincke über die Zerstückelung der Bauernhöfe brachte derselbe in Vorschlag, daß durch eigens hierfür eingesetzte Commissionen „für jeden einzelnen Hof ermittelt und bestimmt werden müsse, welcher Theil demselben als untheilbare Sohlstelle — vorbehaltlich eines auch ferner zulässigen Austausches einzelner Bestandtheile gegen andere — verbleiben solle und welche nicht hierzu erforderlichen und bestimmten Grundstücke als verkäufliches, vererbliches, wandelbares Gut dem Verkehr überlassen werden können". Es bedeutet dieser Vorschlag nichts Anderes als den Versuch der Verpflanzung des alten, namentlich in Ostphalen verbreiteten Dualismus von geschlossenen Gütern und Wandeläckern nach Westphalen. Für den zu schließenden Grundbesitz wollte v. Vincke dann zugleich das Anerbenrecht gesetzlich wieder beleben, so daß der Hof immer nur auf den ältesten Sohn überzugehen hatte und die Miterben mit mäßigen Abfindungen, welche den Kräften des Guts entsprachen, abzufinden gewesen wären. Von den Commissionen, welchen die Feststellung des untheilbaren Bestandes der Bauernhöfe oblag, sollte zugleich auch der Werth ermittelt werden, zu dem der Anerbe den Hof zu übernehmen, und ebenso die Größe der Abfindungen, die derselbe den Miterben auszuzahlen gehabt hätte. Außerdem sollte der Anerbe verpflichtet sein, für den Unterhalt der Eltern im Alter zu sorgen und die Geschwister bis zu dem Alter, wo sie sich selbst ernähren können, zu erziehen, desgleichen auch die im unverheiratheten Stande hilfsbedürftig werdenden Geschwister zur Verpflegung ins väterliche Haus aufzunehmen. Dagegen sollten im Interesse der Stärkung des bäuerlichen Credits die Bauerngüter frei verschuldbar und als Ganzes auch frei verkäuflich sein. Und ebenso wie der Freiherr von Vincke, so war auch der Freiherr von Stein ein Gegner sowohl der freien Theilbarkeit des Grundbesitzes, wie des gemeinen Erbrechts in seiner Anwendung auf den Grundbesitz [158]). Namentlich in den letzten Jahren seines Lebens hat sich der Freiherr von Stein viel mit der Frage beschäftigt, wie die Auflösung des Bauernstandes verhindert werden könne. Denn er fürchtete, daß „alle Bauern zu Tagelöhnern theoretisirt" werden und „statt der Hörigkeit an die Gutsherrn eine viel schlimmere Hörigkeit an die Juden und Wucherer eintreten" werde. Mit spezieller Rücksicht auf Westphalen sagt er: „Alle am Wohl der Provinz theilnehmenden Männer, die Majorität der Unbefangenen halten das Zersplittern der Höfe für den unfehlbaren Weg zur Zerstörung des Wohlstandes und sittlichen Werthes des achtbaren westphälischen Bauernstands und zu seiner Verwandlung in kleine Kötter, die ein kümmerliches Leben im Kampf mit Nahrungssorgen, dem Druck der Abgaben und Schulden hinbringen, unfähig eines Gefühls der Selbständigkeit und Standesehre." — „Nachher folgt dann wieder eine Consolidation in große Gütermassen: die Armuth zwingt sie zu verkaufen; der Reiche, der Wucherer, der Jude kauft zusammen und läßt durch Tagelöhner bauen." Die Ansichten der Freiherrn

158) Pertz, Das Leben des Freiherrn von Stein, Bd. 5 S. 575, 639 und namentlich Bd. 6 S. 816 u. 823.

von Vincke und von Stein fanden ein lebhaftes Echo in den Provinzialständen, welche sich bald nach ihrer Einführung, namentlich in den Jahren 1829 und 1830, angesichts der zunehmenden Zersplitterung der Bauerngüter mit der Frage der Erhaltung eines kräftigen Bauernstandes vielfach beschäftigt haben.

Die Bestrebungen und Anträge der Provinzialstände führten schließlich zum Erlaß des Gesetzes über die bäuerliche Erbfolge in der Provinz Westphalen vom 13. Juli 1836 (G.S. S. 209). Die Absicht des Gesetzgebers bei Erlaß dieses Gesetzes ging dahin:

„aus Fürsorge für die Erhaltung und Bildung eines selbständigen Bauernstandes Anordnungen zu treffen, welche dem Sinn und den Gewohnheiten der Landbewohner der Provinz Westphalen mehr als die bisherigen Gesetze entsprechen und in Erbfällen dem Uebernehmer eines Bauernguts die Mittel gewähren, sich in dem Besitze desselben zu erhalten und in der Lage zu bleiben, das Erbe der Väter auch wieder unverkürzt den Nachkommen zu hinterlassen".

Durch das Gesetz von 1836 wird für alle Bauerngüter, deren Sohlstätten im J. 1806 zu solchen bäuerlichen Besitzungen gehört haben, welche damals nach einer vom gemeinen Recht abweichenden Successionsordnung vererbt wurden, und für alle anderen Bauerngüter, die der Eigenthümer in Zukunft diesem Gesetze freiwillig unterwerfen will, eine besondere Erbfolgeordnung eingeführt (§ 1); jedoch soll das Gesetz auf diejenigen Besitzungen keine Anwendung finden, von welchen die jährliche Principal-Grundsteuer, mit Ausschluß der Gebäudesteuer, den Betrag von 5 Thalern nicht erreicht (§ 3). Diese singuläre Erbfolgeordnung beansprucht übrigens lediglich subsidiäre Bedeutung, da das Gesetz dem Eigenthümer in der Disposition über das Bauerngut unter Lebenden oder von Todeswegen mit einer einzigen in § 25 enthaltenen Ausnahme volle Freiheit gewährt (§ 4). Sofern also der Erblasser nicht entgegengesetzte Anordnungen getroffen hat, wird das Gut nur einem der Erben, dem Anerben, zugetheilt und die Theilung des Nachlasses auf die Weise bewirkt, daß dieser Anerbe die eine Hälfte des reinen Werths des Guts zum Voraus erhält, während die andere Hälfte, sowie das sonstige freie, zum Gut nicht gehörige Vermögen des Erblassers unter sämmtliche Erben, einschließlich des Anerben, zu gleicher Theilung gelangt (§ 5). Der Ermittelung des Gutswerths ist der zwanzigfache Betrag des in dem Grundsteuerkataster angesetzten Reinertrags zu Grunde zu legen. In dieser Taxe ist auch der Werth derjenigen Gebäude, welche bei Aufnahme des Katasters nur nach der Grundfläche, auf der sie stehen, abgeschätzt sind, und ebenso der Werth des Feldinventars, der Düngung, der Pflugarbeit und der Aussaat sowie des Vorraths an natürlichem und künstlichem Dünger mit eingeschlossen (§ 7). Die Abfindungen der Miterben werden erst mit ihrer Großjährigkeit oder Verheirathung fällig und müssen bis dahin mit 4 % verzinst werden. Ausnahmsweise sollen die Miterben im Interesse ihres besseren Fortkommens, worüber das Vormundschaftsgericht bez. der Landrath zu entscheiden hat, auch schon früher, jedenfalls aber nicht vor Ablauf von 2 Jahren a dato der Gutsabtretung, die Auszahlung ihrer Abfindungen verlangen dürfen (§ 19). Kann der Anerbe die Abfindungen nicht zahlen, ohne das ihm zugefallene Gut über die erste Hälfte des Taxwerths zu verschulden, so braucht er jährlich nur 1/10 der Gesammtabfindungen aller Miterben zu entrichten (§ 20). An die Stelle der auf 4 % festgesetzten Zinsen des Capitals der Abfindungen können für die Miterben, soweit sie dessen bedürfen, freie Wohnung, Beköstigung und Bekleidung auf dem Gute treten, doch haben sie in diesem Fall dem Anerben unentgeltliche Arbeit zu leisten (§ 21). Nicht ausbezahlte Abfindungen sollen bei kinderlos erfolgtem Tode des Abzufindenden an den Anerben fallen (§ 23). Im § 9 werden sodann die Grundsätze festgestellt, nach welchen, falls der Erblasser den Annehmer des Guts nicht designirt und eine freie Vereinbarung unter den Erben nicht stattgefunden hat, die Person des Anerben bestimmt wird (Vorzug der Söhne vor den Töchtern, Vorzug des Aelteren vor dem Jüngeren, besondere Berücksichtigung der für den Militärdienst tauglichen und unter diesen wieder derjenigen, die ihre Dienstzeit beim Militär abgeleistet haben, ferner derjenigen, die sich der Landwirthschaft gewidmet und noch nicht Eigenthums-, erbliche Besitz- oder lebenslängliche Nießbrauchs-Rechte an einem Bauerngute erworben haben u. s. w.). Der Anerbe ist bereits im Gesetze durch die Art, wie der Werth des Guts ermittelt wird, ferner durch eine größere Erbportion und endlich auch durch besondere Erleichterungen bei der Abfindung der Miterben bevorzugt (§§ 5, 19, 20). Doch kann derselbe letztwillig noch besser gestellt werden, indem dem Besitzer die Befugniß ertheilt ist, den Anerben testamentarisch noch mehr zu begünstigen, als es durch das Gesetz geschieht, so zwar, daß er sich innerhalb der durch den Pflichttheil gesteckten Grenze frei bewegen kann und der Pflichttheil für die Miterben eines eingetragenen Hofs herabgesetzt wird. Bei Berechnung des Pflichttheiles für diese wird nämlich nur jener Nachlaßwerth zu Grunde gelegt, welcher nach Abzug des dem Anerben ab intestato zukommenden Voraus übrig bleibt (§ 6). Der überlebende Ehegatte, dem kein Miteigenthum am Gute zusteht, behält den Nießbrauch bis zur Großjährigkeit des Anerben, wenn dies ein Descendent des Erblassers ist, sonst bis zu seiner Wiederverheirathung oder bis zu seinem Tode. Ist das Bauerngut dagegen der ehelichen Gütergemeinschaft unterworfen, so bleibt es den Eheleuten überlassen, diese Gemeinschaft rücksichtlich der Erbfolge überhaupt oder auch nur in Beziehung auf das Bauerngut durch Vertrag auszuschließen und dadurch das Gut dem Gesetze unbedingt zu unterwerfen (§ 13). Die §§ 16, 17 u. 18 greifen dann weiter nicht unwesentlich in das eheliche Güterrecht zu Gunsten des Anerbenrechts ein.

Eine besondere Bestimmung ist im § 10 für den Fall enthalten, daß zu der Erbschaft mehrere Bauerngüter gehören. In diesem Fall ist den nach einander berufenen Erben successive die Wahl je eines der Güter anheimgegeben.

Die Tendenz des Gesetzes, das Bauerngut der Familie zu erhalten, kommt auch im § 25 zum Ausdruck. Er greift tief in die Dispositionsfähigkeit des Eigenthümers ein, indem er bestimmt, daß ein Besitzer, welcher keine ehelichen Kinder hat, das nach den Vorschriften des Gesetzes übernommene Gut, ohne dasselbe zuvor den abgefundenen Miterben (Geschwister oder Geschwisterkinder) zur Uebernahme angeboten zu haben, weder an Dritte verkaufen, noch über den Betrag des Annahmepreises mit Schulden belasten, noch endlich von Todeswegen darüber verfügen darf. Jedoch darf die Veräußerung oder Belastung von den Miterben nicht mehr angefochten werden, wenn sie die zum Selbstkostenpreise angebotene Uebernahme des Guts abgelehnt haben.

Der Versuch, den das Gesetz vom 13. Juli 1836 gemacht hat, für den ländlichen Grundbesitz Westphalens ein besonderes Intestaterbecht einzuführen, ist fehlgeschlagen und zwar aus folgenden Gründen:

1) Das Gesetz scheiterte zunächst an dem Verhältnisse des Anerbenrechts zum ehelichen Güterrechte. Seine Bestimmungen über die Stellung des überlebenden Ehegatten zum Anerben fanden in der Provinz, in der auf dem platten Lande fast ausnahmslos die Gütergemeinschaft gilt, allgemeine Mißbilligung, weil der durch das Gesetz sanctionirte Eingriff in die Rechte des überlebenden Ehegatten mit der Gewohnheit und dem Rechtsbewußtsein in grellem Widerspruche stand.

2) Dazu kam noch, daß es auch bezüglich der Successionsordnung nicht gelungen war, die Bestimmungen des Gesetzes mit dem Herkommen in Uebereinstimmung zu setzen. Denn die Vererbung des Grundbesitzes geschah in den einzelnen Theilen der Provinz Westphalen von Alters her in der verschiedensten Weise und blieb auch nach der durch die französische Gesetzgebung erfolgten Aufhebung der alten Successionsordnungen zwar nicht in Folge des Gesetzes, wohl aber in Folge Herkommens in sehr verschiedener Weise bestehen. Insbesondere zeigten sich die größten Abweichungen, je nachdem in einer Gegend nur Ackerbau oder hauptsächlich Industrie und Bergbau getrieben wurde. Auch gab es Gegenden, in denen von Alters her die freie Theilbarkeit der Güter bestanden und das gemeine Erbrecht gegolten hatte: an diesem Gebrauch hielten die Grundbesitzer hier mit nicht geringerer Zähigkeit fest als die Bauern im Münsterlande an der Geschlossenheit der Höfe und am Anerbenrechte. Es stand somit das Gesetz vom 13. Juli 1836 in manchen Theilen der Provinz auch in dieser Hinsicht mit dem Herkommen in Widerspruch.

3) Auch widersprachen einige sonstige Neuerungen, welche von dem Gesetze vorgenommen worden waren, dem geltenden Gewohnheitsrechte und erregten deshalb allgemein den Unwillen der Bevölkerung. Dahin gehörte u. A. die Bestimmung, daß in erster Linie derjenige von mehreren Söhnen Anerbe sein soll, welcher zum Soldaten tauglich befunden worden, und unter den tauglich befundenen wieder derjenige, welcher seiner Dienstpflicht genügt hatte.

4) Ferner führte der Widerspruch zwischen dem Gesetze und dem festgewurzelten Herkommen zu manchen bedenklichen Erscheinungen.

So kam es vor, daß die Bauern, um die Anwendung des Gesetzes abzuwenden, Schein-Contracte schlossen, sehr früh auf die Leibzucht gingen, die Güter zersplitterten, dieselben im Wittwerstande erst an Verlobte veräußerten oder gar in wilder Ehe lebten.

5) Endlich erregte der § 25 des Gesetzes von 1836 mit seinen die Dispositionsfreiheit des Eigenthümers bedeutend einschränkenden Bestimmungen um so mehr das Mißfallen des Bauernstands, als derselbe erst vor kurzem die volle Freiheit der Person und des Eigenthums errungen hatte und in jeder Schmälerung dieser eine Rückkehr zu Zuständen, welche ihm verhaßt waren, erblickte.

Zum Wortführer der Mißvergnügten machte sich der damalige Oberlandesgerichtsrath Dr. B. F. v. Waldeck. In seinem oben erwähnten Büchlein gelangt er nach eingehender Prüfung der einzelnen Bestimmungen des Gesetzes zu dem Resultat, daß dasselbe einem Bedürfniß überhaupt nicht entspreche, ferner daß ihm principielle Fehler zu Grunde lägen und daß es auch im Einzelnen Mängel besitze, die durch Ausbesserung nicht beseitigt werden können.

Diese Ansicht des consequenten aber einseitigen Doctrinärs vermochte sich damals eine nicht geringe Anzahl von Anhängern zu verschaffen und zwar nicht nur unter seinen politischen Gesinnungsgenossen, sondern auch unter dem Bauernstande selbst.

Der vorhandenen Mißstimmung trug der westphälische Landtag Rechnung, indem er bereits im J. 1839 beantragte, daß die drückendsten Mängel des Gesetzes beseitigt werden möchten. Im J. 1841 wurde darauf dem Provinziallandtage eine Declaration mit wesentlichen Abänderungen des Gesetzes vorgelegt. Allein man überzeugte sich, daß diese Vorlage so wenig wie die von den Ständen gemachten Vorschläge genügten. Die Majorität des Provinziallandtags, zu der die sämmtlichen Abgeordneten der Landgemeinden gehörten, war zwar damit einverstanden, daß für die einzelnen Theile der Provinz besondere Erbfolgeordnungen entworfen würden, erklärte aber zugleich die einheitliche Regelung des Anerbenrechts für die ganze Provinz für einen verfehlten Versuch und beantragte daher die Suspension des Gesetzes vom 13. Juli 1836.

Dieser Antrag erhielt zwar nicht die erforderliche Zweidrittheilsmajorität. In einem Separatvotum wiederholten jedoch die sämmtlichen Abgeordneten der Landgemeinden den Antrag, daß bis zum Erlaß der besonderen Erbfolgeordnungen der frühere Rechtszustand, wie er vor 1836 bestanden hatte, wieder hergestellt, also das Gesetz vom 13. Juli 1836 aufgehoben werden möge.

Die beiden Justizminister Mühler und v. Savigny, um ihr Gutachten angegangen, schlossen sich diesen Beschlüssen an und beantragten ebenfalls die Aufhebung des Gesetzes, weil die durch dasselbe angeordnete Erbfolgeordnung mit dem Institute der ehelichen Gütergemeinschaft, den Localgebräuchen und Bedürfnissen der Gegenwart unvereinbar sei.

Diese im Jahre 1842 abgegebenen ministeriellen Gutachten vertraten im Uebrigen die Ansicht, daß sich der Zweck des Gesetzes auf eine minder gewaltsame und der Individualität der einzelnen Fälle mehr entsprechende Weise dadurch erreichen lasse, daß man die elterlichen Verfügungen über die Hofesfolge begünstige und erleichtere, indem man die Hindernisse, welche solchen Verfügungen entgegenstehen, möglichst beseitige.

Auch die Obergerichte waren der Ansicht, daß es bei der großen Verschiedenheit der Gewohnheiten in der Provinz nicht gelingen könne, die vorliegende Materie in einem gemeinschaftlichen Singularerbfolgegesetz zu fixiren. Endlich hielten einige Obergerichte — die Obergerichte von Hamm, Paderborn und Arnsberg — den Zweck des Gesetzes ebenfalls für hinlänglich gesichert, wenn nur die Dispositionen des Bauern unter Lebenden und von Todeswegen erleichtert und dadurch befördert würden.

Durch die Cabinetsordre vom 5. Januar 1844 (Justizministerial-Blatt S. 11), wurde seitens der Staatsregierung ein neuer Weg betreten, um dem Rechtsbedürfnisse des Bauernstandes entgegenzukommen. Diese Cabinetsordre verfolgte nämlich in Uebereinstimmung mit den eben erwähnten Gutachten den Zweck, dem Bauernstande die eigenen Anordnungen über die Erbfolge durch Verträge und letztwillige Dispositionen zu erleichtern. Zu diesem Behufe wurden die formellen Erfordernisse dieser Verträge vereinfacht, ferner die Gerichts- und Notariatskosten der Uebergabeverträge, wenn durch dieselben einem nahen Verwandten oder dem Ehegatten das Gut ungetheilt zugewendet wurde, auf die

Hälfte reducirt, ferner die nach dem Werthe erhobenen Gebühren in diesen Fällen ganz abgeschafft und nur der Ausfertigungsstempel belassen, endlich den Gerichten zur Pflicht gemacht, gütliche Auseinandersetzungen über den Nachlaß eines Grundbesitzers möglichst zu fördern.

Indeß war durch die allerhöchste Cabinetsordre vom 5. Januar 1844 doch nur eine vorläufige Abhülfe für die gerügten Mängel geschaffen. Um einen dauernden Zustand zu schaffen, fanden im October 1844 unter Zuziehung landesherrlicher Commissarien Berathungen eines Ausschusses der Provinzialstände über die Revision des Gesetzes von 1836 statt. Der Ausschuß erklärte sich in Uebereinstimmung mit den Provinzialbehörden für die Aufhebung des Gesetzes und arbeitete einen neuen Entwurf zu einem westphälischen bäuerlichen Erbfolgegesetz aus, dessen Motive der Oberlandesgerichtsrath Welter verfaßt hatte. Aber auch über diesen Entwurf gingen die Stimmen im Landtag weit auseinander, wie u. A. daraus erhellt, daß dem Gesetzentwurf 5 Separatvoten beigefügt wurden und daß die Vertreter der Kreise Siegen und Hagen gegen Einführung eines solchen Gesetzes in ihren Bezirken Protest einlegten. Da auch die Staatsregierung sich diesem Entwurf nicht geneigt zeigte, so kam derselbe in den ferneren Verhandlungen nicht weiter zur Sprache. Erst in unseren Tagen hat der von dem Freiherrn von Schorlemer-Alst dem preußischen Abgeordnetenhause vorgelegte Gesetzentwurf wieder zum Theil an diese ältere Arbeit angeknüpft.

Während des vereinigten Landtags wiederholten die Abgeordneten der westphälischen Landgemeinden den Antrag auf Aufhebung des Gesetzes von 1836.

Durch die auf Grund des Art. 105 der Verf.-Urk. vom 5. Dec. 1848 erlassene Verordnung vom 18. Dec. 1848 (Ges.S. S. 425) wurde das Gesetz vom 13. Juli 1836 nebst den durch die Gesetze vom 21. April 1825 wieder-eingeführten älteren Successionsordnungen und der Vorschrift der Cabinetsordre vom 5. Januar 1844 aufgehoben. In Folge dieser Verordnung, welche von den beiden Kammern später genehmigt wurde, traten in der Provinz Westphalen die allgemeinen Rechtsvorschriften hinsichtlich des Erbrechts wieder in Kraft.

In diesem Rechtszustande trat in den nächsten Jahren nur insofern eine Veränderung ein, als das Gesetz vom 4. Juni 1856, betreffend die Abschätzung von Landgütern zum Behufe der Pflichttheilsberechnung in der Provinz Westphalen, das wir in der ersten Abtheilung dieser Arbeit auf S. 191—196 nach Inhalt und Folgen besprochen haben, die für die letztwilligen Verfügungen durch das allgemein geltende Pflichttheilsrecht gezogenen Schranken in Beziehung auf solche Landgüter, deren Katastralreinertrag 25 Thaler übersteigt, etwas erweitert hat.

Ein weiteres Gesetz vom 16. April 1860 ordnete dann das eheliche Güterrecht in der Provinz Westphalen. Durch die Bestimmungen dieses Gesetzes wurde den Schwierigkeiten begegnet, welche sich aus dem Zusammentreffen der in Westphalen geltenden Gütergemeinschaft mit der ungetheilten Vererbung der Höfe auf einen Anerben ergeben konnten.

Nicht minder wichtig ist das Gesetz vom 22. Juli 1861, betreffend die Entrichtung des Stempels von Uebertragungsverträgen zwischen Ascendenten und Descendenten. Mit richtigem Blicke und frei von jeder fiscalischen Engherzigkeit hat die preußische Regierung durch dieses Gesetz einen Gegenstand geregelt, für dessen Regelung überall vorzugsweise socialwirthschaftliche Erwägungen bestimmend sein sollten, aber es leider nicht überall sind. Die wesentliche Bestimmung dieses Gesetzes besteht nämlich darin, daß bei Uebergabe von Immobilien zwischen Ascendenten und Descendenten die Gebühr nur von dem Erwerbspreise, nach Abzug aller übernommenen Lasten, zu zahlen ist.

Indeß haben diese Gesetze, wie wir gleichfalls oben hervorgehoben haben, dem Zweck der Erhaltung des Bauernstandes nicht in allen Stücken genügt, und zwar vorzugsweise deswegen nicht, weil sie für solche Fälle, wo weder unter Lebenden noch von Todeswegen Verfügungen getroffen sind, keine Bestimmungen enthalten.

Noch immer freilich suchte die Sitte in Westphalen den Grundbesitz möglichst zusammenzuhalten und zu verhüten, daß derselbe der Familie verloren gehe. Aber hier und da scheinen sich denn doch bedenkliche Symptome einer Ueberschuldung des Grundbesitzes in Folge der zu hohen Abfindungsansprüche, welche die Miterben an denjenigen stellen, der den Hof übernimmt, gezeigt zu haben. Auch sollen die hohen Abgaben sowie die schlechten Ernten der letzten Jahre die bereits mit den hohen Erbantheilen ihrer Geschwister stark belasteten Gutsbesitzer häufig dazu getrieben haben, das letzte Auskunftsmittel, ihre Holzbestände, anzugreifen. Endlich ist auch eine Anzahl von Bauernhöfen im Erbwege parcellirt worden. Beides, Ueberschuldung und Parcellirung des bäuerlichen Grundbesitzes, führte dann mehrfach in letzter Instanz zur Aufsaugung des bäuerlichen Besitzes durch den großen befestigten Grundbesitz.

Nicht als ob diese Entwickelung in Westphalen bereits in großen für die Statistik erfaßbaren Zahlen hervorgetreten wäre, — wir wissen vielmehr, daß die in dieser Beziehung gesammelten Zahlen die Gefahr in der Gegenwart noch nicht als sehr groß erscheinen lassen, — dies darf aber nicht hindern, diesen ungesunden erst in der Entwickelung begriffenen Tendenzen rechtzeitig entgegenzuarbeiten. Zum Förderer dieser auf die Erhaltung des bäuerlichen Grundbesitzes gerichteten Bestrebungen hat sich namentlich der Reichs- und Landtagsabgeordnete Freiherr von Schorlemer-Alst gemacht. Er war es denn auch, der den von ihm gegründeten westphälischen Bauernverein, der im Jahre 1878 18 000 Mitglieder zählte, wovon $^3/_4$ dem Bauernstand angehörten, damals veranlaßte, eine Commission einzusetzen und diese mit der Ausarbeitung eines Entwurfs über die Vererbung von Landgütern zu betrauen. Der solchergestalt ausgearbeitete Gesetzentwurf wurde dann von der Generalversammlung des Vereins, die von 1000 Mitgliedern besucht war, angenommen. Bei dieser Gelegenheit ward beschlossen, die gesetzliche Erledigung desselben im verfassungsmäßigen Wege zu bewirken. Die Hauptprincipien, auf denen dieser für die Provinz Westphalen und die 4 angrenzenden Kreise der Rheinprovinz bestimmte Entwurf aufgebaut war, waren: Anerkennung der freiesten Dispositionsbefugniß des Grundeigenthümers für Rechtsgeschäfte unter Lebenden und auf den Todesfall, so jedoch, daß bei geltender Gütergemeinschaft nur die beiden Ehegatten gemeinschaftlich über die Substanz ihres Landguts disponiren dürfen, und die Begründung eines auf den Principien der Individualsuccession und einer mäßigen Erbschaftstaxe ruhenden Intestaterbrechts für sämmtliche Landgüter, deren Werth einen gewissen Minimalertrag erreicht. Es hatte dieser Gesetzentwurf sich in manchen Details sowohl an den oben erwähnten aus dem Jahre 1844 stammenden Gesetzentwurf als auch an das Gesetz vom 13. Juli 1836 angeschlossen.

Die zwischen dem Gesetz von 1836 und dem neuesten Gesetzentwurf bestehenden Differenzen (z. B. bezüglich der Höhe des für die Anwendbarkeit des Gesetzes maßgebenden Katastralreinertrags, der Berechnung des Präcipuums für den Anerben, der Bevorzugung des Miterben, welcher seiner Militärpflicht genügt hatte) waren nicht von principieller Bedeutung; immerhin waren die gegen die Dispositionsfreiheit des Eigenthümers gerichteten Bestimmungen des Gesetzes von 1836 fortgelassen worden. Von dem hannoverschen Höfegesetze und den demselben nachgebildeten Gesetzen unterschied der Gesetzentwurf sich hauptsächlich dadurch, daß er das Anerbenrecht für den gesammten ländlichen Grundbesitz mit der oben angegebenen Schranke einführen wollte und neben demselben nur noch die Singularerbrechte der Fideicommiß-, Lehn- und Stamm-Güter anerkannte; daß er ferner die Wirksamkeit des Anerbenrechts im einzelnen Fall nicht erst abhängig machte von einer speziellen Willenserklärung des Eigenthümers, und endlich daß er der Gutstaxe eine feste Norm — den 20fachen Katastralreinertrag des Guts — zu Grunde legte.

Man braucht von der Selbständigkeit der Mitglieder des westphälischen Bauernvereins gerade keine sehr hohe Vorstellung zu haben, ja man kann sich der dominirenden Stellung, welche der intellectuelle Urheber des Entwurfs als überzeugter, muthiger und geschickter politischer Parteiführer, als tüchtiger Landwirth und verständnißvoller Vertreter der Interessen des Grundbesitzes in seiner Heimathprovinz mit Recht einnimmt, sehr wohl bewußt sein, und man wird doch zugestehen müssen, daß eine solche Maßregel gegen die Wünsche oder sagen wir besser, gegen die Instincte derjenigen, für die sie ins Leben gerufen werden soll, nicht wohl in Anregung gebracht werden kann. Nun wissen wir wohl, daß dieser Entwurf mancherlei Anfechtungen auch in bäuerlichen Kreisen erfahren hat, und wenn wir es nicht wüßten, so sagt es uns der dem Freiherr von Schorlemer nahe stehende Verfasser der mehrfach erwähnten „Beleuchtung der Vorurtheile“ u. s. w. mit den Worten: „Es wollte des Schicksals Laune, daß so viele dem Gesetz(entwurf) ungünstige Verhältnisse zusammentreffen und manche Mitglieder und aufrichtige Freunde des Bauernstandes gegen denselben auftreten sollten.“ Indeß war diese Opposition, der wir unten noch näher zu gedenken haben werden, doch mehr gegen „einzelne unnöthige Härten“ als gegen die Grundidee des Gesetzentwurfs selbst gerichtet. Diese war, wie wir aus zahlreichen Aeußerungen entnehmen zu müssen glauben, eine dem Bauernstande Westphalens zusagende.

Woher nun diese Wandlung in der Gesinnung des Bauernstandes seit den vierziger Jahren? Wir versuchen uns dieselbe zu erklären, indem wir annehmen, daß es zum Theil andere Bestandtheile des westphälischen Bauernstandes waren, welche in den vierziger Jahren in die Agitation *gegen* das Anerbenrecht hineingezogen wurden, und zum Theil wieder andere waren, welche die letzte Bewegung *für* dasselbe mitmachten. Damals waren es hauptsächlich die in den Industriebezirken angesessenen ländlichen Bewohner, die gegen das Gesetz von 1836 mobil gemacht wurden, und jetzt sind es die Hofbauern der östlichen Bezirke, die für das Anerbenrecht eintreten. Ferner ist wohl noch zu berücksichtigen, daß der aus dem Jahre 1879 stammende Gesetzentwurf, obgleich er nicht ohne Härten war, dennoch den modernen Anschauungen über die Nothwendigkeit, an der dem Grundeigenthümer gewährten Dispositionsfreiheit festzuhalten, mehr Rechnung trug, als die früheren Gesetzgebungsversuche. Endlich haben sich wohl auch die Anschauungen innerhalb des Bauernstandes selbst seit jener Zeit nicht unwesentlich verändert. Denn einestheils haben die schweren letzten Jahre den in den dreißiger und vierziger Jahren allgemein herrschenden Optimismus des Bauernstandes gebrochen. Dann aber ist das Mißtrauen, das der Bauernstand in Folge langandauernder Grundherrlichkeit dem großen Grundbesitzer gegenüber damals noch hegte, gewichen, und er gewöhnt sich allmählich daran, namentlich in dem altangesessenen Grundbesitzer nur seinen Nachbarn zu sehen, der unter denselben Sorgen leidet wie er, und der, wegen seiner höheren Bildung, seiner gesellschaftlichen Verbindungen und seiner größeren Geschicklichkeit zur Vertretung der ländlichen Interessen, der geborene Führer und Vertreter des Bauernstandes ist. In demselben Maße, wie sich der Bauer aber der Führung des großen Grundbesitzes hingiebt, wird er den in den städtischen Kreisen herrschenden capitalistischen Einflüssen entzogen.

Aus diesen Umständen vermögen wir uns den Umschwung, welcher in den letzten Jahren nicht nur in Westphalen, sondern auch in anderen Theilen Deutschlands in den Gesinnungen des Bauernstandes eingetreten ist, sehr wohl zu erklären.

Auch blieb dieser Umschwung, soweit er sich auf die Beurtheilung des Erbrechts bezieht, nicht auf den Bauernstand beschränkt, sondern drang auch in andere Schichten der Bevölkerung und in die Kreise der Bureaukratie ein: „so daß das Dogma von dem allein selig machenden gemeinen Erbrecht von Jahr zu Jahr an Glauben verliert".

Dieser Wandel in den Anschauungen zeigte sich bereits in der Aufnahme, welche die Novelle zum hannoverschen Höferecht im preußischen Landtage und außerhalb desselben gefunden hat. Noch stärker trat derselbe im preußischen Abgeordnetenhause bei Gelegenheit der Berathung des v. Schorlemerschen Antrags zu Tage.

Der Freiherr v. Schorlemer-Alst hatte nämlich im November 1879, in Gemäßheit des ihm von dem westphälischen Bauernverein gewordenen Auftrags, den von diesem Verein mit einigen Vorbehalten angenommenen Gesetzentwurf in Begleitung des folgenden Antrags: „das Haus der Abgeordneten wolle beschließen, dem vorstehenden Gesetzentwurf die verfassungsmäßige Zustimmung zu ertheilen" — im Abgeordnetenhause eingebracht. Dieser Antrag erhielt die Unterstützung von 176 namhaften Abgeordneten aller im Landtag vertretenen Parteien, mit Ausnahme nur der Fortschrittspartei. Auf Antrag des Abgeordneten Dr. Windthorst beschloß das Abgeordnetenhaus hierauf am 2. December 1879: „den Antrag des Abgeordneten v. Schorlemer-Alst der Staatsregierung mit der Aufforderung zu überweisen, dem nächsten Landtag einen Gesetzentwurf, nach Anhörung der Provinzialstände, vorzulegen, welcher die Vererbung der Landgüter in der Provinz Westphalen u. s. w. behufs deren Erhaltung im Sinne des erwähnten Entwurfs regelt". In der auf Veranlassung des v. Schorlemerschen Antrags stattgehabten Debatte äußerten sich die Vertreter der Staatsregierung sehr entgegenkommend. Der Minister für die landwirthschaftlichen Angelegenheiten sprach persönlich vom agrarpolitischen Standpunkt seine vollste Zustimmung mit der Tendenz des Antrags aus, glaubte aber, daß zuvor Ermittelungen durch die Provinzialbehörden und die zuständigen Gerichte stattfinden müßten, ehe die Staatsregierung zu dem Entwurf Stellung nehmen könne. Der Justizminister behielt sich für seine definitive Entscheidung die Einholung von Gutachten der obersten Justizbehörden vor, erklärte aber zugleich, „daß von Seiten der Justizverwaltung dem Gesetzentwurf, soweit seine Tendenz als eine wohlthätige erkannt werde, mit voller Hingebung jede Förderung zu Theil werden wird, die von dieser Stelle aus ihm gewährt werden kann".

Die Staatsregierung hat hierauf das frühere Versäumniß nachgeholt und den Gesetzentwurf dem westphälischen Provinziallandtage zur Meinungsäußerung zugestellt. Nachdem derselbe zuerst vom Provinzialausschusse berathen und mit nur geringen Modificationen angenommen worden war, gelangte er im April 1880 im Provinziallandtag zur Berathung. Die diesem zunächst vorgelegte Frage, ob das Bedürfniß nach anderweiter Regelung des Erbrechts bestehe, wurde von 44 Mitgliedern bejaht und nur von 14 Mitgliedern verneint. Die Minorität, an deren Spitze der Amtmann Brüning zu Enningen stand, war der Ansicht, — die sie auch in der Presse, sowie in mehreren an den Provinziallandtag und das Haus der Abgeordneten gerichteten Petitionen vertrat, — daß das Gesetz vom 4. Juni 1856 im Allgemeinen genüge, um den von den Antragstellern beabsichtigten Zweck zu erreichen, vorausgesetzt nur, daß man dasselbe in einigen Punkten abändern wolle. Bemerkenswerth ist, daß selbst die Opposition jetzt die Reformbedürftigkeit des bestehenden gesetzlichen Zustandes nicht vollständig zu leugnen wagte, sondern ebenfalls weitere Abänderungen des gemeinen Erbrechts vorzunehmen bereit war. Der Provinziallandtag schloß sich dem Votum seines Ausschusses an und erklärte sich mit 43 gegen 15 Stimmen für den v. Schorlemerschen Gesetzentwurf, nachdem er denselben in einigen Punkten abgeändert hatte. Der im großen Ganzen mit dem Entwurf des Freiherrn v. Schorlemer übereinstimmende Gesetzentwurf des Provinziallandtags hatte zwar vornehmlich die Erhaltung des mittleren und bäuerlichen Besitzes im Auge; indessen sollte er nicht blos auf diesen, sondern auf alle zum Betriebe der Landwirthschaft bestimmten Besitzungen Anwendung finden, welche bei Eintritt des Erbfalls mit einem Reinertrage von mindestens 75 Mark zur Grundsteuer eingeschätzt sind und über welche der Eigenthümer von Todeswegen zu verfügen befugt ist.

Die wichtigsten Bestimmungen des Gesetzentwurfs, durch die sich derselbe zugleich von den älteren Höfegesetzen unterschied, sind folgende: 1) Wenn der Eigenthümer ab intestato von mehreren Personen beerbt wird, so soll nur Eine derselben, unter Bevorzugung des männlichen Geschlechts und der Erstgeburt (im Fürstenthum Minden, in der Grafschaft Ravensberg und in Tecklenburg unter Bevorzugung der Letztgeburt) als gesetzlicher Erbe zur Nachfolge in das ganze Gut berufen, und dieser Erbe nur verpflichtet werden, den 20fachen Katastralreinertrag des Grund und Bodens in die Erbschaftsmasse einzuschießen, während er die Gebäude, das Gutsinventarium, die mit dem Gute verbundenen Gerechtigkeiten, die Holzungen und alle sonstigen Zubehörungen, die etwa vorhandenen gewerblichen Anlagen allein ausgenommen, umsonst erhalten sollte.

2) Dieses Anerbenrecht soll nicht blos für die Nachkommen des Erblassers, sondern für alle Erben desselben, also auch für Ascendenten und Seitenverwandte gelten.

3) Das Anerbenrecht soll bei beerbter Ehe auch dann eintreten, wenn der Erblasser in Gütergemeinschaft gelebt und das Landgut zum gütergemein-

schaftlichen Vermögen gehört hat. Es würde also, da der Anerbe Alleineigenthümer des ganzen Guts werden soll, der überlebende Ehegatte sein bisheriges Miteigenthum und die ihm nach der jetzigen Gesetzgebung zustehende Befugniß, bei der Schichtung das Landgut nach der Taxe zu übernehmen, zu Gunsten des zum Anerben berufenen Kindes einbüßen.

4) Bei unbeerbter Ehe soll der überlebende Ehegatte, welcher in der Gütergemeinschaft gelebt hat, Alleinerbe sein, also die bisher erbberechtigten Ascendenten und Seitenverwandten von der Erbfolge ausschließen.

5) Bei bestehender Ehe, in welcher Gütergemeinschaft gilt, soll die bisherige Befugniß des Ehemanns, ohne Einwilligung der Ehefrau das Landgut durch lästige Verträge zu verpfänden und zu veräußern, für Verpfändungen auf das Zehnfache und für Veräußerungen auf ein Zehntel des Katastralreinertrags beschränkt werden.

6) Bei beerbter Ehe, in welcher Gütergemeinschaft gegolten hat, soll nach dem Tode des einen Ehegatten die bisherige Befugniß des überlebenden Ehegatten, welcher die Gütergemeinschaft fortsetzt, für sich allein das Landgut zu verpfänden und zu veräußern, den gleichen Beschränkungen unterliegen, indem ein besonders zu bildender Familienrath in die Verpfändung oder Veräußerung einwilligen muß, bevor sie geschehen darf.

Durch diesen Gesetzentwurf wird insofern eine neue Periode in der Entwickelung der Anerbenrechts-Idee inaugurirt, als in demselben der westphälische — und später auch der brandenburgische — Provinziallandtag sich auf denjenigen Standpunkt stellt, den in den Jahren 1827 und 1841 die preußische Staatsregierung bei ihren Vorschlägen für eine Reform des Erbrechts eingenommen hatte.

Dieser Gesetzentwurf hat eine eingehende Beurtheilung in der Presse erfahren, und auch in den landwirthschaftlichen Vereinen ist derselbe vielfach besprochen worden. Die Beurtheilungen und Besprechungen waren meist gegen diejenigen Punkte, die von einer Seite, die dem Verfasser nahe steht, selbst als unnöthige Härten bezeichnet worden waren, oder die doch den bestehenden Rechtsüberzeugungen widersprechen, gerichtet. Hierher gehörten namentlich die Abänderungen des bestehenden ehelichen Güterrechts und die Beschränkungen der Dispositionsbefugniß des Ehemanns, bei bestehender Gütergemeinschaft über Landgüter zu verfügen. Trotz dieser einzelnen Ausstellungen wurde aber doch allseitig der gute Grundgedanke und die gesunde Tendenz des Entwurfs gebührend anerkannt. Es war in dieser Beziehung gegen früher entschieden eine Vertiefung und Klärung des öffentlichen Urtheils zu bemerken, indem man in dieser Frage jetzt nicht mehr so ausschließlich nach politischen Schlagworten urtheilte wie noch vor einigen Jahrzehnten. Bemerkenswerth war in dieser Beziehung der Standpunkt, den das Hauptorgan der rheinischen Liberalen — die sich sonst durch ihren Fanatismus für das Erbrecht des Code civil auszeichnen — gegenüber dem westphälischen Gesetzentwurf einnahm. In ihren Nummern 250—252 des Jahrgangs 1880 sagte die Kölnische Zeitung: „Es schwirren dermalen allerlei conservative Gedanken über Erhaltung eines kräftigen Bauernstands — — in der Luft, und da ist es nothwendig, daß der gemäßigte nationale Liberalismus, dem in der deutschen inneren Politik die Zukunft gehört, sich nicht blindlings abwehrend gegen dieselben verhalte, sondern es verstehe, das vorhandene Körnlein goldener Wahrheit aus dem tauben Gestein auszuscheiden, um es im Dienste der echten liberalen Forderungen zu verwerthen." Als den gesunden und unantastbaren Grundgedanken des Entwurfs bezeichnet sie diesen: „daß dem Bestreben der westphälischen Bauern, ihren Hof ungetheilt und ohne unerschwingliche Schuldenlast Einem Sohne zu hinterlassen, dadurch entgegengekommen werde, daß der gleichen Erbtheilung zwischen den Geschwistern im Fall mangelnder letztwilliger Verfügung des Erblassers der Ertragswerth und nicht der Verkaufswerth des Landguts zu Grunde gelegt werde." Dieses Urtheil unterschied sich vortheilhaft von dem Urtheil, mit dem man dem hannoverschen Höfegesetz im Anfang der siebziger Jahre ziemlich allgemein im liberalen Lager gegenübertrat. Man hat also in diesem Fall in den letzten zehn Jahren wohl manches gelernt und anderes vergessen.

Ueber den Gesetzentwurf des Freiherrn v. Schorlemer-Alst [159]) sind auch die Gerichte und Verwaltungsbehörden der Provinz Westphalen gutachtlich gehört worden. Das Oberlandesgericht zu Hamm, die meisten Landgerichte, der Oberpräsident und die Regierung zu Münster haben sich gegen diesen Gesetzentwurf und damit zugleich gegen den im Wesentlichen mit demselben übereinstimmenden Gesetzentwurf des Provinziallandtags erklärt. Sie waren der Ansicht, daß ein Bedürfniß, die Vererbung der Landgüter anderweitig gesetzlich zu regeln, überhaupt nicht vorliege, weil sich bisher die in dem Bauernstande bezüglich der Vererbung des väterlichen Guts herrschenden Anschauungen und Gewohnheiten als stark genug erwiesen haben, einer bedenklichen Verminderung der bäuerlichen Besitzungen erfolgreich entgegenzuwirken und unwirthschaftliche Theilungen zu verhüten. Dieses Urtheil wird durch eine von den Bezirksregierungen zusammengestellte Uebersicht über die Veränderungen, welche die spannfähigen bäuerlichen Besitzungen in den einzelnen Regierungsbezirken der Provinz Westphalen in Folge von Erbtheilungen während des Zeitraums von 1860 bis 1879 erlitten haben, zu belegen versucht. Abgesehen von den principiellen Bedenken gegen den v. Schorlemerschen Entwurf werden dann im Einzelnen vielfache Ausstellungen an demselben gemacht.

Die Resultate der statistischen und sonstigen thatsächlichen Ermittelungen blieben nicht ohne Einfluß auf die Staatsregierung. Dieselbe gelangte zu der Ueberzeugung, daß ein Bedürfniß, das in Westphalen geltende Erb- und Eherecht in so radicaler Weise umzugestalten, wie dies von dem Freiherrn v. Schorlemer-Alst und von dem Provinziallandtage angestrebt worden war, nicht vorliege. Indeß erkannte sie doch sowohl die Besorgniß, daß die bewährte Gesinnung und alte Sitte, welche bisher den bäuerlichen Besitzstand ungeschmälert zu erhalten geholfen hatten, in Zukunft allmählich schwinden könnte, als auch den Wunsch, daß die Gesetzgebung Vorkehrungen treffe, um dies möglichst zu verhüten, als berechtigt an. Diesem Wunsche suchte sie aber auf anderem Wege zu entsprechen, als auf dem vom Freiherrn von Schorlemer-Alst und vom Provinziallandtage eingeschlagenen.

Nach dem Gesetzentwurfe des Freiherrn v. Schorlemer-Alst sowie dem des Provinziallandtags sollte für die ländlichen Grundbesitzer der Provinz ein

159) Rede des Freiherrn von Schorlemer-Alst in der Sitzung des preußischen Abgeordnetenhauses vom 11. Januar 1881. Stenogr. Bericht S. 914. Beleuchtung der Vorurtheile wider den Entwurf eines Gesetzes über die Vererbung der Landgüter in Westphalen (von einem Mitgliede des westph. Bauernvereins) S. 16 ff.

neues besonderes Intestaterb- und Familienrecht geschaffen werden. Nach der Ansicht der Staatsregierung dagegen sollte es für den zu erreichenden Zweck schon genügen, wenn auf Grundlage des bestehenden Rechts und im engen Anschluß an dasselbe das Selbstbestimmungsrecht der ländlichen Grundbesitzer bezüglich der Vererbung ihrer Besitzungen für die Provinz Westphalen in gleicher Weise erweitert würde, wie dies für die Provinz Hannover bereits geschehen war.

Für diese Entscheidung war, abgesehen von den Voten der Justiz- und Verwaltungsbehörden und dem für die Provinz Hannover vorliegenden Präcedenzfalle, auch noch die Erwägung maßgebend, daß der Versuch, der im Jahre 1836 mit der Einführung einer singularen Intestaterbfolgeordnung gemacht worden war, als gescheitert angesehen werden mußte.

In Folge all' dieser Erwägungen legte die Staatsregierung dem im folgenden Jahre einberufenen 25. westphälischen Provinziallandtage einen neuen Entwurf zu einem Gesetz, betreffend die Uebernahme von Landgütern in der Provinz Westphalen bei Schichtungen, Auseinandersetzungen, zur Begutachtung vor.

Der 25. Provinziallandtag blieb zwar principiell bei seiner früheren Ansicht stehen, daß eine Abänderung des Intestaterbrechts sowohl den Sitten als den Rechtsgewohnheiten in der Provinz mehr entsprochen haben würde, fand aber, daß, wenn eine solche nicht zu erreichen sei, man sich mit der Einführung der Landgüterrolle begnügen müsse. Nach eingehender Erörterung und theilweiser Amendirung des Entwurfs erklärte er sich im December 1881 mit 41 gegen 8 Stimmen mit demselben einverstanden. Diesen Gesetzentwurf legte darauf die Staatsregierung unter Berücksichtigung der vom Provinziallandtage gewünschten Abänderungen und Zusätze, deren Annahme auch von dem Oberpräsidenten empfohlen worden war, sowie mit einigen nachträglichen Abänderungen im Januar 1882 dem preußischen Landtage zur Beschlußnahme vor. Demselben folgte im Februar 1882 eine weitere Vorlage, welche die Ausdehnung des ursprünglich nur für die Provinz Westphalen bestimmten Gesetzentwurfs auf die zur Rheinprovinz gehörigen Kreise Rees, Essen, Duisburg und Mühlheim an der Ruhr bezweckte.

Der von dem 25. Provinziallandtag angenommene Gesetzentwurf unterschied sich von dem vom 24. Provinziallandtag angenommenen wesentlich dadurch:

1) daß nicht ein besonderes Intestaterbrecht für den ländlichen Grundbesitz eingeführt, sondern nur das Institut der Höferolle (Landgüterrolle) nach dem Muster der für die Provinz Hannover geltenden Bestimmungen auf die Provinz Westphalen ausgedehnt, und

2) daß an dem bestehenden Erb- und ehelichen Güterrechte nichts geändert wurde.

Es bezog sich der Gesetzentwurf demnach, wie die Motive zu demselben sagen, nur auf die Vertheilung des Nachlasses, indem er dem überlebenden Ehegatten oder einem der Abkömmlinge oder einem der sonst mit einander concurrirenden Erben ein Vorrecht auf Zutheilung des ganzen Guts aus dem Nachlasse unter begünstigenden Bedingungen einräumte.

Diese Bedingungen regelte der Gesetzentwurf im engen Anschluß an die Bestimmungen, welche in der Provinz Westphalen bereits nach dem Gesetz vom 4. Juni 1856 für den Fall galten, daß der Erblasser nicht über das Landgut Verfügung getroffen hatte.

Auch in den Rechtsverhältnissen der Erbschaftsgläubiger, wie sich dieselben nach dem allgemeinen Landrecht Theil I Tit. 7 §§ 27 ff. gestalten, sollte durch die Begünstigungen, welche dem Gutsübernehmer zu Theil werden, nichts geändert werden; sie waren daher in dem Gesetzentwurf, wie in dem Gesetz vom 4. Juni 1856, unerwähnt geblieben.

Doch waren aus dem ersten Entwurfe des Provinziallandtags (der im großen Ganzen mit dem Entwurfe des Freiherrn von Schorlemer-Alst identisch war) einige nicht unwesentliche Punkte beibehalten worden: so z. B. die Ausdehnung der Eintragungsfähigkeit in die Landgüterrolle auf sämmtliche, ein bestimmtes Werthminimum erreichende und zum Betriebe der Land- und Forstwirthschaft geeignete Grundstücke, die Ausdehnung der Wirkung des Anerbenrechts auch auf die Seitenverwandten des Erblassers, die indirecte Begünstigung des Anerben lediglich durch eine niedrige Uebernahmetaxe und nicht auch auf directe Weise durch ein ausdrücklich eingeräumtes Voraus u. s. w.

Im Februar 1882 kam der von der Staatsregierung dem Landtage zur Beschlußfassung vorgelegte Gesetzentwurf im Herrenhause, und im März und April im Abgeordnetenhause zur Berathung. In beiden Körperschaften gelangte seitens einiger Mitglieder das Bedauern darüber, daß die Staatsregierung sich nicht in der Lage befunden habe, dem vom 25. Provinziallandtage beschlossenen Entwurf zuzustimmen, zum Ausdruck. Aber man wußte sich auch hier wie im Provinziallandtage Entsagung aufzuerlegen und dem Erreichbaren den Vorzug vor dem nur Wünschbaren zu geben. Freilich mochten grade die eifrigsten Vertreter der Mäßigung, zu denen u. A. auch der Freiherr von Schorlemer-Alst gehörte, dabei die Hoffnung hegen, daß wie für das hannoversche Höferecht nur schrittweise das Terrain erobert worden war, so auch die Reform des Intestaterbrechts nur allmählich — nach einigen Uebergangsstadien — durchgesetzt werden werde.

Der von der Staatsregierung eingebrachte Gesetzentwurf bezog sich nur auf die Provinz Westphalen; doch schloß sich an denselben sehr bald der Vorschlag an, denselben auf die 4 landrechtlichen Kreise der Rheinprovinz auszudehnen. Dieser dergestalt erweiterte Entwurf erhielt mit einigen nicht wesentlichen Abänderungen die Zustimmung der beiden Häuser des Landtags. Die königliche Sanction wurde der Landgüterordnung für die Provinz Westphalen am 30. April 1882 zu Theil. Von den älteren Höfegesetzen für Hannover und Lauenburg unterscheidet sich die westphälische Landgüterordnung hauptsächlich durch ihr Anwendungsgebiet und die Art der Feststellung der Uebernahmetaxe. Während das hannoversche Höfegesetz, in seiner damals vorliegenden Fassung von 1874 und 1880, nur auf zum landwirthschaftlichen Betriebe geeignete und mit einem Wohnhause versehene Bauerngüter Anwendung findet, dehnt die westphälische Landgüterordnung die Eintragungsfähigkeit in die Landgüterrolle auf jede zum Betriebe der Land- und Forstwirthschaft bestimmte Besitzung aus, sofern dieselbe mit einem Reinertrage von wenigstens 75 Mark zur Grundsteuer veranlagt ist, so daß mit Ausnahme von Familienfideicommissen alle Grundbesitzungen, die den obigen Katastralreinertrag erreichen, in die Landgüterrolle eingetragen werden können. Ferner ist für die Uebernahmetaxe in Westphalen der zwanzigfache Betrag des Grundsteuerreinertrags und nicht, wie in Hannover, der zwanzigfache Betrag des in jedem einzelnen Fall speziell zu ermittelnden Reinertrages maßgebend.

An den zunächst nur auf die Provinz Westphalen und die benachbarten 4 Kreise der Rheinprovinz beschränkten Antrag des Freiherrn von Schorlemer-Alst und Genossen knüpfte dann unmittelbar ein weiterer gleichfalls im preußischen Abgeordnetenhause eingebrachter Antrag an, welcher den Erlaß ähnlicher, das Anerbenrecht betreffender Bestimmungen auch für die übrigen Provinzen des preußischen Staats in Anregung brachte.

Bereits in der Sitzung des preußischen Abgeordnetenhauses vom 12. Mai 1874 hatte der Abg. Graf Wintzingerode, bei Gelegenheit der Berathung des hannoverschen Höferechts, die Hoffnung ausgesprochen, „daß die Erfahrungen, die mit dem vorliegenden Gesetzentwurfe gemacht werden werden, eine Anregung geben möchten dazu, daß auch in den älteren Provinzen etwas Aehnliches eingeführt werden möge", und in der Sitzung des preußischen Herrenhauses vom 18. Mai 1874 sprach der Graf Udo Stolberg bei derselben Gelegenheit den Wunsch aus, „daß überlegt werden möge, ob ähnliche Bestimmungen, wie sie im hannoverschen Höferecht vorliegen, nicht auch auf die alten Provinzen Preußens übertragen werden könnten".

Indeß führten diese Anregungen doch erst bei Gelegenheit der Berathung des auf Westphalen bezüglichen Gesetzentwurfs zu einem förmlichen Antrage. Dieser wurde von dem Abgeordneten v. Minnigerode im preußischen Hause der Abgeordneten eingebracht und in der Sitzung vom 3. December 1879 lebhaft discutirt. Derselbe lautete wörtlich folgendermaßen:

„Das Haus der Abgeordneten wolle beschließen: die königliche Staatsregierung zu ersuchen, auch bezüglich der übrigen Provinzen (außer Westphalen), soweit für sie das Bedürfniß nach Regelung der Erbfolge in den Bauernhöfen hervortritt, nach Anhörung der Provinziallandtage, Gesetzentwürfe in gleichem Sinn, wie der vorliegende Antrag (der für Westphalen ausgearbeitete Gesetzentwurf), den beiden Häusern des Landtags demnächst zur Bestätigung vorzulegen."

Dieser Antrag, der bei den Vertretern der Staatsregierung eine entgegenkommende Aufnahme fand, wurde von dem Abgeordnetenhause mit großer Majorität angenommen. So sehr hatte sich auch hier die Stimmung seit dem Anfang der fünfziger Jahre geändert!

Im Laufe der nächsten Monate erfolgte sodann seitens der Staatsregierung die Vorlage des für Westphalen ausgearbeiteten Gesetzentwurfs über die Vererbung der Landgüter an die sämmtlichen Provinzial- und Communallandtage mit der Aufforderung, „sich gutachtlich darüber zu äußern, ob und in welcher Weise in der Provinz .... ein Bedürfniß nach anderweiter Regelung der gesetzlichen Erbfolge in den Bauernhöfen hervorgetreten ist, und bejahendenfalls, auf welche Weise diesem Bedürfniß Rechnung getragen werden könne". Von den befragten Landtagen haben einige eine durchaus ablehnende, andere eine mehr zuwartende und dritte endlich eine zustimmende Haltung gegenüber der angeregten Erbrechtsreform eingenommen.

Zu den ersteren gehören:

I. der ostpreußische Provinziallandtag[160]), welcher in seiner Sitzung

160) Vorlage des Provinzialausschusses an den Provinziallandtag der Provinz Ostpreußen, betreffend die Regelung der Erbfolge in den Bauernhöfen, vom 3. April 1880, Nr. 39. Protokoll der 7. Plenarsitzung des Provinziallandtags der Provinz Ostpreußen vom 9. April 1880.

vom 9. April 1880 auf Antrag seines Ausschusses mit 61 gegen 10 Stimmen beschloß: „daß ein Bedürfniß zur anderweitigen Regelung der Intestaterbfolge in den Bauernhöfen nicht anzuerkennen ist". Dabei stellte sich sowohl der Provinzialausschuß wie der Provinziallandtag auf den Standpunkt der Erklärung, die der Justizminister Simons in der Sitzung des Herrenhauses vom 10. März 1859 abgegeben hatte, indem sie bestritten, daß in der Provinz Ostpreußen eine erhebliche Zerstückelung der Bauerngüter allgemein vorgekommen sei, und daß solche Fälle von Zerstückelung, wo sie partiell wirklich vorlagen, die Folge von Erbtheilungen gewesen seien.

II. Auch der westpreußische Provinziallandtag[161]) beschloß am 13. März 1880 mit großer Majorität gegen eine Minorität von nur 9 Stimmen: „daß er das Bedürfniß einer Aenderung der Erbfolge in den Bauernhöfen der Provinz nicht anerkenne".

Die Minorität des Landtags, vertreten durch den Abgeordneten v. Gordon, brachte folgende Resolution in Vorschlag, welche jedoch nicht die Majorität fand: „Die Erbtheilung in den Bauernhöfen auf Grund des bestehenden Rechts führt zu übermäßiger Verschuldung und dadurch zur Verminderung der bäuerlichen Nahrungen. Dem entgegenzuwirken halten wir im Interesse des Staats. — Durch Verträge bei Lebzeiten sucht der Bauernstand sich gewohnheitsmäßig zwar diesen Folgen des Erbrechts zu entziehen, falls aber nicht unter Lebenden oder von Todes wegen verfügt war, ist gesetzliche Vorsorge wünschenswerth, daß einem Erben die Uebernahme des Grundstücks erleichtert wird."

III. Ferner beschloß auch der nassausche Communallandtag[162]) am 21. April 1880, auf Antrag des von der Commission zur Vorberathung des Entwurfs bezüglich der Vererbung von Landgütern u. s. w. bestellten Referenten und entgegen den Aeußerungen des k. Landtagscommissars, einstimmig: „daß ein Bedürfniß nach anderweitiger gesetzlicher Regelung der Erbfolge in den Bauernhöfen oder Landgütern für die dem hiesigen communalständischen Verbande angehörigen Lande nicht anzuerkennen sei".

IV. Und ebenso beschloß der Landtag der Provinz Posen[163]) auf Antrag seines Ausschusses, im April 1880 mit 36 gegen 9 Stimmen, „daß ein Bedürfniß nach anderweiter Regelung der Erbfolge in den Bauernhöfen der Provinz Posen nicht anzuerkennen ist".

Ein Minoritätsantrag folgenden Inhalts: „der Provinziallandtag möge beschließen, eine Commission, aus 5 Mitgliedern bestehend, zu ernennen, welche das Material für eine Vorlage, betreffend die Regelung der Erbfolge in Bauerngütern im Großherzogthum Posen vorbereiten wird, um dasselbe der königlichen Regierung vorzulegen. Die Commission wird dem künftigen Provinziallandtag Bericht erstatten" — vermochte nur 7 Stimmen auf sich zu vereinigen.

Mit 29 gegen 17 Stimmen hat der Landtag sodann aber doch folgenden

---

161) Protokoll über die Sitzung des westpreußischen Provinziallandtags vom 13. März 1880. Vgl. auch die an den westpreußischen Provinziallandtag gerichtete Petition des landwirthschaftlichen Vereins Elbing vom 6. März 1880.

162) Protokoll der 7. Sitzung des Communallandtags für den Regierungsbezirk Wiesbaden.

163) Briefliche Mittheilung.

Beschluß gefaßt: „In Anbetracht des Umstandes, daß bei Berathung der Vorlage, betreffend die Regelung der Erbfolge in den Bauernhöfen, zur Sprache gekommen ist, daß in einzelnen Gegenden der Provinz wirklich eine erhebliche Verringerung der leistungsfähigen bäuerlichen Wirthschaften stattgefunden hat, wird der Landtag eine Commission von 5 Mitgliedern erwählen, welche, im Einvernehmen mit dem Herrn Oberpräsidenten, nach Prüfung der Gründe des Rückgangs in der Leistungsfähigkeit des Bauernstandes in einzelnen Gegenden, in Erwägung nimmt und überhaupt feststellt, wo, wie und wie weit auf gesetzlichem Wege diesem Nothstande abgeholfen werden kann, und über das Resultat dem nächsten Landtag Bericht zu erstatten hat."

V. Unbestimmter hat sich der Provinziallandtag von Pommern[164]) geäußert, indem derselbe sich mangels statistischen Materials schlechterdings außer Stande erklärt, die Frage zu beantworten, „ob und in welcher Weise ein Bedürfniß nach Regelung der Erbfolge in den Bauernhöfen der Provinz hervorgetreten ist".

Einer Reform des Erbrechts geneigt zeigten sich folgende Provinziallandtage:

VI. In der Provinz Brandenburg[165]) erschien eine Reform des Erbrechts um so dringender, je weniger befriedigend der bestehende rechtliche Zustand war. Hier gelten nämlich, abgesehen von einigen Willküren, welche nur für beschränkte Gebiete Anwendung finden, in dem weitaus größten Theil der Provinz das allgemeine Landrecht und das märkische Provinzialrecht, wie es sich auf Grund der Constitutio Joachimica von 1527 und des Erbschaftsdecrets von 1765 entwickelt hat. Das Landrecht und die sog. Joachimica haben mit einander gemein, daß das Recht aller Erben gleichen Grades gleich ist und daß jeder Erbe zum Zweck der Feststellung seines Pflichttheils und zum Zweck der Auseinandersetzung die Aufnahme einer Taxe des Landguts und behufs Theilung den Verkauf des Guts beantragen kann. Dazu kommt noch, daß nach märkischem Rechte auf Verlangen des überlebenden Ehegatten der Nachlaß so getheilt wird, wie wenn Gütergemeinschaft unter den Ehegatten bestanden hätte. Nimmt der überlebende Ehegatte sein Eingebrachtes nämlich nicht zurück, sondern läßt er dasselbe dem Nachlaß, so erhält er die eine Hälfte desselben selbst gegen ein Testament als statutarischen Erbtheil; dieser Fall tritt auch dann ein, wenn

164) Briefliche Mittheilung.

165) Protokoll des brandenburgischen Provinziallandtags vom 15. März 1880. Bericht der Commission des brandenburgischen Provinziallandtags zur Berathung der Vorlage, betreffend die Erbfolge in den Bauerngütern (Drucksachen des brandenburgischen Provinziallandtags, 6. Sitzungsperiode Nr. 18). Vorlage des Landesdirectors an den Provinziallandtag, betreffend die anderweite gesetzliche Regelung der Erbfolge in den Bauernhöfen (Drucksachen Nr. 8). Entwurf eines Gesetzes über die Vererbung der Landgüter in der Provinz Brandenburg, nebst Motiven, vom 10. März 1880, ausgearbeitet von einer zu diesem Zweck vom Provinziallandtage eingesetzten Commission. Entwurf einer Landgüterordnung für die Provinz Brandenburg nebst Begründung, vom 16. November 1882 (Drucksachen des Herrenhauses, Sitzungsperiode 1882/83 Nr. 9). Bericht der 10. Commission des preußischen Herrenhauses, betreffend den Entwurf einer Landgüterordnung u. s. w. (Drucksachen des Herrenhauses Nr. 17). Stenographischer Bericht über die Verhandlungen des Herrenhauses vom 11. und 12. Januar und 9. Juni, und des Abgeordnetenhauses vom 6. und 7. Februar, 2., 4. und 5. Juni 1883.

er nichts in die Ehe eingebracht hat. Die andere Hälfte fällt den Descendenten oder sonst erbberechtigten Verwandten des Verstorbenen und in Ermangelung von solchen dem Fiscus als bonum vacans zu. Die eine Hälfte des Nachlasses hat demnach die Natur eines Pflichttheils des überlebenden Ehegatten, während die übrigen Erben den Pflichttheil aus der andern Hälfte erhalten. Nach einem Erkenntniß des Obertribunals wird aber dieser Pflichttheil berechnet nicht von der Hälfte, sondern von dem ganzen Nachlaß, so daß, wenn mehr als 4 Descendenten vorhanden sind, derjenige Antheil, den sie durch Theilung der Hälfte erhalten, zugleich ihr Pflichttheil ist. Demnach hat der Erblasser in diesem Fall selbst dann nicht die Möglichkeit über den kleinsten Theil seines Nachlasses zu verfügen, wenn das ganze Vermögen von ihm in die Ehe gebracht ist.

Als die Frage, ob und in welcher Weise in der Provinz Brandenburg ein Bedürfniß nach anderweiter Regelung der Erbfolge in den Bauernhöfen hervorgetreten sei, an den Provinziallandtag gerichtet wurde, beschloß derselbe am 16. März 1880 auf Grund eines schriftlichen Berichts des Landesdirectors v. Levetzow, unter Zustimmung seiner bäuerlichen Mitglieder, mit großer Majorität:

1) auszusprechen, daß ein Bedürfniß nach anderweitiger gesetzlicher Regelung der Erbfolge in den Landgütern hervorgetreten ist,

2) den Provinzialausschuß zu beauftragen, dem nächsten Provinziallandtage einen Gesetzentwurf über eine anderweitige Regelung der gesetzlichen Erbfolge in den Landgütern zur Berathung und Beschlußfassung vorzulegen, wobei als leitende Gesichtspunkte zu berücksichtigen sind:

a. die Eintragung in die Höferolle ist nicht unbedingt abzulehnen (die ursprüngliche Fassung des Antrags, welche jedoch von dem Provinziallandtage zu Gunsten der obigen von dem Abgeordneten v. Gerlach beantragten Fassung verworfen worden war, lautete: „die Eintragung in eine Höferolle ist n i c h t nothwendig"),

b. bei der Feststellung des Annahmewerths ist der Grundsteuerreinertrag möglichst zu Grunde zu legen,

c. das Anerbenrecht ist nur für die Nachkommen des Erblassers einzuführen,

d. jede Abgrenzung nach oben hin ist entbehrlich.

In Gemäßheit dieser Beschlüsse legte der Landesdirector, Namens des Provinzialausschusses, dem im J. 1881 wieder versammelten Provinziallandtage den Entwurf eines Gesetzes über die Vererbung der Landgüter in der Provinz Brandenburg vor, welcher sich zwar in vielen anderen Punkten an das hannoversche Höfegesetz vom 2. Juni 1874 anschloß, aber entgegen dem früheren auf Antrag des Abgeordneten von Gerlach gefaßten Beschlusse des Provinziallandtags von der Einführung einer Höferolle absah, so daß die Bestimmungen des Entwurfs, als ein besonderes Intestaterbrecht für den ländlichen Grundbesitz, allgemein und unabhängig von einer besonderen Willenserklärung der Besitzer Anwendung finden sollten. Eine Abweichung von dem hannoverschen Höferechte enthielt dieser Entwurf auch insofern, als der Anerbe, wenn er das ihm zugefallene Gut in den ersten 10 Jahren nach dem Anfalle verkaufen würde, ein Fünftel des bei der Erbtheilung zu Grunde gelegten Gutswerths zur Nachvertheilung in die Erbschaftsmasse einzuschießen und zur Sicherung und Durchführung dieser Bestimmung eine Cautionshypothek einzutragen haben sollte. Durch diese Bestimmung wollte man die mögliche Ausbeutung des Anerbenrechts durch egoistische Anerben verhindern.

Diesem Gesetzentwurfe stimmte der Provinziallandtag mit einer Mehrheit von 58 gegen 6 Stimmen im März 1881, nachdem er einige unwesentliche Abänderungen an demselben vorgenommen hatte, zu.

Hierauf sind die Behörden der Provinz sowohl im Allgemeinen über die Bedürfnißfrage, wie speziell über den vom Provinziallandtage beschlossenen Entwurf gutachtlich gehört worden. Der Oberpräsident sowie die beiden Regierungspräsidenten zu Potsdam und Frankfurt a. O. haben, unter Bejahung der Bedürfnißfrage, die Annahme dieses Gesetzentwurfs befürwortet. Auch die frühere Abtheilung des Innern der Regierung zu Frankfurt a. O. hat eine solche Regelung, weil sie im Volksbewußtsein begründet sei, als zweckmäßig begrüßt. Von den Landräthen des Bezirks Frankfurt a. O. haben 7 die Bedürfnißfrage bejaht, 6 dieselbe verneint. Die frühere Abtheilung des Innern der Regierung zu Potsdam hat die Bedürfnißfrage verneint. Von den Landräthen des Bezirks Potsdam hat die Regierung nur 4 gutachtlich gehört, dieselben haben die Bedürfnißfrage einstimmig verneint. Das Kammergericht und die meisten Landgerichte der Provinz (5 von 9) haben die Bedürfnißfrage gleichfalls verneint und sich gegen die Annahme des vom Provinziallandtage beschlossenen Gesetzentwurfs ausgesprochen. Nur 3 Landgerichte haben dem Entwurfe des Provinziallandtags zugestimmt, während ein Landgericht sich für die Einführung der Höferolle nach hannoverschem Muster erklärt hat. Die Einwendungen der die Bedürfnißfrage verneinenden Justizbehörden richteten sich übrigens meist nur gegen die Einführung eines besonderen Intestaterbrechts, durch welches sämmtliche land- und forstwirthschaftliche Besitzungen der Provinz ohne Weiteres einer singulären Successionsordnung unterworfen werden würden.

Auch die Staatsregierung glaubte, indem sie im Uebrigen mit der dem Entwurf des brandenburgischen Provinziallandtags zu Grunde liegenden Tendenz durchaus einverstanden war, um so mehr an dem von ihr gegenüber dem westphälischen Provinziallandtage eingenommenen Standpunkte festhalten zu sollen, als das Princip des hannoverschen Höferechts mittlerweile auf den Kreis Herzogthum Lauenburg, die Provinz Westphalen und die landrechtlichen Kreise der Rheinprovinz Anwendung gefunden hatte und als dasselbe — wie weiter unten zu zeigen sein wird — auch von den Provinziallandtagen der Provinzen Schleswig-Holstein, Sachsen und Schlesien als Grundlage der für diese Provinzen zu erlassenden Gesetze angenommen worden war.

Die Staatsregierung hatte demnach unter Adoptirung derjenigen Bestimmungen der Landgüterordnung für Westphalen, welche sich auf die Einrichtung und Führung der Landgüterrolle beziehen, sowie unter Berücksichtigung der Bedenken, welche die Gerichte gegen einzelne Bestimmungen des vom Provinziallandtage beschlossenen Gesetzentwurfs geltend gemacht hatten, im Uebrigen aber unter möglichstem Anschluß an letzteren, einen eigenen Gesetzentwurf aufstellen lassen. Namentlich in folgenden zwei wichtigen Punkten stimmte der Regierungsentwurf mit dem Entwurfe des Provinziallandtags und zugleich mit der westphälischen Landgüterordnung überein. Auch in der Provinz Brandenburg sollte nämlich jede zum Betriebe der Land- und Forstwirthschaft benutzte Besitzung, welche mit einem Reinertrage von wenigstens 75 Mark zur Grundsteuer veranlagt ist, in die Landgüterrolle eingetragen werden können, und für die Feststellung der Annahmetaxe sollte der 40fache (in Westphalen der 20fache) Betrag des Grundsteuerreinertrags der Liegenschaften maßgebend sein. Dagegen war die für Verhinderung einer Ausbeutung des Anerbenrechts von dem Provinziallandtag in Aussicht genommene Bestimmung (Surplusreservat), in Folge der von dem Kammergerichte gegen dieselbe geäußerten Bedenken, von der Staatsregierung gestrichen worden.

Dieser von der Staatsregierung aufgestellte Entwurf wurde einer Commission von Vertrauensmännern der Provinz zur Begutachtung vorgelegt; dagegen hatte die Staatsregierung von einer wiederholten Verhandlung mit dem Provinziallandtage selbst Abstand genommen. Es fehlte somit für diese Vorlage die formelle Zustimmung des Provinziallandtags, deren man sich in Westphalen versichert hatte.

Im November 1882 wurde dieser Gesetzentwurf den beiden Häusern des preußischen Landtags zur Beschlußfassung vorgelegt. Das Herrenhaus stellte sich in der Majorität seiner Glieder auf den Standpunkt des Provinziallandtags und erklärte sich für Gestaltung des Anerbenrechts als Intestaterbrecht und gegen die Bestimmungen des Regierungsentwurfs bezüglich der Höferolle. Das Abgeordnetenhaus stimmte dem Herrenhause in diesem Punkte jedoch nicht bei[166]), und so sah sich das Herrenhaus schließlich, nachdem die Staatsregierung durch den Mund der Vertreter des Ministeriums des Innern, der Justiz und der Landwirthschaft, Domänen und Forsten erklärt hatte, daß zur Zeit nicht mehr zu erreichen sei, als das in dem Regierungsentwurf Gebotene, genöthigt, im Interesse des Zustandekommens des Gesetzes seine Opposition aufzugeben (Juni 1883). Während der Kampf um denselben Punkt in Westphalen gleichsam hinter den Coulissen ausgefochten war, sodaß der Provinziallandtag sowohl wie der preußische Landtag sich unter dem Vortritte des Freiherrn v. Schorlemer-Alst resignirt in das Unvermeidliche schickten, wurde der Streit wegen der brandenburgischen Landgüterordnung im Herrenhause coram publico mit großer Heftigkeit ausgefochten. Vielleicht giebt das ministerielle „zur Zeit“ in der Zukunft einen Anlaß, auf diese Angelegenheit nochmals zurückzukommen. Denn nach Ausdehnung der Landgüterordnung auf den gesammten land- und forstwirthschaftlichen Grundbesitz mit Ausnahme nur der ganz kleinen Besitzungen haben fast alle Classen der besitzenden ländlichen Bevölkerung das gleiche Interesse an dem gedeihlichen Abschluß dieser wichtigen Gesetzgebungsfrage. Im Uebrigen waren die von dem Landtage veranlaßten Veränderungen nicht bedeutend. Die wichtigste derselben bestand in dem vom Herrenhause gefaßten Beschlusse, daß der Uebernahmetaxe nicht der 40- sondern nur der 30fache Grundsteuerreinertrag und der 20fache Gebäudesteuernutzungswerth derjenigen Gebäude, welche weder zur Wohnung des Eigenthümers, seiner Familie und Arbeiter noch zur Bewirthschaftung erforderlich sind, zu Grunde

166) Die zur Vorberathung des Entwurfs niedergesetzte Commission des Abgeordnetenhauses hatte sich in der ersten Sitzung dem Votum des Herrenhauses angeschlossen und die Höferolle gleichfalls verworfen, in der zweiten Sitzung dagegen die Höferolle acceptirt. Diesem Commissionsbeschlusse trat dann das Abgeordnetenhaus mit großer Majorität bei.

gelegt werde, wobei diesem Werthe dann allerdings noch verschiedene Posten zuzurechnen sind, ein Beschluß, dem dann mit einigen Modificationen auch das Abgeordnetenhaus beitrat und die Staatsregierung zustimmte.

Die königliche Sanction erhielt der von den beiden Häusern des Landtags angenommene Gesetzentwurf am 10. Juli 1883.

Bei Gelegenheit der Berathung des Gesetzentwurfs für die Provinz Brandenburg wurde auf den Antrag des Grafen von der Schulenburg-Beetzendorf vom Herrenhause folgende Resolution gefaßt:

„Die Staatsregierung ist zu ersuchen:

Nachdem seitens des sächsischen Provinziallandtags das Bedürfniß einer Höferolle zwar anerkannt, ein desfallsiger Gesetzentwurf aber zurückgestellt worden ist, — nach Anhörung anderer geeigneter Organe in der Altmark, — ein Gesetz entsprechend der Landgüterordnung der Provinz Brandenburg für die vier altmärkischen Kreise: Stendal, Salzwedel, Gardelegen und Osterburg dem Landtage vorzulegen."

In Ausführung dieses Beschlusses ist der Oberpräsident der Provinz Sachsen beauftragt worden, die Kreistage der vier altmärkischen Kreise über den Erlaß einer Landgüterordnung für die Altmark gutachtlich zu hören.

VII. Der schlesische Provinziallandtag hatte, auf die demselben seitens der Staatsregierung gewordene Anregung, am 11. Januar 1881 beschlossen, „seinen Ausschuß zu beauftragen, das erforderliche Material zu sammeln und ev. dem nächsten Landtage bestimmte Vorschläge über eine anderweitige Regelung der Erbfolge für den Grundbesitz der Provinz Schlesien zu machen" [167]). Auch eine von dem Landeshauptmann der Provinz Schlesien dem Ausschuß gemachte Vorlage wies auf die Nothwendigkeit der Ansammlung weiteren, für die Entscheidung des in Rede stehenden Gesetzes wichtigen Materials hin und erklärte sich vorläufig — unter Abänderung einiger weniger wichtiger Bestimmungen — mit dem v. Schorlemerschen Gesetzentwurf einverstanden. Dagegen sprach sich ein von dem Justizrath Schneider abgegebenes Gutachten für das Institut der dem hannoverschen Höferecht zu Grunde liegenden Höferolle und gegen das von dem v. Schorlemerschen Entwurf in Aussicht genommene Intestaterbrecht aus und erklärte sich im Uebrigen entschieden gegen ein ausschließlich für den bäuerlichen Grundbesitz

---

167) Vorlage des Landeshauptmanns an den Provinzialausschuß der Provinz Schlesien, betreffend eine anderweite gesetzliche Regelung der Erbfolge in den Bauernhöfen, vom 4. Februar 1881. Vorlage des Provinzialausschusses, betreffend denselben Gegenstand, vom 15. August 1881. Gutachten des Justizraths Schneider für den Provinzialausschuß, betreffend die Emanation eines Gesetzes über die Regulirung der Erbfolge von Bauerngütern in Schlesien vom 6. April 1881. Bericht des 2. Ausschusses des schlesischen Provinziallandtags über die obige Vorlage des Provinzialausschusses, vom 19. April 1882. Protokoll des 28. und 29. Provinziallandtags der Provinz Schlesien. Entwurf einer Landgüterordnung für die Provinz Schlesien nebst Begründung, vom 20. November 1883 (Drucksachen des Herrenhauses, Sitzungsperiode 1884/85 Nr. 6). Bericht der 12. Commission des preußischen Abgeordnetenhauses zu dem Entwurfe einer Landgüterordnung für die Provinz Schlesien, vom 22. Februar 1884 (Drucksachen des Abgeordnetenhauses, Session 1883/84 Nr. 111). Stenographischer Bericht über die Verhandlungen des preußischen Herrenhauses vom 15. December 1883 und des preußischen Abgeordnetenhauses vom 10. Januar, 11. und 14. März 1884.

berechnetes singuläres Erbrecht, indem er dasselbe auf den gesammten land- und forstwirthschaftlichen Grundbesitz auszudehnen wünschte.

Auf Grund dieser beiden Vorlagen und des sonst beigebrachten Materials beschloß der Provinzialausschuß am 11. Juli 1881: „Der Pr.-A. hält die Regelung der Erbfolge für den gesammten Grundbesitz von Schlesien im Wege der Gesetzgebung für zweckmäßig, und insoweit es sich um eine facultative Beseitigung der landrechtlichen Pflichttheilsgesetzgebung bezüglich der Vererbung von Landgütern handelt, für ein Bedürfniß, stellt aber ein Bedürfniß der gesetzlichen Einführung des Anerbenrechts lediglich für Bauerngüter in Abrede und legt den berathenen und beschlossenen Entwurf für das Gesetz bei."

Der von dem Provinzialausschusse ausgearbeitete Gesetzentwurf wurde von dem 29. Provinziallandtag seinem 2. Ausschuß überwiesen und in der von diesem modificirten Gestalt mit großer Majorität angenommen. Gegen denselben stimmten nur 12 Abgeordnete und zwar 1 ländlicher und 11 städtische.

Nach dem Gesetzentwurfe des Provinziallandtags soll für den ländlichen Grundbesitz der Provinz Schlesien ein besonderes Intestaterbrecht nicht eingeführt, sondern im Anschlusse an die gleichartigen Gesetze, welche für die Provinzen Hannover, Westphalen und Brandenburg, sowie für den Kreis Herzogthum Lauenburg und für die landrechtlichen rechtsrheinischen Kreise der Rheinprovinz ergangen sind, das Institut der Landgüterrolle auch auf die Provinz Schlesien ausgedehnt werden. Im Uebrigen nähert sich dieser Gesetzentwurf in zwei wesentlichen Punkten den für die Provinzen Westphalen und Brandenburg erlassenen Landgüterordnungen, indem er die Eintragungsfähigkeit in die Höferolle auf alle zum Betriebe der Land- und Forstwirthschaft bestimmten Besitzungen, welche mit wenigstens 60 (in Westphalen und Brandenburg 75) Mark zur Grundsteuer veranlagt sind, ausdehnt und der Uebernahmetaxe den 40fachen Betrag des Grundsteuerreinertrags (in Westphalen der 20-, in Brandenburg der 30fache) oder den 20fachen Betrag des für jeden einzelnen Fall nach Abzug aller dauernd auf dem Gute ruhenden Lasten und Abgaben ermittelten Reinertrags zu Grunde legte.

Dieser Gesetzentwurf wurde seitens der Staatsregierung dem Oberlandesgericht von Breslau zur Begutachtung vorgelegt. Nachdem das Oberlandesgericht Berichte seitens der Gerichte der Provinz eingezogen, hat es am 23. Juni 1883 sich unter eingehender Motivirung gegen den Gesetzentwurf ausgesprochen.

Ungeachtet dieser von den Gerichten der Provinz erhobenen Bedenken hat der Gesetzentwurf für die Provinz Schlesien aber doch in allen wesentlichen Punkten die Zustimmung der Staatsregierung gefunden. Mit einigen Abänderungen meist redactioneller Natur ist der Entwurf des Provinziallandtags seitens der Staatsregierung im November 1883 dem preußischen Landtage vorgelegt worden. Sowohl das Herrenhaus wie das Abgeordnetenhaus haben demselben in den Hauptpunkten, mit Ausnahme nur einiger weniger, zugestimmt. Die wichtigste Abänderung ist vom Abgeordnetenhause beschlossen worden und bezieht sich auf die Feststellung der Taxe, nach welcher die Landgüter vererbt werden sollen. Während nämlich der Vorschlag des Provinziallandtags und der Staatsregierung dahin ging, der Uebernahmetaxe den vierzigfachen Betrag des Grundsteuerreinertrags zu Grunde zu legen und auf Wunsch des Anerben oder eines Miterben eine individuelle Ermittelung des Reinertrags nach dem Grundsatze des hannoverschen Höferechts zuzulassen, hat das Abgeordnetenhaus beschlossen, für die individuelle Schätzung nach den Grundsätzen des hannoverschen Höferechts die Abschätzung des Gutswerths nach den für Auseinandersetzungen geltenden Abschätzungsgrundsätzen der schlesischen Landschaft zu substituiren. Im Uebrigen soll die Feststellung der Uebernahmetaxe auf diesem Wege ebenfalls nur auf Antrag des Anerben oder eines seiner Miterben erfolgen, während ohne solchen Antrag der vierzigfache Betrag des Grundsteuerreinertrags der Liegenschaften für die Uebernahmetaxe bestimmend ist. Damit ist ein neuer Grundsatz für die Taxation der Güter in die Höfegesetzgebung eingeführt worden, dessen Ausdehnung auch auf die übrigen Provinzen sich in Zukunft empfehlen dürfte. Die königliche Sanction erhielt der von den beiden Häusern des Landtags angenommene Gesetzentwurf am 24. April 1884.

Bemerkenswerth ist noch ein Antrag, den der Freiherr von Durant anläßlich der Berathung der schlesischen Landgüterordnung im Herrenhause am 14. December 1883 eingebracht hat. Dieser Antrag, welcher übrigens keine Majorität fand, bezweckte die Annahme folgender Resolution seitens des Herrenhauses: „Das Herrenhaus nimmt die von der königl. Staatsregierung vorgelegte Landgüterordnung für die Provinz Schlesien unter den gegenwärtig obwaltenden Verhältnissen an, spricht aber den Wunsch aus und erklärt es als in der Nothwendigkeit liegend, daß für den Fall, daß die Landgüterordnung sich im Laufe eines Zeitraums von 3 Jahren nicht bewährt hat, zum Zweck der Erhaltung eines lebensfähigen Grundbesitzerstandes, auf die Einführung einer anderweitigen Erbfolge im Grundbesitz Bedacht genommen werde." Wenn wir diesen Antrag recht verstehen, so sollte er den Accept des von der Ministerbank bei Gelegenheit der Berathung der brandenburgischen Landgüterordnung geäußerten „zur Zeit" seitens des Herrenhauses aussprechen!

VIII. In Schleswig-Holstein[168]) ist die Frage der gesetzlichen Consolidirung des Anerbenrechts schon zur Zeit der dänischen Herrschaft ventilirt worden.

Bereits 1832 sprach sich Professor Hanssen in seiner Darstellung der Insel Fehmarn für das Anerbenrecht, als nothwendiges Complement der Gebundenheit der Landstellen, aus.

Sodann stellte der Advocat Bargum in der holsteinischen Ständeversammlung des J. 1842 eine sog. Privatproposition auf Erlaß einer Verordnung wegen Regulirung des Näherrechts bei der Erbfolge in Bauerngüter, indem er auf die in den verschiedenen Theilen Holsteins ungleiche Gestaltung des Anerbenrechts (dort Näherrecht genannt) und auf die Unbestimmtheit der Geltung und der Ausführung dieser durch Statuten, Gesetze und Gewohnheiten normirten Rechte hinwies. Dieser Antrag stieß damals bei den Vertretern derjenigen Landestheile, welche bisher kein Anerbenrecht und keine Beschränkung der Theilbarkeit ihrer Stellen gekannt hatten, auf einigen Widerstand. Indeß wurde doch, nach einer sehr gründlichen Berathung innerhalb des zu diesem Zweck erwählten Ausschusses von dem Provinziallandtage beschlossen: der König möge geruhen, den holsteinischen Ständen ein desfallsiges Gesetz vorzulegen.

168) Verhandlungen des dreizehnten schleswig-holsteinischen Provinziallandtags vom 31. October bis incl. 18. November 1881, nebst Anlagen, Kiel 1881.

In der schleswig-holsteinischen Staatskanzlei haben darauf umfassende Untersuchungen und Verhandlungen über diesen Gegenstand stattgefunden. Die Erledigung desselben im Sinne des oben erwähnten Beschlusses ist jedoch damals an der Schwierigkeit einer gleichmäßigen Regelung dieser Rechtsmaterie für die ganze Provinz gescheitert.

Die bereits im J. 1842 vorhandene Unsicherheit in der Anwendung des Anerbenrechts hat sich seitdem nur noch gesteigert. Namentlich die Fragen: auf welche Grundstücke das Anerbenrecht zur Anwendung kommen soll, wer der Anerbe ist, wie es bei der Schätzung gehalten werden soll u. s. w., werden in der Praxis jedes einzelnen holsteinischen Districts sehr verschieden beantwortet.

Wenn sich diese Uebelstände in dem Herzogthum Schleswig auch nicht in gleichem Umfange gezeigt haben, so herrscht doch auch hier keine feststehende Praxis, namentlich seitdem die Faestestellen den Bondestellen in den meisten Beziehungen gleichgestellt sind.

Dem Beschluß des preußischen Abgeordnetenhauses vom 3. December 1879 entsprechend wurde der für Westphalen ausgearbeitete Gesetzentwurf auch dem Provinziallandtage der Provinz Schleswig-Holstein zur Aeußerung mitgetheilt.

Der Landtag beauftragte seinerseits einen aus 7 Mitgliedern bestehenden Ausschuß, über diesen Gegenstand Bericht zu erstatten. Dieser bejahte die Frage des Bedürfnisses nach einer Reform des bäuerlichen Erbrechts und beantwortete die dem Provinziallandtage vorgelegte weitere Frage, in welcher Weise diesem Bedürfnisse Rechnung zu tragen sei, dahin, daß es sich empfehle, auf die Provinz Schleswig-Holstein nicht den für die Provinz Westphalen ausgearbeiteten Gesetzentwurf, sondern das für die Provinz Hannover in Kraft bestehende Höferechts-Gesetz auszudehnen.

Durch Beschreitung dieses Wegs hoffte man ein doppeltes Ziel zu erreichen.

In denjenigen Theilen Schleswig-Holsteins, in denen das Anerbenrecht gilt, die einzelnen Bestimmungen desselben aber reformbedürftig sind, würden dadurch an die Stelle der bisherigen Unsicherheit feste Normen treten, und andrerseits würde denjenigen Theilen der Provinz, welche bisher kein Anerbenrecht und keine Beschränkung der Theilbarkeit der Stellen im Erbwege besaßen und fürs Erste auch nicht zu besitzen wünschen, dadurch Gelegenheit gegeben, die wirthschaftlichen Vortheile eines solchen Gesetzes kennen zu lernen und dasselbe je nach Bedürfniß in Anwendung zu bringen.

Namentlich aus Rücksicht auf diese letzteren Landestheile hat der Provinziallandtag dem hannoverschen Höferechts-Gesetze den Vorzug vor dem ursprünglichen westphälischen Gesetzentwurfe gegeben, indem dieser, wegen seiner Unterwerfung sämmtlicher Landgüter, deren Werth ein gewisses Minimum übersteigt, unter das Anerbenrecht, das größte Widerstreben der Bewohner dieser Landestheile hervorrufen würde, während es doch nützlich sein kann, wenn dem Eigenthümer die rechtliche Möglichkeit und nur diese gegeben wird, seinen Hof durch Einschreibung in die Höferolle dem Anerbenrecht zu unterwerfen.

Ein weiterer Grund, der den Ausschuß bestimmt hat, sich an das hannoversche Höfegesetz anzuschließen, besteht darin, daß der ursprünglich westphälische Gesetzentwurf viel tiefer in das eheliche Güterrecht eingriff, als das hannoversche Höferecht, solche Eingriffe in das Familienrecht aber bei den in Schleswig-

Holstein herrschenden verschiedenen Güterrechten nach Möglichkeit vermieden werden müssen.

Nachdem hierauf im November 1880 der Provinziallandtag einen mit nur unwesentlichen Modificationen dem für Hannover geltenden Höfegesetze nachgebildeten Gesetzentwurf, betreffend die Vererbung der ländlichen Besitzungen in der Provinz Schleswig-Holstein, durchberathen, erhob er den folgenden Antrag mit allen gegen eine einzige Stimme zum Beschluß:

„Die königl. Staatsregierung zu ersuchen, nach Prüfung und Untersuchung der einschlagenden Verordnungen und Verhältnisse der Provinz und unter Berücksichtigung des anliegenden gutachtlichen Entwurfs, einen Gesetzentwurf, betreffend die Vererbung der ländlichen Besitzungen in der Provinz Schleswig-Holstein, aufzustellen und, bevor derselbe dem Landtage der Monarchie vorgelegt wird, dem Provinziallandtage zu gutachtlicher Beurtheilung vorzulegen."

IX. Auch in der Provinz Sachsen[169]) hat der im Januar 1880 versammelt gewesene Landtag sich mit der seitens der Staatsregierung angeregten Frage über die Reformbedürftigkeit des bäuerlichen Erbrechts beschäftigt. Die Discussion, in welcher von der einen Seite das Bedürfniß nach einer solchen Reform anerkannt, von einer anderen Seite aber bestritten wurde, ließ erkennen, daß der Gegenstand zu einer definitiven Beschlußfassung nicht genügend vorbereitet sei, indem es für eine solche an den nöthigen thatsächlichen Unterlagen fehlte. In Folge dessen ertheilte der Landtag dem Provinzialausschusse den Auftrag, ihm das Material zu einer eingehenden Beantwortung der angeregten Bedürfnißfrage zu unterbreiten.

Der Provinzialausschuß hat darauf der ihm gestellten Aufgabe entsprochen, indem er die Aeußerungen der Kreisorgane sämmtlicher Landkreise der Provinz und außerdem Spezialgutachten von einzelnen mit den einschlägigen Verhältnissen wohl vertrauten Männern eingeholt hat.

Ja, der Provinzialausschuß hat noch mehr gethan, indem er unter Ablehnung des sog. v. Schorlemerschen Gesetzentwurfs und im Anschlusse an das hannoversche Höfegesetz einen Gesetzentwurf über die Vererbung der Landgüter in der Provinz Sachsen für den Provinziallandtag ausgearbeitet hat. Bei dieser Gelegenheit hat sich der Provinzialausschuß zwei Aufgaben gestellt:

1) die ländlichen Grundbesitzer, durch Einräumung eines von Pflichttheilsbeschränkungen wenig beeinträchtigten Verfügungsrechts, der Nothwendigkeit zu überheben, schon bei Lebzeiten, das ist in ihren besten Jahren, das Gut abzutreten, und

2) für den Intestaterbfall den ungetheilten Uebergang des Gutes an einen Erben ohne zu hohe Belastung desselben vorzusehen.

Bei diesem seinem positiven Vorgehen befand sich der Provinzialausschuß in Uebereinstimmung mit nahezu der Hälfte der Kreisorgane, indem von den Aeußerungen des Kreistags und Kreisausschusses aus 33 Kreisen 16 sich für eine

169) Verhandlungen des Provinziallandtags der Provinz Sachsen von 1880 und 1882. Vorlage des Provinzialausschusses, betreffend die anderweite gesetzliche Regelung der Erbfolge in den Landgütern der Provinz Sachsen (6. Landtag der Provinz Sachsen 1882, Drucksachen Nr. 34).

anderweite Regelung der gesetzlichen Erbfolge in den Bauernhöfen und 17 dagegen ausgesprochen hatten.

Dieser Entwurf wurde dem im J. 1882 versammelt gewesenen Provinziallandtage vorgelegt, und von demselben — nach einer allgemeinen Discussion — der von dem Dr. Elvers gestellte Antrag mit 48 gegen 44 Stimmen angenommen. Dieser Antrag lautet:

„1) Der Provinziallandtag erkennt an, daß das Bedürfniß nach Regelung der Erbfolge sowohl in den Bauernhöfen als auch in den größeren ländlichen Besitzungen in der Provinz Sachsen hervortritt, und daß diesem Bedürfniß durch Erlaß eines Gesetzes abzuhelfen sein wird, welches auf den Principien beruht, die in dem von dem Provinzialausschusse ausgearbeiteten Entwurf zum Ausdruck gelangt sind.

2) Der Provinziallandtag beschließt, auf die Berathung der einzelnen Bestimmungen des vorgelegten Gesetzentwurfs nicht einzugehen."

Bei dieser Gelegenheit darf noch auf die oben auf S. 359 erwähnte Thatsache hingewiesen werden, daß das Herrenhaus seinerseits beschlossen hat, die Staatsregierung um die Vorlage eines die Erbfolge in den ländlichen Grundbesitzungen regelnden Gesetzentwurfs für die Altmark zu ersuchen, und daß die Staatsregierung hierauf die erforderlichen gutachtlichen Nachrichten einzuziehen begonnen hat.

X. Der Communallandtag des Regierungsbezirks Kassel hatte die von der Staatsregierung angeregte Frage, die etwaige Abänderung der Intestaterbfolge in Bauerngüter betreffend, einem Ausschusse zur Vorberathung übertragen. Dieser hatte in Anbetracht der sehr verschiedenen Regeln und Gebräuche, welche in den einzelnen Theilen des Regierungsbezirks Kassel in Bezug auf die Vererbung der Bauerngüter, bezw. die Anschlagsverträge bestehen, sein Votum für die Haupttheile des Bezirks gesondert erstattet und sich bei dieser Gelegenheit auf die Geltendmachung der allgemeinsten Gesichtspunkte beschränkt. Der durch den Berichterstatter, Prof. Dr. Enneccerus, eingehend motivirte Antrag des Provinzialausschusses wurde von dem Communallandtage am 17. December 1881 mit großer Majorität angenommen, nachdem einige andere Anträge verworfen worden waren. Der von dem Communallandtage zum Beschluß erhobene Antrag zerfällt in zwei Theile:

A. In dem ersten Theile wurde beschlossen:

„a. Für Alt-Hessen mit Hersfeld und Schmalkalden (einschließlich des Amts Vöhl), ist im mittelbaren Anschluß an die dort vorherrschende Sitte der Anschlagsverträge, eine Abänderung der Erbtheilung bei der Intestaterbfolge in Bezug auf Bauernhöfe nach folgenden Gesichtspunkten wünschenswerth:

1) Im Fall der Intestatbeerbung durch Nachkommen geht das Bauerngut als Einheit auf einen der Miterben, den Gutsübernehmer, über.

2) Der Gutsübernehmer wird, wenn die Erbenden sich nicht unter einander einigen, im möglichsten Anschlusse an die bisherige Uebung durch Vormünder und Verwandte nach pflichtmäßigem Ermessen derart bestimmt, daß die dauernde Erhaltung der Einheit des Guts in der Hand eines Familiengliedes den für die Wahl ausschlaggebenden Gesichtspunkt bildet. Erscheint wegen höherer Verschuldung des Guts oder anderer zwingender Gründe die dauernde

Erhaltung des Guts in der Hand eines Familiengliedes zweifelhaft, so können die obengenannten Personen den Verkauf des Guts und die Theilung des Erlöses zu gleichen Theilen bestimmen.

3) Der Gutsübernehmer hat den übrigen Miterben eine mäßige, die Erhaltung der Gutseinheit in seiner Hand nicht gefährdende Abfindung zu zahlen, deren Höhe durch gesetzliche Regel festzustellen ist.

4) Es ist zu gestatten, in Anschlagsverträgen oder letztwilligen Verfügungen zu Gunsten des in denselben bestimmten Gutsübernehmers die Abfindungen bezw. Erbtheile der Miterben in höherem Grade, als das römische Pflichttheilsrecht gestattet, zu beschränken.

5) Ein Gesetz nach Maßgabe der unter 1—4 angeführten Gesichtspunkte ist nur für solche Bauerngüter zu erlassen, deren Größe genügt, um einer Familie das Jahr hindurch vollauf Beschäftigung und Nahrung zu geben.

b. Für das Gebiet des Fuldaischen Rechts (die Kreise Fulda, Hünfeld, Gersfeld und den zu Schlüchtern gehörigen Amtsgerichtsbezirk Salmünster) sind die unter I 1—5 angegebenen Regeln als Bedürfniß ebenfalls zu bezeichnen.

c. Für die Grafschaft Schaumburg ist das Bedürfniß der Einführung eines von den geltenden volksthümlichen Bestimmungen wesentlich verschiedenen Anerbenrechts nirgends hervorgetreten, dagegen würde sich eine Abänderung des geltenden Meierrechts dahin empfehlen, daß unter den dem Grade nach gleich nahe erbberechtigten Personen in erster Linie das männliche Geschlecht und erst in zweiter Linie das Alter den Vorzug gebe.

d. Die Einführung der für Althessen in Vorschlag gebrachten Gesetzgebung in den Kreisen Hanau und Gelnhausen zu befürworten, ist der Communallandtag zur Zeit nicht in der Lage, vielmehr ist zuvörderst durch eine eingehende Untersuchung festzustellen, ob nicht ein derartiges Gesetz dem Bedürfnisse der Bevölkerung widersprechen würde."

B. In dem zweiten Theile wurde die königl. Staatsregierung ersucht:

„a. nach Maßgabe des unter A gefaßten Beschlusses, nach weiterer gutachtlicher Anhörung des königl. Oberlandesgerichts und der landwirthschaftlichen Vereine des Bezirks und auf Grund umfassender statistischer Erhebungen namentlich über die Größe der Güter, die Katastralreinerträge derselben, die Ortssitte in Beziehung auf Anschlagsverträge und die Höhe der bei solchen üblichen Abfindungen, einen Gesetzesvorschlag ausarbeiten zu lassen u. s. w.;

b. den Entwurf dem Communallandtage zur Begutachtung vorzulegen und ihm zu diesem Behufe unter Anlage der weiter erstatteten Gutachten und statistischen Erhebungen dem ständischen Verwaltungsausschusse so früh zugehen zu lassen, daß dieser eine Vorprüfung des Entwurfs und Berichterstattung an den Communallandtag veranlassen könne."

XI. Endlich hat der Provinziallandtag der Rheinprovinz[170]), in der das gemeine und französische Erbrecht tiefe Wurzeln in der Bevölkerung geschlagen hat, auf Grund des Majoritätsantrags seines Ausschusses, in seiner Sitzung vom 2. December 1881 mit 51 gegen 21 Stimmen beschlossen:

---

170) Stenographischer Bericht der Verhandlungen des 27. rheinischen Provinziallandtags zu Düsseldorf, Düsseldorf 1881.

„die Frage, ob in der Rheinprovinz ein Bedürfniß nach anderweiter Regelung der Erbfolge in den Bauernhöfen hervorgetreten ist, für einen Theil des Grundbesitzes in der Rheinprovinz zu bejahen",

und ferner mit 53 gegen 19 Stimmen beschlossen:

„auf die Frage, auf welche Art diesem Bedürfnisse Rechnung getragen werden kann, zu erklären: daß der in dem von Schorlemerschen Gesetzentwurf niedergelegte Grundsatz der gebundenen Erbfolge einen Zwang enthalte, der weder den Rechtsanschauungen noch den Interessen der rheinischen Bevölkerung entspreche, daß vielmehr dem Bedürfniß nur durch erweiterte Testirfreiheit abgeholfen werden könne, daß auch in Erwägung zu nehmen sei, ob nicht durch Erlaß eines den besonderen rheinischen Verhältnissen entsprechenden Gesetzes, betreffend die Abschätzung von Landgütern zum Behufe der Pflichttheilsberechnung auf Grund des Ertragswerths, die Erhaltung der Güter in den Familien bereits wirksam unterstützt werden könne, daß jedoch ein tieferes Eindringen in die Materie, bei dem Mangel an statistischem Material und der Kürze der dem Provinziallandtage bemessenen Zeit, unmöglich sei".

Nachdem wir bisher die in Folge des v. Minnigerodeschen Antrags veranlaßten gutachtlichen Aeußerungen der preußischen Provinzial- und Communallandtage und die sich an diese Aeußerungen anschließenden weiteren gesetzgeberischen Maßregeln aufgezählt haben, sei an dieser Stelle noch zweier, außerhalb Preußens erfolgter Anregungen zur Einführung resp. Reform des Anerbenrechts gedacht.

Die erste betrifft das Königreich Bayern[171]). Hier hat in der Centralversammlung des landwirthschaftlichen Vereins, welche am 8. October 1883 in München tagte, Professor von Helferich in einem längeren Vortrage die Nothwendigkeit der Einführung des Anerbenrechts im Königreich Bayern mit ebenso großer Sachkenntniß wie Beredsamkeit vertreten. Die lautlose Stille, mit welcher die Versammlung dem Vortrage lauschte, lieferte ein beredtes Zeugniß für das Interesse, das dieselbe dem Gegenstande des Vortrags schenkte. Diesem Interesse hat sie denn auch durch eine fast einstimmig gefaßte Resolution Ausdruck gegeben. Nachdem mehrere weitergehende Anträge, — von denen der eine zugleich eine Revision des Gesetzes, betreffend die landwirthschaftlichen Erbgüter, vom 22. Februar 1855 (Antrag des Freiherrn von Gaisberg), und der andere die Ersetzung des „bisherigen römischen Erbrechts" durch „das alte deutsche Anerbenrecht bei Abfassung des allgemeinen deutschen Civilgesetzbuchs" erstrebte (Antrag des Freiherrn von Cetto) — in der Plenarsitzung des landwirthschaftlichen Vereins am 9. October 1883 verworfen worden waren, gelangte der Antrag des Freiherrn von Soden, dem auch der Referent, Professor v. Helferich zustimmte, zur fast einstimmigen Annahme. Dieser Antrag lautete:

„Das Generalcomité des landwirthschaftlichen Vereins in Bayern erblickt in der Einführung des alten deutschen Anerbenrechts an Stelle des bisherigen

171) Beilagen zur Zeitschrift des landwirthschaftlichen Vereins in Bayern, November 1883, enthaltend den stenographischen Bericht über die Centralversammlung des landwirthschaftlichen Vereins in Bayern vom 9. October 1883 und über die Plenarsitzung des Generalcomités des landwirthschaftlichen Vereins in Bayern vom 9. October 1883.

römischen Erbrechts eine nothwendige Forderung im Interesse der Erhaltung des Bauernstandes".

Die zweite Anregung kommt aus dem Großherzogthum Baden[172]). Dort hat — wie wir oben auf S. 156 ff. darstellten — die Individualsuccession verbunden mit der Vortheilsgerechtigkeit, welche im Schwarzwalde meist als Consequenz der rechtlichen Gebundenheit der Hofgüter erscheint, bereits im Anfang unseres Jahrhunderts ihre gesetzliche Regelung gefunden. Indeß ruht die gegenwärtige Vererbung dieser Güter doch, wie wir gleichfalls gezeigt haben, viel weniger auf dem Gesetzesrecht als auf der Macht der Sitte. Diese ist aber eine veränderliche, flüssige, so daß die gesetzgebenden Factoren des Großherzogthums Baden sich allen Ernstes vor die Frage gestellt sehen, ob sie den bisherigen Zustand der Vererbung auch für die Zukunft aufrecht zu erhalten wünschen, in welchem Falle sie ihn zum Theil abändern und dann auf gesetzlichem Wege wirksamer befestigen müssen, oder ob sie die Entwickelung der Dinge nach wie vor sich selbst überlassen wollen, in welchem Fall es zu empfehlen wäre, das formell geltende aber factisch an manchen Stellen außer Anwendung gekommene Recht zu beseitigen. Zu einer Entscheidung werden die gesetzgebenden Factoren auch dadurch gedrängt, daß die Beseitigung der Untheilbarkeit der Hofgüter, die bei dieser Gelegenheit von der Frage der Beseitigung der Vortheilsgerechtigkeit nicht immer getrennt worden ist, wiederholt in Anregung gebracht ist und noch immer ihrer Entscheidung harrt.

Ueber die Aufhebung der Geschlossenheit der Hofgüter wurde bereits im J. 1820 verhandelt, in welchem Jahr das Ministerium des Innern unter dem 14. März auf geschehene Anfrage sich dahin äußerte, daß eine gänzliche Ab-

172) Die oben auf S. 156 angeführte Literatur und außerdem: Vogelmann, Ueber die Geschlossenheit der Hofgüter des badischen Schwarzwalds, nebst Zusätzen des Herausgebers, in Raus Archiv der politischen Oekonomie Bd. 4 S. 1 f. Mayer, Ueber die Untheilbarkeit der geschlossenen Hofgüter und über die Vortheilsgerechtigkeit, in den Blättern für Justiz und Verwaltung im Großherzogthum Baden, Jahrg. 2 S. 571. Bissing, Die geschlossenen Hofgüter, im badischen Centralblatt 1855 Nr. 1—4. Turban, Der Gesetzentwurf über geschlossene Hofgüter, im Magazin für Rechtspflege und Verwaltung 2c. Bd. 2 S. 364 ff. Engelhorn, Gutachten über die Theilbarkeit der seither geschlossenen Hofgüter des Schwarzwalds und Aufhebung des sog. Vortheilsrechts, in der Zeitschrift für badische Verwaltung und Verwaltungsrechtspflege 1869 S. 67 ff., 80 ff. Vogelmann, Die Reutberge des Schwarzwalds, Karlsruhe 1870. Vogelmann, Die Forstpolizeigesetzgebung bezüglich der Privatwaldungen im Großherzogthum Baden, Karlsruhe 1871. Emminghaus, Die geschlossenen Hofgüter im Großherzogthum Baden, in Fauchers Vierteljahrsschrift Bd. 31 S. 1 ff. Schupp, Das Hofgüterwesen im Amtsbezirk Wolfach, Heidelberg 1871. C. Dorer, Beleuchtung des neuerdings wieder ins Leben getretenen Strebens, daß die Untheilbarkeit der Hofgüter aufgehoben werden soll, Beilage zum Schwarzwälder Nr. 40, Villingen 1870. Helmle, Wahrheitsgemäße Darstellung der Gründe für die Erhaltung der geschlossenen Güter des Hochschwarzwalds, Denkschrift im Auftrage vieler Gemeinden an das Handelsministerium eingereicht, Freiburg i. Br. 1870. Ergebnisse der Erhebungen über die Lage der Landwirthschaft im Großherzogthum Baden 1883. Adolf Buchenberger, Die Lage der ländlichen Bevölkerung im Großherzogthum Baden, in Bäuerliche Zustände Bd. 3. H. Schulze, Gutachtlicher Bericht über das bäuerliche Erbrecht im Großherzogthum und dessen mögliche Reform durch die Gesetzgebung, erstattet an die erste Commission der ersten Kammer des Großherzogthums Baden für die Erhebungen über die Landwirthschaft, 1884.

schaffung der Gebundenheit nicht wohl thunlich sei, — da sie in rauhen Waldgegenden, wo der Boden schwer zu bebauen ist und schon eine große Masse Feldes beisammen sein muß, um ihren Mann zu ernähren, nicht entbehrt werden kann, — daß dies aber in anderen Gegenden, wo die Localität sie nicht unbedingt erfordert, wohl stattfinden könne. In einem Rescript des Staatsministeriums vom 20. Januar 1821 wird diese Ansicht getheilt und eine Untersuchung darüber angeordnet, an welchen Orten Hofgüter bestehen und an welchen Orten sie ohne Schaden aufgehoben werden können. Während die erste Frage unbeantwortet blieb, erklärten sich die Kreisdirectionen allgemein für den Fortbestand des Edicts vom 23. März 1808.

In Folge der in den dreißiger Jahren erneuerten Agitation für die Aufhebung des Hofgüterwesens ordnete sodann das Ministerium des Innern unter dem 22. Juni 1836 eine Erhebung über die rechtliche Natur und Entstehung der gebundenen Hofgüter sowie über die Handhabung der Vortheilsgerechtigkeit im Speziellen an und richtete an sämmtliche Aemter, in deren Bezirk sich Hofgüter finden, die Frage, ob und welche nachtheilige Folgen die Einführung der freien Theilbarkeit der Hofgüter haben könnte. Die eingegangenen Antworten sprachen sich meist für die Zweckmäßigkeit der Fortdauer der geschlossenen Hofgüter aus. Von den in der Minorität befindlichen Amtsvorständen sprachen sich namentlich die von Tryberg und Hornberg gegen die unveränderte Fortdauer des bestehenden Zustands aus. Zwar befürworteten sie ebenfalls die Beibehaltung der Hofgüter, aber sie beantragten zugleich — zur Förderung einer besseren landwirthschaftlichen Cultur und zur Unterstützung des Kleingewerbes — die Gestattung einer Theilung der Hofgüter bis zu einem bestimmten Minimum, das wieder verschieden zu bemessen wäre, je nachdem es sich um die Errichtung eines eigentlichen Hofes oder eines Gewerbeguts handelte.

Hierauf erließ das Ministerium des Innern unter dem 4. November 1837 die oben auf S. 157 erwähnte Vollzugsverordnung zum Edict vom 23. März 1808, in der sowohl die Zulassung der Theilung von Hofgütern als auch die Abtrennung einzelner Stücke von denselben im Sinne größerer Mobilisirung des Grundeigenthums geregelt wurde.

Doch scheint diese von der Staatsregierung gemachte Concession an die freie Theilbarkeit den Eingesessenen des Amtsbezirks Tryberg nicht genügt zu haben. Denn im J. 1840 petitionirten dieselben bei der Kammer der Abgeordneten um die gänzliche Abschaffung der Untheilbarkeit der Hofgüter. Von dieser Maßregel erwarteten namentlich die in der schwarzwälder Uhrenindustrie beschäftigten Personen die Möglichkeit des Erwerbs von Grundbesitz in beliebiger Ausdehnung und an beliebiger Stelle, und hiervon wieder versprachen sie sich eine Unterstützung in der Führung ihres Haushalts und einen soliden Rückhalt für alle Wechselfälle des Lebens. Doch wurde dieser Petition keine Folge gegeben, da man im Allgemeinen weder unter den schwarzwälder Bauern noch im Ministerium von der Aufhebung der Gebundenheit der Hofgüter etwas wissen wollte.

Ja selbst in den kritischen Jahren 1848 und 1849 hat der Gedanke, das Hofgüterwesen zu beseitigen, im badischen Schwarzwalde keinen Anklang gefunden. Im Gegentheil! Als die deutsche Reichsversammlung im § 33 der Grundrechte sich für die freie Theilbarkeit des Grundbesitzes erklärte, machten

69 aus den Aemtern Waldkirch, Wolfach, Freiburg, Neustadt, Hornberg und Staufen stammende Petitionen die Reichsversammlung auf die Vorzüge des Hofgüterwesens aufmerksam und baten darum, es möge die Entscheidung der Frage über die Theilbarkeit des Grundbesitzes der Landesgesetzgebung überlassen werden. Eine bei dieser Gelegenheit veranstaltete Anfrage über die Verbreitung und die Wirkungen des Hofgüterwesens ergab die fast einstimmige Antwort, daß die Aufhebung der Gebundenheit für die Verhältnisse des badischen Schwarzwalds von dem größten Nachtheil sein würde.

Ja im J. 1855 bestand sogar die Absicht, die Errichtung von Hofgütern in denjenigen Landestheilen zuzulassen, in welchen sie bisher nicht vorkamen. Diese Absicht fand ihre Verkörperung in einem vom Ministerium ausgearbeiteten Gesetzentwurfe über die geschlossenen Hofgüter, dessen wir bereits oben auf S. 94 ff. in anderem Zusammenhange gedacht haben. Nach diesem Entwurf sollten die bestehenden und neu zu errichtenden Hofgüter auch in Zukunft als Ganzes frei veräußerlich sein, — wie die ersteren es bereits bis dahin waren, — jedoch nur mit Genehmigung der Bezirksverwaltungsbehörde getheilt werden können. Neu war in dem Entwurf, daß auch die Verschuldung der Güter in Zukunft nur unter bestimmten Voraussetzungen gestattet sein sollte. Der Regel nach war nämlich zur Contrahirung von Schulden mit unterpfandlicher Sicherheit eines geschlossenen Hofguts die Zustimmung der Familie vorgesehen, so daß nur ausnahmsweise, in bestimmten vom Gesetz vorgesehenen Fällen, von diesem Erforderniß abgesehen werden konnte. — Für die Vererbung dieser Güter sollte Individualsuccession mit einem Voraus für den Anerben gelten. Die bisher geschlossenen Hofgüter fielen eo ipso unter das neue Gesetz; solche, die es bis dahin noch nicht waren, konnten aber in Zukunft durch einen ausdrücklichen Stiftungsact dem Gesetz unterstellt werden.

Indeß scheiterte dieser Entwurf damals an dem Wiederstreben der öffentlichen Meinung.

Ja es machte sich seit dem Jahr 1867 eine lebhafte Agitation für die Beseitigung des Hofgüterwesens in der Presse und in den landwirthschaftlichen Versammlungen geltend. Doch ging sie auch dieses Mal nicht von den unmittelbar Betheiligten, sondern von Freunden der Landwirthschaft, Lehrern, Pfarrern, Beamten aus.

Diese Bewegung führte im J. 1870 zu einer Petition, welche der landwirthschaftliche Bezirksverein von Gengenbach wegen Aufhebung des Edicts vom 23. März 1808 an das Ministerium richtete, und dann zur Verhandlung dieses Gegenstands im badischen Landesculturrath. Die Debatten leitete hier eine den Stand der Frage zusammenfassende Denkschrift und ein eingehendes Referat des damaligen Professors am karlsruher Polytechnikum Dr. Emminghaus ein. Die bei dieser Gelegenheit geäußerten Ansichten gingen so weit aus einander, daß man sich über ein gemeinsam abzugebendes Votum im L.C.R. nicht einigen konnte.

Der in den Verhandlungen zu Tage getretene Mangel an beweiskräftigem statistischen Material über den Umfang und die Folgen des Hofgüterwesens führte zu einer Resolution des Inhalts, daß die nöthigen Erhebungen zunächst über die Verbreitung der Hofgüter vorgenommen und das Ergebniß derselben dem Landesculturrath bei seiner nächsten Sitzung mitgetheilt werden sollte.

Eine aus Mitgliedern des Landesculturraths gewählte Commission wurde mit der Redaction eines Fragebogens für die Erhebung beauftragt. Die Staatsregierung versandte ihrerseits den Fragebogen an die Bezirksämter und zog die ausgefüllten Bogen bis zum J. 1872 ein.

Die Zusammenstellung der Resultate dieser Enquête durch den Verfasser dieser Arbeit ergab, daß die von den Bezirksämtern den Gemeinden zur Beantwortung überwiesenen Fragen nur höchst ungenügend beantwortet waren. Das aus diesem mangelhaften Material entworfene Tableau wurde von der großherzoglich badischen Staatsregierung der Commission für die Ausarbeitung eines deutschen Civilgesetzbuchs zur Kenntniß mitgetheilt und ist oben auf S. 161 in Kürze reproducirt worden.

Der eben geschilderten Agitation für die Beseitigung des Hofgüterwesens parallel ging eine solche für die Beibehaltung desselben.

Schon im J. 1870 hatte sich der landwirthschaftliche Centralausschuß des Großherzogthums Badens auf Grund einer vom Staatsrath a. D. Vogelmann gegebenen Darstellung mit großer Majorität dahin ausgesprochen, daß für die Regierung zur Zeit kein Grund vorhanden sei, die Initiative zur Beseitigung der Gebundenheit der Hofgüter zu ergreifen.

Auch habe sich um dieselbe Zeit in den schwarzwälder Hofgüterdistricten ein Verein zur Bekämpfung der auf die Aufhebung des Hofgüterwesens gerichteten Bestrebungen gebildet.

Seitens der Staatsregierung sind seit Veranstaltung der Enquête über die Verbreitung der Hofgüter mit Rücksicht auf das in Aussicht stehende Allgemeine Bürgerliche Gesetzbuch, von dem man eine Entscheidung oder doch wenigstens eine Directive für die Entscheidung dieser Frage erwartet, alle weiteren Schritte in dieser Angelegenheit eingestellt worden.

Begleitet wurden diese für und gegen die Aufhebung des Hofgüterwesens unternommenen Schritte von einer stattlichen Zahl von Schriften, welche die Licht- und Schattenseiten der Hofgüter hervorzuheben suchten. Für Beseitigung derselben erklären sich namentlich Mayer, Engelhorn, Turban, Emminghaus, Schmitt; für Beibehaltung Biessing, Vogelmann, Helmle, E. Dorer, während Schupp in seiner vorzüglichen Arbeit über das Hofgüterwesen des Oberamtsbezirks Wolfach wohl nachdrücklich auf die Schattenseiten dieser Einrichtung aufmerksam macht, ohne sich jedoch entschieden gegen dieselbe zu erklären.

Wenn wir zum Schluß aus den eben geschilderten Vorgängen das Facit ziehen und unsere Stellung zu denselben zu fixiren suchen, so müssen wir zunächst der Art, wie das Edict von 1808 gehandhabt wird, gedenken.

Was zunächst die Praxis bei Zerlegung der Hofgüter betrifft, so war sie, selbst trotz der dieselbe begünstigenden Verordnung vom 4. November 1837, bis zu den 60er Jahren eine sehr strenge, möglichst auf die Erhaltung der Hofgüter gerichtete. Sowohl die vollständige Zerschlagung der Hofgüter als auch die Abzweigung einzelner Theile derselben wurde damals nur unter der Bedingung gestattet, daß die abgetrennten Stücke entweder wieder selbständige Hofgüter bildeten oder mit anderen Hofgütern verbunden wurden. Jedoch scheint diese Strenge seitdem einer milderen Praxis gewichen zu sein. Denn im J. 1868 erklärte der damalige Ministerialrath (und jetzige Staatsminister) Dr. Turban auf einer in Biberach am 23. October jenes Jahrs abgehaltenen landwirthschaftlichen Versammlung, daß die Staatsregierung alle eingekommenen Gesuche um Theilung von geschlossenen Hofgütern im Sinne der Theilbarkeit entschieden und diese möglichst gefördert habe. Und auch seitdem scheinen die gegen die Schmälerung des Hofgüterbestands geltend gemachten Bedenken der Bezirksräthe von dem Handelsministerium als letzter Instanz meist nicht getheilt worden zu sein. Für die Zerlegung eines Hofguts wird heutzutage in Gemäßheit der ministeriellen Verordnung vom 4. November 1837 gewöhnlich nur der Nachweis verlangt, daß die einzelnen Theile zur Erhaltung einer Familie genügen, wobei indeß auch das aus dem Tagelohn und dem Gewerbeverdienst entspringende Einkommen mit berücksichtigt zu werden pflegt. Abzweigungen einzelner Parcellen werden bereits genehmigt, sofern nur die Bedingungen des Gesetzes vom 6. April 1854 (R.Bl. Nr. 20 S. 193) erfüllt sind. Nach diesem Gesetz sollen Theilungen von Wald, Reutfeld und Weiden in Stücke unter 10 bad. Morgen und von Ackerfeld und Wiesen in Stücke unter 1/4 Morgen in der Regel nicht statthaft sein. Ausnahmsweise dürfen die Verwaltungsbehörden für einzelne Gemeinden dieses Minimum sowohl erhöhen, als auch in einzelnen Fällen Nachsicht von diesem Verbot gewähren. Auch sind Zerstückelungen von Hofgütern hier und da ohne Einholung der vorschriftsmäßigen Genehmigung erfolgt. So ergab die im Jahr 1872 veranstaltete Enquête die vollständige Zerstückelung von Hofgütern in einer Anzahl von Gemeinden der Amtsbezirke St. Blasien, Neustadt, Freiburg, Waldkirch, Tryberg, Gengenbach, Oberkirch, Villingen und Offenburg, ohne daß die eingeholte Genehmigung dazu nachzuweisen gewesen wäre.

Auf diesem Wege sind aus früheren Leibzucht- und Altentheil-Häuschen oder aus Viehhütten, die gewöhnlich an einen zweiten Sohn übergingen, zusammen mit dem dazu gehörigen Lande selbständige kleine Höfe geworden, die sich von dem Mutterhof ablösten. Aber auch durch Abverkauf einzelner Stücke von einem Hofgut und durch Versehung derselben mit den nöthigen Gebäuden ist dasselbe Resultat erzielt worden.

Durch diese secundum und contra legem geübte Praxis wird gleichsam der Uebergang von der strengen Gebundenheit zu der freien Theilbarkeit der Hofgüter gemacht, und es fragt sich, ob es unter solchen Umständen nicht vielleicht gerathen wäre, die gesetzliche Gebundenheit — nicht auch die in dem Gesetz von 1854 vorgesehenen Parcellenminima — im Princip aufzugeben. Dafür würde sprechen, daß die regelmäßige Dispensation von einer gesetzlichen Vorschrift auf das Rechtsbewußtsein des Volks unmöglich günstig einwirken kann und daß die durch das Dispensverfahren den Petenten verursachten Kosten sich bei regelmäßiger Gewährung des Dispenses doch nicht mehr gut rechtfertigen lassen. Gegen eine solche Entscheidung könnte allerdings geltend gemacht werden, daß die Scheu vor den Weitläufigkeiten und Kosten des Dispensationsverfahrens die Hofgutsbesitzer häufig abhalten mag, ihre Güter zu parcelliren, und daß man diesen Schwierigkeiten nur dort nicht aus dem Wege gehen wird, wo ein wirklich dringendes Bedürfniß nach Veränderung der Gütergrößen vorliegt, für das dann auch die Präsumtion der volkswirthschaftlichen Zweckmäßigkeit sprechen dürfte. Auch ist zu berücksichtigen, daß an die Stelle des wirklichen Bedürfnisses der Volkswirthschaft in manchen Fällen das rein privatwirthschaftliche Interesse der Hofmetzger, das meist im Widerspruch zu dem allgemeinen Interesse steht, zur Geltung gelangen kann und zur Geltung zu gelangen pflegt. Für solche Fälle bietet dann das Genehmigungsrecht der Verwaltungsbehörden wenigstens die Möglichkeit, einen Einblick in das Treiben der Hofmetzger zu gewinnen und bei sachgemäßer Handhabung desselben — die allerdings, wie ich mich überzeugt habe, nicht immer stattgefunden hat — dieses Treiben zu verhindern oder doch zu erschweren.

Leider sind in den bisherigen Verhandlungen wegen Aufhebung des Hofgüterwesens die beiden Fragen der Gebundenheit der Hofgüter und der Individualsuccession sowie der mit dieser verbundenen Vortheilsgerechtigkeit nicht immer scharf genug aus einander gehalten worden. Denn unzertrennlich sind sie keineswegs, wie einige irrthümlich gemeint haben. Vielmehr läßt sich nicht nur die Gebundenheit ohne Vortheilsgerechtigkeit, sondern auch die Individualsuccession und Vortheilsgerechtigkeit ohne Gebundenheit denken. Auch fehlt es für beide Möglichkeiten — wie wir in der obigen Darstellung S. 171 ff. gezeigt haben — keineswegs an historischen Belegen.

Es verdient daher die Frage, ob nach Aufhebung der rechtlichen Gebundenheit der Hofgüter auch nothwendig das allgemeine Erbrecht des badischen Landrechts auf dieselben ausgedehnt werden muß, oder ob nicht vielmehr das bisherige singuläre Erbrecht auch dann beibehalten werden kann und soll, reiflich erwogen zu werden. Diese Eventualität ist meines Wissens im Großherzogthum Baden noch nicht besprochen worden, wohl aber die umgekehrte, die darin bestehen würde, die Gebundenheit der Hofgüter fortbestehen zu lassen, die Vortheilsgerechtigkeit aber aufzuheben, eine Eventualität, gegen die sich nach den bisher in anderen Ländern gemachten Erfahrungen meines Dafürhaltens Schupp mit vollem Recht erklärt hat.

Prüfen wir nun die erstere der erwähnten Eventualitäten.

Sind die größeren Güter namentlich in den rauheren Gegenden des badischen Schwarzwalds gleichsam von der Natur angezeigt, so muß der Staat alles was in seinen Kräften steht anwenden, um die Erhaltung derselben auch in der Zukunft zu bewirken. Sollte sich die rechtliche Gebundenheit dieser Güter auf die Dauer nicht mehr aufrecht erhalten lassen, — eine Frage, die wir an dieser Stelle weder zu untersuchen noch zu entscheiden haben, — so wird um so energischer an der Individualsuccession und der Vortheilsgerechtigkeit, welche nach den obigen Ausführungen beide die ungetheilte Erhaltung der Güter in der Familie viel besser verbürgen als das gemeine Erbrecht, festgehalten werden müssen. Doch müßte das Anerbenrecht, wie es gegenwärtig auf Grund des Edicts vom 23. März 1808 und des bad. Landrechts Art. 827 a—g besteht, in einer Beziehung einer Reform unterzogen werden, indem die Schätzung der demselben unterworfenen Liegenschaften in Zukunft auf Grund des Ertragswerths — entweder in individueller Weise oder generell auf Grund des Grundsteuerkatasters — vorzunehmen, und vielleicht auch, indem das Voraus des Anerben zu erhöhen wäre.

Auch dürfte es nicht schon genügen, das singuläre Erbrecht dort, wo es noch gilt, zu conserviren, sondern es müßte dasselbe, wo seine Anwendung unsicher geworden, befestigt, und wo es in Abgang gekommen, seine socialwirthschaftliche Grundlage aber gleichwohl erhalten ist, neu belebt werden. Dies wird aber um so leichter geschehen können, als das Anerbenrecht im Rechtsbewußtsein der Bevölkerung des badischen Schwarzwaldes und auch über denselben hinaus noch seine tiefen Wurzeln hat und als die Vorgänge in einem Theil des deutschen Nordens die Anleitung dafür geben, wie eine Reform des Anerbenrechts auf Grund voller Verkehrsfreiheit vorzunehmen ist. Das Mißlingen der im J. 1855 versuchten Einführung des Instituts der Erbgüter darf von einer solchen Reform nicht abschrecken. Denn es haben die neuerdings unternommenen Versuche einer Reconstruction des Anerbenrechts es viel besser verstanden, den Grundsätzen der modernen Agrarverfassung Rechnung zu tragen, als der ältere badische Gesetzentwurf. Auch in Baden müßte man sich darauf beschränken, für diejenigen Bezirke, in denen sich die Sitte der Vererbung der Güter nach Anerbenrecht allgemein erhalten hat, nach dem Beispiel der lippe-schaumburgschen und braunschweigschen Gesetzgebung und der beiden Entwürfe für die Provinzen Westphalen und Brandenburg dasselbe als Intestaterbrecht zu erhalten resp. neu einzuführen, wobei es dem einzelnen Besitzer jedoch unbenommen sein müßte, seinen Grundbesitz für den einzelnen Fall der Erbordnung des badischen Landrechts zu unterstellen, was jedoch jedesmal durch einen ausdrücklich hierauf gerichteten Willensact zu geschehen hätte. Bei Abgrenzung des Bezirks, für welchen das Anerbenrecht als Intestaterbrecht beizubehalten resp. neu einzuführen wäre, könnten die Resultate der im J. 1872 veranstalteten Enquête benutzt werden. Wir schlagen die Beschreitung dieses Weges vor, weil ja in einem Theil des Schwarzwaldes die Individualsuccession und die Vortheilsgerechtigkeit bereits als Intestaterbrecht gelten und sich dieses ohne Schwierigkeit auch auf diejenigen Bezirke ausdehnen lassen wird, in denen die factischen und rechtlichen Voraussetzungen für dasselbe gegeben sind. Das System der Höferolle, wie es neuerdings in einer Reihe von preußischen Provinzen zur Anwendung gekommen ist, könnte dagegen für die übrigen Theile des Großherzogthums mit Nutzen in Anwendung gebracht werden, indem hier wenigstens denjenigen einzelnen Besitzern, die den Wunsch haben, ihre Güter in der Familie zu erhalten, dadurch die Möglichkeit geboten würde, sie in Zukunft, durch Eintragung derselben in die Höferolle, den Normen des Anerbenrechts zu unterwerfen. Auf diesen doppelten Weg hat bereits der in den 50er Jahren ausgearbeitete Entwurf eines Gesetzes über die geschlossenen Hofgüter hingewiesen, indem er die bereits damals geschlossenen und nach Anerbenrecht vererbenden Güter eo ipso, alle anderen dagegen nur in Folge ausdrücklicher Willensbestimmung der Besitzer diesem Gesetz unterstellen wollte. Dabei wäre aber, wie schon oben hervorgehoben wurde, jede Beschränkung der Theilbarkeit und Verschuldbarkeit, welche jenen badischen Gesetzentwurf so unbeliebt gemacht hatte, zu vermeiden und dem Anerbenrecht, sei es nun, daß dasselbe als Intestaterbrecht oder nur kraft Eintragung in die Höferolle gilt, lediglich subsidiäre Bedeutung beizulegen, so daß seine Anwendung durch eine Disposition des Eigenthümers ausgeschlossen werden könnte.

Nachdem wir diese Zeilen bereits vor längerer Zeit niedergeschrieben haben, finden wir in den im vorigen Jahr (1883) erschienenen „Erhebungen über die Landwirthschaft im Großherzogthum Baden" und in dem eben erschienenen dritten Bande der vom Verein für Socialpolitik herausgegebenen „Bäuerlichen Zustände in Deutschland" S. 301 u. 302 eine Bestätigung des obigen Resultats. Nach den „Erhebungen" hat sich keine einzige Stimme für Beseitigung des Edicts vom

23. März 1808 erhoben. Und Ministerialrath Buchenberger wünscht dasselbe über sein ursprüngliches Anwendungsgebiet hinaus auszudehnen. Die einzige Differenz zwischen diesem letzteren und dem oben von mir gemachten Vorschlage besteht darin, daß der genannte Autor das facultative Anerbenrecht nebst Höferolle nur in denjenigen Gegenden einführen will, in denen sich der ungetheilte Uebergang der Bauerngüter an einen der Erben als Herkommen und Sitte erhalten hat, während ich dasselbe für das ganze Gebiet des Großherzogthums Baden, mit Ausnahme nur derjenigen Bezirke, in denen das Anerbenrecht bereits als Intestaterbrecht oder als Sitte gilt, ohne Einschränkung einführen möchte. Mit meinem Vorschlage stimmt auch das von Herrn Geheimrath H. Schulze an die erste badische Kammer erstattete Gutachten überein. Zwar mache ich mir darüber keine Illusionen, als ob in Gegenden, in denen die Naturaltheilung des Grundbesitzes in der Rechtsanschauung und Uebung der Bevölkerung liegt, von der Höferolle sofort ein ausgiebiger Gebrauch gemacht werden wird. Indeß hoffe ich, daß die mit dem allgemeinen Erbrecht für das Grundeigenthum verbundenen schädlichen Folgen allmählich die Einsicht in die Nothwendigkeit, wenigstens das arrondirte Grundeigenthum dieser Gegenden einem seiner Natur mehr Rechnung tragenden Erbrecht zu unterstellen, wecken werden. Und ist diese Einsicht einmal — wenn auch vielleicht anfangs nur in einigen wenigen Personen — vorhanden, so sollte durch das bestehende Recht auch die Möglichkeit gegeben sein, einen dieser Einsicht entsprechenden Entschluß möglichst leicht zur Durchführung zu bringen. Haben aber erst Einige die Höferolle benutzt, so werden dann Andere folgen, und so wäre es nicht unmöglich, daß sich im Laufe der Zeit auch in den Gegenden mit zerstückeltem und parcellirtem Grundeigenthum wenigstens für die größeren und mehr arrondirten Güter eine neue Sitte der Vererbung bildete. Für die Erhaltung einer gesunden Grundeigenthumsvertheilung halten wir eine solche Sitte aber für um so erwünschter, je mehr wir der Ueberzeugung sind, daß alle Einrichtungen, welche das Grundeigenthum gegenwärtig in mehr oder minder absoluter Weise binden, wie z. B. der Güterschluß, die Lehn- und Stammgüter, sowie die Familienfideicommisse, auf die Dauer unhaltbar sind.

Schließlich sei diese Uebersicht der aus der neuesten Zeit stammenden Reformversuche auch über das Deutsche Reich hinaus auf die Kronländer Oesterreichs[173]) ausgedehnt.

---

173) Denkschrift, betreffend die Erbfolge in landwirthschaftliche Güter und das Erbgüterrecht. Im Auftrage des Herrn Ackerbauministers verfaßt vom Ministerialrath Carl Peyrer, Wien 1883, S. 20, 45—47, 52, 54. G. Groß, Die Regelung der bäuerlichen Erbfolge in Oesterreich, in Schmollers Jahrbuch, Jahrg. 6 Heft 3, S. 210—213. L. v. Stein, Bauerngut und Hufenrecht, Gutachten, Stuttgart 1882. Dr. Baernreither, Stammgüter-System und Anerbenrecht in Deutschland, Wien 1882. A. Peez, Ueber die Frage eines singulären Erbrechts für den kleinen Grundbesitz, Wien 1883. v. Inama-Sternegg, Zur Reform des Agrarrechts, besonders des Anerbenrechts, in Grünhuts Zeitschrift für das Privat- und öffentliche Recht der Gegenwart Bd. 10. (Graf Chorinsky,) Die Erlassung eines Agrarrechts für das Herzogthum Salzburg, Salzburg 1882. C. Preser, Die Erhaltung des Bauernstandes und die Grundeigenthumsfrage, Prag 1884, sowie Artikel von Marchet in der wiener landwirthschaftlichen Presse und vom Freiherrn von Vogelsang in der Monatsschrift für Gesellschaftswissenschaft und von demselben, sowie von Dr. Rudolf Meyer in dem wiener Vaterland.

Wir erinnern an die oben auf S. 186 ff. gegebenen Ausführungen, aus denen sich ergab, daß seit dem J. 1868 sowohl der sog. Bestiftungszwang, wie das bäuerliche Anerbenrecht für die Kronländer Oesterreichs mit Ausnahme nur von Tirol und Vorarlberg beseitigt worden sind.

An die Stelle des Bestiftungszwangs ist das freie Verkehrsrecht und an die Stelle des bäuerlichen Anerbenrechts das allgemeine Erbrecht des Bürgerlichen Gesetzbuchs getreten.

Das für den bäuerlichen Grundbesitz geltende Intestaterbrecht enthält demnach in der Gegenwart weder den Grundsatz der Individualsuccession noch auch besondere Taxvorschriften für die Vererbung mehr, wie sie früher für den bäuerlichen Grundbesitz üblich waren.

Vielmehr muß bei Erbschaftsauseinandersetzungen, im Sinne des Allg. Bürgerlichen Gesetzbuchs §§ 304—306, der gemeine Preis der landwirthschaftlichen Güter, d. h. der Nutzen festgestellt werden, den sie mit Rücksicht auf Zeit und Ort gewöhnlich und allgemein gewähren. Genauere gesetzliche Normen für die Schätzung land- und forstwirthschaftlicher Güter bestehen nicht. Auch ist im Gesetzbuch selbst nicht ausdrücklich ausgesprochen, ob unter dem Nutzen der Vortheil zu verstehen sei, welchen die Erben aus dem Verkaufe des landwirthschaftlichen Guts mit Rücksicht auf Zeit und Ort nach Wahrscheinlichkeitsberechnung zu ziehen im Stande sind (Verkaufswerth), oder der Vortheil, welcher aus der Bewirthschaftung gezogen werden kann (Ertragswerth). Da nun aber nach dem Allg. Bürgerlichen Gesetzbuch § 843 jeder Miterbe als Theilgenosse der gemeinschaftlichen Sache den Verkauf mittels gerichtlicher Feilbietung und die Vertheilung des Kaufschillings unter die Theilgenossen zu verlangen berechtigt ist, wenn eine Naturaltheilung des Guts nicht stattfinden kann, so wird der Schätzung häufig der Verkaufswerth zu Grunde gelegt. Hieran ist auch nicht viel geändert worden durch die Bestimmung des Patents vom 9. August 1854 (R.G.Bl. Nr. 208) § 208, welche jedem der Miterben das Recht einräumt, zum Zweck der gerichtlichen Auseinandersetzung um eine gerichtliche Schätzung nachzusuchen[174]).

Denn aus den von den beiden Ministerien der Justiz und des Ackerbaus in den letzten Jahren eingezogenen Berichten und Gutachten ist zu entnehmen, „daß die gerichtlichen Schätzungen, welche zur Feststellung des Werths der in den Nachlaß fallenden Gelder vorgenommen werden, keineswegs, wie von vielen Seiten behauptet wird, immer der Billigkeit Rechnung tragen, sondern daß sie höchst ungleich, in vielen Fällen thatsächlich zu hoch sind, nicht selten den Ertragswerth übersteigen und nur allzuoft den Uebernehmer des Guts mit Abfindungen belasten, welche entweder zum Abverkauf der Parcellen, also zur Gutszerstückelung führen oder eine Ueberschuldung bewirken, unter welcher der Uebernehmer zu Grunde gehen muß“. Daß die Verschuldung des bäuerlichen Grundbesitzes in der That in letzter Zeit — seit Aufhebung des Bestiftungszwangs und des bäuerlichen Sondererbrechts — in bedeutender Weise zugenommen hat, ist durch die statistische Thatsache erwiesen, daß in den J. 1871—79 auf den bäuer-

---

174) Eine solche ist auch dann vorzunehmen, wenn sie von dem Gerichte wegen Berechnung des Pflichttheils oder aus anderen besonderen Gründen ausdrücklich angeordnet wird.

lichen Grundbesitz in Oesterreich 1626 Millionen Gulden Hypotheken neu intabulirt, dagegen nur 1168 Millionen Gulden gelöscht sind, so daß die bisherige Schuldenlast sich während eines Zeitraums von 9 Jahren um 458 Millionen Gulden vermehrt hat. Allerdings hat auch die Verschuldung des Großgrundbesitzes und des städtischen Realbesitzes, während desselben Zeitraums, in erheblicher Weise zugenommen. Da die gesammten Hypothekenschulden innerhalb dieses neunjährigen Zeitraums um 938 Millionen angewachsen sind, so entfällt auf den mittleren und kleinen landwirthschaftlichen Grundbesitz etwas weniger als die Hälfte der Zunahme. Die Ursachen der bedeutenden Lastenzunahme müssen offenbar zum Theil allgemeiner Natur sein. Auch läßt sich das, worauf es hier ankommt, daß nämlich die Bauerngüter dadurch, daß sie dem Erbrecht des Allgemeinen Bürgerlichen Gesetzbuchs unterworfen sind, mit Erbschaftsschulden stärker belastet werden, als der übrige, namentlich der Großgrundbesitz, der ja zum Theil nach Lehn- und Fideicommißrecht vererbt wird, nachweisen. Denn von den gesammten Pfandschulden sind beim Großgrundbesitz 1,04, beim städtischen Realbesitz 3,60 und beim bäuerlichen Besitz 11,53 % auf Erbtheilungen zurückzuführen.

Dagegen ist der Beweis dafür, daß die befürchtete Zersplitterung seit den letzten Jahren wirklich in erheblichem Maße zugenommen habe, noch nicht erbracht. Vielmehr scheint die in den meisten Gegenden mit deutsch redender Bevölkerung herrschende Sitte, wonach wenigstens die größeren Bauerngüter von dem Besitzer noch auf Eines seiner Kinder übertragen werden, bisher wenn auch nicht der starken Verschuldung, so doch der Zerstückelung der Bauerngüter entgegengewirkt zu haben.

Es ist wohl nicht ohne Zusammenhang mit diesen Thatsachen, wenn in der letzten Zeit das Verlangen nach Wiederherstellung eines Sonderrechts für den mittleren Grundbesitz auch in Oesterreich sehr lebhaft hervorgetreten ist. In dieser Beziehung darf auf die Verhandlungen in den verschiedenen Provinzialausschüssen und Provinziallandtagen und unter diesen namentlich auf die sehr werthvollen Referate des salzburger Landeshauptmanns Grafen C. Chorinsky, sowie auf die oben angeführten Arbeiten von L. von Stein, Peez, Baernreither, v. Inama-Sternegg, Preser, Freiherr v. Vogelsang, Rudolf Meyer u. A. hingewiesen werden.

Auch hat die k. österreichische Staatsregierung, die den Schutz und die Hebung des Bauernstandes in ihr Programm aufgenommen, bereits vor zwei Jahren die legislatorischen Vorarbeiten zur Ausarbeitung eines von den Bestimmungen des Allgemeinen Bürgerlichen Gesetzbuchs abweichenden Erbrechts für die landwirthschaftlichen Güter in Angriff genommen.

Zu diesem Zweck haben die Ministerien der Justiz und des Ackerbaus zunächst Denkschriften ausarbeiten lassen, in denen auf das Bedürfniß einer solchen Reform für den österreichischen Bauernstand, dann aber auch auf die verwandten Bestrebungen im Deutschen Reich näher eingegangen wird.

Gleichzeitig ist dann auch der Weg einer schriftlichen Enquête eingeschlagen worden. Von Seiten des Justizministeriums sowohl als auch des Ackerbauministeriums wurden den meisten Gerichtscollegien, vielen Einzelrichtern, dann den Advocatenkammern und endlich einzelnen Fachmännern Gutachten darüber abverlangt, ob überhaupt eine Reform der Erbfolge in landwirthschaftliche

Besitzungen wünschenswerth erscheine, und wie diese Reform eventuell zu gestalten sei. Die zu diesem Zweck von den beiden Ministerien ausgegebenen Fragebogen stimmen, wenn auch nicht wörtlich, so doch ihrem Inhalt nach fast vollständig überein. Den Fragebogen waren das Gesetz für Hannover und der Gesetzentwurf für Westphalen beigefügt.

Das auf die versandten Fragebogen eingegangene Material soll dem Vernehmen nach demnächst im Druck erscheinen. Einstweilen findet sich dasselbe wenigstens zum Theil in den Motiven zu dem Gesetzentwurf, den der kürzlich verstorbene k. österreichische Ministerialrath Dr. Carl Peyrer im Auftrage des k. Ackerbauministers verfaßt hat, verwerthet. Derselbe bezweckt zunächst die Regelung der Intestaterbfolge nach den Grundsätzen des Anerbenrechts und schließt sich einerseits an die für das Fürstenthum Schaumburg-Lippe und das Herzogthum Braunschweig und andererseits an die in Hannover in Geltung befindliche Gesetzgebung an. Doch hat er die Beschränkung auf das bäuerliche Grundeigenthum fallen lassen, wie dies auch in den neueren für die preußischen Provinzen Westphalen und Brandenburg erlassenen Gesetzen geschehen ist. Sodann enthält der Gesetzentwurf noch Normen für die facultative Begründung von sog. Erbgütern, die nach dem Vorgange der bayerischen und hessen-darmstädtischen Gesetzgebung nur bedingt theilbar, veräußerlich, verschuldbar und exequirbar sein sollen. Die Bestimmungen des Entwurfs über die Erbgüter sind bereits oben — in dem Abschnitt über die landwirthschaftlichen Erbgüter — von uns erwähnt und besprochen worden. Was wir dort als Rath und Wunsch äußerten, daß die beiden Materien, nämlich die Regelung des Anerbenrechts und des Instituts der Erbgüter, bei ihrer gesetzgeberischen Behandlung gesondert werden möchten, ist seitdem zur Thatsache geworden.

Der oben erwähnte Entwurf, der sich zunächst lediglich als eine Privatarbeit charakterisirt, scheint nämlich nicht die Billigung der betreffenden Minister gefunden zu haben.

Vielmehr hat der Ackerbauminister in diesen Tagen (März 1883) im österreichischen Abgeordnetenhause einen Gesetzentwurf, betreffend die Einführung besonderer Erbtheilungsvorschriften für die landwirthschaftlichen Besitzungen mittlerer Größe, eingebracht. In diesem Entwurf ist sowohl von der Creirung von Erbgütern abgesehen, als auch die Reform des Erbrechts selbst auf eine Reform der Erbtheilungsvorschriften für den bäuerlichen Grundbesitz beschränkt worden. Auch charakterisirt sich derselbe als ein Gesetz, das nur die Grundzüge aufstellt, deren weitere detaillirte Ausführung aber der Landesgesetzgebung anheimgiebt. Die wichtigsten Bestimmungen des aus 18 Paragraphen bestehenden Gesetzentwurfs sind:

Es sollen für landwirthschaftliche, mit einem Wohnhause versehene Besitzungen (Höfe) mittlerer Größe nach Maßgabe dieses Gesetzes und der auf Grund desselben zu erlassenden Landesgesetze besondere Erbtheilungsvorschriften in Kraft treten. Die Landesgesetzgebung bestimmt durch ziffermäßige Feststellung eines Maximums und Minimums des Flächenmaßes oder des Katastralreinertrages, welche Höfe im Sinne dieses Gesetzes als Höfe mittlerer Größe zu gelten haben. Geht das Nachlaßvermögen des Eigenthümers eines Hofes an mehrere Personen über, so kann der Hof nebst dem vorhandenen Zubehör nur Einer Person, dem Uebernehmer (Anerben), zufallen. Der Werth des Hofes wird durch Uebereinkommen der Betheiligten und in Ermanglung eines solchen durch das Gericht bestimmt. Das Gericht hat, soweit es zur Feststellung des Werthes nöthig ist, die geeigneten Erhebungen vorzunehmen und insbesondere Auszüge aus dem Kataster über Flächeninhalt und Reinertrag, ferner Pacht- oder Kaufverträge und dergleichen Behelfe zu benützen. Erforderlichenfalls kann das Gericht auch Sachverständige vernehmen. Die Landesgesetzgebung kann für den Fall, daß der Uebernahmepreis durch das Gericht bestimmt wird, anordnen, daß zu Gunsten des Uebernehmers ein Betrag in Abzug gebracht werde, welcher jedoch ein Drittel des gerichtlich ermittelten lastenfreien Werths des Hofes nicht übersteigen darf. Ferner kann die Landesgesetzgebung bestimmen, daß an Stelle dieser richterlichen Festsetzung eine Bewerthung unter Zugrundelegung eines Vielfachen des Katastralreinertrages einzutreten habe. Der Erblasser ist befugt die Erbtheilungsvorschriften dieses Gesetzes durch andere zu ersetzen, die Bevorzugung des Uebernehmers einzuschränken oder zu erweitern u. s. w.

## 3. Neueres Anerbenrecht in vergleichender Darstellung[175]).

### A. Rechtsquellen.

Schaumburg-Lippe. Gesetz betreffend die Rechtsverhältnisse der Bauerhöfe, vom 11. April 1870 (Sch.-L. L.V. f. 1870 Nr. 7).

Oldenburg. Gesetz für das Herzogthum Oldenburg vom 24. April 1873, betreffend das Erbrecht (Herz. Oldb. G.Bl. f. 1873 Nr. 129) nebst Einführungsgesetz vom 24. April 1873 (das. Nr. 131).

— Gesetz für das Fürstenthum Lübeck vom 10. Januar 1879, betreffend das Erbrecht (F. Lüb. G.Bl. f. 1879 Nr. 9) nebst Einführungsgesetz vom 10. Januar 1879 (das. Nr. 11).

Braunschweig. Gesetz über die Untheilbarkeit der Ritter-, Schrift-, Freisassen- und sonstigen Landgüter vom 20. Mai 1858 (Braunschw. G. u. V.S. f. 1858 Nr. 28). — Gesetz über die Vererbung der Ritter-, Schrift-, Freisassen- und sonstigen Landgüter vom 20. Mai 1858 (Braunschw. G. u. V.S. f. 1858 Nr. 29).

— Gesetz, den bäuerlichen Grundbesitz betreffend, vom 28. März 1874 (Braunschw. G. u. V.S. f. 1874 Nr. 41).

---

175) Außer den im Text aufgezählten neueren Höfegesetzen und Landgüterordnungen sind von uns in der folgenden Darstellung noch benutzt worden: die in dem vorigen Abschnitte erwähnten Gesetzentwürfe, Commissionsberichte, Landtagsverhandlungen, sowie die ebenfalls dort für die einzelnen Staaten und Provinzen beigebrachte Literatur. Diesen Literaturangaben haben wir hier noch hinzuzufügen:

Dr. Baernreither, Stammgütersystem und Anerbenrecht in Deutschland. Wien 1882.

A. v. Miaskowski, Ueber Grundeigenthumsvertheilung und Erbrechtsreform in Deutschland. Referat für die am 9. October 1882 abgehaltene Versammlung des Vereins für Socialpolitik nebst den Verhandlungen, welche sich an dieses Referat angeschlossen haben; vgl. die Verhandlungen des Vereins, Leipzig 1882, S. 6 ff.

Geh. R. Dr. Herm. Schulze, Gutachtlicher Bericht über das bäuerliche Erbrecht im Großherzogthum Baden und dessen mögliche Reform durch die Gesetzgebung, 1884.

Preußen. Gesetz, betreffend das Höferecht in der Provinz Hannover, vom 2. Juni 1874 (Pr.G.S. f. 1874 S. 186).

— Novellen zu diesem Gesetz vom 24. Februar 1880 (Pr.G.S. f. 1880 S. 87) und vom 20. Februar 1884 (Pr.G.S. f. 1884 S. 71).

Bremen. Gesetz, betreffend die Rechtsverhältnisse des Grundbesitzes im Landgebiete, vom 14. Januar 1876 (Brem. G.Bl. f. 1876 Nr. 1).

Preußen. Gesetz, betreffend das Höferecht im Kreise Herzogthum Lauenburg, vom 21. Februar 1881 (G.S. S. 19).

— Entwurf eines Gesetzes über die Vererbung der Landgüter in der Provinz Westphalen und in den Rheinischen Kreisen Rees, Essen, Duisburg und Mühlheim an der Ruhr vom J. 1879 (sog. v. Schorlemerscher Gesetz-Entwurf: von einem Ausschusse des westphälischen Bauernvereins entworfen, von diesem angenommen und von dem Freiherrn von Schorlemer-Alst dem preußischen Abgeordneten-Hause vorgelegt, in dieser sowie in der vom westphälischen Provinziallandtage im J. 1880 amendirten Fassung), und

— Landgüterordnung für die Provinz Westphalen und die Kreise Rees, Essen (Land), Essen (Stadt), Duisburg und Mühlheim an der Ruhr vom 30. April 1882 (G.S. S. 255).

— Entwurf eines Gesetzes über die Vererbung der Landgüter in der Provinz Brandenburg (in seiner vom brandenburgischen Provinziallandtage im J. 1881 angenommenen Fassung) und

— Landgüterordnung für die Provinz Brandenburg vom 10. Juli 1883 (G.S. S. 111).

— Landgüterordnung für die Provinz Schlesien vom 24. April 1884 (G.S. S. 121).

— Entwurf eines Gesetzes, betreffend die Vererbung der ländlichen Besitzungen in der Provinz Schleswig-Holstein (in seiner vom Provinziallandtage der Provinz Schleswig-Holstein im J. 1880 beschlossenen Fassung).

## B. Stellung des neueren Anerbenrechts zum allgemeinen Recht.

Die Stellung ist eine verschiedene, je nachdem das Anerbenrecht erst durch die neuere Gesetzgebung in einem Lande begründet worden ist (System der Landgüterordnungen in den Provinzen Brandenburg und Schlesien) oder bereits früher gegolten und durch die neuere Gesetzgebung nur eine neue Gestalt erhalten hat (System des Höferechts in den Provinzen Hannover, Schleswig-Holstein, im Kreise Lauenburg und im Landgebiet der Stadt Bremen, des Grunderbrechts im Herzogthum Oldenburg und Fürstenthum Lübeck, des Anerbenrechts im Herzogthum Braunschweig und Fürstenthum Schaumburg-Lippe).

Die Bedeutung der neueren Anerben- oder Höferechtsgesetzgebung in dieser letzteren Ländergruppe besteht darin, daß sie dem allmählichen Zerbröckelungsproceß, in dem sich das ältere Bauernrecht mit Inbegriff des Anerbenrechts hier befand, mit einem Schlage ein Ende gemacht hat. Und zwar geschah dieses den verschiedenen Materien des Bauernrechts gegenüber in ungleicher Weise.

Der allmählichen Auflösung speziell des Anerbenrechts wird durch eine Neugestaltung und Befestigung desselben Einhalt geboten; mit den übrigen Theilen des Bauernrechts dagegen wird mehr oder minder vollständig aufgeräumt.

Die Gewähr längerer Dauer, die dem Anerbenrecht durch die neuere Gesetzgebung zu Theil geworden, ist demnach erkauft durch die Beseitigung alles übrigen Bauernrechts[176]): und selbst für das Gebiet des bäuerlichen Erbrechts ist das allgemeine Recht entweder ausdrücklich oder stillschweigend in allen denjenigen Beziehungen für verbindlich erklärt worden, in denen durch die betreffenden Höfegesetze (vgl. oben Rechtsquellen) nicht ausdrücklich von demselben abweichende Bestimmungen getroffen sind. Da nun die neueren Anerbenrechtsgesetze durchaus nicht das ganze Erbrecht, sondern nur einige Punkte desselben geregelt haben, so ist, soweit solches nicht geschehen ist, in den neueren Gesetzen das früher geltende bäuerliche Erbrecht — mochte dasselbe nun auf Gesetz oder Gewohnheit beruhen — durch das allgemeine Erbrecht verdrängt worden[177]).

Der Stempel eines Ausnahmerechts, dessen Ersetzung durch das allgemeine Recht möglichst erleichtert wird, ist dem neueren Anerbenrecht auch durch manche andere Bestimmung aufgedrückt. Wenn einige im hannoverschen Höfegesetz von 1874 enthaltenen Punkte dieser Art durch die Novelle zu diesem Gesetz von 1880 auch nachträglich beseitigt worden sind, so ist doch noch stehen geblieben die für den oben bezeichneten Ausnahmecharakter des Gesetzes höchst bezeichnende Bestimmung, daß der Eigenthümer eines förmlich in die Höferolle eingetragenen Hofs die Wirksamkeit des Anerbenrechts für diesen Hof nicht nur im Allgemeinen durch Löschung desselben aus der Höferolle, sondern für den einzelnen Vererbungsfall auch durch eine in einer „eigenhändig geschriebenen und unterschriebenen Urkunde“ enthaltene diesbezügliche Erklärung ausschließen kann[178]).

Die Bedeutung der für eine Anzahl von preußischen Provinzen in den letzten Jahren erlassenen Landgüterordnungen besteht dagegen darin, daß hier für den gesammten land- und forstwirthschaftlich benutzten Grundbesitz, mit Ausnahme nur der Fideicommiß-, Stamm- und Lehengüter, sowie der ganz kleinen Güter, der Versuch einer Anerbenrechtsbildung auf dem Boden des preußischen Landrechts gemacht worden ist.

Endlich hat in der Construction des Anerbenrechts nach den Höfegesetzen und Landgüterordnungen eine bedeutende Annäherung dieses älteren Rechtsinstituts an das gemeine Erbrecht bezw. das preußische allgemeine Landrecht stattgefunden. Was der Abgeordnete v. Bennigsen bei Gelegenheit der Berathung des hannoverschen Höfegesetzes äußerte, trifft demnach für alle diese Gesetze zu. „In dem Entwurfe“, sagte er im J. 1873, „habe man es versucht, die Grundsätze, die jetzt der Gesetzgebung des gemeinen Rechts zu Grunde liegen, zu vereinigen mit den den bäuerlichen Rechtsanschauungen Rechnung tragenden, das volkswirthschaftliche Interesse und die Erhaltung eines starken Bauernstandes sichernden Principien.“

176) Hannov. Ges. v. 1874 §§ 1—4. Lauenb. Ges. 1—4. Schl.-holst. Entw. 1, 3. Brem. 1—4. Braunschw. Ges. v. 1858 § 2. Braunschw. Ges. v. 1874 § 19. Oldenb. Ges. 1. Lübeck. Ges. 1.

177) Schaumb.-lipp. Ges. 52. Hannov. Ges. v. 1874 § 3. Braunschw. Ges. v. 1874 § 4. Lauenb. Ges. 3. Brem. Ges. 4. Oldenb. u. lübeck. Ges. 1.

178) Hannov. Ges. v. 1874 § 17.

## C. Bezeichnung des Anerbenrechts.

Das von der neueren Gesetzgebung geschaffene Anerbenrecht wird von derselben bezeichnet als

Höferecht und nebenbei wohl auch als Anerbenrecht in Hannover, Schleswig-Holstein, Lauenburg,

allein als Anerbenrecht in Bremen, Braunschweig, Westphalen,

Grunderbrecht, Recht auf den Sitz, Sitzgerechtigkeit in Oldenburg.

Den Gegenstand des Höfe-, Anerben- oder Grunderbrechts bezeichnet die Gesetzgebung in Mecklenburg-Schwerin als: Bauerngut, Bauernstelle, Gehöft, in Hannover, Lauenburg, Schleswig-Holstein, Bremen als Bauernhof oder schlechthin Hof, in Westphalen, Brandenburg, Schleswig-Holstein und Schlesien als Landgut, in Oldenburg als Grunderbstelle.

Der Erbe dieser Güter heißt durchweg Anerbe oder Gutsübernehmer, in Oldenburg Grunderbe.

Wir werden im Nachfolgenden um der Vereinfachung willen den Sprachgebrauch der älteren Gesetzgebung beibehalten und im Allgemeinen vom Anerbenrecht und von Höfen sprechen, wo die Erwähnung der von den neueren Gesetzgebungen gebrauchten spezifischen Ausdrücke nicht absolut erforderlich ist.

## D. Territoriales Geltungsgebiet.

Wenn das alte bäuerliche Recht sachlich durch die neuere Gesetzgebung zu Gunsten des allgemeinen Rechts eingeengt worden ist, so daß von demselben nur das Anerbenrecht — in veränderter Form — übrig geblieben ist, so hat andrerseits dieses neue Anerbenrecht wieder ein größeres territoriales Anwendungsgebiet erhalten, als es früher besaß.

Es hängt das mit der generalisirenden Natur der heutigen Gesetzgebung und der Großstaatsbildung der Neuzeit zusammen, gegenüber welchen Factoren das individuelle und locale Gewohnheits- und Gesetzesrecht einen schweren Stand hat. Dazu kommt, daß die vielen kleinen Gebiete, für die das Anerbenrecht früher in bunter Mannigfaltigkeit galt, durch die neuere Gesetzgebung gar nicht mehr genau abgegrenzt werden könnten, auch wenn sie hierzu wirklich den guten Willen hätte. Endlich sprechen de lege ferenda dieselben Gründe für die Ausdehnung des Anerbenrechts auf die früher dem gemeinen Recht unterworfenen Nachbargebiete, wie für die Beibehaltung desselben in denjenigen Gebieten, in denen es bereits bisher gegolten hat.

So hat denn die neuere Gesetzgebung das reformirte Anerbenrecht generell für ganze Staaten oder doch wenigstens größere Staatstheile (Provinzen, Kreise) in Wirksamkeit gesetzt, während es in einzelnen dieser Staaten, Provinzen und Kreise bisher gar nicht und in anderen nur theilweise gegolten hat.

Typisch für diese ganze Entwickelung ist die Art, wie das Geltungsgebiet des Anerbenrechts durch die neuere Gesetzgebung in der Provinz Hannover ausgedehnt worden ist.

In Hannover wollte noch der Höferechtsentwurf des Provinziallandtags vom 17. October 1873 § 1 die Wirksamkeit des künftigen Gesetzes beschränkt sehen auf diejenigen Theile der Provinz Hannover, in denen bereits früher das Anerbenrecht gegolten hatte. Demnach hätte das Gesetz namentlich keine Anwendung erhalten im Fürstenthum Ostfriesland, im Lande Kehdingen und Hadeln, in den bremischen Marschen, sowie in den Fürstenthümern Grubenhagen und Göttingen. Das preußische Gesetz vom 2. Juni 1874, betreffend das Höferecht in der Provinz Hannover, hat dagegen die Beschränkung des Anwendungsgebiets dieses Gesetzes nicht in der vom Provinziallandtage vorgeschlagenen, sondern in einer anderen, gleichsam indirecten Weise vorgenommen. Es wurde zwar das Gesetz für die ganze Provinz Hannover erlassen, aber zugleich bestimmt, daß in die Höferolle nur eingetragen werden dürfen diejenigen landwirthschaftlichen, mit einem Wohnhause versehenen Besitzungen, für welche die Geltung des Anerbenrechts nach dem bisherigen bäuerlichen Rechte wahrscheinlich gemacht werden könne[179]). Damit war in Wirklichkeit die Geltung des Höfegesetzes nicht nur von den im Entwurf des hannoverschen Provinziallandtags vorgesehenen Landestheilen ausgeschlossen, sondern außerdem auch noch von den einzelnen Besitzungen derjenigen Landestheile, in denen das Anerbenrecht bis dahin zwar im Allgemeinen gegolten hatte, für welche diese Geltung aber im Speziellen nicht nachgewiesen, ja selbst nicht wahrscheinlich gemacht werden konnte.

Die Beibringung dieses Beweises für jede einzelne Grundbesitzung hatte sich bereits sehr bald nach dem Inkrafttreten des Gesetzes als schwierig erwiesen. Es beschloß daher der hannoversche Provinziallandtag, auf Veranlassung mehrerer bei ihm eingegangener Petitionen — von denen die aus dem Amt Osterode am ausführlichsten motivirt war —, die Staatsregierung zu ersuchen, daß die ursprüngliche Fassung des Gesetzentwurfs vom 17. October 1873 wieder hergestellt werde. Die Staatsregierung kam nicht nur diesem Wunsch nach, sondern ging in ihrem dem preußischen Landtage am 14. Januar 1880 vorgelegten Entwurfe einer Novelle zum hannoverschen Höfegesetz noch einen Schritt weiter, indem sie von der durch die hannoverschen Provinzialstände vorgesehenen Ausschließung der Anwendung des Höfegesetzes von bestimmten Gebieten dieser Provinz, in denen das Anerbenrecht früher allgemein keine Geltung gehabt hatte, Abstand nahm und in Zukunft ganz allgemein für die innerhalb der Provinz Hannover in die Höferolle einzutragenden Höfe von dem Nachweise absah, daß sie auch bisher nach Anerbenrecht vererbt worden seien[180]). Damit ist denn das Anwendungsgebiet des Höfegesetzes ausgedehnt auch auf diejenigen Landestheile, in denen das Anerbenrecht bisher nicht gegolten hat.

Der Weg, den die preußische Gesetzgebung für die Provinz Hannover erst nach einigem Hin- und Herschwanken eingeschlagen hat, ist für das Herzogthum Oldenburg und das Fürstenthum Lübeck sofort bei Erlaß der bezüglichen Grunderbrechtsgesetze betreten worden[181]). Hier hatte sich die Staatsregierung von Anfang an für die Ausdehnung des Grunderbrechts auf das ganze Land, somit also auch auf diejenigen Gebiete entschieden, für die dasselbe bisher noch

179) Hannov. Ges. v. 1874 § 1, 5, 6.

180) Nov. z. Hannov. Höfegesetz v. 1880.

181) Oldenb. Ges. Art. 3. Lübeck. Ges. Art. 3. Hullmann a. a. O. S. 69. v. Beaulieu-Marconnay a. a. O. S. 38.

nicht gegolten hatte. Hierzu gehörten namentlich die beiden Kreise Jever und Kloppenburg, sowie das Landgebiet der Städte Oldenburg und Delmenhorst. Die oldenburgische Staatsregierung ließ sich bei diesem Entschlusse von der Erwägung leiten, daß das Grunderbrecht, — in dem sie ein Mittel erblickte, der Ueberhandnahme einer für Oldenburg noch nicht zuträglichen Zersplitterung der bäuerlichen Stellen vorzubeugen, — auch den Bedürfnissen derjenigen Landestheile entspräche, in denen die Bauern bisher allerdings auch ohne Anerbenrecht ihre Stellen zusammenzuhalten verstanden hatten, in denen solches in Zukunft ohne Anerbenrecht vielleicht aber doch nicht mehr möglich sein würde. Auch war die Staatsregierung überzeugt, daß sie mit der beabsichtigten Ausdehnung des Anerbenrechts den Anschauungen und Wünschen wenigstens eines Theils derjenigen Bevölkerung entsprechen würde, die bis dahin unter dem gemeinen Erbrecht gestanden hatte.

Aehnlich wie das oldenburgische und das neueste für Hannover erlassene preußische Gesetz nahm auch der westphälische Gesetzentwurf bereits in seiner ursprünglichen Fassung (der sog. v. Schorlemersche Entwurf) das Anerbenrecht für die gesammte Provinz Westphalen in Aussicht[182]). Ja er beabsichtigte die Wirksamkeit des Gesetzes auch auf die an die Provinz Westphalen angrenzenden der Rheinprovinz angehörigen Kreise Rees, Essen, Duisburg und Mühlheim an der Ruhr auszudehnen, weil diese vier rheinischen Kreise nach Vertheilung des Grundeigenthums, Sitte, Gewohnheit und zum Theil auch nach dem geltenden materiellen Recht (preußisches allgemeines Landrecht) der Provinz Westphalen näher stehen als den übrigen rheinischen Kreisen. Indeß hatte der westphälische Provinziallandtag im J. 1880 aus Rücksicht auf seine mangelnde Competenz und auf die mittlerweile aus den industriellen Kreisen Westphalens laut gewordenen Wünsche beschlossen, die Wirksamkeit des künftigen Gesetzes auf die Provinz Westphalen allein zu beschränken und von diesem engeren Gebiete sogar die beiden Kreise Wittgenstein und Siegen auszuschließen. Die Staatsregierung hat dann die ursprüngliche Bestimmung des von Schorlemerschen Entwurfs wieder hergestellt, sodaß die Landgüterordnung vom 30. April 1882 Anwendung findet auf die ganze Provinz und die oben erwähnten vier rheinischen Kreise.

Endlich schließen sich auch die für den Kreis Lauenburg, sowie die Provinzen Brandenburg und Schlesien rechtskräftig gewordenen Gesetze und der für die Provinz Schleswig-Holstein ausgearbeitete Gesetzentwurf dem hannoverschen Gesetz in seiner neueren, durch die Novelle von 1880 modificirten Fassung an und erstrecken sich ausnahmslos auf den ganzen Kreis Lauenburg, sowie die Provinzen Brandenburg, Schlesien und Schleswig-Holstein, obgleich das Anerbenrecht als lex scripta bisher nur in einzelnen Theilen der Provinz Schleswig-Holstein und des Kreises Lauenburg und in den Provinzen Brandenburg und Schlesien gar nicht gegolten hat.

## E. Gegenstand des Anerbenrechts.

Wollte man den historischen Standpunkt verlassen, d. h. einerseits das reformirte Anerbenrecht nicht mehr ausschließlich auf diejenigen Personen und

182) v. Schorlemerscher Westph. Ges.-Entw. 1. Westph. Landtags-Entw. 1. Westph. L.G.O. 1.

diejenigen Güter beziehen, für die dasselbe bisher gegolten hatte, und wollte man demselben andererseits doch wieder nicht alles liegenschaftliche Eigenthum unterwerfen, so war es außerordentlich schwer eine zweckmäßige, klare und bestimmte Abgrenzung für die dem Gesetz zu unterstellenden Personen und Güter zu finden, denn der Bauernstand ist, seitdem alle ständischen Schranken überhaupt gefallen und alle Staatsbürger vor dem Gesetz gleichgestellt sind, kein rechtlicher Begriff mehr, den man zum Ausgangspunkt der neuen Gesetzgebung hätte machen können.

Und ebenso wie der Bauernstand, so ist auch das Bauerngut heute in den meisten Ländern nach rechtlichen Merkmalen nicht definirbar. Vor der Ablösungsgesetzgebung war es wenigstens particularrechtlich möglich die rechtlichen Kriterien eines Bauernguts dahin festzustellen, daß es einerseits ein Landgut sei, welches weder einer städtischen Feldmark angehört, noch auch die Vorrechte eines Ritterguts genießt, und andrerseits ein Gut, welches Lasten und Beschränkungen, die meist aus dem gutsherrlichen Verbande entspringen, unterworfen ist. Aber bereits damals war diese Definition gemeinrechtlich nicht zutreffend, weil es in Deutschland zu allen Zeiten völlig freie Bauerngüter gegeben hat. Und vollends heutzutage, wo in Folge der Ablösungsgesetzgebung die Bauerngüter allen anderen Gütern gleichgestellt und außerdem thatsächlich aus Bauerngütern Rittergüter und aus Rittergütern Bauerngüter geworden sind, läßt sich eine Definition des Bauernguts nach rechtlichen Merkmalen gar nicht mehr geben.

So blieb denn nur das Bauerngut in seiner wirthschaftlichen, allerdings noch immer ziemlich fest umschriebenen Eigenart übrig als ein solches Landgut, dessen Eigenthümer sich nicht nur durch mittelbare persönliche Leitung, sondern auch durch unmittelbare Beaufsichtigung und event. auch durch Vor- und Mitarbeit an der Bewirthschaftung desselben betheiligt und dessen Einkünfte, sofern das Gut nicht überschuldet ist, zur standesgemäßen Erhaltung des Eigenthümers und seiner Familie ausreichen.

Freilich finden innerhalb dieses weiten Rahmens Güter der verschiedensten Größe und Art Raum, vom großen Pferdegut, dessen Besitzer mehrere stattliche Gespanne hält, sich den Luxus eines Claviers erlaubt und seine Töchter in der „Benehmige“ (altenburgischer Ausdruck für höhere Töchterschule) städtisch erziehen läßt, bis zum Gütchen des kleinen Kuh- und Spatenbauern, dessen Besitzer sich ohne Hülfsarbeit nur kümmerlich zu erhalten vermag.

Aber auch diese weite rein wirthschaftliche Kategorie von Landgütern nach oben und unten richtig abzugrenzen, mußte dem Gesetzgeber bei der großen Beweglichkeit des heutigen wirthschaftlichen Lebens, bei der häufigen Verbindung des Ackerbaus mit der Fabrication und dem Kleingewerbe nicht ganz leicht fallen.

Es hat daher die neuere Gesetzgebung nur ausnahmsweise in Schaumburg-Lippe und Braunschweig, wo sich die Agrarverhältnisse noch größtentheils in ihrer früheren Gestalt erhalten haben, einen solchen Versuch der Abgrenzung des bäuerlichen Grundeigenthums unternommen (System des directen, auf die Vererbung von Bauerngütern beschränkten Intestaterbrechts).

Dagegen hat die Gesetzgebung in allen anderen Ländern und Provinzen auf eine Bezeichnung der dem Anerbenrecht unterworfenen Güter nach festen objectiven Merkmalen verzichtet und meistens allen Eigenthümern land- (und forst-)wirthschaftlich benutzten Grundeigenthums die Entscheidung darüber überlassen, ob sie ihre Landgüter dem Anerbenrecht unterwerfen wollen oder nicht (System des indirecten Intestaterbrechts).

Wir werden hier zunächst das System der Höferolle oder des indirecten Intestaterbrechts und sodann das System des directen Intestaterbrechts zu behandeln haben.

## I.

Zur Stellung des Antrags auf Eintragung eines Hofs oder Guts in die Höferolle und ebenso auf Löschung desselben aus der Höferolle sind in Hannover, Bremen, Lauenburg, Schleswig-Holstein, Westphalen, Schlesien und Brandenburg diejenigen Eigenthümer berechtigt, welche über die Besitzung letztwillig verfügen können[183]). In der Provinz Hannover genießen dasselbe Recht beim Vorhandensein von getheiltem Eigenthum auch die Untereigenthümer. Da in der Provinz Hannover die testamenti factio activa für Knaben mit dem erreichten 14., für Mädchen mit dem erreichten 12. Lebensjahr begründet ist, so dürfen hier die Eigenthümer bez. Untereigenthümer bereits in so frühem Alter die Eintragung der ihnen gehörigen Höfe in die Höferolle beantragen.

Das oldenburgische Gesetz ertheilt das Recht der Bildung von Grunderbstellen ebenfalls nicht nur den Eigenthümern, sondern allen Inhabern von solchen erblichen Nutzungsrechten am Grund und Boden, welche wie Erbpacht und Grundheuer, durch Ablösung zu freiem Eigenthum erhoben werden können. Auch der für Schleswig-Holstein ausgearbeitete Gesetzesentwurf stellt dem Eigenthümer den Erbpachter, Festebesitzer, Parcellist und Grundheuermann gleich.

Was die spezielle Bezeichnung des Gegenstandes der Eintragung betrifft, so gestattete das für Hannover erlassene Höfegesetz von 1874[184]) nur die Eintragung der sog. „Höfe" in die Höferolle. Als Hof im Sinne dieses Gesetzes galt „jede landwirthschaftliche mit einem Wohnhause versehene Besitzung, für welche die bisherige Geltung des Anerbenrechts wahrscheinlich gemacht werden kann". Diese letztere Bestimmung, daß die bloße Wahrscheinlichmachung der Geltung des Anerbenrechts bereits genüge, um einen Hof eintragungsfähig zu machen, kam in Folge eines Amendements des Abgeordneten Lieber in das Gesetz, während die Regierungsvorlage sich so ausdrückte, daß zur Eintragung in die Höferolle nur derjenige Hof als befähigt angesehen werden sollte, „für welchen nach bisherigem bäuerlichen Recht ein Anerbenrecht galt". Durch die Novelle von 1880 ist jedoch, wie wir bereits oben erwähnten, die Beschränkung der Eintragung auf diejenigen Höfe, für welche die Geltung des Anerbenrechts wahrscheinlich gemacht werden kann, in Wegfall gekommen. So lange diese Schranke bestand, konnten factisch nur Bauernhöfe in die Höferolle eingetragen werden, da abgesehen von einigen wenigen Ausnahmen nur für diese das An-

---

183) Hannov. Ges. v. 1874 §§ 7, 23. Brem. Ges. 7. Lauenb. Ges. 22. Schlesw.-Holst. Ges.-Entw. 6. Oldenb. Ges. A. 5 § 2. Lübeck. Ges. A. 5 § 2. Westph. L.G.O. 5. Brandenb. L.G.O. 5. Schles. L.G.O. 5.

184) Hannov. Ges. v. 1874 §§ 1, 5, 6, 7, 21, 24. Verhandlungen des preußischen Abgeordnetenhauses, stenograph. Bericht der Sitzung v. 12. Mai 1874. Novelle z. Hann. Ges. v. 1880 § 1.

erbenrecht gegolten hatte. Dadurch, daß die obige Schranke aufgehoben worden ist, wäre das Höfegesetz auf alle landwirthschaftlichen mit einer Wohnung versehenen Besitzungen anwendbar gewesen, wenn nicht dieselbe Novelle zugleich doch die Einschränkung hinzugefügt hätte, daß landtagsfähige Rittergüter von der Eintragung ausgeschlossen sein sollten. Diese Exemtion der Rittergüter von dem Anerbenrecht fand damals ihre Begründung darin, daß diese Güter meist nach einem Singularrecht dem Recht der Lehn-, Stamm- oder Familienfideicommißgüter — vererbt werden, und daß über die Grenzen der Anwendbarkeit dieser Singularrechte keinerlei Zweifel bestehen, indem über die Rittergüter eigene Matrikeln geführt werden.

Indeß hat die Erwägung, daß es in der Provinz Hannover doch auch eine Anzahl von Rittergütern giebt, die weder zu den Stamm- und Lehngütern, noch zu den Familienfideicommissen gehören, den hannoverschen Provinziallandtag neuerdings, im October 1883, veranlaßt, die Streichung des die Eintragung der Rittergüter in die Höferolle ausschließenden Satzes zu beantragen, so daß hinfort also nur diejenigen Rittergüter von der Eintragung ausgeschlossen bleiben sollen, welche Stamm-, Lehen- oder Fideicommißgüter sind. Ein diesbezüglicher von der Staatsregierung den beiden Kammern vorgelegter und von diesen angenommener Gesetzentwurf hat am 20. Februar 1884 die k. Sanction erhalten, so daß hinsichtlich der Eintragungsfähigkeit der landwirthschaftlichen Besitzungen die für Hannover geltende Gesetzgebung jetzt den späteren Landgüterordnungen bis auf einen, weiter unten zu erwähnenden Punkt gleichgestellt ist.

Dem hannoverschen Gesetz in seiner 1880er Fassung folgt unbedingt das lauenburgische Gesetz[185]). Auch der für Schleswig-Holstein ausgearbeitete Gesetzesentwurf verlangt zur Eintragung „eine landwirthschaftlich betriebene mit einem Wohnhause versehene Besitzung“, schließt aber — gleichsam die später auch für Hannover beliebte Neuerung anticipirend — auch die Rittergüter von der Eintragung nicht aus.

An das hannoversche Gesetz schließt sich auch das bremische Gesetz[186]) an. Nur daß in Bremen für die Eintragungsfähigkeit der Landgüter eine bestimmte Minimalschranke gezogen ist. Abweichend von dem hannoverschen Gesetz dürfen hier nämlich nur landwirthschaftliche, mit einem Wohnhause versehene Besitzungen von einem Flächeninhalt von mindestens 5 Hektaren in die Höferolle eingetragen werden. Durch diese Aufstellung eines Minimums wollte man die kleinen Brinksitzer-, Käthner- und Häuslerstellen, deren Besitzer keine Bauern mehr sind und sich nicht in der Lage befinden, ihre Familien allein aus dem Ertrage ihres Grundbesitzes zu ernähren, von der Vererbung nach Anerbenrecht ausschließen. Daß freilich durch die obige Minimalbestimmung von 5 Hektaren die Grenze zwischen Bauern und Nichtbauern richtig gezogen sei, wurde bei Berathung des Gesetzes in der Bürgerschaft mehrfach bestritten. Es verlangte namentlich eine Minorität der Anwesenden die Herabsetzung der Grenze, bis zu welcher die Besitzungen noch eintragungsfähig sein sollen, auf 3 Hektaren. Zur Unterstützung dieses Antrags wurde namentlich geltend gemacht, daß Grundbesitzungen

185) Lauenb. Ges. 5. Schl.-Holst. Ges.-Entw. 5.

186) Brem. Ges. 5. Verhandlungen der bremischen Bürgerschaft, stenogr. Bericht der Sitzung v. 8. Dec. 1875, S. 423.

von 3 Hektaren in der Nähe der Stadt einen Verkehrswerth von 8000 Thalern repräsentiren und daß sich auf solchen Besitzungen schon ein selbständiger und auskömmlicher Landwirthschaftsbetrieb führen lasse. Erst die Besitzer von Grundstücken unter 3 Hektaren seien hier darauf angewiesen ein Nebengeschäft zu treiben, das gewöhnlich im Korbmachen, Mattenflechten u. s. w. bestehe.

Nach dem ursprünglich von der oldenburgischen Staatsregierung[187]) dem Landtage vorgelegten Gesetzesentwurfe sollten alle behausten Grundbesitzungen, welche in der Mutterrolle der Gemeinde als ein Artikel verzeichnet sind, soweit sie mindestens einen Umfang von 3 Hektaren besitzen (sog. Grunderbstellen), von Gesetzeswegen dem Grunderbrecht unterworfen sein, wobei dem Besitzer freilich anheim gegeben war, seine Grunderbstelle im einzelnen Vererbungsfall durch ausdrückliche Willenserklärung auch nach anderen Grundsätzen, also z. B. nach denen des gemeinen Rechts, zu vererben. Doch griff der Justizausschuß des Landtags, dem der Regierungsentwurf zur Vorberathung vorlag, auf den von Hullmann gemachten Vorschlag zurück, wonach keinerlei gesetzliche Präsumtion für die Vererbung einer Grunderbstelle nach Grunderbrecht stattfinden solle, sondern die Bildung von Grunderbstellen und ihre Unterstellung unter das Grunderbrecht lediglich von der Verfügung des Eigenthümers abhängig zu machen sei. Bei Verwerfung des von der Staatsregierung gemachten Vorschlags ließ sich der Ausschuß hauptsächlich von folgenden Motiven leiten:

1) Der Widerstand gegen das Grunderbrecht, wie er in einigen Theilen des Herzogthums zu Tage getreten sei, gestatte jedenfalls nicht, daß das Gesetz in der von der Regierung vorgeschlagenen Weise auf das ganze Herzogthum ausgedehnt werde.

2) Aber selbst in denjenigen Bezirken, in denen die bäuerliche Bevölkerung im Allgemeinen an dem Grunderbrecht festhalte, läge doch kein Bedürfniß vor, dasselbe auch auf den Grundbesitz der Kaufleute, Handwerker, Wirthe u. s. w. zu erstrecken.

3) Es müßten daher wie jene Gebietstheile (vgl. P. 1), so auch diese Besitzungen von der Wirksamkeit des Gesetzes eximirt werden. Da die Abgrenzung in beiden Fällen aber große Schwierigkeiten bereiten würde, so empfehle es sich, das hannoversche System der Höferolle zu adoptiren, wobei man

4) der Gefahr, daß die Eintragung der Grunderbstellen aus Trägheit in den meisten Fällen unterbleiben werde, durch eine passende Befragung der Bevölkerung seitens der staatlichen Organe begegnen zu können hoffte.

Dem Justizausschuß stimmten auch der Landtag und die Regierung bei, so daß demnach auch in Oldenburg die Bildung von Grunderbstellen, d. h. die Anwendung des Grunderbrechts auf den ländlichen Grundbesitz abhängig gemacht ist von einer diesbezüglichen ausdrücklichen Erklärung des Eigenthümers. Zur Grunderbstelle kann jede behauste Besitzung gemacht werden durch Erklärung zum Protokoll desjenigen Verwaltungsamts, in dessen Mutterrolle der Artikel der betreffenden Grunderbstelle sich befindet.

187) Oldenb. Ges. Art. 3 § 1. Motive zum Ges.-Entw. der oldenb. Staatsregierung S. 74, 75. v. Beaulieu a. a. O. S. 41, 42. Hullmann a. a. O. S. 60. Hannov. Ges. v. 1874 § 5. Verhandlungen des preuß. Herrenhauses, stenogr. Bericht der Sitzung v. 11. Februar 1880 S. 237.

Eine Ausnahme von dieser Regel besteht nur insofern, als „die aus unbebauten Staatsländereien angewiesenen Anbauerstellen" bereits durch ihre Anweisung die Eigenschaft einer Grunderbstelle erhalten, auch wenn sie noch nicht behaust sind.

Wie das für Hannover und Lauenburg erlassene Gesetz und der schleswig-holsteinische Gesetzesentwurf, so hat auch das für Oldenburg und Lübeck erlassene Gesetz, mit Rücksicht auf bisherige Erfahrungen, von der Fixirung eines Minimalumfangs, der erreicht werden muß, damit die Grundbesitzungen dem Grunderbrecht unterworfen werden dürfen, abgesehen. Maßgebend für diese Entscheidung war die Erwägung, daß nicht nur die Grundbesitzer in Oldenburg vielfach zugleich Gewerbtreibende, namentlich Branntweinbrenner, Bierbrauer, Ziegler, Müller u. s. w. sind, sondern daß es auch nicht selten vorkommt, daß die ansässigen Krämer und Gastwirthe nebenher Landwirthschaft treiben und dann die Wünsche der Bauern, ihren Grundbesitz in der Familie zu erhalten, theilen. Dasselbe gilt von den auf tagelöhnernden Nebenerwerb angewiesenen Kleinstellenbesitzern, indem auch diese das Streben haben, ihre Stellen in den Familien zu conserviren.

In Oldenburg ebenso wie in Hannover — innerhalb welcher Provinz das Anerbenrecht in einzelnen Theilen, wie z. B. in den früheren Herzogthümern Bremen und Verden von jeher nicht nur für spannfähige Höfe, sondern auch für kleinere Stellen bestanden hat, — schien es dem Gesetzgeber daher passend, dem Bestreben auch der kleineren Leute, ihr Grundeigenthum unzertheilt in der Familie zu erhalten und womöglich zu vergrößern, dieselben Erleichterungen zu gewähren, wie sie dem größeren spannfähigen Besitz eingeräumt worden sind. Aber während die für Hannover und Lauenburg erlassenen Gesetze und ebenso der für Schleswig-Holstein ausgearbeitete Gesetzentwurf doch immer noch eine landwirthschaftlich betriebene, mit einem Wohnhause versehene Besitzung verlangen, ist im oldenburgischen Gesetz auch das Requisit des landwirthschaftlichen Betriebs weggefallen und wird nur noch eine behauste Besitzung verlangt. Damit ist das Gesetz auch auf den zu Flecken und Städten gehörigen Grundbesitz anwendbar geworden, soweit hier ähnliche Interessen und Anschauungen herrschen, wie in den Landgemeinden, wie denn auch bisher das Grunderbrecht allgemein in den oldenburgischen Städten — mit Ausnahme nur der Städte Oldenburg, Jever und Delmenhorst — gegolten hat.

Und wie das oldenburgische Gesetz die eintragungsfähigen Grunderbstellen nach Unten nicht begrenzt, so zieht es auch nach Oben keinerlei Schranke, indem hier der übrigens nur selten vorkommende Rittergutsbesitz von der Unterstellung unter das Grunderbrecht ebenfalls nicht ausgeschlossen ist.

Nach den für die Provinzen Westphalen und Brandenburg[188]) erlassenen Landgüterordnungen dürfen in die Rolle eingetragen werden alle zum Betriebe der Land- und Forstwirthschaft bestimmten Grundstücke, welche mit einem Reinertrage von mindestens 75 Mk. beim Grundsteuerkataster angesetzt sind.

Es fehlt hier also, ähnlich wie Oldenburg, das Requisit des Wohnhauses und sind zu den landwirthschaftlich betriebenen Grundstücken, von denen die

188) Westph. L.G.O. 1. Brandenb. L.G.O. 1.

bisherigen Gesetze allein handelten, auch die forstwirthschaftlich betriebenen hinzugekommen.

Für letztere Ausdehnung spricht, daß bei den Forstgrundstücken das Interesse an der Erhaltung und ungetheilten Vererbung derselben in der Familie noch größer ist, als bei den landwirthschaftlich benutzten Grundstücken. Auch ist eine Grenze zwischen bloßen Forstgrundstücken und solchen, die auch zum Betriebe der Landwirthschaft dienen, nicht immer leicht zu finden. Wir denken hier namentlich an Grundstücke, die nach langjähriger Benutzung als Wald einige Jahre hindurch als Acker cultivirt werden. Ferner gehört zu Forstgrundstücken, wenn auch nicht immer ein Acker, so doch in der Regel ein Hausgarten. Und umgekehrt sind mit Landgütern, die vorzugsweise dem landwirthschaftlichen Betriebe dienen, doch auch häufig mehr oder minder ausgedehnte Wälder verbunden.

Von dem Requisit der Behausung wurde abgesehen, weil dieses Erforderniß auf viele Grundstücke nicht passen würde, so z. B. auf Ackerbürgerstellen in der Nähe der Stadt, welche von dieser aus bewirthschaftet werden, und auf Forstgrundstücke. Diese von dem Anwendungsgebiete des Gesetzes auszuschließen, lag aber kein genügender Grund vor.

Die für die Provinz Schlesien erlassene Landgüterordnung zieht nach dem Beispiele der westphälischen und brandenburgischen Landgüterordnungen die forstwirthschaftlich benutzten Grundstücke ebenfalls in den Bereich des Gesetzes, nimmt aber zugleich das Requisit der Behausung nach dem Muster des für Hannover erlassenen Höfegesetzes wieder auf. Die Minimalgrenze für die eintragungsfähigen Grundstücke war durch den Provinziallandtag der Provinz Schlesien nach der Höhe der Grundsteuer und event. dem Flächenumfange derart bestimmt, daß die Landgüter, um eintragungsfähig zu sein, wenigstens 6 Mark jährliche Grundsteuer entrichten oder einen Flächeninhalt von wenigstens 8 Hektaren besitzen mußten. Indeß hat die Staatsregierung diesem Antrage nicht beigestimmt, weil nach dem § 8 der Grundbuchordnung vom 5. Mai 1872 im Grundbuche zwar der Grundsteuerreinertrag, nicht aber die Grundsteuer selbst vermerkt stehe und daher der Betrag der letzteren, wenn es auf ihn bei der Eintragung in die Landgüterrolle ankäme, dem Gerichte erst noch besonders nachzuweisen sein würde. Dieser Nachweis würde aber oft mit Schwierigkeiten und Weitläufigkeiten verbunden sein, da in den Grundsteuerheberollen, auf welche zurückgegangen werden müßte, um den Betrag der Grundsteuer festzustellen, die Grundstücke nicht nach Blatt, Artikel und Nummer des Grundbuchs verzeichnet seien, und daher zur Identificirung des betreffenden Grundstücks in jedem einzelnen Fall erst noch weitläufige Ermittelungen nothwendig sein würden. Da nach den Resultaten der neuen Grundsteuerveranlagung in der Provinz Schlesien, wie in den sieben östlichen Provinzen überhaupt, der allgemeine Procentsatz der Grundsteuer 9,574 % des Grundsteuerreinertrags entspräche, so würde die von dem Provinziallandtage in Vorschlag gebrachte Minimalgrenze im Wesentlichen eingehalten werden, wenn an Stelle des Grundsteuerbetrags von 6 Mark in runder Summe ein Grundsteuerreinertrag von mindestens 60 Mark gesetzt würde. Die Staatsregierung hat in ihrem Entwurfe die Grenze in dieser Weise fixirt, und die beiden Häuser des Landtags haben dem Regierungsentwurf zugestimmt. Die alternativ mit der Fixirung der Minimalgrenze der Grundstücke nach dem Grundsteuerbetrag von dem schlesischen Provinziallandtage in Vorschlag gebrachte

Bestimmung derselben nach dem Flächeninhalt, so daß auch Grundstücke mit geringerer Grundsteuer als 6 Mark eintragungsfähig sein sollen, wenn sie nur einen Flächeninhalt von wenigstens 8 Hektaren besitzen, ist im Regierungsentwurfe und im Gesetze gestrichen worden.

Endlich ist noch zu erwähnen, daß nach allen neueren Gesetzen, auch nach denjenigen, welche das Anerbenrecht auf den gesammten land- und forstwirthschaftlich benutzten Grundbesitz ausdehnen, die Fideicommiß-, Lehen- und Stammgüter demselben nicht unterworfen sind.

Die Ausdehnung des Anerbenrechts über den Kreis der Bauerngüter hinaus, wie sie gegenwärtig von allen neueren Höfegesetzen und Landgüterordnungen, mit Ausnahme nur des braunschweigischen, schaumburg-lippeschen und bremischen Gesetzes, beliebt worden ist, erscheint uns aus folgenden Gründen als gerechtfertigt:

1) Ist die Beschränkung der Anwendung des Anerbenrechts auf diejenigen Bauernhöfe, für die das alte Anerbenrecht gegolten hat, nach den in Hannover gemachten Erfahrungen nicht thunlich, so läßt sich eine jeden Zweifel ausschließende Abgrenzung derjenigen Höfe, die unter ein solches Gesetz fallen sollen, weder leicht finden noch auch innerlich begründen. Denn das socialpolitische Motiv, das hinsichtlich der Erhaltung des Anerbenrechts für den *einen* Bauernhof spricht, trifft auch hinsichtlich der Neueinführung des Anerbenrechts für den anderen Bauernhof zu.

2) Dann sind die Bauerngüter in rechtlicher Beziehung gegenwärtig den Rittergütern fast überall gleichgestellt und auch an Umfang und sonstiger Bedeutung stehen sie denselben gleichfalls häufig nicht nach. Während z. B. in der Provinz Westphalen die Rittergüter durchschnittlich einen Umfang von 5—700 Morgen haben, erreichen einige Bauernhöfe dort den Umfang von 2—3000 Morgen, was u. A. die Folge hat, daß nach der preußischen Kreisordnung auch die Besitzer solcher Bauernhöfe zu den größeren ländlichen Grundbesitzern gezählt werden.

3) Ferner finden dieselben Gründe, welche für die Anwendung des Anerbenrechts auf die Bauernhöfe sprechen, auch auf die anderen Besitzungen, zu denen die innerhalb der städtischen Gemeindemarkungen gelegenen Grundstücke, sowie die großen Güter, soweit beide zu Zwecken des Ackerbaues, der Viehzucht, sowie der Forstwirthschaft bestimmt sind, Anwendung.

Insbesondere für die Ausdehnung des Anerbenrechts auch auf die großen Güter haben wir im Zusammenhange mit unseren früheren Ausführungen noch folgendes geltend zu machen.

Eine größere Stabilität des Familienbesitzes liegt, nach unseren wiederholten Ausführungen, sowohl im wirthschaftlichen, wie im socialen und politischen Interesse des Deutschen Reichs. Diese *kann* durch das Familienfideicommiß nicht allgemein erreicht werden, weil dasselbe immer nur auf eine mäßige Anzahl von Gütern Anwendung findet. Sie *soll* aber auch auf diesem Wege nicht erreicht werden, weil das Familienfideicommiß, indem es dem großen Grundbesitz durch den künstlichen Schutz ein Uebergewicht über die anderen Güterkategorien giebt, die Gefahr begründet, daß sich die Vertheilung des Grundeigenthums in der Richtung weiterer Agglomeration der Grundbesitzmassen verschiebt. An eine Schwächung dieser Tendenz dadurch, daß auch die mittleren Güter sich durch fideicommissarische Bindung widerstandsfähig machen, ist nach den bisher gemachten

Erfahrungen nicht zu denken. Und doch verlangt die Erhaltung des gegenwärtigen Zustandes der Grundbesitzvertheilung, daß keine der verschiedenen Kategorien des Grundeigenthums durch besonderen erbrechtlichen Schutz vor der anderen bevorzugt werde.

Würde dann aber für den bäuerlichen Grundbesitz das Anerbenrecht eingeführt und bliebe der größere Grundbesitz dem gemeinen Erbrecht unterstellt, so wären die Bedingungen des Familienbesitzes wieder nach einer anderen Seite ungleich vertheilt. Denn dem gesammten größeren Grundeigenthum hilft es nichts, daß eine Anzahl dieser Güter fideicommissarisch gebunden und damit unter noch günstigere erbrechtliche Bestimmungen gestellt ist, als der bäuerliche Grundbesitz durch das Anerbenrecht. Zudem dürfte die Beseitigung des Familienfideicommißinstituts oder doch die Annäherung desselben an das gemeine Erbrecht nur eine Frage der Zeit sein. Daß es dem größeren Grundbesitz unter der Herrschaft des gemeinen Rechts aber bereits in der Vergangenheit, wo doch der bäuerliche Grundbesitz gegen Zerstückelung und übermäßige Verschuldung meist nur durch die Sitte geschützt war, viel schwerer fiel, sich als Familienbesitz zu behaupten, dafür liegen namentlich für die östlichen Provinzen Preußens die unzweideutigsten Beweise vor[189]).

Die neueren für Westphalen, Brandenburg und Schlesien erlassenen Landgüterordnungen haben sodann nach dem Vorbilde des bremischen Höfegesetzes und im Gegensatz zu den für Hannover, Lauenburg, Oldenburg, Braunschweig erlassenen Höfegesetzen und dem für Schleswig-Holstein ausgearbeiteten Gesetzentwurfe die kleinen Stellen mit einem Katastralreinertrag von weniger als 75 (in Schlesien von weniger als 60) Mark von dem Anwendungsgebiete des Anerbenrechts ausgeschlossen.

Dies führt uns zur Behandlung einer Frage, die wir bereits oben bei Gelegenheit der Darstellung der für Bremen geltenden Bestimmungen gestreift haben.

Bei Ausschluß dieser kleinen Stellen konnte sich die westphälische Landgüterordnung an ältere Rechtsbestimmungen anschließen, bei deren Anwendung sich keinerlei Unzuträglichkeiten ergeben hatten. Diese Bestimmungen sind enthalten im westphälischen Gesetz vom 4. Juni 1856, sowie in dem Statut des westphälischen Pfandbriefinstituts von 1877, indem ersteres die ermäßigte Erbschaftstaxe ebenfalls nur für Güter mit einem Katastralreinertrag von wenigstens 75 Mark eintreten läßt, und letzteres die Beleihungsgrenze nach unten auf denselben Betrag stellt. Wenn auch die für Brandenburg und Schlesien erlassenen Landgüterordnungen, letztere mit einer Herabsetzung des Minimums auf einen Grundsteuerreinertrag von 60 Mark, dem Beispiele der westphälischen Landgüterordnung gefolgt sind, so ist dies geschehen, weil man hier ähnlich wie auch in Westphalen diejenigen Güter von der Vererbung nach Anerbenrecht ausschließen wollte, deren Ertrag, ohne hinzutretenden Verdienst durch anderweitige Arbeit, zur Ernährung einer Familie regelmäßig nicht ausreicht.

Die Fixirung dieser Minima unterliegt mannigfachen Angriffen.

Zunächst wird darauf hingewiesen, daß die Art der Fixirung der Minima eine zu schablonenmäßige ist, so daß in einigen Gegenden noch solche Grund-

---

189) Vgl. unter anderem die auf die Provinz Brandenburg bezügliche Notiz oben S. 221.

besitzungen unter die Bestimmungen der Gesetze fallen, welche, weil sie eine Familie nicht zu ernähren vermögen, nach der Absicht des Gesetzgebers nicht unter diese Bestimmungen fallen sollten, während in anderen Kreisen wiederum solche Besitzungen nicht unter das Gesetz fallen, die nach der Absicht des Gesetzgebers unter das Gesetz fallen sollten.

Es läßt sich, wie die bisher gemachten Gesetzgebungsversuche zeigen, bei der großen Mannigfaltigkeit der Verhältnisse eine auf jeden einzelnen Fall passende Grenze zwischen dem eigentlich bäuerlichen Grundbesitz und dem Grundbesitz der Tagelöhner, Handwerker, Ackerbürger u. s. w. für ein größeres Gebiet gesetzlich schwer ziehen.

Aber angenommen, es würde gelingen, dem Gedanken des Gesetzgebers einen den verschiedenen Verhältnissen adäquaten, leicht zu handhabenden Ausdruck zu geben, so bleibt doch noch die Frage zu erledigen, ob es denn überhaupt nothwendig oder auch nur nützlich ist, den kleinen Stellenbesitz, von dessen Ertrag allein eine Familie nicht leben kann, von dem Anwendungsgebiet des Anerbenrechts auszuschließen.

Für die Bejahung der Frage wird in der Regel angeführt, daß solche kleine Besitzungen eigentlich nicht mehr die Natur des ländlichen Grundbesitzes haben, indem für dieselben kein auf Jahre hinaus berechnetes Wirthschaftssystem, auch nicht der Bau von Wirthschaftsgebäuden u. s. w. in Frage kommt; daß ihre Bedeutung vielmehr lediglich darin besteht, den Arbeitern eine Wohnung und die Gelegenheit zu gewähren, einige der nothwendigsten Lebensmittel selbst hervorzubringen. Es liegt daher, so schließt man weiter, kein rechter Grund vor, auf diese mehr die Natur des städtischen, als des landwirthschaftlichen Besitzes habenden Kleinstellen das wesentlich zur Erhaltung des land- oder forstwirthschaftlich benutzten Grundbesitzes dienende Anerbenrecht anzuwenden.

Dagegen werden für die Ausdehnung des Erbrechts auch auf die kleinen Stellen folgende Gründe angeführt. Je kleiner eine Stelle sei, desto weniger vertrage sie eine Theilung, so daß Häuser mit daran stoßendem Garten wirthschaftlich betrachtet eigentlich untheilbar seien. Da es aber selbst für den Tagelöhner und Handwerker gut sei, wenn sein Grundbesitz wenigstens eine solche Ausdehnung habe, daß er seine Familie (Frau und Kinder) vollauf beschäftige, so sollte die Gesetzgebung der Theilung solcher kleiner Anwesen keinen Vorschub leisten.

Indeß dürfte es sehr schwierig sein, von einem abstracten Standpunkte aus, lediglich nach Abwägung der möglichen Vor- und Nachtheile, welche sich an den Ausschluß der kleinen Stellen von der Wirksamkeit des Anerbenrechts knüpfen können, zu einem bestimmten allgemein giltigen Resultat zu gelangen.

Sicher ist nur eins, daß die Ziehung einer, den ebenso mannigfaltigen wie veränderlichen Verhältnissen entsprechenden Grenzlinie für die Anwendung des Anerbenrechts ein unlösbares Problem ist. Auch dürfte es vollständig unbedenklich sein, von einer solchen Grenzziehung für die Anwendung des Anerbenrechts überhaupt Abstand zu nehmen. Denn in der Regel werden die Kleinstellenbesitzer dem Erbrecht und der Vererbungssitte folgen, welche für den *bäuerlichen Grundbesitz der betreffenden Gegend* gilt. Wo dieser entweder in natura oder seinem Verkehrswerthe nach unter sämmtliche Kinder nach gleichen Portionen getheilt zu werden pflegt, da wird dieselbe Vererbungsart erfahrungsmäßig auch für den kleinen und kleinsten Grundbesitz zur Anwendung gelangen. Ist es doch bekannt, daß in Gegenden mit weitgehender Theilbarkeit des Grundbesitzes mitunter sogar die Häuser nicht nur ideell sondern sogar reell durch eine vom First bis zum Boden gezogene Linie getheilt werden. Und wiederum wo das Anerbenrecht sich für den größeren und mittleren bäuerlichen Grundbesitz in Geltung befindet, da werden auch die Kleinstellenbesitzer ihre Stellen nicht selten nach Anerbenrecht vererben. Als Beleg hierfür führten wir bereits oben S. 145 f. und 147 ff. einige Gegenden des Herzogthums Oldenburg und der Provinz Hannover an. Wir können hier noch hinzufügen, daß auch in einigen Gegenden des badischen Schwarzwalds die rechtliche Gebundenheit und die sog. Vortheilsgerechtigkeit sich nicht nur auf die großen Hofgüter, sondern auch auf die kleinen Gewerbegüter erstreckt.

Hinsichtlich des Umfangs, in welchem der einer bestimmten Person gehörige Grundbesitz durch Eintragung in die Höfe- oder Landgüterrolle dem Anerbenrecht unterworfen wird, enthält das für Hannover erlassene Gesetz[190]) die Bestimmung, daß, in Ermangelung einer genauen Bezeichnung in der Höferolle, zum Hofe alle Grundstücke gehören, welche mit der Hofstelle auf demselben Grundbuchblatt oder Artikel des Grundbuchs eingetragen sind. Denselben Gedanken spricht auch das oldenburgische Gesetz aus, wenn es dem Besitzer behausten Landes die Freiheit gewährt, durch Abtrennung und Zutheilung einzelner Grundstücke Grunderbstellen von beliebiger Größe zu bilden, und wenn es, in Ermangelung ausdrücklicher Bestimmung hierüber, die in der Mutterrolle einer Gemeinde zu einem Artikel zusammengefaßten Besitzungen als eine Grunderbstelle auffaßt. Noch weiter geht in dieser Beziehung das bremische Gesetz, wenn es in Ermangelung näherer Bezeichnung in der Höferolle das Anerbenrecht auf den gesammten im Landgebiet belegenen Grundbesitz derjenigen Person ausdehnt, deren Name in die Höferolle eingetragen ist. In Lauenburg wird in Zweifelsfällen als zum Hof gehörig der gesammte herkömmlich zu dem Hof gerechnete oder wirthschaftlich zu demselben gehörige Grundbesitz einer Person betrachtet; die wirthschaftliche Zusammengehörigkeit ist im Zweifel bei allen regelmäßig von derselben Hofstelle aus bewirthschafteten Grundstücken anzunehmen; diese Zusammengehörigkeit wird durch eine vorübergehende Verpachtung oder ähnliche Benutzung von Hofesgrundstücken, z. B. als Leibzuchts- (Altentheils-)Land, nicht ausgeschlossen; ebenso bleiben Grundstücke, welche an Personen verpachtet sind, die sich dagegen zu Dienstleistungen für die Hofeswirthschaft verpflichtet haben (Heuerlinge, Häuslinge, Einlieger), zum Hofe gehörig. Der schleswig-holsteinische Gesetzentwurf stellt keinerlei Präsumtionen auf und läßt lediglich die Erklärung, die der Eigenthümer über den Umfang der Grunderbstelle in der Höferolle abgiebt, entscheidend sein. Denselben Grundsatz haben auch die neueren Landgüterordnungen für Westphalen, Brandenburg und Schlesien angenommen, indem sie bestimmen, daß das Landgut, auf welches das Anerbenrecht Anwendung finden soll, aus denjenigen Grundstücken besteht, welche auf einem Blatt der Landgüterrolle eingetragen sind. Außerdem schreiben diese neueren Gesetze noch vor, daß die einzelnen Grund-

190) Hannov. Ges. v. 1874 § 11. Lauenb. Ges. 10. Schl.-Holst. Ges.-Entw. 9. Brem. Ges. 11. Oldenb. Ges. A. 3 § 2. Westph. L.G.O. 3, 8. Brandenb. L.G.O. 3, 8. Schles. L.G.O. 3, 8.

stücke in der Landgüterrolle nach Blatt, Artikel und Nummer des Grundbuchs oder des Grundsteuerkatasters und im Grundbuch wiederum nach der Nummer der Landgüterrolle zu bezeichnen sind. Grundstückserwerbungen zu einem in der Rolle eingetragenen Landgute sind gleichzeitig mit der Zuschreibung im Grundbuche von Amtswegen auch in die Landgüterrolle einzutragen, wenn der Erwerber nicht das Entgegengesetzte bestimmt; desgleichen sind auch Veräußerungen eines Theils von einem in der Rolle eingetragenen Landgute gleichzeitig mit der Abschreibung im Grundbuche von Amtswegen auch in der Landgüterrolle zu löschen, sofern für die abgetrennten Theilstücke die Voraussetzungen der Eintragung in die Landgüterrolle nicht zutreffen; treffen diese Voraussetzungen jedoch zu, so erhält — nach einer Bestimmung der schlesischen Landgüterordnung — der veräußerte Theil in der Rolle ein eigenes Blatt, und der Erwerber ist hiervon zu benachrichtigen.

Während die meisten Höfegesetze und Landgüterordnungen einen Termin nicht feststellen, bis zu welchem allein die Eintragung in die Höferolle geschehen darf, verlangt nur das bremische Gesetz[191]), daß die Eintragung bis zum 1. Juli 1885 geschehen sein müsse, widrigenfalls sie nicht mehr geschehen darf. Einen solchen terminus ad quem enthielt freilich das für Hannover erlassene Höfegesetz von 1874 ursprünglich auch; indeß ist derselbe durch die Novelle zu diesem Höfegesetz von 1880 für Hannover beseitigt worden, während er für Bremen, das sich in dieser Beziehung dem ursprünglichen hannoverschen Gesetz angeschlossen hatte, noch gegenwärtig besteht. Uebrigens wurde dieser Termin seiner Zeit in das bremische Gesetz nur gegen den Protest der Kammer für Landwirthschaft und eines Glieds der Bürgerschaft aufgenommen. Von den Protestirenden wurde bei dieser Gelegenheit darauf hingewiesen, daß weder der Entwurf des hannoverschen Provinziallandtags, noch auch der Entwurf der preußischen Staatsregierung diese Beschränkung enthalten haben und daß dieselbe nur auf den Antrag eines Juristen in einer äußerst schwach besuchten Sitzung des preußischen Abgeordnetenhauses im Sommer 1874 mit einer Mehrheit von wenigen Stimmen in das Gesetz hinein gebracht worden sei. Es steht wohl zu erwarten, daß nachdem die ältere beschränkende Bestimmung des hannoverschen Gesetzes im J. 1880 aufgehoben worden ist, die bremische Gesetzgebung dem hannoverschen Beispiel folgen werde.

Als zur Eintragung in die Höfe- oder Landgüterrolle zuständige Behörde fungirt in Hannover, Lauenburg und Schleswig-Holstein dasjenige Amtsgericht, in dessen Bezirk das Wohnhaus der Besitzung liegt. In Brandenburg, Westphalen und Schlesien ist es dasjenige Amtsgericht, in dessen Bezirk die Grundstücke belegen sind, welche das Landgut bilden; liegen die Grundstücke in den Bezirken verschiedener Amtsgerichte, so hat das Oberlandesgericht zu bestimmen, bei welchem Amtsgerichte das Landgut in die Rolle einzutragen ist. In Bremen wird die Höferolle vom Landherrnamt geführt. In Oldenburg, wo keine eigene Höferolle geführt wird, sondern das Ergebniß der abgegebenen Erklärung nur zu den Mutterrollen der Gemeinde zu registriren ist, erfolgt diese Registrirung seitens desjenigen Ver-

191) Brem. Ges. 6.

waltungsamts, in dessen Mutterrolle der Artikel der betreffenden Grunderbstelle sich befindet[192]).

Der betreffende Antrag wird in Hannover, Lauenburg, Bremen, Westphalen, Brandenburg, Schlesien und Schleswig-Holstein[193]) bei der zuständigen Behörde entweder mündlich angebracht oder schriftlich eingereicht; in Oldenburg ist die Willenserklärung immer mündlich und zwar entweder von dem Eigenthümer persönlich oder von einem besonders hierzu bevollmächtigten Vertreter zu Protokoll zu geben.

Die Eintragung in die Höfe- oder Landgüterrolle ist auch für jeden nachfolgenden Eigenthümer des eingetragenen Hofs oder Landguts wirksam[194]). Es gelangt mithin das Anerbenrecht so lange zur Anwendung, als der Hof in der Höfe- oder Landgüterrolle eingetragen steht, d. h. nicht aus derselben gelöscht worden ist. Ausnahmen von dieser Regel werden weiter unten zu erwähnen sein. Da es von Wichtigkeit ist, daß die Geltung des Anerbenrechts für ein bestimmtes Grundstück nach erfolgter Eintragung desselben in die Höfe- oder Landgüterrolle unzweifelhaft feststehe, so bestimmt das für Hannover erlassene Gesetz und nach seinem Beispiel die für Bremen und Lauenburg erlassenen Gesetze, sowie der schleswig-holsteinische Gesetzentwurf[195]), daß die rechtskräftig gewordene Eintragung aus dem Grunde nicht angefochten werden dürfe, weil die eingetragene Besitzung die zur Eintragung erforderlichen Eigenschaften seiner Zeit nicht besessen habe.

Auch durch das Eintreten eines nach der Eintragung eingetretenen Mangels, der, wenn er bereits zur Zeit der Eintragung vorhanden gewesen wäre, die Eintragung verhindert haben würde, geht die Eigenschaft eines Hofs nicht sofort verloren, so z. B. nach hannoverschem Recht wegen Mangels des Requisits der Behausung erst 2 Jahre, nachdem dieser Mangel eingetreten ist[196]).

Während die meisten Gesetze die Höferolle für öffentlich erklären, gestatten die für Westphalen, Brandenburg und Schlesien erlassenen Landgüterordnungen, sowie der für Schleswig-Holstein ausgearbeitete Gesetzentwurf die Einsichtnahme der Höferolle nur denjenigen Personen, die ein rechtliches Interesse an derselben haben. Die Einsichtnahme in die Rolle ist kostenfrei[197]).

Die Löschung eines Hofs aus der Höferolle erfolgt unter denselben Bedingungen wie die Eintragung. Mit der Löschung wird der Hof wieder dem allgemeinen Erbrechte unterworfen.

---

192) Hannov. Ges. v. 1874 § 5. Brem. Ges. 5. Lauenb. Ges. 5. Schl.-Holst. Ges.-Entw. 5. Oldenb. Ges. A. 4 § 1. Lübeck. Ges. A. 4 § 1. Westph. L.G.O. 2. Brandenb. L.G.O. 2. Schles. L.G.O. 2.

193) Hannov. Ges. v. 1874 § 7. Oldenb. Ges. A. 4 § 1, 2. Lübeck. Ges. A. 4 § 1, 2. Brem. Ges. 7. Lauenb. Ges. 6. Schlesw.-Holst. Ges.-Entw. 6. Westph. L.G.O. 6. Brandenb. L.G.O. 6. Schles. L.G.O. 6.

194) Hannov. Ges. v. 1874 § 9. Brem. Ges. 8. Lauenb. Ges. 8. Schlesw.-Holst. Ges.-Entw. 8. Westph. L.G.O. 7. Brandenb. L.G.O. 7.

195) Hannov. Ges. v. 1874 § 10. Brem. Ges. 9. Lauenb. Ges. 9. Westph. L.G.O. 4. Brandenb. L.G.O. 4. Schles. L.G.O. 4.

196) Hannov. Ges. v. 1874 § 21. Schlesw.-Holst. Ges.-Entw. 19. Oldenb. Ges. A. 3 § 1. Lübeck. Ges. A. 3 § 1.

197) Hannov. Ges. v. 1874 § 8, 22. Brem. Ges. 7. Lauenb. Ges. 7. Schlesw.-Holst. Ges.-Entw. 7. Westph. L.G.O. 9. Brandenb. L.G.O. 9. Schles. L.G.O. 9.

Auch kann das Anerbenrecht durch letztwillige Disposition für einen einzelnen Vererbungsfall ausgeschlossen werden, ohne daß deshalb das betreffende Gut aus der Höferolle gestrichen zu werden brauchte. Zu diesem Zweck soll nach dem für die Provinz Hannover erlassenen Gesetz[198]) eine entsprechende „in einem Testament oder in einer notariell oder gerichtlich beglaubigten oder eigenhändig geschriebenen und unterschriebenen Urkunde" enthaltene Erklärung genügen. Um die Ausschließung des Anerbenrechts für den einzelnen Fall nicht zu sehr zu erleichtern, wie es durch die obige Bestimmung jetzt in Wirklichkeit geschieht, war seiner Zeit, bei Gelegenheit der Berathung des für Hannover bestimmten Gesetzes, im preußischen Herrenhause beantragt worden, die durch die obige Bestimmung geschaffene formelle Erleichterung letztwilliger Verfügungen zu beseitigen. Mit Recht wurde bei dieser Gelegenheit gesagt, daß diese Bestimmung dem Hofeseigenthümer eine Befugniß ertheile, die sonst keinem anderen Bürger zustehe. Bei der großen Bedeutung einer solchen Disposition für das Wohl und Wehe der ganzen Familie, ja bei ihrer indirecten Wichtigkeit für die Vertheilung des ländlichen Grundeigenthums sollte der Hofeseigenthümer dieselbe nur mit dem vollen Bewußtsein ihrer Wichtigkeit, wohlüberlegt und frei von wechselnden Gemüthsstimmungen treffen und daher in dieser Beziehung mindestens dieselben Formen beobachten müssen, wie jeder andere Bürger, welcher über seinen Nachlaß letztwillig verfügen will. Aber auch abgesehen von dem eben geltend gemachten Gesichtspunkte kann die den unbeglaubigten Aufzeichnungen beigelegte Giltigkeit zu den bedenklichsten Streitigkeiten über die Echtheit solcher Schriftstücke und über das Vorhandensein der Dispositionsfähigkeit des Erblassers zur Zeit der Abfassung Veranlassung geben. Doch widersetzte sich der damalige Justizminister Dr. Leonhardt diesem Antrage, was sich aus seiner Auffassung des durch die Eintragung in die Höferolle begründeten Anerbenrechts, als eines Ausnahmerechts, dessen Außerkraftsetzung für den einzelnen Fall daher möglichst erleichtert werden müsse, erklärt. Mit Rücksicht auf diese Stellung der Staatsregierung und die im Abgeordnetenhause herrschende Stimmung verwarf dann das Herrenhaus den obigen Antrag.

Dem hannoverschen Beispiel folgt auch das für Lauenburg erlassene Gesetz, während der für Schleswig-Holstein ausgearbeitete Gesetzentwurf[200]) für den Ausschluß des Grunderbrechts wenigstens eine diesbezügliche Erklärung verlangt, welche abgegeben sein muß „in einem Testament oder in einer gerichtlich oder notariell beglaubigten oder in Gegenwart von zwei Zeugen geschriebenen und unterschriebenen Urkunde". Noch strenger ist das bremische Gesetz, indem es für eine das Grunderbrecht im einzelnen Fall ausschließende Erklärung verlangt, daß sie „in einem Testament oder in einer gerichtlich oder notariell beglaubigten Urkunde" abgegeben sei.

Wenn wir bisher von denjenigen einzelnen Vererbungsfällen handelten, in denen das Anerbenrecht in Folge ausdrücklicher Willensbestimmung des Hofeseigenthümers nicht zur Anwendung kommt, so bleiben jetzt noch die Fälle zu

---

198) Hannov. Ges. v. 1874 § 17. Verhandlungen des preußischen Herrenhauses: Sitzung vom 18. Mai 1874 (Stenogr. Bericht S. 375).

200) Lauenb. Ges. 16. Schlesw.-Holst. Ges.-Entw. 15, 18. Brem. Ges. 18.

erwähnen übrig, in denen die Anwendung des Anerbenrechts kraft Gesetzes cessirt, trotzdem der zur Erbmasse gehörige Hof in die Höferolle eingetragen ist.

Diese Fälle treten nach hannoverschem, lauenburgischem, bremischem, schleswig-holsteinischem, westphälischem, brandenburgischem und schlesischem Rechte ein[201]):

1) wenn der Erblasser bei seinem Tode nicht alleiniger Eigenthümer des Hofs oder Landguts war;

2) wenn der Hof oder das Landgut beim Tode des Erblassers in Folge von Veränderungen, welche nach der Eintragung des Landguts in die Rolle stattgefunden haben, nicht mehr eintragungsfähig gewesen wäre.

Es soll jedoch nach denjenigen neueren Gesetzen, welche zur Eintragung in die Höferolle einen mit einem Wohnhause versehenen Hof verlangen, der Mangel eines Wohnhauses zur Zeit des Todes des Erblassers nicht in Betracht kommen, wenn dieser Zustand alsdann noch nicht zwei Jahre gewährt hat.

Nach brandenburgischem und schlesischem Rechte kommt die Anwendung des Anerbenrechts auch in Wegfall, wenn 3) die Gebäude des Hofs oder Landguts zur Zeit des Todes des Erblassers mit einem den Grundsteuerreinertrag der Liegenschaften übersteigenden Nutzungswerth zur Gebäudesteuer angesetzt sind.

Für jede Eintragung und Löschung eines Hofs oder Landguts incl. der Mittheilung dieser Acte an den Eigenthümer wird eine Gebühr von 3 Mark erhoben[202]). Dagegen erfolgen alle von Amtswegen vorzunehmenden Zuschreibungen und Löschungen in der Höfe- bez. Landgüterrolle, sowie der Vermerk der Nummer, welche der Hof oder das Landgut in der Rolle erhält, auf dem Blatt oder Artikel des Grundbuchs kostenfrei. Auch sind die Anträge zur Höfe- oder Landgüterrolle allgemein und in Westphalen, Brandenburg und Schlesien auch die Erbtheilungen, welche auf Grund der Landgüterordnungen erfolgen, dem Stempel nicht unterworfen.

Um diese Eintragungen zu begünstigen, wird in einigen Gesetzen eine kurze Frist nach Inkrafttretung derselben bestimmt, während welcher die Eintragung unentgeltlich geschehen soll. Diese Frist lief in Hannover bis zum 1. Juli 1875, in Lauenburg bis zum 1. Juli 1881. Das oldenburgische Gesetz ordnet im Verwaltungswege geeignete Verfügungen an, um die Grundbesitzer auf das Inkrafttreten des Gesetzes besonders hinzuweisen und denselben zur etwaigen Abgabe ihrer Willenserklärungen Veranlassung zu geben.

Gegen die Verweigerung der Eintragung oder Löschung eines Hofs ist eine Beschwerde zulässig, welche in Bremen binnen 4 Wochen nach Eröffnung des abschlägigen Bescheides schriftlich beim Senat angebracht und gerechtfertigt werden muß[203]).

Während die rechtliche Natur des bäuerlichen Erbrechts in Schaumburg-Lippe und Braunschweig keinem Zweifel unterliegt, indem hier ein für bestimmte

---

201) Hannov. Ges. v. 1874 § 21. Lauenb. Ges. 20. Brem. Ges. 24. Schlesw.-Holst. Ges.-Entw. 19. Westph. L.G.O. 23. Brandenb. L.G.O. 18. Schles. L.G.O. 18.

202) Hannov. Ges. v. 1874 § 22, 25. Lauenb. Ges. 24. Schlesw.-Holst. Ges.-Entw. 20, 23. Brem. Ges. 25. Oldenb. Einf.-Ges. 12. Westph. L.G.O. 3, 19, 24. Brandenb. L.G.O. 3, 8, 19. Schles. L.G.O. 3, 19.

203) Brem. Ges. 7.

Kategorien des Grundeigenthums begründetes singuläres Intestaterbrecht vorliegt[204]), ist der juristische Charakter der Eintragung eines Guts in die Höferolle nicht ebenso unbestritten.

So ist mehrfach behauptet worden, dieselbe sei eine Art letztwilliger Verfügung. Zur Begründung dieser Auffassung stützte man sich auf die in den für Hannover und Bremen erlassenen Höfegesetzen[205]) enthaltene Bestimmung, wonach die Voraussetzungen der Fähigkeit zu letztwilligen Verfügungen (die sog. testamenti factio activa) auch für die persönliche Befugniß, die Eintragung eines Guts in die Höferolle zu beantragen, maßgebend sein sollen.

Indeß dürfte diese Ansicht nicht richtig sein. Denn hätte der Antrag auf Eintragung in die Höferolle wirklich die Bedeutung einer letztwilligen Verfügung, so müßten auch die entfernteren Nachfolger, für die demnach eine Art successio ex pacto et providentia majorum begründet wäre, Erben des Stifters sein, während sie doch nach den neueren Anerbenrechtsgesetzen unzweifelhaft Erben ihres unmittelbaren Vormannes sind[206]). Es hat vielmehr unserer Ansicht nach die Eintragung nur die Bedeutung, daß der Gesetzgeber diejenigen Güter, auf welche das Anerbenrecht Anwendung finden soll, nicht selbst bezeichnet, sondern es den jeweiligen Gutseigenthümern überläßt, durch Eintragung in die Höferolle diese Güter zu bezeichnen. Der die Eintragung Beantragende wählt damit zugleich für die Vererbung seines Grundstücks dasjenige von den beiden Intestaterbrechtssystemen, dessen Anwendung das Gesetz von einer solchen persönlichen Willenserklärung abhängig macht.

Die wesentliche Bedeutung des Systems der Höferolle besteht darin, daß es einen Ausweg schafft aus den Schwierigkeiten, welche für den Gesetzgeber entstehen, wenn er die Güter bezeichnen soll, für welche das Anerbenrecht zu gelten habe. Diese Schwierigkeiten bestehen aber lediglich dort, wo das Anerbenrecht nur für einen Theil des vorhandenen Grundeigenthums, also z. B. für das bäuerliche Grundeigenthum, das bereits früher nach Anerbenrecht vererbt wurde, oder überhaupt für das bäuerliche Grundeigenthum gelten soll. Da nun aber in den neueren Höfegesetzen und Landgüterordnungen der gesammte land- und forstwirthschaftlich benutzte Grund und Boden dem Anerbenrecht unterworfen werden kann, so hat hier das System der Höferolle seinen wesentlichsten Existenzgrund verloren.

Wenn man ferner für das System der Höferolle gegenüber dem des indirecten Intestaterbrechts angeführt hat, daß die Geschwister des Anerben die durch das Anerbenrecht gegebene Ungleichheit der Erbtheile sich leichter gefallen lassen werden, wenn diese Ungleichheit auf eine Anordnung ihrer Eltern und nicht auf das Gesetz zurückzuführen sei, so ist hierauf zunächst zu bemerken, daß dieser Unterschied doch nur dort besteht, wo der Vater der zurückgesetzten Kinder die Eintragung des Hofs oder Landguts in die Höfe- oder Landgüterrolle bewirkt hat, nicht aber auch dort, wo die Eintragung von einem weiter hinauf reichenden Vorfahren bewirkt ist und die späteren Besitzer diese

---

204) Schaumb.-Lipp. Ges. 52, 55, 60, 76. Braunschw. Ges. v. 1874 5.

205) Hannov. Ges. v. 1874 § 7. Brem. Ges. 7.

206) Oldenb. Ges. A. 2 § 1, A. 3 § 2 u. 3. Lübeck. Ges. A. 2 § 1, A. 3 § 2 u. 3. Brandenb. L.G.O. 10. Brem. Ges. 7, 8, 10.

Eintragung nur dadurch sanctionirt haben, daß sie keine Löschung vornehmen ließen. Denn in solchen Fällen wird die Vererbung des ländlichen Immobiliarbesitzes weniger als Ausfluß des väterlichen Willens, denn als Folge eines bestimmten vom Staate sanctionirten Rechtsinstituts erscheinen.

Sodann wird wohl überhaupt bestritten werden können, daß die ungleiche Vertheilung der Erbschaft unter die Kinder als weniger ungerecht empfunden werde, wenn sie auf die Autorität des Vaters, als wenn sie auf die durch den Staat sanctionirte Erbfolgeordnung zurückzuführen ist. Wir meinen im Gegentheil, daß die vom Staat aufgestellte Vertheilungsnorm, sofern nur der für das Verständniß derselben vorhandene Familiensinn in der Bevölkerung vorhanden ist, leichter als etwas Selbstverständliches hingenommen werden wird, dem sich der Einzelne zu fügen habe, als wenn der Vater eine Disposition trifft, die dem Intestaterbrecht, als dem präsumtiven Willen eines bonus pater familias, zuwiderläuft.

Auch ist es nicht consequent, daß der Gesetzgeber die Anwendung derjenigen Normen, deren Anwendung er im Interesse der Gesammtheit für wünschenswerth hält, von der Willensentschließung einer Privatperson abhängig macht. Trotzdem dieser Fehler als solcher bereits erkannt worden ist, als einzelne deutsche Staaten in den fünfziger Jahren den Bauernstand zu schützen suchten, indem sie die Anwendung des Instituts der Erbgüter in das Belieben des Einzelnen stellten, hat die neue Gesetzgebung denselben doch wieder begangen.

Ohne die Freiheit der Entschließung anzutasten, sollte der Gesetzgeber die betreffende Norm daher zur gesetzlichen Regel erheben und für den einzelnen Fall, in dem sie den Intentionen des Erblassers nicht entspricht, es demselben überlassen, sich und die Seinigen von dieser Norm dadurch zu eximiren, daß er letztwillig oder inter vivos eine andere Disposition über sein Vermögen trifft.

Ein solches Verfahren dürfte der Gesetzgeber nur dann nicht einschlagen, wenn er erwartet, daß die von ihm aufgestellte Norm in der Mehrzahl der Vererbungsfälle den Gesinnungen, Gefühlen und Absichten der Erblasser nicht entsprechen würde. Aber unter dieser Voraussetzung läßt sich auch der Erlaß von sog. facultativen Anerbenrechtsgesetzen, denen das System der Höferolle zu Grunde liegt, nicht rechtfertigen, es sei denn, daß der Gesetzgeber von vorn herein nicht auf eine ausgiebige Benutzung eines solchen Gesetzes rechnet. Thut er dies aber dennoch, — und die Erklärungen der Vertreter der Staatsregierung, sowie derjenigen Mitglieder der Volksvertretung, welche für das Zustandekommen der Höfegesetze und Landgüterordnungen besonders lebhaft eintraten, lassen hierüber keinen Zweifel aufkommen — so befindet er sich in einem Widerspruch mit sich selbst, wenn er für die von ihm gewollte Norm nicht die Präsumtion ihrer Geltung ausspricht, d. h. dieselbe nicht zum gesetzlichen Intestaterbrecht macht.

Wie wichtig aber diese Präsumtion ist, zeigt sich in den vielen Fällen, in denen eine bestimmte Vererbungsart den Ansichten und Wünschen des Erblassers vollständig entspricht und er doch nicht dazu kommt, diesen seinen Wunsch als Willenserklärung in rechtsverbindlicher Form auszusprechen.

Zwar ist dadurch, daß in den neueren Höfegesetzen und Landgüterordnungen die rechtsverbindliche Form, in der die auf die Anwendung des Anerbenrechts gerichtete Willenserklärung abgegeben sein muß, vereinfacht worden ist, diese Erklärung wesentlich erleichtert worden.

Aber trotzdem sichert die durch Eintragung eines Guts in die Höfe- oder Landgüterrolle gewährte Möglichkeit der Unterstellung desselben unter das Anerbenrecht noch keineswegs seine wirkliche Eintragung in allen denjenigen Fällen, wo der Eigenthümer sein Grundeigenthum in der Familie zu erhalten wünscht und auch bereit ist, dasselbe nach Anerbenrecht zu vererben. Denn es entschließt sich namentlich der Bauer bekanntlich nur schwer zu letztwilligen Verfügungen oder Willensacten, die denselben gleichkommen, wenn sie mit Reisen zum Richter oder Verwaltungsbeamten in die Stadt verbunden sind und Kosten verursachen.

Aber selbst wenn der Bauer diese Scheu überwinden wollte, so pflegt er die zu diesem Zweck nothwendige Reise doch erfahrungsmäßig von Monat zu Monat zu verschieben. Zu der natürlichen Lässigkeit kommen dann noch die kollidirenden Interessen der Ehefrau und der Geschwister des Anerben hinzu und bewirken leicht eine weitere Hinausschiebung des nothwendigen Acts, bis es vielleicht zu spät ist, so daß der Hof dann gegen die bessere Einsicht des Erblassers nach dem allgemeinen Recht vererbt wird.

Hiergegen scheinen nun zwar die mit der Höferolle in Hannover und Oldenburg gemachten Erfahrungen zu sprechen.

Was zunächst die Provinz Hannover[207]) betrifft, so ist zur Würdigung der weiter unten mitzutheilenden Zahlen vorauszuschicken, daß hier von 1874 bis 1880 nur diejenigen Höfe eingetragen werden durften, für die wahrscheinlich gemacht werden konnte, daß sie bereits vor Erlaß des Höfegesetzes von 1874 nach Anerbenrecht vererbt wurden. Da dieser Beweis bisweilen sehr schwer zu erbringen war, so hob die Novelle von 1880 diese Beschränkung auf. Aber auch nach 1880 waren landtagsfähige Rittergüter von der Eintragung ausgeschlossen und erst im J. 1884 ist auch diese letzte Schranke gefallen.

Bis zum Schlusse des Jahres 1879 waren in die Höferolle eingetragen worden etwa 60 000 Höfe, was — da man die Zahl der damals eintragungsfähigen Höfe auf ca. 100 000 schätzte — ca. 60 % der letzteren ausmachte.

Bis zum Schlusse des Jahres 1883 waren dann weitere 2100—2250 Höfe eingetragen. Zugleich waren während des Zeitraums von 1874 bis 1883 aber auch 241 Höfe gelöscht. Am Schluß des J. 1883 waren demnach, nach Abzug dieser gelöschten Höfe, noch 61 924 Höfe eingetragen. Wenn man diese Zahl auf den mittlerweile bedeutend vergrößerten Kreis der eintragungsfähigen Liegenschaften, deren Zahl übrigens nicht bekannt ist, beziehen wollte, so würde sich jetzt allerdings ein geringerer Procentsatz ergeben als im J. 1879.

Im Kreise Herzogthum Lauenburg, wo überhaupt 2743 eintragungsfähige Stellen vorhanden sind, waren vom 1. Juli 1881 bis zum 1. October 1882 auf Grund des Höfegesetzes vom 21. Februar 1881 367 Höfe = 11 % der vorhandenen Höfe in die Rolle eingetragen worden[208]).

In der Provinz Westphalen, wo die Landgüterordnung vom 30. April 1882 am 1. Juli 1882 in Kraft getreten ist, waren bis zum 1. Juli 1883 im Ganzen 213 Höfe eingetragen worden.

---

207) Reden des Landwirthschaftsministers Dr. Lucius im preußischen Herrenhause — in den Sitzungen vom 11. Januar 1883 (Stenogr. Bericht S. 26) und vom 15. December 1883 (Stenogr. Bericht S. 20).

208) Nach den amtlichen Ermittelungen des Oberlandesgerichts zu Kiel.

Für die Provinz Brandenburg, wo die Landgüterordnung vom 10. Juli 1883 am 1. October 1883 in Kraft getreten ist, liegen noch keine Uebersichten vor.

In der Provinz Schlesien tritt die Landgüterordnung erst am 1. Juli 1884 in Kraft.

Ueber den Erfolg, welchen endlich das für das Herzogthum Oldenburg erlassene Grunderbrechts-Gesetz vom 24. April 1873 zunächst bis zum 1. März 1874 gehabt hatte, liegt folgender Bericht vor[209]).

Von dem gesammten Privatgrundeigenthum waren 1874 behaust d. h. mit Wohn- und Wirthschaftsgebäuden versehen 32 618 Besitzungen mit einer Fläche von 365 691,4 Hektar und 7 893 223 Mark Reinertrag. Von dem gesammten Privateigenthum machten die behausten Besitzungen der Zahl nach 17,8%, hinsichtlich der Fläche 91,6% und hinsichtlich des Reinertrags 88,9% aus.

Von den behausten Grundbesitzungen waren bis zum 1. März 1874 dem Grunderbrecht unterstellt im Herzogthum 8781 Grunderbstellen mit einer Fläche von 156 844 Hektar und einem Reinertrage von 2 479 414 Mark.

Von den behausten Grundbesitzungen machten die Grunderbstellen d. h. diejenigen Besitzungen, die dem Grunderbrecht unterworfen waren, auf 100 reducirt, im J. 1874 aus:

| | |
|---|---|
| der Anzahl nach . . . . . . . . . | 27,23% |
| der Fläche nach . . . . . . . . . | 42,89% |
| dem Reinertrage nach . . . . . . | 33,63%. |

Es wurde demnach bis zum 1. März 1874 wenig mehr als ein Viertel der behausten Grundbesitzungen und weniger als die Hälfte der behausten Grundeigenthumsfläche zur Bildung von Grunderbstellen verwendet.

Nach den vom oldenburgischen statistischen Bureau angestellten Ermittelungen ergiebt sich ferner für diese Periode folgendes Resultat:

1) daß nirgends, wo früher ein gesetzliches Grunderbrecht bestand, der ganze behauste Grundbesitz neuerdings wieder in Grunderbstellen verwandelt wurde,

2) daß in den einzelnen Gemeinden eine sehr verschiedene Betheiligung bei der Errichtung von Grunderbstellen stattgehabt hat, daß diese Betheiligung aber um so größer war, je schärfer das ehemalige Grunderbrecht sich gestaltet hatte,

3) daß selbst dort, wo bislang kein gesetzliches Grunderbrecht existirte, solches nach Maßgabe der neueren Gesetzgebung — wenn auch bisher nur in geringem Umfange — eingeführt wurde, und

4) daß endlich der zu Erbstellen erklärte Grund und Boden dem übrigen Privatgrundbesitz gegenüber sich von geringerer Ertragsfähigkeit bekundet hat, woraus zu schließen ist, daß vorzugsweise die Eigenthümer von weniger ertragsfähigem Grundbesitze in der Gleichberechtigung aller Erben eine Gefahr für ihren Besitz erblickten und daher in dem durch das Gesetz facultativ belassenen bevorzugten Erbrechte ein Auskunftsmittel suchten, um dem zu vererbenden Grund

209) Das bevorzugte Erbrecht am Grundeigenthum im Herzogthum Oldenburg S. 12, 13 ff., 21, 22.

und Boden eine einträgliche Bewirthschaftung und die Erhaltung desselben in der Familie zu sichern.

Die oben mitgetheilten Daten sind durch eine neuere Publication des Vorstands des **oldenburgischen** statistischen Bureaus dahin ergänzt worden, daß bis zum J. 1880 8681 Besitzungen mit einer Gesammtfläche von 159185 Hektar und einem Reinertrag von 2547558 Mark als Grunderbstellen constituirt und protokollarisch eingetragen worden waren[210]).

Von dem behausten Grundeigenthum, welches allein zur Bildung von Grunderbstellen geeignet ist, machen diese 8681 Grunderbstellen aus:

| | |
|---|---|
| der Zahl nach . . . . . . . . . | 25,36% |
| der Gesammtfläche nach . . . . . . | 41,84% |
| dem Reinertrage nach . . . . . . . | 33,79%. |

Es hat sich somit seit dem J. 1874 die Zahl der Grunderbstellen genau um 100 vermindert, was etwas mehr als 1% ausmacht; dagegen hat sich das Flächenareal, welches dem Grunderbrecht unterworfen ist, um 2341 Hektar vergrößert. Diese Veränderung erklärt sich dadurch, daß einige größere Grunderbstellen neu errichtet, mehrere kleinere dagegen eingegangen sind.

Der Rückgang namentlich der kleineren Stellen ist nicht ohne Bedenken. „Hier wo am wenigsten eine günstige Vermögenslage zu vermuthen ist, wo die Besitzungen, namentlich auf dem wenig fruchttragenden Boden der Geest, nur unter schwerer entsagungsvoller Arbeit und äußerster Einschränkung die Familie zu ernähren vermögen, liegt am ehesten die Gefahr vor, daß eine gleichmäßige Erbtheilung, wenn sie nicht überall das Gut in fremde Hände bringt, die Nahrungsfähigkeit der Stelle für den Annehmer, der seine Miterben entschädigen soll, aufs Aeußerste in Frage stellt."

Im übrigen fanden die im J. 1874 aus dem damals vorhandenen Material gezogenen, von uns oben reproducirten Conclusionen ihre Bestätigung auch durch das neue Material. Angesichts der rechtzeitigen Sammlung und verständnißvollen Verarbeitung des auf die Wirksamkeit des Grunderbrechts bezüglichen Materials durch das Großh. oldenburgische statistische Bureau wollen wir hiermit den Wunsch aussprechen, daß die statistischen Bureaus auch der übrigen Länder, in denen das Erbrecht neuerdings einer Reform unterzogen worden ist, dem oldenburgischen Beispiele folgen mögen, da sich nur an dem Maßstabe exact ermittelter und gruppirter Zahlen die Tragweite der neueren Reformversuche feststellen lassen wird.

Wenn diese in Hannover, Lauenburg und Oldenburg mit dem System der Höferolle gemachten Erfahrungen auch nicht ungünstige sind, so zeigen sie doch zugleich, daß es dem System der Höferolle bisher selbst unter den günstigsten Verhältnissen nur gelungen ist, **einen Theil** des bäuerlichen Grundbesitzes der Vererbung nach Anerbenrecht zu unterwerfen, während in Braunschweig und Schaumburg-Lippe, wo das Anerbenrecht von Gesetzeswegen gilt, demselben

210) **P. Kollmann**, Die Reform des Erbrechts am Grund und Boden und ihre Wirkungen auf die Erhaltung des Bauernstandes im Herzogthum Oldenburg, in Schmollers Jahrbuch für Gesetzgebung, Verwaltung und Volkswirthschaft, Jahrg. 7 (1883 Heft 2) S. 208 ff.

der ganze Bauernstand, dem in Braunschweig 78,1 % des gesammten im Privateigenthum befindlichen Grund und Bodens gehört, unterworfen ist.

Und zwar erklärt sich diese Differenz zwischen der Zahl der dem indirecten Anerbenrechte einerseits und der dem directen Anerbenrechte andererseits unterworfenen Besitzungen, wie Oberbürgermeister Miquél[211]) richtig bemerkte, nicht etwa „aus inneren Gründen" d. h. aus einer Abneigung der bäuerlichen Besitzer gegen die Vererbung ihrer Höfe nach Anerbenrecht, sondern „durch die Liederlichkeit und Einsichtslosigkeit der Besitzer sowie durch zufällige Umstände, welche bewirken, daß die Güter zum Schaden der Familie nicht in die Höferolle eingetragen werden".

Endlich läßt sich kaum erwarten, daß die in Hannover, Lauenburg und Oldenburg mit der Höferolle erzielten relativen Erfolge auch in anderen Ländern zu erzielen sein werden: einmal weil das Anerbenrecht nicht überall so tiefe Wurzeln in der Gesinnung der Bevölkerung geschlagen hat, wie in diesen beiden Ländern, Wurzeln, die in Hannover außerdem durch die jahrelangen Agitationen für und gegen den Erlaß eines Höfegesetzes, an denen sich alle Classen der Bevölkerung betheiligten, noch mehr befestigt worden waren; und sodann weil nicht überall, wie in Hannover und Oldenburg, gleich nach Erlaß des Gesetzes die landwirthschaftlichen Vereine und die mit der Führung der Höferollen betrauten Beamten es sich angelegen lassen sein werden, die bäuerliche Bevölkerung über die Bedeutung des Anerbenrechts und der Höferolle aufzuklären und die Eintragung auf jede immer zulässige Weise zu fördern.

Die namentlich in den ersten Monaten nach dem Inkrafttreten der Landgüterordnung in Westphalen gemachten Erfahrungen, welche zeigten, daß die Amtsrichter, weit entfernt davon, die Eintragung zu fördern, dieselbe vielmehr mehrfach verhindert haben, lassen hinsichtlich der Wirkungen der neuen Landgüterordnungen wenig Gutes erwarten[212]).

Erkennt man an, daß das Anerbenrecht und seine möglichst allgemeine Anwendung im öffentlichen Interesse liegt, so wird man das System der Höferolle als ein sehr unvollkommenes Mittel, den Gedanken des Anerbenrechts zur Ausführung zu bringen, bezeichnen müssen.

Es wird daher der Staat — wo die oben von uns angegebenen Voraussetzungen für die Geltung des Anerbenrechts vorhanden sind — sich auf die Dauer nicht damit begnügen dürfen, die Durchführung des von ihm als richtig erkannten Gedankens seinen Bürgern möglichst zu erleichtern (System der Höferolle), sondern er wird das als nothwendig Erkannte selbst verwirklichen müssen, was er sehr wohl thun kann, ohne zugleich die Freiheit seiner Bürger, über ihr Grundeigenthum zu verfügen, einzuschränken.

## II.

Von solchen Erwägungen sind die für Schaumburg-Lippe und Braunschweig neuerdings erlassenen Gesetze und die von den Provinzial-

211) Verhandlungen der Generalversammlung des Vereins für Socialpolitik vom 9. October 1882, Leipzig 1882, S. 35.

212) Vgl. die über diesen Gegenstand geführten Verhandlungen des Centralcollegiums der verbündeten landwirthschaftlichen Vereine der Provinz Schlesien vom 10. und 11. März 1884. Stenogr. Bericht S. 20 ff.

landtagen der Provinzen Westphalen und Brandenburg beschlossen gewesenen Gesetzentwürfe ausgegangen, wenn sie das System der Höferolle verwarfen und entweder bestimmte Kategorien des Grundbesitzes oder den gesammten land= und forstwirthschaftlich benutzten Grundbesitz, mit Ausnahme nur der ganz kleinen Güter, von Gesetzeswegen dem Anerbenrecht unterwarfen[213]).

Die Unterwerfung nur eines Theils des Grundbesitzes in Schaumburg-Lippe und Braunschweig war hier ausnahmsweise praktisch durchführbar, weil sich in diesen Ländern die alten Grundbesitzkategorien (Bauern= und Rittergüter) noch deutlich erkennbar bis auf den heutigen Tag erhalten haben.

Nach dem für Schaumburg-Lippe erlassenen Gesetz[214]) werden sämmtliche Bauernhöfe des Landes mit ihren zum geschlossenen Hofesbestande zu rechnenden Zubehörungen von Gesetzeswegen, also ohne daß es einer diesbezüglichen Willenserklärung des Eigenthümers bedürfte, nach Anerbenrecht vererbt. Was den Umfang dieses geschlossenen Hofesbestands betrifft, so bestimmt sich derselbe nach dem bisherigen Rechte, und ist an diesem auch durch die Loslösung der Höfe aus dem gutsherrlichen Verbande nichts geändert worden. Die Geschlossenheit dieser Höfe, oder richtiger ihre rechtliche Gebundenheit ist so geregelt, daß dieselben ohne Genehmigung der Verwaltungsbehörde, des Amts, weder getheilt, noch zu einem rechtlichen Ganzen mit anderen Höfen vereinigt werden dürfen. Auch dürfen einzelne Theile von den Höfen nur unter denselben Voraussetzungen losgetrennt werden. Für die Vereinigung mehrerer Höfe lediglich zum Zwecke gemeinsamer Bewirthschaftung genügt indeß die Anmeldung beim Amt.

Ebenso wie das schaumburg-lippesche so unterwirft auch das braunschweigische Gesetz[215]) dem Anerbenrecht von Gesetzeswegen alle vorhandenen Bauerngüter und alle künftig entstehenden bebauten Wirthschaftsstellen auf dem Lande, die nicht wie z. B. Mühlen, Fabriken, Landhäuser wesentlich anderen, als landwirthschaftlichen Zwecken dienen und weder zu den Ritter= und Freisassengütern, noch zu den Stamm= und Pertinenzgütern gehören. Die Grundstücke und Berechtigungen, welche bei einem Bauerngut bewirthschaftet bezw. benutzt werden, gelten als dessen Zubehör und bilden mit Einschluß des bebauten Gehöfts den wirthschaftlichen Bestand des Bauernhofs. Unter den eben gedachten Grundstücken sind unter Anderem auch die von dem Bauerngehöfte neben dem eigentlichen Bauerngut bewirthschafteten sog. flüchtigen Stellen zu verstehen, deren es nach durchgeführter Separation übrigens nicht mehr viele giebt. Wenn ein Hofeseigenthumer daher in Zukunft verhindern will, daß ein Grundstück unter den Pertinenzverband und somit auch unter das Anerbenrecht falle, so wird er eine ausdrückliche letztwillige Verfügung dieses Inhalts treffen müssen. Im Uebrigen bleibt auch nach Abtrennung der Zubehörungen die

213) Daß auch einige ältere Gesetze, wie z. B. die für Schleswig und Holstein im vorigen Jahrhundert und die für die Bauerngüter des mecklenburg-schwerinschen Domaniums in diesem Jahrhundert erlassenen, das badische Edict vom 23. März 1808 u. s. w. die Anerbenrechtsfolge zum Intestaterbrecht gemacht haben, ist bereits oben auf S. 139, 140 ff., 156 ff. erwähnt worden.

214) Schaumb.-Lipp. Ges. 1—3, 16, 18, 19, 52 ff.

215) Braunschw. Ges. v. 1874 §§ 2, 3.

Eigenschaft eines Bauernguts für das übrig gebliebene Gehöft und den Restbestand des Guts bestehen.

Aehnlich dem hannoverschen, lauenburgischen, oldenburgischen Gesetz und dem schleswig-holsteinischen Gesetzes-Entwurf bezieht sich auch das braunschweigische Gesetz nicht nur auf eigentliche Bauernhöfe, sondern auch auf kleinere Anbauer- und Brinksitzeranwesen, deren es in Braunschweig nicht wenige giebt, so daß sie z. B. in einigen Gemeinden sogar zwei Drittel der bebauten Besitzungen ausmachen.

Dem Beispiel der lippeschen und braunschweigischen Gesetzgebung hatte sich auch der sog. Schorlemersche und ebenso der im J. 1880 von dem westphälischen Provinziallandtage beschlossene Gesetzentwurf einer Landgüterordnung für die Provinz Westphalen angeschlossen.

Nach diesen beiden für die Provinz Westphalen bestimmten Gesetzentwürfen sollen alle zum Betriebe der Landwirthschaft bestimmten Grundstücke, welche mit einem Reinertrag von mindestens 75 Mark beim Grundsteuerkataster angesetzt sind, kraft Gesetzes dem Anerbenrecht unterworfen sein.

Doch acceptirte die Staatsregierung diesen Vorschlag nicht, indem sie dem von ihr ausgearbeiteten und dem westphälischen Provinziallandtage sowie den beiden Häusern des preußischen Landtags vorgelegten Gesetzentwurfe das System der Höferolle, wie es zuerst in Hannover zur Anwendung gekommen ist, zu Grunde legte. Der westphälische Landtag vom J. 1881 und in demselben namentlich auch der ursprüngliche Antragsteller, Freiherr von Schorlemer-Alst, stimmte dem Gesetzentwurfe in diesem Punkte schließlich bei, so daß — wie wir bereits oben angeführt haben — nach der von beiden Häusern des preußischen Landtages für Westphalen und die rheinischen Kreise Rees, Essen, Duisburg und Mühlheim a. d. Ruhr angenommenen Landgüterordnung vom 30. April 1882 § 1 nur diejenigen Landgüter nach Anerbenrecht vererbt werden, welche von ihren Eigenthümern in die Landgüterrolle eingetragen worden sind.

Dem westphälischen Beispiele wiederum folgte der brandenburgische Provinziallandtag in seinem im J. 1881 beschlossenen Gesetzentwurfe, indem nach diesem Entwurfe das Anerbenrecht ohne vorhergegangene Eintragung der Güter in eine Höferolle Anwendung finden sollte auf jedes in der Provinz Brandenburg belegene, zum Betriebe der Land- und Forstwirthschaft bestimmte, mit einem Wohnhause versehene Landgut, welches mit einem Reinertrage von mindestens 75 Mark zur Grundsteuer veranlagt ist. Aber auch in diesem Falle wurde das System des directen Intestaterbrechts von der Staatsregierung gegen das ausdrückliche Votum des Herrenhauses sowie der Commission des Abgeordnetenhauses verworfen, so daß der in Geltung befindlichen Landgüterordnung für die Provinz Brandenburg vom 10. Juli 1883 gleichfalls das System der Höfe- oder Landgüterrolle zu Grunde gelegt ist.

Indeß hat das Schwergewicht der für das Anerbenrecht sprechenden Gründe in letzter Zeit seine Wirkung auszuüben nicht verfehlt.

Während es noch am Anfange der siebenziger Jahre außerordentlich schwer hielt, für das System der Höferolle einige Anhänger zu gewinnen, ist die Zahl der Anhänger des sog. facultativen Höferechts oder, wie wir lieber sagen, des Systems des indirecten Intestaterbrechts oder der Höferolle gegenwärtig keine geringe. Wir verweisen zunächst auf die beträchtlichen Majoritäten, welche sich in beiden Häusern des preußischen Landtags, sowie in den Landtagen der übrigen Staaten für die neueren Höfegesetze und Landgüterordnungen erklärt haben und nennen außerdem noch Namen wie die der Professoren W. Roscher, G. Schmoller, v. Inama-Sternegg, H. Schulze, G. Marchet und Kleinwächter, des Dr. C. Walcker, Geh. Rath H. Thiel, Staatsrath Geffcken, Rittergutsbesitzer Sombart u. A. m.

Ja, es neigen sich in der Gegenwart immer mehr Stimmen dem System des directen Intestaterbrechts zu.

Außer mir, der ich mich in meinem auf der Versammlung des Vereins für Socialpolitik in Frankfurt a. M. am 9. October 1882 vorgetragenen Referate unter bestimmten Voraussetzungen, die im Wesentlichen den oben auf S. 217 angeführten entsprechen, für das System des Anerbenrechts aussprach, erklärten sich auf derselben Versammlung auch der Oberbürgermeister Miquél und der Professor Degenkolb für die Nothwendigkeit einer Reform des Intestaterbrechts[216]).

Außerdem sind für das Anerbenrecht als directes Intestaterbrecht eingetreten: Professor Lorenz von Stein, Professor von Helferich, der verstorbene Ministerialrath C. Peyrer, Graf C. Chorinsky, Freiherr von Vogelsang, C. Preser, Dr. Peetz, G. Ratzinger, Dr. R. Meyer, Reg.-Rath Dr. Kollmann in Oldenburg, die Professoren Randa in Prag und Pilat in Lemberg, der Landschaftsdirector v. Wedell-Malchow, der Generalsecretär Freiherr von Canstein, der Amtshauptmann von Hammerstein-Loxten, der Freiherr von Cetto-Reichertshausen und viele Andere.

Unter diesen Voten wird ein besonderes Gewicht auf das Votum des Reg.-Raths Kollmann[217]) zu legen sein, der als Vorstand des großherzoglich oldenburgischen statistischen Bureaus die Resultate der neueren oldenburgischen Grunderbrechtsgesetzgebung genau verfolgt hat und der auf Grund der ihm vorliegenden zahlenmäßig erfaßten und gruppirten Thatsachen zu folgendem Resultate gelangt: „daß der neue in Oldenburg eingeschlagene Reformweg, die Anrufung eines besonderen agrarischen Erbrechts dem freien Ermessen der Betheiligten anheimzustellen, für die Erhaltung der bäuerlichen Besitzungen und damit eines gesunden Bauernstandes als verheißungsvoll angesehen werden kann. Nur wird es sich empfehlen, bei fernerer Anwendung des nämlichen Verfahrens darin anders als in Oldenburg vorzugehen, daß nicht die Einführung, sondern die Aufhebung des Anerbenrechts erst von der ausdrücklichen Erklärung der Betheiligten abhängig gemacht werde."

Das heißt aber nichts anderes, als daß an die Stelle des Systems der Höferolle oder des indirecten, nur durch individuelle Willensäußerung in Anwendung zu bringenden, das des directen, bereits in Folge gesetzlicher Anordnung wirksam werdenden Intestaterbrechts treten soll.

Bemerkenswerth ist ferner, daß in letzter Zeit nicht wenige Juristen sich zwar gegen das System der Höferolle, aber für eine Reform des geltenden Intestaterbrechts erklärt haben.

---

216) Verhandlungen der am 9. und 10. October 1882 in Frankfurt a. M. abgehaltenen Generalversammlung des Vereins für Socialpolitik, Leipzig 1882, S. 6 ff.

217) P. Kollmann in Schmollers Jahrbuch für Gesetzgebung, Verwaltung und Volkswirthschaft, Jahrg. 7 (1883, Heft 2) S. 228.

Bei den Juristen sind es namentlich die Schwierigkeiten der Construction des modernen Anerbenrechts nach dem System der Höferolle und speziell die Schwierigkeiten der Vereinigung desselben mit den gemein- und landrechtlichen Grundsätzen über das Verhältniß der Erben unter einander und zu den Erbschaftsgläubigern, welche sie zu Gegnern des Instituts der Höferolle machen. Den entschiedensten und zugleich beredtesten Ausdruck hat dieser Ansicht Professor Dernburg im Herrenhause bei Gelegenheit der Berathung sowohl der für Brandenburg als auch der für Schlesien bestimmten Landgüterordnung gegeben[218].

Indem Dernburg sich gegen die neueren das Institut der Höferolle sanctionirenden Höfegesetze und Landgüterordnungen erklärt, wünscht er zugleich den in den Provinziallandtagen zum Ausdruck gelangten Wünschen der ländlichen Bevölkerung entgegen zu kommen. Zu diesem Zweck weist er — ähnlich wie bereits vor ihm die Obergerichte einiger Provinzen gethan haben — auf zwei Mittel hin, die angeblich dem entsprechen, was den Kern der neueren Anerbenrechtsgesetze bildet. Das eine Mittel besteht in der Herabsetzung der Pflichttheilsportion in Bezug auf Landgüter, wodurch den Erblassern die Möglichkeit gegeben würde, in freierer Weise, als es ihnen bisher möglich war, die von ihnen für richtig gehaltenen Anordnungen zu treffen. Das andere von ihm vorgeschlagene Mittel ist: diejenigen Testamente, welche nur Bestimmungen über Höfe treffen, mit geringeren Kosten zu belegen, als andere Testamente. Also nicht die Ueberlassungsverträge, die in den vierziger Jahren von den beiden Ministern v. Savigny und Mühler in erster Linie als Mittel der Erhaltung des bäuerlichen Grundbesitzes ins Auge gefaßt worden waren, sondern die letztwilligen Verfügungen sollen nach Dernburg begünstigt werden.

Diese beiden Mittel ersetzen aber keineswegs — wie die Erfahrungen, die man in der Provinz Westphalen mit dem Gesetze vom 4. Juni 1856 gemacht hat, zeigen — ein den bestehenden Anschauungen und Sitten, sowie den socialwirthschaftlichen Bedürfnissen entsprechendes Intestaterbrecht.

Das fühlt denn auch Dernburg. Und so hält auch er den principiell richtigen Weg — einer Reform des Intestaterbrechts — „nicht für schlechthin ausgeschlossen unter der doppelten Voraussetzung, daß einerseits ein entschiedenes Bedürfniß für denselben vorliegt und andererseits, daß die Ueberzeugung der Bevölkerung einem solchen Wege nicht durchaus entgegentritt".

Endlich hat auch die preußische Staatsregierung selbst in letzter Zeit die Höferolle nicht mehr als die äußerste Grenze bezeichnet, bis zu der eine Reform des gemeinen oder preußischen Erbrechts gehen dürfe. Während nämlich noch der Justizminister Leonhardt das für Hannover bestimmte Höfegesetz vom 2. Juni 1874 lediglich in dem Sinne auffaßte, daß durch dasselbe der alte Rechtszustand dem gemeinen Rechte angenähert und dem bestehenden bäuerlichen Sonderrechte in dieser abgeschwächten Gestalt nur noch für eine Zeit lang die Anerkennung zu Theil werde, ging der Justizminister Dr. Friedberg bei Gelegenheit der Berathung des sog. v. Schorlemerschen Gesetz-

218) Verhandlungen des preußischen Herrenhauses vom 25. Febr. 1882 (Stenogr. Bericht S. 104 ff.) und vom 15. Dec. 1883 (Stenogr. Bericht S. 22).

entwurfs zu einer Landgüterordnung für die Provinz Westphalen bereits einen Schritt weiter, indem er dem Anerbenrechte mehr als einen provisorischen Charakter zuerkannte. Auch wurde dasselbe sowohl für Westphalen als für Brandenburg und Schlesien, und nachträglich auch für Hannover, weit über den Kreis seiner bisherigen Anwendung auf alle Bauerngüter, also auch auf diejenigen, die bisher nach dem gemeinen Recht oder dem preußischen Landrecht vererbt worden waren, ja auf allen zur land- und forstwirthschaftlichen Benutzung bestimmten Grundbesitz ausgedehnt.

Und obgleich die Staatsregierung bisher an dem System der Höferolle festgehalten hat und sich von diesem Standpunkte durch die mit großer Majorität gefaßten Beschlüsse des westphälischen und brandenburgischen Provinziallandtags, sowie bezüglich der brandenburgischen Landgüterordnung auch durch die Beschlüsse des Herrenhauses und der Commission des Abgeordnetenhauses — welche eine Reform des Intestaterbrechts für das land- und forstwirthschaftlich benutzte Grundeigenthum wünschten — nicht hat abbringen lassen, so dürfte die weitere Entfaltung und Erstarkung der öffentlichen Meinung im Sinne der von den beiden erwähnten Provinziallandtagen gefaßten Beschlüsse doch nicht ohne Einfluß auf die Stellung sein, welche die Staatsregierung in Zukunft zu dieser Frage einnehmen wird. Die von der preußischen Staatsregierung seit dem Anfang der siebenziger Jahre in ihrer Stellung zur Reform des Erbrechts durchgemachten Wandelungen lassen hoffen, daß sie auch in Zukunft ihre Entschlüsse lediglich von ihrer Einsicht abhängig machen wird. Und sollte diese nicht noch einer Erweiterung fähig sein?

Uns scheint die Staatsregierung durch ihre bisherige Stellung keineswegs für alle Zukunft gebunden zu sein. In diesem Sinn glauben wir auch die von dem Landwirthschaftsminister Dr. Lucius bei Gelegenheit der Berathung der für die Provinz Brandenburg bestimmten Landgüterordnung gesprochenen Worte auffassen zu sollen. Indem er, entgegen dem Beschlusse der Commission des Herrenhauses, die Wiederherstellung der auf dem Institut der Höferolle ruhenden Regierungsvorlage empfahl, fügte er hinzu: „Wir geben das, was wir zur Zeit geben können, und ich würde eine schwere Gefährdung des Zustandekommens des Gesetzes darin sehen, wenn die Commissionsbeschlüsse eine Annahme in diesem Hause finden sollten."

Und der Justizminister Dr. Friedberg äußerte ebenfalls bei Gelegenheit der Berathung über die brandenburgische Landgüterordnung im preußischen Herrenhause: „daß der Versuch mit einem Schlage in irgend einem Gebiete der Monarchie das Intestaterbrecht über den Haufen zu werfen, ohne Vorgang in der Gesetzgebung sein würde". Aber zugleich gestand er doch zu, und zwar entgegen den Voten der großen Mehrheit der von ihm befragten Justizbehörden: „daß es ein richtiger Weg der Gesetzgebung sei, das Erbrecht in Bezug auf den ländlichen Grundbesitz, den großen wie den kleinen, in andere Bahnen zu lenken, als er bisher gegangen ist" [219]).

---

219) Verhandlungen des preußischen Herrenhauses vom 11. Januar 1883 (Stenogr. Bericht S. 26), vom 12. Januar 1883 (Stenogr. Bericht S. 34).

## III.

Bisher haben wir ausschließlich von dem Principalgegenstande des Anerbenrechts — dem Hofe oder Landgut — gesprochen und dabei zwischen der indirecten Bestimmung desselben nach dem System der Höferolle und der directen nach dem System des Intestaterbrechts unterschieden. Indem wir uns jetzt dem Zubehör des Hofs oder Landguts zuwenden, brauchen wir an der obigen Unterscheidung nicht mehr festzuhalten.

Der Kreis derjenigen Gegenstände, welche als Zubehör der Grunderbstelle anzusehen sind, kann nun zunächst in jedem einzelnen Fall von dem Eigenthümer des Hofs oder Landguts selbst bei Eintragung desselben in die Höferolle oder mittels sonstiger unter Lebenden oder auf den Todesfall getroffener Dispositionen beliebig umgrenzt werden.

Soweit solches jedoch nicht geschehen ist, werden diejenigen Gegenstände zum Zubehör gerechnet, welchen das Gesetz im Allgemeinen diese Qualität beilegt.

Zum Zubehör der Grunderbstelle rechnen die für Schaumburg-Lippe, Hannover, Lauenburg, Bremen erlassenen Gesetze und der für Schleswig-Holstein[220]), sowie der für Westphalen (v. Schorlemer) ausgearbeitete Gesetzentwurf folgende Gegenstände: die Gebäude, Gerechtigkeiten, Anlagen, Holzungen und einzelne Bäume des Hofs oder Landgutes, sowie das zu demselben gehörige Inventar.

Unter dem Inventar, auch Hofwehr, Beschlag genannt, verstehen die eben angeführten Gesetze und Gesetzentwürfe das zur Bewirthschaftung vorhandene Vieh, Acker-, Haus- und Küchengeräthe, den vorhandenen Dünger und die für die Bewirthschaftung bis zur Ernte dienenden Vorräthe an Früchten und sonstigen Naturalien. Zu dem unter das Inventar fallenden Hausgeräthe werden von den obigen Gesetzen und Gesetzentwürfen (mit Ausnahme nur des bremischen Gesetzes) auch das Leinenzeug und die Betten, soweit sie zur Fortführung der Wirthschaft erforderlich sind, gerechnet.

Dem Zubehör, mit Ausnahme nur des Inventars und im beschränkten Sinne auch der Gebäude, wird von den obigen Gesetzen die Bedeutung beigelegt, daß es nicht besonders zu schätzen ist, sondern bereits in der Schätzung des Hofs oder Landguts mit enthalten ist und für die Annahmetaxe mit dem Hof oder Landgut zugleich auf den Anerben übergeht.

Hinsichtlich der Gutsgebäude gilt dies nach schaumburg-lippeschem, hannoverschem, lauenburgischem und schleswig-holsteinischem Rechte[221]) jedoch nur insofern, als dieselben zur Wohnung des Anerben und zur Bewirthschaftung des Hofs oder Landguts erforderlich sind. Dagegen sollen alle Gebäude, die nicht allein den beiden obigen Zwecken dienen, nach dem Werthe des Nutzens, welcher durch Vermiethung oder sonst aus ihnen gezogen werden kann, veranschlagt und besonders vergütet werden. Das gilt insbesondere von

220) Schaumb.-Lipp. Ges. 24. Hannov. Ges. v. 1874 § 12. Brem. Ges. 11. Lauenb. Ges. 11. Schlesw.-Holst. Ges.-Entw. 10. Westph. Ges.-Entw. 8.

221) Schaumb.-Lipp. Ges. 27. Hannov. Ges. v. 1874 § 15. Lauenb. Ges. 14. Schlesw.-Holst. Ges.-Entw. 13.

Nebenwohnungen, desgleichen von zu besonderen Gewerbebetrieben bestimmten Gebäuden und Anlagen.

Nach bremischem Recht[222]) werden nur die zur Bewirthschaftung erforderlichen Gebäude nicht besonders geschätzt. Dagegen sind die zur Wohnung des Anerben und sonstigen persönlichen Benutzung dienenden Gebäude nach ihrem Versicherungswerth, die theils zur Wohnung, theils zur Bewirthschaftung dienenden Gebäude nach der Hälfte ihres Versicherungswerths und die sonstigen Gebäude und Anlagen nach dem Werthe des Nutzens, welcher durch Vermiethung oder auf andere Weise daraus gezogen werden kann, zu veranschlagen.

Das Inventar ist nach seinem Verkehrswerthe zu taxiren und mit dem Hofe von dem Anerben zu übernehmen[223]).

Die neuesten für die Provinzen Westphalen und Brandenburg[223a]) bestimmten preußischen Landgüterordnungen nehmen einen von den älteren Höfegesetzen etwas abweichenden Standpunkt ein, indem sie zu den Zubehörungen des Landguts, die nicht besonders abzuschätzen sind, sondern für die Taxe mit dem Landgut auf die Anerben übergehen, rechnen: die Gebäude, die zur Wohnung des Eigenthümers, seiner Familie, seiner Dienstleute und Arbeiter bestimmt oder zur Bewirthschaftung erforderlich sind, ferner Bäume und Holzungen, mit Ausnahme jedoch des überständigen Holzes, sowie das Gutsinventar und alle sonstigen beweglichen Pertinenzstücke (Allgem. L.R. I 2 §§ 48 ff., 75 ff.).

Der den preußischen Landgüterordnungen eigenen Behandlung des Zubehörs bezw. Inventars verwandt ist die Auffassung der braunschweigischen Gesetzgebung, indem diese zum Zubehör eines bebauten Bauernhofs ausdrücklich nur diejenigen Grundstücke und Berechtigungen rechnet, welche von der Hofstelle aus regelmäßig bewirthschaftet werden. Diesen Zubehör unterwirft sie dann mit dem bebauten Bauerngut, sowie dem nöthigen Haus- und Hofesinventar, dem Anerbenrecht. Zum Inventar rechnet sie sowohl das lebende wie das todte Inventar, einschließlich des Düngers und der vorhandenen, für die Fortführung der Hofeswirthschaft bis zur nächsten Ernte erforderlichen Frucht-, Futter- und sonstigen Vorräthe. Die Werthermittelung vor der Uebergabe des Bauernguts an den Anerben erfolgt gemeinsam für das Gut selbst, den Zubehör und das Inventar.

Die für das Herzogthum Oldenburg und das Fürstenthum Lübeck erlassenen Gesetze[224]) endlich nehmen bezüglich des Inventars eine von den übrigen Gesetzen abweichende Stellung ein. Zu dem Inventar, hier Beschlag genannt, rechnen sie das Vieh, Geschirr, Acker-, Haus- und Küchengeräth, das Leinenzeug und die Betten, soweit alle diese Gegenstände zur Bewirthschaftung der Stelle erforderlich sind, sowie die auf der Stelle vorhandenen Früchte, einschließlich des Heus, Strohs und vorhandenen Düngers. Den Beschlag rechnen diese Gesetze aber nicht zum Zubehör und lassen denselben consequenterweise nicht eo ipso mit der Grunderbstelle auf den Grunderben

222) Brem. Ges. 14.
223) Hannov. Ges. v. 1874 § 15. Lauenb. Ges. 14. Schlesw.-Holst. Ges.-Entw. 13.
223a) Westph. L.G.O. 17. Brandenb. L.G.O. 13.
224) Oldenb. Ges. A. 8 § 4. Lübeck. Ges. A. 7 § 4.

übergehen, sondern räumen diesem in den Aemtern Varel, Westerstede, Oldenburg, Delmenhorst, Wildeshausen, Vechta, Damme, Cloppenburg, Loningen, Friesoythe und den Stadtgemeinden Oldenburg und Varel nur das Recht ein, den Beschlag der Grunderbstelle mit dieser zugleich gegen den abzuschätzenden vollen Werth zu beanspruchen. In den übrigen Aemtern steht ihm nicht einmal dieses Recht zu.

Es stellt sich diese Bestimmung als das Resultat eines zwischen den Vertretern zweier entgegengesetzten Ansichten, die sich im Justizausschuß aufs Lebhafteste bekämpften, abgeschlossenen Compromisses dar. Von den Vertretern dieser beiden Ansichten wollten die einen das seiner Pertinenzqualität vollständig zu entkleidende Inventar durch das vorliegende Gesetz überhaupt gar nicht berücksichtigt sehen, während die anderen dasselbe ähnlich wie von den anderen neueren Gesetzgebungen behandelt zu sehen wünschten.

Für die erstere Ansicht wurde geltend gemacht,

1) daß von einem Beschlag überhaupt nur bei landwirthschaftlichen Besitzungen die Rede sein könne, während das vorliegende Gesetz sich nicht nur auf landwirthschaftliche, sondern überhaupt auf behauste Besitzungen beziehe.

2) Zudem bedürfe es selbst für die landwirthschaftlichen Stellen einiger Gegenden, wie z. B. der Marschen, nicht immer eines eigenen Inventars, wie es denn in diesen Gegenden nicht zu den Ausnahmen gehört, daß bei Minderjährigkeit des Erben die Stelle verpachtet und das Inventar vergantet wird. Diesem factischen Zustande entsprechend habe nach dem älteren Butjadinger Landrecht das Inventar denn auch nicht als Pertinenz der Grunderbstelle gegolten.

3) Ferner pflege in Gegenden, wie den eben erwähnten, in denen die Viehzucht und der Viehhandel überwiegen, der Viehbestand der Stellen sehr veränderlich zu sein, so daß es an einem festen Anhalt dafür fehle, was in dieser Beziehung als Inventar einer Stelle erforderlich sei.

4) Endlich werde auch die Handhabung des Begriffs „häusliches Inventar" um so schwieriger, je mehr unter den wohlhabenden Bauern die Neigung, sich in städtischer Weise einzurichten, zunehme.

Dagegen wurde von der anderen Seite hervorgehoben,

1) daß wenn der Beschlag nach dem Butjadinger Landrechte bisher auch nicht als Pertinenz der Grunderbstelle angesehen worden sei, er diese Rechtsnatur doch nach dem Recht der Brautschatzordnungen habe.

2) Auch für die Zukunft wurde es mit Rücksicht auf die landwirthschaftlichen Verhältnisse namentlich der Geestdistricte als wünschenswerth hingestellt, daß der Beschlag mit der Grunderbstelle auf den Anerben übergehe.

Hier standen sich demnach, wie in einem anderen, weiter unten zu behandelnden Punkte, einerseits die Vertreter der Interessen der Geest, andererseits die der Marsch gegenüber, und es gereicht den oldenburgischen Gesetzgebungsorganen zur Ehre, daß sie den sonst so sehr beliebten Weg der Vergewaltigung des schwächeren Theils durch Generalisirung derjenigen Bestimmung, die den Interessen des stärkeren Theils entspricht, nicht ebenfalls betreten haben.

### F. Rechtliche Stellung des Eigenthümers eines nach Anerbenrecht sich vererbenden Hofs oder Landguts.

Die Dispositionsfreiheit des Eigenthümers einer dem Anerbenrecht unterliegenden Stelle ist keinerlei anderen Beschränkungen unterworfen, als denjenigen, die überhaupt für die Grundeigenthümer des betreffenden Landes gelten. Und zwar sind die Beschränkungen, welche hinsichtlich der Befugniß der Eigenthümer über ihre Landgüter oder Theile derselben unter Lebenden oder von Todeswegen zu verfügen früher bestanden, durch einige neuere Höfegesetze ausdrücklich aufgehoben worden[225]).

Eine Ausnahme von dieser Regel besteht nur in Lippe-Schaumburg, indem hier die nach Anerbenrecht vererbten Güter zugleich geschlossen oder vielmehr rechtlich gebunden sind.

Es ist der Anerbe demnach mit der eben angeführten Ausnahme Eigenthümer des dem Anerbenrechte unterworfenen Hofs oder Landguts im vollen Sinn des Worts und kann dasselbe in jeder zulässigen Weise benutzen, sowie unter Lebenden und auf den Todesfall über das Gut und seine einzelnen Theile frei verfügen.

Von den dem allgemeinen Erbrechte unterstehenden Gütern unterscheiden sich die dem Anerbenrechte unterworfenen Höfe und Landgüter nur dadurch, daß sie ab intestato — direct kraft Gesetzes oder indirect in Folge Eintragung in die Hof- oder Landgüterrolle — nicht nach der Erbfolgeordnung des allgemein in dem betreffenden Lande herrschenden Rechts, sondern nach einer singulären Erbfolgeordnung vererbt werden. Diese hat jedoch keinen absoluten, zwingenden Charakter, sondern darf durch Dispositionen des Eigenthümers, mittels welcher unter Anderem der Hof oder das Landgut auch dem allgemeinen Erbrechte unterworfen werden kann, beliebig abgeändert werden.

Obgleich das bestehende Pflichttheilsrecht zwar principiell unberührt bleibt, so wird doch thatsächlich eine Modification desselben durch die Art der Taxation des Hofs oder Landguts für die Miterben des Anerben herbeigeführt. Indem bei Ermittelung der Pflichttheile der Miterben von einer niedrigen Taxe auszugehen und das Voraus des Anerben nicht zu berücksichtigen ist, kann thatsächlich eine bedeutende Herabminderung der Pflichttheile und somit eine Vergrößerung desjenigen Bruchtheils, über den der nach dem Anerbenrecht lebende Erblasser frei disponiren kann, herbeigeführt werden. Dadurch ist aber die Befugniß des Erblassers, letztwillig über seinen Hof oder sein Landgut zu verfügen, thatsächlich erweitert worden.

Das Nähere hierüber wird in dem Abschnitte über die letztwilligen Verfügungen mitzutheilen sein.

### G. Erbfolgeordnung.

Die neueren von uns unter den Quellen angeführten Gesetze haben für die Erbfolge in die Höfe und Landgüter allgemein die Individualsuccession eingeführt, so daß nur eine von mehreren der nach allgemeinem Recht zur Intestat-

---

225) Hannov. Ges. v. 1874 §§ 17, 19, 20. Brem. Ges. 1, 18, 21. Lauenb. Ges. 1.

erbfolge berufenen Personen das ungetheilte Eigenthum an dem Hofe oder Landgute nebst Zubehör erhält.

Dies ist der Anerbe oder Grunderbe.

Aber während er nach dem älteren Anerbenrecht alleiniger Erbe des früheren Hofeseigenthümers war, ist er nach der neueren Gesetzgebung nur einer der Erben und hat sich den Hof nach einer vom Gesetz bestimmten niedrigen Taxe auf seinen Erbantheil anrechnen zu lassen.

a. Bestimmung der Person des Anerben.

Die Bestimmung der Person des Anerben kann auf sehr verschiedene Weise erfolgen:

1) durch Ernennung Seitens des jeweiligen Eigenthümers des Hofs oder Landguts,

2) durch Wahl der sämmtlichen Erben resp. eines Familienraths,

3) durch das Loos, oder endlich

4) durch gesetzliche Berufung innerhalb einer bestimmten Reihenfolge[226]).

Früher war gewöhnlich die Ernennung des Anerben durch den Gutsherrn üblich.

Der Uebergang des Hofs oder Landguts auf den überlebenden Ehegatten vermag die Entscheidung der Frage nach dem Rechtsnachfolger in der Regel nur hinauszuschieben. Vgl. hierüber den besonderen Abschnitt über das Recht des überlebenden Ehegatten.

Für die Ernennung des Anerben durch den Vater resp. die Eltern spricht der Umstand, daß es aus mehr als einem Grunde wünschenswerth ist, die Eltern in dem Besitz des Rechts zu erhalten bezw. zu setzen, dasjenige unter ihren Kindern, das seinen Kindespflichten am besten nachkommt und für die Bewirthschaftung des Familienguts am besten qualificirt ist, zum Anerben designiren oder doch wenigstens ein unwürdiges oder untaugliches Kind von der für die ganze Familie bedeutungsvollen Nachfolge in den Hof ausschließen zu können.

Doch werden auch nicht unerhebliche Gründe gegen die Ernennung des Anerben durch die Eltern geltend gemacht:

1) So beruht die Tüchtigkeit zur Annahme des Hofs oder Landguts namentlich beim Bauernstand wesentlich auf Körperkraft und gesundem haushälterischen Sinn. Auch pflegen sich die Regeln der landwirthschaftlichen Technik in bäuerlichen Kreisen nach wie vor zum größten Theil durch das Beispiel und die Sitte fortzupflanzen. Es ist demnach die Tauglichkeit zum Besitzantritt des Hofs oder Landguts hier viel gleichmäßiger über alle Kinder verbreitet, als in den anderen Ständen, in denen die Individualität der Kinder schon an sich stärker ausgeprägt ist und durch Erziehung und Ausbildung dann noch weiter entwickelt wird.

2) Sofern die Ernennung des Anerben nicht bereits zur Zeit der frühesten Jugend der Kinder vorgenommen wird, zu welcher Zeit aber die künftige Qualification sich noch gar nicht übersehen läßt, werden sämmtliche Kinder das Gewerbe des Vaters ergreifen, in der Hoffnung dereinst in den Besitz des väter-

226) Dr. C. H. Meyer, Vorzüge der Minoratserbfolge, Kassel 1853, S. 29, 30, 35.

lichen Hofs zu gelangen, wodurch wieder leicht eine Uebersetzung des landwirthschaftlichen Gewerbes eintreten kann.

3) Ferner kann die Concurrenz unter den Geschwistern leicht auf ihren Charakter und ihre Eintracht unter einander sowie überhaupt auf das Familienleben verderblich einwirken.

4) Endlich wird nach den bisher gemachten Erfahrungen von den Eltern nicht immer, ja vielleicht nicht einmal meist das zum Besitzantritt tauglichste oder das ihnen am liebevollsten begegnende Kind zum Anerben designirt, sondern häufig dasjenige, welches die Schwächen der Eltern am besten zu benutzen versteht.

Freilich hat auch die Bestimmung der Anerben durch das Gesetz ihre Nachtheile, die sich namentlich in Beziehung auf die persönliche Ausbildung des Anerben zeigen. Es sind dies Nachtheile, ähnlich denjenigen, die wir oben bei Analysirung des Familienfideicommisses bereits hervorgehoben haben.

Indeß ist die Aussicht des gesetzlich bestimmten Anerben auf den Besitz des Hofs nach neuerem Rechte doch keine so unbedingt sichere, wie die des Fideicommißnachfolgers auf den Besitz des Fideicommißguts. Auch werden diese Nachtheile im Bauernstande, wo der Einzelne, somit auch der Anerbe, noch immer unter der Herrschaft der Sitte steht, weniger stark zu Tage treten, als in den anderen Ständen.

Außerdem steht diesen Nachtheilen doch auch wieder eine Reihe von Vortheilen gegenüber.

1) Denn weiß eins der Kinder von Jugend auf, daß es Anerbe ist, so gewinnt es von früh auf ein Interesse für das väterliche Gut und eine genaue Kenntniß seiner Verhältnisse, die ihm einstmalen bei der Bewirthschaftung des Guts zu Statten kommen werden. Gehört doch, wie wir in der ersten Abtheilung dieser Arbeit zu zeigen suchten die volle Hingabe des Bauern an seine Wirthschaft und die genaue Kenntniß ihrer Eigenart zu den Hauptvorzügen der bäuerlichen Wirthschaft.

2) Ferner bleibt der gesetzlich designirte Anerbe gewöhnlich auf dem Hofe oder kehrt doch wenigstens, wenn die Eltern alt und arbeitsunfähig werden, auf denselben zurück und heirathet in jedem Fall nicht früh. Dadurch wird aber das langsame Tempo der Bevölkerungsvermehrung bewahrt, das eine der Voraussetzungen des Wohlstands in Gegenden mit vorwiegendem bäuerlichen Besitze bildet.

Indeß sprechen alle diese Gründe doch nur dafür, daß das Gesetz der Regel nach den Anerben berufen soll, nicht aber auch dafür, daß diese Regel von dem Erblasser nicht in dringenden Ausnahmefällen durchbrochen werden darf. Es muß vielmehr dem Hof- und Landgutsbesitzer die Möglichkeit gegeben sein, den vom Gesetz Berufenen von der Nachfolge in die Stelle auszuschließen:

1) wenn derselbe ein Müßiggänger oder Taugenichts ist, oder wenn von ihm aus anderen Gründen zu erwarten steht, daß er das Familiengut aus der Familie bringen wird,

2) wenn er keine Neigung zum Betriebe der Landwirthschaft zeigt und ein gelehrtes Fach, ein Gewerbe u. dgl. ergreifen will oder bereits ergriffen hat,

3) wenn er sich bereits auf einen anderen Hof verheirathet hat.

Die Berechtigung der Eltern den gesetzlich zum Anerben Berufenen in solchen Ausnahmefällen von der Nachfolge in den Hof auszuschließen, ist zur Erreichung des Zwecks des Anerbenrechts sowie für die Aufrechterhaltung der väterlichen Autorität um so nothwendiger, je häufiger heutigen Tags über die Unbotmäßigkeit der Anerben ihren Eltern gegenüber geklagt wird.

Zu wünschen wäre dabei allerdings, daß von dieser dem Eigenthümer des Hofs eingeräumten Befugniß nur in den seltensten Fällen und zwar nur dann Gebrauch gemacht werde, wenn der durch das Gesetz bestimmte Anerbe das Gut voraussichtlich nicht selbst bewirthschaften wird, oder wenn durch den Eintritt des durch das Gesetz berufenen Nachfolgers in den Besitz des Hofs oder Landguts ein wirklicher Nothstand entstehen würde, so daß demnach die Vererbung der Höfe und Landgüter nach der im Gesetz festgestellten Erbfolgeordnung die Regel und die Vererbung nach der vom Vater oder von den Eltern zu treffenden Wahl die Ausnahme zu bilden hätte.

In diesem Sinn behalten denn auch alle neueren Gesetze[227]) dem Grundeigenthümer die Wahl seines Nachfolgers vor. Erfolgt dieselbe nicht, so wird der durch das Gesetz Berufene Anerbe.

Was die von den neueren Gesetzen für die Vererbung des Hofs oder Landguts festgestellte Successionsordnung betrifft, so kann diese Vererbung entweder auf die Descendenten des jeweiligen Eigenthümers beschränkt oder auch auf die Ascendenten und Geschwister desselben resp. auf weitere Verwandte ausgedehnt werden.

Für die Beschränkung des Anerbenrechts auf die Descendenten des jeweiligen Eigenthümers, so daß also bei fehlenden Descendenten der Hof oder das Landgut in der Seitenlinie nach allgemeinem Recht vererbt wird, werden folgende Gründe angeführt:

1) Da sich der Uebergang der in einem Lande vorhandenen Vermögen in Anlaß von Todesfällen wesentlich durch die Vererbung derselben in absteigender Linie vollzieht, so ist für die Vertheilung des Vermögens in einem Volke hauptsächlich die Vererbung desselben von den Eltern auf die Kinder von Wichtigkeit[228]).

227) Hannov. Ges. v. 1874 § 17. Brem. Ges. 18. Lauenb. Ges. 16. Schlesw.-Holst. Ges.-Entw. 15. Westph. Ges.-Entw. 20. Oldenb. Ges. A. 2 § 1. Lübeck. Ges. A. 2 § 1.

228) Als Beleg hierfür können folgende aus der Statistique de la France von M. Block I S. 434 stammende Zahlen dienen, die wir, weil dieses Werk uns nicht zugänglich war, einer Notiz von H. v. Scheel in Hildebrands Jahrbüchern Bd. XXIII (1874) S. 359—360 entnommen haben. Es betrugen in Frankreich im J. 1868:

| | en ligne directe | entre époux | en ligne collatérale | entre personnes non parentes |
|---|---|---|---|---|
| | fr. | fr. | fr. | fr. |
| les mutations par décès (meubles et immeubles) | 2 507 601 858 | 359 325 360 | 640 887 901 | 118 541 969 |
| les transmissions entre vifs à titre gratuit (meubles et immeubles) | 877 521 706 | 2 869 674 | 32 852 004 | 16 927 610 |

Was dagegen in Fällen der Vererbung des Vermögens von Brüdern auf Brüder, von Kindern auf Eltern oder gar in entfernteren Graden der Seitenlinie geschieht, ist nur wichtig für die im einzelnen Fall Betheiligten selbst.

2) Ferner entspricht es in der Regel dem präsumtiven Willen des Erblassers, seinen Hof oder sein Landgut nach Anerbenrecht nur auf seine Descendenten zu übertragen.

3) Auch erscheint das Voraus nur für diese gerechtfertigt, weil sie in der Regel kein anderes Vermögen besitzen, als was ihnen aus dem elterlichen Nachlaß zufällt, während die übrigen Verwandten sich beim Eintritt des Erbfalls gewöhnlich bereits in einer selbständigen Lebensstellung befinden.

4) Für den Fall übrigens, daß ein kinderloser Erblasser ausnahmsweise den Wunsch haben sollte, seine Stelle einem einzigen seiner Intestaterben zuzuwenden, kann er dies durch letztwillige Verfügung erreichen. Das Gesetz aber braucht einen solchen Wunsch aus den oben angeführten Gründen nicht zu präsumiren.

5) Ferner ist es für den Gesetzgeber schwierig unter den verschiedenen Persönlichkeiten der zweiten und dritten Classe der Intestaterbberechtigten eine zweckmäßige Auswahl zu treffen, und

6) endlich bestand vielfach auch nach dem älteren Anerbenrecht keine Ausdehnung desselben auf die Seitenlinie.

Dagegen war für die Ausdehnung des Anerbenrechts über die Descendenten hinaus, wo sie erfolgt ist, maßgebend:

1) der Wunsch, daß die Höfe möglichst ungetheilt in der Familie verbleiben, wozu die Vererbung derselben in ungetheilter Weise auch an die entfernteren Verwandten an ihrem — wenn auch bescheidenen — Theil ebenfalls beiträgt,

2) ferner die Erwägung, daß die Bevorzugung eines unter mehreren entfernteren Verwandten des Erblassers sich noch leichter rechtfertigen läßt, als die Ungleichheit in der Vertheilung der Erbschaft unter mehrere Kinder, und

3) endlich die Rücksicht auf das öffentliche Interesse an der Vertheilung des Grundeigenthums eines Landes, das, wenn es die Ausschließung des allgemeinen Erbrechts vom Grundeigenthum überhaupt verlangt, zugleich verlangen muß, daß diese Ausschließung in möglichst vollständiger Weise erfolge.

Geleitet von diesen Motiven haben das oldenburgische für die Grunderbstellen und das braunschweigische für die Pertinenzgüter bestimmte Gesetz, desgleichen auch die Landgüterordnungen für Westphalen und Schlesien das Anerbenrecht über den engen Kreis der Descendenten ausgedehnt[229]. Das oldenburgische Gesetz beruft in der ersten Classe die Abkömmlinge des Eigenthümers; in der zweiten, soweit derselbe ohne Hinterlassung eines Ehegatten gestorben ist, die vollbürtigen Geschwister und deren Descendenten; und in der dritten die Ascendenten und halbbürtigen Geschwister sowie deren Descendenten. Nach dem braunschweigischen für die Pertinenzgüter bestehenden Erbrechte folgen auf die Descendenten die Ehegatten, auf diese die Ascendenten bezw. Geschwister und Geschwisterkinder. Unter den Ascendenten

229) Oldenb. Ges. 1874 A. 2 § 1, A. 7 § 3. Lübeck. Ges. A. 2 § 1, A. 6 § 3. Braunschw. Ges. v. 1858 §§ 4—14. Schles. L.G.O. 10. Westph. L.G.O. 15, 23.

gebührt wieder dem Vater und väterlichen Großvater, sowie weiter hinauf dessen Vater u. s. w. der Vorzug. Diese gehen auch den vollbürtigen Schwestern und deren Kindern vor, wogegen in allen anderen Fällen vollbürtige Geschwister und deren Kinder vor den Ascendenten als Anerben berufen werden. Ist indeß das Gut von der Mutter oder deren Ascendenten durch Erbfall oder unter nicht onerosem Titel an den Erblasser gekommen, so haben die Mutter und mütterlichen Ascendenten vor dem Vater und den väterlichen Ascendenten den Vorzug, und in der mütterlichen Ascendenz entscheidet bei gleicher Geburtsnähe das Loos über das Anerbenrecht. Unter allen vollbürtigen Geschwistern gehen die Brüder und Brudersöhne den Schwestern und deren Kindern, mögen die letzteren Männer oder Weiber sein, desgleichen den Brudertöchtern vor, und unter Brüdern in Concurrenz mit einander und mit Brudersöhnen sowie unter Brudersöhnen allein entscheidet die Erstgeburt. In anderen Fällen der Concurrenz vollbürtiger Geschwister und ihrer Kinder giebt die Erstgeburt ohne Rücksicht auf männliche Geburt, desgleichen die eheliche Descendenz den Vorzug. Bei der Erbfolge der halbbürtigen Geschwister und ihrer Kinder sollen die Geschwister und Geschwisterkinder von väterlicher Seite denen von mütterlicher Seite vorgehen. Ist indeß das Gut von der Mutter oder von deren Verwandten durch Erbfall oder unter nicht onerosem Titel an den Erblasser gekommen, so haben die halbbürtigen Geschwister und Geschwisterkinder von mütterlicher Seite den Vorzug u. s. w. Unter entfernteren jedoch zugleich berufenen Blutsverwandten entscheidet das Loos. Die für Westphalen geltende Landgüterordnung gewährt außer den Ehegatten und Descendenten auch den Geschwistern und Geschwisterkindern sowie den Ascendenten des Erblassers das Recht, das Landgut zu einer mäßigen Taxe mit billigen Zahlungsfristen zu übernehmen, und die für Schlesien geltende Landgüterordnung beruft zur Individualsuccession in die Landgüter außer den Descendenten des Erblassers auch die Geschwister desselben und deren Nachkommen. Dagegen ist den Verwandten in aufsteigender Linie, gleichviel ob sie allein oder ob sie in Gemeinschaft mit Geschwistern erben, diese Befugniß nicht eingeräumt worden, weil man befürchtete, daß das Landgut an einen Besitzer gelangen könne, welcher wegen hohen Alters nicht mehr im Stande sein würde, dasselbe mit Erfolg zu bewirthschaften.

Im Gegensatze zu den oben erwähnten Gesetzen beschränken die für Braunschweig, Hannover, Bremen, Lauenburg, Schaumburg-Lippe, Brandenburg und Schleswig-Holstein theils erlassenen, theils vorbereiteten Gesetze die Anwendung des Anerbenrechts auf Abkömmlinge des Erblassers.

Was ferner die Erbfolgeordnung betrifft, nach der die Descendenten zur Succession berufen werden, so schließen die älteren Bauernrechte die unehelichen Kinder und ebenso die Adoptivkinder von dem Anerbenrecht aus.

Von den neueren Gesetzgebungsversuchen steht hinsichtlich der unehelichen Kinder allein der von Schorlemersche Gesetzentwurf für Westphalen noch auf dem älteren Standpunkte, indem er zwar die legitimirten Kinder den ehelichen gleichstellt, die unehelichen, nicht legitimirten Kinder dagegen von der Anerbenrechtsfolge ausschließt. Dem v. Schorlemerschen Gesetzentwurfe am nächsten stehen die brandenburgische und die schlesische Landgüterordnung, indem beide die unehelichen Kinder des Vaters von der Berechtigung vollständig ausschließen, die unehelichen Kinder der Mutter dagegen den ehelichen nachstellen. Diesen bezüglich der unehelichen Kinder der Mutter eingenommenen Standpunkt nimmt bezüglich der unehelichen Kinder überhaupt ein: das hannoversche, lauenburgische, braunschweigische, schaumburg-lippesche und westphälische Recht, sowie der schleswig-holsteinische Gesetzentwurf, indem die unehelichen Kinder hier den ehelichen nur nachstehen sollen, somit also doch wenigstens in zweiter Linie — wenn keine ehelichen Kinder vorhanden sind — in den Hof oder das Landgut succediren können. Nach oldenburgischem Recht sind die unehelichen Kinder den ehelichen sogar vollständig gleichgestellt[230]).

Die durch nachfolgende Ehe legitimirten Kinder werden allgemein den ehelichen gleichgestellt.

Auch den Adoptivkindern räumen die meisten Gesetze und Gesetzentwürfe — Hannover, Bremen, Lauenburg, Schaumburg-Lippe, Braunschweig, Schleswig-Holstein, Westphalen[231]) — ein Erbrecht ein, nur lassen sie dieselben ebenfalls hinter den leiblichen Kindern zurückstehen. Nach dem oldenburgischen Recht dagegen sind sie von der Succession nach Anerbenrecht vollständig ausgeschlossen.

Ferner stehen nach den neueren Landgüterordnungen für Westphalen, Brandenburg und Schlesien[232]) diejenigen Kinder, welche zur Zeit des Erbanfalls für geisteskrank oder für Verschwender erklärt sind, sowie diejenigen, welche eine Verurtheilung zu Zuchthausstrafe oder zum Verluste der bürgerlichen Ehrenrechte erlitten haben, den übrigen Miterben nach. In diesen Fällen handelt es sich nicht darum, den Kindern vermögensrechtliche Nachtheile aufzuerlegen, sondern es sollen nur den übrigen Familiengliedern die ihnen vom Gesetzentwurf gegen das gemeine Erbrecht angesonnenen Opfer nicht zu Gunsten solcher Betheiligten zugemuthet werden, bei denen jede Garantie fehlt, daß der Zweck solcher Opfer erfüllt werde. Auch dürfte es weder wirthschaftlich zu rechtfertigen sein, noch auch den Intentionen des Erblassers entsprechen, wenn der Hof nicht nur wie bei den Minorennen auf bestimmte, sondern auf unabsehbare Zeit unter vormundschaftliche Verwaltung gestellt wird, während doch andere Abkömmlinge vorhanden sind, welche ihn übernehmen können.

Da es sich beim Anerbenrecht nicht um die Erhaltung des Glanzes und Ansehens bestimmter Familien handelt, wie bei den Familienfideicommissen, sondern nur um die Erhaltung der Bauerngüter in den bäuerlichen Familien überhaupt, so sind die Frauen hier von der Succession auch nicht vollständig ausgeschlossen. Daß sie aber gleichwohl den Männern des gleichen Grades nachgestellt werden, erklärt sich durch folgende Erwägungen. Da die Frauen dem bäuerlichen Besitz in der Regel nicht selbst vorstehen können, so werden sie ihn entweder verkaufen resp. verpachten oder ihren Männern in die

230) Hannov. Ges. v. 1874 § 13. Lauenb. Ges. 12. Brem. Ges. 13. Schlesw.-Holst. Ges.-Entw. 11. Schaumb.-Lipp. Ges. 53. Braunschw. Ges. v. 1874 § 7. Brandenb. L.G.O. 10, 11.

231) Hannov. Ges. v. 1874 § 14. Lauenb. Ges. 13. Schaumb.-Lipp. Ges. 54 ff. Brem. Ges. 13. Schlesw.-Holst. Ges.-Entw. 12. v. Schorlemerscher Ges.-Entw. 5. Westph. L.G.O. 13. Oldenb. Ges. A. 2 § 1. Lübeck. Ges. A. 2 § 1. Brandenb. L.G.O. 11. Schles. L.G.O. 11.

232) Westph. L.G.O. 13. Brandenb. L.G.O. 11. Schles. L.G.O. 11.

Ehe bringen. Heirathen die Töchter nicht, so geht damit ein Hauptvorzug des bäuerlichen Grundbesitzes — der der Erhaltung desselben in der bäuerlichen Familie oder doch der Selbstbewirthschaftung — verloren. „Und für die bäuerliche Ehe ist es schließlich besser, wenn der Grundbesitz vom Mann und nicht von der Frau herrührt. Denn wenn die Töchter nur eine mäßige Abfindung erhalten, so kriegen die armen Mädchen auch Männer und zwar zuerst grade die tüchtigsten. Man sieht nicht mehr nach den Buckligen und Halbnarren, wenn sie nur Geld haben: diese bleiben dann sitzen und verderben den Stamm nicht." Es erhalten die Söhne, soweit solche überhaupt vorhanden sind, das Grundvermögen und brauchen es nicht erst zu erheirathen.

In diesem Punkte besteht unter sämmtlichen neueren Anerbenrechtsgesetzen Uebereinstimmung. Hinsichtlich der Person, welcher unter den männlichen resp. weiblichen Descendenten des gleichen Grades der Vorzug gegeben wird, weichen die Gesetze von einander ab, indem die einen sich für das Majorat, die anderen für das Minorat entschieden haben. Nur das für die braunschweigischen Pertinenzgüter erlassene Gesetz §§ 4 ff. läßt den Grundbesitz nach der Primogeniturordnung vererben.

Für das Majorat werden gewöhnlich folgende Gründe angeführt:

1) Die Kindheit und Jugend des ältesten Kindes fällt in die schwerste Zeit des Bauern, da er das Gut eben angetreten hat und Schulden sowie Abfindungen zahlen muß. Dieser Nothlage des Bauern entspricht es, daß der älteste Sohn bereits früh zur Benutzung und Anspannung seiner Kräfte für den Hof angehalten wird. Demselben wird diese Arbeit aber nur dann leicht werden, wenn er weiß, daß er das mit seinem Schweiß getränkte Land dereinst nicht einem seiner jüngern Geschwister zu überlassen hat, wie es denn überhaupt gerechter und billiger erscheint, daß der älteste Sohn, der die Stütze seiner Eltern und Geschwister ist und sich für die Erhaltung des Hofs abgemüht hat, und nicht der jüngste Sohn, der Liebling der alternden Eltern, der vielleicht seine Zeit vertändelt und auf der Ackerbauschule den Herrn spielt, den Hof erhält.

2) Stirbt der Vater schon in jüngeren Jahren, so kann der älteste Sohn meist sogleich die Wirthschaft übernehmen, so daß diese keine Störung erleidet: die Mutter hat nicht mehr nöthig zu einer anderen Ehe zu schreiten, die Kinder bekommen keinen Stiefvater, welcher möglicherweise gegen ihr Interesse handelt, und die jüngeren Geschwister können sich von dem ältesten Bruder ihre Arbeit anweisen lassen. In Ländern, in denen das Majorat herrscht, kommen demnach die in der Regel wenig ersprießlichen vormundschaftlichen Verwaltungen und Interimswirthschaften seltener vor, als in Ländern mit Minoraten.

3) Allerdings setzt das Majorat zur Entfaltung seiner guten Seiten voraus, daß die Ehe des Grunderben spät abgeschlossen werde und zwar durchschnittlich nicht vor dem 30. Lebensjahre, so daß das 30. Lebensjahr des ältesten Sohnes ungefähr mit dem 60. des Hofesbesitzers zusammenfällt, vor welchem Alter der Bauer sich niemals auf den Altentheil setzen sollte. Verheirathet sich dagegen der älteste Sohn früher, so wird er, noch während die Eltern vollständig rüstig sind, auf Vermögensübergabe dringen. Geben die Eltern nach, so entstehen dann leicht Leibgedingsmüßiggänger; geben sie nicht nach, so kommt es gewöhnlich zu Reibungen zwischen den Eltern und dem verheiratheten Anerben.

Dagegen werden für das Minorat[233]) wiederum folgende Momente geltend gemacht:

1) Wenn auch der Jüngstgeborene von den Eltern häufig verhätschelt wird, so können ihm doch auch wieder die Lehren zu Gute kommen, welche die Eltern aus der Erziehung ihrer älteren Kinder gezogen haben.

2) Ferner befinden sich in der Regel zur Zeit, wo die jüngeren Kinder erzogen werden, die Eltern in besserer Vermögenslage als in der ersten Zeit ihrer Ehe, da die ältesten Kinder heranwachsen: sie können daher für die Erziehung ihrer jüngeren Kinder mehr thun, als für die der älteren.

3) Beim Minoratserben zeigt sich sodann gewöhnlich durch den Einfluß der älteren Geschwister eine größere Regsamkeit und ein energischeres Streben, als beim Majoratserben.

4) Auch ist der meist ungünstige Einfluß der Großeltern auf die Erziehung der Enkel bezüglich der jüngeren Enkel entweder vollständig weggefallen oder doch schwächer geworden, als er bezüglich der älteren Enkel war.

5) Ferner wird sich der Jüngstgeborene erst viel später seiner bevorzugten Stellung bewußt, als der Erstgeborene, da ihm durch die Geburt eines jüngeren Bruders der Hof immer noch entzogen werden kann. Die aus der gesicherten Stellung für seine Person sich möglicherweise ergebenden schlimmen Folgen treten daher hier erst viel später und nicht so stark zu Tage, wie beim Majorat.

6) Wenn der Jüngstgeborene das zur Uebernahme des Guts nöthige Alter erlangt hat, so wird der Vater, wenn er noch lebt, wahrscheinlich bereits in so hohen Jahren stehen, daß er die Leitung der Wirthschaft gern einer rüstigeren Kraft anvertrauen mag. Es wird mithin der Minoratserbe früher heirathen können, als der Majoratserbe, was sittlich von guten Folgen zu sein pflegt, während die für den Majoratserben erst viel später eintretende Möglichkeit des Heirathens leicht zur Mißstimmung oder zur Ausschweifung führen kann.

7) Sodann wird für die vorgeborenen Kinder beim Minorat durch die Eltern besser gesorgt werden, als für die nachgeborenen beim Majorat. Denn da der Vater beim Minorat in der Regel länger unbeschränkter Herr ist, als beim Majorat, so kann er die Ausbildung und Ausstattung seiner älteren Kinder mit allen ihm durch das Gut gegebenen Kräften viel wirksamer betreiben als ihm dies den jüngeren Söhnen gegenüber möglich wäre.

8) Auch ist die Lage des Minoratserben beim Antritt des Guts, wenn die Mehrzahl der Geschwister schon abgefunden ist, eine bessere, als die des Majoratserben, zumal er aller Wahrscheinlichkeit nach auch den Aufwand zur Unterhaltung der Eltern, wegen des hohen Alters derselben, nur kurze Zeit zu tragen haben wird.

Mehr als diese abstract gefaßten Zweckmäßigkeitsgründe scheinen indeß in früherer Zeit für die Wahl zwischen dem Majorat und Minorat die concreten Verhältnisse eines bestimmten Ortes und einer bestimmten Zeit maßgebend gewesen zu sein. Wir finden daher das Majorat gewöhnlich in armen, schlecht cultivirten Ländern, weil hier eine langsame Bevölkerungsvermehrung am Platz ist, während das Minorat mehr in reichen Gegenden verbreitet ist, weil hier socialpolitische Hemmnisse für die Volksvermehrung weniger Noth thun, als in

233) Meyer, Vorzüge der Minoratserbfolge S. 34—39.

armen Gegenden, und weil die älteren Geschwister schon manche Hilfe aus dem Bauerngut erhalten haben können, bevor der Vater stirbt oder invalid geworden ist.

Der Zeit nach entsprach das Minorat vorzugsweise Zuständen, in denen noch die Eigenbehörigkeit und Gutsunterthänigkeit herrschten, indem in solchen Zeiten von den Bauerngütern bei jedem Besitzwechsel eine Abgabe gezahlt werden mußte und es im Interesse des Bauern lag, die Zahlung dieser Art Abgabe möglichst hinaus zu schieben; dagegen ist gegenwärtig namentlich dort, wo die Tendenz zu einer raschen Volksvermehrung hervortritt, mehr das Majorat am Platze.

Die neueren Gesetzgebungen haben sich bei ihren Entscheidungen für das Majorat oder Minorat hauptsächlich durch Rücksichten auf die bisher herrschend gewesene Rechtsanschauung und Sitte bestimmen lassen. Denn kaum irgend ein anderer Punkt des Anerbenrechts hängt mit den Anschauungen und Sitten der Bevölkerung so eng zusammen wie grade dieser. Einen Beweis hierfür liefert unter Anderem folgende Thatsache[234]). Im österreichischen Breisgau succedirte nach älterem Gewohnheitsrecht von jeher der jüngste Sohn und in Ermangelung von Söhnen die älteste Tochter in das Hofgut. Als die österreichische Regierung durch Patent vom 3. April 1787 diese Successionsordnung zu Gunsten des ältesten Sohns abänderte, fand diese Neuerung so großen Widerstand, daß die großherzoglich badische Regierung als Nachfolgerin der österreichischen sich genöthigt sah, durch Edict vom 23. März 1808 wiederum ganz allgemein dem jüngsten Sohn den Vorzug einzuräumen.

Mit Recht hat daher die neuere Gesetzgebung die hinsichtlich dieses Gegenstands vorhandenen Rechtsanschauungen nach Möglichkeit zu schonen gesucht. Da es aber angesichts des von dieser selben Gesetzgebung ins Auge gefaßten Ziels einer Ausgleichung der örtlichen Verschiedenheiten unmöglich war, die bisherige Buntscheckigkeit der Erbfolgeordnungen bestehen zu lassen, so haben die neueren Gesetze gewöhnlich diejenige Ordnung, welche die größte Verbreitung in einem Lande hatte, zur allgemeinen Landesordnung gemacht. Nur einige Gesetze — und zwar das oldenburgische und das westphälische Gesetz — lassen innerhalb ein und desselben Landes weitere Unterscheidungen zu. Wo der Entscheidung des Gesetzgebers durch die bestehende Sitte nicht präjudicirt war, hat man sich meist für das Majorat entschieden.

Das Majorat und zwar für Männer sowohl wie für Frauen gilt nach der neueren Gesetzgebung[235]) allgemein in Hannover, Bremen, Schaumburg-Lippe, Braunschweig, Lauenburg, Brandenburg, Schlesien und Schleswig-Holstein. In folgenden Aemtern des Herzogthums Oldenburg — Varel, Westerstede, Wildeshausen, Vechta, Damme, Cloppenburg, Loningen, Friesoythe, in dem Amt Oldenburg mit Ausnahme der Gemeinde Holle, sowie in den Stadtgemeinden Oldenburg und Varel —, desgleichen in

234) Mayer, Ueber die Untheilbarkeit der geschlossenen Hofgüter und über die Vortheilsgerechtigkeit, in den Blättern für Justiz und Verwaltung im Großherzogthum Baden, Jahrg. 2 (1842) S. 585, 586. Badische Denkschrift S. 138.

235) Hannov. Ges. v. 1874 § 14. Lauenb. Ges. 13. Brem. Ges. 13. Braunschw. Ges. v. 1874 § 7. Schlesw.-Holst. Ges.-Entw. 12. Oldenb. Ges. A. 7 § 1. Lübeck. Ges. A. 6 § 1. Westph. Ges.-Entw. 5. Westph. L.G.O. 13, 14. Brandenb. L.G.O. 11. Schles. L.G.O. 11.

dem zu Oldenburg gehörenden Fürstenthum Lübeck gilt auch nach den neueren Gesetzen das Majorat, während in allen übrigen Aemtern dem Minorat seine Herrschaft bestätigt ist.

In dem für Westphalen ausgearbeiteten v. Schorlemerschen Gesetzentwurf war man ursprünglich allgemein von dem Majorat ausgegangen. Der westphälische Provinziallandtag indeß beantragte, mit Rücksicht auf das im Fürstenthum Minden, in den Grafschaften Ravensberg und Tecklenburg und stellenweise auch in den Fürstenthümern Paderborn und Korvey seit langer Zeit geltende Minorat, das Majorat nicht auch auf diese letzteren Theile der Provinz Westphalen auszudehnen, sondern in diesem Gebiet nach wie vor den jüngsten unter den sämmtlichen Miterben männlichen Geschlechts und in Ermangelung von männlichen Erben die jüngste Miterbin zur Succession in den Hof zu berufen. Indeß scheiterte eine genaue Abgrenzung derjenigen Gebiete, für welche die Majorats-, und derjenigen, für welche die Minoratserbfolge gesetzlich einzuführen gewesen wäre, an dem Umstande, daß sich eine geographische Grenze für das Minorat nicht aufstellen ließ. Beispielsweise ist im Amte Delbrück das Minorat nur bei den bisher eigenbehörig gewesenen Höfen und nicht auch bei den anderen in Geltung, und ähnlich verhält es sich in vielen anderen Fällen. Die in Geltung befindliche westphälische Landgüterordnung hat daher eine andere Lösung dieser Schwierigkeit versucht und dieselbe darin gefunden, daß in Folge bedingungsloser Eintragung eines Landguts in die Landgüterrolle dasselbe zwar in der Regel an den ältesten Sohn resp. die älteste Tochter übergehen soll; ausnahmsweise jedoch soll in den Bezirken der Landgerichte Bielefeld und Paderborn, sowie der Amtsgerichte Tecklenburg und Ibbenbüren die Minoratserbfolge dann eintreten, wenn solche bei Eintragung des Landguts in die Rolle von dem Antragsteller gewünscht worden ist[236]).

An Stelle eines verstorbenen Kindes, das, wenn es zur Zeit des Anfalls der Erbschaft gelebt hätte, Anerbe geworden wäre, treten nach den neueren Gesetzen dessen Abkömmlinge nach den für die Kinder geltenden Grundsätzen (Repräsentationsrecht) ein[236a]).

Diejenigen neueren Gesetze, welche die Vererbung nach Anerbenrecht nicht auf die Descendenten beschränken, wie z. B. die westphälische Landgüterordnung, verordnen, daß, wenn keine erbberechtigten Descendenten oder Ehegatten vorhanden sind oder wenn sie das Landgut nicht übernehmen wollen, einer von den Geschwistern oder deren Abkömmlingen oder von den Verwandten in absteigender Linie das Landgut bei der Auseinandersetzung übernehmen kann. Dabei finden hinsichtlich der Uebernahmetaxe sowie der billigen Zahlungsfristen und endlich der Auswahl des Anerben unter mehreren concurrirenden Erben die für die Descendenten geltenden Grundsätze entsprechende Anwendung.

Endlich wird von den Gesetzgebungen der Fall, daß der Erblasser mehrere Höfe oder Landgüter hinterläßt, verschieden behandelt.

Nach älterem oldenburgischen Recht pflegte, wenn der Erblasser mehrere Stellen hinterließ, nur eine derselben nach Grunderbrecht vererbt zu werden,

---

236) Westphäl. L.G.O. 15, 13, 14.

236a) Hannov. Ges. v. 1874 §§ 14, 20. Lauenb. Ges. 13, 19. Schlesw.-Holst. Ges.-Entw. 12, 18. Oldenb. Ges. A. 7 § 2. Lübeck. Ges. A. 6 § 2. v. Schorlemerscher Ges.-Entw. 5. Westph. L.G.O. 13. Brandenb. L.G.O. 11. Schles. L.G.O. 11.

während alle übrigen dem Allod zugerechnet und nach gemeinem Recht beurtheilt wurden. Dem Grunderben war es ferner überlassen, zu bestimmen, an welcher Stelle er das Grunderbrecht ausüben wollte. An diesem Gedanken hat auch die neuere oldenburgische Gesetzgebung [237]) festgehalten, trotzdem der von der Staatsregierung den Ständen vorgelegte Entwurf vorgeschlagen hatte, das Grunderbrecht auf alle hinterlassenen Stellen auszudehnen. Von der Regel, daß nur eine unter mehreren Grunderbstellen nach Grunderbrecht vererbt werden soll, statuirt das oldenburgische Gesetz jedoch eine Ausnahme: wenn nämlich mehrere in verschiedenen Landestheilen gelegene und nach verschiedenen Rechten — dem der Erst- und Jüngstgeburt — sich vererbende Grunderbstellen vorhanden sind, so soll das Grunderbrecht in beiden Rechtsgebieten an je einer Grunderbstelle zugelassen werden.

Für die nicht nach Grunderbrecht sich vererbenden Stellen ist für den Fall, daß mehrere Erben in den Nachlaß concurriren und daß nicht eine andere Art der Vertheilung letztwillig angeordnet oder von sämmtlichen Miterben vereinbart ist, folgendes Erbtheilungsverfahren vorgeschrieben. Der Grundbesitz wird, nach vorgängiger Abschätzung des gegenwärtigen Werths, zunächst unter den Miterben „aufgesetzt“, und, wenn mindestens die Schätzungssumme geboten ist, dem Höchstbietenden unter den Miterben zugeschlagen, anderenfalls aber zum öffentlichen Verkauf gebracht.

Anders als das oldenburgische Gesetz normiren diesen Gegenstand sämmtliche anderen Gesetze und Gesetzentwürfe [238]).

Hat nämlich der Erblasser mehrere Güter hinterlassen, so sollen sie, sofern sie beim Tode des Erblassers „eine wirthschaftliche Einheit bildeten“, wie die braunschweigische Gesetzgebung sich ausdrückt, oder von derselben Hofstelle bewirthschaftet werden (Schaumburg-Lippe, Westphalen), alle dem Anerben zufallen. Für eine solche Vererbung mehrerer Landgüter an einen Anerben wird in Westphalen angeführt: daß wo zwei Höfe von derselben Sohlstätte aus nicht blos verwaltet, sondern bewirthschaftet werden, in der Regel der Fall vorliegt, daß ein kleiner Hof zur Arrondirung des andern ziemlich theuer angekauft und dagegen ein Theil der isolirt gelegenen Grundstücke des alten Hofs verkauft worden ist. Die Gebäude auf dem angekauften Hofe sind gewöhnlich schlecht und werden daher abgebrochen oder es wird das Wohnhaus zu einer sog. Leibzuchtswohnung eingerichtet. Obgleich diese Höfe im Kataster allerdings noch getrennt bleiben, sind dieselben in Wirklichkeit doch wirthschaftlich so vereinigt, daß sie als ein Hof angesehen werden können. Anderenfalls, wenn die verschiedenen Stellen jede für sich bewirthschaftet werden, soll nach den oben angeführten Gesetzen jeder Erbe nach der Reihenfolge seiner Berufung sich eine Stelle wählen können. Sind mehr Höfe als Kinder vorhanden, so wird die Wahl in derselben Reihenfolge wiederholt.

Von den beiden Systemen verdient das der Ausdehnung des Anerbenrechts auf sämmtliche hinterlassene Höfe unseres Erachtens den Vorzug vor dem der

237) Oldenb. Ges. A. 9 § 1 u. 2, A. 12. Lübeck. Ges. A. 8, A. 12.

238) Hannov. Ges. v. 1874 § 20. Brem. Ges. 23. Schaumb.-Lipp. Ges. 59. Lauenb. Ges. 19. Braunschw. Ges. v. 1858 § 15 und von 1874 § 10. Schorlemerscher Ges.-Entw. 13. Westph. L.G.O. 16. Brandenb. L.G.O. 12. Schles. L.G.O. 12.

Beschränkung desselben auf einen einzigen Hof, weil, wie wir bereits oben ausgeführt haben, der Staat, wenn er zu der Erkenntniß gelangt, daß das Anerbenrecht im öffentlichen Interesse geboten erscheint, — und nur in einem solchen Fall wird er sich zur Einführung oder Erhaltung desselben entschließen dürfen — er dem Anerbenrechte auch die größte Ausdehnung in der Anwendung sichern muß.

Die Modificationen, welche die Erbfolgeordnung der De- und Ascendenten und Seitenverwandten durch das Recht des überlebenden Ehegatten unter Umständen erfahren kann, werden weiter unten in dem über das Recht des überlebenden Ehegatten handelnden Abschnitte zu erwähnen sein. Namentlich in Westphalen steht die Befugniß zur Uebernahme des gemeinschaftlichen Vermögens nur ausnahmsweise nicht dem überlebenden Ehegatten zu.

## H. Ermittelung des Werths des Hofs oder Landguts. Uebernahmetaxe.

Die Vertheilung des Nachlasses und seiner einzelnen Gegenstände unter die Erben erfolgt entweder in natura oder dem Geldwerthe nach. In letzterem Falle muß der Vertheilung die Ermittelung des Geldwerths der Nachlaßgegenstände vorausgehen. Diese erfolgt nach gemeinem Erbrechte und nach den Particulargesetzgebungen, soweit eine anderweitige Uebereinkunft unter den Erben nicht zu erzielen ist, häufig im Wege der öffentlichen Meistbotstellung, welche von jedem einzelnen Erben verlangt werden kann.

Nach dem Anerbenrecht ist sowohl die Naturaltheilung des Hofs oder Landguts und ihrer Zubehörungen als auch die Ermittelung des Werths desselben im Wege des öffentlichen Ausgebots ausgeschlossen.

Es muß demnach ein anderer Modus der Ermittelung des Werths des nach Anerbenrecht sich vererbenden Hofs oder Landguts (Erbschaftstaxe) gefunden werden.

Hier ist der wichtigste Punkt, gleichsam die Basis des ganzen Anerbenrechts.

Denn die sonst noch so zweckmäßige Regelung der ganzen Materie wird die gewünschten Resultate doch nicht haben, wenn die Nachlaßtaxe nicht nach richtigen Grundsätzen festgestellt ist.

Das haben noch neuerdings die Erfahrungen, die mit dem Anerbenrechte im badischen Schwarzwalde gemacht worden sind, gezeigt, indem die auf Grund des Verkehrswerths festgestellte und deshalb zu hohe Erbschaftstaxe hier die sonst regelmäßig günstigen Folgen des Anerbenrechts zum Theil in ihr Gegentheil verkehrt hat.

Für die Feststellung der Erbschaftstaxe boten sich der Gesetzgebung hauptsächlich zwei Wege dar:

1) Man konnte irgend welche, unabhängig von dem Anerbenrecht, für die einzelnen Höfe und Landgüter bestehende Taxe benutzen und den Werth nach dieser auch für den Anerben bestimmen. Als solche Taxen sind vorhanden:

a. die nach den Grundsätzen der ritterschaftlichen Creditinstitute (Landschaften) ermittelten Ertragstaxen oder

b. der nach dem landesüblichen oder einem anderen Zinsfuß capitalisirte Katastralreinertrag des Hofs oder Landguts.

2) Wenn dieser Modus der Werthermittelung nicht beliebte, so könnte man den Werth des einzelnen Hofs oder Landguts in jedem einzelnen Vererbungsfall zu ermitteln suchen. Hierfür gab es wieder zwei Wege:

a. Es erfolgte die individuelle Feststellung des Werths auf Grund der in der betreffenden Gegend, in der der zu taxirende Hof liegt, durchschnittlich gezahlten Kauf- und Pachtpreise (Verkehrswerth),

b. oder auf Grund des von dem betreffenden Gut selbst im Durchschnitt der letzten Jahre gewonnenen Reinertrags (Ertragswerth).

Die letztere Art der Werthermittelung konnte dann wieder erfolgen entweder

α. nach bestimmten vom Gesetz festgestellten Regeln oder

β. nach dem freien Ermessen der zu diesem Zweck berufenen Taxatoren, die je nach Bestimmung des Gesetzes entweder von den Justiz- resp. Verwaltungsbehörden zu ernennen oder von den Interessenten zu wählen waren. Endlich konnte die Taxation auch einem eigenen Familienrath übertragen werden.

Von diesen verschiedenen Wegen, die Uebernahmetaxe festzustellen, haben die Gesetze bald diesen bald jenen eingeschlagen, bald mehrere derselben mit einander combinirt. Nur in dem einen Punkt treffen sie alle zusammen, daß sie nämlich in der Regel nicht den Verkehrs- sondern den Ertragswerth der Taxe zu Grunde legen. Und zwar ist diese Uebereinstimmung eine nothwendige Consequenz des Bestrebens, den Grundbesitz möglichst in der Familie zu erhalten [239]).

Im Uebrigen unterscheiden sie sich aber darin, daß die Intention einiger Gesetze dahin geht, den vollen Ertragswerth des Hofs zu ermitteln, wobei dem Anerben dann eine bestimmte Quote dieses Werths als Präcipuum, Vortheil, Voraus gewährt wird, während nach anderen Gesetzen nur ein mäßiger sog. geschwisterlicher Werth ermittelt werden soll.

In der letzteren Gruppe von Gesetzen, zu denen namentlich die für die preußischen Provinzen Westphalen, Brandenburg und Schlesien erlassenen Landgüterordnungen gehören, erscheint das Präcipuum somit gleichsam verhüllt in der niedrigen Taxe, während in der ersten Gruppe von Gesetzen das Voraus

---

239) Oberbürgermeister Miquél sagte hierüber in der Generalversammlung des Vereins für Socialpolitik am 9. October 1882 (vgl. stenogr. Bericht, Leipzig 1882, S. 34): „Es ist der größte Irrthum, daß man ohne Weiteres die in dem städtisch-römischen Recht entwickelten Anschauungen von der Schätzung des Besitzes nach Capitalwerthe angewendet hat auf die ganz verschiedenartigen bäuerlichen Verhältnisse, wo allein die Schätzung nach dem Ertragswerthe vernünftig und richtig ist. Darin liegt der Schwerpunkt der ganzen Sache. Wir wollen ja nicht durch unsere Gesetze dazu zwingen, daß das vererbte Gut verkauft wird: darin sind doch alle einig, daß ein gesetzlicher Zwang zum Verkaufe nicht geübt werden soll, man will wenigstens gestatten, daß das Gut in der Familie bleibt; aber ich behaupte, in dem Augenblicke, wo die Gesetzgebung die Abfindung erzwingt und bemißt unter der Voraussetzung eines gar nicht stattfindenden Verkaufs gegen Baargeld an einen Dritten, in demselben Augenblicke übt sie diesen künstlichen Zwang." Aehnlich äußert sich auch J. Neumann in Schönbergs Handbuch der politischen Oekonomie Bd. 1, Tübingen 1882, S. 137: „Die Veranschlagung des Werths nach dem Ertrage verbürgt die Fortdauer des Veranschlagten in höherem Grade als die Veranschlagung nach dem Kaufswerthe. Ihr ist deshalb auch bei solchen Erbschaftsregulirungen der Vorzug zu geben, bei denen Objecte in Frage stehen, welche voraussichtlich in der Hand der bezüglichen Erben verbleiben werden" u. s. w.

klar und deutlich hervortritt. Wir werden zunächst von der Taxe und dann von dem Voraus zu handeln haben.

Alle neueren Gesetze gehen davon aus, daß es in erster Linie Sache des Erblassers ist, den Werth, für den der Anerbe die Stelle übernehmen soll, festzustellen.

Ist eine solche letztwillige Anordnung nicht getroffen worden, so steht es selbstverständlich den Erben frei, sich über die Taxe zu einigen, nach der der Grunderbe die Stelle zu übernehmen hat.

Die vom Gesetz vorgesehene Ermittelung des Werths soll nur dann eintreten, wenn der Erblasser die Bestimmung des Werths unterlassen hat und eine Einigung unter den Erben nicht erfolgt ist.

Die Art, wie die Feststellung der Taxe in diesem Fall zu erfolgen hat, ist durch die einzelnen Gesetze in sehr verschiedener Weise bestimmt.

Den Weg der durch keinerlei Normativbestimmung beeinflußten Taxation durch eigene Taxatoren hat die Gesetzgebung in Braunschweig und Oldenburg beschritten.

In Braunschweig[239a]) soll die Abschätzung der Bauerngüter nebst Inventar, unter Leitung des betreffenden Amtsgerichts, durch drei seitens desselben ausersehene Schiedsmänner und die Abschätzung der sog. Pertinenzgüter ebenfalls durch drei Schiedsmänner, von denen zwei von den beiden Parteien und einer von dem betreffenden Amts- oder Stadtgerichte ernannt werden, erfolgen.

Die Schiedsmänner sind an keinerlei Instructionen gebunden. Gegen die Auswahl der Schiedsmänner seitens des Gerichts stehen den Betheiligten nur die in Sachen der freiwilligen Gerichtsbarkeit statthaften Rechtsmittel der Vorstellung und Beschwerde zu. Auf Verlangen der Betheiligten oder auch nur eines derselben müssen die für die Taxation von Bauerngütern ernannten Schiedsmänner vereidigt werden. Die für die Taxation von sog. Pertinenzgütern bestellten Taxatoren sind in jedem Fall von Amtswegen zu vereidigen.

Das Resultat ihrer Abschätzung haben die Schiedsmänner dem Gericht schriftlich einzureichen oder zu Protokoll zu erklären, in jedem Fall aber zu begründen. Die von den Schiedsmännern ermittelte Taxe ist definitiv und kann nicht umgestoßen werden. Bei der Abschätzung sind die auf dem Hof dauernd und vorübergehend ruhenden Lasten und Verbindlichkeiten in Anschlag zu bringen. Die übrigen Schulden des Erblassers müssen in erster Linie aus dem außer dem Bauerngute nebst Zubehör vorhandenen Vermögen des Erblassers bezahlt werden. Soweit dieses jedoch nicht ausreicht, sind sie vom Anerben zu übernehmen und vom Werthe der Stelle in Absatz zu bringen.

Auch nach dem oldenburgischen Gesetze[240]) ist der Werth der Grunderbstelle in jedem einzelnen Fall durch besondere Schätzung zu ermitteln und von dem abgeschätzten Werthe der Betrag der Nachlaßschulden des Erblassers, soweit derselbe aus dem außer der Stelle vorhandenen Vermögen nicht gedeckt werden kann, in Abzug zu bringen, ohne daß die Normen, nach denen

239a) Braunschw. Ges. v. 1874 §§ 12, 13. Braunschw. Ges. v. 1858 § 34.
240) Oldenb. Ges. A. 8 §§ 2, 3. Lübeck. Ges. A. 7 §§ 2, 3.

die Schätzung zu erfolgen hat, im Gesetz angegeben wären. Es wird somit auch hier die Art der Schätzung den Schätzungsmännern überlassen. Nach den dem Gesetzentwurfe beigegebenen Motiven ist unter der Abschätzung die Ermittelung des vollen wirklichen Werths der Grunderbstelle gemeint. Sodann heißt es in dem Gesetze, daß die Entscheidung von Streitigkeiten wegen der Abschätzung ohne Rücksicht auf den Werth des Streitgegenstands in erster Instanz zur Zuständigkeit des Amtsgerichts derjenigen Gemeinde gehört, in deren Mutterrolle sich der Artikel der Grunderbstelle befindet.

Während die beiden eben erwähnten Gesetzgebungen den Taxatoren keinerlei Instructionen für die Taxation geben, enthält das schaumburg-lippesche Gesetz und nach seinem Vorgange, sowie nach dem Vorbilde des im Osnabrückischen für die freien Höfe üblich gewesenen Verfahrens, das hannoversche und lauenburgische Gesetz sowie der schleswig-holsteinische Gesetzentwurf spezielle Bestimmungen über diesen Punkt[241]). Hiernach ist zunächst der effective Reinertrag und aus diesem der Capitalwerth des Hofs zu ermitteln. Zu diesem Zweck muß zunächst für den Hof nebst Zubehör, jedoch mit Ausschluß des Hofesinventars, der jährliche Reinertrag, welchen derselbe durch Benutzung als Ganzes im gegenwärtigen Culturzustande und bei ordnungsmäßiger Bewirthschaftung gewährt, festgestellt werden. Die vorhandenen Gebäude sind, soweit sie zur Wohnung und Bewirthschaftung erforderlich sind, nicht besonders zu schätzen, sondern mit in der Schätzung des Hofs enthalten. Sofern die Gebäude jedoch eine andere Bestimmung haben, sind sie nach dem Werthe des Nutzens, welcher durch Vermiethung oder auf andere Weise daraus gezogen werden kann, zu veranschlagen. Dies gilt namentlich von den Nebenwohnungen sowie von den zu besonderen Gewerbebetrieben bestimmten Gebäuden und Anlagen. Von dem ermittelten jährlichen Ertrage sind alle dauernd auf dem Hof nebst Zubehör ruhenden Lasten und Abgaben nach ihrem muthmaßlichen jährlichen Betrage abzusetzen. Lasten und Abgaben, auf welche die Ablösungsgesetze Anwendung finden, sind dabei nach deren Vorschriften in eine jährliche Rente umzurechnen. Aus dem solchergestalt festgestellten Reinertrage des Hofs wird das Grundcapital ermittelt durch Multiplication des Jahresreinertrags mit 20. Zu diesem Grundcapital ist der nach einem durchschnittlichen Verkaufswerthe zu berechnende Werth des Hofesinventars hinzuzuschlagen.

Dieses die Regel. Sollte jedoch einer der Betheiligten es verlangen, so müssen Höfe, deren Gebäude nebst Hofraum allein einen größeren Verkaufswerth haben, als der sonstige Grundbesitz derselben, nach dem Verkaufswerth abgeschätzt werden.

Von dem solchergestalt ermittelten Capitalwerthe des Hofs nebst Zubehör sind die vorübergehenden Hofeslasten, nach ihrer wahrscheinlichen Dauer zu Capital berechnet, abzusetzen. Dasselbe gilt auch bezüglich der Erbschaftsschulden, einschließlich der auf dem Hofe nebst Zubehör ruhenden Hypothekarschulden, soweit sie nicht aus dem außer dem Hofe nebst Zubehör vorhandenen Vermögen des Erblassers gedeckt werden können.

---

241) Schaumb.-Lipp. Ges. 26—33. Hannov. Ges. v. 1874 §§ 15, 16. Lauenb. Ges. 14, 15. Schlesw.-Holst. Ges. 13, 14. Brem. Ges. 14, 16.

Mit den oben angeführten Gesetzen — für Hannover u. s. w. — stimmt hinsichtlich der Art, wie der Werth des Hofs, behufs seiner Uebernahme seitens des Anerben, festgestellt werden soll, im Princip auch überein das bremische Gesetz. Indeß enthält dasselbe im Einzelnen folgende abweichende Bestimmungen, die sich hauptsächlich auf die ins bremische Landgebiet hineinragenden städtischen Einflüsse zurückführen lassen:

1) Während in Hannover u. s. w. alle zur Wohnung und Bewirthschaftung erforderlichen Gebäude nicht besonders geschätzt werden, sondern in der Schätzung des Hofs mit enthalten sind, sind nach dem bremischen Gesetz nur die zur Bewirthschaftung erforderlichen Gebäude nicht besonders zu schätzen. Dagegen sind die als Wohnung und zu sonstigen persönlichen Bedürfnissen benutzten Gebäude nach ihrem Versicherungswerth besonders in Anrechnung zu bringen. Die theils zur Wohnung, theils zur Bewirthschaftung dienenden Gebäude sind zum halben Versicherungswerthe und die sonstigen Gebäude nach dem Werth des Nutzens, welcher durch ihre Vermiethung oder auf andere Weise aus denselben gezogen werden kann, dem Anerben anzurechnen.

2) Ferner sollen nach hannoverschem Recht sämmtliche Schulden des Erblassers, mit Einschluß der auf dem Hofe ruhenden Hypothekarschulden, in erster Linie von dem Werthe des übrigen Nachlasses des Erblassers, und nur soweit dieser nicht ausreicht, auch von dem Werthe des Hofs selbst abgesetzt werden. Nach dem bremischen Gesetz dagegen sind diejenigen Schulden, für welche der Hof oder ein Theil desselben speziell verpfändet ist, oder für die ein allgemeines Pfandrecht an dem gesammten Vermögen des Erblassers bestellt ist, von dem Anerben auch dann zu übernehmen, wenn der Betrag dieser Schulden den Werth des Hofs übersteigt.

3) In Hannover u. s. w. wird das Grundcapital der Stelle gewonnen durch Multiplication des ermittelten Jahresertrags mit 20; in Bremen dagegen durch Multiplication desselben mit 25.

4) Während nach dem für Hannover u. s. w. geltenden Gesetz auf Verlangen eines der Betheiligten diejenigen Höfe, deren Gebäude nebst Hofraum einen größeren Verkaufswerth haben, als der sonstige Grundbesitz derselben, nach dem Verkaufswerth zu schätzen sind, finden nach bremischem Recht, ebenfalls auf Verlangen eines Betheiligten, auf Theile eines Hofs, deren Verkaufswerth doppelt so groß ist, als der ermittelte Ertragswerth, folgende besondere Vorschriften Anwendung:

a. dieselben sind bei der Erbtheilung nach dem Verkaufswerthe zu schätzen,

b. der Anerbe hat den ganzen Werth derselben, ohne Abzug eines Voraus, in die Erbschaftsmasse einzuschießen und

c. die von dem Hofeswerth abzusetzenden Schulden sind nach Verhältniß des für die Erbtheilung maßgebenden Werthes theils auf die nach dem Verkehrswerthe, theils auf die nach dem Ertragswerthe geschätzten Theile des Hofs anzurechnen.

Wenn die sub 4 erwähnten Bestimmungen des bremischen, hannoverschen u. s. w. Rechts sich auch nicht vollständig decken, so sind sie doch demselben Motiv entsprungen. Dieses ist folgendes. Die Taxation des Hofs nach dem Ertragswerthe und die Gewährung eines Voraus an den Anerben hat zum Zweck die Erleichterung der ungetheilten Erhaltung von Bauerhöfen und überhaupt der Landwirthschaft dienenden Gütern in bestimmten Familien. Daraus folgt, daß diese sonderrechtlichen Bestimmungen auch nur dort am Platz sind, wo wirklich bäuerliche oder doch wenigstens landwirthschaftliche Verhältnisse vorliegen, nicht aber auch dort, wo die Grundstücke in Folge der Nähe einer Stadt oder aus anderen Ursachen Gegenstand der Speculation geworden sind. Als Kriterium dafür, ob im gegebenen Fall ein solcher Gegenstand der Speculation vorliegt, wird der Umstand angesehen, daß der Verkaufswerth eines Grundstückes oder Gebäudes den Ertragswerth desselben bedeutend übersteigt. Daher sind denn diejenigen Fälle, in denen solche außergewöhnlich hohe Verkaufswerthe vorliegen, von der Wirksamkeit der Anerbenrechtsgesetze ausgeschlossen worden.

Einen von den bisher behandelten Gesetzen verschiedenen Weg, den Werth eines Landguts zu ermitteln, haben die für die Provinzen Westphalen und Brandenburg geltenden Landgüterordnungen eingeschlagen, indem nach denselben gar nicht der volle Ertragswerth der Stelle, sondern ein so niedriger Werth festgestellt wird, daß es für den Anerben nicht mehr der Gewährung eines besonderen Voraus bedarf, und indem dieser Werth nicht auf dem Wege individueller Ertragsschätzung, sondern auf Grund des generell feststehenden Katastralreinertrags eruirt wird. Mithin richtet sich diese Taxation auf die Ermittlung des lediglich durch objective Momente bedingten, mittleren und nachhaltigen Reinertrags der Grundstücke, so daß von etwaigen persönlichen Leistungen des Eigenthümers, bezw. Bewirthschafters, welche das Gut zu einem höheren effectiven Ertrage zu bringen vermögen, abgesehen wird.

Die Verfasser des für Westphalen bestimmten Gesetzentwurfs[242]) gingen von der Ansicht aus, daß die individuelle Taxation nach dem wirklichen Ertrage des einzelnen Guts einen Theil derselben Bedenken gegen sich hat, wie die Schätzung nach dem Verkehrswerthe, weil

1) eine solche Taxation sich ebenfalls nach den jeweiligen vielleicht anomalen Conjuncturen und außerdem nach den individuellen Anschauungen des Taxators richtet und daher leicht sehr willkürlich ausfällt, und

2) weil der Erblasser, der ja nicht im Voraus wissen kann, wie hoch seine Stelle dereinst nach seinem Tode taxirt werden wird, nicht im Stande ist, hierauf bezügliche bestimmte Dispositionen für den Fall seines Todes zu treffen.

Dagegen, so führen die Verfasser des Entwurfs weiter aus, kann der Eigenthümer des Landguts, wenn der Werth desselben nach dem Katastralreinertrag festgestellt wird, durch einfache Multiplication dieser bekannten Summe mit der im Gesetz gleichfalls vorgesehenen Zahl (16, 20 oder 25 u. s. w.) leicht die Schätzungssumme ermitteln und von diesem festen Anhaltspunkt aus prüfen, ob und welche vom Gesetze abweichende Dispositionen er im Interesse seiner Kinder zu treffen hat.

Zudem nimmt der Katastralreinertrag auf die verschiedenen Bodenarten und Bodenwerthe genügende Rücksicht und geht aus allgemeinen in der ganzen

---

242) v. Schorlemerscher Ges.-Entw. 7, 9, 12. Landtags-Entwurf 8, 10, 13, 18. v. Schorlemer in der Sitzung des preußischen Abgeordnetenhauses vom 26. November 1879. Stenogr. Bericht S. 261.

Provinz und im Staate vergleichsweise gemachten Schätzungen hervor, während eine auf Grund einer individuellen Schätzung gewonnene Taxe aus den mehr oder minder einseitigen Anschauungen resultirt, die der Taxator über das betreffende Gut gewonnen hat.

Aus solchen Erwägungen war in dem v. Schorlemerschen Gesetzentwurfe die Feststellung der Taxe auf Grund individueller Ermittelung des wirklichen Reinertrags, welche nach dem Gesetz vom 4. Juni 1856 von jedem Interessenten verlangt werden konnte, beseitigt worden und die in diesem Gesetze nur als eventuell bezeichnete Art der Taxation auf Grund des Grundsteuerreinertrags nunmehr zur alleinigen gemacht worden, mit dem Unterschiede jedoch, daß der Werth der der Landgüterordnung unterworfenen Landgüter durch Multiplication des Grundsteuerreinertrags mit 20 und nicht, wie nach dem Gesetz vom 4. Juni 1856 vorgesehen war, mit 16 festgestellt werden sollte. Immerhin sollte es dem Erblasser freistehen, durch letztwillige Verfügung eine höhere oder niedrigere Taxe — letztere jedoch nicht unter dem 16fachen Katastralreinertrag — festzusetzen. Da die Verfasser des Entwurfs annahmen, daß der wirkliche Reinertrag der Landgüter in Westphalen durchschnittlich das anderthalbfache ihres Katastralreinertrags betrage, so würde ihrer Ansicht nach der Anerbe das Gut durchschnittlich ein Drittel unter seinem wahren Werth erhalten haben. Dieses Drittel dürfte ungefähr dem Drittel, das nach dem hannoverschen u. s. w. Rechte dem Anerben als Voraus zu Theil wird, entsprochen haben. Die Erbschaftsschulden sollten nach dem v. Schorlemerschen Gesetzentwurf ähnlich behandelt werden, wie nach hannoverschem u. s. w. Recht, d. h. sie sollten dem Grunderben nur dann zur Last fallen, wenn sie nicht aus dem übrigen Vermögen des Erblassers gedeckt werden konnten. Dagegen war der Grunderbe nach dem westphälischen Entwurfe wieder dadurch besonders begünstigt, daß er keine Taxe für das Inventar zu zahlen hatte, wie der Anerbe nach den Höfegesetzen, indem er dasselbe zugleich mit dem Landgut unentgeltlich erhalten sollte. Als Aequivalent hierfür wurden freilich die auf dem Gut ruhenden Lasten und Steuern bei Feststellung des Werths in Westphalen nicht weiter in Anschlag gebracht, sondern fielen dem Anerben zur Last, während sie nach hannoverschem u. s. w. Recht bei Feststellung des Ertrags in Abzug kommen. Die für Ermittlung des Gutswerths nach dem westphälischen Gesetzentwurfe aufgestellten Regeln sollten übrigens nur auf diejenigen Landgüter in Anwendung kommen, deren Bewirthschaftung einen rein agricolen Charakter hat. Fanden sich dagegen gewerbliche Anlagen auf der Stelle, so sollten diese nicht als Zubehör angesehen werden, sondern besonderer Schätzung unterliegen. Maßgebend für diese war der 16fache Betrag des für die letzten 14 Jahre, mit Weglassung der zwei höchsten und zwei niedrigsten Jahresbeträge, ermittelten durchschnittlichen Reinertrags.

Diese von den Verfassern des v. Schorlemerschen Gesetzentwurfs vorgeschlagene Art der Ermittlnng des Hofeswerths hat übrigens mannigfachen Widerspruch erfahren.

Sehr eingehend war derselbe u. A. in einer von den landwirthschaftlichen Localabtheilungen des Kreises Rees gegen den Gesetzentwurf gerichteten Eingabe (Wesel 1880) begründet worden.

In dieser Eingabe wurde bemerkt, daß die Schätzung der Landgüter nach dem Grundsteuerreinertrag noch am ehesten anwendbar sein dürfte auf Bauerngüter, weil diese meist reine Ackergüter seien und die Art ihrer Bewirthschaftung sich auf einem Durchschnittsniveau halte, während die Wirthschaft auf den großen Gütern, auf die sich der westphälische Gesetzentwurf ja auch bezog, mehr industrielle Elemente in sich aufgenommen habe und daher viel individueller und mannigfaltiger sei.

Aber auch für den rein landwirthschaftlichen Grundbesitz wurde die vorgeschlagene Taxe als von dem wirklichen Werthe der Güter zu sehr abweichend gefunden. Denn der wirkliche Reinertrag betrage nicht, wie die Verfasser des Entwurfs angenommen hätten, durchschnittlich das $1^1/_2$fache, sondern das doppelte des Katastralreinertrags. Ja bei kleineren Landgütern repräsentirte nicht selten schon das nach dem Gesetzentwurfe gar nicht besonders zu schätzende, sondern dem Landgut als Zubehör unentgeltlich folgende Inventar allein einen höheren Werth, als der für das ganze Landgut nebst Zubehör nach dem 20fachen Katastralreinertrag angesetzte Taxwerth.

Aber selbst wo die Katastertaxe dem wahren Ertragswerthe in der Gegenwart auch wirklich entsprechen sollte, sei doch keinerlei Garantie dafür gegeben, daß dieses günstige Verhältniß auch in der Zukunft fortdauern werde. Im Gegentheil! Es sprächen die Veränderungen in den Culturarten, sowie überhaupt die Meliorationen u. s. w., welche die einzelnen Güter seit der Katastrirung von 1861—1864 im Vergleich mit den sich gleich bleibenden Katasterwerthen erfahren haben, für die Präsumtion, daß je länger um so weniger die beiden Werthe sich decken würden.

Von anderer Seite, so z. B. seitens des Landraths des Kreises Lippstadt, wurde sodann geltend gemacht, daß in Folge der sehr niedrigen Taxe des Gesetzentwurfs die Miterben des Anerben vollständig leer ausgehen würden. Denn ziehe man in Betracht, daß das Mobiliarvermögen der meisten Bauern nur selten von größerem Belang sei (dasselbe besteht in der Regel aus dem Ertrage der Ernte, soweit dieser den nothwendigen Wirthschaftsbedarf überschreitet, aus Kleidungsstücken, Bildern, Büchern u. s. w. und nur selten aus baarem Geld und aus Schuldforderungen), ziehe man ferner in Betracht, daß etwa 50 % aller Güter bis zum Werth des 20fachen Katastralreinertrags mit Schulden belastet sind, so gelange man zu dem Resultat, daß in 50 von 100 Fällen für die Miterben so gut wie nichts übrig bleiben werde[243]).

Zur Entkräftung dieser Bedenken wird folgendes geltend gemacht.

Wenn es schon bei der Einschätzung des Grundsteuerreinertrags, welche von sachkundigen, ganz unparteiischen Männern unter steter Controle und Vergleichung mit den benachbarten Bezirken erfolgt ist, nicht möglich gewesen sei, einzelne Irrthümer zu vermeiden, so würden solche Fehler bei der individuellen Schätzung in noch viel größerem Umfange vorkommen. Denn die Schätzung finde hier häufig durch Personen statt, welche überhaupt nicht dazu befähigt seien; in den meisten Fällen außerdem durch solche, welche glauben, ihre Aufgabe bestehe darin, nach dem Interesse ihrer Partei zu schätzen. So kommen denn Schätzungen

243) Dieser Vorwurf ist später auch gegenüber dem Entwurf zu der brandenburgischen L.G.O. erhoben worden von Eccius im Politischen Wochenblatt vom 24. Febr. 1883 (II Nr. 8).

zu Stande, die in auffallender Weise von einander differiren, ja, es entstehe auf diese Weise geradezu eine Art Glücksspiel[244]).

Wenn ferner gegen die Anwendung des Grundsteuerkatasters als Schätzungsmaßstab eingewendet werde, daß in demselben die seit der letzten Grundsteuerveranlagung vorgenommenen Meliorationen nicht berücksichtigt seien, so können in einzelnen Fällen solche Meliorationen allerdings von sehr großem Einflusse auf die Veränderung des Gutswerths sein. Indeß sei die individuelle Schätzung derselben erst recht unsicher; auch sei der beste Taxator jedenfalls der Eigenthümer selbst, der wissen muß, was ihm dieselben gebracht haben. Man werde sich aber wohl um so eher darauf verlassen dürfen, daß in allen Fällen, in denen durch Meliorationen ein wirklich erheblicher Mehrwerth des Landguts erzeugt worden, der Eigenthümer von der ihm eingeräumten Befugniß, sein Gut behufs Feststellung der Taxe, für die sein Nachfolger das Gut zu übernehmen habe, zu schätzen, Gebrauch machen werde, als gerade die Landwirthe, welche gelungene Meliorationen ausführen, zu den intelligenteren zu gehören pflegen. Ferner wird darauf hingewiesen, daß eine periodische Revision des Grundsteuerkatasters, die ja auch aus anderen Gründen zu erstreben sei, den in Rede stehenden Fehler wesentlich zu reduciren im Stande wäre.

Was sodann den Vorwurf betrifft, daß die Uebertragung des Landguts an den Anerben für den 20fachen Grundsteuerreinertrag eine zu starke Bevorzugung des Anerben enthalte, so wird zugegeben, daß diese Taxe in dem größten Theil der Provinz in der That hinter dem wirklichen Werthe der ländlichen Besitzungen erheblich zurückbleibe. Dagegen werde die Differenz zwischen dem wirklichen Werthe und dem durch die Taxe festgestellten in den wirthschaftlich weniger günstig situirten Gegenden, wozu namentlich die Gebirgsgegenden des Sauerlands gehören, wenig erheblich, ja stellenweise auch gar nicht vorhanden sein.

Wolle man nun aber nicht für die verschiedenen Theile der Provinz verschiedene Taxen einführen, so wäre man genöthigt, sich für eine Minimaltaxe, die dem Werth der Landgüter in den ungünstig situirten Gegenden entspräche, zu entscheiden. Ferner wird darauf aufmerksam gemacht, daß der Anerbe mit dem Landgut eine Reihe von rechtlichen und sittlichen Verpflichtungen öffentlicher und privater Natur übernehme, die er nur dann erfüllen könne und gern erfüllen werde, wenn ihm hierzu die Möglichkeit gegeben sei. Diese Möglichkeit liege aber in der Gegenwart, in der ein Theil der ländlichen Grundbesitzer

---

244) Als Beweis dafür, wie sehr willkürlich solche individuelle Schätzungen sein können, sind folgende zwei aus Westphalen stammende Thatsachen angeführt worden. Vor etwa 20 Jahren wurde in einer Proceßsache über Grundentschädigung die Quadratruthe Grund und Boden geschätzt: von 2 Sachverständigen zu 5 Thalern, von einem dritten zu 10 Thalern, von einem vierten zu 15 oder 20 Thalern, von einem fünften zu 25 Thalern und von einem sechsten zu 35 Thalern, also 7 Mal so hoch wie von den beiden ersten, und vor 3 Jahren hat in einem Eisenbahnprocesse über eine Ummegsentschädigung der eine Sachverständige dieselbe geschätzt zu 630 Mark, ein zweiter zu 530 Mark, ein dritter zu 300 Mark und ein vierter zu 41 Mark, also noch nicht einmal zum 15. Theil des ersten. Und in beiden Fällen waren die sämmtlichen Taxatoren beeidigt worden. Beleuchtung der Vorurtheile wider den Entwurf eines Gesetzes über die Vererbung der Landgüter in der Provinz Westphalen S. 14.

einen schweren Kampf um seine Existenz kämpfe, nur dann vor, wenn dem Anerben sein Gut zu einer mäßigen Erbschaftstaxe übergeben werde.

Ferner wird auf den Einwand, daß bei starker Verschuldung des Grundbesitzes die Geschwister des Anerben in Folge der niedrigen Erbschaftstaxe leicht vollständig leer ausgehen können, erwidert, daß der Eigenthümer ja jeder Zeit in der Lage sei, durch eine einfache schriftliche Erklärung die der Auseinandersetzung unter den Geschwistern zu Grunde zu legende Taxe des Landguts mit Berücksichtigung des concreten Falls anders festzusetzen, als es durch das Gesetz geschehen sei.

Und endlich pflege bei einer Ueberschuldung des Grundbesitzes der Erblasser denselben häufig bei Lebzeiten zu verkaufen und den nach Abzug der Schulden übrig bleibenden Rest des Kaufschillings seinen Erben zu gleichen Theilen zu hinterlassen.

Nach Anhörung und Abwägung dieser pro et contra angeführten Gründe hat der westphälische Landtag sich mit den im v. Schorlemerschen Entwurf enthaltenen Grundsätzen über die Taxation der Landgüter einverstanden erklärt. Nur die auf die höhere Taxation von gewerblichen Anlagen bezüglichen Bestimmungen des ursprünglichen Entwurfs wurden von ihm dahin abgeändert, daß für dieselben nicht die ursprünglich aufgestellte Norm (16facher Betrag des Reinertrags nach dem Durchschnittsertrage der letzten 14 Jahre u. s. w.) maßgebend sein, sondern daß die Schätzung „nach allgemeinen Regeln" erfolgen sollte. Dieser Spezialbestimmung wurde dann noch die allgemeiner lautende Bestimmung hinzugefügt, daß, wenn in einem gegebenen Fall der wirkliche Reinertrag eines Landguts wegen eines besonders werthvollen oder umgekehrt wegen eines ruinirten Holzstandes oder aus irgend einem anderen Grunde bedeutend höher oder niedriger als der Katastralreinertrag sei und vom Erblasser keine letztwilligen Verfügungen getroffen seien, der Familienrath auf den Antrag des Anerben oder eines der Miterben den wirklichen Reinertrag zu ermitteln und denselben an die Stelle des Katastralreinertrags zu setzen habe. Der Familienrath sollte aus drei Mitgliedern bestehen, von denen

a. falls sich ein überlebender Ehegatte und seine Kinder gegenüber ständen, das eine Mitglied von dem überlebenden Ehegatten, das andere von der Mehrheit der großjährigen Kinder, und im Fall alle Kinder minderjährig seien, von dem nächsten dispositionsfähigen männlichen Verwandten des verstorbenen Ehegatten zu wählen wäre,

b. falls sich aber nur der Anerbe und seine Geschwister gegenüber ständen, das eine vom Anerben, das andere von den übrigen Miterben zu ernennen wäre.

Das dritte Mitglied sollte in jedem Falle von den beiden ersten Mitgliedern gewählt werden.

Alle drei Mitglieder des Familienraths müßten Besitzer von unter die Bestimmung des Anerbenrechtsgesetzes fallenden Landgütern sein.

Der Familienrath sollte seine Beschlüsse per majora fassen und wäre verpflichtet bei Ermittelung des wirklichen Ertragswerthes so zu verfahren, daß die Erhaltung des Guts dem Anerben nicht zu sehr erschwert würde.

Den von dem v. Schorlemerschen Gesetzentwurf gewiesenen Weg haben denn auch mit einigen Modificationen die für die Provinz Westphalen erlassene Landgüterordnung und nach ihrem Vorbilde auch die brandenburgische und die schlesische Landgüterordnung eingeschlagen, indem alle drei Gesetze von einem ausdrücklich auszuscheidenden Voraus absehen und sich darauf beschränken, den Anerben durch eine mehr oder minder niedrige Annahmetaxe zu begünstigen (verhülltes Voraus).

Es erfolgt somit die Feststellung der Taxe nach der westphälischen Landgüterordnung in folgender Weise:

Als Werth des Landguts incl. des Zubehörs, zu dem auch das Inventar gerechnet wird, wird der 20fache (nach dem Gesetz von 1856: der 16fache) Betrag des Grundsteuerreinertrags der Liegenschaften angenommen. Zu demselben wird dann hinzugeschlagen der 20fache Betrag des Gebäudesteuernutzungswerths derjenigen Gebäude, welche weder zur Wohnung des Eigenthümers, seiner Familie, seiner Dienstleute und Arbeiter bestimmt, noch zur Bewirthschaftung erforderlich sind.

Dem Gutswerthe werden noch hinzugerechnet, nachdem sie nach allgemeinen Regeln abgeschätzt worden sind:

1) die zum Landgute gehörigen nutzbaren Gerechtigkeiten zum zwanzigfachen Betrage,

2) der Werth des nach forstwirthschaftlichen Grundsätzen überständigen Holzes und

3) der Werth der auf dem Landgute vorhandenen gewerblichen Anlagen.

Im Gegensatz zu den Bestimmungen der sonstigen Höfegesetze und Landgüterordnungen gehen nach der westphälischen Landgüterordnung die Abgaben und sonstigen auf dem Landgute ruhenden öffentlichen Lasten an den Gutsübernehmer über, ohne daß wegen derselben ein Abzug vom Grundsteuerreinertrage vorzunehmen ist.

Die **brandenburgische** Landgüterordnung[245]), welche im Allgemeinen hinsichtlich ihrer Taxprincipien auf demselben Boden steht, wie die westphälische Landgüterordnung (Taxation nach dem Grundsteuerreinertrag, Ausschluß des Voraus), unterscheidet sich von der westphälischen dadurch, daß sie für die Taxe bestimmend sein läßt nicht den 20fachen sondern den 30fachen Grundsteuerreinertrag und den 20fachen Gebäudesteuernutzungswerth derjenigen Gebäude, die der Gebäudesteuer unterliegen.

Zu diesem Grund- und Gebäudewerth wird dann noch hinzugerechnet:

1) der 20fache Jahresbetrag der mit dem Landgute als Zubehör verbundenen nutzbaren Gerechtigkeiten, Renten und Gefälle,

2) der Werth des nach forstwirthschaftlichen Grundsätzen überständigen Holzes **auf solchen Grundstücken, welche zur forstwirthschaftlichen Benutzung bestimmt sind**, und

3) der Werth der auf dem Landgute befindlichen gewerblichen Anlagen, **soweit solche nicht für den Betrieb der Land- oder Forstwirthschaft erforderlich sind.**

Dagegen wird — im Gegensatz zur westphälischen Landgüterordnung — von dem dergestalt ermittelten Werthe abgesetzt der Werth der auf dem Landgute nebst Zubehör ruhenden Lasten und Abgaben.

Dauernde Lasten und Abgaben werden mit dem 20fachen ihres muth-

245) Brandenb. L.G.O. 13.

maßlichen Jahresbetrags, vorübergehende, wie z. B. Altentheile, mit einem nach Maßgabe des § 9 der Civilproceßordnung zu berechnenden Capitale, höchstens aber mit dem 20fachen des Jahresbetrags in Abzug gebracht.

Für Lasten und Abgaben, auf welche die Ablösungsgesetze Anwendung finden, wird das nach diesen zu berechnende Capital in Abzug gebracht.

Nach der schlesischen Landgüterordnung[246]) soll in Ermangelung einer anderweitigen Vereinbarung unter den Miterben der 40fache Betrag des Grundsteuerreinertrags der Liegenschaften der Uebernahmetaxe bilden. Bei dieser Bestimmung ist weder im Provinzialausschusse noch im schlesischen Provinziallandtage noch in den beiden Kammern des preußischen Landtags von einem Abzuge für die auf dem Landgute ruhenden Lasten und Abgaben, ebensowenig aber auch von einer Hinzurechnung des Werths der Gebäude, Gerechtigkeiten, Renten, Gefälle und des Inventars sowie des Werths der gewerblichen Anlagen und des überständigen Holzes die Rede gewesen. Es ist hiernach anzunehmen, daß, indem principaliter der Gutswerth in Bausch und Bogen auf den 40fachen Grundsteuerreinertrag festgestellt wurde, dabei die Absicht obgewaltet hat, alle weiteren Berechnungen über den Werth des Landguts entbehrlich zu machen.

Doch kann an die Stelle dieser Taxe auf Antrag des Anerben oder eines Miterben die Abschätzung des Gutswerths nach den für Auseinandersetzungen geltenden Abschätzungsgrundsätzen der schlesischen Landschaft durch deren Behörden treten.

Endlich ist im Gegensatz zu den älteren Höferechten, denen das hannoversche Höfegesetz vom 2. Juni 1874 als Vorbild gedient hat, in den neueren für die Provinzen Westphalen, Brandenburg und Schlesien bestimmten Landgüterordnungen bei Feststellung der Taxe auf Hypotheken, Grundschulden und sonstige auf dem Landgute lastende Privatverbindlichkeiten keine spezielle Rücksicht genommen worden. Und zwar hat dieses seinen Grund darin, daß diese neueren Landgüterordnungen den Anerben nicht wie die älteren Höfegesetze als Singularsuccessor auffassen. Da mithin weder die Erbschaftsschulden überhaupt, noch auch speziell die auf dem betreffenden Landgute ruhenden Schulden dem Gutsübernehmer allein, sondern sämmtlichen Erben zur Last fallen, so sind sie auch bei der Theilung des Nachlasses von demselben vorweg in Abzug zu bringen bezw. von den Erben nach Verhältniß ihrer Erbtheile zu übernehmen.

## J. Voraus und sonstige Begünstigungen des Anerben. Abfindungen der Miterben[247]).

Das Interesse der Grund- und Landesherrn an der Erhaltung der Bauernhöfe im „prästationsfähigen Zustande" hatte, wie wir oben gezeigt haben, seiner Zeit zur Ausbildung des Anerbenrechts geführt. Einen wesentlichen Bestandtheil dieses Anerbenrechts bildete die Bevorzugung des Anerben vor seinen Miterben. Diese steigerte sich in der Regel so weit, daß der Anerbe als alleiniger Erbe des bäuerlichen Hofs angesehen wurde und ihm nur die Verpflichtung

246) Schles. L.G.O. 14. Circular der schlesischen Generallandschaftsdirection an die Fürstenthums-Landschaften vom 21. Juni 1884.

247) Beseler, Deutsches Privatrecht, 2. Aufl. 1866, § 17.

zur Alimentation seiner Geschwister während ihrer Minderjährigkeit und zu ihrer Ausstattung im Fall der Verheirathung oblag. Aber selbst wenn der Anerbe seinen Geschwistern bestimmte Geldantheile auszuzahlen verpflichtet war, so zahlte er sie meist nur aus dem Allod und nicht vom Hof. Auch hatten sie meist nur die Natur von Abfindungen oder Ausradungen, nicht aber die von eigentlichen Erbantheilen.

Nur ausnahmsweise succedirten sämmtliche Miterben in den Werth des Guts, aber auch in diesem Fall wurde der Anerbe entweder dadurch begünstigt, daß er das Gut nach einer sehr niedrigen Taxe oder daß er bei höherer Gutstaxe ein Präcipuum, ein sog. Voraus oder eine Vortheilsgerechtigkeit, erhielt.

Sofern nicht das Gesetz oder Herkommen etwas anderes bestimmten, wurde der Betrag der den Geschwistern des Anerben zukommenden Abfindungen in jedem einzelnen Falle gewöhnlich durch die Gutsherrschaft oder die Verwaltungsbehörde nach billigem Ermessen festgestellt. Bei dieser Feststellung pflegten zugleich die Kräfte des Hofs, die Zahl der Betheiligten, die Größe der Schulden, das Allodialvermögen u. s. w. in Betracht gezogen zu werden. Immer aber waren diese Abfindungen im Vergleich zu dem auf den Anerben fallenden Antheil bis zum Schluß des vorigen Jahrhunderts gering.

Als dann mit der Grundentlastung und mit der Veränderung der Steuerverfassung die Hauptmotive, welche seiner Zeit zur Bevorzugung des Anerben auf Kosten seiner Geschwister geführt hatten, wegfielen, und als mit der Verbreitung der Idee von der Gleichheit der Staatsbürger vor dem Gesetz die ungleiche Behandlung der Geschwister durch das Erbrecht viel lebhafter empfunden wurde als in früheren Zeiten, da wurde das Anerbenrecht entweder vollständig beseitigt, oder es wurden doch die Erbantheile der Geschwister wesentlich erhöht und dem Antheil des Anerben angenähert. In letzterer Beziehung genügt es für die ältere Zeit an die für die schleswigschen Bondegüter erlassenen Verordnungen vom 18. Juni 1777 und vom 22. Juni 1784, sowie an das für die badischen Hofgüter erlassene Edict vom 23. März 1808 zu erinnern. Die Tendenz dieser Gesetzgebungen wird am besten dadurch charakterisirt, daß seit jener Zeit die Erbantheile, die der vortheilsberechtigte Anerbe seinen Geschwistern im badischen Schwarzwalde auszuzahlen hat, als „Gleichstellungsgelder“ bezeichnet werden.

Aber wenn die Geschwister des Anerben heute auch als Miterben behandelt und so große Ungleichheiten der Erbantheile, wie sie früher allgemein waren, vermieden werden müssen, weil sie dem heutigen Rechtsbewußtsein widersprechen, so erscheint die Taxation des Hofs oder Landguts nach dem Ertragswerthe sowie ein mäßiges, dem Anerben einzuräumendes Voraus, sei dieses nun verdeckt oder offen, auch heute noch geboten, wenn man Werth darauf legt, den Grundbesitz in denjenigen Familien, in deren Besitz derselben einmal gelangt ist, erhalten zu sehen.

1) Denn namentlich im Bauernstande ist keinerlei Garantie dafür gegeben, daß der Anerbe außer dem Hof oder Landgut auch noch anderes, namentlich Mobiliarvermögen erhält oder besitzt. Daß dem Anerben durch eine reiche Heirath, durch Erbschaft, aus einer von seinem landwirthschaftlichen Grundbesitz unabhängigen Unternehmung u. s. w. größere Summen zufließen, ist eine Ausnahme, welche die Vertheidiger des gemeinen Erbrechts irrthümlich zur Regel

erheben und auf welche sie ein zu großes Gewicht legen [248]). Dadurch, daß der Gutsübernehmer in der Regel ein mit sog. Familienschulden mehr oder minder stark belastetes Gut übernimmt und daß ihm gewöhnlich keine weiteren Mittel zur Verfügung stehen, um die Miterben abzufinden oder die auf dem Hofe sonst ruhenden Schulden abzuzahlen, unterscheidet sich derselbe gewöhnlich von dem Capitalisten, der das Gut sonst kaufen würde.

2) Ferner bedarf der Anerbe bei seinem Besitzantritte des väterlichen Hofs bedeutender Summen, um die väterliche Wirthschaft fortzuführen, namentlich um den vorhandenen Viehstand zu übernehmen oder einen für den ordnungsmäßigen Betrieb erforderlichen Viehstand anzuschaffen, um Neubauten auszuführen, die laufenden Löhne und Steuern zu bezahlen u. s. w. Ist er nun verpflichtet, bei seinem Besitzantritte hohe Abfindungen an seine Geschwister auszuzahlen, so wird er diese die Ertragsfähigkeit seines Guts erhaltenden und steigernden Ausgaben gewöhnlich nicht machen können.

3) Ferner darf der Grundbesitzer mit Erbantheilen nicht zu stark belastet sein, wenn er durch Mißernten, Viehseuchen, sowie in Kriegs- und Revolutionszeiten verursachte Verluste nicht ruinirt werden soll.

4) Abgesehen von den erwähnten außerordentlichen Ursachen ist die Höhe der Grundrente sowohl wie des Grundwerths, und zwar sowohl des Ertrags- als des Verkehrswerthes, auch sonst bedeutenden Schwankungen unterworfen.

Die in Geld ausgedrückte Grundrente schwankt nicht nur in Folge der Veränderungen der Natural-Roherträge (auf deren Höhe abgesehen von Wind und Wetter der Landwirth einen großen Einfluß hat), sondern auch in Folge der Veränderungen der Productionskosten und der Productenpreise (auf welche der Landwirth nur wenig oder gar keinen Einfluß hat).

Der in Geld ausgedrückte Ertragswerth des Grundbesitzes ist sodann dem Wechsel unterworfen nicht nur in Folge der verschiedenen Höhe der Grundrente, sondern auch in Folge der Veränderlichkeit des Zinsfußes, nach dem die Grundrente capitalisirt wird.

Endlich verändert sich der in Geld ausgedrückte Verkehrswerth des Grundbesitzes nicht nur mit den Veränderungen der Grundrente und des Grundertragswerths, sondern, wie wir oben auf Seite 251 ff. gezeigt haben, noch in Folge einer Reihe anderer Umstände.

Alle diese Veränderungen werden nur von demjenigen Grundbesitzer ohne Verlust seines Besitzes überstanden werden, der durch die Erbantheile seiner Geschwister nicht allzusehr belastet ist.

5) Insbesondere in der Gegenwart spricht für diese Begünstigung des Anerben, daß in Folge der neu eröffneten Concurrenz der landwirthschaftlichen Producte Osteuropas, Amerikas, Asiens, Australiens und nächstens wohl auch Afrikas mit den landwirthschaftlichen Producten Mittel- und Westeuropas auf dem westeuropäischen Markte die Preise der letzteren gegenwärtig zum Theil die Tendenz haben unter das Niveau der Productionskosten zu sinken, während die

248) So neuerdings auch wieder Zuns, Einiges über Rodbertus S. 17 ff., dessen Bekämpfung seiner Gegner auf einem Mißverständnisse beruht, und dessen Beweisführung sich auf Voraussetzungen stützt, welche nur für einen Theil desjenigen Gebiets, für welches das gemeine und das demselben nachgebildete Erbrecht gilt, zutreffen.

mit baarem Gelde abgefundenen Miterben für ihre Geldantheile auf eine gleichmäßige und sichere Verzinsung rechnen können[249]).

In solchen für den ländlichen Grundbesitz kritischen Zeiten, wie wir sie in der Gegenwart durchleben, ist der grundbesitzende Landwirth durchaus schlimmer gestellt, als jeder andere Stand. Genügt das Einkommen des Beamten, Lehrers, Geistlichen nicht, um die in diesen Classen durchschnittlich üblichen Bedürfnisse zu befriedigen, so pflegt dasselbe über kurz oder lang erhöht zu werden. Wirft ein Handels- oder Industriegeschäft nicht mehr den landesüblichen Unternehmergewinn ab, so kann der Geschäftsbetrieb eingeschränkt, zeitweilig eingestellt oder gänzlich aufgegeben werden. Dabei wird der Unternehmer um so weniger Capitalverluste erleiden, je weniger das in dem Geschäft fixirte Capital den Charakter der Beweglichkeit verloren hat. Endlich kann auch der Lohnarbeiter dadurch, daß er in eine andere Branche übergeht, sich der ungünstigen Lage eines bestimmten Geschäftszweigs entziehen. Dagegen ist der Grundbesitzer mit seinem Vermögen an die Scholle und an einen bestimmten Beruf gebunden und kann sich von diesem Zwange nur dadurch befreien, daß er einen Ersatzmann findet, der das Gut übernimmt und damit an seine Stelle tritt. Käufer zu finden, ohne dabei sein Grundcapital zu verlieren, ist aber in kritischen Zeiten außerordentlich schwer. So wird uns aus einigen Gegenden der östlichen Provinzen Preußens berichtet, daß in denselben Gut bei Gut zum Verkauf gestellt ist, während die Käufer sich nicht einfinden wollen.

6) Infolge der oben erwähnten Ursache sowie einer Reihe von anderen Ursachen pflegt das in Grund und Boden investirte Capital sich gegenwärtig im Allgemeinen niedriger zu verzinsen, als das in anderen Unternehmungen angelegte Capital, oder mit anderen Worten: es pflegt die landwirthschaftliche Rente unter dem landesüblichen Zinsfuß zu stehen. Während dieser im großen Ganzen im Deutschen Reiche 4—5 % betragen dürfte, wird die landwirthschaftliche Rente in den verschiedenen Theilen Deutschlands auf 2—3½ % veranschlagt[250]).

---

249) So wird namentlich in Bayern neuerdings darüber geklagt, daß seitdem der Uebernehmer des väterlichen Hofes keine Vorzugsrechte mehr genießt, sondern gehalten ist, das Erbe, in welchem der Hof oft zu dem höchsten Preise veranschlagt wird, mit den Geschwistern gleichheitlich zu theilen, häufig Fälle eintreten, daß die Geschwister mit gesicherten Vermögenstheilen abziehen und den verschuldeten Hof zurücklassen, auf welchem sich dann der Uebernehmer nicht zu halten vermag. M. Seydel, Die Zwangsversteigerungen landwirthschaftlicher Anwesen in Bayern während des J. 1880, in der Zeitschr. des königl. bayerischen statist. Bureaus, Jahrgang 12 (1880 Nr. 4) S. 180.

250) Die Belege hierfür finden sich in größerer Anzahl zusammengestellt bei Leo, Allgemeine Nationalökonomie, Jena 1880, S. 57. Wir erwähnen hier auch, daß nach den Rentabilitätsberechnungen für die 68 bäuerlichen Wirthschaften, über welche bei Gelegenheit der jüngsten badischen Erhebungen Einzelberichte eingegangen sind, der Steuercapitalwerth der betreffenden Güter nur 0,68% abwarf. Doch scheinen den Berechnungen allerdings bedeutende Mängel anzuhaften, so daß diese Zahlen nur mit Vorsicht aufzunehmen sind. Ergebnisse der Erhebungen über die Lage der Landwirthschaft im Großherzogthum Baden 1883, Beilage VI, und Sprenger, Die Lage der Landwirthschaft in Baden, Karlsruhe 1884, S. 6 ff.

7) Endlich muß für die Bevorzugung des Anerben noch geltend gemacht werden, daß die mit geringeren Erbantheilen abgefundenen Geschwister in der Aussicht, in Zeiten der Hilflosigkeit und Noth auf dem elterlichen Gute eine Zufluchtsstätte zu finden, ein Aequivalent besitzen. Gilt doch nach v. Gerber[251]) da, wo sich noch ein besonderes bäuerliches Erbrecht erhalten hat, allgemein der Grundsatz, daß die Geschwister des Gutsübernehmers das Recht haben, bis zur Auszahlung ihrer Abfindungen auf der elterlichen Hofstelle zu bleiben und unterhalten zu werden.

Dieses ältere Recht ist leider nicht von allen neueren Gesetzen ausdrücklich anerkannt worden. Immerhin knüpft sich auch heute noch an das Anerbenrecht die sittliche Verpflichtung des Anerben, für seine Geschwister in Zeiten der Hilflosigkeit und Noth zu sorgen. Auch wird zu erwägen sein, ob und wie weit diese sittliche Pflicht in Zukunft wieder zu einer Rechtspflicht gesteigert werden kann.

Haben wir somit die Nothwendigkeit der Einräumung eines Vorzugs an den Anerben begründet, so fragt es sich jetzt, wie hoch der Vorzug sein müsse.

Für die Bemessung dieser Höhe kann hier nur das allgemeine Princip aufgestellt werden', das Präcipuum müsse so hoch, aber auch wieder nur so hoch sein, daß das Gut bei mittlerer wirthschaftlicher und technischer Tüchtigkeit des Anerben von demselben in der Familie erhalten werden könne. Hieraus ergiebt sich, daß das Voraus, je nach den verschiedenen Ländern und Zeiten, für die dasselbe bestimmt ist, sehr verschieden hoch zu stellen ist.

Durch die verschiedenen Verhältnisse, welche die einzelnen Schriftsteller bei Formulirung ihrer Vorschläge im Auge hatten, ist es denn wohl auch zu erklären, daß sie in ihren Forderungen sehr bedeutend von einander abweichen. Denn während L. v. Stein — wie wir oben zeigten — dem Anerben die ganze geschlossene Hufe zutheilt und ihn nur verpflichtet, für seine Geschwister zu sorgen, wie der Vater, falls er am Leben wäre, für sie zu sorgen verpflichtet wäre, beansprucht der Freiherr von Vogelsang für den Anerben ein Präcipuum im Betrage von $^3/_4$, der Graf Arco-Zinneberg, G. Ratzinger und Preser im Betrage von $^1/_2$ und Dr. A. Peetz je nach den örtlichen Verhältnissen einen Vorzug von $33^1/_3$—50 % des Gutswerthes nach Abzug der Schulden[252]).

Vergleicht man Länder mit verschiedener Güte des Klimas und Bodens sowie verschiedener volkswirthschaftlicher Lage mit einander, so wird die Begünstigung des Anerben um so größer sein müssen, je ungünstiger diese Factoren sind: also möglichst groß in unfruchtbaren, hoch gelegenen, klimatisch wenig begünstigten, volkswirthschaftlich zurückgebliebenen Ländern mit schlechten Communicationsmitteln, und weniger groß in fruchtbaren Gegenden mit mildem Klima, hohen Preisen der Bodenproducte, guten Absatzwegen, reichem Verkehr u. s. w.

Aus dem Vorhergehenden wird es jetzt klar sein, weshalb bei Berathung der hannoverschen und oldenburgischen Höfegesetze die Nothwendigkeit eines hohen

---

251) v. Gerber, Deutsches Privatrecht, 7. Aufl., § 283.

252) L. v. Stein, Bauerngut und Hufenrecht S. 19 ff. v. Vogelsang, Die socialpolitische Bedeutung der hypothekarischen Grundbelastung S. 46 ff. G. Ratzinger, Erhaltung des Bauernstands S. 37 ff. Preser, Erhaltung des Bauernstands S. 202. A. Peetz, Die Frage eines singulären Erbrechts S. 8.

Voraus namentlich für die Geestdistricte betont wurde, während man in den Marschdistricten entweder mit einer geringeren Begünstigung des Anerben zufrieden war oder sogar auf jede Begünstigung verzichten zu können meinte. Auch folgt aus dem Umstande, daß durchweg die Ertragsfähigkeit des in Folge des oldenburgischen Erbrechtsgesetzes vom 24. April 1873 zu Erbstellen erklärten Besitzthums hinter der des behausten Privateigenthums im Allgemeinen zurückbleibt, daß vorzugsweise die Eigenthümer von weniger ergiebigem Grund und Boden die Nothwendigkeit empfunden haben behufs gesicherter zukünftiger Bewirthschaftung desselben eine gleichmäßige Theilung unter sämmtliche Erben zu verhindern[253]).

Wie in Oldenburg so erhält auch im badischen Schwarzwalde der sog. Vortheilserbe unter schwereren Bedingungen des Wirthschaftens ein höheres Voraus. Während nämlich das Präcipuum im Allgemeinen $^1/_{10}$ des Gutsanschlags beträgt, kann diese Quote in rauhen Gegenden auf $^1/_8$ erhöht werden.

Ebenso wird auch zwischen Zeiten mit günstigen und weniger günstigen landwirthschaftlichen Conjuncturen zu unterscheiden sein, indem der Grundbesitzer sich im ersteren Falle schon bei einem kleinen Vorzuge auf seiner Scholle halten kann, während er in dem zweiten Falle zu diesem Zweck eines höher bemessenen Vorzugs bedarf.

Sofern sich in der naturgemäß nach allgemeinen Normen strebenden Gesetzgebung alle diese Verschiedenheiten nicht zum Ausdruck bringen lassen sollten, werden die Verhältnisse der ungünstig situirten Besitzer für die Höhe des Voraus bestimmend sein müssen.

Wie bereits oben erwähnt wurde, kann die Begünstigung des Anerben entweder in der Form der niedrigen Schätzung des Hofs oder Landguts („Bruder und Schwestertaxe“ in Schleswig, „geschwisterlicher Werth“ in Westphalen: sog. verdecktes, verhülltes Voraus) oder in der Form eines nach Procenten des wirklichen Ertragswerths berechneten Präcipuum (eigentliches Voraus, Vortheilsgerechtigkeit) oder in beidem zugleich ausgedrückt sein.

Obgleich der Unterschied zwischen dem eigentlichen und dem in der niedrigen Erbtaxe verhüllten Voraus wesentlich ein formeller ist, so scheint der auf eine gleiche Behandlung aller Staatsbürger gerichtete Zug unserer Zeit doch weniger Anstoß an dem verhüllten, als an dem eigentlichen Voraus zu nehmen.

Eine Reihe von Rechtspolitikern, die scheinbar gegen eine Begünstigung des Anerben vor seinen Geschwistern sind, sind, wenn man ihre Ansichten näher prüft, doch nur Gegner des eigentlichen Voraus.

Zu denselben gehören u. A. Bluntschli[254]), Miquél[255]) und v. Inama-Sternegg[256]).

---

253) P. Kollmann in Schmollers Jahrbuch, Jahrg. 7 Heft 2 S. 224.

254) Bluntschli in der Gegenwart 1879 Nr. 33.

255) Verhandlungen der am 9. und 10. October abgehaltenen Generalversammlung des Vereins für Socialpolitik, Leipzig 1882, S. 35.

256) v. Inama, Zur Reform des Agrarrechts S. 15, 18, 19. Für die Benutzung des Katastralreinertrags als Grundlage der Erbschaftstaxe hat neuerdings v. Inama folgende Gründe geltend gemacht: 1) daß er auf Grund sehr sorgfältiger und individueller und doch für die verschiedenen Gegenden gleichmäßiger Erhebung festgestellt ist, 2) daß er die mittlere objective Ertragsfähigkeit des Guts zu ermitteln sucht, also jenes Werthmaß, welches allein für die Bewerthung des Objects

Denn wenn z. B. Oberbürgermeister Miquél meint, daß von einem Voraus des Anerben abgesehen werden müsse, dann aber doch verlangt, daß das dem Anerbenrecht unterliegende Gut von Sachverständigen nach dem dauernden, nachhaltigen, immer vorhandenen Reinertrage unter Berücksichtigung aller der Risiken und Gefahren des Gutsübernehmers taxirt werde, so enthält eine solche Taxe ein verhülltes Voraus für den Anerben.

Ebenso finden wir es nicht ohne Widerspruch, wenn v. Inama einerseits erklärt: „Zu einem gemeinrechtlichen Grundsatze wird sich die differente Behandlung der Erben in Bezug auf den Vermögenswerth in unserer Zeit nicht mehr eignen. Gerade darin unterscheidet sich das sociale Princip der modernen Anerbenfolge von dem unsocialen der früheren Epoche. Die Miterben werden, um den mit der Anerbenfolge beabsichtigten Zweck zu erreichen, weder überhaupt jedes Erbrechts am Gute verlustig erklärt werden müssen, noch werden sie mit kleineren Erbportionen zufrieden zu stellen sein, noch sich eine absichtlich zu niedrige Schätzung des Guts gefallen lassen müssen, um dem Anerben einen Vortheil, ein praecipuum, zu sichern" — und wenn er dann in Ländern mit geordnetem Grundsteuerkataster für die Bewerthung der Erbschaft den Katastralreinertrag zu Grunde gelegt zu sehen wünscht und zugleich selbst anerkennt, daß dieser durchgehends niedriger ist, als der effective mittlere Reinertrag der Güter. Es perhorrescirt demnach auch v. Inama eine in der niedrigen Taxe enthaltene Bevorzugung des Anerben keineswegs, wie aus seinen oben wörtlich citirten Worten geschlossen werden könnte; ja er sucht eine solche Differenz der Erbtheile zu Gunsten des Anerben ausdrücklich durch den Hinweis darauf zu rechtfertigen, daß ja überhaupt durch seine wirthschaftliche Thätigkeit der factische Reinertrag gewonnen werde, während den Miterben ein arbeitsloses Einkommen zufließe und ihnen ihre ganze Arbeitskraft frei bleibe. In Wirklichkeit steht somit v. Inama auf dem Standpunkte der neueren preußischen Landgüterordnungen mit ihrer in der niedrigen Taxe enthaltenen Begünstigung des Anerben. Ja er geht bei Bevorzugung des Anerben noch über diese hinaus, indem er den Miterben keinen Anspruch auf ein beliebig kündbares, sondern nur einen solchen auf ein unkündbares, im Laufe einer kürzeren Zeit zu amortisirendes Capital einräumt, und gesteht schließlich selbst zu, „daß durch diese Einrichtungen der Effect eines praecipuum erreicht wird".

Ueber die Nachlaßtaxe haben wir bereits oben gesprochen, so daß wir uns hier auf die Behandlung des Voraus beschränken können.

Die Höhe des Voraus wird entweder in jedem einzelnen Fall durch letztwillige Anordnung des Erblassers oder durch Vereinbarung zwischen Eltern und Kindern bezw. unter den Erben allein oder durch eine Taxationscommission oder generell durch die Gesetzgebung festgestellt.

Die gesetzliche Norm hat gewöhnlich nur subsidiäre Bedeutung, d. h. sie tritt nur in Kraft, wenn nicht auf anderem Wege über diesen Gegenstand Bestimmung getroffen worden ist. So sind nach hannoverschem Recht[257])

ohne Rücksicht auf die größere oder geringere Tüchtigkeit des wirthschaftenden Subjects maßgebend ist, endlich 3) daß er beständig corrigirbar und einer sorgfältigen Revision unterworfen ist (oder unterworfen werden kann und soll), so daß er sich möglichst genau an die realen Verhältnisse der Gutswirthschaft anschließen kann.

257) Hannov. Ges. v. 1874 § 16. Lauenb. Ges. 15. Schlesw.-Holst. Ges.-Entw. 14.

zwei Drittel des Taxwerths des nach Anerbenrecht sich vererbenden Hofs in die Erbschaftsmasse einzuschießen; ein Drittel der Hofestaxe erhält der Anerbe als Präcipuum. Bei Taxirung der Höhe dieses dem Anerben einzuräumenden Voraus schloß man sich in Hannover allgemein an die bisher im Osnabrückischen üblich gewesene Praxis an. Der von einem Hofbesitzer im hannoverschen Provinziallandtage eingebrachte Antrag, das Präcipuum des Anerben auf $^2/_5$ des schuldenfreien Ertragswerths zu erhöhen, stieß hauptsächlich deshalb auf allgemeinen Widerstand, weil man befürchtete, daß je höher das Voraus gestellt werde, um so geringer die Benutzung der Höferolle durch den Bauernstand sein würde, weil die Frau des Hofbesitzers und die Geschwister des präsumtiven Anerben alles daran setzen würden, um die Eintragung des Hofs in die Höferolle zu hintertreiben.

An die Bestimmung des hannoverschen Gesetzes hinsichtlich der Höhe des Voraus schließen sich das für Lauenburg erlassene Gesetz und der für Schleswig-Holstein ausgearbeitete Gesetzentwurf an.

Das bremische Gesetz[258]), das im Interesse einer möglichst gleichen Vertheilung des Nachlasses, wie oben dargestellt wurde, den Werth des Hofs durch Multiplication seines Reinertrags mit 25 (statt wie das hannoversche u. s. w. Gesetz mit 20) ermitteln läßt, gewährt dem Anerben überdies nur ein Voraus von $^1/_4$ des Hofswerthes.

Die übrigen $^2/_3$ resp. $^3/_4$ des Hofswerthes gelangen nebst dem sonst etwa noch vorhandenen Nachlasse in Hannover, Lauenburg, Schleswig-Holstein und Bremen nach den Vorschriften des allgemeinen Erbrechts zur Vertheilung unter sämmtliche Erben, mit Einschluß des Anerben.

In Oldenburg[259]) ist das Voraus, mit Rücksicht auf das in den einzelnen Landestheilen verschiedene Bedürfniß nach Begünstigung des Anerben, sowie auf die verschiedene bisherige Uebung, auch durch das neueste Gesetz nicht einheitlich normirt worden, es erhält vielmehr der Anerbe in drei Aemtern und einigen Gemeinden (Aemter: Jever, Stollhamm und Landwührden, Gemeinden: Jever, Esenshamm, Rodenkirchen, Ovelgönne, Golzwarden) 15 %, in den übrigen Aemtern und Gemeinden dagegen 40 % des vollen schuldenfreien Werths als Voraus und hat den Rest in die Erbschaftsmasse einzuschießen, an der er dann ebenfalls mit einem Kopftheil participirt.

Die größte Begünstigung wird dem Anerben nach dem für Schaumburg-Lippe[260]) im J. 1870 erlassenen Gesetze zu Theil; dasselbe gewährt ähnlich den älteren Gesetzen den Miterben nicht einmal ein Erbrecht am Hof, sondern nur ein Recht auf die Abfindung. Diese Abfindung soll vom Hofeswerth 30 %, wenn ein oder zwei, 35 %, wenn drei oder vier, und 40 %, wenn fünf oder mehrere Miterben vorhanden sind, betragen. Die den mehreren Miterben zusammen gebührende Abfindung wird unter ihnen nach gemeinrechtlichen Grundsätzen getheilt.

258) Brem. Ges. 15.
259) Oldenb. Ges. A. 8 § 1, 4.
260) Schaumb.-Lipp. Ges. 7, 8, 27—33.

Einen von den bisher erwähnten Gesetzen für die Feststellung des Voraus verschiedenen Weg schlagen die braunschweigischen Gesetze[261]) von 1858 und 1874 ein, indem hier nicht nur die Taxe, sondern auch das Voraus für jeden einzelnen Fall besonders festgestellt wird. Hat nämlich der Erblasser keine letztwillige Verfügung getroffen und ist auch unter den Miterben keine gütliche Vereinbarung zu Stande gekommen, so wird die Größe der Bevorzugung des Anerben für jeden einzelnen Fall besonders von den unter Leitung des Amtsgerichts fungirenden Schiedsmännern, denen auch die Taxation des Bauernhofs resp. des Pertinenzguts übertragen ist, festgestellt. Maßgebend für die Höhe des Voraus soll die Rücksicht darauf sein, daß das Gut bei Kräften bleibe; in keinem Fall aber soll das dem Anerben zu gewährende Voraus den dritten Theil des schuldenfreien Ertragswerths des Bauernguts übersteigen dürfen. Für die Anbauer- und Brinksitzeranwesen, bei denen sich gar keine oder nur geringe fruchttragende Grundstücke befinden, muß das Voraus stark ermäßigt werden oder auch ganz wegfallen. Die Abfindungsantheile der Miterben bleiben als dingliche Lasten auf dem Hofe haften, bis ihre Auszahlung gefordert wird.

Außer der Begünstigung des Anerben durch das Voraus und eine niedrige Erbschaftstaxe kann die Lage des Anerben noch erleichtert werden durch Gewährung von längeren Fristen für die Auszahlung der Abfindungen und Erbantheile an die Geschwister.

Nach älterem Recht durften diese ihre Abfindungen erst dann verlangen, wenn sie sich verheiratheten oder eine selbständige Wirthschaft begründeten, und nur ausnahmsweise bereits dann, wenn sie volljährig geworden waren. Die Zinsen der nicht ausgezahlten Erbantheile wurden in der Regel gegen den Unterhalt, den die Miterben im Hof genossen, aufgerechnet. Auch fielen nicht ausgezahlte Erbtheile nach dem Tode ihres Inhabers regelmäßig dem Hofinhaber zu. Dagegen besaßen die Geschwister des Gutsübernehmers das Recht, bis zur Auszahlung ihrer Abfindungen auf der elterlichen Hofstätte zu bleiben und unterhalten zu werden.

Einen dem älteren Standpunkte verwandten nehmen in der Gegenwart noch die für Schaumburg-Lippe, Braunschweig und Westphalen erlassenen Gesetze ein.

Nach dem schaumburg-lippeschen Gesetze[262]) vererbt sich ein erworbenes Recht auf Abfindung nach dem sonst giltigen bürgerlichen Recht, es wird der Anspruch auf Abfindung aber erst fällig, wenn der Berechtigte volljährig wird oder wenn er sich verheirathet oder wenn der Hof auf andere Weise als durch Erbgang bez. Abtretung unter Lebenden auf einen anderen Eigenthümer übergeht. Vor dem Eintritt der Fälligkeit des Abfindungsanspruchs ist jeder Hofswirth verpflichtet, dem Abzufindenden bis zum vollendeten 15. Lebensjahre Aufenthalt, Kost und sonstigen Unterhalt sowie Erziehung in seiner Familie zu gewähren, denselben auch nach dieser Zeit noch in Krankheits- und anderen Nothfällen auf dem Hof aufzunehmen und ihm, soweit dessen eigenes Vermögen nicht ausreicht, Unterhalt und Pflege in seiner Familie zu geben. Dagegen haben die Abfindlinge, welche von dem Hofeswirthe in seiner Familie unterhalten

261) Braunschw. Ges. v. 1858 § 17; von 1874 §§ 11, 12, 16.
262) Schaumb.-Lipp. Ges. 88—90, 85.

werden, demselben auch wieder eine ihren Kräften entsprechende Arbeitshilfe zu leisten.

Auch nach dem für die braunschweigischen Pertinenzgüter[263]) geltenden Rechte werden die festgestellten Capitalabfindungen erst mit dem 25. Lebensjahr des Abzufindenden fällig; bei Erbinnen jedoch auch schon mit ihrer Verheirathung. Bis zur Auszahlung sind die Abfindungssummen mit vier von hundert in halbjährigen gleichen Raten zu verzinsen. Uebrigens können die gesetzlichen Fälligkeitstermine auf Antrag des Anerben in folgenden Fällen noch weiter erstreckt werden: bei erheblicher Belastung des Guts mit Schulden zur Zeit der Werthsermittlung, bei später eintretenden Unglücksfällen und daraus entstandener Ueberlastung des Guts, und wenn aus Anlaß von Verheirathungen der Geschwister die Fälligkeitstermine einander zu rasch folgen. Doch haben die Abzufindenden vor dem Eintritt der gesetzlichen Fälligkeitstermine Anspruch auf Abschlagszahlungen, wenn die Zinsen der Abfindungen zu ihrer Erhaltung, Erziehung, Ausstattung oder zu ihrem Fortkommen nicht ausreichen. Außerdem ist der Anerbe verpflichtet, seine Geschwister im Gute zu erhalten, wenn sie wegen körperlicher Gebrechen und Geistesschwäche außer Stande sind für ihre Alimentation zu sorgen und hierzu auch in der Abfindung oder in sonstigem Vermögen ausreichende Mittel nicht besitzen. In diesem Falle verlieren die Alimentirten jedoch ihr Recht auf Capitalabfindung und Capitalverzinsung.

Das für die Bauerngüter bestimmte braunschweigische Gesetz[264]) enthält nur die kurze Bestimmung, daß die Abfindlinge kein Recht auf Zahlung oder Verzinsung ihrer Abfindung haben, so lange sie im Hofe bleiben, was darauf schließen läßt, daß sie die freie Wahl haben, ob sie auf dem Hof bleiben oder ihre Abfindung ausgezahlt verlangen wollen.

Von den neueren preußischen Landgüterordnungen hat nur die westphälische Landgüterordnung den älteren Zustand conservirt[265]). Nach dieser können die miterbenden Geschwister des Gutsübernehmers standesgemäßen Unterhalt auf dem Landgute gegen Leistung standesgemäßer, ihren Kräften entsprechender Mitarbeit beanspruchen. Dieses Recht dauert jedoch nur so lange, wie die Abfindungen oder Zinsen auf Verlangen der Geschwister nicht ausgezahlt worden sind. Der Anspruch auf Abfindung erlischt, wenn der Abzufindende bis zu seinem Tode den Unterhalt auf dem Landgute gehabt hat und einen Ehegatten oder Kinder nicht hinterläßt.

Dieses den Geschwistern des Anerben eingeräumte Recht hat den Zweck, die Härte, welche etwa in den geringen Erbtheilen der Geschwister liegen könnte, zu mildern. Von besonderer Wichtigkeit ist es für die gebrechlichen Geschwister, welche nicht arbeiten können und deren Einkommen zum Unterhalt nicht hinreicht. Diese erhalten damit einen größeren Vortheil, als durch eine höhere Abfindung. Dem Hofeserben aber fällt die Last nicht so schwer wie eine höhere Abfindung. Für den Bestand des Hofs ist es sodann von Wichtigkeit, daß die Abfindung in manchen Fällen an den Hof zurückfällt.

Im Uebrigen bezieht der das Landgut Uebernehmende kein anderes Voraus

263) Braunschw. Ges. v. 1858 §§ 23—26.
264) Braunschw. Ges. v. 1874 § 16.
265) Westph. L.G.O. 19, 11.

als das in der niedrigen Taxe enthaltene und hat außerdem nur noch einen Anspruch darauf, daß ihm für die Auszahlung der Erbantheile an seine Miterben billige Zahlungsfristen gewährt werden.

Dem allgemeinen Recht nähern sich das hannoversche, bremische, lauenburgische Gesetz und der schleswig-holsteinsche Gesetzentwurf[266]), indem der Anerbe hier zwei Drittel des Hofeswerths in die Erbschaftsmasse einzuschießen hat, worauf dann die Theilung dieser unter die sämmtlichen Erben einschließlich des Anerben nach allgemeinem Recht erfolgt. Jedoch soll der Erblasser berechtigt sein, die Fälligkeit der Erbtheile der Miterben bis zu deren Großjährigkeit hinauszuschieben, ohne daß eine solche Verfügung wegen Verletzung des Pflichttheils angefochten werden dürfte. Nur muß der Erblasser in diesem Fall dem Anerben die Verpflichtung auferlegen, daß er die Miterben bis zu diesem Zeitpunkt angemessen erziehe und für den Nothfall auf dem Hof unterhalte.

Nach oldenburgischem Rechte muß der Erbantheil der Miterben an dem schuldenfreien Werthe der Grunderbstelle und an dem Werthe des von dem Grunderben etwa beanspruchten Beschlags vom Todestage des Erblassers an verzinst werden, ist aber erst ein halbes Jahr nach geschehener Aufkündigung auszuzahlen.

Wenn wir uns oben auf S. 226 ff. gegen die Anwendung des Rentenprincips und für die mit Amortisationszwang verbundene Verschuldung des Grundbesitzes nach dem Capitalprincip erklärt haben, und wenn wir diese Verschuldungsform auch auf die Erbschaftsauseinandersetzung unter den Geschwistern angewendet sehen wollen, so ist uns doch zweifelhaft, ob die Gesetzgebung die Abfindung der Geschwister des Anerben durch unkündbare, aber dem Amortisationszwang unterworfene Capitalhypotheken erzwingen darf.

Dieser Gedanke ist in jüngster Zeit u. A. von v. Inama-Sternegg und Boldt vertreten worden.

v. Inama[267]) will den Miterben ihre Antheile nur in Renten gewähren, die ihrer Natur nach Tilgungsrenten sein müßten, wobei es nur eine Frage der Berechnung wäre, in wie langer Zeit sie zur Tilgung des Anspruchs führen würden, oder mit anderen Worten, welche Amortisation anzunehmen sein würde. Eine solche Verweisung der Erbansprüche auf die Renten rechtfertigt v. Inama durch den Hinweis darauf, daß ein Landgut eben doch nur unter der Voraussetzung seiner Integrität denselben Werth nach wie vor dem Erbfalle hat und daß es zu Leistungen, welche aus dem Kreise der engeren Gutswirthschaft hinaustreten, nur in Rentenform im Stande ist, sowie durch den Hinweis darauf, daß ja auch der Anerbe, solange er das Gut besitzt, den übrigen Miterben in der Art des Vermögenswerths, den er genießt, gleichsteht. Das capitalistische Erbrecht soll nur dann wieder aufleben, wenn weder der Anerbe selbst noch einer der übrigen Miterben das alte wirthschaftliche Verhältniß des Guts aufrecht zu erhalten gewillt oder in der Lage ist. Es soll also nur beim freien Verkaufe des Guts an Andere als die Familiengenossen, — für die außerdem

266) Hannov. Ges. v. 1874 §§ 16, 19. Brem. Ges. 15, 21. Lauenb. Ges. 15, 19. Schlesw.-Holst. Ges.-Entw. 14, 17. Oldenb. Ges. A. 8 § 6.

267) v. Inama-Sternegg, Zur Reform des Agrarrechts S. 15 ff.

ein Vorkaufsrecht in Aussicht genommen wird, — der Erlös aus dem Verkaufe zu capitalistischen Hinausbezahlungen an die Rentenberechtigten verwendet werden.

Aehnlich ist auch der neuerdings von Boldt[268]) gemachte Vorschlag. Derselbe geht dahin, daß die Miterben sich, behufs Befriedigung wegen ihrer Erbansprüche, vorweg an das außer dem Hofe oder Landgute im Nachlasse des Erblassers befindliche Vermögen zu halten hätten. Soweit ihre Ansprüche dadurch nicht gedeckt würden, wären dieselben zu gleichen Rechten auf den Nachlaßgrundstücken gegen einen Zinssatz von $3^1/_2$ % und eine Amortisation von 1 % jährlich einzutragen. Eine Kündbarkeit für diese Capitalien dürfte den Gläubigern höchstens für den Fall vorbehalten werden, daß das fragliche Gut durch freiwillige Veräußerung in dritte Hände übergeht.

Da wir die Ansicht vertreten, daß dem Anerben ein (eigentliches oder verhülltes) Voraus zu gewähren ist, so würde die zwangsweise Durchführung der oben von v. Inama und Boldt in Vorschlag gebrachten Verschuldungsform den Miterben noch ein weiteres Opfer auferlegen. Denn unkündbare Privathypotheken werden ceteris paribus in der Regel einen niedrigeren Börsencurs haben als kündbare Hypotheken. Der Börsencurs der unkündbaren Hypotheken wird sich nur dann auf die Höhe des Börsencurses der kündbaren Hypotheken erheben, wenn sie von großen Creditinstituten garantirt werden.

Will man den Miterben daher nicht neue Opfer auferlegen, so wird der von v. Inama und Boldt gemachte Vorschlag nur im Zusammenhange mit einer solchen Creditorganisation durchgeführt werden können, welche auf möglichst solider Basis ruht, den gesammten Grundbesitz umfaßt und die Beleihungsgrenze möglichst weit hinaussteckt. Dies würde aber naturnothwendig zur Verstaatlichung oder doch wenigstens zur Incommunalisirung des hypothekarischen Credits und zur Ertheilung eines Hypothekenmonopols an diese Institute führen.

Gegenüber so weit aussehenden Reformen ziehen wir es vor, von der zwangsweisen Einführung einer bestimmten Verschuldungs- und Abfindungsform abzusehen.

Dagegen erschienen uns Bestimmungen, wie die in den für Schaumburg-Lippe, Braunschweig und Westphalen erlassenen Gesetzen enthaltenen, daß dem Anerben für die Auszahlung der Erbantheile der Miterben — nach richterlichem Ermessen — billige Zahlungsfristen zu gewähren sind, in der Natur der Sache wohl begründet und daher nachahmungswerth.

Nach den für die Bauern- und Pertinenzgüter bestimmten braunschweigischen Gesetzen[269]) bleiben die Antheile der Miterben, soweit sie nicht zur Auszahlung gelangen, als dingliche Lasten auf dem Hofe haften und sind als solche bei Berichtigung des Besitztitels des Anerben von Amtswegen mit einzutragen, wogegen den Miterben nach schaumburg-lippeschem und oldenburgischem Gesetze nur das Recht eingeräumt wird, die Ingrossation zu fordern.

---

268) O. Boldt, Die agrarischen Fragen der Gegenwart S. 108, 109.

269) Braunschw. Ges. v. 1858 § 16 und von 1874 § 11. Oldenburgischer Bericht des Ausschusses zur Vorberathung des Grunderbrechts-Gesetzes S. 12. Schaumb.-Lipp. Ges. v. 1870 § 86.

Auch die westphälische Landgüterordnung[270]) gewährt den miterbenden Geschwistern des Gutsübernehmers das Recht, zu verlangen, daß ihre Abfindungen bezw. ihre Ansprüche auf Unterhalt durch Eintragung im Grundbuche sicher gestellt werden.

## K. Recht des überlebenden Ehegatten.

Nach älterem bäuerlichen Rechte waren hinsichtlich des Rechts des überlebenden Ehegatten an dem nach Anerbenrecht vererbten Grundbesitze folgende Grundsätze ziemlich allgemein verbreitet.

1) Dem beerbten Wittwer, namentlich aber der beerbten Wittwe, so lange sie den Wittwenstuhl nicht verrückte, stand das Recht zu, im Besitz und im Genuß der Anerbenrechtsstelle zu bleiben und die Gutswirthschaft nach den Regeln, die für den Interimswirth maßgebend waren, fortzuführen, bis der Anerbe ein gesetzlich bestimmtes höheres Alter erreicht hatte (sog. Beisitzrecht).

Ja, im westphälischen Münsterlande[271]) behielt der überlebende beerbte Ehegatte den Hof, wenn er nicht wieder heirathete, bis zu seinem Tode, es sei denn, daß er sich früher entschloß, denselben dem Anerben zu übergeben. Der Hof wurde auf den Namen des überlebenden Ehegatten verschrieben, resp. blieb auf seinen Namen verschrieben stehen; doch durfte derselbe ohne Einwilligung der Kinder, resp. deren Repräsentanten, den Hof nicht verkaufen, verpfänden u. s. w. Das Recht des überlebenden Ehegatten an dem Hofe erlosch aber in Folge unsittlichen Lebenswandels oder kundbarer Wirthschaftsuntüchtigkeit.

Nach braunschweigischem Bauernrechte bleibt auch heute noch der mit Kindern hinterbliebene Ehegatte in ungetheilter Gemeinschaft mit den unabgefundenen Kindern, bis der Anerbe das 21. Lebensjahr erreicht hat[271a]).

2) Der unbeerbte Ehegatte pflegte, sofern die Ehe Jahr und Tag gedauert hatte, die weiteren Verwandten des Verstorbenen auszuschließen. So namentlich nach dem Recht der Lehen- und Meiergüter in dem ehemaligen Kurfürstenthum Hessen, der Bauerngüter im westphälischen Münsterlande u. s. w.[272]).

Von den neueren Gesetzen hat das schaumburg-lippesche Gesetz diese älteren Bestimmungen ausdrücklich anerkannt[272a]).

3) Hat der beerbte überlebende Ehegatte das Gut dem Anerben übergeben, so hat er nach dem braunschweigischen Gesetze bei den Bauerngütern die Wahl zwischen einer Leibzucht und einer lebenslänglichen Rente, bei den sog. Pertinenzgütern erhält er eine Abfindung.

Einen eigenartigen Versuch, mit dem Anerbenrecht zugleich das eheliche Güterrecht — gemäß dem früher im Münsterlande üblich gewesenen Rechte — umzugestalten, hatte der für Westphalen ausgearbeitete sog. v. Schorlemersche

---

270) Westph. L.G.O. 20.

271) Die Vererbung der Bauernhöfe im alten Münsterlande, von einem bäuerlichen Hofesbesitzer, S. 2, 3.

271a) Braunschw. Ges. v. 1874 § 15.

272) Vererbung der Bauernhöfe im alten Münsterlande S. 51. Kurhess. Ges. über die Auseinandersetzung der Lehens-, Meier- und anderen gutsherrlichen Verhältnisse vom 26. August 1843 § 29.

272a) Schaumb.-Lipp. Ges. 52.

Gesetzentwurf und sodann auch der vom Provinziallandtage der Provinz Westphalen im Jahre 1880 beschlossene Entwurf gemacht[273]).

In dem größten Theil der Provinz Westphalen hatte seit Altersher die eheliche Gütergemeinschaft gegolten. Erst neuerdings — in Folge des Gesetzes, betreffend das eheliche Güterrecht in der Provinz Westphalen und den Kreisen Rees, Essen und Duisburg vom 16. April 1860 — hat hier eine theilweise Umbildung des ehelichen Güterrechts im Sinne einer Annäherung an das durch das preußische Landrecht sanctionirte System des ehelichen Güterrechts stattgefunden. Nach § 1 dieses Gesetzes soll in dieser Provinz, mit Ausschluß der Landestheile des ehemaligen Herzogthums Westphalen, das Vermögen des Mannes und der Frau durch die Ehe gemeinschaftlich werden. Nach § 3 gebührt dem Ehemanne die Disposition über das den Ehegatten gemeinsame Vermögen. Er darf demnach ohne Einwilligung der Ehefrau das beiden gemeinsam gewordene Landgut auch dann verkaufen, verpfänden u. s. w., wenn dasselbe von der Frau herrührt. Nach § 7 behält, nach Auflösung der Ehe durch den Tod des einen Ehegatten, der überlebende Ehegatte die eine Hälfte des gemeinschaftlichen Eigenthums als sein Eigenthum, während die andere Hälfte als Nachlaß des verstorbenen nach den Vorschriften des allgemeinen Landrechts vererbt; jedoch hat der überlebende Ehegatte auch an dieser Hälfte den lebenslänglichen Nießbrauch, wenn er mit anderen Verwandten als Abkömmlingen des verstorbenen Ehegatten aus früherer Ehe concurrirt. Dem überlebenden Ehegatten darf dieser Nießbrauch und die Hälfte der ihm selbst gebührenden Erbportion nicht entzogen werden.

Der v. Schorlemersche Gesetzentwurf[274]) suchte die Rechte des überlebenden Ehegatten zu erweitern und zugleich die ungleiche rechtliche Stellung von Mann und Frau während bestehender Ehe zu beseitigen.

Zu diesem Zweck wurden für diejenigen Ehen, in denen die allgemeine Gütergemeinschaft gilt, — und es gehört hierher, mit Ausnahme einiger Ehen im Adel, die größte Zahl sämmtlicher westphälischer Ehen — folgende Bestimmungen getroffen:

1) Bei unbeerbter Ehe sollte der überlebende Ehegatte fortan in jedem Falle Universalerbe des verstorbenen sein.

2) Bei beerbter Ehe dagegen sollte der überlebende Ehegatte nur die Verwaltung und den Nießbrauch des Landguts erhalten und, wenn er sich nicht früher wieder verheirathet, bis zu seinem Tode behalten dürfen. Schritt derselbe aber zur anderen Ehe, so sollte er das Verwaltungs- und Nießbrauchsrecht an denjenigen Gütern, die nicht von ihm herrührten, bezw. nicht gemeinschaftlich von beiden Ehegatten erworben worden waren, nur bis zum vollendeten 30. Lebensjahre des Anerben behalten dürfen.

Da diese Bestimmung einem Wiederverehelichungsverbot gleichgekommen wäre, so beantragte der Provinziallandtag, an Stelle derselben zu sagen, daß der überlebende Ehegatte bei beerbter Ehe das Landgut ohne Einwilligung des Familienraths nicht weiter veräußern und belasten dürfe, als dies dem Ehemann in stehender Ehe ohne Einwilligung der Ehefrau gestattet wäre.

---

273) v. Schorlemerscher Ges.-Entw. 4, 15. Landtags-Entw. 4, 16.
274) Westph. L.G.O. 11, 15, 16, 23.

3) Erfolgt die Uebergabe des Landguts an den Anerben, so sollten nach dem v. Schorlemerschen Gesetzentwurfe sowohl die Stiefgeschwister des Anerben als auch derjenige, welcher einen der leiblichen Eltern des Anerben geheirathet hat, berechtigt sein, von dem Anerben standesmäßigen Unterhalt auf dem Landgute gegen standesgemäße und ihren Kräften entsprechende Mitarbeit zu verlangen.

Aber auch diese Bestimmung wurde von dem Provinziallandtage dahin abgeändert, daß in denjenigen Ehen, in welchen allgemeine Gütergemeinschaft gilt, beim Tode des Anerben der Stiefvater bezw. die Stiefmutter desselben bis zum vollendeten 30. Lebensjahre des Anerben das Verwaltungs- und Nießbrauchsrecht erhalten soll; ferner daß von diesem Zeitpunkte an die Stiefeltern und Stiefgeschwister berechtigt sind, von dem Anerben standesgemäßen Unterhalt auf dem Gute zu fordern; daß nur die Stiefgeschwister, nicht aber auch die Stiefeltern zur standesmäßigen, ihren Kräften entsprechenden Mitarbeit auf dem Gut verpflichtet seien, und endlich daß Stiefeltern und Stiefgeschwister das Recht haben sollen, gegen eine angemessene vom Familienrathe festzusetzende Abfindung, auf den Unterhalt auf dem Gut zu verzichten.

4) Während der Ehe sollte nach dem v. Schorlemerschen Gesetzentwurfe der mit seiner Ehefrau in ehelicher Gütergemeinschaft lebende Ehemann, ohne Einwilligung derselben, das gemeinsame Landgut weder ganz oder theilweise veräußern, noch auch dinglich belasten dürfen.

Diese Bestimmung, die als eine Consequenz des Princips der ehelichen Gütergemeinschaft angesehen wurde, knüpfte an die im Gesetz vom 16. April 1860 § 3 enthaltene Bestimmung an, daß ein Gutsübertragungs-Vertrag, solange die Ehefrau lebt, von dem Ehemann derselben nicht ohne ihre Einwilligung abgeschlossen werden darf, indem sie diese Bestimmung zugleich weiter entwickelte.

Als Motive für die Einengung der Dispositionsbefugniß des Ehemanns wurden von dem Antragsteller folgende angeführt: Daß die uneingeschränkte Disposition des Mannes über das ihm und seiner Frau gemeinsam gehörige Vermögen in Westphalen beim Adel, Kaufmanns-, sowie Bauernstande in vielen Fällen auf Widerstand stoße. Zudem gelange der Inhalt der obigen Bestimmung in jeder guten, ordentlichen Ehe eigentlich von selbst zur Ausführung, müsse aber zum Zwangsrecht erhoben werden angesichts der Gefahr, die aus dem Leichtsinn vieler Bauern für den Bestand ihrer Höfe und das Schicksal ihrer Familien erwachse. Diese Gefahr sei in der Gegenwart um so größer, als in dem durch die preußische Grundbuchordnung eingeführten Grundschuldbriefe für den Bauer ein gefährliches Mittel gegeben sei, leicht Schulden zu machen. Es könne nunmehr ein leichtsinniger Bauer den ganzen Werth seines Hofs in leicht übertragbaren Appoints von Grundschuldbriefen veräußern, ohne daß seine Ehefrau etwas davon erfahre. Auch sei ihm durch das Eingehen von wechselrechtlichen Verbindlichkeiten, deren Tragweite ihm nicht immer vollständig bewußt werde, die Möglichkeit gegeben, das Schicksal des Bauernhofs und damit auch der ganzen Familie in Frage zu stellen.

Gegen diese Bestimmung des Entwurfs, die auf mannigfachen Widerstand stieß, wurde geltend gemacht, 1) daß dieselbe zu einer im Allgemeinen unzulässigen Bevormundung des Ehemanns durch seine Frau führe. Mag eine solche Bevormundung auch in einzelnen Fällen — wenn der Ehemann ein Trunkenbold,

Verschwender oder beschränkter Mensch ist — wohlthätig wirken und berechtigt erscheinen, so dürfe sie doch um dieser Einzelnen willen nicht auf einen ganzen Stand ausgedehnt werden.

2) Eine solche Veränderung in den rechtlichen Verhältnissen der Eheleute würde ferner eine nicht gerade wünschenswerthe Veränderung in der Stellung des Ehemanns als Haupt der Familie herbeiführen.

3) Auch würde der Credit des Grundeigenthümers durch eine solche Bestimmung geschädigt werden, und dadurch wieder die Cultur des Gutes leiden.

Diesen von verschiedenen Seiten geäußerten und durch die Presse in die weitesten Kreise getragenen Bedenken glaubte der westphälische Provinziallandtag bis zu einem gewissen Grade Rechnung tragen zu sollen. Er räumte daher in dem von ihm amendirten Entwurfe dem Ehemann wenigstens die Befugniß ein, auch ohne Einwilligung seiner Ehefrau, durch Kauf, Tausch oder Verpfändung wenigstens über 10 % des Katastralreinertrags des Landguts zu verfügen.

Die Staatsregierung konnte angesichts der vielfachen Opposition, welche diese Aenderungen des erst im Jahre 1860 gesetzlich geregelten ehelichen Güterrechts fanden, denselben weder in der Fassung des v. Schorlemerschen Gesetzentwurfs, noch in der des westphälischen Provinziallandtags ihre Zustimmung ertheilen. Es ist vielmehr nach dem Vorschlage der Staatsregierung, der dann auch die Zustimmung des 25. westphälischen Provinziallandtags, sowie der beiden Häuser des preußischen Landtags erhielt, die Gestaltung, welche das eheliche Güterrecht in Westphalen durch das Gesetz vom 16. April 1860 erhalten hat, durch die westphälische Landgüterordnung im Wesentlichen unberührt geblieben.

Namentlich gilt das von der Befugniß des Ehemanns, über das gemeinschaftliche Landgut unter Lebenden zu verfügen.

Nach dem Gesetze vom 16. April 1860 (§§ 7 und 17) ist, wo die gemeine eheliche Gütergemeinschaft bestanden hat, der überlebende Ehegatte befugt, das Landgut aus dem gütergemeinschaftlichen Vermögen für eine Taxe zu übernehmen, welche entweder von sämmtlichen Betheiligten gebilligt oder im Fall des Nichteinverständnisses in gesetzlicher Form aufgenommen worden ist. Auch hatte schon das Gesetz vom 4. Juni 1856, betreffend die Abschätzung von Landgütern zum Behufe der Pflichttheilsberechnung in der Provinz Westphalen (§ 9) die Vormundschaftsgerichte ermächtigt, wenn zu den Theilungsinteressenten unter Vormundschaft stehende Personen gehören, eine gütliche Auseinandersetzung unter denselben zu genehmigen, durch welche das Landgut dem überlebenden Ehegatten ungetheilt für eine ermäßigte Taxe mit billigen Zahlungsfristen übertragen wird.

Die Landgüterordnung gewährt nun dem überlebenden Ehegatten die Befugniß, das Landgut für eine ermäßigte Taxe mit billigen Zahlungsfristen zu übernehmen, ganz allgemein, also auch dann, wenn bei der Verlassenschaft unter Vormundschaft stehende Personen nicht mit betheiligt sind oder wenn unter den Betheiligten eine gütliche Auseinandersetzung nicht zu Stande kommt. Finden sich mehrere Landgüter im Nachlasse, so kann der zur Uebernahme berechtigte Ehegatte sämmtliche Landgüter übernehmen.

Hat der überlebende Ehegatte ausnahmsweise jedoch nicht in allgemeiner ehelicher Gütergemeinschaft gelebt, oder hat der überlebende Ehegatte von seiner Befugniß, das Landgut zu übernehmen, keinen Gebrauch gemacht, oder hat der

Eigenthümer zwar in allgemeiner ehelicher Gütergemeinschaft gelebt, das Landgut aber ist von dieser Gütergemeinschaft ausgeschlossen gewesen, so steht einem der miterbenden Abkömmlinge oder in Ermanglung eines solchen einem der Geschwister oder Abkömmlinge derselben die Befugniß zu, das Landgut u. s. w. zu übernehmen. Dasselbe Recht haben die betreffenden Personen auch nach dem Tode des letztlebenden Ehegatten.

Die für die Provinz Brandenburg erlassene Landgüterordnung[275]) giebt dem überlebenden Ehegatten, falls er Eigenthümer des Landguts ist, das Recht, in Ausübung seines statutarischen Erbrechts an Stelle des Landguts den nach Maßgabe der Landgüterordnung zu ermittelnden Werth desselben in die Masse einzuwerfen. Wirft er jedoch das ihm gehörige Gut selbst in die Erbmasse ein, so treten hinsichtlich der Succession in dieses Gut dieselben Bestimmungen ein, wie wenn das Gut dem verstorbenen Ehegatten gehört hätte.

Auch bleibt das in einigen Theilen der Provinz geltende Recht, nach welchem der überlebende Ehegatte befugt ist, das zum Nachlasse des verstorbenen Ehegatten gehörende Landgut zu übernehmen, unberührt.

Im Uebrigen bleiben auch hier die dem überlebenden Ehegatten nach dem Allgem. L. R. II 1 §§ 510, 511, 581 und 582 zustehenden Befugnisse unberührt.

Die schlesische Landgüterordnung[276]) läßt das geltende eheliche Güterrecht unberührt.

Wie die westphälische, brandenburgische und schlesische Landgüterordnung, so haben auch die andern Höfegesetze das im Allgemeinen im betreffenden Lande geltende eheliche Güterrecht unberührt gelassen. So namentlich die für Hannover, Lauenburg und Bremen erlassenen Höfegesetze und der für Schleswig-Holstein beschlossene Entwurf[277]) zu einem solchen. Insbesondere ist allen diesen Gesetzen — mit Ausnahme nur der westphälischen Landgüterordnung — die Bestimmung eigenthümlich, daß die Höfe und Landgüter, welche zum gütergemeinschaftlichen Vermögen der Eheleute gehören, dem Anerbenrechte nicht unterworfen sein sollen[278]).

Maßgebend für diese Bestimmung war der Wunsch, die unlösbaren Verwickelungen zu vermeiden, welche in dem Fall entstehen würden, daß der ideelle Eigenthumsantheil des verstorbenen Ehegatten auf dessen Anerben übergeht, der Eigenthumsantheil des überlebenden Ehegatten aber bei diesem verbleibt und nach seinem Tode an einen anderen Anerben übergeht.

Immerhin wird auch nach diesen Gesetzen dem früheren bäuerlichen Rechte, sofern sein als Sitte fortwirkender Inhalt zum Gegenstande letztwilliger Verfügungen gemacht werden sollte, noch so viel Schonung zu Theil, daß Verfügungen wegen Verletzung des Pflichttheils nicht angefochten werden sollen, wenn durch dieselben dem leiblichen Vater des Anerben lebenslänglich, der leiblichen Mutter bis zur Großjährigkeit des Anerben das Recht beigelegt wird, den Hof oder das Landgut

275) Brandenb. L.G.O. 10, 17.

276) Schles. L.G.O. 10, 11, 17.

277) Hannov. Ges. von 1874 §§ 2, 19. Lauenb. Ges. 2, 18. Brem. Ges. 3, 21. Schlesw.-Holst. Ges.-Entw. 2, 17.

278) Hannov. Ges. 21. Lauenb. Ges. 20. Brem. Ges. 24. Schlesw.-Holst. Ges.-Entw. 19. Brandenb. L.G.O. 18. Schles. L.G.O. 18.

nebst Zubehör nach dem Tode des Erblassers, resp. der Erblasserin in eigener Nutzung und Verwaltung zu behalten resp. zu nehmen, unter der Verpflichtung, den Anerben und dessen Miterben, letztere bis zur Auszahlung ihres Erbtheils, angemessen zu erziehen und für den Nothfall auf dem Hof zu unterhalten.

## L. Interimswirthschaft[279]).

Die im obigen Abschnitte mitgetheilten Grundsätze werden zum Theil modificirt, zum Theil auch nur ergänzt durch das dem älteren bäuerlichen Rechte eigenthümliche Institut der Interimswirthschaft.

Ist der Anerbe beim Tode des Hofeseigenthümers noch minderjährig, und besitzt Niemand ein selbständiges Recht auf die Verwaltung des Hofes, was z. B. gewöhnlich dann der Fall ist, wenn der überlebende Ehegatte zur zweiten Ehe schreitet, so tritt nach älterem Recht meist die Interimswirthschaft ein.

Von den neueren Gesetzen wird dieses Institut noch ausdrücklich anerkannt für die Hofgüter des badischen Schwarzwaldes, für das Domanium des Großherzogthums Mecklenburg-Schwerin und für die Bauernhöfe des Fürstenthums Schaumburg-Lippe. Die ausführlichsten Bestimmungen über diesen Gegenstand enthält das schaumburg-lippesche Gesetz von 1870 §§ 37, 91—109.

Die Interimswirthschaft wird begründet durch einen Vertrag, den der gesetzliche Vertreter des minderjährigen Anerben gewöhnlich mit dem zweiten Ehemanne der Wittwe des früheren Grundeigenthümers und ausnahmsweise auch mit einem anderen tüchtigen Wirthe abschließt. Durch diesen Vertrag wird, wie es im badischen Schwarzwalde heißt, die Grunderbstelle dem Interimswirth „in einen langjährigen Zeitbestand oder nach Befinden in einen Todbestand übergeben“. Im mecklenburg-schwerinschen Domanium wurde der Interimswirth früher nach Befragung der Vormünder und der übrigen Hauswirthe des Dorfs durch das Amt eingesetzt.

Dieser Interimswirth ist nun viel mehr, als ein bloßer Pächter oder Vormund. Er ist unbeschadet der Rechte des Anerben zeitweiliger Eigenthümer des Hofs oder Landguts. Als solcher bezieht er die Früchte des Hofs und behält die Ersparnisse in der Regel für sich; wegen außerordentlicher Unglücksfälle ist er jedoch zu ihrer Verwendung verpflichtet. Er muß der Wirthschaft als guter Hausvater vorstehen und das Gut in Bau und Besserung erhalten. Auch darf er den Hof nicht verschlechtern, nicht veräußern und nicht letztwillig über denselben verfügen. Von dem Interimswirthe abgeschlossene Rechtsgeschäfte braucht der Anerbe nur anzuerkennen, soweit sie nach den Grundsätzen der negotiorum gestio als nützlich gelten.

Zugleich tritt der Interimswirth aber auch vollständig in die Verpflichtungen des Bauern ein: namentlich vertritt er denselben dem Staat und der Gemeinde gegenüber. Auch liegt ihm die Pflicht ob, die Kinder des früheren Hofeseigenthümers standesmäßig zu unterhalten und zu erziehen und die Geschwister des

279) Beseler, Deutsches Privatrecht, 2. Aufl. 1866, § 189. Rechtsbelehrung des badischen Justizministeriums von 1810 § 4. Dankwardt a. a. O. S. 58. Schaumb.-Lipp. Ges. 91—109.

Anerben zur rechten Zeit auszuraden. Doch führt er nicht auch nothwendig die Vormundschaft über die Kinder.

Gewöhnlich wird bei Bestellung eines Interimswirths die Bedingung gestellt, daß er dem Gut eine Summe Geldes oder andere Sachen zuzubringen habe. Dieselben verbleiben dann nach Lösung des Verhältnisses dem Gute.

Dafür aber hat er selbst nach Ablauf der sog. Mahljahre Anspruch auf eine Leibzucht. Ja selbst die Kinder des Interimswirths haben bisweilen einen Anspruch auf Unterhalt und Abfindung.

Die Interimswirthschaft erlischt in der Regel mit der Großjährigkeit des Anerben oder mit dem Tode des Interimswirths. Jedoch findet sie auch dann ein Ende, wenn dem Interimswirth die Wirthschaft wegen schlechter Führung derselben und Gefährdung der Interessen des Grunderben entzogen wird, namentlich aber dann, wenn der Interimswirth in Concurs geräth.

Stellen wir die socialwirthschaftlichen Vorzüge und Nachtheile der Interimswirthschaft zusammen, so kann für dieses Institut angeführt werden:

1) Daß bei der Verpachtung des Hofs der Pachtschilling in vielen Fällen nicht genügen würde, um der Familie des verstorbenen Bauern den unentbehrlichen Lebensunterhalt zu schaffen.

2) Auch findet der Anerbe an dem Interimswirthe, der in der Regel sein Stiefvater ist, einen festeren Anhalt, als an dem bisweilen einem anderen Stande angehörigen Pächter, der jedenfalls ausschließlich sein persönliches Interesse im Auge haben wird.

3) Da der Interimswirth schon wegen seiner und seiner Ehefrau Leibzucht oder sonstiger Abfindung auch in späteren Jahren auf dem Hofe oder doch in Beziehung zu demselben bleibt, so liegt bei ihm weniger Gefahr vor, daß er ihn deterioriren und aussaugen werde, als beim Zeitpächter.

4) Ferner wird durch die Interimswirthschaft das Nebeneinanderwohnen der Familien des Hofeseigenthümers und des Pächters auf demselben Gehöft vermieden. Damit dürfte aber zugleich der Anlaß zu zahlreichen Reibungen wegfallen.

5) Aber auch die Bewirthschaftung des Hofs durch eine dritte Person für Gefahr und Rechnung des Anerben und seiner Geschwister erscheint für Bauernhöfe nicht vortheilhafter, als die Interimswirthschaft. Denn der spezifische Werth der Bauernwirthschaft liegt ja, wie wir oben zeigten, in der an dem Gedeihen des Guts unmittelbar interessirten Aufsicht und Mitarbeit des Bauern. Durch das eigenartige Institut der Interimswirthschaft sucht man diesen bedeutsamen Factor, wo er nicht naturgemäß gegeben ist, künstlich zu ersetzen. Dasselbe Resultat würde durch die Thätigkeit bezahlter Verwalter nicht erzielt werden können.

Gegen die Interimswirthschaft wird geltend gemacht:

1) die mögliche und oft genug vorkommende Schädigung der Minderjährigen durch den Interimswirth, und namentlich

2) das seiner Natur nach prekäre und nicht selten unerfreuliche Verhältniß zwischen dem Interimswirthe und dem Anerben.

Bei Beurtheilung der Interimswirthschaft haben wir uns daran zu erinnern, daß sie ein spezifisch dem Bauernstande angehöriges Institut ist. Ob im einzelnen Falle mehr die Licht- oder die Schattenseiten der Interimswirthschaft zu Tage treten werden, hängt daher im Allgemeinen davon ab, ob und in welchem Grade sich die bäuerliche Sitte und eine gewisse Gebundenheit des individuellen Egoismus durch dieselbe noch erhalten hat.

Wo der Individualismus seinen zersetzenden Einfluß auf die bäuerliche Sitte in beträchtlichem Umfang ausgeübt hat, da dürften die Voraussetzungen für die gedeihliche Wirksamkeit der Interimswirthschaft nicht mehr vorhanden sein.

Von vorn herein aber werden diesem Institute die Voraussetzungen dort fehlen, wo man das Anerbenrecht auch auf andere Classen als die spezifisch bäuerliche anwenden will. In diesem letzteren Falle wird daher, wenn die Mutter des Anerben während seiner Minderjährigkeit die Bewirthschaftung des Landguts entweder allein oder mit Hilfe der Vormünder nicht fortführen kann oder nicht fortführen will, die Verpachtung desselben eintreten müssen, wobei es zweckmäßig sein dürfte, den Pächter durch ein in den Pachtcontract aufzunehmendes Versprechen des Inhalts, daß er nach Ablauf der Pachtjahre eine nicht kärglich bemessene Entschädigung für die von ihm auf das Pachtgut verwendeten Meliorationen erhalten werde, zu einer das dauernde Interesse des Guts berücksichtigenden Bewirthschaftung zu veranlassen.

## M. Verhältniß des Anerben zu den Miterben und zu den Erbschaftsgläubigern.

Die Stellung des Anerben zu den Miterben und zu den Gläubigern wurde von den älteren Particularrechten sehr verschieden aufgefaßt. Bald erschien der Anerbe als alleiniger Erbe in des Erblassers gesammten Nachlaß, bald wenigstens als solcher in den Hof, sodaß die übrigen Erben dann nur als Abfindlinge in Betracht kamen; und nur ausnahmsweise war er lediglich bevorzugter Erbe unter mehreren anderen.

Nach der neueren Anerbenrechtsgesetzgebung[280]) ist der Anerbe dagegen, unbeschadet seines ausschließlichen Rechts auf das Eigenthum an dem Hofe oder Landgute nebst Zubehör und seiner sonstigen Bevorzugung vor seinen Miterben (durch die Größe seines Erbtheils u. s. w.), nur einer von mehreren Erben.

Die Auseinandersetzung zwischen dem Anerben und seinen Miterben erfolgt nach den für Hannover, Lauenburg, Bremen u. s. w. erlassenen Höfegesetzen in der Weise, daß der nach dem Gesetze zu ermittelnde Werth des Hofs nebst Zubehör, aber nach Abzug des auf denselben entfallenden Betrags der Nachlaßschulden, in die Erbschaftsmasse eingeschossen wird. Aus dieser empfängt der Anerbe ein entsprechendes Voraus gleichsam als Prälegat und der Rest wird unter sämmtliche Erben, zu denen auch der Anerbe gehört, zu gleichen Theilen vertheilt. Nach den neueren für Brandenburg, Westphalen und Schlesien erlassenen Landgüterordnungen werden die Gesammtschulden auf die gesammte Erbschaft, deren Bestandtheil auch das nach einer bestimmten Taxe zu schätzende Landgut bildet, vertheilt. Es steht diese Construction im Einklange mit den allgemeinen erbrechtlichen Grundsätzen des preußischen Landrechts, und es besteht demnach das

280) Schaumb.-Lipp. Ges. 52, 55. Hannov. Ges. v. 1874 § 3, 13. Lauenb. Ges. 3, 12. Brem. Ges. 4, 12. Oldenb. Ges. 1, 2, 8. Lübeck. Ges. 1, 2, 7. Braunschw. Ges. v. 1874 § 5, 11. Bericht des oldenburgischen Justizausschusses über den Grunderbrechts-Gesetzentwurf S. 116.

Anerbenrecht lediglich in der Befugniß des Anerben, von den Miterben die Ueberlassung des Guts zu dem nach dem Gesetz zu ermittelnden Preise aus der Erbschaftsmasse zu verlangen.

Was das Verhältniß des Anerben zu den Erbschaftsgläubigern betrifft, so enthalten das oldenburgische und lübeckische Gesetz, sowie die Landgüterordnungen für Westphalen, Brandenburg und Schlesien hierüber keine Bestimmung. Es ruhen demnach diese Gesetze auf allgemeiner Grundlage d. h. auf dem Gedanken, daß die allgemeinen Bestimmungen des gemeinen Rechts oder des preußischen Landrechts[281]) über die Schuldenhaftung der Miterben auch in dem hier gegebenen besonderen Falle keine Aenderung erleiden, so daß die Haftung für Erbschaftsschulden jeden Erben im Verhältniß seiner Erbschaftsquote trifft.

Die braunschweigischen Gesetze sowie das hannoversche Höfegesetz und die dem letzteren folgenden Gesetze[282]) modificiren den obigen Grundsatz insofern, als nach diesen Gesetzen der Erbschaftsgläubiger sich an den Anerben unmittelbar auf so viel mehr halten kann, als dieser über seine Quote hinaus wirklich mehr empfing. Diese erhöhte Haftung scheint nur zum Vortheil des Gläubigers hinzugefügt worden zu sein, indem neben derselben nicht auch eine entsprechende Verminderung der Haftung der Miterben eintritt.

Gelangen mehrere Höfe nach Anerbenrecht zur Vererbung, so werden die Erbschaftsschulden auf dieselben nach dem Verhältnisse ihres für die Erbtheilung maßgebenden Werths vertheilt[283]).

In Betreff der vom Hofeswerthe abgesetzten und von dem Anerben übernommenen Erbschaftsschulden hat der Anerbe nach den neueren für Braunschweig, Hannover, Lauenburg, Bremen u. s. w. erlassenen Gesetzen ganz allgemein die Miterben von der Haftung für dieselben zu befreien[284]). Und wenn gesetzlich für die Nachlaßschulden alle Erben nach Verhältniß ihrer Erbtheile haften, so pflegt doch vertragsmäßig der Anerbe gewöhnlich auch die Abtragung dieser Schulden zu übernehmen. Dafür erhält er dann die erforderlichen Mittel aus der Theilungsmasse überwiesen, ist aber dann auch verpflichtet, seine Miterben gegen etwaige Forderungen der Gläubiger sicher zu stellen.

## N. Anfall, Erwerb und Verlust des Anerbenrechts.

1) Der Anfall des Anerbenrechts findet nach der neueren Gesetzgebung gleichzeitig mit dem Anfalle der gesammten Erbschaft des bisherigen Hofsbesitzers statt. Nur sofern nach dem betreffenden Rechte dem überlebenden Ehegatten die Nutznießung und Verwaltung des Hofs auf Lebenszeit oder bis zur Volljährigkeit des Grunderben oder bis zur Wiederverheirathung gehört, erfolgt der Anfall des Anerbenrechts erst in diesem Zeitpunkt. Indeß finden sich diese

281) Für diejenigen preußischen Provinzen, in denen das allgemeine Landrecht gilt, kommen hier die im preuß. Allgem. L.R. II 1 § 661 und I 17 §§ 127 ff. enthaltenen Grundsätze bezüglich der Erbschaftsschulden zur Anwendung.

282) Hannov. Ges. v. 1874 §§ 16, 20. Lauenb. Ges. 15, 19. Braunschw. Ges. v. 1858 § 19. Braunschw. Ges. v. 1874 §§ 13, 18.

283) Hannov. Ges. v. 1874 § 20. Lauenb. Ges. 19.

284) Braunschw. Ges. v. 1874 §§ 13, 18. Brem. Ges. 15.

Grundsätze in den neueren Gesetzen nicht ausdrücklich ausgesprochen, sondern müssen aus der Natur der Sache gefolgert werden.

2) Nach den für Hannover und Lauenburg erlassenen Höfegesetzen[285]) geht das Eigenthum des nach Anerbenrecht sich vererbenden Hofs in dem Augenblicke, wo derselbe dem Anerben deferirt wird, auf denselben über, und ist der Erbtheilungsvertrag nur zur Eintragung dieses Eigenthums in das Grundbuch erforderlich. Mit dieser Construction ist man zu den Anschauungen des alten deutschen Rechts zurückgekehrt, nach denen mit dem Tode des Erblassers die Einheit seines Vermögens endete, und keine Universal- sondern eine Singularsuccession stattfand. Aus dieser Anschauung sind auch die Bestimmungen zu erklären, daß das bevorzugte Erbrecht nur eintreten soll, wenn der Anerbe zugleich Erbe ist.

Dagegen lassen die für Westphalen, Brandenburg und Schlesien[286]) bestimmten Landgüterordnungen, im Einklang mit den allgemeinen erbrechtlichen Grundsätzen des preußischen Landrechts, das Eigenthum an dem der singulären Erbfolge unterworfenen Landgute zunächst als Theil der Erbschaft auf alle Erben, auf den Anerben dagegen erst auf Grund der von den Miterben zu bewirkenden Auflassung übergehen. Danach besteht das Recht des Anerben somit nur in der Befugniß, von den Miterben die Ueberlassung des Guts zu dem nach dem Gesetze zu ermittelnden Preise zu verlangen. Es ist consequenterweise in diesen Gesetzen auch die Bestimmung der älteren Höfegesetze, wonach das bevorzugte Erbrecht des Anerben nur eintritt, wenn er zugleich Erbe ist, als überflüssig weggefallen, da, wer nicht Erbe ist, auch bei der Erbtheilung nicht mitwirken kann.

3) Das Anerbenrecht geht im Allgemeinen aus denselben Gründen verloren wie das gemeine Erbrecht: durch Tod, Verzicht und Enterbung.

Die neueren Gesetze enthalten nur wenige Vorschriften über diesen Gegenstand[287]).

Nach einigen Höfegesetzen kann der Berufene zwar dem Anerbenrechte entsagen, im Uebrigen aber die Erbschaft antreten; jedoch nicht umgekehrt der übrigen Erbschaft entsagen und das Anerbenrecht antreten[288]).

Das braunschweigische für Bauerngüter erlassene Gesetz hebt noch besonders hervor, daß der Anerbe zwar zu Gunsten eines bestimmten Miterben, aber nicht zu Gunsten jedes beliebigen Dritten auf sein Anerbenrecht verzichten darf, daß aber zur Giltigkeit eines solchen Verzichts ein gerichtlich oder notariell abgeschlossener Vertrag erforderlich ist.

Fällt das Anerbenrecht für eine bestimmte Person weg, so geht dasselbe nach dem braunschweigischen Gesetze von 1874 auf den zunächst Berufenen über[289]), während nach den für Hannover, Bremen, Oldenburg,

---

285) Hannov. Ges. v. 1874 § 13. Lauenb. Ges. 12. Schlesw.-Holst. Ges.-Entw. 11.
286) Westph. L.G.O. 11, 12, 15. Brandenb. L.G.O. 10. Schlesische L.G.O. 10.
287) Brem. Ges. 12.
288) Schaumb.-Lipp. Ges. 63. Hannov. Ges. v. 1874 § 13. Brem. Ges. 12. Lauenb. Ges. 12. Braunschw. Ges. v. 1874 § 17. Schlesw.-Holst. Ges.-Entw. 11.
289) Braunschw. Ges. v. 1874 §§ 17, 18.

Schaumburg-Lippe, Lauenburg u. s. w. erlassenen Gesetzen und nach dem für Schleswig-Holstein ausgearbeiteten Gesetzentwurfe die Abkömmlinge des Hinweggefallenen an seine Stelle treten[290]).

Endlich ist in der auf das Anerbenrecht bezüglichen Literatur die Frage aufgetaucht, ob nicht das Anerbenrecht ganz wegzufallen habe, oder ob nicht wenigstens der Hof oder das Landgut einer anderen Person als dem gesetzlich bestimmten Anerben zu deferiren sei, wenn der letztere nicht Landwirth von Beruf ist und er den Hof nicht selbst bewirthschaften will. Indem man diese Frage mehrfach bejaht und von dem Anerben verlangt hat, daß er „den Hof mit dem Rücken besitze" [291]), wie ein alter süddeutscher Ausdruck lautet, ging man von der Erwägung aus, daß das Anerbenrecht in erster Linie bestimmt sei, den Bauernstand in seinem Besitze zu erhalten und das Wesen des Bauernstandes von der Selbstbewirthschaftung des mittleren Grundbesitzes nicht zu trennen sei, von einer solchen aber nicht wohl dort die Rede sein könne, wo eine Theilung von Besitz und Eigenthum stattfindet. Die Entscheidung dieser Frage ist von um so größerer Bedeutung, als es gegenwärtig häufiger als früher vorkommt, daß die vom Gesetze zu Anerben bestimmten Söhne des Bauern einen anderen, als den wirthschaftlichen Beruf ergreifen und Aerzte, Pfarrer u. s. w. werden. Für die gesetzgeberische Behandlung sind diesem Gegenstande indeß in neuester Zeit dadurch besondere Schwierigkeiten erwachsen, daß sich das Anerbenrecht nach den neuesten Höfegesetzen und Landgüterordnungen nicht mehr ausdrücklich auf das bäuerliche, sondern auf das gesammte land- und forstwirthschaftlich benutzte Grundeigenthum bezieht.

Es hat angesichts dieser Schwierigkeiten die neuere Gesetzgebung einstweilen von der Lösung dieses Problems Abstand genommen.

### O. Letztwillige Verfügungen. Subsidiärer Charakter des modernen Anerbenrechts.

Das Anerbenrecht hat nach der neueren Gesetzgebung nur dispositiven, subsidiären Charakter, sodaß der letztwilligen Disposition des Hofes- oder Landgutseigenthümers ein weiter Spielraum gelassen ist.

Dies wird entweder direct von einzelnen Gesetzen ausgesprochen, theils folgt es indirect aus folgenden den Eigenthümern eingeräumten Befugnissen[292]).

Der Eigenthümer eines Hofs oder Landguts hat das Recht:

1) das Anerbenrecht für die ganze Stelle oder einen Theil derselben auszuschließen und die Intestaterbfolge nach allgemeinem (gemeinem, preußischem u. s. w.)

290) Braunschw. Ges. v. 1874 §§ 17, 18. Hannov. Ges. v. 1874 § 14. Brem. Ges. 12, 13. Lauenb. Ges. 13. Schaumb.-Lipp. Ges. 57. Oldenb. Ges. 7. Lübeck. Ges. 6. Schlesw.-Holst. Ges.-Entw. 12.

291) L. v. Stein, Bauerngut und Hufenrecht S. 19 ff.

292) Hannov. Ges. v. 1874 §§ 17—20. Lauenb. Ges. 16, 17. Schlesw.-Holst. Ges.-Entw. 15—18. Brem. Ges. 18—21. Oldenb. Ges. A. 11. Lübeck. Ges. A. 4. Braunschw. Ges. v. 1858 §§ 27—29. Braunschw. Ges. v. 1874 §§ 1, 5, 11, 14, 19. Schaumb.-Lipp. Ges. 21, 22, 60—62, 68, 81. Westph. L.G.O. 21, 22. Brandenb. L.G.O. 14—16. Schles. L.G.O. 15—17.

Recht eintreten zu lassen oder auch besondere testamentarische Bestimmungen zu treffen.

Bei in die Höfe- oder Landgüterrolle eingetragenen Grundstücken kann das geschehen durch Löschung derselben aus der Höferolle, wodurch sie dann für immer — resp. bis zu ihrer Wiedereintragung — dem allgemeinen Erbrechte unterworfen werden, oder durch Belassung der Höfe oder Landgüter in der Höferolle und Exemtion derselben von der Anwendung des Anerbenrechts nur für einen oder mehrere Vererbungsfälle;

2) eine von der gesetzlichen Nominirung abweichende Wahl des Anerben aus dem Kreise der überhaupt zur Erbfolge Berufenen vorzunehmen und namentlich auch über die Vererbung mehrerer Höfe oder Landgüter Bestimmung zu treffen,

3) die Begünstigung des Anerben in anderer Weise zu regeln, als es durch das Gesetz geschieht, sei es nun durch Aenderung der Vorschriften über die Schätzung des Hofs, sei es durch Erhöhung oder Herabsetzung des Voraus u. s. w.,

4) die Fristen, in welchen die Zahlung der Abfindungen erfolgen soll, festzustellen u. s. w.

Bei all' seinen Verfügungen auf den Todesfall ist der Erblasser jedoch an die Schranken des Pflichttheilsrechts gebunden, das übrigens von der neueren Anerbenrechts-Gesetzgebung in einigen Punkten modificirt worden ist. So bestimmen das hannoversche und nach seinem Vorgange auch das lauenburgische Gesetz, der schleswig-holsteinische Gesetzentwurf und die Landgüterordnungen für Brandenburg und Schlesien, daß für den Pflichttheil des Anerben der nach dem allgemeinen Recht, für den Pflichttheil der übrigen Erben dagegen der nach den Höfegesetzen und Landgüterordnungen zu ermittelnde Intestaterbtheil maßgebend sein soll.

Diese Bestimmung rechtfertigt sich aus folgenden Gründen, die den Motiven zu dem Gesetz, betreffend das Höferecht in der Provinz Hannover, entnommen sind. Wenn der Zweck der Höfegesetze darin besteht, die Höfe in ordnungsmäßigem Stande in der Hand eines Besitzers zu erhalten, so verlangt dieser Zweck, daß der Intestaterbtheil und Pflichttheil der neben dem Anerben zur Erbfolge berufenen Miterben verringert werde[293]). Dagegen ist mit diesem Zwecke eine Herabsetzung des Pflichttheils des Anerben d. h. desjenigen Erben, der als Anerbe den Hof wirklich erwirbt, nicht vereinbar, und es erscheint daher gerechtfertigt, daß der Pflichttheil des Anerben, im Interesse der Erhaltung des Hofs in möglichst unvermindertem Zustande, nach den für ihn günstigeren Vorschriften des allgemeinen Rechts über den Pflichttheil, nicht nach den für ihn in dieser Hinsicht ungünstigeren Bestimmungen des Höferechts berechnet, somit nicht dem Pflichttheil der anderen Kinder gleichgestellt werde. Bei der Berechnung des Pflichttheils des Anerben ist folglich der Hof nebst Zubehör seinem wahren Werthe nach in Gemäßheit der allgemeinen Rechtsgrundsätze zu schätzen und die Ermittelung der Intestaterbportion des Anerben, sowie der den Pflicht-

293) Diese angebliche Verringerung der Pflichttheilsrechte ist übrigens, wie Oberbürgermeister Miquél richtig bemerkt, eigentlich nur eine richtige Bemessung derselben: Verhandlungen des Vereins für Socialpolitik, Leipzig 1882, S. 34.

theil bildenden Quote dieser Erbportion lediglich nach den Vorschriften des allgemeinen Rechts zu bewirken. Dem angedeuteten Zwecke des Gesetzentwurfs ist es dagegen entsprechend, daß der Pflichttheil derjenigen Nachkommen, welche neben dem Anerben zur Erbschaft berufen werden, seinem Betrage nach verringert und aus einem Theile der ihnen nach dem Höfegesetze zukommenden Intestaterbportion an der nach Abzug des Voraus des Anerben übrig bleibenden Erbschaftsmasse gebildet werde. Die Bestimmung, welche den Pflichttheil der Geschwister des Hofsannehmers auf einen geringeren Betrag herabsetzt, befindet sich auch in Uebereinstimmung mit den Grundsätzen des Gesetzes vom 4. Juni 1856, betreffend die Abschätzung von Landgütern zu Behuf der Pflichttheilsberechtigung in der Provinz Westphalen.

Nach dem für die Pertinenzgüter des Herzogthums Braunschweig erlassenen Gesetze soll die den Kräften des Guts entsprechende Abfindung als der der Pflichttheilsberechnung zu Grunde zu legende Intestaterbtheil angesehen werden.

Endlich enthält das bremische Gesetz die Bestimmung, daß für den Pflichttheil sowohl des Anerben wie der Miterben das sonst giltige Recht maßgebend sein soll, für die letzteren jedoch nur, soweit nicht ihr unter Berücksichtigung des Höfegesetzes von 1876 zu ermittelnder Intestaterbtheil vom Gesammtvermögen geringer ist, als der ihnen nach dem sonst giltigen Recht gebührende Pflichttheil.

Außerdem bestimmt das für Hannover, Brandenburg und Schlesien erlassene Gesetz noch ausdrücklich, daß wegen Verletzung des Pflichttheilsrechts nicht angefochten werden dürfen:

1) Verfügungen des Erblassers, durch welche dem leiblichen Vater des Anerben lebenslänglich oder der leiblichen Mutter bis zur Großjährigkeit des Anerben das Recht beigelegt wird, den Hof oder das Landgut nebst Zubehör nach dem Tode des Erblassers in eigene Nutzung und Verwaltung zu nehmen, wenn denselben damit zugleich die Verpflichtung auferlegt wird, den Anerben und dessen Miterben, letztere bis zur Auszahlung ihrer Erbtheile, angemessen zu erziehen und für den Nothfall auf dem Landgute zu unterhalten,

2) Verfügungen des Erblassers, durch welche die Fälligkeit der Erbtheile der Miterben bis zu deren Großjährigkeit hinausgesetzt und der Anerbe zugleich verpflichtet wird, die Miterben bis zu diesem Zeitpunkte angemessen zu erziehen und für den Nothfall auf dem Landgute zu erhalten.

Hinsichtlich der Form, in welche letztwillige Verfügungen eingekleidet sein müssen, bestimmen die für Hannover, Bremen und Lauenburg sowie für Westphalen und Brandenburg erlassenen Gesetze, daß hierfür bereits ein Testament, eine gerichtlich bez. notariell beglaubigte oder auch schon „eine eigenhändig geschriebene und unterschriebene Urkunde" genüge, während der für Schleswig-Holstein bestimmte Gesetzentwurf in seiner Anforderung an die Form strenger ist, indem er „ein Testament oder eine gerichtlich oder notariell beglaubigte oder eine in Gegenwart von zwei Zeugen geschriebene und unterschriebene Urkunde" verlangt. Die braunschweigische Gesetzgebung verlangt eine im Allgemeinen gesetzlich wirksame Verfügung. Für die Ernennung des Anerben, sofern derselbe zu den nächsten Intestaterben des Erblassers gehört, soll übrigens schon eine einfache Erklärung des Eigenthümers, die jedoch öffentlich beurkundet sein muß, genügen.

### P. Entscheidung von Differenzen bei Anwendung der Anerbenrechtsgesetze.

Die Entscheidung von Streitigkeiten, welche sich aus der Anwendung der Anerbenrechtsgesetze ergeben, fällt nach den meisten dieser Gesetze den ordentlichen Gerichten anheim. Von dieser Regel bestehen jedoch einige Ausnahmen.

Bemerkenswerth ist namentlich die Ausdehnung, welche die braunschweigische Gesetzgebung den bäuerlichen Schiedsgerichten gegeben hat.

Das für die Bauerngüter erlassene braunschweigische Gesetz[294]) überträgt diejenigen Streitigkeiten, welche sich beziehen auf das Maß der dem überlebenden Ehegatten gebührenden Leibzucht, des dem Anerben vom Hofswerth zu gewährenden Voraus und der den Abfindlingen gebührenden Abfindung, sowie auf die Fragen, ob und welchem behausten Hofe die in der Erbschaft befindlichen Grundstücke angehören, ob mehrere zu dem Nachlasse gehörige Bauerngüter eine wirthschaftliche Einheit bilden oder getrennt bewirthschaftet sind, ob bei bäuerlichen Besitzungen, bei welchen fruchttragende Grundstücke gar nicht oder nur solche von geringer Bedeutung für die landwirthschaftliche Benutzung sich befinden, das Voraus des Anerben ganz wegfallen soll, der Entscheidung eines Schiedsgerichts. Ueber die Art der Bestellung desselben ist bereits oben, bei Gelegenheit der Darstellung der Bestimmungen, nach welchen der Hof abzuschätzen ist, gehandelt worden.

Ein Schiedsgericht wird auch von dem für die Pertinenzgüter erlassenen braunschweigischen Gesetz für eine Reihe von Streitfällen in Aussicht genommen.

Dem für Braunschweig gegebenen Beispiele ist nur die westphälische Landgüterordnung[295]) gefolgt, indem sie die aus der Landgüterordnung entstehenden Streitigkeiten ebenfalls durch Schiedsrichter entscheiden läßt.

Die Schiedsrichter müssen mit einer zum Betriebe der Land- oder Forstwirthschaft bestimmten Besitzung, welche mindestens einen Grundsteuerreinertrag von 75 Mark hat, in dem Regierungsbezirke, in welchem das Nachlaßgut liegt, angesessen sein.

Der schiedsrichterlichen Entscheidung unterliegen nach der westphälischen Landgüterordnung Streitigkeiten: über die Feststellung der Taxe und der Zahlungsfristen, über die Verzinsung der Abfindungen und über die Gewährung des Unterhalts auf dem Landgute. Auf das schiedsrichterliche Verfahren finden die Bestimmungen des zehnten Buchs der Civilproceßordnung entsprechende Anwendung.

Das Schiedsgericht hat in allen demselben unterworfenen Streitigkeiten, mit Ausnahme nur derjenigen über die Feststellung der Taxe, nach billigem Ermessen mit Berücksichtigung einerseits der Leistungsfähigkeit des Gutsübernehmers und andererseits des Bedürfnisses des Abzufindenden, seine Entscheidungen zu treffen.

---

294) Braunschw. Ges. v. 1874 § 12. Braunschw. Ges. v. 1858 §§ 32, 33.
295) Westph. L.G.O. 18.

## Q. Gutsübergabe unter Lebenden.

Einige der neueren Anerbenrechtsgesetze gedenken der Möglichkeit, daß die Höfe oder Landgüter, alter Bauernsitte gemäß, bereits bei Lebzeiten ihrer Eigenthümer von denselben einem ihrer Kinder übergeben werden, beschränken sich aber meist darauf, für diese Art der Rechtsgeschäfte eine bestimmte Form zu verlangen [296].

Nur das schaumburg-lippesche Gesetz [297]) ist bei Regelung der Uebergabeverträge ausführlicher, als die übrigen Gesetze, indem es die Hofesübergabe unter Lebenden speziell normirt.

---

296) Oldenb. Ges. A. 13. Lübeck. Ges. A. 11. Brem. Ges. 22. Braunschw. Ges. 18. Hannov. Ges. 24. Lauenb. Ges. 23.

297) Schaumb.-Lipp. Ges. 70—75.

XI.

# Schlußergebniß.

Zum Schlusse bleibt uns noch übrig, die Frage zu beantworten, ob das in den beiden letzten Abschnitten festgestellte Resultat der jüngsten Gesetzgebung bereits als das letzte Ziel der für den ländlichen Grundbesitz in Angriff genommenen Erbrechtsform anzusehen ist oder nicht.

Zu diesem Zwecke wollen wir einen flüchtigen Blick auf den in dieser Arbeit bisher zurückgelegten Weg werfen.

Wir beschritten denselben, indem wir einen Ueberblick über die gegenwärtig im Deutschen Reiche bestehende Vertheilung des ländlichen Grundeigenthums zu gewinnen suchten. Um uns innerhalb der verwirrenden Mannigfaltigkeit der deutschen Grundeigenthumsverhältnisse zu orientiren, führten wir dieselben auf eine Anzahl allgemeiner Vertheilungstypen zurück.

Als solche traten uns entgegen:

1) das Vorwiegen des großen Grundeigenthums auf vielen Strecken des deutschen Nordosten und theilweise auch zerstreut unter anderen Typen der Grundbesitzvertheilung in den übrigen Theilen des Deutschen Reichs, wobei wir zugleich stellenweise auf die Ausartung der großen Güter in Latifundien stießen.

2) Das entgegengesetzte Bild zeigte uns ein Theil des südlichen, südwestlichen und mittleren Deutschland, indem wir hier den Kleinbesitz prävaliren und zum Theil die Tendenz zu Zwerggüterbildung hervortreten fanden.

3) Auf weiten Strecken des Nordwesten und Südosten zeigte sich sodann ein Ueberwiegen des großen und mittleren bäuerlichen Grundeigenthums vor dem großen und kleinen Grundeigenthume.

Bei der an diese Darstellung anknüpfenden Beurtheilung der verschiedenen Vertheilungstypen gelangten wir zu dem Resultate, daß die Grundeigenthumsvertheilung den Anforderungen einer gesunden Volkswirthschafts- und Socialpolitik am besten dort entspricht, wo eine solche Combination der Güter verschiedener Größe besteht, daß das spannfähige Bauerngut vorherrscht und Latifundien sowie Zwerggüter vollständig ausgeschlossen sind (Abschn. I u. II).

Indem wir sodann diejenigen Factoren zu ermitteln suchten, welche, sei es direct oder indirect, für die Grundeigenthumsvertheilung im Deutschen Reiche maßgebend gewesen sind, fanden wir, daß einen sehr hervorragenden Antheil an der Begründung des gegenwärtigen Zustandes das Erbrecht gehabt hat. Namentlich in der Gegenwart, in der der Staat im Großen und Ganzen darauf verzichtet, die Grundeigenthumsvertheilung auf directe Weise zu beeinflussen, ist das Erbrecht eins der wenigen Mittel, durch welche der Staat indirect auf die Eigenthumsverhältnisse einwirken kann (Abschn. III).

Nachdem die Bedeutung des Erbrechts für die Vertheilung des Grundeigenthums im Allgemeinen festgestellt worden war und ein kurzer geschichtlicher Abriß der Geschichte des deutschen Erbrechts die social-wirthschaftliche Behandlung des gegenwärtig in Geltung befindlichen Erbrechts eingeleitet hatte (Abschn. IV), wandten wir uns speziell der Beurtheilung derjenigen Einflüsse zu, welche von dem gemeinen und dem demselben nachgebildeten Intestaterbrechte auf die Grundeigenthumsvertheilung ausgehen (Abschn. V u. VI).

Als Maßstab der Beurtheilung diente uns die Fähigkeit oder Unfähigkeit des Erbrechts, die im Ganzen gesunde Vertheilung des Grundeigenthums auch für die Zukunft soweit zu erhalten, als nicht ausnahmsweise Zweckmäßigkeitsgründe für ihre Veränderung sprechen.

Die Erhaltung in diesem beschränkten Sinne erscheint aber wieder in demselben Grade gesichert, als es gelingt, dem Familienbesitze eine gewisse Stabilität zu geben.

Das Resultat unserer Analyse des gemeinen Erbrechts war, daß dasselbe naturnothwendig im Laufe der Zeit zur Zerstückelung des Grundeigenthums oder zur Ueberlastung desselben mit Erbschaftsschulden und damit zum raschen Besitzwechsel der Familiengüter und endlich zur Agglomeration des Grundbesitzes führen muß. Dieses Resultat wird hier früher und dort später eintreten, je nachdem die ländliche Bevölkerung sich mehr oder minder schnell vermehrt, je nachdem sie in der Lage ist, aus dem Boden Capitalien herauszuwirthschaften bez. ihr solche aus anderen Erwerbsquellen zufließen oder nicht, je nachdem der in den Familien der Grundbesitzer herrschende Geist gegen den schnellen Besitzwechsel kräftig zu reagiren weiß oder nicht u. s. w.

Diese Reaction erfolgt namentlich im Wege der Auseinandersetzung unter den Erben, indem diese das zum Nachlasse gehörige Gut einem unter sich zu einer mäßigen Taxe zu überlassen pflegen, oder im Wege letztwilliger Verfügungen, durch welche der Erblasser das Gut einem seiner Kinder zu einer mäßigen Annahmetaxe überläßt.

Die Analyse des gemeinen Erbrechts führte uns dann naturgemäß zur Behandlung der in Deutschland geltenden Pflichttheilssysteme; ihr Resultat war, daß das österreichische und gemeine Erbrecht den letztwilligen Verfügungen die geringsten, das preußische Landrecht und der Code civil dagegen die größten materiellen Hemmnisse entgegen stellen.

Gegen das bestehende Pflichttheilsrecht macht sich nun in der Gegenwart eine doppelte Reaction geltend.

An den St. Simonismus anknüpfend wollen die Einen neben dem Pflichttheilsrechte der Blutsverwandten noch ein solches des Staats, der Gemeinde oder Gesellschaft begründen. Indem sie damit naturgemäß denjenigen Theil des Nachlasses, über den der Erblasser gegenwärtig frei verfügen kann, in Zukunft noch mehr einengen, würden sie der letztwilligen Verfügung einen Theil jener Kraft nehmen, die bisher von ihr im Sinne der Erhaltung des Grundbesitzes in der Familie und damit der Conservirung der bestehenden Grundeigenthumsvertheilung ausgegangen ist.

Damit die letztwillige Verfügung diesem letzteren Zwecke in Zukunft besser dienen könne als bisher, will eine zweite Reihe von Vorschlägen das Pflichttheilsrecht entweder vollständig beseitigen oder doch erheblich einschränken. Von dem gesunden Familiensinne unseres Volks, von der Liebe der Eltern zu ihren Kindern und der Kinder zu ihren Eltern, wird dann erwartet, daß es der zwingenden Gebote (Pflichttheile) zu ihrer Bethätigung im Erbwege nicht bedürfen werde.

Wir haben mit spezieller Rücksicht auf die Erhaltung des Familienbesitzes die Bestrebungen der ersteren Art in demselben Grade mißbilligt, als wir den auf die Begründung der Testirfreiheit gerichteten Postulaten zuzustimmen vermochten[1]), wenngleich wir uns nicht verhehlten, daß das aus dem römischen Rechte stammende Pflichttheilsrecht in das deutsche Rechtsbewußtsein hinein gewachsen sei und es daher schwer fallen dürfte, dasselbe vollständig zu beseitigen. Leichter schon würde eine Einengung des Pflichttheilsrechts und eine Erweiterung der Testirbefugniß des Erblassers durchzuführen sein. Mit einer solchen haben sich denn auch bereits eine größere Anzahl von Juristen einverstanden erklärt[2]).

Indeß sind Erbschaftsauseinandersetzungen und letztwillige Verfügungen selbst bei erweiterter Testirbefugniß auf die Dauer doch nur wenig wirksame Mittel, um den Grundbesitz ungetheilt in der Familie zu erhalten, wenn das

1) Einen beredten Vertreter hat der Gedanke der vollen Testirfreiheit neuerdings in dem Freiherrn von Hammerstein-Loxten gefunden, der im deutschen Landwirthschaftsrath (Februar 1882) folgenden, von ihm selbst dann zu Gunsten des weiter unten zu erwähnenden Antrags des Freiherrn von Cetto-Reichertshausen zurückgezogenen Antrag gestellt hat: „Der deutsche Landwirthschaftsrath wolle folgende Resolution fassen und seinen Vorstand beauftragen, dieselbe mit dem Ersuchen an die Reichsregierung gelangen zu lassen, daß sie, soweit nöthig, der Commission für Bearbeitung des deutschen Civilrechts zur Begutachtung mitgetheilt werde: Für den aus land- und forstwirthschaftlich benutzten Grundstücken bestehenden Nachlaß empfiehlt sich die Einführung der absoluten Testirfreiheit nach dem Maße des englisch-amerikanischen Erbrechts ohne Pflichttheilsrechte. Zu erwägen wäre, ob es geboten erscheint, statt der letzteren den bedürftigen Abkömmlingen, Ehegatten und Ascendenten ein Recht auf Alimente zu gewähren. Ab intestato soll ein solcher Nachlaß stets an einen Erben gelangen (Anerbenrecht). Die Ordnung des den übrigen Intestaterben zustehenden Rechts auf Abfindungen ist der Particulargesetzgebung der Einzelstaaten zu überlassen.“ Archiv des deutschen Landwirthschaftsraths, 8. Jahrg. 1884, Heft 2—7 S. 254.

2) In diesem Sinne haben sich auch die meisten der über die erste Abtheilung dieser Arbeit laut gewordenen Stimmen, zu denen ich die besonders schwer wiegenden des Prof. Degenkolb in Tübingen und des Oberbürgermeisters Miquél in Frankfurt a. M. rechne, ausgesprochen. Letzterer äußerte sich in der Generalversammlung des Vereins für Socialpolitik vom 9. October 1882 folgendermaßen: „Ich bin nicht für eine gänzliche Aufhebung des Pflichttheilsrechts und zwar nach meiner ganzen Auffassung deswegen nicht, weil ich die Aufhebung des Pflichttheilsrechts für den Zweck, den wir hier verfolgen, nicht für nothwendig erachte, dann aber auch nicht geneigt bin, gegenüber der gesammten Entwickelung und einer tief im Volke vorhandenen Rechtsanschauung eine solche Maßregel zu treffen.“ Diesem Urtheile stimmte auch Prof. Degenkolb bei. Vgl. den stenographischen Bericht über die Verhandlungen der Generalversammlung des Vereins für Socialpolitik vom 9. October 1882, S. 34, 41.

Intestaterbrecht auf die gleiche Natural- oder Civiltheilung des Immobiliarnachlasses, in letzterem Falle unter Zugrundelegung des Verkehrswerths, hindrängt.

Unsere gegenwärtige Grundeigenthumsvertheilung würde daher ein von dem wirklichen sehr verschiedenes Bild aufweisen, wenn die ländlichen Grundbesitzer während der letzten Jahrhunderte allein auf die beiden oben genannten, auf die Paralysirung der Anwendung des gemeinen Intestaterbrechts gerichteten Hilfsmittel beschränkt gewesen wären. Glücklicherweise wurde der Zustand der Grundeigenthumsvertheilung, wie er sich am Schlusse des Mittelalters festgestellt hatte, durch die Agrarverfassung des ancien régime, zu deren Bestandtheilen auf dem Gebiete des Erbrechts eine Reihe sonderrechtliche Institute gehörte, in den meisten deutschen Staaten bis in den Anfang oder die Mitte unseres Jahrhunderts, ja in einzelnen derselben bis auf unsere Tage auf das Wirksamste geschützt.

Zu diesen Sonderrechten gehört die Erbfolge der Lehn- und Stammgüter, die wir in Anbetracht ihrer geringen Bedeutung für die Gegenwart nicht weiter berücksichtigt haben. Zu denselben gehört aber auch das Familienfideicommiß mit seiner eigenartigen Successionsordnung und die über einen großen Theil des deutschen Gebiets verbreitete theils dem geschriebenen Rechte, theils dem Gewohnheitsrechte angehörige singuläre Art der Vererbung des bäuerlichen Grundbesitzes. In den Abschnitten VII und IX haben wir diese die Anwendung des gemeinen Erbrechts aufhaltenden Bildungen ihrer rechtlichen Gestalt wie ihrer thatsächlichen Ausdehnung nach dargestellt.

Die an die Darstellung des Familienfideicommisses anknüpfende socialwirthschaftliche Analyse dieses Instituts ergab, daß dasselbe den Familienbesitz in der denkbar wirksamsten Weise schützt. Zugleich steigert es aber die ungesunde Vertheilung des Grundeigenthums, wo dieselbe sich einzustellen beginnt, erheblich. Auch können sich mit dem Familienfideicommisse in der Gegenwart nicht unerhebliche andere volkswirthschaftliche und socialpolitische Nachtheile verbinden.

Wir gelangten daher zu dem Resultat, daß die Erhaltung des Familienfideicommisses nur dann berechtigt erscheine, wenn auch für den übrigen, namentlich den mittleren Grundbesitz ein denselben in ähnlicher Weise schützendes Institut geschaffen wird, da sonst naturgemäß der weniger geschützte mittlere Besitz der auflösenden Wirkung des gemeinen Erbrechts verfallen muß, während der größere Grundbesitz vor diesem Schicksal durch seine fideicommissarische Vinculirung bereits geschützt ist oder durch die Errichtung von Fideicommissen doch leicht geschützt werden kann.

Anknüpfend an das Familienfideicommiß haben wir sodann der von mehreren Staaten unternommenen Versuche gedacht, dieses Institut in der abgeschwächten Form des landwirthschaftlichen Erbguts auf den bäuerlichen Grundbesitz zu übertragen (Abschn. VIII).

Da diese von der Gesetzgebung gegebene Anregung auf das entschiedene Widerstreben des Bauernstandes gestoßen ist, so muß der Versuch, das Familienfideicommiß auf den bäuerlichen Grundbesitz zu übertragen, als gescheitert angesehen werden.

Will man alle Kategorien des Grundbesitzes dennoch den gleichen erbrechtlichen Bestimmungen unterwerfen, so bleibt nichts anderes übrig, als das Familienfideicommiß zu beseitigen oder doch dem gemeinen Erbrechte wesentlich anzunähern.

Zur Befürwortung einer solchen Maßregel könnten wir uns aber erst dann entschließen, wenn für das ländliche Grundeigenthum ein seiner socialwirthschaftlichen Natur besser angepaßtes Erbrecht, als das gemeine und das demselben nachgebildete Erbrecht geschaffen sein wird.

Da die Geschichte sich ebenso wenig wie die Natur sprungweise entwickelt, so mußten wir uns nach den Keimen für eine solche Neugestaltung des Erbrechts in der Vergangenheit desselben umsehen.

In dem Lehn- und Stammgutssystem waren dieselben nicht zu finden, weil die Erbfolge dieser Institute mit diesen selbst keine Wurzeln in der Gegenwart mehr besitzt und als abgestorben anzusehen ist.

Somit blieb nur das bäuerliche Erbrecht übrig, das wir dann auf seine Entwickelungsfähigkeit und Uebertragbarkeit auf den gesammten land- und forstwirthschaftlich benutzten Grundbesitz untersucht haben (Abschn. X, 1).

Dieser Untersuchung schickten wir eine ausführliche Darstellung der Art, wie sich der bäuerliche Grundbesitz vor der jüngsten Erbrechtsreform zu vererben pflegte, voraus (Abschn. IX). Aus der Statistik des bäuerlichen Erbrechts und der bäuerlichen Vererbungssitte ergab sich, daß die Anwendung des gemeinen Erbrechts zwar noch immer von einem großen Theile des bäuerlichen Grundbesitzes ausgeschlossen ist, daß dieselbe in der letzten Zeit aber doch erhebliche Fortschritte gemacht hat.

Die Institute, welche diese das bäuerliche Grundeigenthum vor den Einflüssen des gemeinen Erbrechts schützende Function ausüben, sind hauptsächlich der Gutsübertragungsvertrag und das Anerbenrecht.

Es ist nun in früheren Jahrzehnten von verschiedener Seite der Versuch gemacht worden, den Gutsübertragungsverträgen in Zukunft eine noch größere Verbreitung zu geben, indem man ihren Abschluß möglichst zu erleichtern und zu begünstigen vorgeschlagen hat. Dadurch hoffte man die ungünstigen Einflüsse des gemeinen Erbrechts auf die Grundbesitzvertheilung paralysiren zu können.

Abgesehen davon, daß diese Erwartung eine zu optimistische sein dürfte, da eine solche den Normen des geltenden Intestaterbrechts und der ganzen Richtung der Zeit nicht entsprechende Sitte sich auf die Dauer nicht erhalten lassen wird, sind die Gutsübertragungsverträge auch mit so großen volkswirthschaftlichen und sittlichen Mängeln verknüpft, daß die Erhaltung derselben, selbst wenn sie möglich wäre, nicht einmal wünschenswerth erscheint.

Es bleibt demnach nur das Anerbenrecht übrig. Die oben erwähnte Statistik zeigt, daß dasselbe noch auf weiten Strecken Deutschlands, namentlich im Nordwesten und Südosten, große Verbreitung hat. Freilich hat sich dasselbe in seiner ursprünglichen Gestalt als ausschließliches Zwangserbrecht eines der Erben des ländlichen Grundbesitzers in den Hof, verbunden mit der Verpflichtung, seinen Geschwistern mäßige Abfindungen zukommen zu lassen, gegenwärtig nur noch in einigen Theilen Schleswig-Holsteins, Kurhessens und Bayerns, ferner in Mecklenburg, Waldeck, Schaumburg-Lippe u. s. w. erhalten.

In dem größten Theile seines gegenwärtigen Anwendungsgebiets dagegen hat das Anerbenrecht seit dem Jahre 1870 eine durchgreifende Umbildung erfahren. Mit diesen neuen Gesetzgebungsversuchen beschäftigt sich der Abschnitt X, 2 und 3.

Die wesentlichste Veränderung, welche das ältere Anerbenrecht durch die neuere sich auf Oldenburg, das bremische Landgebiet, Braunschweig, Lauenburg, die preußischen Provinzen Hannover, Westphalen, Brandenburg und Schlesien beziehende Gesetzgebung erfahren hat, besteht darin, daß das neuere Anerbenrecht mit den Grundsätzen der modernen freiheitlichen Agrarverfassung und der Rechtsgleichheit in Einklang gebracht worden ist. Im Gegensatz zu früher ist die Dispositionsfreiheit des Anerben gegenwärtig auf das Sorgfältigste gewahrt und hat das Anerbenrecht seinen Zwangscharakter eingebüßt. Auch ist der Anerbe nicht mehr alleiniger Erbe in den Grundbesitz, sondern nur ein vor seinen Miterben bevorzugter Miterbe, dem allerdings das Eigenthum an dem Hofe, nicht aber auch der Werth desselben ausschließlich zufällt. Wie die Bevorzugung desselben nur den Zweck hat, den grundbesitzenden Familien die ungetheilte und nicht allzusehr beschwerte Erhaltung ihres Grundbesitzes zu ermöglichen, so hat die Bevorzugung auch durch diesen Gesichtspunkt ihr festes Maß und ihre Grenze erhalten. Diese Bevorzugung ist nach einigen der neueren Gesetze nur in einer niedrigen Uebernahmetaxe enthalten, während eine Reihe anderer Gesetze dem Anerben ausdrücklich ein praecipuum gewähren. In beiden Fällen aber wird der Taxe nicht der Verkehrs-, sondern der Ertragswerth des Grundstücks zu Grunde gelegt. Ein weiterer Unterschied zwischen dem älteren und neueren Anerbenrecht besteht darin, daß während früher die Bauerngüter ab intestato nach Anerbenrecht vererbt wurden, in der Gegenwart in der größten Zahl derjenigen Gebiete, für die die neueren Höfegesetze und Landgüterordnungen gelten, die Anwendung des Anerbenrechts auf den ländlichen Grundbesitz abhängig gemacht ist von einem ausdrücklichen Willensacte des Besitzers (das sog. System der Höferolle gilt in Hannover, Lauenburg, Bremen, Oldenburg, Westphalen, Brandenburg, Schlesien). Nur ausnahmsweise hat auch nach den neueren Gesetzen das Anerbenrecht die Natur eines directen Intestaterbrechts beibehalten (Braunschweig und Schaumburg-Lippe). Endlich besteht ein Hauptunterschied zwischen dem älteren und neueren Anerbenrecht darin, daß das erstere seine Anwendung ausschließlich auf den bäuerlichen Grundbesitz fand, während das Anerbenrecht nach den meisten neueren Gesetzen auf den gesammten land- und forstwirthschaftlichen Grundbesitz — mit oder ohne Ausschluß der ganz kleinen Güter, deren Erträge zur vollständigen Ernährung und Beschäftigung einer Familie nicht ausreichen, — in Anwendung gebracht werden kann (Hannover, Oldenburg, Westphalen, Brandenburg und Schlesien). Nur ausnahmsweise, in Braunschweig, Schaumburg-Lippe und Bremen, ist auch das neuere Anerbenrecht auf den bäuerlichen Grundbesitz beschränkt.

Im Vergleich mit den Mängeln, die den Gutsübertragungsverträgen anhaften, sind die Schattenseiten des Anerbenrechts in denjenigen Gegenden, in denen die zu seiner Anwendung erforderlichen wirthschaftlichen und politischen Voraussetzungen vorhanden sind, verschwindend gering. In einer genauen socialwirthschaftlichen Analyse des Anerbenrechts haben wir gesucht dieses Urtheil näher zu begründen und zugleich nachzuweisen, daß das Anerbenrecht im Stande sei, die weitere Verbreitung der krankhaften Auswüchse unserer im Ganzen gesunden Grundeigenthumsvertheilung aufzuhalten und im Zusammenhange mit einer Reihe von uns empfohlener Maßregeln vielleicht sogar die krankhaften Bildungen selbst zu heilen. Zu diesen Maßregeln rechnen wir insbesondere einerseits die Aufhebung des Familienfideicommißinstituts und die Zerlegung der

Domänen in Bauerngüter in solchen Gegenden, in denen der Bauernstand bereits verschwunden ist oder doch im Verschwinden begriffen ist, und andererseits die Arrondirung des parcellirten im Gemenge liegenden Grundbesitzes, sowie den Zusammenkauf der subhastirten Zwerggüter zum Zweck der Bildung von leistungsfähigen Bauerngütern seitens des Staates und der Gemeinden.

Ein auf die Geschichte der neueren Anerbenrechtsgesetzgebung geworfener Rückblick (Abschn. X, 2 u. 3) zeigt sodann, daß diese ganze Bewegung noch keineswegs zum Stillstande, geschweige denn zum Abschlusse gelangt ist, sondern daß wir uns noch inmitten derselben befinden.

Ihren Ursprung hat dieselbe zuerst in den 20er und dann in den 40er Jahren in Preußen genommen. An der Spitze derselben stand damals die Staatsregierung, welche die in den ersten beiden Jahrzehnten erfolgte Unterstellung des bäuerlichen Grundbesitzes unter das Erbrecht des gemeinen Rechts und des preußischen allgemeinen Landrechts rückgängig zu machen suchte. Indeß stieß sie damals in den östlichen Provinzen auf das entschiedene Widerstreben des größten Theils der Provinziallandtage und in diesen namentlich auf den Widerstand des Bauernstandes.

Nur in der Provinz Westphalen wurde in den 30er Jahren das Experiment der Wiederbelebung des Anerbenrechts gemacht — ein Versuch, der in der Form verfehlt war und deshalb mißglückte.

In den 50er Jahren wechselte die Staatsregierung dann ihren Standpunkt, indem sie fortan allen auf eine Abänderung des geltenden allgemeinen Intestaterbrechts gerichteten Bestrebungen — welche jetzt meist von dem preußischen Herrenhause ausgingen — entschiedenen Widerspruch entgegensetzte und sich nur für die Provinz Westphalen dazu verstand, nach Aufhebung des Anerbengesetzes von 1836 gewisse die Erhaltung des bäuerlichen Familienbesitzes begünstigende Bestimmungen über die Taxation der Nachlaßgrundstücke und die Auseinandersetzung unter den Miterben zu erlassen.

Auf dieses Widerstreben der Staatsregierung stießen auch die ersten in den 60er Jahren von der mittlerweile der preußischen Monarchie eingegliederten Provinz Hannover unternommenen Versuche, das dort noch zu Recht bestehende, aber in den einzelnen Territorien, aus denen sich das frühere Königreich Hannover zusammensetzte, sehr verschieden gestaltete und in der Praxis unsicher gewordene Anerbenrecht einer Revision und Consolidation zu unterwerfen.

In Hannover und in einer Anzahl anderer dem Südwesten angehöriger Staaten, ebenso in Bayern hatte man nämlich — im Gegensatz zu Preußen — mit der Beseitigung des gutsherrlich-bäuerlichen Nexus und der Begründung des freien bäuerlichen Grundeigenthums das letztere nicht zugleich auch dem allgemeinen Erbrechte unterworfen, sondern das bäuerliche Privatrecht überhaupt und die bäuerliche Erbfolge im Speziellen für die freigewordenen Höfe fortbestehen lassen. Indem man hier auch für die Zukunft an dem Gedanken festhielt, daß der freigewordene bäuerliche Grundbesitz sehr wohl mit dem Anerbenrecht verträglich sei, durfte man doch die alte Form des Anerbenrechts, die vielfach noch die Spuren der mittlerweile beseitigten agrarischen Zwangsordnung an sich trug, nicht länger fortbestehen lassen.

Dieser Zwiespalt führte zunächst im Fürstenthum Schaumburg-Lippe, dann auch im Herzogthum Oldenburg und im Fürstenthum Lübeck, ferner im Herzogthum Braunschweig und im bremischen Landgebiete zu einer Reform des Anerbenrechts.

Auch in Preußen gelang es der Ausdauer und Klugheit der hannoverschen Vertreter im Jahre 1874 nach längeren Anstrengungen sowohl die Staatsregierung als auch das preußische Herrenhaus und eine wenngleich nicht bedeutende Majorität des Abgeordnetenhauses für den Erlaß eines für die Provinz Hannover bestimmten Höfegesetzes zu gewinnen. Freilich waren dem ursprünglichen Entwurfe des hannoverschen Provinziallandtags die für eine gedeihliche Wirksamkeit erforderlichen Spitzen in den verschiedenen Stadien, die derselbe zu durchlaufen hatte, abgebrochen worden.

In ein weiteres Stadium trat die Bewegung für eine Reform des Anerbenrechts im J. 1879 aus Anlaß einer von Westphalen seitens des Vorsitzenden des dortigen Bauernvereins, Freiherrn von Schorlemer-Alst, gegebenen Anregung. Dieselbe fand den Boden sowohl bei der Staatsregierung wie beim preußischen Landtage jetzt ungleich besser vorbereitet, als die erste hannoversche Vorlage in den Jahren 1873 und 1874.

Zugleich gelang es auch in dem hannoverschen Höfegesetze von 1874 diejenigen Bestimmungen wieder herzustellen, die von den hannoverschen Provinzialständen vorgeschlagen, aber in Berlin gestrichen worden waren.

In rascher Aufeinanderfolge kamen jetzt eine hannoversche Höfegesetz-Novelle, sowie die für das Herzogthum Lauenburg und die Provinzen Westphalen, Brandenburg und Schlesien bestimmten Landgüterordnungen zu Stande, während die Verhandlungen über den Erlaß ähnlicher Gesetze für den Regierungsbezirk Kassel, die Provinzen Schleswig-Holstein und Sachsen noch schweben.

Diesen auf die Einführung, Erweiterung und Umgestaltung des Anerbenrechts gerichteten Bestrebungen im Norden sind neuerdings auch solche im Süden, namentlich in Bayern und Baden, ja über das Deutsche Reich hinaus in Oesterreich gefolgt.

Ueberblicken wir diese neueren Gesetzgebungsversuche, so zeigt sich, daß sie alle einen localen Charakter haben, d. h. für den ganzen Umfang einzelner kleinerer Staaten oder für einzelne Theile (Provinzen, Bezirke, Kreise) größerer Staaten bestimmt sind und daß sie in den von ihnen adoptirten Grundlagen sowie in ihren einzelnen Bestimmungen zum Theil nicht unwesentlich von einander abweichen.

Die größten Differenzen zeigen sich in folgenden Punkten der neueren Gesetze.

Während ein Theil der Gesetze (die für Baden, Waldeck, Mecklenburg-Schwerin, Braunschweig, Schaumburg-Lippe, Bremen erlassenen Gesetze, das hannoversche Höfegesetz in seiner ursprünglichen Gestalt und der Gesetzentwurf für die österreichischen Erblande) das Anerbenrecht auf einen Theil des ländlichen Grundbesitzes, nämlich den bäuerlichen Grundbesitz beschränkt, erstrecken die neuesten für das Herzogthum Oldenburg, das Fürstenthum Lübeck und die preußischen Provinzen Hannover, Westphalen, Brandenburg und Schlesien erlassenen Höfegesetze und Landgüterordnungen dasselbe auf das gesammte land- und forstwirthschaftlich benutzte Grundeigenthum, mit Ausnahme nur der durch Lehen oder Familienfideicommisse vinculirten Güter, sowie mit oder ohne Ausnahme des ganz kleinen Grundbesitzes.

Ferner wird die Intestaterbfolge nach den Anerbenrechtsgesetzen von Baden, Mecklenburg-Schwerin, Waldeck, Braunschweig, Schaumburg-Lippe und nach dem neuesten österreichischen Gesetzentwurfe kraft Gesetzes wirksam (System des directen Intestaterbrechts), während ihre Anwendung in Hannover, Bremen, Oldenburg, Lauenburg, Westphalen, Brandenburg und Schlesien von einem persönlichen Willensacte des betreffenden Eigenthümers abhängig gemacht ist (System des indirecten Intestaterbrechts oder der Höferolle).

Eine weitere Verschiedenheit zeigen die einzelnen Gesetze hinsichtlich der Taxe, nach der die nach Anerbenrecht vererbten Grundstücke von dem Anerben übernommen werden müssen, und hinsichtlich der Art, wie die Bevorzugung des Anerben erfolgt. Während nach einigen Gesetzen (Mecklenburg, Baden, Waldeck, Hannover, Bremen, Lauenburg, Braunschweig, Oldenburg) die Taxe individuell für jedes Gut und jeden Vererbungsfall durch Sachverständige festzustellen ist und dem Anerben ein Präcipuum (Voraus) eingeräumt ist, legen die neueren für Westphalen, Brandenburg und Schlesien erlassenen Gesetze der Uebernahmetaxe ganz generell den Grundsteuerkatasterwerth (in Schlesien alternativ auch die landschaftliche Taxe) zu Grunde und liegt die Bevorzugung des Anerben lediglich in der niedrigen Annahmetaxe. Durch all' diese Gesetze ist zugleich das gemeinrechtliche und das dem gemeinen Rechte nachgebildete Pflichttheilsrecht des Miterben mehr oder minder eingeschränkt worden.

Es unterscheiden sich sodann die neueren Gesetze unter einander noch dadurch, daß die einen den Anerben durch die Wahl der sämmtlichen Erben, die anderen durch das Gesetz bestimmen lassen. Im letzteren Fall wird bald der älteste, bald der jüngste unter mehreren gleichberechtigten Intestaterben zur Intestaterbfolge berufen. Während ferner von einigen Gesetzen nur die Descendenten des Erblassers zur Anerbenrechtsfolge berufen werden, wird von anderen der Kreis der nach diesem singulären Erbrechte zur Succession Berufenen auch auf die Ascendenten und Collateralen ausgedehnt. Nach allen neueren Gesetzen hat indeß der Erblasser das Recht den durch das Gesetz bestimmten Anerben durch einen anderen zu ersetzen, so daß die gesetzliche Regelung nur subsidiäre Bedeutung hat.

Eine Reihe mehr untergeordneter Differenzpunkte der neueren Gesetzgebung übergehen wir an dieser Stelle.

Trotz dieser Differenzen im Einzelnen tritt in den neueren Gesetzen aber doch entschieden eine Ausgleichungstendenz hervor.

Nicht nur, daß mit Ausnahme einiger weniger Gesetze (Waldeck, Schaumburg-Lippe, Mecklenburg-Schwerin, badischer Schwarzwald) in allen übrigen die volle Verkehrsfreiheit des Grundbesitzers die Voraussetzung für das Anerbenrecht bildet, und daß damit im Zusammenhange das ältere bäuerliche Recht, mit ausschließlicher Ausnahme des Anerbenrechts, beseitigt worden ist: es ist die Anwendung oder doch die Anwendbarkeit des neueren Anerbenrechts auch auf solche Gegenden und solche Güter ausgedehnt worden, für die es bisher keine Geltung gehabt hat.

Auch die Bestimmungen der einzelnen Gesetze über die Erbfolgeordnung, die Uebernahmetaxe und die Bevorzugung des Anerben, obgleich sie zwar gegenwärtig noch mehrfach von einander abweichen, sind doch im Vergleich zu früher viel einheitlicher gestaltet, indem die Differenzen nur beim Vergleich der für größere Gebiete geltenden Bestimmungen hervortreten, die Bestimmungen innerhalb dieser Gebiete aber meist einheitlich gestaltet sind.

Endlich ist auch die juristische Construction des Anerbenrechts der des gemeinen Rechts mehr angenähert worden, indem der Anerbe nach den neueren Gesetzen nicht mehr alleiniger Erbe mit Bezug auf das dem Anerbenrecht unterworfene Gut, sondern nur ein unter mehreren Miterben bevorzugter Erbe ist, indem dieses Gut ebenso wie die übrigen Bestandtheile des Nachlasses für die Schulden des Erblassers haftet, und endlich, indem das Anerbenrecht nur subsidiäre Bedeutung hat und durch Verträge unter Lebenden, sowie durch letztwillige Verfügungen und event. durch Löschung des in die Höferolle eingetragenen Guts in seiner Anwendung auf den einzelnen Fall abgeändert oder vollständig ausgeschlossen werden kann.

Indeß erscheinen uns die erwähnten gesetzgeberischen Acte doch nur als Versuche, um zu einer definitiven und dauernden Gestaltung des ländlichen Immobiliarerbrechts zu gelangen, indem sie im großen Ganzen den Charakter eines Experiments an sich tragen. Dies gilt namentlich von den Bestimmungen über die Gutsübernahmetaxe und das Institut der Höferolle.

Andere Bestimmungen wiederum, wie z. B. die über das Inventar und die sonstigen Gutspertinenzen, die Versorgung und Verpflegung der Geschwister des Anerben u. s. w. tragen den Stempel ihres Ursprungs d. h. eines lediglich für den Bauernstand bestimmten Erbrechts noch jetzt, nach erweiterter Ausdehnung desselben, deutlich an der Stirne und müssen in Zukunft den Bedürfnissen der übrigen Stände besser angepaßt werden.

Die Hauptaufgabe der künftigen Gesetzgebung wird aber darin bestehen, das Anerbenrecht aus einem ausnahmsweise für eine Uebergangszeit zugelassenen zu einem definitiv anerkannten, aus einem singulären Rechtsinstitut zu einem Bestandtheile des allgemeinen Rechts zu machen.

Denn auf gleiche Stufe mit der Erbfolgeordnung der Stamm-, Lehen- und Fideicommißgüter gestellt und nur particularrechtlich zugelassen, würde das Anerbenrecht den Charakter einer juristischen Antiquität und Curiosität behalten und damit zugleich einstweilen geduldet, auf die Dauer aber auf den Aussterbeetat gesetzt sein.

Um dem Anerbenrecht die Gewähr der Dauer zu geben, muß die Anerbenrechtsfolge als gleichberechtigt mit der Erbfolge des allgemeinen Rechts im künftigen deutschen bürgerlichen Gesetzbuche anerkannt werden. Anerkannt nämlich in dem Sinne, daß den einzelnen deutschen Gliederstaaten die Wahl freigestellt wird, für das land- und forstwirthschaftlich benutzte Grundeigenthum ihres ganzen Gebiets oder eines Theils desselben entweder das Anerbenrecht oder das für die Vererbung des aus Mobilien und städtischen Immobilien bestehenden Nachlasses bestimmte Erbrecht in Kraft zu setzen.

Zu diesem Zwecke müßte das Anerbenrecht wenigstens in seinen Grundzügen durch das deutsche bürgerliche Gesetzbuch geregelt werden, und zwar hätte diese Regelung in doppelter Gestalt zu erfolgen: als directes Intestaterbrecht, als welches es wahrscheinlich in den meisten derjenigen Staaten und Staatentheile zur Anwendung gelangen würde, in denen es schon gegenwärtig gilt, und als indirectes Intestaterbrecht (System der Höferolle), in welcher Gestalt es für das land- und forstwirthschaftlich benutzte Grundeigenthum eines Theils und vielleicht sogar aller derjenigen Länder und Landestheile zur Geltung gelangen könnte, in denen dasselbe nicht bereits in der Gestalt des indirecten Intestaterbrechts zur Anwendung gelangt ist. Da das Anerbenrecht in dieser letzten rein facultativen Gestalt die demselben nicht adäquaten Rechtsüberzeugungen durchaus nicht verletzt, so kann es in dieser Form ohne jeden Schaden, — wenngleich vielleicht auch ohne erheblichen Nutzen, — allgemein in der von uns auf S. 35 der ersten Abtheilung unserer Arbeit erwähnten Gruppe von Ländern, in denen die gleiche Naturaltheilung des Grundbesitzes die Regel bildet, eingeführt werden.

Parallel mit solcher Regelung des Erbrechts würde das Pflichttheilsrecht in dem ersten Fall für alles land- und forstwirthschaftlich benutzte Grundeigenthum, in dem zweiten Fall nur für das ausdrücklich in die Höferolle eingetragene zu beschränken und die Testirbefugniß entsprechend zu erweitern sein.

Damit wäre die reichsgesetzliche Basis gegeben, auf der sich die Landesgesetzgebung dann weiter entwickeln könnte. Und zwar würde das Anerbenrecht in der ersten Gruppe von Ländern principiell als Regel anerkannt, in der zweiten jedoch nur als Ausnahme zugelassen.

Der Landesgesetzgebung der einzelnen Staaten würde somit überlassen sein, sich bezüglich der Vererbung ihres ländlichen Grundbesitzes entweder für das eine oder andere System zu entscheiden oder auch beide Systeme neben einander für bestimmte genau unterschiedene Theile ihres Gesammtgebietes zur Geltung zu bringen.

Dieselbe hätte sodann auch die im deutschen bürgerlichen Gesetzbuche enthaltenen allgemeinen Grundzüge des Anerbenrechts, entsprechend den spezifischen wirthschaftlichen Bedürfnissen ihrer Länder und den Rechtsanschauungen und Sitten ihrer Bevölkerung, für ihr Gebiet näher zu entwickeln.

Aufgabe der zur Vorbereitung des deutschen bürgerlichen Gesetzbuchs eingesetzten Commission sowie des Bundesraths und des deutschen Reichstags würde es endlich sein, zu erwägen, welche Punkte des Anerbenrechts bereits durch das Reichsgesetzbuch zu regeln und welche der Regelung durch die Landesgesetzgebung vorzubehalten wären.

Auf diesem Wege würde, dem allgemeinen Zuge der Zeit folgend, eine weitere Ausgleichung unter den bisher local außerordentlich verschiedenen Normen für größere Gebiete zu Stande kommen.

Nach einer solchen Reform des Erbrechts wäre dann auch die Möglichkeit gegeben, der Frage nach Aufhebung bez. Einschränkung des Instituts der Familienfideicommisse und Stammgüter näher zu treten.

Ein ähnlicher Vorschlag, wie der von uns für die Gestaltung des Erbrechts im deutschen bürgerlichen Gesetzbuch gemachte, ist bereits vor einigen Jahren für die Behandlung des ehelichen Güterrechts von Prof. v. Roth[3]) ausgegangen, und, wenn wir nicht falsch unterrichtet sind, auch von der für die Bearbeitung des deutschen bürgerlichen Gesetzbuchs niedergesetzten Commission acceptirt worden. Auch auf dem Gebiete des ehelichen Güterrechts befindet sich eine Reihe von verschiedenen Systemen (das System der allgemeinen Gütergemeinschaft, der Errungenschaftsgemeinschaft, der Verwaltungsgemeinschaft und des Dotalrechts) in Geltung, die sich weder auf ein einziges System reduciren,

3) P. v. Roth, Gutachten über die Frage: Ist es ausführbar, das eheliche Güterrecht durch ein einheitliches Gesetz in ganz Deutschland zu codificiren? in den Verhandlungen des 12. deutschen Juristentags S. 276 ff.

noch auch in das Verhältniß von Regel und Ausnahme bringen lassen. „Die allgemeine Einführung der Gütergemeinschaft, so heißt es in dem vom Prof. v. Roth gemachten Vorschlage, würde in dem betreffenden Rechtsgebiete der Gütereinheit ebenso unbequem empfunden werden und abstoßen, wie die Einführung der Gütereinheit in dem Rechtsgebiete der Gütergemeinschaft Anstoß erregen würde. Berechtigt ist das Verlangen, daß größere zusammenhängende Rechtsgebiete geschaffen und in diesen die kleinen, theilweise zufälligen Abweichungen der einzelnen Güterordnungen beseitigt werden. Diesem berechtigten Verlangen aber ist genug geschehen, wenn man die bestehenden Güterordnungen in drei größere Gruppen codificirt." „Es wäre für das Gebiet I die allgemeine Gütergemeinschaft, für das Gebiet II die particuläre Gütergemeinschaft und für das Gebiet III die Verwaltungsgemeinschaft zu codificiren, alle particularrechtlichen Gestaltungen und alle Enclaven wären zu beseitigen und in jedem Rechtsgebiete die Güterordnungen der beiden anderen Rechtsgebiete als subsidiär für die Eheverträge zu erklären, also das Princip des preußischen Landrechts anzuwenden. Die mit jeder Neugestaltung verbundene Unbequemlichkeit würde dadurch zwar nicht ganz ausgeschlossen, aber sie würde doch sehr reducirt; und dabei wäre dem nächsten Bedürfniß genügt, das nicht eine völlig einheitliche Gestaltung, sondern nur eine Beseitigung der Zerrissenheit der Gebiete fordert. Die Enclaven würden sich dem neuen Rechtszustand leichter fügen, da es ihnen, als in benachbarten Orten in Uebung, nicht fremd ist."

Wenn man von der Aufnahme, die der von mir für die Codification des Erbrechts gemachte analoge Vorschlag bisher gefunden hat, auf die weiteren Schicksale dieses Vorschlags schließen darf, so sind die Aussichten für denselben nicht ganz ungünstig.

Den in diesem Schlußworte formulirten Vorschlag habe ich zuerst im Herbst 1882 in einem der Generalversammlung des Vereins für Socialpolitik abgestatteten Referate[4]) gemacht, und seitdem haben sich bereits mehrere Stimmen in zustimmendem Sinne über denselben vernehmen lassen.

Für eine gemeinrechtliche Regelung des Anerbenrechts hat sich zunächst, wenn auch einigermaßen verclausulirt, Prof. v. Inama-Sternegg[5]) ausgesprochen.

Demselben Gedanken ist ferner der neuerdings (Frühjahr 1884) dem österreichischen Abgeordnetenhause zur Beschlußfassung vorgelegte Entwurf eines Gesetzes, betreffend die Einführung besonderer Erbtheilungsvorschriften für landwirthschaftliche Besitzungen mittlerer Größe, gefolgt, indem er die Grundzüge des bäuerlichen Erbrechts reichsgesetzlich feststellt, die nähere Entwickelung und Ausführung dieser Grundsätze dagegen der Landesgesetzgebung der einzelnen Kronländer anheim giebt.

Endlich hat der deutsche Landwirthschaftsrath im Februar 1884[6]) nach

---

4) A. v. Miaskowski, Referat über Grundeigenthumsvertheilung und Erbrechtsreform in Deutschland, in den Verhandlungen der am 9. October 1882 in Frankfurt a. M. abgehaltenen Generalversammlung des Vereins für Socialpolitik, Leipzig 1882, S. 6 ff.

5) v. Inama-Sternegg, Zur Reform des Agrarrechts, in Grünhuts Zeitschrift für das Privat- und öffentliche Recht der Gegenwart, Bd. 10 S. 4 ff.

6) Archiv des deutschen Landwirthschaftsraths, 8. Jahrg. 1884, Heft 2—7 S. 181, 187 u. 262.

einer eingehenden, durch Sachverständniß und Objectivität ausgezeichneten Debatte folgenden sachlich mit meinem Vorschlage übereinstimmenden Antrag des Freiherrn von Cetto-Reichertshausen mit großer Majorität zum Beschlusse erhoben:

„Der deutsche Landwirthschaftsrath beschließt: die Regelung der Erbrechtsverhältnisse für den landwirthschaftlichen Grundbesitz ist in der Weise vorzunehmen, daß das Princip des deutschen Anerbenrechts ebenso wie jenes des Pflichttheilsrechts in der deutschen Civilgesetzgebung zum Ausdruck gelangt und demgemäß dort, wo die Verhältnisse es gestatten, durch die Particulargesetzgebung eingeführt wird."

Dieser Resolution sind von dem Antragsteller folgende beherzigenswerthe Worte vorausgeschickt worden: „Ich kann die Hoffnung nicht aufgeben, daß das Princip des Anerbenrechts, als anerkannte Bedingung einer gesunden Bodenvertheilung und der Erhaltung eines jederzeit höchst werthvollen ländlichen Mittelstandes auch im künftigen deutschen Civilgesetzbuche ebenso zum Ausdruck gelange, wie es in den deutschen Landen mit hauptsächlicher Ausnahme derjenigen, welche eine Zeit lang der Herrschaft und dem Einflusse der Fremden preisgegeben waren, in der Wirklichkeit unter dem Bauernstande noch größtentheils in Uebung ist. Jedenfalls würde dadurch einer Verwirrung der Rechtsbegriffe über das Grundeigenthum vorgebeugt, das gemeinsame Rechtsbewußtsein hinsichtlich der öffentlichen Stellung des Grundbesitzers mächtig gehoben und der Werth, den die ganze Nation auf Erhaltung eines productiven Grundbesitzes zu legen hat, die gebührende Anerkennung finden." „Wenn wir damit erreichen, daß derjenige Besitzer, der das ganze Gut länger in der Hand gehabt hat, der die Verhältnisse des Guts genau kennen gelernt hat, der in Folge der Aufwendungen und Mühen, die er mit dem Gute gehabt hat, ein bestimmtes Interesse an der Erhaltung seines Besitzthums hat, dem vorbeugen kann, daß die Interessen theilungs- und — wenn ich mich so ausdrücken darf — habsüchtiger Erben überwiegend hervortreten, so glaube ich, sind wir damit schon ein gutes Stück vorwärts gekommen."

Bevor ich die Feder aus der Hand lege, sei es mir noch gestattet, mit einigen Worten des Ursprungs und der Geschichte dieser Arbeit zu gedenken.

Im Augenblick des Erscheinens dieses zweiten Bandes sind gerade 12 Jahre verflossen, seit ich den Plan zu derselben faßte.

Bei Ausarbeitung meiner Habilitationsschrift, welche die socialwirthschaftliche Analyse des Familienfideicommisses zum Gegenstande hatte, wurde ich auf den engen Zusammenhang aufmerksam, der zwischen diesem Institut und den übrigen singulären Erbrechtsinstituten einerseits sowie dem geltenden Erbrecht bez. der mit demselben nicht übereinstimmenden Vererbungssitte und der Vertheilung des ländlichen Grundeigenthums andererseits besteht. Bereits als die Normen des gemeinen und des demselben nachgebildeten Erbrechts noch allgemein als die für die Vererbung des land- und forstwirthschaftlich benutzten Grundeigenthums allein zulässigen galten und die singulären Erbrechtsbildungen sowie die dem gemeinen Rechte widersprechende Vererbungssitte als eine auf die

Dauer zu beseitigende Anomalie angesehen wurden, war mir die große Bedeutung des Anerbenrechts und der Gutsübertragungsverträge für die Erhaltung des Bauernstands klar geworden.

Indeß war bei dem damaligen Zustande der Literatur eine gründliche Arbeit über diesen Gegenstand nicht möglich. Denn es fehlte fast vollständig an dem erforderlichen Material für eine Beurtheilung der rechtlichen und wirthschaftlichen Natur dieses Instituts sowie der thatsächlichen Verbreitung desselben.

Ich mußte mir somit theils durch örtliche Umfrage, theils durch Correspondenz, theils aus weit entlegenen Werken die für den Unterbau meiner Arbeit nothwendigen Bausteine erst mühsam zusammensuchen.

Und wunderbar! während ich mitten in dieser Arbeit stand, erfuhr die allgemeine Auffassung über den Gegenstand derselben zuerst in den Kreisen der Landwirthe, dann der Nationalökonomen, und schließlich auch bei einem Theil der Verwaltungsbeamten, der Richter und Anwälte sowie der Volksvertreter einen vollständigen Umschwung.

Zuerst gelangte die Bedeutung der bestehenden Vererbungssitte zu allgemeinem Bewußtsein. Dann wurde das mißachtete gleichsam im Winkel stehende und auf den Aussterbeetat gesetzte Anerbenrechtsinstitut ans helle Tageslicht gezogen, um mit demselben Wiederbelebungsversuche anzustellen.

Am deutlichsten zeigte sich dieser Umschwung in den parlamentarischen Kreisen während der verschiedenen Stadien, welche das hannoversche Höfegesetz von den ersten Anregungen zu demselben bis zu den Novellen von 1880 und 1884 zu durchlaufen gehabt hat.

Parallel mit dem neu erwachten Interesse und mit dem vertieften Verständniß für die Bedeutung dieser Reste einer alten Erbrechtsordnung, die nur der Umbildung im Sinne und Geiste der modernen Wirthschaftsordnung im Allgemeinen und der freien Agrarverfassung im Speziellen bedürfen, um zu einem sehr wesentlichen und nützlichen Bestandtheile unseres künftigen Rechts zu werden, ging dann die Herbeischaffung des zur Berathung der Erbrechtsreform erforderlichen Materials. In kleineren wissenschaftlichen Arbeiten von dauerndem Werthe und in kurzlebigen Broschüren, in den Motiven der Regierungsvorlagen, in den Commissionsberichten und Verhandlungen der ständischen Versammlungen und in den Besprechungen der Tagespresse thürmte sich jetzt ein reiches, ja überreiches Material auf.

Hatte meine Arbeit anfangs unter dem Quellenmangel empfindlich zu leiden, so stellte sich ihrer Vollendung später ein wahrer embarras de richesse entgegen. Und doch mußte ich wünschen, den mir nach den sieben mageren Jahren in reichster Fülle zufließenden Stoff so vollständig wie möglich für meine Arbeit zu benutzen. Dadurch wurde das Erscheinen derselben aber weit über die mir vom Verein für Socialpolitik, der die Herausgabe der langer Hand geplanten Arbeit freundlichst übernommen hatte, gesteckte Grenze hinausgeschoben. Durch diesen Umstand wird auch eine gewisse Schwerfälligkeit der Arbeit zu erklären und wenn möglich zu entschuldigen sein.

So übergebe ich denn meine Arbeit, deren Grundgedanke und Plan längst vor der in die letzten Jahre fallenden Reform gefaßt war, erst jetzt, nachdem meine Wünsche und Hoffnungen bereits zum Theil verwirklicht worden sind, der Oeffentlichkeit. Damit ist denn aus der beabsichtigten wirthschafts- und rechts**politischen** Arbeit zum Theil eine wirthschafts- und rechts**geschichtliche** geworden.

Aber freilich am letzten Ziele sind wir mit dem bisher durch die Erbrechtsreform Erreichten noch lange nicht. Vielmehr dürfte fürs Erste nur eine Etappe zu diesem Ziele erreicht sein: eine Etappe, zu der der Weg, wie ich annehme, schwieriger zurückzulegen war, als der Weg von dieser bis zum letzten Ziele. Möge es dieser Arbeit beschieden sein, die Erreichung des letzteren zu fördern!

Pierer'sche Hofbuchdruckerei. Stephan Geibel & Co. in Altenburg.